Change Management Praxisfälle

Lutz von Rosenstiel
Elisabeth von Hornstein
Siegfried Augustin
(Hrsg.)

Change Management Praxisfälle

Veränderungsschwerpunkte Organisation, Team, Individuum

 Springer

Herausgeber
Prof. Dr. Dr. Lutz von Rosenstiel
Hornstein, Rosenstiel & Partner PartG
Personal- und Organisationsberatung
Clemensstr. 78, 80796 München

Prof. Dr. Elisabeth von Hornstein
Hornstein, Rosenstiel & Partner PartG
Personal- und Organisationsberatung
Clemensstr. 78, 80796 München

Prof. Dr. Siegfried Augustin †

ISBN 978-3-642-29990-2   ISBN 978-3-642-29991-9 (eBook)
DOI 10.1007/978-3-642-29991-9

Die Deutsche Nationalbibliothek verzeichnet diese Publikation in der Deutschen Nationalbibliografie;
detaillierte bibliografische Daten sind im Internet über http://dnb.d-nb.de abrufbar.

SpringerMedizin
© Springer-Verlag Berlin Heidelberg 2012

Planung: Renate Scheddin, Heidelberg
Projektmanagement: Katrin Meissner, Judith Danziger, Heidelberg
Lektorat: Angela Wirsig-Wolf, Wolfenbüttel; Brigitte Dahmen-Roscher, Hamburg
Projektkoordination: Eva Schoeler, Heidelberg
Umschlaggestaltung: deblik Berlin
Fotonachweis Umschlag: © Scanrail – Fotolia
Herstellung: Crest Premedia Solutions (P) Ltd., Pune, India

Gedruckt auf säurefreiem und chlorfrei gebleichtem Papier

Springer Medizin ist Teil der Fachverlagsgruppe Springer Science+Business Media
www.springer.com

Vorwort

Häufig hört man das Wortspiel, dass das einzig Stabile die Veränderung sei. Das ist zwar richtig, kennzeichnet aber die gegenwärtige Situation in den höher entwickelten Ländern, vielleicht sogar in sämtlichen Kulturen, nur ansatzweise. Natürlich hat es Veränderung auf dieser Erde immer gegeben, und auch seit dort Menschen leben, gab es vielerlei – allerdings meist naturgegebene – Veränderungen: Eiszeiten, Zwischeneiszeiten, Zeiten der Dürre und des fruchtbringenden Regens im Sinne der 7 fetten und 7 mageren Jahre der Josefs-Legende des Alten Testaments. Derartige Veränderungen wurden in dem Maße beschleunigt, in dem Menschen in das natürliche Geschehen eingriffen. Etwa in der Zeit des klassischen Altertums, als sie Wälder rodeten, Bewässerungssysteme anlegten, Dämme dort bauten, wo Flüssen häufig über die Ufer traten – alles Maßnahmen, die sich meist kurzfristig für die handelnden Personen als Vorteil erwiesen, die aber häufig langfristig zu erheblichen Problemen führten.

Vehement beschleunigt wurde der Wandel durch die naturwissenschaftliche Durchdringung der Welt und die darauf fußenden Innovationen, wie etwa die Verdrängung der menschlichen oder tierischen Muskelkraft durch die Dampfmaschine und später durch den Verbrennungsmotor, die Entdeckung der Elektrizität als Energiequelle, die Massenmotorisierung in den sich entwickelnden Staaten, das Vordringen der Mikroelektronik in nahezu alle beruflichen und privaten Bereiche, was die Vernetzung von Millionen von Menschen über Landes- und Sprachgrenzen hinaus zur Folge hatte. Die Veränderungsfolgen haben sich, verglichen mit dem, was sich vor hunderten oder vor tausenden von Jahren auf der Erde abspielte, in dramatischer Weise beschleunigt. Die Halbwertszeit des Wissens sinkt beständig. Die Zeit, die jeweils vergeht, bis sich die Menschheit abermals verdoppelt hat, wird immer kürzer. Der Alltag heutiger Söhne ist kaum noch mit dem der Väter, geschweige denn mit dem der Großväter zu vergleichen, aber auch für die Familien insgesamt und für Frauen in vielen Kulturen gilt dies in noch pointierterer Weise.

Veränderungen in Natur und Gesellschaft wirken selbstverständlich auf die Unternehmen der Wirtschaft zurück, denn diese sind ja Teile des Ganzen. Sie sind in bestimmten Bereichen oder Phasen Opfer des Wandels, in anderen wiederum die Täter und Treiber. Die Veränderungen ergeben sich vielfach ungeplant als Folge dessen, was sich im Umfeld abspielt; es wird aber z. T. auch bewusst gestaltet und geplant, wofür sich der Ausdruck »Change Management« eingebürgert hat. Dazu lässt sich Grundsätzliches sagen, was z. T. in einer Vielzahl kluger Bücher dokumentiert ist. Es lässt sich aber auch durch Einzelbeispiele illustrieren, worum es in diesem Buch geht.

Change Management ist ein komplexes, vielfältiges Feld. Komplexe Gebilde lassen sich aus ganz verschiedenen Perspektiven betrachten, man denke nur an den Menschen, mit dem sich die unterschiedlichsten Wissenschaften auseinander setzen – die Theologie, die Rechtswissenschaft, die Geschichte, die Medizin, die Psychologie, die Soziologie, die Ethnologie, die Ethologie und viele andere mehr. Dies ermöglicht die vertiefte Auseinandersetzung mit Teilaspekten, ist aber stets mit der Gefahr verbunden, dass die Vertreter einer Richtung diesen Teilaspekt für das Ganze halten und sich mit anderen Herangehensweisen nicht beschäftigen. Dies hat Vereinseitigung zur Folge, die im Extremfall ein fehlerhaftes Denken und Handeln nach sich zieht.

Im Falle des Change Managements sieht das ähnlich aus. Mit diesem Feld setzen sich etwa die Wirtschaftsgeschichte, die Rechtswissenschaft, die Volks- und Betriebswirtschaftslehre, die Ingenieurwissenschaft, die Systemtheorie, die Industriesoziologie, aber auch die Organisationspsychologie auseinander, um besonders wichtige Beispiele zu nennen.

In diesem Buch soll einerseits der interdisziplinäre Gesichtspunkt berücksichtigt werden; schließlich handelt es sich bei den Herausgebern um einen Organisationspsychologen, eine Literaturwissenschaftlerin und einen Ingenieur; bei den Autoren ist die fachliche Streuung noch weit größer. Auf der anderen Seite wird eine Konzentration auf die organisationspsychologische Sichtweise erfolgen, also auf das Erleben und Handeln der Personen, die Veränderungsprozesse gestalten, und solche, die davon betroffen sind. Gerade für die Betroffenen stellen sich Change-Management-Prozesse meist höchst ambivalent dar. Zum einen sind sie gleichermaßen Täter und Opfer, wobei es subjektiv in aller Regel erfreulicher ist, zu den Tätern zu zählen und nicht ganz die Kontrolle über die Situation zu verlieren, in der man handelt. Zum anderen ist der Kontrollverlust relativ, und dies gilt für Opfer und Täter, wenn auch in unterschiedlicher Gewichtung, so dass vielfach Einsicht in die Notwendigkeit des Wandels besteht, zugleich aber aus den Tiefen der Motivation und Emotion die Sehnsucht geboren wird, es möge doch bitte alles so bleiben, wie man es gewohnt ist. Diese Sehnsucht lässt sich durchaus verhaltensgenetisch begründen. Wie alle Lebewesen dieser Erde ist auch der Mensch durch den lang anhaltenden Prozess von Mutation und Selektion an eine spezifische Situation, an eine ökologische Nische angepasst worden. In diesem Sinne lässt sich auch von einer »natürlichen Umwelt des Menschen« sprechen. Diese war vermutlich das Hochland des östlichen Afrika, eine hügelige Landschaft mit einem warmen, eher trockenen Klima und lockerem, Schatten spendendem Baumbestand; hier fühlt sich der Mensch auch heute noch wohl. In Landschaften, die dem entsprechen, erzielt z. B. Bauland meist höhere Preise.

Der Mensch ist aber nicht starr an seine natürliche Umwelt gebunden; er stirbt nicht in einer ungewohnten Situation wie der Fisch, wenn man ihn aus dem Wasser nimmt. Durch die Fähigkeit zu lernen kann sich der Mensch von seiner natürlichen Basis relativ weit entfernen; er ist – folgten wir der Argumentation Nietzsches – ein »nicht festgestelltes Tier«, hängt also nicht wie eine Marionette an den Fäden der Evolution, kann auch in den Schluchten moderner Großstädte, in den schnee- und eisbedeckten Ländern nahe der Pole, in schroffen Bergregionen oder in wüstenähnlichen Landschaften leben; er kann sich also anpassen und eine wenig freundliche Situation so gestalten, dass sie ihm und seinen Nachkommen das Überleben sichert.

Aus dem eben Gesagten ergibt sich, dass sich auch und gerade aus psychologischer Perspektive Menschen zwar von der Veränderungsnotwendigkeit überzeugen lassen und dass sie auch in der Lage sind, mit veränderten Bedingungen klarzukommen und in diesen zu leben; es folgt daraus aber auch, dass Widerstand gegen die Veränderung kein kultureller Mangel, keine individuelle Schwäche ist, sondern eine Tendenz, die in der »Natur des Menschen« liegt. So betrachtet gehört es zu den zentralen Aufgaben innerhalb des Change Managements, betroffene Menschen von der Notwendigkeit des Wandels zu überzeugen und sie für die Mitwirkung innerhalb der oft schmerzhaften und anstrengenden Prozesse zu gewinnen.

Change-Management-Prozesse – wir sagten das bereits – sind komplex und lassen sich aus verschiedener Sicht betrachten und klassifizieren. So können sie die Organisation als Ganzes betreffen oder sich primär auf bestimmte Bereiche oder Funktionen beschränken. Sie können in einer eher evolutionären Weise oder aber revolutionär vorangetrieben werden oder sie können – das ist aus psychologischer Sicht besonders wichtig – von höchst unterschiedlichen Metaphern, sog. Organisations- und Menschenbildern ausgehen. Dominiert eine eher technokratisch-mechanistische Sichtweise, so wird mehr oder weniger bewusst die Organisation als eine Maschine wahrgenommen, innerhalb derer der Einzelne als »Rädchen im Getriebe« seine Funktion hat. Und mit einem Rädchen spricht man selbstverständlich nicht, wenn eine Maschine repariert oder gänzlich neu konzipiert werden muss. Eine solche Sichtweise legt innerhalb des Change Managements eher Top-down-Strategien, also Vorgehen im Sinne eines »Bombenwurfs« nahe, wofür eine verräterische Wortwahl – »Business Reengineering« – als Beispiel stehen soll. Sieht man dagegen die Organisation als ein soziales System, so wird man den darin agierenden Menschen als planendes und handelndes Subjekt interpretieren und bei Veränderungsprozessen auf die Beteiligung der Betroffenen Wert legen und dafür sorgen, dass auch die Beteiligten betroffen sind. Als Beispiel dafür wird meist die sozialwissenschaftlich begründete Organisationsentwicklung genannt. Die in der Praxis zu beobachtenden Prozesse liegen in aller Regel dazwischen, enthalten in Teilen Top-down-Ansätze und werden v. a. auf die Beteiligung der Betroffenen Wert legen; die Schwerpunkte aber unterscheiden sich erheblich.

Change-Management-Prozesse betreffen fast stets die Organisation insgesamt. Ändert man die einzelnen Aufgaben, so hat das z. B. meist erhebliche Folgen für die Arbeitsgruppe; ändert man die Organisation, so führt dies zu modifizierten Anforderungen an den Einzelnen, woraus sich die Notwendigkeit der Personalentwicklung ergibt etc. Dennoch wird man im konkreten Fall danach angeben können, wo der Ansatz der Maßnahme liegt, wo der Veränderungsschwerpunkt zu suchen ist. Man könnte sich hier – bei psychologischer Perspektive – an jene Gliederungsgesichtspunkte halten, die von den meisten organisationspsychologischen Lehrbüchern bevorzugt werden: die Unterscheidung zwischen den Aufgaben, die es zu erledigen gilt, den Individuen, die die Aufgaben zu bewältigen haben, den Gruppen oder Teams, innerhalb derer die notwendige Arbeitsteilung durch Führung koordiniert wird, und dem organisationalen Gesamtrahmen, der all dies zusammenfügt. Entsprechend finden sich im Folgenden 3 zentrale Teile des Buches, innerhalb derer Fälle aus der Praxis dargestellt werden, die vom Veränderungsschwerpunkt Organisation, Team und schließlich Individuum ausgehen. Bei den einzelnen Falldarstellungen sollte grundsätzlich eine Binnengliederung beachtet werden, die der (Psycho-)Logik vieler Veränderungsprojekte verpflichtet ist und die dabei meist zu beobachtenden Phasen abbildet. Nach einer Darstellung der Ausgangssituation werden die Fragen beantwortet:

- »Warum und wozu sollte verändert werden?« Dem schließt sich die Frage an:
- »Wie wurde verändert?« Wobei möglichst konkret geschildert werden sollte, wie zunächst die Ist-Situation diagnostiziert wurde und sodann, mit welchen Methoden man die Veränderung vorantrieb. Im Anschluss:
- »Wie ging man bei der Evaluierung des Erfolgs vor?« und schließlich:
- »Was wurde unternommen, um die Nachhaltigkeit der Maßnahmen sicherzustellen?«

Dem sollte schließlich ein Fazit folgen, innerhalb dessen deutlich wird, was die Falldarstellung demonstriert und welche verallgemeinerungsfähigen Lehren sich möglicherweise daraus ableiten lassen.

Da es bei nahezu allen psychologisch orientierten Veränderungsprojekten bestimmte Tools oder begleitende Maßnahmen gibt, die einsetzbar sind, ganz gleich, ob man vom Veränderungsschwerpunkt Organisation, Team oder Individuum ausgeht, werden in einem 4. Buchteil einige entsprechende Beispiele, die sich in der Praxis bewährt haben und die dort erprobt wurden, dargestellt.

All diese Beiträge sind im mitteleuropäischen Raum, innerhalb der deutschsprachigen Kultur, erhoben worden. Hier gilt eine spezifische Logik des Herangehens, eine typische Sichtweise, wie Change Management zu handhaben ist. Dies aber kann nicht ohne Weiteres verallgemeinert werden. In anderen Kulturen sind Denkansätze und Herangehensweisen möglicherweise stark davon verschieden. Darum findet sich im letzten Buchteil ein »Blick über den Zaun«, die Darstellung eines Veränderungsprojekts in einer fernen Kultur.

Jetzt, wo die Arbeit an diesem Buch abgeschlossen ist, liegen uns 2 Dinge am Herzen:

Wir hatten zu dritt die Überlegungen zu diesem Buch aufgenommen, gemeinsam das grundsätzliche Konzept entwickelt und uns schnell auf der Basis einer langjährigen, freundschaftlichen Verbindung und eines gemeinsamen Grundverständnisses auf das hier realisierte Konzept geeinigt. Mitten aus diesem Arbeitsprozess ist Siegfried Augustin völlig unerwartet aus dem Leben herausgerissen worden. Wir haben dadurch nicht nur einen Freund, sondern einen wichtigen Kooperationspartner verloren. Dass in diesem Buch auch die ingenieurwissenschaftliche und arbeitswissenschaftliche Perspektive vertreten ist, dass Autoren aus diesen Bereichen mitwirken, verdanken wir ihm.

Ohne substanzielle Hilfe wäre es uns kaum möglich geworden, dieses Buch zu realisieren. Dafür möchten wir danken. Dieser Dank gilt in erster Linie Herrn Joachim Coch vom Springer Verlag, der uns mit Liebenswürdigkeit, Geduld, hilfreichen Hinweisen und kreativer Kritik in freundlichster Weise unterstützt hat.

Ganz herzlich danken möchten wir auch Frau Kerstin Pfefferle, die mit Sachkenntnis, Scharfsinn und ordnender Hand das für die Erstellung eines Buches notwendige Backoffice hochkompetent und strukturiert führte und uns dann Orientierung gab, wenn wir im Chaos der unterschiedlichen Beiträge, Revisionen, Mahnungen und Termine den Überblick verloren.

Ein herzlicher Dank gilt auch allen Autoren, die an diesem Buch mitwirkten, unseren manchmal lästigen und wiederholten Bitten und Hinweisen gerecht wurden und so insgesamt das Buch zu dem machten, was es hoffentlich ist: ein Blick in die konkrete Praxis des Change Managements.

Jetzt hoffen wir, dass das Buch jenen, die an Hoch- und Fachschulen das Gebiet des Change Managements darstellen, hilfreiches Anschauungsmaterial für ihre Lehrtätigkeit bietet, dass Berater und Entscheider praktische Beispiele finden, die ihnen bei ihrer Tätigkeit in den Organisationen der Wirtschaft, der Verwaltung und der gemeinnützigen Arbeit helfen.

München im Herbst 2011
Lutz von Rosenstiel und Elisabeth von Hornstein

Inhaltsverzeichnis

II   Veränderungsschwerpunkt Team

III   Veränderungsschwerpunkt Individuum

IV   Tools und begleitende Maßnahmen bei Veränderungsprozessen

**V   Ein Blick über den Zaun: Veränderungsprojekte in fernen
          Kulturen**

VI   Anhang

Autorenverzeichnis

Antoni, Conny, Prof. Dr.
Universität Trier,
Fachbereich I, Abteilung
für ABO Psychologie,
54286 Trier

**Augustin, Siegfried,
Prof. Dr. †**

Boerner, Sabine, Prof. Dr.
Universität Konstanz,
Fachbereich Politik- und
Verwaltungswissenschaft,
Lehrstuhl für Management,
insbesondere Strategie
und Führung, Postfach 88,
78457 Konstanz

Bruck, Heike von der, Dr.
Referatsleiterin Stadt
Leipzig, Referat für
Beschäftigungspolitik,
Martin-Luther-Ring 4–6,
04092 Leipzig

Buchholz, Ulrike, Prof. Dr.
Hochschule Hannover,
Fakultät III – Medien,
Information und Design,
Expo Plaza 12, 30539
Hannover

**Bungard, Walter,
Prof. Dr.**
Unter den Ulmen 128,
50968 Köln

**Chatterjee, Debrabata,
PhD**
Indian Institute of
Management (Kozhikode)
– IIM(K), Kerala, Indien

Conrad, Peter, Prof. Dr.
Helmut-Schmidt-
Universität Hamburg,
Fakultät für Geistes- und
Sozialwissenschaften,
Institut für
Personalmanagement,
Holstenhofweg 85, 22043
Hamburg

Frey, Dieter, Prof. Dr.
Ludwig-Maximilians-
Universität, Lehrstuhl
Sozialpsychologie,
Department für
Psychologie,
Leopoldstr. 13, 80802
München

Garrel, Jörg von
Fraunhofer-Institut für
Fabrikbetrieb und
-automatisierung IFF,
Geschäftsfeld Logistik- und
Fabriksysteme LFS,
Sandtorstr. 22,
39106 Magdeburg

Gebert, Diether, Prof. Dr.
Renmin University Peking,
59 Zhongguancun Street,
Haidian District, Beijing
100872, China

Grandt, Christian
Fraunhofer-Institut für
Fabrikbetrieb und
-automatisierung IFF,
Geschäftsfeld Logistik- und
Fabriksysteme LFS,
Sandtorstr. 22,
39106 Magdeburg

Graupmann, Verena, Dr.
Ludwig-Maximilians-
Universität, Lehrstuhl
Sozialpsychologie,
Department für
Psychologie,
Leopoldstr. 13, 80802
München

**Hinterhuber, Hans H.,
Prof. Dr.**
Hinterhuber & Partners,
Falkstr. 16, A-6020
Innsbruck

**Hofmann, Laila Maija,
Prof. Dr.**
Georg-Simon-Ohm-
Hochschule Nürnberg,
Fakultät Betriebswirtschaft,
Bahnhofstr. 87, 90402
Nürnberg

Hörning, Ulrich
Stadt Mannheim,
Fachgruppe
Verwaltungsarchitektur,
E 3, 2, 68159 Mannheim

**Hornstein, Elisabeth von,
Prof. Dr.**
Hornstein, Rosenstiel &
Partner PartG, Personal-
und Organisationsberatung,
Clemensstr. 78, 80796
München

Jochum, Eduard, Prof. Dr.
Jochum Dialog Consultants
GmbH, Auwiesenstr. 3,
72770 Reutlingen

Kanning, Uwe Peter, Prof. Dr.
Hochschule Osnabrück,
Fakultät Wirtschafts- und
Sozialwissenschaften,
Caprivistr. 30a, 49076
Osnabrück

Kehr, Hugo M., Prof. Dr. habil.
Technische Universität
München, Lehrstuhl für
Psychologie, Lothstr. 17,
80335 München

Kraus, Rafaela, Prof. Dr.
Personalmanagement
Universität der Bundeswehr
München, Fakultät für
Betriebswirtschaft, Werner-
Heisenberg-Weg 39, 85577
Neubiberg

Manke, Gerd
Unikat Beratung GmbH,
Baseler Str. 170, 12205 Berlin

Martins, Erko, Dr.
Universität Rostock,
Wirtschafts- und
Sozialwissenschaftliche
Fakultät (WSF),
Lehrstuhl für ABWL:
Wirtschafts- und
Organisationspsychologie,
Ulmenstr. 69, 18057
Rostock

Moser, Mario
Hochschullektor
Wirtschaftsingenieurwesen,
Siedlung 107, A-6414
Wildermieming

Müller, Barbara, Dr.
Johannes-Kepler-
Universität Linz,
Institute of HR & Change
Management, KG206,
Altenberger Str. 69, A-4040
Linz

Müller, Karsten, Prof. Dr.
Universität Osnabrück, FB
8, Institut für Psychologie,
Fachgebiet Arbeits- und
Organisationspsychologie,
Seminarstr. 20, 49074
Osnabrück

Mussel, Patrick, Dr.
Julius-Maximilians-
Universität Würzburg,
Lehrstuhl für Psychologie
I, Arbeitsgruppe
Differentielle Psychologie,
Persönlichkeitspsychologie
und Psychologische
Diagnostik, Marcusstr.
9–11, 97070 Würzburg

Negele, Rolf
Diakonisches Werk
des Evang.-Luther.
Dekanatsbezirks
Rosenheim e.V.,
Parkgelände Mietraching,
Dietrich-Bonhoeffer-Str. 10,
83043 Bad Aibling

Nerdinger, Friedemann W., Prof. Dr.
Universität Rostock,
Wirtschafts- und
Sozialwissenschaftliche
Fakultät (WSF),
Lehrstuhl für ABWL:
Wirtschafts- und
Organisationspsychologie,
Ulmenstr. 69, 18057
Rostock

Prümper, Jochen, Prof. Dr.
Hochschule für
Technik und Wirtschaft
(HTW) Berlin, FB
Wirtschaftswissenschaften
– Wirtschafts- und
Organisationspsychologie,
Treskowallee 8, 10318 Berlin

Pundt, Alexander, Dr.
Universität Mannheim,
Lehrstuhl für Arbeits- und
Organisationspsychologie,
Schloss Ehrenhof Ost, 68131
Mannheim

Raich, Margit, Dr.
UMIT – Private
Universität für
Gesundheitswissenschaften,
Medizinische Informatik
und Technik, Institut
für Management und
Ökonomie im
Gesundheitswesen,
Eduard-Wallnöfer-
Zentrum I, A-6060 Hall
in Tirol

Rawolle, Maika, Dr.
Technische Universität
München, Lehrstuhl für
Psychologie, Lothstr. 17,
80335 München

Regnet, Erika, Prof. Dr.
Hochschule Augsburg,
Friedbergerstr. 4, 86161
Augsburg

Roos, Christian
Roos Consult GmbH & Co.
KG – Unternehmensgruppe
Prof. Sarges & Partner,
Steinhorster Weg 1b, 23847
Schiphorst

Rosenstiel, Lutz von, Prof. Dr. Dr.
Hornstein, Rosenstiel
& Partner PartG,
Personal- und
Organisationsberatung,
Clemensstr. 78, 80796
München

Rost, Martin
Universität der Bundeswehr München, Fakultät für Betriebswirtschaft, Werner-Heisenberg-Weg 39, 85577 Neubiberg

Sarges, Werner, Prof. Dr.
Helmut-Schmidt-Universität Hamburg, Holstenhofweg 85, 22043 Hamburg

Schenk, Michael, Prof. Dr. habil. Dr. E. h.
Fraunhofer-Institut für Fabrikbetrieb und -automatisierung IFF, Sandtorstr. 22, 39106 Magdeburg

Schuler, Heinz, Prof. Dr.
Universität Hohenheim, Schloss Hohenheim, Lehrstuhl für Psychologie (540 F), 70593 Stuttgart

Seidel, Holger
Fraunhofer-Institut für Fabrikbetrieb und -automatisierung IFF, Geschäftsfeld Logistik- und Fabriksysteme LFS, Sandtorstr. 22, 39106 Magdeburg

Sonntag, Karlheinz, Prof. Dr.
Universität Heidelberg, Arbeits- und Organisationspsychologie, Hauptstr. 47–51, 69117 Heidelberg

Stowasser, Sascha, Prof. Dr.
Institut für angewandte Arbeitswissenschaft e.V., Uerdinger Str. 56, 40474 Düsseldorf

Straatmann, Tammo
Universität Osnabrück, FB 8, Institut für Psychologie, Fachgebiet Arbeits- und Organisationspsychologie, Seminarstr. 20, 49074 Osnabrück

Streicher, Bernhard, PD Dr.
Ludwig-Maximilians-Universität München, Lehrstuhl Sozialpsychologie, Department für Psychologie, Leopoldstr. 13, 80802 München

Werhahn, Dirk
Cäsar-von-Hofacker-Anlage 4, 71640 Ludwigsburg

Veränderungsschwerpunkt Organisation

Einführung

Lutz von Rosenstiel

1

Definition der Organisation

In allen modernen Gesellschaften gehören deren Mitglieder einer, wenn nicht gar mehreren Organisationen an. Sie arbeiten z. B. in einem Produktions- oder Dienstleistungsunternehmen, sind Mitglied eines Vereins oder mehrerer Vereine, gehören einer institutionalisierten Glaubensgemeinschaft an und gehen in regelmäßigen Abständen in den Kegelclub, zum Treffen der Rotarier etc. Was aber sind Organisationen? Man kann sie aus ganz verschiedenen Perspektiven, aus dem Blickwinkel unterschiedlicher wissenschaftlicher Positionen betrachten. In der Regel denkt man zunächst an die institutionelle Sicht. Kommt man aus einer Sozial- oder Verhaltenswissenschaft, so wird man die Organisation mit Gebert (1978) als ein gegenüber seiner Umwelt offenes System verstehen, das

- zeitlich überdauernd existiert,
- spezifische Ziele verfolgt,
- sich aus Individuen bzw. Gruppen zusammensetzt, also ein soziales Gebilde ist, und
- eine bestimmt Struktur aufweist, die meist durch Arbeitsteilung und eine Verantwortungshierarchie vorgekennzeichnet ist.

Ein Systemtheoretiker, ein Ökonometriker, ein Ingenieur wird vermutlich die Akzente anders setzen und zu einer anderen Definition gelangen. Wie auch immer – diese institutionelle Sicht betont das Statische, den Aufbau der Organisation. In ihr aber laufen viele Prozesse ab; in den Unternehmen der Wirtschaft spricht man von Geschäftsprozessen. So kann man untersuchen, was in einem Handelsunternehmen Schritt für Schritt geschieht, wenn ein Kunde bestimmte Waren bestellt, bis er diese schließlich geliefert bekommt. Oder es lässt sich analysieren, welche Prozesse in einer Hochschule zwischen den verschiedensten Gremien und dann schließlich zwischen der Hochschule und dem Wissenschaftsministerium ablaufen, bis das Konzept einer neuen Prüfungsordnung, das in der einschlägigen Kommission einer Fakultät erarbeitet wurde, endlich zur verbindlichen Regelung wird, die die Anforderungen an die Studierenden definiert.

Formelle und informelle Organisation

Dabei sind die Strukturen und die Prozesse keineswegs unabhängig voneinander. Man kann pointiert sogar so weit gehen, hier Deckungsgleichheit anzunehmen und die Differenz lediglich in der Betrachtungsperspektive zu sehen. In diesem Sinne argumentiert Kahn (1977), dass die sich wiederholenden und stabilisierten Kommunikationsprozesse der Mitglieder der Organisation deren Struktur darstellen. Selbst wenn einem dies überzeichnet erscheinen mag, ist es doch offensichtlich, dass sich unschwer am Organigramm einer Organisation ablesen lässt, wie es vermutlich um die Dienstwege, die alltäglichen Kommunikationsprozesse, um interne Kooperationen etc. bestellt ist. Betrachtet man diese Prozesse aber genau, so wird man meist Abweichungen vom Plan feststellen. So sprechen etwa Personen miteinander, zwischen denen im Organigramm keine Verbindung vorgesehen ist, und sie kommunizieren über Inhalte, die mit ihren Aufgaben nichts zu tun haben. Dies hat zur Unterscheidung zwischen der formellen und der informellen Organisation geführt, die allerdings vielfältige Kritik erfahren hat (Irle, 1963; Gebert & von Rosenstiel, 2002). Tatsächlich sind ja die beobachtbaren Strukturen und Prozesse die Realität der Organisation; das Organigramm, die Vorgaben für die Abläufe, sind letztlich nur Planung, Papier, wobei allerdings die empirisch feststellbaren Strukturen und Prozesse in mehr oder weniger starkem Maße durch diesen Plan determiniert werden. Abweichungen zwischen Plan und beobachtbarer Realität können freilich hoch interessant sein und als Anlass dafür dienen, entweder die Pläne zu modifizieren oder das Verhalten der handelnden Menschen zu ändern.

Wertet man Organisationen aus der Sicht betroffener Menschen, so zeigt sich ihre Ambivalenz. Auf der einen Seite garantieren sie ein Mehr an Bedürfnisbefriedigung. Eine größere Zahl von Menschen wird zu geringeren Kosten mit dem versorgt, was sie brauchen. Man stelle sich vor, was ein Paar Schuhe kosten würde, wenn es noch heute, bei Verzicht auf eine arbeitsteilige Fertigung in Organisationen, von einem einzelnen Schuster in Handarbeit und ganzheitlichem Tun gefertigt werden müsste. Auf der anderen Seite bedeutet jede Organisation Fremdbestimmung, Gängelung und Einengung der Handlungsspielräume für ihre Mitglieder. Argyris (1975) hat sich mit dieser Problematik besonders intensiv beschäftigt. Der erwachsen werdende Mensch sei – so seine Sicht – durch folgende Merkmale oder Bestrebungen gekennzeichnet:

Merkmale des erwachsenen Menschen

— größere Unabhängigkeit,
— mehr Aktivität,
— ausgeprägter Grad der Kontrolle über die eigene Situation und
— längerfristige Zeitperspektive.

Damit aber geraten Personen in Konflikt mit den Anforderungen der Organisation, denn diese erwartet von ihren Mitgliedern ein hohes Maß an ökonomisch orientierter Verhaltensrationalität, wie das z. B. durch das Prinzip der Arbeitsspezialisierung und das der hierarchischen Befehlskette deutlich wird. Vereinfacht lässt sich dieser von Argyris angenommene Konflikt zwischen der Person und der Organisation so illustrieren, wie es ❑ Abb. 1.1 zeigt.

Organisationen lassen sich aus unterschiedlicher Sicht diagnostizieren. Dies kann z. B. durch interne oder externe Experten mit Hilfe relativ harter Daten erfolgen. Auf diese Weise lassen sich bei einer Organisation die Größe, die Branchenzugehörigkeit, die Art des Aufbaus, die Altersstruktur der Belegschaft, der Frauenanteil etc. erfassen. Dann können Experten – den Überlegungen von Weber (1924) folgend – den Grad der Spezialisierung, der Standardisierung, der Formalisierung oder der Zentralisierung feststellen. Diese Größen lassen sich nun zu interessierenden anderen Variablen in Beziehung setzen.

Von erheblicher Bedeutung sind aber auch »weichere« Indikatoren der Organisation, d. h. die Art und Weise, wie die Organisation im Erleben ihrer Mitglieder erscheint. Wichtig ist hier, wie sie

Organisationklima und -kultur als weiche Merkmale der Organisation

1

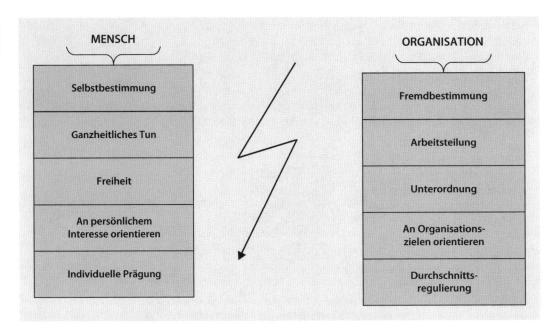

Abb. 1.1 Exemplarische Facetten des Konflikts zwischen dem Individuum und der Organisation. (In Anlehnung an von Rosenstiel & Nerdinger, 2011, S. 131, © 1999 Schäffer-Poeschel Verlag für Wirtschaft, Steuern, Recht in Stuttgart)

in ihren gedeuteten Artefakten, ihren Werten oder ihren kaum bewussten grundlegenden Annahmen abgebildet ist. Dies nun weist auf das Organisationsklima und die Organisationskultur hin. Das Organisationsklima lässt sich als eine relativ überdauernde Qualität der inneren Umwelt der Organisation verstehen, die durch die Mitglieder erlebt wird, ihr Verhalten beeinflusst und durch die Werte bestimmter Merkmale der Organisation beschrieben werden kann (Tagiuri, 1968). Dabei stößt man auf Variablen wie »individuelle Autonomie«, »Rücksichtnahme und Wärme«, »Zielausrichtung«, »Flexibilität«, »Unterordnung« etc. Meist wird das Organisationsklima durch geeignete Erhebungsinstrumente im Rahmen anonymer schriftlicher Befragungen der Mitarbeiter gemessen, wobei diese Daten – wenn sie von einem Sollwert abweichen – Ausgangspunkt für Veränderungsprozesse sein können.

Schwieriger zu erfassen ist die Unternehmenskultur, da sie z. T. den Organisationsmitgliedern nicht bewusst ist und – ähnlich wie das in kulturvergleichenden Analysen ferner Ethnien üblich ist – gedeutet werden muss. Organisationskultur ist dann eben nicht nur »Kunst am Bau« oder »Kultursponsoring«, sondern die Gesamtheit der von den Mitarbeitern geschaffenen bzw. weitergegebenen und damit zeit- und gruppenspezifischen Inhalte und Gestaltungen, die von (fast) allen Mitarbeitern geteilt werden, jedoch einem ständigen Wandel unterworfen sind (Neuberger, 1989). Derart komplexe Phänomene sucht man mit Hilfe vereinfachter Modelle fassbar zu machen. In diesem Sinne gibt es viele Versuche, auch die Organisationskultur anschau-

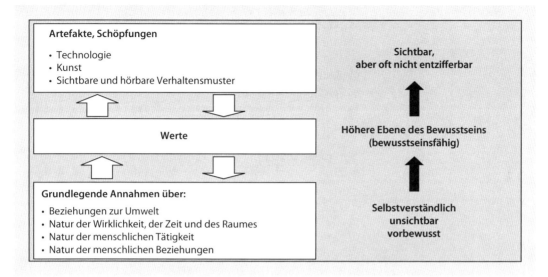

Artefakte, Schöpfungen

- Technologie
- Kunst
- Sichtbare und hörbare Verhaltensmuster

**Sichtbar,
aber oft nicht entzifferbar**

Werte

**Höhere Ebene des Bewusstseins
(bewusstseinsfähig)**

Grundlegende Annahmen über:

- Beziehungen zur Umwelt
- Natur der Wirklichkeit, der Zeit und des Raumes
- Natur der menschlichen Tätigkeit
- Natur der menschlichen Beziehungen

**Selbstverständlich
unsichtbar
vorbewusst**

◘ Abb. 1.2 Die Ebenen des Modells der Organisationskultur nach Schein (2004) und deren Interaktionen

lich werden zu lassen, wobei das bekannteste dieser Modelle von Schein (2004) stammt. Der Autor unterscheidet 3 Ebenen:

— die grundlegenden Annahmen, die so selbstverständlich sind, dass sie gar nicht bewusst werden,

— die leitenden Werte, die durchaus bewusstseinsfähig sind, sowie

— die Artefakte und Schöpfungen, die zwar sichtbar, aber oft nicht oder doch nur schwer entzifferbar sind.

◘ Abb. 1.2 zeigt dieses Modell.

Das Interesse an der Unternehmenskultur auch in der Praxis hat sich deutlich gesteigert, als der Nachweis gelang, dass die Kultur durchaus auch wirtschaftliche Erfolge oder Misserfolge des Unternehmens bedingen kann (Peters & Waterman, 1984; Loisch, 2007).

Wie nahezu alles von Menschen Geschaffene befinden sich Organisationen in Abhängigkeit von externen oder internen Veränderungen in einem kontinuierlichen Wandel, der gelegentlich ruhig, in anderen Zeiten wieder revolutionär verläuft. Häufig versucht man derartige Wandlungsprozesse unter dem Schlagwort »Change Management« (Reiß, von Rosenstiel & Lanz, 1997) bewusst zu gestalten, wobei die Arten des Vorgehens sich hier sehr stark voneinander unterscheiden, was wiederum von den impliziten Organisations- und Menschenbildern der Entscheider abhängt. Nicht selten findet sich in den Köpfen der »Macher« eine Organisationsmetapher, die der Maschine ähnelt (Scholl, 2007). Dann wird der Mitarbeiter zum »Rädchen im Getriebe«, man sieht ihn nicht als handelnden Partner in Wandlungsprozessen, sondern steuert die Veränderung in einem Top-down-Prozess. Kirsch, Esser & Gabele (1979) sprechen hier von einer »Strategie des Bombenwurfs«, die zwar gelegentlich unumgäng-

**Das Bild der Organisation in
den Köpfen der Entscheider
bestimmt den Veränderungsprozess**

lich ist, jedoch meist Widerstand und Verletzungen bei den Betroffenen auslöst.

Am anderen Ende des Extrems steht die auf Kurt Lewin zurückgehende Organisationsentwicklung (Sievers, 1977; von Rosenstiel & Comelli, 2003), die gezielt die Betroffenen zu Beteiligten macht und entsprechend durch ein partizipatives Vorgehen die Ideen und Erfahrungen der Basis einbezieht, die Akzeptanz für die Veränderung steigert und damit Widerstand reduziert und schließlich im Sinne eines Lernens im Prozess der Arbeit die Qualifikation der Betroffenen erhöht. Die nachfolgenden Schilderungen und Beispiele machen deutlich, wie unterschiedlich – mit Blick auf Inhalte und Methoden – bei derartigen Veränderungen vorgegangen werden kann und wie wichtig dabei die Rolle der Kommunikation und des gezielten Feedback ist.

So wird in der Darstellung von Kraus und Rost (► Kap. 2) anschaulich, wie und warum die Kultur in einem kommunalen Verkehrsbetrieb verändert wurde, welche Bedeutung dabei der Kommunikation und dem Dialog – besonders zwischen Mitarbeitern und Führenden – zukam und wie wichtig die Evaluation der Prozesse und der Ergebnisse ist, wenn man die Nachhaltigkeit des Veränderungsprojekts sichern will.

Wo immer Menschen koordiniert handeln, gibt es Interessengegensätze und Konflikte. In den meisten Organisationen der Produktion oder der Dienstleistung in Deutschland ist dies institutionalisiert; für einen geordneten Ablauf der Prozesse sorgt das Betriebsverfassungsgesetz. Zwar sind grundsätzlich sowohl die Unternehmensleitung als auch der Betriebs- und Personalrat dem Gesamtwohl des Unternehmens verpflichtet, doch orientiert sich in konkreten Auseinandersetzungen die Unternehmensleitung meist an den Interessen der Eigner, der Betriebsrat dagegen an jenen der Belegschaft. Dabei ist dies jedoch mit der Hoffnung verbunden, dass die vom Gesetzgeber geforderte »vertrauensvolle Zusammenarbeit« letztlich zu Ergebnissen führt, die dem Wohle des Ganzen dienen. Setzt man sich nun mit der betriebswirtschaftlichen oder organisationspsychologischen Literatur zum Change Management auseinander, so fällt auf, dass man dort viel über die Ziele und Aktionen der Unternehmensleitung, des mittleren Managements sowie der Mitarbeiter erfährt, doch kaum etwas über deren Vertreter, den Betriebs- bzw. den Personalrat. Es ist daher besonders erfreulich, dass Martins, Pundt und Nerdinger (► Kap. 3) in ihrer Falldarstellung zeigen, welche Prozesse der Veränderung innerhalb eines Betriebsrats ablaufen können und welche konstruktive Rolle dieser in einer für das Unternehmen kritischen Phase innerhalb des Wandels spielen kann.

Organisationen der Wirtschaft und Verwaltung sind Bestandteile der Gesellschaft. In dieser aber vollzieht sich ein rascher, sich ständig beschleunigender Wandel, auf den sich die Organisationen einstellen müssen. Meist werden sie auf die Veränderungen des Umfelds, etwa die wachsende Konkurrenz in einer globalisierten Welt, sich ändernde gesetzliche Rahmenbedingungen, die Entwicklung neuer Technologien, das Aufkommen neuer Forderungen und Bedürfnisse der Kunden, die Verknappung oder Verteuerung von Ressourcen, möglichst rasch und angemessen reagieren oder – besser noch – die Veränderung vorausahnend als Pioniere zielorientiert und geplant agieren.

All dies setzt Flexibilität voraus, denn man weiß seit langem, dass nicht der Große den Kleinen, sondern der Schnelle und Wendige den Langsamen und Unbeweglichen frisst. Die Gefahr allerdings, unter diesen Bedingungen zu den Verlierern zu gehören, ist groß, denn es kann nahezu als Gesetzmäßigkeit von Organisationen bezeichnet werden, dass diese – insbesondere in Phasen des Wachstums – dazu neigen, durch Hierarchisierung sowie Formalisierung, Fixierung und Standardisierung der Prozesse zu erstarren. Hier gilt es bewusst gegenzusteuern, um die Flexibilität des Unternehmens zu sichern oder wieder zu beleben. Schenk, Seidel, von Garrel und Grandt (► Kap. 4) zeigen am Beispiel der Produktion, also eines Unternehmensbereichs, der aus nachvollziehbaren Gründen besonders zu Formalisierung, Fixierung und Standardisierung neigt, welche Maßnahmen der Flexibilitätsgestaltung dienlich sind. Dabei wird deutlich, dass die Partizipation, das Einbeziehen der Mitarbeiter in die Entscheidungsprozesse, eine wesentliche Vorbedingung des Erfolgs der eingeleiteten Maßnahmen ist.

Organisationen sind zweckrationale Gebilde, die spezifische Ziele verfolgen. Das Erreichen der Ziele kann dann zur Realisierung eines Werts in knapper Zeit werden, wobei in den Unternehmen der Wirtschaft unserer Gesellschaft die entsprechende Maßeinheit meist das Geld ist. Prozesse innerhalb der Organisation lassen sich unter diesem Blickwinkel als Wertströme interpretieren. Das von Stowasser vorgestellte Fallbeispiel (► Kap. 5) macht dabei deutlich, wie man diese im Rahmen eines Veränderungsprozesses optimieren kann. Obwohl diese Maßnahmen die Organisation als Ganzes betreffen und dazu beitragen, sie als Ablauforganisation insgesamt umzugestalten, wird erkennbar, dass die Teams im Unternehmen dabei als Mittel zum Ziel der Wertstromanalyse dienen.

Ein sehr konkretes Beispiel für einen Change-Prozess stellt Moser vor (► Kap. 6). Es ist ja allgemein bekannt, unter welchem Veränderungsdruck die grafische Industrie in jüngster Zeit stand und noch immer steht. Insbesondere neue Technologien, aber auch Umbrüche in der Medienlandschaft und veränderte Bedürfnisse, Fertigkeiten und Gewohnheiten der Kunden waren Anlass für tiefgreifende Change-Prozesse und nachfolgende Vorgehensweisen kontinuierlicher Verbesserung, die Moser am Beispiel eines Unternehmens darstellt. Dabei erweist sich ein bewusstes Prozessmanagement als Basis. Da aber zunehmend elektronische Systeme zur Abbildung und Unterstützung der Geschäftsprozesse genutzt werden, kann in diesem Fall gezeigt werden, welche Rolle ein derartiges System innerhalb eines Change-Prozesses spielen kann und dass es sehr wohl mit einer weitgehenden Beteiligung der betroffenen Mitarbeiter vereinbar ist.

Denkt man an die Prozesse des Change Managements, seien dies nun partizipative Prozesse der Organisationsentwicklung oder top-down-orientierte Vorgehensweisen im Sinne einer »Bombenwurfstrategie«, so wird man meist an Unternehmen der Wirtschaft denken. Dabei vergisst man allzu leicht, wie viele nicht gewinnorientierte soziale Einrichtungen es in unserer Gesellschaft gibt. Hier lassen sich von außen kommende Anlässe oder im Inneren der Organisation entstehende Forderungen diagnostizieren, die in Veränderungsprozesse münden können. Dabei werden Ziele angestrebt und Werte realisiert, die sich meist nicht auf Dimensionen des Gewinns oder des Geldes abbilden lassen. So dokumentieren Regnet und Werhahn (▶ Kap. 7) einen Prozess der Veränderung und Evaluation bei einer evangelischen Landeskirche, bei dem es um eine gezielte Entwicklung der Mitarbeiter und um Chancengleichheit zwischen ihnen – insbesondere hinsichtlich der Geschlechtszugehörigkeit – geht. Es wird erkennbar, welche positiven Wirkungen Mitarbeiterbefragungen dabei haben können und wie die Evaluation rückwirkend den Veränderungsprozess unterstützen kann.

Conrad und Manke (▶ Kap. 8) klären in ihrem Beitrag das für manche Laien etwas verwaschen erscheinende Konzept des Organisationsklimas. Sie präzisieren es darüber hinaus durch eine klare Operationalisierung, d. h. durch die Messung des Organisationsklimas in einem konkreten Fallbeispiel. Auf der Grundlage der Messergebnisse entwickeln sie Veränderungsvorschläge, die dann Ausgangspunkt für einen Change-Prozess sein können.

In nahezu allen großen und immer mehr mittleren und auch kleinen Unternehmen werden die Mitarbeiter von ihrem Vorgesetzten systematisch beurteilt und die Beurteilungsergebnisse danach besprochen. Die damit verbundenen Ziele bestehen meist darin, das vom Mitarbeiter in Zukunft in der Organisation zu Leistende in quantitativer und qualitativer Hinsicht zu vereinbaren und zugleich mit dem Mitarbeiter zu besprechen, wie er sich künftig entwickeln könnte und sollte, um seine Leistungsfähigkeit bei sich verändernden Anforderungen zu erhalten, aber auch um sich auf neue Aufgaben vorzubereiten.

Sollten diese oder ähnliche Ziele erreicht werden, so gilt es, das gesamte Vorgehen in der Strategie und Kultur des Unternehmens zu verankern sowie – gewissermaßen die »handwerkliche« Ebene – ein methodisch einwandfreies Instrumentarium der Beurteilung zu entwickeln.

Man könnte vermuten, dass die Beurteilung insbesondere Veränderungsprozesse bei der zu beurteilenden Person initiieren und zielorientiert steuern soll. Darum geht es natürlich auch. Die Entwicklung und Implementierung eines Leistungsbeurteilungssystems im Unternehmen kann aber durchaus auch zentraler Bestandteil einer Organisationsentwicklung sein, wobei die Kriterien der

Beurteilung die Ziele, die Politik oder gar die Strategie des Unternehmens abbilden und der Beurteilungsprozess dann die Zielrealisierung nachhaltig fördern kann. Dies wird im Beitrag von Kanning (▶ Kap. 9) deutlich.

Veränderungsprozesse bringen nicht nur die Organisation voran und sichern im Extremfall ihr Überleben, sondern sie sind auch eine Chance zum Lernen. Prozessverantwortliche, Berater, betroffene Führungskräfte und Mitarbeiter machen dabei häufig tiefgreifende Erfahrungen, die künftiges Verhalten nachhaltig ändern können. Allerdings: Aus Erfahrung allein lernen wir wenig, sondern nur dann, wenn diese Erfahrungen reflektiert werden. So nimmt B. Müller (▶ Kap. 10) einen weitreichenden Veränderungsprozess, den sie skizziert, zum Anlass, diesen zu analysieren und kritisch zu reflektieren, um Implikationen für das Change Management, aber auch für das Management insgesamt daraus abzuleiten.

An allen in diesem Teil des Buches dargestellten Fallbeispielen wird Verschiedenes deutlich. Es ging um den Veränderungsschwerpunkt Organisation. Dabei ist die Zuordnung nicht ohne Willkür. Change Management ist ein ganzheitliches Konzept. Es gibt keine Organisationsentwicklung ohne Personalentwicklung und umgekehrt. Und diese Veränderungen sind stets auch mit Entwicklungen der Teams verbunden, innerhalb derer die Mitarbeiter arbeiten, und sie beeinflussen die Aufgaben, die Mitarbeiter zu erledigen haben.

Aber noch etwas wird deutlich. Betroffene Menschen sind kein »Rädchen im Getriebe« der »Maschine« Organisation. Sie sind handelnde Subjekte, die nicht die Kontrolle über ihre Situation verlieren wollen, sie haben Erwartungen, Hoffnungen, Befürchtungen, Wünsche. Sie wollen informiert sein und wissen, wohin die Reise geht. Sie wollen – wenn es um ihre Situation geht – nicht nur Opfer, sondern auch Täter sein. Darum – das zeigen in mehr oder weniger starkem Maße die geschilderten Fälle – ist Partizipation, die Beteiligung der Betroffenen, eine wesentliche Voraussetzung dafür, dass der Veränderungsprozess sich im Ergebnis erfolgreich, befriedigend und als Lernchance für alle gestaltet.

Literatur

Argyris, C. (1975). Das Individuum und die Organisation. In K. Türk (Hrsg.), *Organisationstheorie* (S. 215–233). Hamburg: Hoffmann & Campe.

Gebert, D. (1978). *Organisation und Umwelt.* Stuttgart: Kohlhammer.

Gebert, D. & Rosenstiel, L. von (2002). *Organisationspsychologie,* 5. Aufl. Stuttgart: Kohlhammer.

Irle, M. (1963). *Soziale Systeme.* Göttingen: Hogrefe.

Kahn, R.L. (1977). Organisationsentwicklung: Einige Probleme und Vorschläge. In B. Sievers (Hrsg.), *Organisationsentwicklung als Problem* (S. 281–301). Stuttgart: Klett.

Kirsch, W., Esser, W.M. & Gabele, E. (1979). *Das Management des geplanten Wandels von Organisationen.* Stuttgart: Poeschel.

Loisch, U.C. (2007). *Organisationskultur als Einflussgröße.* Wiesbaden: Gabler.

Neuberger, O. (1989). Organisationstheorien. In E. Roth (Hrsg.), *Organisations-psychologie* (Enzyklopädie der Psychologie; Bd. 3, S. 205–250). Göttingen: Hogrefe.

Peters, T.J. & Waterman, R.H. (1984). *Auf der Suche nach Spitzenleistungen. Was man von den bestgeführten US-Unternehmen lernen kann.* Landsberg: Moderne Industrie.

Reiß, M., Rosenstiel, L. von & Lanz, A. (Hrsg.). (1997). *Change Management.* Stuttgart: Schäffer-Poeschel.

Rosenstiel, L. von & Comelli, G. (2003). *Führung zwischen Stabilität und Wandel.* München: Vahlen.

Rosenstiel, L. von & Nerdinger, F. (Hrsg.). (2011). *Grundlagen der Organisationspsychologie*, 7. Aufl. Stuttgart: Schäffer-Poeschel.

Schein, E.H. (2004). *Organizational culture and leadership.* San Francisco: Jossey-Bass.

Scholl, W. (2007). Grundkonzepte der Organisation. In H. Schuler (Hrsg.), *Lehrbuch Organisationspsychologie* (S. 515–556). Bern: Huber.

Sievers, B. (1977). *Organisationsentwicklung als Problem.* Stuttgart: Klett.

Tagiuri, R. (1968). The concept of organizational climate. In R. Tagiuri & G.H. Litwin (Hrsg.), *Organizational climate. Explorations of a concept* (S. 11–32). Boston: Harvard University.

Weber, M. (1924). *Wirtschaft und Gesellschaft. Grundriß der verstehenden Soziologie*, 2. Aufl. Köln: Kiepenheuer und Witsch.

Evaluation groß angelegter Veränderungsprojekte

Ein Kulturveränderungsprojekt in einem kommunalen Verkehrsbetrieb

Rafaela Kraus und Martin Rost

Dieser Beitrag soll anhand eines bei einem Verkehrsunternehmen in kommunaler Trägerschaft durchgeführten Projekts zur Veränderung der Unternehmenskultur die Möglichkeiten zur Evaluation von umfassenden, langfristigen und aufwendigen Veränderungsprozessen aufzeigen. Das Veränderungsprojekt war 2-stufig angelegt: Die Interventionen setzten zunächst in Form von Seminaren und Workshops bei den Führungskräften an und anschließend bei den Mitarbeitenden, mit denen in Großveranstaltungen mit der Lernlandkartenmethode gearbeitet wurde.

2.1   Was sollte verändert werden und warum?

Bei dem Unternehmen, in dem dieses Veränderungsprojekt durchgeführt wurde, handelt es sich um einen Bereich eines kommunalen Versorgungsunternehmens mit rund 7000 Mitarbeitenden, das für eine deutsche Großstadt Dienstleistungen im Bereich Energieversorgung, Entsorgung und Verkehr bereitstellt. Der von dem Veränderungsprojekt betroffene Unternehmensbereich Verkehr bietet dort einen großen Teil des öffentlichen Personennahverkehrs an und beschäftigt knapp 3000 Mitarbeitende.

Im Rahmen der Liberalisierung der Europäischen Union und der damit verbundenen Anpassungsprozesse wurde in dem Unternehmen in den letzten 13 Jahren ein Wandel vom behördlichen Monopolbetrieb zum privatrechtlich strukturierten Konzern vollzogen. Im Zuge dieser Veränderungen wurde eine Reihe von Hindernissen für einen tiefgreifenden Wandel identifiziert:

- Veränderungsresistente **Subkulturen**: kein Wir-Gefühl
- **Rollenkonflikte** der unteren Führungsebene
- **Mangelnde Mitarbeiternähe** und Unglaubwürdigkeit des Managements
- **Ängste/Widerstände** aufgrund mangelnder Professionalität im Umgang mit Veränderungen

Schwächen der Kommunikations- und Führungskultur

Um diese Schwächen der gelebten Kommunikations- und Führungskultur zu überwinden, wurde ein umfassendes Veränderungsprojekt gestartet. Man wollte ein verbessertes Kommunikationsverhalten zwischen Führungskräften und Mitarbeitenden sowie einen lebendigeren Austausch in der eigenen Gruppe, aber auch zwischen Bereichen und Hierarchieebenen erreichen. Dazu sollten die sozial-kommunikativen Kompetenzen der Führungskräfte und deren Bereitschaft zur Übernahme von Eigenverantwortung gestärkt und Dialogplattformen für Mitarbeitende und Führungskräfte etabliert werden. Darüber hinaus wollte man den Umgang mit Veränderungen professionalisieren und die Führungskräfte in ihrer Rolle als Veränderungsmanager festigen.

Ansatzpunkte des Veränderungsprojekts: Kognitionen, Verhalten, Strukturen

Dazu wurden nachhaltige Veränderungen und Lernprozesse auf der kognitiven Ebene, der Verhaltensebene und der strukturellen Ebene bei Führungskräften und Mitarbeitenden angestrebt: Auf der

Verhaltensebene sollte die Führungs- und Kommunikationskompetenz verbessert werden, wovon man sich auch positive Auswirkungen auf die Kooperation und Kommunikation der Abteilungen erhoffte. Die Führungskräfte sollten ihre Rolle als Gestalter des Wandels akzeptieren und vorleben. Auf der **strukturellen Ebene** wurde versucht, neue Kommunikationsplattformen und -kanäle sowohl zwischen Abteilungen als auch zwischen Führungskräften und Mitarbeitenden zu schaffen.

Die Initialzündung für das Projekt waren folgende Beobachtungen der Ressortleiter im Unternehmensbereich Verkehr: Es gab Kommunikationsdefizite zwischen Mitarbeitenden und Führungskräften (z. B. unangemessener Umgangston), die Mitarbeiterzufriedenheit war gering, Gruppen- bzw. Ressortdenken (z. B. Schimpfen über die jeweils andere Gruppe) war üblich und Mitarbeitende und Führungskräfte hatten wenig Verständnis für die Markt- und Strategieänderungen des Unternehmens (z. B. wurde die Öffnung des Marktes für private Anbieter nicht ernst genommen).

» Wie reden denn die Vorgesetzten mit den Mitarbeitern? Da gab´s so einiges an Fragezeichen. Hier galt wirklich noch das Prinzip »Ich schaff´ Dir das an, und Du hast das gefälligst zu machen, und zwar, ohne es in Frage zu stellen!« – Getreu dem Motto: »Du sollst nicht denken, sondern lenken!« (Zitat eines Ressortleiters) **«**

Hier sollte das Veränderungsprojekt ansetzen: Durch mehr Kommunikation, gegenseitiges Verständnis und Problembewusstsein sollten Ängste und Widerstände gegen Veränderungen des Unternehmens abgebaut und das historisch gewachsene Ressortdenken überwunden werden. Und das Vertrauen in die Führung des Unternehmens und das Commitment sollten durch mehr Hintergrundwissen zur Notwendigkeit von Entscheidungen des Managements gestärkt werden.

2.2 Wie wurde verändert?

Die Interventionen im Rahmen dieses groß angelegten Veränderungsprojekts betrafen alle Führungskräfte und Mitarbeitenden des Unternehmensbereichs und fanden zwischen 2005 und 2008 über einen Zeitraum von mehr als 3 Jahren statt.

2.2.1 Die Akteure im Veränderungsprozess

Da ein zentrales Definitionsmerkmal der Organisationsentwicklung die Mitwirkung der Betroffenen ist, werden diese im weiteren Sinne auch zu Beteiligten, die den Prozess mit gestalten. In das Management des Projekts war eine Vielzahl von Führungskräften der 1.–3. Hierarchieebene eingebunden, ebenso wie die Geschäftsführung und die

Betroffene Führungskräfte werden zu Beteiligten

Leiter der Ressorts als Initiatoren und Machtpromotoren. Alle Führungskräfte sollten explizit zu Beteiligten werden. Eine externe Unternehmensberatung begleitete mit Prozess- und auch Inhaltsberatung die Projektplanung, die Wahl der Methoden und die Umsetzung der einzelnen Interventionen. Die Qualität der Durchführung und die Zielerreichung wurden von externen Evaluatoren überprüft. Eine Einbeziehung der Mitarbeitenden war in der 2. Projektphase vorgesehen.

2.2.2 Die 1. Projektphase: Führungskräfte »kehren vor der eigenen Tür«

Vorbildwirkung der Führungskräfte

Um durch eine intensive Zusammenarbeit im Abteilungs- und Gruppenleiterkreis ein Wir-Gefühl zu schaffen, wurde der 1. Abschnitt des Projekts, von Mitte 2005 bis Mitte 2007, ausschließlich mit den Führungskräften durchgeführt.

Diese 1. Phase des Projekts wurde metaphorisch mit »vor der eigenen Tür kehren« überschrieben. Die Führungskräfte sollten ihrer Vorbildrolle gerecht werden, mit gutem Beispiel vorangehen und als Erste Veränderungsbereitschaft zeigen. Folgende Interventionen für alle Führungskräfte fanden statt:

- **Vorträge und Seminarangebote** zu Führungs- und Kommunikationsthemen
- **Regelmäßige Lerngruppen** zu Führungs- und Kommunikationsthemen
- Außerdem wurde in mehreren Workshops ein **Führungshandbuch** von allen Führungskräften gemeinsam entwickelt.

Die vielfältigen Aktivitäten und Veranstaltungen hatten nicht nur das Ziel, Inhalte zu transportieren (z. B. betriebswirtschaftliche Zusammenhänge, Führungswissen), sondern sollten auch dazu beitragen, das gegenseitige Verständnis über die Abteilungsgrenzen hinweg zu verbessern. Daneben hatten die Führungskräfte in dieser Phase die Aufgabe, die Inhalte für den 2. Teil des Projekts, die Dialogveranstaltungen, zu erarbeiten.

2.2.3 Die 2. Projektphase: Mitarbeitende und Führungskräfte »starten den Dialog«

Großgruppenveranstaltungen mit Lernlandkarten

Diese 2. – z. T. zeitlich parallel verlaufende – Phase betraf nun auch direkt die Mitarbeitenden. In den »Dialogveranstaltungen«, Großgruppenveranstaltungen mit jeweils mehreren 100 Mitarbeitenden, sollten die von den Führungskräften vorab erarbeiteten Inhalte den Mitarbeitenden vermittelt werden. Die Großgruppen wurden dabei in Kleingruppen aus Mitarbeitenden verschiedener Bereiche aufgeteilt, die jeweils von einer Führungskraft moderiert wurden. Die Inhalte zur Unternehmens- und Marktsituation, zur Unternehmensentwicklung und zur strategischen Ausrichtung des Unternehmens wurden dabei mithilfe von grafisch aufwendig gestalteten Plakaten, sog. Lernlandkarten, in einem geführten Dialog vermittelt. Der didaktische Einsatz von Lernlandkarten wird empfohlen, um komplexe Inhalte, wie z. B. neue Unternehmensstrategien, für die Mitarbeitenden verständlich zu machen und die Vermittlung von Kernbotschaften mit Metaphern zu unterstützen. Ein ergänzendes Moderationsmanual ermöglicht einen gesteuerten Bearbeitungsdialog, der zu besseren Lerneffekten führen soll, weil die Inhalte in kleinen, heterogen zusammengesetzten Gruppen gemeinsam, aber dennoch strukturiert erarbeitet werden können.

Um die Akzeptanz des Projekts zu erhöhen, fand im Vorfeld dieser Dialogveranstaltungen im Unternehmen eine **Kommunikationskampagne** statt. So begleitete z. B. eine in Form eines Comics gestaltete **Unternehmenszeitschrift** den Prozess und informierte die Mitarbeitenden über das Projekt.

Begleitende Kommunikationskampagne

Zwischen den mehr als 1 Jahr auseinander liegenden Dialogveranstaltungen wurden ergänzende Kleingruppenveranstaltungen – z. T. mit Freizeitcharakter – angeboten, bei denen einerseits die Mitarbeitenden die Möglichkeit bekommen sollten, Führungskräfte aller Ebenen persönlich kennen zu lernen, und andererseits die Inhalte der Dialogveranstaltungen informell gefestigt werden sollten.

2.3 Sicherstellung von Qualitätsentwicklung und Nachhaltigkeit des Veränderungsprojekts durch Evaluation

2.3.1 Grundsätzliches zur Evaluation von Veränderungsprojekten

Die Kunst einer Organisationstransformation durch langfristig angelegte Kulturveränderungsprojekte besteht darin, deren immanente Eigendynamik zuzulassen, ohne die angestrebten Ziele aus den Augen zu verlieren. Hierfür ist ein permanentes Veränderungsmanagement hilfreich, bei dem durch eine Messung der qualitativen und quantitativen Ausprägung erreichter Zwischenziele entweder die nächsten Schritte abgesichert oder Kurskorrekturen initiiert werden. Auf Grund des langfristigen Charakters des Projekts wurde daher bereits kurz nach dem Projektstart beschlossen, die Qualität und Nachhaltigkeit der Interventionen durch eine Prozessbegleitung mit Evaluationscharakter sicherzustellen. Das Unternehmen wollte in einer **formativen** und **summativen Evaluation** die Wirkungen des Projekts durch eine zielgerichtete, fragengeleitete Bewertung objektivieren, d. h. messen. Die **formative Komponente** sollte die Beteiligten dabei unterstützen, das Projekt zu steuern, die **summative Komponente** sollte den Entscheidungsträgern Hinweise zur Beurteilung des Pro-

Eigendynamik und Veränderungsmanagement

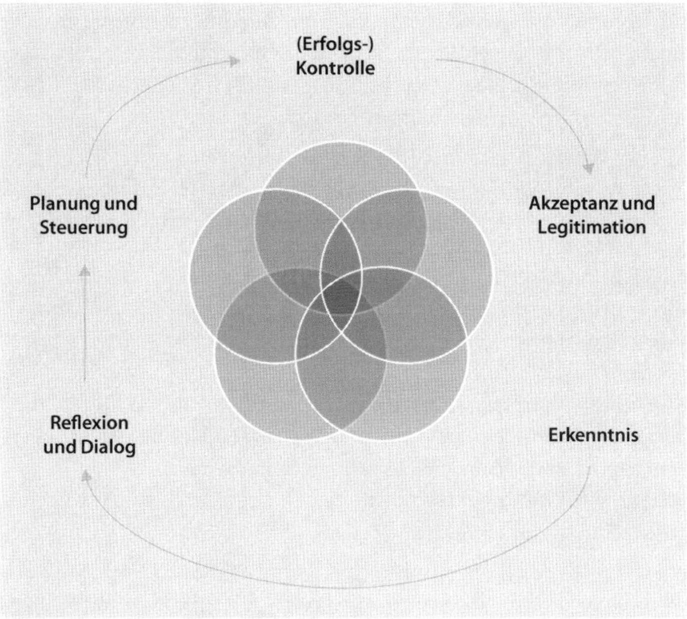

◘ **Abb. 2.1** Funktionen der Evaluation groß angelegter Veränderungsprojekte

jekts geben (Clarke, 1999; Wottawa & Thierau, 2003). Als Evaluatoren wurde ein Team aus Wissenschaftlern unterschiedlicher Disziplinen (Psychologie, Betriebswirtschaft) engagiert.

Nach Rossi, Lipsey & Freeman (2004, S. 28) und Westermann (2002) ist »Evaluation [...] die explizite und systematische Verwendung wissenschaftlicher Forschungsmethoden zur Beschreibung und Bewertung« (Westermann, 2002, S. 5–6) der Konzeption, des Designs, der Implementation und des Nutzens bestimmter Gegenstände, z. B. sozialer Interventionsmaßnahmen.

Evaluation erfüllt dabei 5 grundsätzliche Funktionen (in Anlehnung an Stockmann & Meyer, 2009; vgl. ◘ Abb. 2.1):

1. Evaluation dient der Gewinnung von Erkenntnissen über die Maßnahme.
2. Sie soll eine selbstkritische Reflexion dieser Erkenntnisse und einen Dialog darüber anregen.
3. Dadurch gibt sie Impulse für die Planung und Steuerung und kann die weitere Projektarbeit im Sinne einer Qualitätsentwicklung positiv beeinflussen.
4. Und schließlich soll sie als Erfolgskontrolle die Ergebnisse der Intervention nach vorher festgelegten Maßstäben überprüfen.
5. Hierdurch wird im Unternehmen Akzeptanz geschaffen und die Maßnahme wird legitimiert.

Evaluation als Gratwanderung zwischen Einbindung und Unabhängigkeit

Generell ist Evaluation in Unternehmen, insbesondere bei Veränderungsprojekten, jedoch noch wenig verbreitet; es werden damit eher Befürchtungen als die Chance zu einer professionelleren Prozesssteuerung verknüpft. Dies liegt nach Skinner (2004) u. a. an **Barrieren im Vorfeld,** die das Zustandekommen formeller Evaluationen verhindern, z. B. Kostengründe, fehlendes methodisches Knowhow, Angst vor Macht- und Kontrollverlust, mangelndes Verständnis für den Wert einer Evaluation und die Ansicht, dass ein informelles Monitoring durch das Management »ausreichend« wäre. Die Wirkungsmöglichkeiten von Evaluation werden aber auch infolge von **Barrieren während des Evaluationsprozesses** eingeschränkt, z. B. Fehlen einer tragfähigen gemeinsamen Zielvereinbarung zwischen dem (Projekt-)Management und den Evaluatoren, Zweifeln an der Aussagekraft qualitativ erhobener Daten und Misstrauen gegenüber den Evaluatoren. Um eine wirkungsvolle Evaluation zu gewährleisten, müssen daher vorab und während des Evaluationsprozesses ein intensiver Austausch der Evaluatoren mit den Auftraggebern stattfinden und ein Bewusstsein für den Nutzen und die Methoden der Evaluation geschaffen werden. Für die Evaluatoren bedeutet dies, dass sie stark in das Beziehungsgeflecht des Veränderungsprozesses eingebunden werden. Im dargestellten Veränderungsprojekt waren sie daher gefordert, immer wieder ihre Rolle zwischen Einbindung und Unabhängigkeit zu reflektieren.

2.3.2 Wie plant man die Evaluation eines Veränderungsprojekts?

Auftraggeber und Evaluatoren von Veränderungsprojekten sollten bei der Planung einer Evaluation die in ◘ Abb. 2.2 dargestellten Planungsparameter beachten.

Den Ausgangspunkt für die Erstellung eines Evaluationskonzepts bilden dabei die Fragen nach den Zielen und Objekten der Evaluation. Dann sollten das Vorgehen festgelegt und der Zeitrahmen abgesteckt werden. Auch die Frage nach der geplanten Nutzung der Ergebnisse sollte bereits im Vorfeld einer Evaluation geklärt werden.

Die in ◘ Tab. 2.1 wiedergegebene Checkliste bietet einen Überblick über die im Vorfeld einer Evaluation relevanten Fragestellungen.

2.3.3 Was sind geeignete Evaluationsmethoden?

In der Evaluation von Veränderungsprojekten können in der Regel die Methoden der empirischen Sozialforschung eingesetzt werden, die auch in der klassischen Organisationsentwicklung selbst verwendet werden. Vom »Feedback« in Organisationsentwicklungsprojekten unterscheidet sich eine Evaluation jedoch durch ihre größere Unabhängigkeit und eine transparentere Darlegung des Vorgehens und der Ergebnisse (Seitz et al., 2004). Ihre Aufgabe ist es nicht primär, das Projekt voranzutreiben, sondern einen umfassenden Blick auf den Untersuchungsgegenstand zu ermöglichen. Im Fallbeispiel wurden in

Unterscheidung von Feedback und Evaluation

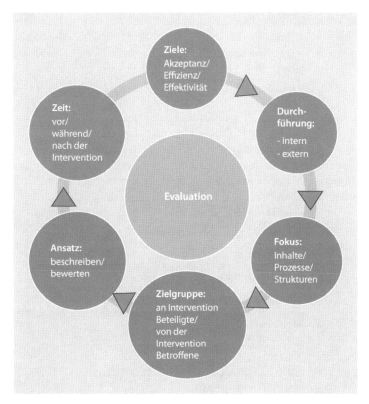

Abb. 2.2 Die Facetten eines Evaluationskonzepts

3 Phasen zunächst die Struktur des Veränderungsprojekts, dann die Prozesse und schließlich die Ergebnisse evaluiert.

Zur Überprüfung der Angemessenheit des im Projekt verwendeten Konzepts, der Methoden, der organisationalen Rahmenbedingungen und des Projektmanagements führten die Evaluatoren zuerst eine **Strukturevaluation** durch:

— Um einen ersten Zugang zum Untersuchungsgegenstand zu gewinnen, fanden zunächst Workshops und problemorientierte Interviews mit Vertretern des Controllings (Auftraggeber der Evaluation) und des Projektmanagements statt.

— Ergänzend wurde eine Dokumentenanalyse relevanter Unterlagen des Unternehmens und des Veränderungsprojekts durchgeführt (Qualitative Inhaltsanalyse).

Auf der Basis der gewonnenen Erkenntnisse entwickelten die Evaluatoren einen Leitfaden mit an die Projektbeteiligten gerichteten Reflexionsfragen (vgl. ▶ Checkliste: Evaluationsmethode »Dokumentenanalyse« – einige Beispiele für Reflexionsfragen). Im Fallbeispiel war ein Ergebnis der Reflexion die Erkenntnis, dass die gewünschte Kulturveränderung im Veränderungsprojekt selbst nur unzureichend

◘ Tab. 2.1. Checkliste zur Auftragsklärung für Evaluatoren und Auftraggeber

Ziele (Warum wird evaluiert?)	- Ziele der Evaluation? - Evaluationsinhalte? - Evaluationskriterien?
Objekte (Was/wer wird evaluiert?)	- Auslöser und Ziele des Veränderungsprojekts? - Geplanter Verlauf und »Meilensteine« des Veränderungsprojekts? - Kritische Faktoren im Veränderungsprojekt (z. B. »Barrieren und Treiber«)? - Zentrale Zielgruppen des Projekts und Zielgruppen der Evaluation? - Stichproben/Vollerhebung?
Vorgehen (Wie wird evaluiert?)	- Formative Evaluation (Prozessbegleitung) und/oder summative Evaluation (Ergebnisevaluation)? - Erhebungsmethoden und deren Standardisierungsgrad (qualitativ/quantitativ)? - Kostenrahmen der Evaluation?
Zeitrahmen (Wann wird evaluiert?)	- Erhebungszeitpunkte? - Stichtag/Längsschnitt?
Nutzung (Wie werden Ergebnisse aufbereitet?)	- Adressaten der Ergebnisse? - Geplanter Umgang mit Evaluationsergebnissen?

abgebildet war. Die Kommunikationsprobleme, die mit dem Kulturveränderungsprojekt eigentlich gelöst werden sollten, waren »en miniature« in der Projektorganisation reproduziert worden. So wurde erkannt, dass die Bezeichnung »Dialogveranstaltung« Reaktanz bei den Mitarbeitenden auslöste, weil sie kaum in die Gestaltung der Veranstaltungen eingebunden waren, also hier nur wenig »Dialog« stattfand.

ⓘ Checkliste: Evaluationsmethode »Dokumentenanalyse« – einige Beispiele für Reflexionsfragen
  — Werden alle Mitarbeitenden sensibilisiert für das Thema »Werte«?
  — Werden die Werte der Mitarbeitenden an das Management kommuniziert?
  — Finden Zusammenkünfte von Mitarbeitenden und Management statt, in denen Werte diskutiert werden?
  — Finden Zusammenkünfte von Mitarbeitenden und Management statt, in denen das erwünschte Verhalten besprochen wird?
  — Findet ein Kontextmanagement statt, d. h. werden Rahmenbedingungen gestaltet, die neues Verhalten ermöglichen?

Qualitative und quantitative Evaluationsmethoden

Das Zentrum von Evaluationen im Organisationsbereich bilden generell Befragungen, die je nach Art der Durchführung der qualitativen oder der quantitativen Sozialforschung zugeordnet werden. Qualitative Methoden in der Evaluationsforschung sind z. B. Interviews mit unterschiedlichem Strukturierungsgrad sowie Gruppendiskussionen. Quantitative Methoden sind v. a. schriftliche, standardisierte Befragungen. Eine weitere häufig eingesetzte Methode sind Beobachtungen, die ebenfalls sowohl quantitativen als auch qualitativen Charakter besitzen können.

Für die **Prozessevaluation**, die Begleitung und Überprüfung der laufenden Interventionen, wurden die Erkenntnisse hauptsächlich aus Befragungen und Beobachtungen gewonnen:

- Es wurden informelle Gespräche mit der Geschäftsleitung geführt.
- Es fanden halbstrukturierte Interviews mit Führungskräften statt (vgl. ▶ Checkliste: Evaluationsmethode »Interview« – Auszug aus dem Interviewleitfaden für Führungskräfte).
- Es wurden teilnehmende Beobachtungen sowie halbstrukturierte Interviews mit Mitarbeitenden durchgeführt.

🛈 Checkliste: Evaluationsmethode »Interview« – Auszug aus dem Interviewleitfaden für Führungskräfte
- Wie haben Sie sich auf Ihre Rolle als Moderator vorbereitet?
- Wie haben Sie sich auf den Umgang mit »schwierigen« Mitarbeitenden vorbereitet?
- Wie schaffen Sie es, die im Manual zur Lernlandkarte geforderte Neutralität durchzuhalten?
- Wo sehen Sie in Bezug auf die Bearbeitung der Lernlandkarte Konfliktpotenzial?

Messung von Einstellungs- und Verhaltensänderungen

Das zentrale Instrument der **Ergebnisevaluation**, bei der eine Messung der tatsächlichen Effekte der OE-Maßnahmen das Ziel war, stellte jedoch eine schriftliche, standardisierte Längsschnittbefragung dar: In der Vorbereitungsphase der 1. und nach der 2. Dialogveranstaltung fanden Befragungen der vom Veränderungsprojekt betroffenen Führungskräfte und Mitarbeitenden sowie einer nicht betroffenen Kontrollgruppe statt, in denen die Einstellungs- und Verhaltensänderungen gemessen wurden. Zusätzlich wurde das Erleben der Dialogveranstaltungen von Führungskräften und Mitarbeitenden jeweils im Anschluss an diese abgefragt (vgl. ◼ Abb. 2.3).

Durch die Kombination qualitativer und quantitativer Forschungsmethoden wurde einerseits sichergestellt, dass keine zentralen Aspekte oder Probleme des Veränderungsprozesses übersehen wurden, andererseits konnten die gesammelten Erkenntnisse repräsentativ überprüft und die Veränderung psychologischer Konstrukte, wie z. B. der Motivation, gemessen werden (vgl. ◼ Abb. 2.4).

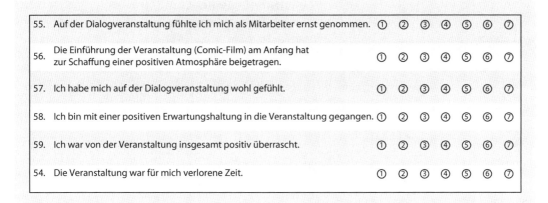

55.	Auf der Dialogveranstaltung fühlte ich mich als Mitarbeiter ernst genommen.	①	②	③	④	⑤	⑥	⑦
56.	Die Einführung der Veranstaltung (Comic-Film) am Anfang hat zur Schaffung einer positiven Atmosphäre beigetragen.	①	②	③	④	⑤	⑥	⑦
57.	Ich habe mich auf der Dialogveranstaltung wohl gefühlt.	①	②	③	④	⑤	⑥	⑦
58.	Ich bin mit einer positiven Erwartungshaltung in die Veranstaltung gegangen.	①	②	③	④	⑤	⑥	⑦
59.	Ich war von der Veranstaltung insgesamt positiv überrascht.	①	②	③	④	⑤	⑥	⑦
54.	Die Veranstaltung war für mich verlorene Zeit.	①	②	③	④	⑤	⑥	⑦

◘ **Abb. 2.3** Evaluationsmethode »Schriftliche Befragung« – Auszug aus dem Fragebogen zur Ergebnisevaluation

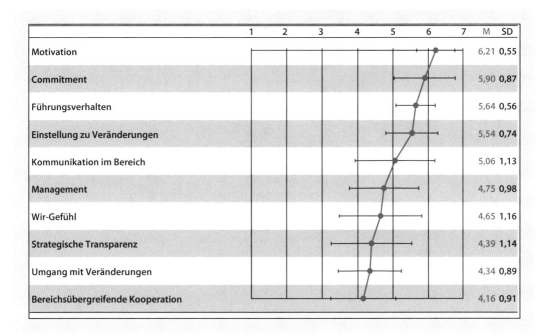

	1	2	3	4	5	6	7	M	SD
Motivation								6,21	0,55
Commitment								5,90	0,87
Führungsverhalten								5,64	0,56
Einstellung zu Veränderungen								5,54	0,74
Kommunikation im Bereich								5,06	1,13
Management								4,75	0,98
Wir-Gefühl								4,65	1,16
Strategische Transparenz								4,39	1,14
Umgang mit Veränderungen								4,34	0,89
Bereichsübergreifende Kooperation								4,16	0,91

◘ **Abb. 2.4** Evaluationsmethode »Schriftliche Befragung« – Auszug aus der Ist-Analyse zu Einstellungen der Führungskräfte. (*M* Mittelwert, *SD* Standardabweichung)

Um die vom Veränderungsprojekt Betroffenen angemessen einzubinden, wurden sowohl die Prozesse der Datenerhebung als auch die Ergebnisrückmeldung genutzt. Insbesondere die qualitativen Erhebungen in Workshops und Interviews boten eine Plattform zur Präzisierung und Weiterentwicklung des Evaluationsziels, zum Austausch und zur Qualitätsentwicklung des Veränderungsprojekts.

Einbindung der Betroffenen in die Evaluation

2.3.4   Wie wirkt die Evaluation?

Analogie von Evaluation und
Training

Evaluationsprozesse bieten den an Veränderungsprozessen Beteiligten in erheblichem Umfang die Möglichkeit zur Reflexion des eigenen Handelns (Zepke, 2005). Durch die permanenten Rückmeldungen zum Verhalten der Akteure und dem Verlauf eines Projekts entspricht die Evaluation in ihrer Wirkung einer Trainingsmaßnahme oder einem Coaching für Veränderungsprozesse. Dementsprechend lässt sich die **Wirkung der Evaluation** analog zur Evaluation von Trainingsmaßnahmen (nach Kirkpatrick & Kirkpatrick, 2006) auf 4 Stufen abbilden:

1. **Akzeptanz und Zufriedenheit** mit dem Evaluationsprozess (z. B. mit dem Vorgehen der Evaluatoren) als Grundvoraussetzungen für die Wirkung der Evaluation. Nur wenn die Evaluation auf Akzeptanz stößt, werden die Informationen aus der Evaluation aufgenommen und ein Lerneffekt erzielt.
2. **Lernen**, z. B. Verbesserung des Methodenwissens, Einstellungsänderung.
3. **Verhalten:** Gelerntes wird in die Praxis umgesetzt und beeinflusst Entscheidungsprozesse (z. B. Veränderung des Projektmanagements).
4. **Erfolg auf der Organisationsebene:** Verhaltensveränderungen führen zu messbaren Verbesserungen von relevanten Kennzahlen (z. B. Erhöhung der Arbeitszufriedenheit der vom Veränderungsprojekt Betroffenen).

Teilhabe vs. Distanzwahrung

Für die Akzeptanz der Evaluation und für die Förderung der Lernprozesse – und damit auch Voraussetzung für eine Verhaltensänderung der Akteure – ist deren Einbindung zentral. Eine bloße Rückmeldung von Evaluationsergebnissen an den Auftraggeber ist hierfür nicht ausreichend. Es ist Aufgabe der Evaluatoren, bereits bei der Gestaltung des Datenerhebungsprozesses umfassend zu informieren und Vertrauen aufzubauen. Dabei bewegen sich Evaluatoren immer im Spannungsfeld zwischen Teilhabe am Veränderungsprozess und der für ihre Rolle erforderlichen Distanzwahrung.

2.4   Fazit und Hinweise für die Praxis

2.4.1   Was sollte bei der Evaluation von Kulturveränderungsprojekten beachtet werden?

Komplexität und Nichtlinearität
erfordern agiles Vorgehen

Die Evaluation von Kulturveränderungsprojekten ist oft dadurch erschwert, dass die Veränderungsziele vage formuliert wurden und diese sich zudem während der Projektlaufzeit durch das Auftreten neuer interner und externer Einflüsse ändern. Es handelt sich also immer um »bewegliche Ziele« mit unvermeidlicher Eigendynamik, für die ein a priori formuliertes klares Evaluationskonzept und operationalisierte Zielsetzungen zwar sinnvoll sind, die aber dennoch nicht zu einem linearen Verständnis von Evaluation verleiten dürfen. Die Evaluation eines Veränderungsprozesses kann nur dann angemessen und ganzheitlich erfolgen, wenn seiner Komplexität und Nichtlinearität durch ein möglichst agiles Vorgehen Rechnung getragen wird. Auch Evaluationsdesigns und -ziele bedürfen einer regelmäßigen, systematischen Reflexion.

> **Wichtig**
> **Dem Evaluator muss das Kunststück gelingen, in das Projekt »einzutauchen«, ohne dabei die Außenperspektive aufzugeben.**

Eine Gefahr für den Erfolg der Evaluation von Veränderungsprojekten stellt die Ambiguität der Erwartungen dar, mit denen die Evaluatoren von verschiedenen Seiten konfrontiert sind. So fordert z. B. der Auftraggeber (z. B. Geschäftsführung) monetäre Aussagen zum Return on Investment des Change-Projekts. Projektbeteiligte (z. B. Projektleitung) erhoffen sich eine Bestätigung ihres bisherigen Vorgehens, der externe Berater befürchtet Kritik an seinen Leistungen. Die vom Projekt betroffenen Mitarbeitenden erwarten umgehend Konsequenzen aus ihrem Feedback, und der Betriebsrat wünscht sich Argumente für eine Umschichtung der Projektmittel. All diesen Erwartungen kann die Evaluation nicht gerecht werden. Sie muss jedoch bewusst mit ihnen umgehen, anstatt sie auszublenden.

Ambiguität der Erwartungen zum Thema machen

> **Wichtig**
> **Die Evaluation sollte die Interessenlage aller beteiligten Anspruchsgruppen kennen und diese im Fall erheblicher Abweichungen zum Thema machen.**

Das heißt auch, dass die Anforderungen der Auftraggeber nicht als einziger Maßstab für das Evaluationskonzept dienen dürfen, denn auf den Evaluationsergebnissen basierende Entscheidungen des Managements werden v. a. dann akzeptiert, wenn auch die Sicht anderer Akteure in der Evaluation angemessen berücksichtigt wurde.

> **Wichtig**
> **Die Definition von Evaluationszielen, die Abgrenzung der Rolle und der Aufgaben der Evaluation, sollte möglichst unter Einbeziehung derjenigen Stakeholder geschehen, deren Verhalten (z. B. aufgrund ihrer Informationshoheit) für die Evaluation erfolgskritisch sein könnte.**

Für einige Akteure bedeutet Evaluation auch eine Gefahr für ihre eigene Position, was zu Informationszurückhaltung, Rivalitäten und Konflikten führen kann. So birgt die Beziehung zum Projektmanagement erhebliches Konfliktpotenzial, wenn die Evaluation als Kontrollinstanz eingeführt oder interpretiert wird oder wenn sich aus der Evaluation abgeleitete Kritik auf grundsätzliche Aspekte eines Projekts bezieht. Gleiches gilt für in Veränderungsprojekte eingebundene externe Berater. Sie sind einerseits zentrale Adressaten der Evaluation, andererseits können sie deren Ergebnisse für die Steuerung ihrer Interventionen nutzen. Für sie heißt Evaluation in der Regel auch Evaluation ihres eigenen Vorgehens. Wenn, wie im dargestellten Fall, Methoden des Beraters auf dem Prüfstand stehen, ist die Zusammenarbeit mit den Evaluatoren also a priori belastet. Diese grundsätzliche Problematik eines konfliktären Verhältnisses lässt sich nicht auflösen.

> **Wichtig**
> Ein Antagonismus von Evaluatoren und Projektbeteiligten kann aber vermindert werden, wenn jenen ausreichend Gelegenheit gegeben wird, ihr Vorgehen zu präsentieren und zu Kritikpunkten Stellung zu nehmen.

Gestaltung des Verhältnisses von Evaluatoren, Mitarbeitenden und Betriebsrat

Des Weiteren ist die Evaluation auf die Kooperation der betroffenen Mitarbeitenden angewiesen. Hohe Beteiligungsraten bei Befragungen sind nur zu erzielen, wenn die Mitarbeitenden auf den sachgerechten Umgang mit Befragungsdaten vertrauen und wenn die Evaluatoren in einer Nutzenargumentation aufzeigen, wie die Mitarbeitenden dadurch ihre Meinung zum Ausdruck bringen und einen Einfluss auf den Veränderungsprozess nehmen können. Zentrale Evaluationsergebnisse sollten daher auch an die Befragten kommuniziert werden. Dies gilt auch für den Betriebsrat. Er interessiert sich v. a. für die sozialen Aspekte des Veränderungsprojekts oder den Umgang mit Daten. Im Idealfall wirkt der Betriebsrat bei Befragungen positiv auf die Beteiligung der Mitarbeitenden ein oder übernimmt organisatorische Aufgaben. Jeglicher Austausch mit dem Betriebsrat sollte von den Evaluatoren allerdings eng mit den Auftraggebern der Evaluation abgestimmt werden, um der Gefahr einer Instrumentalisierung entgegenzuwirken.

An Argumentationslogik der Adressaten angepasste Ergebnisdarstellung

Bei der Präsentation der Evaluationsergebnisse ist je nach Zielgruppe in erheblichem Umfang Übersetzungsarbeit zu leisten. So erwarten Vertreter des oberen Managements von der Berichterstattung über Projekte zumeist quantitative – möglichst auch monetäre – Aussagen. Auch im Fallbeispiel fanden die Ergebnisse aus den repräsentativen, standardisierten Befragungen zunächst mehr Beachtung als die qualitativen Auswertungen. Quantitative Daten als Ergebnis standardisierter Befragungen kommen der Argumentationslogik des Managements deutlich näher und erleichtern die Vermittlung von Erkenntnissen der Evaluation. Statistiken und Kennzahlen alleine werden allerdings einem kulturellen Wandel, z. B. in Bezug auf Einstellungsänderungen, nur selten gerecht. Auch im geschilderten Fallbeispiel waren die qualitativen Methoden unerlässlich, um das Beziehungsnetzwerk im Unternehmen kennen zu lernen, den Veränderungsprozess in seiner Komplexität zu verstehen und Lernprozesse anzustoßen. So nahm im Fallbeispiel auch die Bereitschaft des Managements, sich mit qualitativen Daten auseinander zu setzen, im Verlauf der Evaluation deutlich zu.

> **Wichtig**
> Grundsätzlich schafft der Einsatz vielfältiger, adressatenzen-
> trierter Evaluationsmethoden eine Vertrauensgrundlage.

2.4.2   Einige Ergebnisse der Evaluation

Die Evaluation des dargestellten Kulturveränderungsprojekts bestä-
tigte den Nutzen von Evaluation in Veränderungsprozessen sowie
deren Einfluss auf Entscheidungsprozesse:

— Die Evaluation stellte einen institutionalisierten und auf Grund
 ihrer definitionsgemäßen Unabhängigkeit objektivierten Rahmen für gezielte Feedback-Prozesse zur Verfügung. Als wichtige
 Voraussetzung für einen konstruktiven Umgang mit Feedback
 haben sich hier der Rückhalt und die Unterstützung des Auftraggebers erwiesen.

— Die Führungskräfte identifizierten sich als Beteiligte stark mit
 »ihrem« Projekt und der eigenen Gruppe, was zur Folge hatte,
 dass sie für Kritik anderer Gruppen in der Organisation (z. B.
 Controlling) nicht mehr empfänglich waren. Die Evaluatoren
 konnten, im Gegensatz zu den in organisationalen Beziehungs-
 netzen »ge- und befangenen« Projektbeteiligten, in die Rolle
 eines Advocatus Diaboli schlüpfen, der, gestützt auf Erhebungs-
 daten, auch unbequeme Wahrheiten äußern und auf Hindernisse
 und Risikobereiche mit dem Finger zeigen darf. Evaluationen
 können also durch kritische, aber konstruktive Rückspiegelung
 der Ergebnisse »group think« vermeiden.

— Das Vorhandensein eines permanenten Sparringspartners (engl.
 »spar with someone«, »sich mit jemandem auseinandersetzen«),
 die wiederholten Chancen zur Standortbestimmung und die
 Anstöße zur Selbstreflexion wurden von den Projektbeteiligten
 und dem Auftraggeber als hilfreich empfunden und führten zu
 grundlegenden Modifikationen des Veränderungsprojekts.

Leseempfehlung

Stockmann, R. & Meyer, W. (2009). *Evaluation: Eine Einführung.*
Stuttgart: UTB.

Literatur

Clarke, A.. (1999). *Evaluation research: An introduction to principles, methods and
 practice.* London: Sage.
Kirkpatrick, D.L. & Kirkpatrick, J.D. (2006). *Evaluating training programs – The four
 levels*, 3rd ed. New York: McGraw-Hill Professional.

Rossi, P.H., Lipsey, M.W. & Freeman, H.E. (2004). Evaluation: A systematic approach, 7th ed. Thousand Oaks: Sage.

Seitz, D., Kerlen, C., Lippert, I. & Steg, H. (2004). Konzept zur Evaluation betrieblicher Organisationsentwicklung. Am Beispiel der Implementierung projektorientierter Managementsysteme. *Zeitschrift für Evaluation, 3* (1), 95–116.

Skinner, D. (2004). Primary and secondary barriers to the evaluation of change. Evidence from two public sector organizations. *Evaluation, 10* (2), 135–154.

Stockmann, R. & Meyer, W. (2009). *Evaluation: Eine Einführung*. Stuttgart: UTB.

Westermann, R. (2002). Merkmale und Varianten von Evaluationen: Überblick und Klassifikation. *Zeitschrift für Psychologie, 210*, 4–26.

Wottawa, H. & Thierau, H. (2003). *Lehrbuch Evaluation*, 3. Aufl. Bern: Huber.

Zepke, G. (2005). *Reflexionsarchitekturen. Evaluierung als Beitrag zum Organisationslernen*. Heidelberg: Verlag für Systemische Forschung im Carl-Auer-Systeme-Verlag.

Strategiewandel durch einen Change-Prozess

Zur besonderen Rolle des Betriebsrats im MAP-2008-Projekt bei der SAM Electronics GmbH

Erko Martins, Alexander Pundt und Friedemann W. Nerdinger

3

Der Erfolg neuer Strategien zum Fortbestehen und Wachstum von Unternehmen am Markt kann umfangreiche Veränderungsprozesse im Unternehmen erforderlich machen. Zur wirksamen Ausrichtung der Unternehmensaktivitäten auf diese neuen Strategien können alle betrieblichen Akteure einen großen Beitrag leisten: angefangen vom Management bis hin zum Mitarbeiter. Aber auch der Betriebsrat kann hier eine herausragende Rolle einnehmen, wie das folgende Beispiel eines Change-Prozesses der SAM Electronics GmbH verdeutlicht: Hier hat der Betriebsrat sogar notwendige Veränderungsprozesse angestoßen und sich maßgeblich und aktiv an den Veränderungen beteiligt – und so zum Erfolg des Change-Prozesses beigetragen.

3.1   Was sollte verändert werden?

Change-Prozess zur Umsetzung der Unternehmensstrategien notwendig

Die SAM Electronics GmbH mit ihrem Hauptsitz in Hamburg agiert auf dem Schiffbauzuliefermarkt und entwickelt und produziert innovative elektrische und elektronische Systeme zur Schiffssteuerung, wie z. B. Systeme zur Navigation, Automation und Kommunikation, für Werften und Reeder weltweit (im Jahr 2010: Umsatz von 281 Mio. €; 1450 Mitarbeiter weltweit; www.sam-electronics.de). Dieser Schiffbauzuliefermarkt boomte seit Anfang 2000 bis hin zur Finanzkrise 2007/2008 und ermöglichte der SAM-Electronics-Gruppe zahlreiche Umsatzrekorde. Durch den Eintritt vieler neuer, v. a. asiatischer Konkurrenten wurde der Markt aber auch immer härter umkämpft, was insbesondere zu einem permanent zunehmenden Kostendruck und immer geringeren Ertragsmargen führte. Um wettbewerbsfähig zu bleiben, verfolgte das Unternehmen im Wesentlichen 2 Strategien: Die Herstellkosten sollten gesenkt, und durch das »Setzen neuer technischer Standards und die Entwicklung leistungsfähigerer, skalierbarer und höher integrativer Systeme im Bereich von Navigations- und Automationsanlagen« (Manthey & Weinreuter, 2010, S. 91) sollte eine technologische Vorreiterstellung erreicht werden. Das sollte es dem Unternehmen ermöglichen, dem Kostenwettbewerb zu entgehen. Die Umsetzung dieser Strategien zur Sicherung des Fortbestands und des Erfolgs des Unternehmens machte einen umfangreichen Change-Prozess bei der SAM-Electronics-Gruppe notwendig (Manthey & Weinreuter, 2010). Zentrales Ziel der Veränderungsprozesse war die Optimierung der unternehmerischen Prozesse zur Sicherstellung von Effektivität, Effizienz und Innovativität im Unternehmen.

Solche Veränderungsprozesse wurden bei SAM in der Vergangenheit üblicherweise vom Management initiiert, das mit Hilfe des Know-hows verschiedenster externer Unternehmensberater entsprechende Veränderungsmaßnahmen erarbeitete und umsetzte. Der Erfolg dieser Maßnahmen stellte sich nach Einschätzung des Vorsitzenden des Betriebsrats der SAM Electronics GmbH aber nicht wie gewünscht ein (Merks, 2010), da die Belegschaftsvertreter lediglich aufgrund ihres im Betriebsverfassungsgesetz verankerten Beratungsrechts an diesen Prozessen partizipieren konnten. Die Möglichkeiten des Betriebsrats zur Beeinflussung dieser insbesondere für die Mitarbeiter hoch relevanten Veränderungsmaßnahmen waren damit vergleichsweise beschränkt, so dass »Belegschaft und Betriebsrat in die Verweigerungshaltung gingen« (Merks, 2010, S. 112), und zwar gekoppelt mit starken Motivationsverlusten und einem Leistungsabfall der Mitarbeiter.

Der Change-Prozess basierte nicht wie im Unternehmen bis zu diesem Zeitpunkt üblich (allein) auf Veränderungsstrategien spezialisierter externer Unternehmensberater, die sich v. a. auf die Ansätze »Personalabbau, Konzentration auf Kernkompetenzen, Verflachung der Fertigungstiefe und Outsourcing« (Merks, 2010, S. 112) konzentrierten. Vielmehr wurde der Betriebsrat von Anfang an in die Prozesse einbezogen, konnte »auf Augenhöhe« mit dem Management und den externen Beratern verhandeln und hat sogar im großen Maße den Change-Prozess im Unternehmen angestoßen. Auf diese Weise gab der Betriebsrat den Mitarbeitern die Sicherheit, dass geplante Maßnahmen im Veränderungsprozess nicht in erster Linie einen Personalabbau – insbesondere nicht den Abbau ihres eigenen Arbeitsplatzes – nach sich zogen. Die Folge war eine starke Motivation der Mitarbeiter, sich am Veränderungsprozess aktiv zu beteiligen, spezifisches Wissen und innovative Ideen zur Gestaltung des Wandels einzubringen und damit dem Change-Prozess zum Erfolg zu verhelfen (Merks, 2010).

> Gelingen des Change-Prozesses durch frühzeitige Einbindung des Betriebsrats und Verhandlung des Managements mit ihm »auf Augenhöhe«

3.2 Warum und wozu sollte verändert werden?

Die bis dato etablierten Unternehmensprozesse zeigten sich angesichts der verschärften Marktsituation als nicht mehr adäquat, um die Wettbewerbsfähigkeit des Unternehmens nachhaltig zu sichern. Darüber hinaus konnten mit ihnen nachweislich die Renditeerwartungen des Unternehmenseigners nicht ausreichend befriedigt werden.

Den Anstoß zum Change-Projekt im Unternehmen lieferte der Betriebsrat. Auf einer Betriebsversammlung äußerte er seine Kritik an den bestehenden Unternehmensprozessen. Diese waren aus seiner Sicht v. a. ursächlich für die bedrohliche Situation des Unternehmens und die Notwendigkeit von Veränderungsmaßnahmen. In der Kritik des Betriebsrats waren genaue Hinweise darauf enthalten, wo dringend Veränderungen notwendig waren, und v. a., warum die Veränderungsprozesse erforderlich schienen. Der Betriebsratsvorsitzende trug diese Kritik in Form von 14 »Thesen« vor, die in ◖ Abb. 3.1 dargestellt sind.

Diese vom Betriebsrat kritisierten Aspekte wurden durch die Geschäftsführung und das Management nicht zurückgewiesen oder in ihrer Relevanz für das Unternehmen abgeschwächt. Im Gegenteil: Das Management hat grundsätzlich ihre Richtigkeit bestätigt.

> Betriebsrat stößt mit seiner Kritik an der Unternehmenssituation Change-Prozess an

Die 14 Thesen des Betriebsrats

1. Das Unternehmen hat an wichtigen Punkten eine zu dünne Personaldecke, um an Technik - und Marktentwicklung voll zu partizipieren.
2. Tradition und Spartendenken führen zu einem mangelhaften Informationsfluss, der wiederum zu Reibungsverlusten, Ineffizienzen und hohen Kosten bei Nacharbeitung von Aufträgen führt.
3. Der Wunsch bei den Mitarbeitern nach Kommunikation und Transparenz von Unternehmensentscheidungen wird nicht hinreichend erfüllt. Dies führt zu Enttäuschungen und mangelnder Leistungsbereitschaft.
4. Das Unternehmen hat viel zu lange Entscheidungswege. Es macht keinen Sinn, unter jeden Antrag und jedes Formular vier Unterschriften zu bekommen.
5. Bei Innovationsprojekten fehlt Mut zur Entscheidung.
6. Zu viele Gebote, Verbote und Normen blockieren die Denkprozesse und Entscheidungen.
7. Die Umsetzung des tariflichen Entgeltrahmenabkommens (ERA) hat nicht wirklich zur Erhöhung der Motivation beigetragen. Es gab 50 % Widersprüche und damit 50 % Unzufriedenheit über die Eingruppierung. Dabei sollte der Prozess zu mehr Gerechtigkeit und Transparenz führen.
8. Die Personalführung und die Karriereplanung bei SAM lassen viele Wünsche unerfüllt. Fördergespräche sind oft eine Farce.
9. Die Zielvereinbarungen für Führungskräfte sind nicht wirklich passgenau. Im Gegenteil: Man hat den Eindruck, dass sie kontraproduktiv wirken. Jeder versucht, sein individuelles Ziel auf Kosten anderer Abteilungen zu erreichen.
10. Bei vielen Vorgesetzten (und nicht nur beim einfachen Mitarbeiter) hat sich im Laufe der Jahre Frust entwickelt, nichts entscheiden zu können.
11. Eine Ursache sind die vielen Führungsebenen im Unternehmen, das aufgebaut ist, als ob noch der alte Konzern dupliziert werden muss. Bis zu fünf Führungsebenen sind viel zu viel.
12. Der Ausbildungsstopp führt zu einer nicht verantwortbaren Überalterung des Unternehmens und gefährdet die Zukunft.
13. Das Interesse an Innovation ist viel zu gering.
14. In Sachen Unternehmenskultur werden hohe Ansprüche formuliert, aber in der Realität ist es leider ganz anders.

☒ **Abb. 3.1** Thesen des Betriebsrats. (Aus: Merks, 2010, S. 115f)

Gemeinsam kamen der Betriebsrat und die Geschäftsführung zu der Erkenntnis, dass ein Change-Prozess voranzutreiben war.

3.3   Wie wurde verändert?

3.3.1   Diagnose

Einrichtung eines Marktplatzes zur Diskussion über die Unternehmenssituation und zur Sammlung von Ideen

Zunächst wurde im Unternehmen ein sog. Marktplatz – eine Art Ideenbörse – eingerichtet. Die Thesen des Betriebsrats wurden in einem Versammlungsraum an die Wand gehängt, und jeder Mitarbeiter war aufgefordert, seine Ideen, Gedanken und Meinungen zu den Thesen des Betriebsrats und darüber hinaus zur Situation des Unternehmens auf Karten zu schreiben. Diese Ideen wurden gesammelt, in thematische Gruppen zusammengefasst und auf Pinnwänden dokumentiert.

An bestimmten Tagen waren auf dem Marktplatz auch Führungskräfte oder die Geschäftsführung anwesend, so dass die Mitarbeiter, die sich mit ihren Anregungen beteiligen wollten, direkt mit den zuständigen Führungskräften über bestimmte Fragen sprechen konnten. Eine der anwesenden Führungskräfte schilderte dazu in einem der zahlreichen Interviews, die im Rahmen des BMBF- und ESF-geförderten Forschungsprojekts »BMInno: Betriebsräte und Mitarbeiter in betrieblichen Innovationsprozessen« (vgl. Nerdinger, Martins & Pundt, 2011) in dem Unternehmen durchgeführt wurden: »Das sind dann so Themen, so Dienstwagen z. B.: Warum dauert das ewig hier, bis wir einen Dienstwagen kriegen? Und Reisekostenabrechnung: Warum ist das so kompliziert bei uns? Und solche Themen.«

Während solche Diskussionen mit Führungskräften sicher eher dem Bedürfnis der Mitarbeiter dienten, mal »Dampf abzulassen«, hatte die Einrichtung des Marktplatzes in erster Linie die Funktion einer vertieften Diagnose des Ist-Zustands mit dem Ziel der Ermittlung verbesserungswürdiger Prozesse und der Identifikation von Störgrößen im Prozessablauf. Auf den Marktplätzen wurden insgesamt 245 Störgrößen benannt, wobei sich nach Schätzungen des Betriebsratsvorsitzenden ca. 200–300 Mitarbeiter mit ihren Ideen beteiligt haben.

3.3.2 Intervention

Über die vertiefte Ist-Erhebung hinaus wurde durch die Einrichtung der Marktplätze auch ein Diskussionsklima geschaffen, welches einen günstigen Nährboden für das anschließend ins Leben gerufene Veränderungsprojekt bereitete. Das Projekt trug den Namen »MAP 2008«, was für »Mitarbeitergetragene Prozessoptimierung« steht und gleichzeitig den richtungsweisenden Charakter des Projekts und dessen Bedeutung für die Zukunft des Unternehmens verdeutlichen sollte: »Also MAP im Sinne von ‚Roadmap'-Erstellen für das Unternehmen, (…) Prozesse zu verbessern und Störgrößen in diesen Prozessen zu eliminieren (…), die Zusammenarbeit verbessern usw.«, wie ein Interviewpartner aus dem Unternehmen dies formuliert.

Initiierung des Veränderungsprojekts »MAP 2008«

Für das Projekt wurde ein Lenkungskreis gebildet, dem die beiden Geschäftsführer und der Betriebsratsvorsitzende angehörten. Diese direkte Einbindung des Betriebsrats in den Lenkungskreis war für den Vorsitzenden selbst eine neue Erfahrung, die sich als sehr positiv herausstellte. Im Interview schildert er: »Ich [habe] mich direkt dort mit eingebunden. Was mir anfangs schwer fiel, weil ich ja nun nicht die Rolle der Geschäftsführer übernehmen will, sondern im Gegenteil eigentlich Gegenpol wäre.« Auf diese Weise konnte er 3 wichtige Bedingungen für eine aktive Beteiligung des Betriebsrats und der Mitarbeiter am Veränderungsprojekt gegenüber dem Management durchsetzen, die den Mitarbeitern im Gegenzug zu ihrer Beteiligung am Change-Projekt Sicherheit garantierten (Merks, 2010, S. 117):

Betriebsrat im Lenkungskreis des Projekts setzt wichtige Rahmenbedingungen für die Projektarbeit durch

- »Keine Planung für einen Personalabbau
- Kein Verzicht auf Fertigkeiten und Kenntnisse und kein Outsourcing
- Tarifbindung, d. h. kein Eingriff in die Entgeltstrukturen und Arbeitszeitregelungen«.

Zur Arbeit in diesem Lenkungskreis sagt der Betriebsratsvorsitzende:

>> Ich denke schon, dass meine Gedanken dort aufgegriffen worden sind und dort sämtliche Entscheidungen, die in diesem Gremium gefallen sind, im Konsens gefasst wurden. Nach z. T. sehr langen, heftigen Diskussionen, dass wir manchmal 6–8 Stunden über ein Problem diskutiert haben, bevor wir dann einvernehmlich eine Lösung gefunden haben. <<

Bildung funktionaler Teams

Aufbauend auf den Thesen des Betriebsrats und den im Rahmen der Marktplätze aufgenommenen Anregungen der Mitarbeiter wurden insgesamt 5 funktionale Teams zusammengestellt, die sich aus Mitarbeitern und Führungskräften betroffener Abteilungen zusammensetzten und möglichst wenig hierarchisch strukturiert waren. Jedes dieser funktionalen Teams bearbeitete einen der folgenden 5 Themenschwerpunkte, die sich im Verlauf der Marktplätze herausgebildet hatten:
1. Produktgeschäft
2. Projektgeschäft
3. Service
4. Logistische Prozesse
5. Unternehmensplanung und Reporting

Die Leiter dieser funktionalen Teams kamen aus dem mittleren Management, und jedem Team wurde zusätzlich ein »Sponsor« aus dem Top-Management – vergleichbar einem Machtpromotor (vgl. Hauschildt & Salomo, 2007) – zugeordnet, der die Teammitglieder bezüglich alltäglicher Aufgaben entlasten, sie bei der Projektarbeit unterstützen und die erarbeiteten Verbesserungsvorschläge auf Realisierbarkeit prüfen und im Top-Management diskutieren sollte. Eine weitere Aufgabe der Sponsoren lag in der Lösung von Konflikten zwischen den Projektteams und betroffenen Führungskräften, wie einer unserer Interviewpartner schildert:

Einrichtung von »Sponsoren« aus dem Top-Management zur Unterstützung der Teams

>> Dann gab es auch Konflikte (…). Das war ja nun mitarbeitergetragen, das Ganze, und wurde von einigen Führungskräften nicht immer unbedingt positiv gesehen, was da an Ideen kam. Und (…) letztlich diese Ideen auch durchzusetzen und zu unterstützen, das war die Aufgabe der Sponsoren. <<

Die Arbeit in den Teams bestand in der 1. Phase (von Februar bis Juni) darin, zunächst einmal zu erheben, welche Prozesse es im Unternehmen zum fraglichen Bereich gibt und wo Probleme und Störgrößen vorliegen. Anschließend sollten die Teams die aufgedeckten Probleme clustern und eine Gewichtung vornehmen, um eine Verzerrung auf besonders präsente Probleme zu vermeiden. Darauf aufbauend definierten die Teams Handlungsfelder, in denen dann entsprechende Veränderungsmöglichkeiten entwickelt werden konnten. In der

2. Phase (von Juni bis September) widmeten die Teams sich der Erarbeitung von Lösungen. Hier ging es darum, verbesserte Prozesse zu definieren und auch zu bestimmen, anhand welcher Größen entsprechende Verbesserungen festzumachen wären, wobei dies neben finanziellen Größen auch die Zeitdauer, die Anzahl der an den Prozessen beteiligten Personen oder andere Größen sein konnten (vgl. Manthey & Weinreuter, 2010).

Einer unserer Interviewpartner schildert ein Beispiel für eine im Rahmen der Teamarbeit entwickelte Verbesserung, welche in diesem Fall den Servicebereich betrifft: Auf einem der Marktplätze haben die Mitarbeiter darauf hingewiesen, dass Servicetechniker, die einen Auftrag auf einem Schiff bearbeiten sollen, einen sehr großen Rechercheaufwand hatten, um herauszufinden, wo der zu behebende Fehler entstanden sein könnte, welche Art von Anlage auf dem betreffenden Schiff installiert wurde, wann diese Anlage gebaut wurde und welche Ursache der Fehler dementsprechend haben könnte. Danach konnte der Techniker per Hubschrauber auf das Schiff geflogen werden und den Fehler beseitigen, wobei es jedoch vorgekommen ist, dass der Techniker aufgrund ungenauer Informationen das falsche Material mitgenommen hatte und wieder zurückfliegen musste, um das richtige Material zu holen. Der Aufwand war also vergleichsweise groß. Dieses von den Mitarbeitern selbst monierte Vorgehen bot ein großes Potenzial zur Effizienzsteigerung. Die vom Projektteam erarbeitete Lösung bestand nun darin, die eigentlich schon seit langem im Unternehmen vorhandene Schiffsdatenbank, in der alle seitens SAM installierten Anlagen auf Schiffen eingetragen werden, wieder zu vervollständigen und regelmäßig zu pflegen, was in der Vergangenheit nur unzureichend getan wurde. Zusätzlich wurde für jede Anlage ein Servicekoffer bereitgestellt, der das für die jeweiligen Anlagen notwendige Material enthält, damit der Servicetechniker vor Ort auf dem Schiff den Auftrag schnell bearbeiten kann. Der Nutzen dieser Lösung besteht in der erheblichen Verkürzung der Zeit vom Auftreten eines Fehlers bis hin zu dessen Behebung. Einer der Interviewpartner sieht in der Verkürzung der Zeitdauer auch eine Möglichkeit zur Steigerung der Kundenzufriedenheit, was zusätzlich einen Werbeeffekt nach sich ziehen würde.

Nachdem die Projektteams ihre Vorschläge erarbeitet hatten, wurden diese im Lenkungskreis des Projekts diskutiert. Anschließend wurde in diesem Gremium über deren Umsetzung entschieden. Kurzfristig umsetzbare Vorschläge, darunter auch der zum Servicekoffer, wurden bis zum 3. Quartal 2008 realisiert. Mittel- und langfristig umsetzbare Vorschläge wurden verschiedenen Themenkreisen zur Weiterbearbeitung übergeben, wo ebenfalls konkrete Veränderungsmaßnahmen erarbeitet wurden. Dabei handelte es sich um sehr unterschiedliche Themen: von strategischen Fragen, wie z. B. die im Juni 2009 eingeführte neue Organisationsstruktur für SAM, über Basisthemen der täglichen Arbeit wie die Benennung von Prozessverantwortlichen bis hin zu scheinbar eher unspektakulären Detailthemen wie die Vereinheitlichung von Checklisten für Service und Abwicklung (vgl. Manthey & Weinreuter, 2010).

3.3.3 Evaluation

Erfolgseinschätzung des Projekts MAP 2008

Unsere Interviewpartner sind sich überwiegend einig, dass das Projekt MAP 2008 sehr erfolgreich war, gleichwohl hat es bis zum Zeitpunkt unserer Interviews keine direkte Evaluation des Projekts gegeben. Die Erfolgsmessung war nach Aussage eines Projektbeteiligten »ziemlich schwierig«. So konnten für einzelne Verbesserungen zwar durchaus Kriterien gefunden werden, anhand derer der Erfolg der Einzelmaßnahme beurteilt werden könnte und auch wurde. Allerdings wurde eine Bewertung des Gesamtprojekts und seines Erfolgs praktisch nicht vorgenommen und beruht im Wesentlichen auf »Bauchgefühl«, wie es einer der Befragten zum Ausdruck bringt. Dies lag v. a. an der Schwierigkeit, Messgrößen zu finden, die dem Projekt in seiner Gesamtheit gerecht werden.

Einige Interviewpartner machten den Projekterfolg an der Mitarbeiterzufriedenheit oder am Engagement der Mitarbeiter fest: »Das ist, glaub ich, ganz gut angekommen bei den Mitarbeitern, dass man den Weg gegangen ist, sie auch mit einzubeziehen. (…) Also ich habe das Gefühl, dass heute [die] Mitarbeiter engagierter sind als vor diesem Projekt.« Diese Einschätzung lässt sich durch das Feedback unterstützen, das die Projektverantwortlichen während der Marktplätze von den sich beteiligenden Mitarbeitern eingefordert und erhalten haben: »Wir haben jetzt nicht irgendwie eine große Fragebogenaktion gemacht, sondern wir haben in diesem Zusammenhang eben dieses Forum genutzt und haben gesagt, schreibt hin, wie ihr das findet.« Einen weiteren Anhaltspunkt für die Verbesserung der Zufriedenheit und des Betriebsklimas sieht einer der Befragten in der Beteiligung an der Weihnachtsfeier:

》 Einmal jährlich machen wir eine Weihnachtsfeier hier. In den letzten Jahren waren die denkbar schwach besucht. Von den 700 [Mitarbeitern], die hier vor Ort sind, waren in einem Jahr vielleicht nur 150 da und (…) im vorletzten Jahr 200. In diesem und im letzten Jahr vielleicht über 500. Während man früher eher gesagt hat »Lass mich bloß in Frieden damit« (…), schien es diesmal anders zu sein. Das zeigt doch, dass das Klima besser geworden ist (…). 《

3.4   Wie wurde Nachhaltigkeit sichergestellt?

Die Nachhaltigkeit des Projekts wurde zum einen dadurch sichergestellt, dass viele Vorschläge in relativ kurzer Zeit in konkrete Maßnahmen umgesetzt wurden, die z. T. auch eine organisatorische Verankerung fanden. Während es in der Vergangenheit bei SAM häufig vorkam, dass Vorschläge nicht umgesetzt wurden, hat bei diesem Projekt der Lenkungskreis die Entscheidung über die Umsetzung konkreter Maßnahmen in die Hand genommen. So schildert ein Interviewpartner:

» Es kam [früher] gar nicht mehr dazu [zur Umsetzung eines Vorschlags], weil zu viele Leute miteinbezogen wurden in diese Problemlösung, das Problem zerredet wurde durch Bedenken, durch Einwände, einfach durch Bequemlichkeit. (…) Insofern war es einfach der Weg, den ich mir vorstelle: Die Lösung ist da, die Lösung logisch offensichtlich und fertig, es wird nicht mehr darüber gesprochen. «

Dies ist eine Möglichkeit, zu gewährleisten, dass die im Projekt erarbeiteten Ideen tatsächlich umgesetzt werden und nicht im Sande verlaufen.

Eine zweite Maßnahme, um den aus dem Projekt entstandenen Schwung im Unternehmen zu erhalten, war die wiederholte Durchführung des Marktplatzes. So war es vorgesehen, den Marktplatz zur ständigen Einrichtung zu machen.

» Einmal jährlich findet 1 Woche dieser Marktplatz statt, wo dieser gesonderte Raum geöffnet ist, wo dann die Pinnwände sind, wo dann Thesen an die Wand geschlagen sind oder auch allgemein: »Wo drückt der Schuh oder wo passt der Schuh?« (…) Mit Kaffee, Kaltgetränken und Gummibärchen trifft man sich dann eben da und kommuniziert miteinander. «

Nachhaltigkeit in diesem Punkt kann dennoch als gesichert angesehen werden, da der Betriebsratsvorsitzende zum einen in besonderer Weise sensibel für diese Stimmungen ist und zum andern zusammen mit den anderen Projektverantwortlichen ein starkes Bewusstsein dafür hat, dass das Projekt MAP 2008 nur der Anfang eines längeren Wegs sein kann.

3.5 Fazit

Das Beispiel der SAM Electronics GmbH zeigt eine besondere Rolle, die ein Betriebsrat in betrieblichen Veränderungsprozessen spielen kann: Ein Betriebsrat, der Change-Prozesse wirksam – in diesem Falle mit dem Äußern seiner 14 Thesen zur Situation des Unternehmens – anstoßen kann und sich an der Durchführung und Umsetzung des Change-Prozesses zur Optimierung der unternehmerischen Prozesse beteiligt. Der Betriebsrat hat nicht als Gegenspieler des Managements agiert, der versucht, geplante Maßnahmen zur Veränderung des Unternehmens zu blockieren und Widerstände bei den Mitarbeitern gegenüber dem Wandel zu erzeugen. Vielmehr war sich der Betriebs-

Betriebsrat in besonderer Rolle bei Veränderungsprojekt: Er stößt Change-Prozess an

rat der bedrohlichen Situation des Unternehmens bewusst und hat erkannt, dass umfangreiche Change-Maßnahmen notwendig waren, um die Wettbewerbssituation des Unternehmens zu verbessern und auf diese Weise die Arbeitsplätze der Mitarbeiter nachhaltig zu sichern.

Mit seinen Analysen der Unternehmenssituation, die in die 14 Thesen mündeten, hat er gegenüber den Mitarbeitern und dem Management zugleich eine hohe Kompetenz bewiesen, die komplexen betrieblichen Zusammenhänge – und damit auch die Schwierigkeiten und Ansatzpunkte für Change-Maßnahmen – zu durchdringen und den Change-Prozess im Unternehmen aktiv zu unterstützen und zum Erfolg zu verhelfen. Möglicherweise hat ihn auch dies legitimiert, als gleichberechtigter Partner mit der Geschäftsführung und dem Management im Change-Prozess zu verhandeln. Da der Betriebsrat durch diese starke Position wichtige Rahmenbedingungen für die Veränderungsmaßnahmen durchsetzen konnte, die den Mitarbeitern insbesondere die Sicherheit ihrer Arbeitsplätze im Gegenzug zur aktiven Beteiligung an den Veränderungen durch das Einbringen innovativer Ideen garantierte, konnte er eine hohe Motivation der Mitarbeiter zur Unterstützung dieser notwendigen Change-Maßnahmen erreichen.

Die Vorteile dieser aktiven Unterstützung und Beteiligung des Betriebsrats an den Change-Prozessen liegen auf der Hand: Das Management hat im Change-Prozess einen Sachkundigen im Boot, der einerseits aktiv dazu beiträgt, die Bedürfnisse und Erwartungen der Mitarbeiter im Rahmen der Durchsetzung der Veränderungsmaßnahmen zu berücksichtigen, und andererseits sein langjähriges Wissen über die betrieblichen Prozesse, das er als Betriebsratsmitglied u. a. in zahlreichen Kontakten mit den Mitarbeitern erworben hat, zum Wohle des Unternehmens einbringen kann.

Für ein Unternehmen mit einem Betriebsrat, dessen Mitglieder – wie im Falle der SAM Electronics GmbH – viele Jahre dem Unternehmen angehören, in engem Kontakt mit den Mitarbeitern stehen, weitblickend die Interessen der Mitarbeiter vertreten, das Unternehmensgeschehen kritisch verfolgen und pragmatisch und konstruktiv handeln, kann das intensive Einbeziehen des Betriebsrats von Anfang an eine Option sein, um wichtige Change-Prozessen zum Erfolg zu verhelfen.

> **Wichtig**
> Das Management sollte sich dieses Potenzials des Betriebsrats bewusst sein, partnerschaftlich mit ihm agieren, seine Sicht des Unternehmens und Vorschläge zu Änderungen genau anhören und ihn von Anfang an in die Erarbeitung konkreter Change-Maßnahmen integrieren.

Literatur

Hauschildt, J. & Salomo, S. (2007). *Innovationsmanagement*. München: Vahlen.

Manthey, B. & Weinreuter, U. (2010). SAM Electronics – Notwendige Anpassung an veränderte Märkte: Wie kann Innovation im Unternehmen umgesetzt werden? In F.W. Nerdinger, P. Wilke, S. Stracke, & R. Röhrig (Hrsg.), *Innovation und Beteiligung in der betrieblichen Praxis. Strategien, Modelle und Erfahrungen in der Umsetzung von Innovationsprojekten* (S. 89–104). Wiesbaden: Gabler.

Merks, E. (2010). SAM Electronics – Zwischen Widerstand und Beteiligung: Innovation und Strukturwandel als Teil von Betriebsratsarbeit. In F.W. Nerdinger, P. Wilke, S. Stracke, & R. Röhrig (Hrsg.), *Innovation und Beteiligung in der betrieblichen Praxis. Strategien, Modelle und Erfahrungen in der Umsetzung von Innovationsprojekten* (S. 105–121). Wiesbaden: Gabler.

Nerdinger, F.W., Martins, E. & Pundt, A. (Hrsg.) (2011). *Betriebsräte und Mitarbeiter in Innovationsprozessen. Ergebnisse aus dem Projekt BMInno*. München: Hampp.

Change Management in der Produktion – Flexibilisierungspotenziale nutzen

Michael Schenk, Holger Seidel, Jörg von Garrel und Christian Grandt

4.1   Was wurde verändert?

Die Zeiten einer stabilen Wirtschaft, welche sich durch beständige Produktportfolios, klar abgegrenzte Märkte und stabile Kundenbedürfnisse auszeichnen, gehören der Vergangenheit an. Stattdessen sind »Unternehmen […] durch zunehmende Turbulenzen in ihrer Umwelt sowie den zu bedienenden Märkten gekennzeichnet« (Nyhuis, Reinhart & Abele, 2009). Wirtschaftliche Krisen, verschärfte Wettbewerbsbedingungen, eine erhöhte Marktdynamik und eine insgesamt voranschreitende Globalisierung fordern innovative, leistungsfähige sowie schnell verfügbare Produkte. Diese sollen in einer hohen Variantenvielfalt, geringer Stückzahl und zu geringen Kosten gefertigt werden (Kinkel, 2005). Zusätzlich besteht die Forderung nach betriebswirtschaftlich optimalen Fertigungsabläufen, welche sich zusätzlich an weiteren Erfordernissen wie Ergonomie, Arbeitssicherheit oder Ressourceneffizienz orientieren müssen.

In der deutschen Automobilindustrie wird zur Realisierung von Rationalisierungspotenzialen die Komplexität der Arbeitsinhalte je Arbeitsplatz und Arbeitsperson reduziert (Haweanek, 2008). So ist nach Ansicht der Produktionsplaner die »perfekte Automobilproduktion« gekennzeichnet durch eine extrem kurze Taktzeit, in der eine Arbeitsperson nur wenige Handgriffe auszuführen hat (Haweanek, 2008). Insbesondere Ältere sind hierdurch einer hohen Beanspruchung ausgesetzt. Flexibilisierungsstrategien für das produzierende Umfeld, wie sie einst – in Form von autonomer Gruppenarbeit – Einzug in die europäischen und amerikanischen Fabriken fanden, erscheinen angesichts des Kostendrucks und des verstärkten Einsatzes von angelernten Leiharbeitnehmern heute überholt.

Aktuelle Anforderungen an kleine und mittelständische Unternehmen (KMU)

Die beschriebenen Entwicklungen in der Automobilindustrie sind jedoch kein Leitbild für kleine und mittelständische Unternehmen (KMU) an einem Hochlohnstandort wie Deutschland, die

- einem hohen Kostendruck ausgesetzt sind,
- ein heterogenes Produktspektrum aufweisen,
- höchste Qualität der Erzeugnisse garantieren müssen,
- hohen Auftragsschwankungen unterliegen,
- hohe Losgrößenunterschiede handhaben und
- einem Fachkräftemangel ausgesetzt sind.

Flexibilität von Organisation und Mitarbeiter(inne)n

Der Erfolg dieser Unternehmen und damit verbunden die Sicherung der Arbeitsplätze am Standort Deutschland werden unmittelbar determiniert von der Flexibilität ihrer Organisation und Mitarbeiter/innen (Wüstner, 2006).

Balance zwischen Flexibilität und Stabilität

Flexibilität um jeden Preis führt aber nicht zwangsläufig zu einem profitablen, stabilen Produktionssystem. Produzierende Unternehmen und insbesondere KMU stehen daher vor der Herausforderung, die richtige Management- und Implementierungsstrategie zwischen einem stabilen, zieloptimierten Produktionssystem und hochgradig flexiblen Produktionsabläufen zu finden. Nur so können Innovationsfähigkeit und technischer Fortschritt als Alleinstellungsmerkmal der deutschen Industrie erhalten bleiben und gleichzeitig die Preisgestaltung deutscher Produktionsgüter im internationalen Wettbewerb bestehen. Um in dem daraus resultierenden Spannungsfeld existieren zu können, sind Unternehmen gezwungen, ihre bisherigen statischen Strategien den dynamischen Änderungen anzupassen und ihre Produkte und Produktion ständig neu zu überdenken und neu zu gestalten (Seidel & von Garrel, 2010).

Traditionell gestaltete Produktionssysteme führen dabei zu einem Zielkonflikt zwischen Produktivität und Flexibilität, der tendenziell zu Lasten der Flexibilität gelöst wird. Bereits seit geraumer Zeit werden aber Ansätze vorgestellt und diskutiert, die zwar weiterhin die Ziele niedrige Kosten und kurze Durchlaufzeiten verfolgen, aber als Hauptziele die Steigerung der Flexibilität und die Erhöhung der Innovationsfähigkeit anstreben (Blecker & Kaluza, 2004). Um solche Ansätze in die Prozesse eines Unternehmens zu implementieren, ist ein ganzheitliches Change Management, im Rahmen dieses Kapitels als Veränderungsprozess bezeichnet, notwendig, bei dem neben der technischen Umsetzung insbesondere dem Mitarbeiter eine besondere Bedeutung zukommt.

Um das Vorgehen eines ganzheitlichen Change-Management-Projekts nicht nur auf abstrakter Ebene, sondern in konkreter Weise vorzustellen, bildet dieses Kapitel einen realen Anwendungsfall des Fraunhofer IFF Magdeburg ab und gibt somit hilfreiche Tipps und Hinweise für die Praxis.

Die Maschinenbau GmbH ist ein mittelständisches Unternehmen mit ca. 50 Mitarbeitern, welches sich auf die Produktion von elektrischen Heizelementen und Komplettlösungen in modernster Elektrowärmetechnik spezialisiert hat. Als Zulieferer des Maschinen- und Anlagenbaus fertigt das Unternehmen seine Produkte dabei nach Kundenvorgaben hauptsächlich in kleinen Serien.

Das Unternehmen stand dabei vor der Herausforderung, dass zum einen gerade die kundenindividuelle Fertigung zu einer hohen Produktvielfalt führte und zum andern der Anteil der kurzfristigen Kundenanfragen zunahm, so dass diese Komplexität mit dem (historisch gewachsenen) Produktionssystem nicht mehr zu bewerkstelligen war. Eine Betrachtung der Termintreue, die ergab, dass lediglich 60% der Aufträge pünktlich geliefert wurden, verdeutlichte diesen Umstand.

4.2 Warum wurde verändert?

4.2.1 Ausgangslage: Komplexität ohne Struktur

Ziel des Unternehmens war es daher, das Produktionssystem so zu verändern, dass in der Produktion einerseits eine verbesserte Beherrschung der Komplexität möglich war, andererseits auch der Umgang

Systematisierung von
Komplexität

mit kurzfristigen Kundenwünschen systematisiert wurde. Dabei entschied sich das Unternehmen aus mehreren Gründen, diesen Prozess mit externer Unterstützung durchzuführen:

- Der Unternehmensleitung waren die genauen Ursachen der häufig nicht fristgerechten Produktion nicht klar.
- Aufgrund der beschränkten personellen Ressourcen stand keine verantwortliche Person für diesen Prozess zur Verfügung.
- Durch die externe Sichtweise versprach sich das Unternehmen, neue, bisher nicht identifizierte Potenziale aufzudecken.

Projektmarktplatz

Um die Mitarbeiter in diesem Zusammenhang von Beginn an in den Veränderungsprozess zu integrieren und so die allgemeine Akzeptanz zu fördern und mögliche Barrieren und Widerstände abzubauen, erfolgte zu Beginn der Aktivitäten eine umfassende Information aller Beteiligten. In diesem Zusammenhang wurden sowohl die Ziele des Projekts als auch die Projektpartner detailliert am schwarzen Brett des Unternehmens (Projektmarktplatz) vorgestellt.

4.2.2 Problemstellung: Flexibilität und Qualität versus Kosten und Zeit

Im Rahmen eines ersten Analyseworkshops, der gemeinsam mit Vertretern des Fraunhofer IFF (einem fachlichen Vertreter und einem Change Manager) sowie der Geschäftsführung und dem entsprechenden Abteilungsleiter durchgeführt wurde, erfolgte auf Basis der dargestellten Zielstellung eine erste Unternehmensanalyse.

Top-down-Analyse

Die Analyse des Unternehmens wurde dabei im Sinne einer Top-down-Untersuchung durchgeführt. Auf Basis der identifizierten obersten Unternehmensziele ermöglichte dieses Vorgehen durch die Verknüpfung von strategischen Zielsetzungen und operativen Handlungen eine systematische Annäherung an die konkreten Handlungsfelder. Weiterhin konnten mögliche Brüche bzw. Konflikte (als erste Interventionsfelder) in den jeweiligen Ebenen identifiziert werden. Zusätzlich ermöglichte dieses Vorgehen eine Reflexion für die Unternehmensleitung.

Balance zwischen Flexibilität und Standardisierung

Als Ergebnis der Analyse wurde festgestellt, dass sich die bisherige Zielsetzung des Unternehmens primär auf die beiden »Wertschöpfungstreiber« Flexibilität und Qualität beschränkt und die Aspekte Zeit und Kosten vernachlässigt hatte. Gerade die Dominanz der Flexibilität im Sinne einer schnellen Reaktionszeit auf kurzfristige Kundenanfragen steht dabei in einem Widerspruch zu den Faktoren Kosten und Zeit, so dass entsprechende Maßnahmen, um die genannte Zielsetzung des verbesserten Umgangs mit kurzfristigen Kundenanfragen zu erreichen, ein stärkeres Gleichgewicht zwischen den Wertschöpfungstreibern herstellen müssen. Ziel muss es also sein, eine Balance zwischen Flexibilität und Standardisierung (als Mittel zur Kosten- und Zeitreduktion) zu erreichen.

		Flexibilitätsbedarf	
		hoch	niedrig
Flexibilitäts-potenzial	hoch	I	II
	niedrig	III	IV

Abb. 4.1 Flexibilitätsbedarf und Flexibilitätspotenzial. (In Anlehnung an Kaluza, 1993, Sp. 1180, © 1993 Schäffer-Poeschel Verlag für Wirtschaft, Steuern, Recht in Stuttgart)

ⓘ Checkliste: Die 3 K.O.-Kriterien konstruktiver Veränderungsprozesse
- Koordination: Folgen wir unseren Zielen?
- Kooperation: Sind alle Betroffenen beteiligt?
- Kommunikation: Sind alle Beteiligten informiert?

Stellen Sie sich diese 3 Fragen zu Beginn jeder Phase im Veränderungsprozess.

4.2.3 Flexibilität: Bedarf versus Potenzial

Gerade im Zusammenhang mit Slack Ressources, also der Vorhaltung von (teilweise überflüssigen) personellen, technischen und materiellen Ressourcen, besteht das Risiko, ein überdimensioniertes Flexibilitätsangebot aufzubauen. Daher ist es notwendig, den notwendigen Flexibilitätsbedarf dem zur Verfügung stehenden Flexibilitätspotenzial gegenüberzustellen. Ein Produktionssystem ist demzufolge »ausreichend« flexibel, wenn sein Flexibilitätspotenzial gleich groß oder größer als sein Flexibilitätsbedarf ist. **◻** Abb. 4.1 zeigt den Zusammenhang zwischen Flexibilitätsbedarf und Flexibilitätspotenzial. Die Quadranten I und IV sind als unkritisch zu betrachten, da dem Flexibilitätsbedarf des Produktionssystems ein gleichwertiges Flexibilitätspotenzial gegenübersteht. Die Überführung des Zustands aus Quadrant III in Quadrant I kann dabei durch die dargestellten Maßnahmen erreicht werden. Übersteigt das Flexibilitätspotenzial, wie in Quadrant II, den Flexibilitätsbedarf eines Produktionssystems, bedeutet dieser Zustand langfristig, dass Ressourcen und Strukturen nicht genutzt werden und demzufolge Kosten mit sich tragen, denen kein Nutzen gegenüberzustellen ist.

Getreu dem Motto »So viel wie nötig, so wenig wie möglich« sind somit bei der Gestaltung eines flexiblen Produktionssystems Kosten-Nutzen-Analysen vorzunehmen. Zur Kosten-Nutzen-Betrachtung

Flexibilität versus Slack Ressources

Kosten-Nutzen-Betrachtung von Flexibilität

müssen einerseits die Kosten zum Aufbau, andererseits aber auch die Kosten zur Aufrechterhaltung eines gewünschten Flexibilitätsbedarfs ermittelt werden. Diese Kosten werden dem potenziellen Nutzen gegenübergestellt. Der Nutzen könnte beispielsweise über Kennzahlen quantifiziert werden. Dabei müsste untersucht werden, wie sich diese Kennzahlen mit bzw. ohne Veränderung des Flexibilitätspotenzials verändern.

4.3   Wie wurde verändert?

4.3.1   Lösungsweg: Balance von Flexibilität und Standardisierung

Gemeinsam mit den Unternehmensvertretern entschied das IFF, eine Modernisierung der Produktion bzw. des Produktionssystems vorzunehmen, die im Ergebnis zu einem ausgeglichenen Kosten-Nutzen-Verhältnis der 4 Wertschöpfungstreiber Qualität, Kosten, Flexibilität und Zeit führen soll.

Gerade wenn es um Veränderungsprozesse in der Produktion geht, tun sich viele Unternehmen schwer, diese transparent zu gestalten, so dass in der Folge Konzepte entstehen, die nicht gelebt werden, Methoden implementiert werden, die nur in der Theorie funktionieren, aber auch Werkzeuge bereitgestellt werden, die ungenutzt bleiben. Die zu vermittelnde Komplexität von Methoden und Sachverhalten stellt dabei meist nicht das wirkliche Problem dar; vielmehr ist es die Komplexität der zu gestaltenden Prozesse und ihrer gegenseitigen Abhängigkeiten, die schwer überschaubar ist und damit eine ganzheitliche Gestaltung des Produktionssystems intransparent erscheinen lässt. So ist z. B. ein Kanban-Regelkreis eine relativ simple Methode der verbrauchsgesteuerten Lagerkontrolle, deren Handhabung leicht erlernbar ist. Die Schwierigkeit der Einführung besteht vielmehr in der Kanban-gerechten Reorganisation der Prozesse und in der Vermittlung der Notwendigkeit dieser Veränderungen an die Mitarbeiter.

Gemeinsame Maßnahmenerarbeitung im Rahmen eines Planspiels

Um die Akzeptanz der Mitarbeiter zu erhöhen, entschied das Fraunhofer IFF daher gemeinsam mit den Unternehmensvertretern, ein »händisches« Planspiel durchzuführen, in dem das Zusammenspiel aller Prozesse des Unternehmens rein haptisch durch die Teilnehmer des Seminars simuliert wurde. Dazu schlüpften die Mitarbeiter und Führungskräfte in die verschiedenen Funktionen und Rollen, die auch im »echten Leben« die Prozesse des Unternehmens bestimmen. Durch diese (prozessorientierte) Vogelperspektive, die im Seminar vermittelt wurde, gelang es, dass die Teilnehmer das Unternehmen als Ganzes begriffen und Zusammenhänge erkannten. Die Erkenntnisse aus dem Planspielerlebnis wurden daraufhin im Rahmen einer Diskussion ausgewertet und anschließend in potenzielle Ansatzpunkte zur Verbesserung des Produktionssystems expliziert.

Um diese Ansatzpunkte genauer zu untersetzen, musste in einem ersten Schritt Transparenz als Voraussetzung für eine ganzheitliche Optimierung des Produktionssystems geschaffen werden, d. h. eine Analyse des bisher höchst individuell und somit flexibel gestalteten Produktionssystems aus dynamischer und statischer Sicht erfolgen, um daraufhin in einem zweiten Schritt entsprechende Lösungen zur Kosten- und Zeitreduktion bereitzustellen.

Die dynamische Sicht beinhaltet dabei die Produktionsabläufe und betrachtet die dynamischen Systemelemente und deren Relationen sowie die Zeitreihen der einzelnen Prozesse hinsichtlich ihres Wertschöpfungsbeitrags. Die statische Sicht beschreibt die Produktionsstruktur, die sich aus den Materialflüssen und internen Transportwegen in der Produktion sowie der Struktur und dem Layout der Produktionsstätten zusammensetzt.

4.3.2 Analyse: Schaffung von Transparenz

Die Analyse der dynamischen Sichtweise auf das Produktionssystem bei der Maschinenbau GmbH begann dabei mit der Aufnahme des Material- und Informationsflusses des aktuellen Produktionssystems. Um den Entwicklungsbedarf abzubilden und weitere Schwachstellen zu identifizieren, wurden zur Prozessaufnahme sowohl Workshops mit den Verantwortlichen der einzelnen Produktionsbereiche als auch persönliche Interviews mit den jeweils an den Prozessschritten beteiligten Mitarbeitern durchgeführt. Neben der Ermittlung bedarfsgerechter Zielsysteme und der Strukturierung von Handlungsfeldern förderte dieses Vorgehen aktiv die Integration der Mitarbeiter und verbesserte somit die Informations- und Motivationslage (Änderungsfähigkeit und Änderungsbereitschaft). Außerdem ermöglichte der direkte Kontakt mit den Mitarbeitern eine Ergänzung und Validierung der in der dynamischen Analyse erhobenen Messdaten.

Die identifizierten Prozessschritte wurden in einem nächsten Schritt mit Zeiten unterlegt, um Aussagen über den jeweiligen Wertschöpfungsbeitrag zu ermöglichen. Ziel dieser Wertschöpfungsanalyse des Prozesses war es, notwendige Verschwendungen (z. B. Rüsten, Transportzeiten), die keinen Wertzuwachs bringen, aber unter den gegebenen Umständen unvermeidbar sind, zu reduzieren und Verschwendungen (z. B. Ausschuss, Nacharbeit, Bestände, Wartezeiten), die vermeidbar und nicht notwendig sind, zu identifizieren, um sie später im Rahmen der Konzeptions- und Umsetzungsphase entsprechend zu eliminieren.

In Ergänzung zur dynamischen Analyse erfolgte die statische Analyse des Produktionssystems. Hierzu wurde zu Beginn das Layout des Produktionsbereichs, d. h. die Struktur und der Aufbau des Produktionssystems, visualisiert, um dieses daraufhin mit den Prozessaufnahmen zu verbinden. Im Ergebnis ist so ein ganzheitlicher

Dynamische Analyse

Statische Analyse

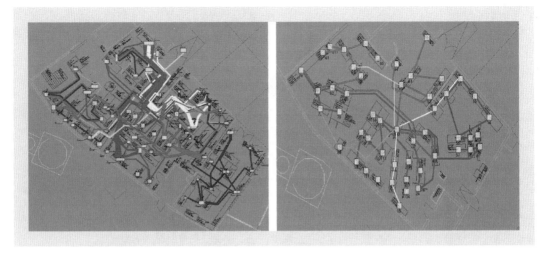

◘ Abb. 4.2 Materialflussbetrachtung: Layout Ausgangssituation (links), Layout Sternanordnung (rechts)

Überblick der Material- und Fertigungsflüsse möglich (vgl. ◘ Abb. 4.2, linke Seite).

Die Auswertung der dynamischen und statischen Analyse ergab dabei u. a., dass

- die Prozesse in Abhängigkeit von den Mitarbeitern unterschiedlich bearbeitet werden,
- keine strikte Trennung von Material- und Fertigungsfluss (teilweise Abholung von Material durch Montagemitarbeiter aus dem Lager) stattfindet,
- die Suche von Werkzeug und Material zu einer zeitlichen Verzögerung im Prozess führt,
- keine eindeutige Definition des Arbeitsplatzes sowie des Arbeitsumfelds existiert,
- die Organisation der Produktion ohne IT-Unterstützung erfolgt,
- keine klare Fertigungssteuerungsstrategie definiert war.

Auf Basis der Ergebnisse des Planspiels und der durchgeführten Analysen wurden der Geschäftsführung und dem Abteilungsleiter daraufhin potenzielle Maßnahmen zur Optimierung des Produktionssystems vorgestellt und geeignete Maßnahmen (gestaffelt nach Härtegraden) ausgewählt.

4.3.3 Maßnahmen zur Flexibilitätsgestaltung

Die Identifizierung der geeigneten Flexibilisierungsmaßnahme konnte dabei durch einen vom Fraunhofer IFF entwickelten Methodenbaukasten erfolgen (◘ Tab. 4.1): Auf Grundlage einer von der OECD entwickelten Operationalisierung wird hierbei zwischen interner und externer sowie numerischer (quantitativer) und funktionaler (quali-

◙ Tab. 4.1 Methodenbaukasten: Ausgewählte Flexibilisierungsmaßnahmen und -strategien

		Intern	Extern
Quantitativ (Numerisch)	Mensch	- Flexible Arbeitszeitmodelle - Poka Yoke - Lerninsel - Mehrarbeit/Überstunden	- Beschäftigung von Aushilfen, Praktikanten, Werkstudenten - Arbeitnehmerüberlassung (Leiharbeit) - Neueinstellungen
	Organisation	- Heijunka (Produktionsnivellierung) - Supermarkt-Prinzip	- Benchmarking
	Technik	- Null-Puffer-Prinzip - Business Process Reengineering	- Simultaneous Engineering
Qualitativ (Funktional)	Mensch	- 0-Fehler-Produktion - 5S(5A)-Methode - Job Rotation - Job Enrichment - Job Enlargement - Personalentwicklung	- Outsourcing - Kundenintegration
	Organisation	- Auditierung - Standardisierung - One Piece Flow - Multimixfertigung - Just-in-Time (JIT) - Total Quality Management - Arbeitsplatzlayout - Segmentierung	- Kooperationen - Konsignationslager - Lieferantenintegration - Multiple Sourcing
	Technik	- Dezentralisierung - Universalmaschinen - Rüstzeitminimierung - Single Minute Exchange of Die - Automation - Flexible Fertigungszeile, -insel, -systeme	- Verteilte Produktentwicklung - Betreiber- und Leasingmodelle

tativer) Flexibilität unterschieden (OECD 1986). Interne Flexibilisierung fokussiert dabei auf die Veränderung interner Strukturen im Unternehmen, wohingegen die externe Dimension den Kontakt oder Austausch mit der Unternehmensumwelt betrifft. Die Ebene der numerischen Flexibilität zielt auf Mengen- bzw. Kapazitätsanpassungen, und die funktionale Flexibilisierung bildet die qualitative Variabilität ab (von Garrel, Dengler & Doden, 2010). Diese 4 Dimensionen wirken dabei auf die subjekt- (Mensch), objekt- (Technik) und vorgangsbezogenen (Organisation) Elemente des Produktionssystems.

Der Methodenbaukasten spannt auf dieser Basis eine Matrix auf, in der sich unterschiedliche Flexibilisierungsmaßnahmen verorten lassen.

Obwohl die entsprechenden Flexibilisierungsmaßnahmen im Rahmen des Methodenbaukastens aus Übersichtsgründen einem Anwendungsfeld zugeordnet werden, ist eine Produktion nur über ein

Notwendigkeit einer ganzheitlichen Betrachtungsweise

erfolgreiches Zusammenwirken und Zusammenspiel des Menschen, der Organisation und der Technik möglich, so dass die Einführung einer Maßnahme alle Bereiche nicht nur beeinflusst, sondern auch aktiv berücksichtigen muss.

4.3.4 Konzeption und Umsetzung: Konsistenz der Maßnahmen

Da als Rahmenbedingung der Maßnahmenidentifizierung berücksichtigt werden musste, dass die Organisation der Produktion der Maschinenbau GmbH ohne IT-Unterstützung durchgeführt wurde und eine entsprechende Unterstützung auch nicht vorgesehen war, mussten die Maßnahmen zur Gestaltung des Produktionssystems auf organisationaler und prozessualer Ebene ansetzen.

Basismaßnahme »5A«

Als sog. Basismaßnahme wurde dabei entschieden, die Methode 5A/5S im Unternehmen zu implementieren. Zweck und Ziel dieser Methode ist es, durch Ordnung und Sauberkeit am Arbeitsplatz die Transparenz der Prozesse zu steigern, so dass Abweichungen und Verschwendungen deutlich werden. Durch das (wiederholte) Durchführen von 5 Schritten [»Aussortieren« (Seiri), »Aufräumen« (Seiton), »Arbeitsplatz sauber halten« (Seiso), »Anordnung zur Regel machen« (Seiketsu) und »Alle Schritte wiederholen« (Shitsuke)] werden die Qualität der Arbeitsleistung gesteigert und die Durchlaufzeiten der einzelnen Tätigkeiten vermindert und somit insgesamt Kosten- und Zeitersparnisse generiert (Kamiske & Brauer, 2008, S. 8). Um alle Mitarbeiter von Beginn an in die Maßnahmenumsetzung zu integrieren, erfolgten sowohl eine gemeinsame Benennung der 5 Schritte zur Bestimmung eines eigenständigen, firmeninternen Namens für diese Maßnahme als auch die gemeinsame Erarbeitung von Standards unter Einbeziehung aller Mitarbeiter aller Ebenen. Um weiterhin die nachhaltige Umsetzung der Maßnahme zu garantieren, wurde die Verantwortlichkeit für bestimmte Bereiche an Mitarbeiter übertragen, so dass diese eine »Patenschaft« für ihren Bereich übernahmen.

Ergänzend und parallel zu diesen Tätigkeiten wurden auf Basis der Planspielerkenntnisse gemeinsam mit den in den Prozessschritten und Arbeitsplätzen involvierten Mitarbeitern neue alternative Konzepte für ein optimiertes, d. h. flexibleres, aber auch klar strukturiertes Layout (U-Anordnung, Kammanordnung, Sternanordnung usw.) der Produktionsstätte entwickelt und bewertet. Neben potenziellen Wegersparnissen im Materialfluss fanden in diesen Gesprächen die Flächenproduktivität, die Lagerhaltung, die Durchlaufzeiten, die Ergonomie, die Realisierungskosten, die Produktqualität und die Flexibilität besondere Berücksichtigung.

Sternanordnung als wirtschaftliches und flexibles Optimum

Die Sternanordnung wurde in diesem Zusammenhang als favorisierte Variante ausgewählt und pilothaft im Unternehmen umgesetzt. Sie zeichnet sich durch besonders schlanke Strukturen und kurze Wege aus und ermöglicht gleichzeitig sowohl eine hohe Flexibilität als auch eine Standardisierung der Arbeitsabläufe in der Montage durch eindeutige Definition der Prozessschritte (◘ Abb. 4.2). Weiterhin besitzt diese Struktur die Vorteile, dass sich die Bewältigung von Produktionsschwankungen und die Umgestaltung auf Basis veränderter Anforderungen leicht realisieren lassen sowie die Produktqualität sich besser beherrschen lässt.

Um die Kreativität und Innovationsfähigkeit des Unternehmens zu fördern, war eine rein auf fachliche Gesichtspunkte fokussierte Optimierung des Produktionsprozesses nicht ausreichend. Zusätzlich mussten strukturergänzende Maßnahmen geschaffen werden, die eine Kommunikation zwischen den Mitarbeitern befördern und das Arbeitsklima verbessern. Gerade im Zentrum einer Sternstruktur wurde mit einer Kaffee-Ecke eine solche räumliche Sozialstätte besonders gut etabliert.

Standardisierung schafft Flexibilisierung

Ergänzend zu diesen Maßnahmen erfolgte weiterhin eine genaue Untersuchung der jeweiligen Prozessschritte nach dem Komplexitätsgrad (Tätigkeitsinhalte, erforderliche Qualifikationen, benötigte Maschinen etc.), um potenzielle, zu standardisierende Prozessmodule zu identifizieren. In diesem Zusammenhang wurden weiterhin für jeden Arbeitsplatz Stellenbeschreibungen vorgenommen, die durch die eindeutige Definition der Prozessschritte und -verantwortlichkeiten zu einer verbesserten Standardisierung der Tätigkeiten beitrugen.

Im Ergebnis konnte so ein verbessertes, schlankes Produktionssystem mit einer kürzeren Durchlaufzeit generiert werden, auf dessen Grundlage ein verbessertes Reagieren des Unternehmens auf kurzfristige Kundenanfragen möglich war.

(Idealtypischer) Prozess zur Veränderung von Produktionssystemen

- Zielfokussierung
- Potenzial- und Bedarfsanalyse
- Bewertung
- Konzeption und Umsetzung
- Kontinuierliche Gestaltung

4.4 Wie wurde die Nachhaltigkeit sichergestellt?

Mitarbeiter als Innovations- und Flexibilitätstreiber

Oftmals wird lediglich der fachlichen Realisierung von Veränderungsprozessen Aufmerksamkeit geschenkt und vergessen, dass es nicht Computer oder technische Einrichtungen sind, sondern Menschen mit ihrem Wissen, ihren Fähigkeiten und ihrer umfassenden Flexibilität, die Innovationen schaffen und neue Konzepte entwickeln und umsetzen.

Ganzheitliches Veränderungsmanagement

So wurde die operative Umsetzung strategischer Veränderungen im Produktionssystem, wie die Einführung flexibilitätsfördernder

Maßnahmen, von der Wissenschaft lange nicht als Kernproblem betrachtet (Schreyögg, 2007). Um Unternehmen entsprechend zu gestalten, müssen aber strategische Planungen durchgeführt und Wege zu einer ganzheitlichen Neustrukturierung gefunden werden. Dabei sind neben den organisatorischen Rahmenbedingungen v. a. die Mitarbeiter auf die notwendigen Veränderungen einzustellen. Insgesamt sind somit folgende 3 Aspekte bei der Durchführung entsprechender Projekte zu berücksichtigen:

1. Projektmanagement: effektive und effiziente Umsetzung des Projekts.
2. Fachliche Bearbeitung: die richtigen Dinge tun.
3. Change Management: Ziele verstehen und leben.

Liegt das Hauptaugenmerk bei der Durchführung von Projekten in der Regel auf den ersten beiden Aspekten, wird aber häufig gerade der 3. Punkt und somit der »Faktor Mensch« nicht bzw. nur in geringem Maße als Erfolgsfaktor berücksichtigt. Als Folge werden die entsprechenden Veränderungsmaßnahmen im Rahmen solcher Projekte zwar eingeführt, ein kontinuierliches »Leben« dieser Maßnahmen erfolgt aber nicht, weil die beteiligten Mitarbeiter nicht die Sinnhaftigkeit dieser Maßnahmen erkennen.

In diesem Zusammenhang muss berücksichtigt werden, dass die beteiligten Mitarbeiter im Rahmen eines Veränderungsprozesses verschiedene Phasen »durchleben«, die sich auf die individuell wahrgenommene Kompetenz von Mitarbeitern und Verantwortlichen auswirken.

Besonders, wenn Veränderungsprozesse nicht von den Betroffenen selbst initiiert werden, kann es leicht zu Überforderung und Widerständen kommen. Wird ein Defizit im Arbeitsprozess identifiziert, das den Beteiligten nicht bewusst gewesen ist, so kann aus diesem »Schock« eine Ablehnung geplanter Veränderungen resultieren, so dass die Notwendigkeit einer Veränderung zunächst verneint wird (Kostka & Mönch, 2005). In diesem Fall bedarf es einiger Überzeugungsarbeit, um die Ablehnung in rationale Einsicht und letztlich auch emotionale Akzeptanz zu überführen. Erst wenn die Beteiligten die Notwendigkeit der Veränderung einsehen und emotional akzeptieren, kann auch ein zielgerichteter Lernprozess einsetzen.

Barrieren bei Veränderungsprozessen

Die Ursachen potenzieller Barrieren und Widerstände eines solchen Veränderungsprozesses lassen sich generell 4 Kategorien zuordnen (Rosenstiel, 1997; Hornberger, 2000; Reiß, 1997; ◘ Abb. 4.3): Die Barrieren für das »Können« und »Kennen« blockieren die Änderungsfähigkeit, wohingegen sich die Barrieren für das »Wollen« und »Sollen« auf die Änderungsbereitschaft auswirken.

Ein entsprechendes Change Management muss somit auf den Ebenen »Können« (Qualifikation), »Kennen« (Kommunikation), »Wollen« (Motivation) und »Sollen« (Prozesse/Führung) intervenieren (Kohl, 2009).

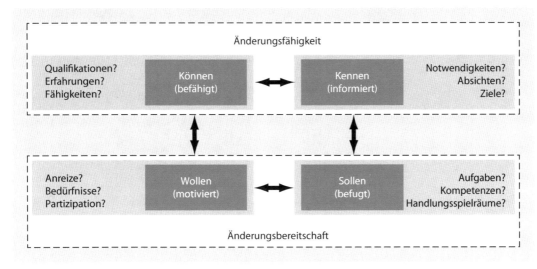

Abb. 4.3 Voraussetzungen für Veränderung

Durch eine frühzeitige Beteiligung der betroffenen Mitarbeiter kann den aufgeführten Barrieren und Widerständen offensiv begegnet werden. Gerade in produzierenden Unternehmen verfügen die am Produktionsprozess beteiligten Mitarbeiter häufig über die detailliertesten Kenntnisse der Abläufe und können bei der Identifizierung von Ansatzpunkten für eine Optimierung behilflich sein. Eine kontinuierliche und offene Kommunikationspolitik kann sich motivationssteigernd auswirken und die aktive Partizipation fördern.

Betroffene zu Beteiligten machen

Die frühzeitige Information und Kommunikation des geplanten Projekts bei der Maschinenbau GmbH am schwarzen Brett des Unternehmens (Projektmarktplatz), aber auch das Planspiel stellen hierbei nur 2 Methoden dar, die Mitarbeiter in allen Phasen explizit zu integrieren.

4.5 Fazit und Hinweise für die Praxis

Die Steigerung der Flexibilität in KMU ist eine vielversprechende Strategie, um den sich wandelnden Anforderungen auf den internationalisierten Märkten zu begegnen. Eine flexible Produktion erlaubt es dem Unternehmen, sich kurzfristig und eigenständig an Veränderungen anzupassen bzw. zukünftigen Anforderungen gerecht zu werden. Solche Veränderungsprozesse müssen in einem Unternehmen jedoch systematisch geplant und durchgeführt werden. Häufig wird lediglich der technischen bzw. fachlichen Realisierung von Veränderungsprozessen Aufmerksamkeit geschenkt und vergessen, dass es nicht Computer oder technische Einrichtungen sind, sondern Menschen mit ihrem Wissen, ihren Fähigkeiten und ihrer umfassenden Flexibilität, die Innovationen schaffen und neue Konzepte entwickeln und um-

Flexibilität als Strategie

setzen. Entscheidend für jeden Veränderungsprozess sind somit die frühzeitige Kommunikation der Ziele und die konsequente Kooperation mit den betroffenen Mitarbeitern. Eine top-down durchgesetzte Veränderung läuft Gefahr, an den Widerständen im Unternehmen zu scheitern. Koordination, Kommunikation und Kooperation als zentrale Grundpfeiler erfolgreicher Change-Management-Prozesse bilden hierbei nicht nur die Basis, sondern auch das Ergebnis eines solchen Prozesses.

Die Erkenntnisse dieses Artikels sind Teil des aktuellen Forschungsprojekts »Flexpro – Flexible Produktionskapazitäten innovativ managen« (Förder-Nr: 01FH09023), das gemeinsam vom BMBF und ESF unter Leitung des PT DLR gefördert wird.

Leseempfehlung

Jeske, T., Garrel, J. von & Starke, J. (2011). Erfolgsfaktor Flexibilität – Ergebnisse einer deutschlandweiten Unternehmensbefragung. *Industrial Engineering, 64*(1), 20–23.

Hildebrand, T., Mäding, K. & Günther, U. (2005). *PLUG + PRODUCE: Gestaltungsstrategien für die wandlungsfähige Fabrik.* Chemnitz: IBF – Institut für Betriebswissenschaften und Fabriksysteme, Technische Universität.

Nagel, M. (2003). *Flexibilitätsmanagement. Ein systemdynamischer Ansatz zur quantitativen Bewertung von Produktionsflexibilität.* Wiesbaden: Deutscher Universitäts-Verlag.

Rosenstiel, L. von (2000). *Grundlagen der Organisationspsychologie – Basiswissen und Anwendungshinweise,* 4. Aufl. Stuttgart: Schäffer-Poeschel.

Schenk, M. & Wirth, S. (2004). *Fabrikplanung und Fabrikbetrieb, Methoden für die wandlungsfähige und vernetzte Fabrik.* Heidelberg: Springer.

Sethi, A. K. & Sethi, S. P. (1990). Flexibility in manufacturing: A survey. *International Journal of Flexible Manufacturing Systems: design, analysis and operation on manufacturing an assembly systems, 2,* 289–328.

Wirth, S., Enderlein, H. & Hildebrand, T. (2000). *Die flexible, temporäre Fabrik: Arbeitsschritte auf dem Weg zu wandlungsfähigen Fabrikstrukturen* (VA 16 Ergebnisbericht). Karlsruhe: Forschungszentrum, Technik und Umwelt.

Literatur

Blecker, T. & Kaluza, B. (2004). Produktionsstrategien – ein vernachlässigtes Forschungsgebiet? In A. Braßler & H. Corsten (Hrsg.), *Entwicklungen im Produktionsmanagement* (S. 3–27). München: Vahlen.

Garrel, J. von, Dengler, T. & Doden, N. (2010). Flexibilität als Unternehmens-strategie. In Institut für Logistik und Materialflusstechnik an der Otto-von-Guericke-Universität Magdeburg (Hrsg.), *Tagungsband der 15. Magdeburger Logistiktagung »Effiziente und sichere Logistik«, 16.–17. Juni 2010* (S. 185–190). Stuttgart: Fraunhofer Institut.

Haweanek, D. (2008). *Neues Takt-Gefühl.* Verfügbar unter http://www.spiegel.de/spiegel/0,1518,571270,00.html. [Zugriff am 12.4.2011]

Hornberger, S. (2000). Evaluation von Veränderungsprozessen. In G. Schreyögg, & P. Conrad (Hrsg.), *Organisatorischer Wandel und Transformation* (S. 239–277). Wiesbaden: Gabler.

Kaluza, B. (1993): Flexibilität, betriebliche. In W. Wittmann, W. Kern, R. Köhler, H.-U. Küpper & K. von Wysocki (Hrsg.), *Handwörterbuch der Betriebswirtschaftslehre*, Band 1, 5., überarbeitete Aufl. (Sp. 1173–1184). Stuttgart: Schäffer-Poeschel.

Kamiske, G. F. & Brauer, J.-P. (2008). *Qualitätsmanagement von A bis Z. Erläuterungen moderner Begriffe des Qualitätsmanagements,* 3. Aufl. München: Hanser.

Kinkel, S. (2005). Anforderungen an die Fertigungstechnik von morgen. Wie verändern sich Variantenzahlen, Losgrößen, Materialeinsatz, Genauigkeits-anforderungen und Produktlebenszyklen tatsächlich? *Mitteilungen aus der Produktionsinnovationserhebung, 9,* 1–12.

Kohl, I. (2009): *Akzeptanzförderung bei der Einführung von Wissensmanagement – Ein Methodenbaukasten für kleine und mittlere Unternehmen.* Berlin: Fraunhofer IPK, TU Berlin, Institut für Werkzeugmaschinen und Fabrikbetrieb IWF.

Kostka, S. & Mönch, A. (2005). *Change Management. 7 Methoden für die Gestaltung von Veränderungsprozessen,* 3., überarbeitete Aufl. München: Hanser.

Nyhuis, P., Reinhardt, G. & Abele, E. (2009). *Wandlungsfähige Produktionssysteme. Heute die Industrie von morgen gestalten.* Garbsen: PZH-Verlag.

OECD (1986). *Flexibility in the labour market: The current debate.* Paris: OECD.

Reiß, M. (1997). Instrumente der Implementierung. In M. Reiß, L. von Rosenstiel & A. Lanz (Hrsg.), *Change Management – Programme, Projekte und Prozesse* (S. 91–108). Stuttgart: Schaeffer-Poeschel.

Rosenstiel, L. von (1997). Verhaltenswissenschaftliche Grundlagen von Veränderungsprozessen. In M. Reiß, L. von Rosenstiel & A. Lanz (Hrsg.). *Change Management – Programme, Projekte und Prozesse* (S. 191–212). Stuttgart: Schaeffer-Poeschel.

Schreyögg, G. (2007). *Organisation – Grundlagen moderner Organisationsgestaltung,* 4., überarb. u. erweit. Aufl. Wiesbaden: Gabler.

Seidel, H. & Garrel, J. von (2010). Flexible Produktionssysteme innovativ managen. In P. Nyhuis (Hrsg.), *Wandlungsfähige Produktionssysteme* (S. 407–416). Berlin: GITO.

Wüstner, K. (2006). *Arbeitswelt und Organisation. Ein interdisziplinärer Ansatz.* Wiesbaden: Gabler.

Metaauswertung der Durchführung und Umsetzung von teamorientierten Wertstromdesignprozessen

Sascha Stowasser

Die an den Unternehmenszielen orientierte Einführung von Produktionssystemen erfordert eine ganzheitliche Herangehensweise. Für die vollständige Betrachtung eines Unternehmens ist somit eine ganzheitliche Sichtweise erforderlich, die sich am Wertschöpfungsprozess orientiert. Wertstromdesign ist ein Navigations- und Visualisierungswerkzeug, das bei der Realisierung von ganzheitlichen Produktionssystemen eingesetzt werden kann, um die Verschwendungen in der Wertschöpfungskette zu erkennen und entsprechende organisatorische bzw. technische Veränderungs- und Optimierungsansätze abzuleiten.

5.1   Was soll verändert werden?

5.1.1   Gesamtveränderungsprojekt

Produktive, verschwendungsfreie Prozesse und Abläufe als Wettbewerbsfaktor

Innovative Produkte und Dienstleistungen sowie produktive Abläufe und Prozesse sind – nicht nur wegen der vorangegangenen Wirtschaftskrise – entscheidende Erfolgsaspekte in den Unternehmen am Wirtschaftsstandort Deutschland. Wandlungsfähige, verschwendungsarme und effiziente Prozesse sind ausschlaggebende Wettbewerbsfaktoren geworden. Unternehmen gelten als wandlungsfähig, wenn sie die Prozesse, Strukturen und Organisationen an veränderte Bedingungen und Situationen anpassen und dadurch produktiv und wirtschaftlich agieren können.

Prozesse und Arbeitsabläufe, welche die Anforderungen an Effizienz und Effektivität nicht erfüllen, sind insbesondere wegen des hohen Anteils an »Verschwendung« unproduktiv, verursachen bei internen oder externen Kunden unnötigen Aufwand und verzerren Kosten- und Terminplanungen. Produktivitätsmanagement, d. h. die Planung, Lenkung und das Controlling aller Aktivitäten zur Optimierung der betrieblichen Prozesse, spielt demnach in den Betrieben eine herausragende Rolle. Je mehr kundenspezifische Produkte hoher Qualität nachgefragt werden, umso höher steigen die Anforderungen an das Produktivitäts- und Prozessmanagement, die Arbeitsorganisation sowie die Mitarbeiter und die Produktionstechnik (Stowasser, 2011).

Prozessorientierung, Standardisierung und strukturierter Methodeneinsatz sind erfahrungsgemäß Kernelemente schlanker Produktionssysteme (Neuhaus, 2008). In den vergangenen Jahren ist demzufolge in Unternehmen unterschiedlicher Branchen ein Trend zur Einführung von Produktionssystemen – oft als Derivate des Toyota Produktionssystems (Ohno, 1993) – zu beobachten. Abgeleitet von den Unternehmenszielen auf oberster Ebene und der Zielfortschreibung in alle Hierarchien des Unternehmens, zielen Produktionssysteme darauf ab, die Prozesse des Unternehmens im wirtschaftlichen Sinne ganzheitlich und verschwendungsfrei zu organisieren. Produktionssysteme werden gegenwärtig z. B. bei Audi, Bosch, Daimler, Wilo und vielen anderen in bereichsübergreifenden Veränderungsprojekten umgesetzt.

5.1.2 Wo werden Wertstromdesignprozesse innerhalb des Gesamtveränderungsprojekts angesiedelt?

Ohne den nötigen Gesamtüberblick besteht die Gefahr, dass sich Veränderungsprozesse (z. B. im Zuge der Realisierung moderner Produktionssysteme) in einer detaillierten Optimierung von Einzelprozessen verzetteln oder gar die notwendigerweise zu optimierenden Prozesse nicht erkannt und somit bei der Veränderung übergangen werden. Für die vollständige Betrachtung eines Unternehmens ist somit eine ganzheitlich am Wertschöpfungsprozess orientierte Sichtweise erforderlich. Wertstromdesign ist ein Werkzeug, das seit Anfang der 90er Jahre des vergangenen Jahrhunderts zur Aufnahme und Konzeption der miteinander verbundenen betrieblichen Mitarbeiter-, Material- und Informationsflüsse mit dem Ziel eingesetzt wird, eine Vision für ein schlankes Produktionssystem zu entwickeln und erforderliche Gestaltungs- und Umsetzungsmaßnahmen abzuleiten (vgl. Rother & Shook, 2004). Während sich Verbesserungsprozesse in der Vergangenheit auf die Optimierung von Teilprozessen unter Zuhilfenahme von (teilweise willkürlich gewählten) Methoden und Tools konzentrierten, zielt das Wertstromdesign auf die ganzheitliche Betrachtung eines Produktionssystems und die konsequente Produktivitätssteigerung im gesamten Wertstrom ab (Stowasser, 2009). Dabei wird der vollständige Wertstrom betrachtet, d. h. alle wertschöpfenden und nicht wertschöpfenden Aktivitäten, die notwendig sind, um ein Fertigprodukt vom Rohmaterial bis in die Hände des Kunden zu bringen.

Das Wertstromdesign beschreibt, wie die aktuellen Unternehmensprozesse zukünftig aussehen sollten (Klevers, 2007). Dabei wird ein Wertstrom gestaltet, bei dem die in der betrieblichen Ist-Situation aufgedeckten Verschwendungen minimiert und damit die Prozesse sowie Mitarbeiter-, Material- und Informationsflüsse effizienter gestaltet werden.

> **Wichtig**
> Wertstromdesign ist ein Navigationsinstrument, das bei der Umsetzung von ganzheitlichen Produktionssystemen eingesetzt werden kann, um die Verschwendungen in der Wertschöpfungskette zu erkennen und entsprechende organisatorische bzw. technische Veränderungs- und Optimierungsansätze abzuleiten.

Die folgenden Abschnitte fokussieren sich nicht ausschließlich auf ein Veränderungsprojekt, sondern werten Erfahrungen zum Wertstromdesign-Einsatz in verschiedenen Realisierungsprojekten von Produktionssystemen aus.

Nur die ganzheitliche Betrachtung führt zum Gesamtoptimum

5.2   Warum und wozu soll verändert werden?

Wertstromdesign zur Analyse und Gestaltung der Mitarbeiter-, Material- und Informationsflüsse

Wertstromdesign ist ein Navigations- und Visualisierungswerkzeug, das bei der Realisierung von ganzheitlichen Produktionssystemen dabei unterstützen kann herauszufiltern, an welcher Stelle der 3 betrieblichen Flussarten – Mitarbeiter-, Material- und Informationsfluss – organisatorische bzw. technische Veränderungs- und Optimierungsansätze priorität zweckmäßig sind und sich ein (ggf. schnellstmöglicher) betrieblicher Gesamtnutzen ergibt. Ein guter Mitarbeiterfluss zeichnet sich dadurch aus, dass der Mitarbeiter überwiegend wertschöpfende Tätigkeiten durchführt, die Abläufe und Prozesse harmonisch sind und die vom Mitarbeiter abgeforderte Gesamtleistung im Durchschnitt durch eine Normalleistung realisiert werden kann. Der Materialfluss kennzeichnet die Bewegungen der Roh- und halbfertigen Materialien oder Werkstücke im Unternehmen zwischen Lieferant und Kunde. Der Informationsfluss beschreibt die für Leistungserstellung notwendigen Informationsbeziehungen und -wege im Unternehmen, beginnend von der Angebotserstellung über die Produktions- und Arbeitspläne bis hin zu den Versandunterlagen.

> ℹ️ Checkliste: Fragen zur Verschwendung in den betrieblichen Flüssen
>   — Wie verschwendungsarm ist der **Mitarbeiterfluss**?
>   — Erfüllt der Mitarbeiter wertschöpfende Tätigkeiten?
>   — Ist der Mitarbeiter während seiner Tätigkeit gut (auf Dauer nicht zu gering oder zu hoch) ausgelastet?
>   — Wie verschwendungsarm ist der **Materialfluss**?
>   — Bewegt sich das Werkstück direkt von einem Wertschöpfungsschritt zum nächsten?
>   — Sind die Prozessschritte gekoppelt oder bestehen einzelne Zwischenpuffer?
>   — Wie verschwendungsarm ist der **Informationsfluss**?
>   — Wie schnell werden Probleme und Abweichungen bemerkt?
>   — Was passiert bei Problemen und Abweichungen?
>   — Wie umfangreich sind die Anweisungen (Arbeitspläne, Prüfpläne usw.)?

Die Ursachen von Verschwendungen (Ohno, 1993) können aufgedeckt und mit gezielten, adäquaten Methoden der Arbeitsorganisation und des Industrial Engineerings in effizientere Produktionssysteme (um-) gestaltet werden.

> **Verschwendungen im Unternehmen (nach Ohno, 1993)**
> ▬ Überproduktion (z. B. Produktion auf Lager, Überinformation durch zu viele E-Mails)
> ▬ Wartezeit (z. B. Warten auf Teileverfügbarkeit, Warten auf Freigabe-Informationen)

- Transport (z. B. überflüssige Transportzeiten, Informationsweitergabe in der Organisation mit zu vielen Zwischenschritten)
- Arbeitsprozess (z. B. überflüssige Rüstzeiten, erneutes Eingeben von Informationen aufgrund doppelter Systeme)
- Bestände (z. B. halbfertige Produkte im Lager, unterbrochener Informationsfluss)
- Bewegungen (z. B. umständliche manuelle Tätigkeiten, unverständliche Informationen)
- Produktionsfehler (z. B. erhöhte Nacharbeit und Reparaturen, schlechte Ausarbeitung von Entscheidungsvorlagen)

Auf dieser Basis werden umfassende betriebliche Verbesserungsmaßnahmen definiert, die sowohl in bereichsorientierten als auch in bereichsübergreifenden Veränderungsprojekten umgesetzt werden. Dabei gilt es, die Mitarbeiter, die Produkte und die Produktionsprozesse harmonisch aufeinander abzustimmen.

Zielsetzungen der Veränderungsprojekte unter Zuhilfenahme des Wertstromdesigns sind:
- Steigerung der Lieferfähigkeit und Liefertermintreue (z. B. Reduzierung von Durchlaufzeiten),
- Reduzierung der Kosten (z. B. Reduzierung der Bestände),
- Verbesserung der Qualität (z. B. Reduzierung von Ausschuss und Nacharbeit) und letztlich
- Erhöhung der Produktivität und Wirtschaftlichkeit des Unternehmens.

5.3 Wie wird/wurde verändert?

5.3.1 Überblick über die Phasen des Wertstromdesigns

Wertstromdesign wird üblicherweise in 3 Phasen gegliedert (Stowasser, 2009):

Phasen des Wertstromdesigns

1. **Ist-Analyse** (Aufnahme des Ist-Zustands; Value Stream Mapping): Erfassung und Visualisierung der Ist-Situation der Mitarbeiter-, Material- und Informationsflüsse, z. B. unter Verwendung einer grafischen Symbolik (z. B. Rother & Shook, 2004) und Beschreibung zentraler Kenndaten (z. B. Durchlaufzeit, Bestände, Rüstzeit, Ausschussrate, Personal- und Betriebsmitteleinsatz).
2. **Soll-Konzept** (Entwurf des Soll-Zustands; Value Stream Design): Anhand von Grundregeln des Lean Managements (z. B. Vermeidung von Verschwendung, Produktion nach Kundenbedarf) wird ein verbesserter, kundenorientierter Wertstrom entworfen. Im Soll-Konzept wird der angestrebte Zielzustand visualisiert und bewertet.

3. **Umsetzung des Soll-Zustands** (Definition des Maßnahmen-plans): Im Maßnahmenplan werden die Maßnahmen erfasst, um vom Ist- zum Soll-Zustand zu gelangen. In Veränderungs-projekten unterschiedlichen Umfangs werden die Maßnahmen schrittweise realisiert. Die Umsetzung der Maßnahmen wird mit Kennzahlen belegt und überwacht.

Auf eine detaillierte Beschreibung der Vorgehensweise wird an dieser Stelle verzichtet. Verwiesen wird z. B. auf Rother und Shook (2004), Busch (2010).

> **Wichtig**
> Ausgehend von einer Ist-Analyse werden kontrollierbare Maßnahmen definiert, die schrittweise zum geplanten Soll-Zustand führen. Hierbei werden nur solche Methoden ein-gesetzt, die die Maßnahmenumsetzung unterstützen und dem Reifegrad des Unternehmens entsprechen.

5.3.2 Teamorientiertes Wertstromdesign zur Umsetzung ganzheitlicher Produktionssysteme

Interdisziplinäre Mitarbeiter-beteiligung im teamorientierten Wertstromdesign

Kennzeichen eines teamorientierten Wertstromdesigns ist die struk-turierte Vorgehensweise der Wertstromerfassung und -planung in einem interdisziplinären Team, bestehend aus Vertretern von Pro-duktion, Fertigungsplanung und -steuerung, Logistik, Materialwirt-schaft, Einkauf, Vertrieb und Controlling (◘ Abb. 5.1).

Die Teammitglieder navigieren gemeinsam durch den Wertstrom und erlangen ein einheitliches Verständnis des betrieblichen Produk-tionssystems. Darauf aufbauend wird eine abteilungsübergreifende Vision für einen verbesserten, kundenorientierten Mitarbeiter-, Ma-terial- und Informationsfluss abgeleitet.

Die Ist-Analyse beginnt vor Ort an der Schnittstelle zum Kunden: im Versand. Der Wertstrom wird aus Kundenperspektive in Gegen-richtung des Materialflusses vom Versand bis zur Materialanlieferung im abteilungsübergreifenden Team abgelaufen und diskutiert. Hier-bei werden die wertschöpfenden und nicht wertschöpfenden Prozess-schritte aufgenommen und unmittelbar unter Verwendung einfacher grafischer Symbole dargestellt.

5.3.3 Erkenntnisse zum teamorientierten Wertstromdesign aus praktischer Sicht

Im Folgenden sind verallgemeinerte Erkenntnisse aus umfangreicher Erfahrung in der betrieblichen Praxis durchgeführter teamorientier-ter Wertstromdesigns aufgeführt.

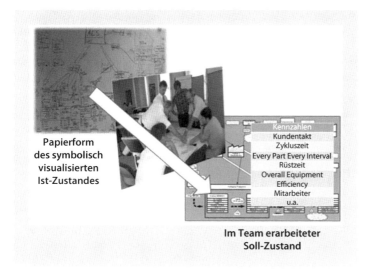

Papierform
des symbolisch
visualisierten
Ist-Zustandes

Kennzahlen
Kundentakt
Zykluszeit
Every Part Every Interval
Rüstzeit
Overall Equipment
Efficiency
Mitarbeiter
u.a.

**Im Team erarbeiteter
Soll-Zustand**

▣ Abb. 5.1 Prozess des teamorientierten Wertstromdesigns. (Aus Stowasser, 2009)

Transparenz bei der Einführung von Produktionssystemen

Bei der Definition der Maßnahmen und Veränderungsprojekte zur Umsetzung wird der Wertstrom in den Mittelpunkt gestellt und damit ein Bauplan für die Implementierung von neuen Produktionssystemen geschaffen. Anhand konkreter Zahlenwerte (s. z. B. Kennzahlenarten in ▣ Abb. 5.1) lassen sich Konsequenzen von Teilentscheidungen für den gesamten Produktionsfluss aufzeigen, relevante Methoden des Lean Management und Industrial Engineering auswählen sowie Prioritäten bei der Maßnahmenumsetzung festlegen. Hohe Effekte werden jedoch nicht durch Nutzung möglichst vieler oder besonders »aktueller« Methoden erreicht, sondern durch Methoden, die auf die Unternehmenssituation und -strategie zugeschnitten, aufeinander abgestimmt und durchgehend, möglichst alle Geschäftsfelder erfassend, eingesetzt werden, um das eigene Potenzial besser zu nutzen.

Eine entscheidende Rolle spielt der Reifegrad des Unternehmens, d. h. die Ausprägung der systemischen Kompetenz und Kultur des Unternehmens, Veränderungsprojekte effektiv und effizient zu beherrschen und zu realisieren. Methodenerfolg kann nur dann gewährleistet werden, wenn die Methoden nachhaltig eingesetzt und nicht nur kampagnenartig betrieben werden. Die Frequenz des Methodenwechsels entspricht dabei vielfach derjenigen, mit der auch die Führungskräfte wechseln.

Reifegrad des Unternehmens entscheidet über den Einsatzerfolg

Ableitung einer überhöhten Anzahl von Maßnahmen und Projekten

Oftmals leiten die interdisziplinären Wertstromteams eine inflationär hohe Anzahl an Maßnahmen und Veränderungsprojekten nach

Die Anzahl der Veränderungsprojekte darf nicht das Unternehmen überfordern

Aufnahme des Ist-Zustands ab (z. B. sollen gleichzeitig ein Kanban-System eingeführt, die Zulieferkette synchronisiert und von Batch-fertigung auf One-Piece-Flow umgestellt werden). Dies führt zu einer Überforderung sowohl der einzelnen Mitarbeiter als auch des gesamten Unternehmenssystems (»Viel hilft nicht viel«). Leichtfertig gestartete Projekte mit geringer Durchschlagskraft, geringer Nachhaltigkeit und dementsprechend ohne die gewünschte Zielerreichung sind die Folge davon und führen zu Demotivation bzw. ablehnender Haltung der Mitarbeiter gegenüber zukünftigen Veränderungen.

Stärkung der Unternehmenskommunikation

Teamorientiertes Wertstromdesign fördert die unternehmensinterne Kommunikation

Teamorientiertes Wertstromdesign unterstützt die effiziente Unternehmenskommunikation und schafft eine einheitliche »Sprache«. Die gemeinsame Vor-Ort-Begehung in Fertigung, Montage, Lagerhaltung und anderen betrieblichen Bereichen löst einen »Aha-Effekt« bei den Teilnehmern aus, bewirkt gegenseitiges Erkennen und weckt Verständnis für die vorhandenen Defizite in den einzelnen Bereichen. Das heute in zahlreichen Unternehmen vorherrschende Defizit im bereichsübergreifenden Schnittstellenmanagement, insbesondere durch Schwierigkeiten in der Kommunikation über die organisatorischen Bereichsgrenzen hinweg (z. B. striktes Abteilungsdenken, Zerwürfnisse zwischen Bereichen und Abteilungen), kann durch teamorientierte Wertstromprojektgruppen verbessert werden. Interne und externe »Kunden-Lieferanten-Beziehungen« sind klar zu definieren und transparent zu verdeutlichen.

Wichtigkeit der Führungskultur

Führungskultur als entscheidender Faktor

Wie bei jedem anderen Veränderungsprozess auch, entscheidet die Führungsmentalität über den erfolgreichen Einsatz des teamorientierten Wertstromdesigns. Ausgehend von den durch die Führungskräfte entwickelten Unternehmensvisionen/-missionen/-zielen sichert die Führungskraft durch persönliche Vorbildfunktion und Mitwirkung beim Wertstromdesign den Prozesserfolg. Für erfolgreiches Wertstromdesign ist von ausschlaggebender Bedeutung, dass die Kommunikation zwischen Management, Wertstromteams und der übrigen Belegschaft transparent und umfassend ist. Die frühzeitige und regelmäßige Information über die Ziele des Wertstromdesigns, den Projektstand und abgeleitete Maßnahmen ist daher unverzichtbar.

Visualisierung des Wertstroms

Wertstromdesign ist ein leicht erlernbares Werkzeug

Als einfach erlernbares und leicht zu handhabendes Visualisierungsinstrument zur Beschreibung des Wertstroms ist das Wertstromdesign eine ausreichende Basis für die anschließende Erarbeitung des Soll-Konzepts. Als symbolischer Standard ist gegenwärtig die Visualisierung nach Rother & Shook (2004) am stärksten verbreitet. Mitarbeiter-, Material- und Informationsflüsse werden sichtbar; es wird die menschliche Fähigkeit genutzt, Informationen mithilfe von Bildern schnell aufzunehmen und kognitiv zu überdenken (Erlach et al., 2003). Mittlerweile existiert eine Reihe Softwareprodukte zur rechnerunterstützten Aufnahme und Verarbeitung der Wertströme. Der Einsatz derartiger Software resultiert zwar im grafisch professionelleren Design der Wertströme, bedingt jedoch Schulungsaufwand der Mitarbeiter und minimiert die positive Spontanität der interdisziplinären Teamsitzungen und Begehungen in den betrieblichen Bereichen.

Notwendigkeit von Variantenwertströmen

Wertstromdesign findet seine Anwendung in der Serienproduktion mit begrenzter Typen- und Variantenvielfalt. Typen- und variantenreiche Produktionssysteme (wie z. B. vorwiegend im mittelständischen Maschinen- und Anlagenbau in Deutschland) werden von mehr als einem Wertstrom gekreuzt. Die Analyse nur eines Wertstroms ist demzufolge nicht ausreichend. In der Praxis werden daher mehrere sog. Variantenwertströme erfasst und ausgewertet. Variantenwertströme beruhen auf der Gruppierung der Varianten in Produktfamilien und zeichnen sich meist durch zeitliche Streuungen und Taktzeitüberschreitungen einzelner Produkte aus (Erlach, 2010). Notwendigerweise erwachsen deshalb hohe Anforderungen an die Gruppierung von Produktfamilien aus Produktionssicht (Mitglieder einer Produktfamilie greifen auf die gleichen Ressourcen zu) und nicht aus Vertriebssicht.

Serienfertigung als typisches Anwendungsfeld

5.4   Wie wird/wurde Nachhaltigkeit sichergestellt?

5.4.1   Führung und Schnittstellenmanagement als Garant für die ganzheitliche organisatorische Verankerung

Die Verbesserungsaktivitäten werden als zentrale, kaskadierte Aufgabe aller Führungskräfte und -ebenen angesehen. Um eine ganzheitliche Wertstromsicht zu erreichen und den traditionellen Ansatz der Optimierung von funktionalen Subsystemen zu durchbrechen, ist eine Führungskultur erforderlich, die abteilungsübergreifende Kommunikation und Problemlösungskompetenz täglich umsetzt.

Veränderungsbereite Führungskultur als Voraussetzung

Unterstützt werden kann das Management durch einen sog. Wertstrommanager (vgl. Erlach, 2010; Rother & Shook, 2004), der für die Durchführung von Wertstromanalysen verantwortlich ist. Der Wertstrommanager sollte in seiner Rolle an die oberste Führungskraft im Unternehmen berichten, entbindet aber keinesfalls die Führungskräfte »vor Ort« von ihrer Aufgabe als Treiber der Veränderungsprozesse.

Wichtig
Die Führungskultur und die Fähigkeit der einzelnen Führungskräfte, die notwendigen Veränderungen einzufordern, aber auch die Belegschaft dahingehend zu fördern, entscheidet über die Einführung eines Produktionssystems.

5.4.2   Mitarbeiterbeteiligung im Wertstromdesign

Einbindung der Mitarbeiter in das Wertstromdesign

Die Einbeziehung der Mitarbeiter ist eine wesentliche Voraussetzung für die nachhaltige Umsetzung der aus dem Wertstromdesign abgeleiteten Veränderungsmaßnahmen. Der richtige Umgang mit instabilen Prozessen und Verschwendungen stellt eine Triebfeder für Verbesserungen in den Unternehmen dar und ermöglicht die Einbeziehung der Mitarbeiter in die innovative und kreative Problemlösung im Zuge der Wertstromteams. Mitarbeiterbeteiligung bedeutet in diesem Sinne, dass die Mitarbeiter ihre Bereitschaft zur Übernahme von Verantwortung zeigen und ihre Kompetenz einbringen, um die Prozesse des Unternehmens effizient und robust zu gestalten und kontinuierlich zu verbessern (Stowasser et al., 2011). Wichtig ist, dass sowohl die direkten Führungskräfte als auch die Produktionsmitarbeiter aus dem entsprechenden Bereich mit einbezogen werden.

> **Wichtig**
> Die Mitarbeiterbeteiligung stellt ein wesentliches Erfolgskriterium für die Umsetzung und Akzeptanz der eingeleiteten Veränderungsmaßnahmen dar.

5.4.3   Konsequentes Controlling der abgeleiteten Maßnahmen

Nachhaltigkeit erfordert stetiges Kontrollieren der Zielerreichung

Die Umsetzung der aus dem Wertstromdesign abgeleiteten Maßnahmen ist kontinuierlich und systematisch durch die Führungskraft und das Projektteam zu überprüfen. Hierzu werden üblicherweise Umsetzungspläne (Maßnahmenverfolgungspläne) mit dem Abarbeitungsstand der jeweiligen Maßnahme erstellt, die dann auch regelmäßig überprüft und ggf. besprochen werden müssen.

5.5   Fazit/Hinweise für die Praxis

Auch Unternehmen, die nur über wenig umfassende methodische Kompetenz verfügen, können mittels Wertstromdesign verschiedene Stellhebel zur Produktivitätssteigerung und Verbesserung der Arbeitsorganisation im gesamten betrieblichen Wertstrom aufdecken und die dazu passenden Verbesserungsmethoden (z. B. Rüstzeitoptimierung, Liniengestaltung usw.) gezielt wählen. Voraussetzung für den Einsatzerfolg ist, dass auf strategischer Ebene des Gesamtunternehmens die Einführung eines ganzheitlichen und bereichsübergreifenden Produktionssystems angestrebt wird und das Wertstromdesign dem Reifegrad des Unternehmens entspricht (z. B. definierte Unternehmensstrategien und -ziele, positiv ausgeprägte Veränderungskultur, unterstützende Führungsstrukturen).

ⓘ Checkliste: Fragen, die es vor Durchführung eines Wertstromdesigns zu klären gilt
- Sind Unternehmensvisionen/-missionen/-ziele definiert? Sind diese Ziele operationalisierbar?
- Wird ein ganzheitliches Produktionssystem realisiert, das sich an der Unternehmensstrategie ausrichtet?
- Liegt ein langfristiges Commitment des gesamten Managements mit klarer Definition der Rolle der Führungskräfte als Treiber vor?
- Hat das Unternehmen methodische Kompetenz zur Durchführung des Wertstromdesigns?
- Liegen einzelne Wertströme vor oder müssen Wertstromfamilien gebildet werden?
- Welche Abteilungen, Gruppen, Bereiche sollen ins teamorientierte Wertstromdesign eingebunden werden?
- Wie werden die betroffenen Mitarbeiter und Führungskräfte sensibilisiert, informiert, geschult und eingebunden?
- Sind sich Führungskräfte und Mitarbeiter ihrer Rolle und der Konsequenzen der Durchführung des Wertstromdesigns bewusst? Sind alle informiert? Gibt es ein allseitiges Einvernehmen/Einigkeit/Einverständnis zur Durchführung und konsequenten Umsetzung? Sonst besteht die Gefahr der »verbrannten Erde«, wenn festgelegten Maßnahmen keine Taten folgen.
- Ist eine ausreichende Datenbasis zum »Füllen« des Wertstroms vorhanden (z. B. Bearbeitungszeiten/Planzeiten, Vorgabezeiten/Ist-Zeiten, Rüstzeiten etc.)?
- Sind bestimmte Grundlagen vorhanden (z. B. Standardisierung, Ordnung und Sauberkeit, »Verbesserungskultur«)?

Trotz der Chancen und zahlreicher positiver Unternehmensbeispiele ist Wertstromdesign keine Wunderwaffe für schnellen und hohen Produktivitätsgewinn. Der Einsatzerfolg kann nur dann gewährleistet werden, wenn das Wertstromdesign nachhaltig betrieben wird und nicht – wie in der betrieblichen Praxis durchaus üblich – kampagnenartig erfolgt.

Literatur

Busch, J. (2010). Industrial Engineering zur ganzheitlichen Wertstromgestaltung. *Angewandte Arbeitswissenschaft, 207*, 51–74.

Erlach, K. (2010). *Wertstromdesign,* 2., bearb. u. erweit. Aufl. Heidelberg: Springer.

Erlach, K., Halmosi, H. & Löffler, B. (2003). Wertströme elektronisch erfassen und visualisieren. *wt Werkstattstechnik online, 93*, 167–171.

Klevers, T. (2007). *Wertstrom-Mapping und Wertstrom-Design. Verschwendung erkennen – Wertschöpfung steigern.* Landsberg am Lech: mi-Fachverlag.

Neuhaus, R. (2008). *Produktionssysteme: Aufbau – Umsetzung – Missverständnisse.* Köln: Wirtschaftsverlag Bachem.

Ohno, T. (1993). *Das Toyota-Produktionssystem.* Frankfurt: Campus.

Rother, M. & Shook, J. (2004). *Sehen lernen.* Aachen: Lean Management Institut.

Stowasser, S. (2009). Teamorientiertes Wertstromdesign als Navigationswerkzeug im Produktivitätsmanagement. In: Gesellschaft für Arbeitswissenschaft (Hrsg.), *Beschäftigungsfähigkeit und Produktivität im 21. Jahrhundert* (S. 131–134). Dortmund: GfA-Press.

Stowasser, S. (2011). Produktivitätsmanagement als Kernaufgabe der modernen Arbeitsorganisation und des Industrial Engineering. *Zeitschrift für Arbeitswissenschaft, 65*(1), 63–66.

Stowasser, S., Brombach, J. & Rottinger, S. (2011). Mitarbeiterbeteiligung und Personalentwicklung in Produktionssystemen. In: *Mensch, Technik, Organisation – Vernetzung im Produktentstehungs- und -herstellungsprozess* (S. 909–912). Dortmund: GfA-Press.

Change Management in ERP-Projekten

Mario Moser

Seit Mitte der 90er Jahre haben zahlreiche größere Unternehmen sog. Enterprise-Resource-Planning(ERP)-Systeme implementiert. Und auch in der Druckindustrie investierten die Betriebe in entsprechende Branchenlösungen dieses Industriezweigs. Der zunehmend stärker werdende Verdrängungswettbewerb bzw. die steigende Anzahl von Substituten zwingt die Unternehmen dieser Branche dazu, sich mit immer tiefer greifenden Möglichkeiten zur Optimierung von internen Geschäftsprozessen auseinanderzusetzen. Durch die im ERP-System umgesetzte Integration unterschiedlichster Unternehmensfunktionen versprechen sich die Unternehmen eine umfassende Effizienzsteigerung der Abläufe.

Technische Entwicklungen, wie beispielsweise das »JDF«-Datenformat zur internen Vernetzung der gesamten Druckproduktion, führten dabei zu einer entsprechend hohen Verbreitung. Die Praxis zeigt, dass die Einführung eines neuen Systems vielerorts als Software- oder IT-Projekt verstanden wird.

> **Wichtig**
> Nur wenige Unternehmen erkennen, dass es sich bei diesen Vorhaben um Veränderungsprojekte handelt, die einen weitreichenden organisatorischen Wandel mit sich bringen. Eine Nichtbeachtung führt dazu, dass »weiche Faktoren« im Projekt zu wenig berücksichtigt werden.

6.1   Hintergründe des Projekts

Alpina Druck GmbH

Als mittelständisches Produktionsunternehmen produziert Alpina Druck GmbH seit mittlerweile mehr als 50 Jahren Akzidenzdrucksorten aller Art. Das gesellschaftergeführte Unternehmen vermochte es seit Anbeginn, seine Marktposition kontinuierlich weiter auszubauen, und ist auch dank seiner hohen Exportquote heute Marktführer in Westösterreich. Am Standort Innsbruck erwirtschaften die 80 Mitarbeiter des Unternehmens einen Jahresumsatz von ca. 11 Mio. Euro.

6.1.1   Steigende Dynamik in der grafischen Industrie

Aktuelle Herausforderungen

Die Unternehmen der heutigen Zeit sehen sich mit einer Vielzahl unterschiedlicher Veränderungen konfrontiert, welche unter Begriffen wie »Globalisierung«, »Konjunkturkrise« oder »Informations- und Kommunikationszeitalter« subsumiert werden. Diese Begriffe stehen stellvertretend für die Dynamik und die Komplexität der Umwelt, welche die Organisationen und die verantwortlichen Personen zu einem differenzierten Verhalten auffordert (Kneip, 2004). Dieser Anforderung folgend ist es unabdingbar, von der tief verwurzelten mechanistischen Denkhaltung Abstand zu nehmen, welche den arbeitenden Menschen als zielgerichtetes Rädchen im großen Getriebe des Unternehmens definiert (Balck, 1996). In der Praxis kann beobachtet werden, dass vielerorts an einem Unternehmensverständnis festgehalten wird, welches den Systemcharakter des Unternehmens und dessen Verbindung zur Umwelt nicht berücksichtigt. Dies geschieht auf Basis einer konservativen Wirklichkeitswahrnehmung, welche Unternehmen nicht als Sozialsysteme – die eigengesetzliche Wirklichkeiten konstruieren und ihrem Handeln zugrunde legen – erkennt (Hejl & Stahl, 2000).

6.1.2 Kontinuierlicher Verbesserungsprozess bei Alpina Druck

Aufbauend auf diesen Grundgedanken stellte sich im Unternehmen Alpina Druck die Frage, wie den Veränderungen der heutigen Zeit begegnet werden kann. Auf Basis eines Strategieprojekts überprüfte man gemeinsam mit der Hochschule des Management Centers Innsbruck die strategische Ausrichtung des Unternehmens und hielt die Zielsetzungen der Folgejahre in Form des Alpina-Leitbilds fest. Auf der Grundlage einer intensiven Prozessanalyse stellte man Doppelarbeiten und Schnittstellenprobleme in den aktuellen primären und sekundären Geschäftsprozessen fest, welche in Form eines Maßnahmenkatalogs mit der Zielsetzung des kontinuierlichen Verbesserungsprozesses (KVP) zur weiteren Bearbeitung festgehalten wurden.

Kontinuierlicher Verbesserungsprozess (KVP)

❯ Wichtig
Wesentlich erschien bereits zu diesem Zeitpunkt die Einbeziehung unterschiedlicher Stakeholder innerhalb und außerhalb des Unternehmens.

So wurden ausgewählte Mitarbeiter durch gezielte Befragungen sehr früh in die Bearbeitung der einzelnen Analysen miteinbezogen, was eine objektivierte und valide Einschätzung der tatsächlichen Ist-Situation ermöglichte.

6.2 Feststellung des Veränderungsbedarfs

6.2.1 Prozessmanagement als Basis der Veränderung

Die durchgeführten Analysen stellten eine ideale Möglichkeit dar, sich intensiv mit der Prozesseffektivität und -effizienz auseinanderzusetzen. Die erarbeiteten Problemfelder zeigten in transparenter und einfacher Weise das vorhandene Verbesserungspotenzial im Unternehmen auf. Auf der Suche nach einer Beantwortung der Frage, welche Instrumente zur Problemfeldbeseitigung eingesetzt werden sollten, zeigte sich sehr rasch, dass ein breitflächiger Einsatz einer

Prozessunterstützung durch ERP-Systeme

modernen ERP-Lösung einen wesentlichen Schritt darstellen würde. Da man zu diesem Zeitpunkt im Unternehmen ein veraltetes System einsetzte, lag für alle Beteiligten die Notwendigkeit eines Systemumstiegs klar auf der Hand.

6.2.2 Einführung eines modernen ERP-Systems zur Unterstützung der Geschäftsprozesse

IT-Lösung und Veränderungsbedarf

Der Systemumstieg wurde durch eine umfassende Anbieteranalyse von Branchensoftware der grafischen Industrie eingeleitet. Grundsätzliche Fragen zu diesem Zeitpunkt lauteten:

- Welche Lösungen gibt es am Markt und welcher Anbieter passt am besten zum eigenen Unternehmen?
- In welcher Form werden die eigenen Geschäftsprozesse durch die neue Lösung unterstützt?
- Welche Möglichkeiten einer Softwareanpassung stehen zur Verfügung?
- Welche Kompetenzen müssen im eigenen Unternehmen vorhanden sein?
- Wie hoch ist der Veränderungsbedarf in der eigenen Arbeitsweise?

Kritische Erfolgsfaktoren in ERP-Einführungsprojekten

Während zu Beginn des Auswahlprozesses zunächst technische Kriterien im Vordergrund standen, erkannte man in der weiteren Betrachtung v. a. den Veränderungsbedarf in der eigenen Organisation, da keine der angebotenen Lösungen exakt mit den eigenen Prozessen und Bedürfnissen übereinstimmte. In einer ergänzenden Projektbetrachtung zeigte sich, dass das zuvor verortete »IT-Projekt« unter dieser neuen Sichtweise primär ein Veränderungsprojekt für die gesamte Organisation darstellte. Um die gewünschten Maßnahmen auch tatsächlich realisieren zu können, bedurfte es einer unternehmensweiten Veränderungsbereitschaft sowie einer multidisziplinären Sichtweise auf das Projekt.

Ein solcher Fokus auf das Projekt fordert ein einführendes Unternehmen dazu auf, sich intensiv mit kritischen Erfolgsfaktoren – eben gerade auch außerhalb der technischen Kriterien – auseinanderzusetzen (Kohnke & Bungard, 2005).

ⓘ Checkliste: Kritische Erfolgsfaktoren
- Top-Management-Unterstützung
- Einsatz eines Projektpromotors bzw. Change Agents
- Kommunikation mit den betroffenen Mitarbeitern
- Zusammensetzung des Projektteams
- Geschäftsprozessoptimierung
- Benutzerausbildung und -schulung
- Ausreichende Ressourcen
- Minimale Softwareanpassung

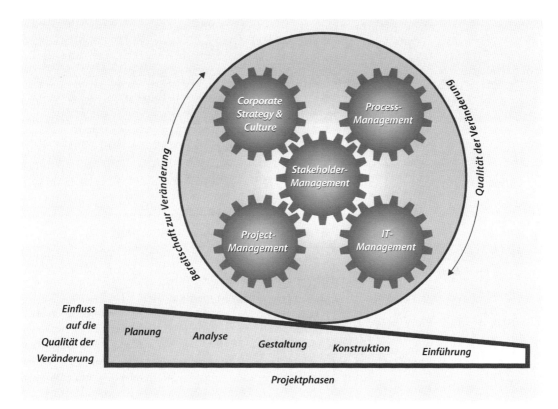

Abb. 6.1 Murdoch Model of Change (Moser, 2009)

- Datenmanagement und -migration
- Controlling durch Leistungskennzahlen

6.3 Phasen der Veränderung

6.3.1 Vom IT-Projekt zum Change-Projekt

Unter Berücksichtigung der dargestellten Erfolgsfaktoren und Projekthintergründe zeigt sich, dass ein reiner Technikbezug einen erfolgreichen Projektabschluss in weite Ferne rücken lässt. Auf der Grundlage dieser Erkenntnisse wurde in Eigenregie ein Modell entwickelt, welches der Komplexität und Mehrdimensionalität einer ERP-Einführung Rechnung tragen sollte (Moser, 2009).

Das »Murdoch Model of Change« (Moser, 2009; ◙ Abb. 6.1) leitete sich aus vorliegenden internationalen Studien zum Thema sowie Erfahrungsberichten in gängiger ERP-Literatur ab und erwies sich während der gesamten Projektdauer als zweckdienlicher Wegweiser. Das Modell geht von der Annahme aus, dass der Projektablauf von der Bereitschaft zur Veränderung geprägt wird, welche wiederum die Qualität der Veränderung beeinflusst und den Fortschritt vorantreibt.

ERP-Einführung als Veränderungsprojekt

In Abhängigkeit von der Unternehmensstrategie und -kultur erhält v. a. auch das Prozess-, das Projekt- sowie das IT-Management eine vordergründige Beachtung.

> **Wichtig**
> Im Zentrum des Projekts stehen jedoch die Stakeholder des Unternehmens, allen voran die Betroffenen, die in einem Veränderungsprojekt zu Beteiligten gemacht werden müssen, indem bestehende Verhaltensmuster eine Veränderung erfahren (Krüger, 2006).

6.3.2 Mitarbeiterpartizipation im entwicklungsorientierten Projektmanagement

Ein bekanntes Instrument der Einbindung stellt die Mitarbeit von Promotoren als Projektmitglieder respektive als Projektmitarbeiter dar (Krüger, 2006). Obwohl man bei Alpina Druck schon einige internationale Forschungsprojekte erfolgreich abschließen konnte, war für einige Projektteammitglieder bzw. -mitarbeiter diese Form der Zusammenarbeit noch neu, da Veränderungsvorhaben bis dato in unsystematischer Art durchgeführt wurden. Einen besonderen Stellenwert erhielt die durchgängige Kommunikation, um frühzeitig möglichen Bedenken und Missverständnissen innerhalb der Organisation zu begegnen.

Entwicklungsorientiertes Projektmanagement

Zudem erschien es zweckdienlich, den klassischen Projektmanagementansatz um entwicklungsorientierte Elemente des St. Gallener Managementkonzepts zu ergänzen. Dadurch wurde der benötigten institutionellen Wirklichkeitskonstruktion, dem hohen Grad an Selbstorganisation sowie der Bereitschaft und Voraussetzung zum organisationalen Lernen Rechnung getragen (Klimecki, Probst & Eberl, 1994). Die Zusammensetzung des Projektteams geschah demzufolge interdisziplinär, und man verfolgte als weiteres Ziel, die Gesamtorganisation als Fraktal mit abzubilden, um somit eine Entwicklungsorientierung der gesamten Organisation sicherzustellen (Moser, 2010).

Die entwicklungsorientierten Ansätze trugen wesentlich dazu bei, dass man das Projekt auch als Möglichkeit verstand, die (verdeckten) internen Abläufe des Unternehmens besser kennen zu lernen und diese mit den Vorstellungen und Möglichkeiten des späteren Systems abzugleichen. Obwohl die Organisation bis dato eher top-down-orientiert war, zeigte sich in der autonomen Herangehensweise das große Potenzial des Projektteams. Das Äußern und Einarbeiten von konstruktiven Vorschlägen förderte nicht nur die Qualität der späteren IT-Lösung, sondern trug zudem positiv zur Motivation im Projektablauf bei. Der dargestellten Rekursion folgend übertrugen sich diese positiven Effekte schlussendlich wieder auf die Stamm-

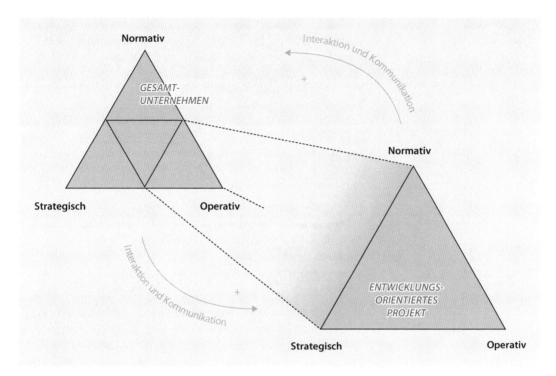

Abb. 6.2 Selbstverstärkender Kreislauf des entwicklungsorientierten Projekts (Moser, 2010)

organisation (vgl. Übersicht ▶ Vorteile der gewählten Vorgehensweise; ◘ Abb. 6.2).

Vorteile der gewählten Vorgehensweise
- Notwendigkeit, über Grenzen des eigenen Funktionsbereichs hinweg Lösungen zu entwickeln
- Hoher Grad an Lernbereitschaft und -fortschritt, da das »Lernen« als Sekundärziel im Projekt definiert wurde
- Hoher Grad an Autonomie bei gleichzeitiger Vorgabe eines Projektrahmens durch das Topmanagement
- Verständnis für die Aufgaben, Kompetenzen und Verantwortungen in anderen Funktionsbereichen
- Entwicklung von prozessorientierten Lösungsansätzen entlang der gesamten Supply Chain

6.3.3 Umsetzung der einzelnen Veränderungs- schritte

Aufgrund des modulartigen Aufbaus der einzuführenden ERP-Lösung entschied man sich bei Alpina Druck, die einzelnen Einführungsschritte als »Programm« im Sinne von mehreren Projekten

Projektwirkung

sowie flankierenden Einzelaufgaben zu realisieren (Patzak & Rattay, 2009). Daraus folgte, dass sich jedes Projektziel am strategischen Gesamtziel auszurichten hatte. Für das jeweilig aktuelle Projekt bedeutete dies, auch die Projektwirkung auf die Folgeprojekte zu beachten und entsprechend zu steuern. Greift man die Idee des Projektwirkungscontrollings nach Augustin (Augustin & Hochrainer, 2001) an dieser Stelle auf, so kann festgehalten werden, dass die Steuerung erst dann abgeschlossen sein kann, wenn die Wirkung tatsächlich auch eingetreten ist. Für die Herangehensweise bei Alpina Druck bedeutete dies, die Stakeholder nicht nur in das Einzelprojekt selbst, sondern auch in eine übergeordnete Steuerungsgruppe zu integrieren.

> **Wichtig**
> **Aus diesem Grund wurde eine sog. Resonanzgruppe installiert, welche das Gesamtziel im Blickfeld behalten und auftretende Schwingungen aus dem Projekt/Programm sowie aus der Stammorganisation berücksichtigen sollte.**

Resonanzgruppe

Dieser Ansatz geht der Überlegung nach, dass sich die in einem Projektauftrag formulierten Zielsetzungen mit zunehmendem Projekt- bzw. Programmfortschritt verändern können. Die Resonanzgruppe agiert dabei im Sinne eines hermeneutischen Zirkels und leitet aus den zirkulär wahrgenommenen Erkenntnissen die weitere Vorgehensweise ab, beispielsweise durch die Definition von Haupt- und Nebenzielen in folgenden Projekten bzw. Einzelschritten (■ Abb. 6.3). Dabei müssen alle Beteiligten immer wieder dazu bereit sein, die eigenen Annahmen zu reflektieren und gegebenenfalls zu revidieren. Ergänzend dazu ist es zweckdienlich, wenn die Resonanzgruppe die alltägliche Kommunikation der Organisation widerspiegelt, damit weitere Entscheidungs- und Handlungsmöglichkeiten ins Blickfeld geraten und mögliche Hindernisse frühzeitig erkannt werden (Schallenmüller & Scholten, 2010). Der Einsatz von Resonanzgruppen trägt somit wesentlich zur Erreichung des Gesamtziels bei und vermag zusätzlich auf kleinste Schwingungen der Systeme zu reagieren und diese entsprechend einzuordnen sowie mögliche Maßnahmen rasch einzuleiten.

6.4   Sicherstellung der Nachhaltigkeit

Das Projektteam bei Alpina Druck wurde somit aus Fachexperten und Projektpromotoren zusammengesetzt, die für die Zielerreichung des einzelnen Projekts erforderlich waren und zudem die Stammorganisation über den Projektfortschritt informierten. So wurden beispielsweise auch Mitarbeiter ins Projektteam integriert, welche ähnliche Einführungsprojekte in anderen Unternehmen bereits miterlebt hatten und dadurch auf kritische Art und Weise zu einem realistischen Bild des Einführungsfortschritts beitrugen. Der Projektverlauf

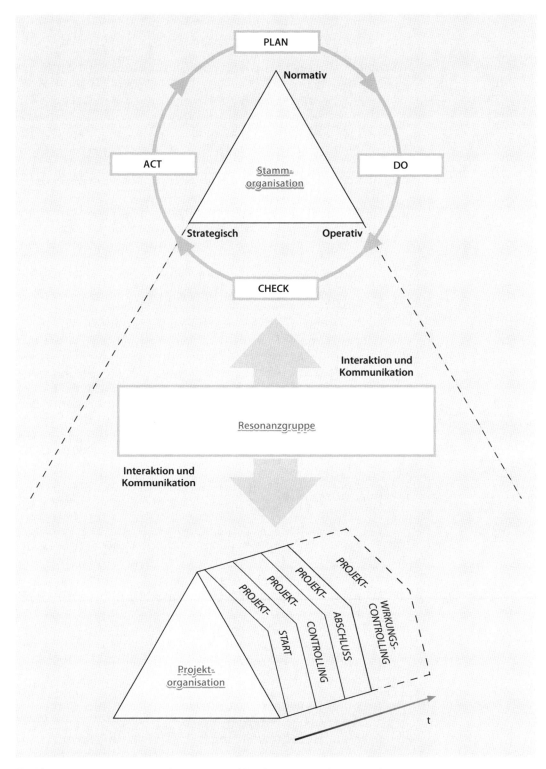

Abb. 6.3 Resonanzgruppen zwischen Stamm- und Projektorganisation (Moser, 2010)

erwies sich als sehr erfolgreich (▶ Checkliste: Faktoren eines positiven Projektverlaufs).

> 🛈 Checkliste: Faktoren eines positiven Projektverlaufs
> ▬ Durchgängige Planung, Umsetzung, Kontrolle und Steuerung mittels international anerkannter Projektstandards (IPMA)
> ▬ Einbeziehung der Mitarbeiter durch
>   ▬ Mitarbeit im Projektteam,
>   ▬ Informationen über die aktuellen Entwicklungen und Vorhaben,
>   ▬ regelmäßige und umfassende Schulungen *vor* der eigentlichen Einführung des Systems,
>   ▬ Review-Gruppen von »Betroffenen«, die in interdisziplinären Teams nicht dem Projektteam angehörten und über diese Plattform ihre Ideen und Bedenken mitteilen konnten.

Im Gegensatz dazu bestand die Resonanzgruppe primär aus Entscheidungsträgern der einzelnen Abteilungen, auch wenn diese noch nicht direkt von den Inhalten des jeweiligen Einzelprojekts betroffen waren. Was hier zählte, war eine offene Kommunikation über das, was sich verändern wird, und darüber, welche Wirkung auf die Organisation damit verbunden ist. Im Falle von komplexen Vorhaben wie beispielsweise dem hier dargestellten Einführungsprogramm dient die Resonanzgruppe auch dazu, die Erkenntnisse aus den durchgeführten Projekten und deren Wirkung auf die Stammorganisation zu evaluieren und diese Erkenntnisse wiederum mit der Zielsetzung der weiteren Einführungsschritte und -projekte abzugleichen. Dies fördert eine ganzheitliche Sichtweise sowie das Erreichen der übergeordneten Zielsetzung und schützt vor einer Überforderung der eigenen Organisation.

Da gerade in mittelständischen Produktionsunternehmen eine solche Arbeitsweise oftmals neu und somit auch fremd ist, bedarf es an dieser Stelle einer gewissen Überzeugungsarbeit seitens des Change-Teams innerhalb der Organisation bzw. durch einen externen Berater. Oftmals besteht in den Organisationen eine hohe Umsetzungsmotivation und somit die Anforderung, die Projektumsetzung – gerade parallel zum Tagesgeschäft – so rasch als möglich zu realisieren, ohne jedoch auf die Wirkung der Organisation zu achten. In den meisten Fällen ist ein solches Vorgehen zum Scheitern verurteilt, da die Projektumwelten zu wenig berücksichtigt werden. Nicht selten passiert es, dass nach kurzer Zeit wieder auf das Altsystem zurückgegriffen wird und das Einführungsprojekt als Fehlschlag verbucht werden muss.

6.5   Hinweise für die Praxis

6.5.1   Herausforderungen im Umsetzungsprozess

Nutzen vs. Aufwand

Wer auf der einen Seite durch eine hohe Beteiligung der Mitarbeiter an der Gestaltung und Einführung der neuen Lösungen den Einführungserfolg sichern möchte, wird auf der anderen Seite mit einem hohen Aufwand für vorbereitende Abstimmungsarbeiten konfrontiert. Die zahlreichen durchgeführten Schulungen, Meetings und Diskussionsrunden erwiesen sich jedoch gerade in der Phase der tatsächlichen Einführung des Neusystems als äußerst zweckdienlich, da jeder im Unternehmen genau wusste, wie die grundlegenden Funktionalitäten zu handhaben sind. Die Scheu vor dem Neusystem wurde den Mitarbeitern in den Schulungen bereits genommen, indem ein spielerisches Herantasten an die neue Software ohne weitere Folgen ermöglicht wurde. Zudem profitierte das hausinterne Entwicklungsteam (IT) von den Erkenntnissen aus dem Dialog mit den Mitarbeitern und konnte deshalb bereits vor der Einführung häufig geäußerte Änderungswünsche berücksichtigen.

Trotz der offensichtlichen Vorteile dieser zweifelsfrei umfassenden Vorgehensweise gab es immer wieder Interventionen von unterschiedlichsten Personen, die den Zweck dieser Maßnahmen nicht direkt erkannten. Umso wichtiger war es, dass die installierte Resonanzgruppe über die Einzelziele hinaus die Projektwirkung sowie die Wirkung der Projektziele auf die weiteren Umsetzungsprojekte beachtete und auch kommunizierte. In diplomatischer Art wurden in Gruppenmeetings einzelne vorbereitende Maßnahmen beschlossen, auch wenn diese mit dem bereits erläuterten Aufwand verbunden waren. Da mitunter auch die Abteilungs- und Bereichsleiter dieser Resonanzgruppe angehörten, beschlossen sie mit der Maßnahme auch gleichzeitig die Freigabe der Personalressourcen und leiteten zeitgleich eine entsprechende Personalplanung für den dafür benötigten Zeitaufwand ein.

6.5.2 Lessons Learned

Was zunächst als einfaches IT-Projekt tituliert wurde, welches innerhalb von wenigen Wochen realisiert und »installiert« werden sollte, erwies sich nach kurzer Zeit als umfangreiches, aber sinnvolles Change-Programm der gesamten Organisation. Die Einbindung der betroffenen Mitarbeiter gestaltete die Vorbereitungsphase sehr arbeitsintensiv, jedoch erfolgte die Einführung des Neusystems ohne besondere Herausforderungen. Auch der Hersteller zeigte sich erstaunt über die professionelle und unproblematische Einführung, v. a. da Alpina Druck als eines der ersten Unternehmen der Branche eine komplett digitalisierte Auftrags- und Produktionsbeschreibung ohne weitere ausgedruckte Information im gesamten Unternehmen realisierte.

Und auch wenn es immer wieder vorkam, dass diverse Entscheidungsträger zu einer weniger umfangreichen Einführung aufforderten, so waren es die Mitglieder der Resonanzgruppe, welche weitere Entwicklungsschritte mit berücksichtigten und zu einer ganzheitlichen Sichtweise mahnten. Und so konnten auch diverse kritische

Stimmen aus den eigenen Reihen sehr rasch vom großen Nutzen des Neusystems und der Art der Systemeinführung überzeugt werden.

Abschließend sollte jedoch auch selbstkritisch erwähnt werden, dass der Projekterfolg der beiden ersten Einführungsprojekte und die damit verbundenen Verbesserungen in der Organisation zu einem gewissen Sättigungseffekt geführt haben. Die Auswirkung dieser Sättigung war, dass man sich mit der ersten Zielerreichung zunächst zufriedengab und weitere Einführungsschritte von ergänzenden Folgemodulen im Zeitplan weiter nach hinten geschoben wurden. Der Veränderungsgrad führte zudem dazu, dass man sich nach Phasen umfassender Veränderung nun für eine Phase der Stabilität entschied, um Energie für weitere erfolgreiche Maßnahmen zu sammeln.

Doch auch dieser Schritt zeigt eindrucksvoll, dass der Schwerpunkt im ERP-Einführungsprojekt nicht ausschließlich technisch bedingt ist, sondern der Mensch als Anwender des Systems im Mittelpunkt stehen sollte!

Literatur

Augustin, S. & Hochrainer, P. (2001). Projektwirkungscontrolling. In O. Gassmann, C. Kobe & E. Voit (Hrsg.), *High-Risk-Projekte*, 1. Aufl. Heidelberg: Springer.

Balck, H. (1996). *Networking und Projektorientierung*. Heidelberg: Springer.

Hejl, P. & Stahl, H. (2000). *Management und Wirklichkeit*. Heidelberg: Carl Auer.

Klimecki, R., Probst, G. & Eberl, P. (1994). *Entwicklungsorientiertes Management*. Stuttgart: Schäffer Poeschl.

Kneip, P. (2004). *Projektmanagement – Eine systemtheoretische Analyse organisatorischer Stimmigkeit*. Stuttgart: Rimon.

Kohnke, O. & Bungard, W. (2005): *SAP-Einführung mit Change Management*, Wiesbaden: Gabler.

Krüger, W. (2006). *Excellence in Change,* 3. Aufl. Wiesbaden: Gabler.

Moser, M. (2009). *Die Bedeutung von Change Management in der Vorimplementierungsphase einer ERP-Einführung in klein- und mittelständischen Unternehmen der Druckindustrie*. Innsbruck: Management Center Innsbruck.

Moser, M. (2010). *Organisationsentwicklung im Kontext eines entwicklungsorientierten Projektmanagements – Projekte als Chance, Intrapreneurship zu fördern*. Innsbruck: Management Center Innsbruck.

Patzak, G. & Rattay, G. (2009). *Projektmanagement: Leitfaden zum Management von Projekten, Projektportfolios, Programmen und projektorientierten Unternehmen*, 5. Aufl. Wien: Linde.

Schallenmüller, G. & Scholten, J. (2010). Mit Resonanzgruppen Veränderungsprozesse steuern. *Industrial Engineering – Fachzeitschrift des REFA-Bundesverbandes*, 1, 30–32.

Personalentwicklung und Chancengleichheit bei der Evangelischen Landeskirche Württemberg

Erika Regnet und Dirk Werhahn

Mitarbeitende sozialer Organisationen verfügen über eine hohe intrinsische Motivation und Identifikation mit ihrer Arbeitsaufgabe, erwarten von ihrem Arbeitgeber aber Förderung und Anerkennung wie in jeder anderen Organisation. Personalführung und Personalentwicklung sind zu professionalisieren. Besonderes Augenmerk muss im Veränderungsprozess darauf gelegt werden, dem Selbstverständnis der Kirche als Arbeitgeber, ihren Werte und dem von ihr vermittelten Menschenbild gerecht zu werden.

7.1   Was wurde verändert und warum?

7.1.1   Ausgangslage und Beschreibung der Evangelischen Landeskirche in Württemberg als Arbeitgeber

Das in den Jahren 1996–1998 entwickelte und von 1999 bis 2002 zunächst in Pilotgruppen erprobte Konzept »Personalentwicklung und Chancengleichheit« hat zum Ziel, die Personalführung in der Evangelischen Landeskirche zu professionalisieren und zu verbessern. Das Konzept ist so ausgestaltet, dass die Persönlichkeit der einzelnen Mitarbeiterinnen und Mitarbeiter geachtet wird und dass Frauen und Männer dieselben Zugangs- und Entwicklungschancen haben. Mit der Orientierung an den Fähigkeiten der Mitarbeitenden will die Evangelische Landeskirche die Gaben und Fähigkeiten der Mitarbeiterinnen und Mitarbeiter für ihre berufliche Tätigkeit in der Landeskirche entwickeln und dabei die Leistungsfähigkeit durch Förderung von Eigeninitiative und Kreativität fördern (o. V., 1999).

In der Evangelischen Landeskirche in Württemberg sind über 23.500 Mitarbeitende als Pfarrerinnen und Pfarrer, als Kirchenbeamte und als Angestellte beschäftigt. Die Mitarbeiterschaft ist von großer Vielfalt der Professionen geprägt, die in ganz unterschiedlichen Bereichen arbeiten: Pfarrer/-innen, Diakone und Diakoninnen, Kirchenmusiker/-innen, Lehrer/-innen, Erzieher/-innen, Krankenpfleger/-innen, Betriebswirte, Kirchenbeamte und -beamtinnen, Architekten und Architektinnen, Mesner/-innen, Hausmeister/-innen usw. sind in Kirchengemeinden, in Diakonie-/Sozialstationen, in Schulen, in Kindertagesstätten, in der Erwachsenenbildung, im Beratungs- und Sozialdienst, im Verwaltungs- und Organisationsbereich etc. tätig. Davon sind rund 2700 Mitarbeitende mit Führungsaufgaben beauftragt. Die Mitarbeitenden sind nicht nur bei der einen Arbeitgeberin Landeskirche angestellt. Kirchengemeinden und Kirchenbezirke sind Körperschaften des öffentlichen Rechts, die ihre Angelegenheiten innerhalb der Schranken des Gesetzes selbstständig ordnen und verwalten und somit eigene Anstellungsträgerschaft haben. Dass der systematische Prozess von Personalentwicklung dennoch für alle Mitarbeitende in der Evangelischen Landeskirche in Württemberg Anwendung findet, ist durch verbindliche rechtliche Regelungen gesichert. Mit dieser systematischen Vorgehensweise, die auf alle Mit-arbeitende – auch unabhängig vom Umfang der Beschäftigung, d. h. konkret auch für Teilzeitkräfte und sog. geringfügige Beschäftigungs-verhältnisse – Anwendung findet, hat diese Evangelische Landes-kirche eine Vorreiterrolle in der Evangelischen Kirche in Deutschland (EKD) eingenommen.

7.1.2 Zielsetzungen des Veränderungskonzepts

Es gab mehrere Gründe, den beschriebenen Veränderungsprozess zu initiieren:

- Die Kirche als Arbeitgeber steht demselben **Wertewandel** und denselben **Erwartungen** der Mitarbeitenden gegenüber wie jede andere Organisation. Die Mitarbeitenden sind zwar in hohem Maße intrinsisch motiviert, erwarten aber gleichzeitig Förderung, Perspektiven, einen wertschätzenden Umgang und einen partizipativen Führungsstil. Die Anforderungen an die Personalführung und den Umgang untereinander dürften sogar höher liegen als in einem Wirtschaftsunternehmen (Aussage: »Gerade von der Kirche …«). Zudem haben die Mitarbeitenden – soweit sie nicht als Pfarrer/-innen im Verkündigungsdienst tätig sind – alternative Beschäftigungschancen bei anderen Trägern.

- Es entspricht dem Selbstverständnis von Kirche, die Mitarbeiten-den **entsprechend ihrer Gaben und Fähigkeiten einzusetzen** und zu fördern. Die Wertschätzung des Einzelnen entspricht dem christlichen Menschenbild. Das heißt, der Blick orientiert sich an Gaben und Fähigkeiten jedes Einzelnen und ist nicht auf Defizite fixiert. Es geht nicht darum, die Fähigkeiten und Men-schen ausschließlich auf die Organisationsziele auszurichten, sondern um die Förderung der Selbststeuerung und Handlungs-verantwortung der Mitarbeitenden.

- Aufgrund der speziellen Qualifikationsstruktur (u. a. sind viele Mitarbeitende in erzieherischen Berufen tätig) hat die Kirche einen **hohen weiblichen Beschäftigtenanteil** von rund 80%. Dementsprechend gibt es mehr weibliche Führungskräfte als in Wirtschaftsunternehmen[1]. Auch die Kirche hat Teil an gesell-schaftlichen Veränderungsprozessen mit einer noch stärkeren Teilnahme der Frauen am Erwerbsleben. Und Rückmeldungen der weiblichen Beschäftigten legen durchaus nahe, dass die Kir-che sich hinsichtlich der gelebten Chancengleichheit zwar auf einem guten Weg befindet, aber noch längst nicht am Ziel an-gekommen ist.

---

1 Bei einer wissenschaftlichen Auswertung setzte sich die Rückmeldequote der Personalverantwortlichen wie folgt zusammen: 53% der Befragten sind weib-lich, 47% männlich.

— Auch die Kirche muss **wirtschaftlich arbeiten.** Ein wirtschaftliches Wachstum durch Übernahme zusätzlicher Aufgaben ist nur eingeschränkt möglich. Große Spielräume ergeben sich weder in der Finanzierung durch Kirchensteuereinnahmen noch durch zusätzliche staatliche Mittel, die die Kirche als Zuschuss erhält, um bestimmte Angebote – wie Kindergärten oder Beratungsstellen – aufrechtzuerhalten. Die Ressourcen sind zielorientiert einzusetzen.

7.2   Wie wurde verändert?

Seit 2003 werden in der Evangelischen Landeskirche in Württemberg **Personalentwicklungsgespräche** geführt. Sie sind das Kernstück des landeskirchlichen Personalentwicklungssystems und haben zum Ziel, über die Arbeitszufriedenheit, die Zusammenarbeit und das Ergebnis der Arbeit ins Gespräch zu kommen und diese weiter zu entwickeln. Für die Durchführung des PE-Gesprächs wurde ein Vorbereitungsbogen entwickelt, der Mitarbeitende und Vorgesetzte durch das Personalentwicklungsgespräch führen kann. Ziel des PE-Gesprächs ist zudem, dass gemeinsam konkrete Ziele vereinbart und Personalentwicklungsmaßnahmen festlegt werden. Das Personalentwicklungsgespräch hat folgende Struktur:
— Mitarbeitende und Vorgesetzte geben im ersten Teil des Gesprächs Rückmeldungen darüber, wie für sie die Zusammenarbeit im vergangenen Jahr verlief.
— Im nächsten Schritt wird geklärt, inwieweit die vereinbarten Ziele erreicht wurden.
— Danach werden gemeinsam die Ziele für das kommende Jahr besprochen.
— Nachdem die wichtigsten Ziele vereinbart wurden, wird nun gemeinsam geklärt, in welchen Bereichen Unterstützung benötigt wird und wo Kenntnisse erworben und/oder vertieft werden sollen.
— Die vereinbarten Arbeitsziele und die möglichen PE-Maßnahmen werden auf einem Vereinbarungsbogen dokumentiert.

Die Personalentwicklungsgespräche sind einmal jährlich mit allen Mitarbeitenden zu führen. Mit Pfarrer(inne)n sind Personalentwicklungsgespräche in der Regel jährlich, mindestens jedoch alle 2 Jahre vorgesehen. Bei Vorliegen von dringenden Gründen, z. B. Krankheit, kann das Personalentwicklungsgespräch verschoben oder ausgesetzt werden. Diese Verschiebung oder Aussetzung darf maximal 1 Jahr betragen.

Im Rahmen der Einführung der Personalentwicklung in die Evangelische Landeskirche wurden rund 2700 Personalverantwortliche innerhalb kurzer Zeit in Bezug auf das Personalentwicklungskonzept geschult. Dies erfordert einen großen logistischen wie finanziellen Aufwand. Hierzu wurde ein **Train-the-Trainer-Konzept** entwickelt. Dabei wurden rund 100 PE-Trainer/-innen ausgebildet. Der Pool der PE-Trainer setzte sich aus Pfarrer(inne)n, Verwaltungsmitarbeitenden, Erzieher(inne)n, Ehrenamtlichen usw. zusammen. Diese Qualifizierung bestand aus 2 Teilen: Im 1. Schritt konnten sich die Trainer methodisches Wissen aneignen. In einem 2. Schritt wurden die Trainer speziell für die Inhalte der PE-Seminare geschult. Diese PE-Trainer haben innerhalb von 2 Jahren in rund 270 PE-Schulungen rund 2700 Personalverantwortliche qualifiziert. Viele der Trainer setzen nun im Rahmen von anderen Projekten oder im beruflichen Kontext ihre Erfahrungen und ihr Wissen ein. Rund 20 Trainer/-innen stehen für die jährlich kontinuierlich anzubietenden PE-Schulungen zur Verfügung. In diesen werden die neu in Führungsverantwortung gekommenen Mitarbeitenden geschult.

> **Wichtig**
> Ein Train-the-Trainer-Ansatz ermöglicht zum einen, in einer kurzen Zeit viele Personen mit vertretbarem finanziellem Aufwand zu schulen. Zum anderen vermittelt er den ausgewählten Trainer(inne)n zusätzliche Qualifikationen, die diese später Gewinn bringend einsetzen können.

7.3 Wie wurden Nachhaltigkeit und Optimierungen sichergestellt?

Groß angelegte Veränderungen wie der Prozess Personalentwicklung in der Evangelischen Landeskirche müssen immer wieder auf ihre Auswirkungen hin überprüft werden.

7.3.1 Vorgehen zur Evaluation und Unterstützung des Change-Konzepts

Aufgrund der dezentralen Organisation der Landeskirche mit (arbeits-)rechtlich eigenständigen Einheiten ist es nicht möglich, zentral zu erfassen, inwieweit, mit welchen Inhalten oder in welcher Qualität die Mitarbeitergespräche tatsächlich geführt werden.

Zur Evaluation und weiteren Optimierung des Konzepts wurden deshalb folgende Schritte unternommen:
- Die Pilotgruppen, die bereits 1999 mit PE-Gesprächen gestartet waren, wurden in den Jahren 1999–2002 zweimalig befragt.
- Anschließend landesweite verbindliche Einführung des Personalentwicklungsgesprächs verbunden mit Trainings (s. oben).
- Nach 2 Jahren Durchführung einer schriftlichen Befragung einer repräsentativen Gruppe von über 2000 Mitarbeitenden und 390 Personalverantwortlichen im Jahr 2005 (Rücklauf betrug 42%).

- Weitere Anpassung und Optimierung des Konzepts, u. a. mit Veränderung des Gesprächsleitfadens.
- Telefoninterviews mit Personalverantwortlichen und Durchführung von Workshops mit ausgewählten Mitarbeitergruppen (homogen nach Funktionen zusammengesetzt), um zusätzliche qualitative Aussagen zur Akzeptanz des Konzepts und der Führungsqualität sowie Hinweise zur Gestaltung der nächsten repräsentativen Großbefragung zu erhalten.
- Im Jahr 2008 erneut flächendeckende Befragung von 2000 Mitarbeitenden und nun 600 Personalverantwortlichen (Rücklauf betrug diesmal 47%).

ℹ Checkliste: Wichtige Aspekte bei der Vorbereitung einer Mitarbeiterbefragung

- Sicherstellung der Anonymität, um ehrliche Antworten zu generieren – die Fragebogen wurden dazu an ein Postfach der Hochschulen Würzburg bzw. Augsburg zurückgesandt, von denen die Evaluation als Externe durchgeführt wurde.
- Entscheidung für Online- oder Paper-and-pencil-Durchführung – hier Entscheidung für die schriftliche Durchführung, um einen hohen Rücklauf zu erhalten.
- Verteilung der Fragebogen in einer dezentralen Organisation – erfolgte hier mit einem separaten Schreiben an zufällig ausgewählte Mitarbeitende und Führungskräfte. Dem Schreiben war eine Information über Zielsetzung der Befragung, Umgang mit den Daten und den Ergebnissen beigefügt.
- Auswahl einer repräsentativen Gruppe, wenn eine Gesamtbefragung nicht möglich oder sinnvoll erscheint – hier wurde die Auswahl nach dem Alphabet vorgenommen.

7.3.2 Zentrale Ergebnisse der Mitarbeiterbefragungen

Betrachten wir als erste und zentrale Kennzahl den Anteil an geführten Personalentwicklungsgesprächen (◻ Tab. 7.1). 74% der Mitarbeitenden hatten innerhalb eines 2-Jahres-Zeitraums zumindest ein Gespräch. Doch mit 25,7% der Befragten wurde weder in 2006 noch in 2007 ein PE-Gespräch geführt. Dies ist kaum mit Krankheiten, Zeitmangel oder noch ausstehenden Führungskräfteschulungen zu erklären. Bereits herausgerechnet sind hier diejenigen, die angaben, längere Zeit beurlaubt oder krank gewesen zu sein.

Weniger Gespräche mit geringfügig Beschäftigten

Detailanalysen zeigen: Insbesondere mit geringfügig Beschäftigten wird seltener gesprochen. Während mit 65,6% der Vollzeitbeschäftigten ein PE-Gespräch geführt wurde, sinkt dieser Wert bei Teilzeitkräften auf 61,6% und bei geringfügig Beschäftigten (bis zu 8 Stunden Arbeitszeit pro Woche) auf 53%.

◘ **Tab. 7.1** Wie häufig werden PE-Gespräche geführt?

Jahr		2006		
		Kein Gespräch	1 Gespräch	2 Gespräche
2007	Kein Gespräch	25,7	15,4	0,2
	1 Gespräch	11,2	42,5	0,6
	2 Gespräche	0,7	0,8	2,8

Angaben jeweils in %, N = 1815.

Im Vergleich zur ersten repräsentativen Befragung aus dem Jahr 2005 zeigt sich keine grundlegende Veränderung in der Gesprächsfrequenz. Offensichtlich verweigert sich ein Teil der Personalverantwortlichen systematisch der Aufgabe, PE-Gespräche mit den Unterstellten zu führen.

❯ **Wichtig**
Die Ergebnisse sprechen dafür, dass es nicht den Personalverantwortlichen überlassen sein sollte, ob sie ein PE-Gespräch mit ihren Mitarbeitenden führen möchten oder aber nicht. Eine Verpflichtung zum Gespräch und Konsequenzen beim Nichtführen sind unverzichtbar, will man das Konzept nachhaltig mit Leben füllen.

Des Weiteren wurden die Befragten gebeten, das PE-Gespräch insgesamt mit einer »Schulnote« zu bewerten. Erfreulich ist, dass 76% der Befragten die Noten 1–3 vergeben. Der Mittelwert liegt bei den Mitarbeitern bei 2,75, bei den Personalverantwortlichen bei 2,65.

13,2% geben die Noten 5 und 6 und haben folgende Begründungen:
- »In meiner Funktion nicht nötig«
- »Zusätzliche Bürokratie«
- »Wir sprechen sowieso ständig miteinander«
- »Nicht nötig«, z. B. bei geringer Arbeitszeit oder wegen langer Berufserfahrung
- Aber auch: »Es ändert sich sowieso nichts«
- »Führungskraft führt Monolog«

Auffallend ist, dass geringfügig Beschäftigte in ihrer Gesamtheit betrachtet das PE-Gespräch am schlechtesten von allen Mitarbeitergruppen bewerten (Mittelwert von 2,9). Diese Einschätzung ändert sich aber, analysiert man nur die Aussagen der Personen, die tatsächlich ein PE-Gespräch hatten: Geringfügig Beschäftigte bewerten die Durchführung ihres eigenen PE-Gesprächs signifikant positiver als die anderen Gruppen (58% mit sehr gut/gut vs. 50% bei Vollzeit und 52% bei Teilzeit) – sie scheinen dafür besonders dankbar zu sein.

Darüber hinaus sehen sie signifikant mehr positive Änderungen hinsichtlich der weiteren Zufriedenheit am Arbeitsplatz.

Ebenfalls signifikant schlechter bewerten ältere Mitarbeitende (M = 3,0 bei über 50-Jährigen, M = 2,9 bei über 65-Jährigen, dagegen 2,1 in der Gruppe bis 25 Jahre und 2,2 bei den 26- bis 30-Jährigen) sowie Männer (M = 2,9 versus M = 2,7 bei Frauen). Deutlich wird, dass das PE-Gespräch von denjenigen als signifikant besser erlebt wird, mit denen im letzten Jahr tatsächlich ein PE-Gespräch geführt wurde. Man kann allerdings die Ursachenzusammenhänge nicht festmachen: Es kann sein, dass diejenigen, die das Konzept grundsätzlich ablehnen, keine Gespräche mit ihren Vorgesetzten führen. Oder aber, dass diejenigen, die keine Gesprächserfahrung haben, das Konzept negativer beurteilen.

Insgesamt kann man sagen, dass das PE-Gespräch akzeptiert und von den Mitarbeitenden auch gewünscht ist. Allerdings bleibt noch eine Menge Überzeugungsarbeit zu leisten.

> **Wichtig**
> **Hoffnungsvoll stimmt, dass v. a. die nachwachsende jüngere Generation dem PE-Konzept positiv gegenübersteht.**

Wenig überraschend ist, dass die Gespräche umso positiver bewertet werden, je mehr im eigenen Gespräch Feedback (r = .35), Wertschätzung, Lob (r = .36), Motivation (r = .42), Weiterbildung (r = .30) und Personalentwicklung (r = .39, jeweils p < .01) thematisiert worden sind. Diese Inhalte sind zentral für die Akzeptanz von Seiten der Mitarbeitenden sowie für deren Zufriedenheit (s. auch Roth et al., 2010; Schwarz, 2006; von Rosenstiel, 2003).

Befragt nach den Inhalten des Gesprächs, geben 46% der Mitarbeitenden an, dass **konkrete Zielvereinbarungen** festgelegt wurden. Bei den vereinbarten Zielen handelt es sich zumeist um fachliche Ziele, signifikant weniger dagegen um verhaltensbezogene Ziele. Zudem besteht hier eine deutliche Diskrepanz zwischen Mitarbeiter- und Vorgesetztenwahrnehmung (◻ Tab. 7.2). Während fast alle Vorgesetzten meinen, zumindest partiell Ziele vereinbart zu haben, kam dies bei jedem 6. Mitarbeiter offensichtlich anders an.

> **Wichtig**
> **Zielvereinbarungen sind als zentraler Teil des PE-Gesprächs auch von Mitarbeitenden akzeptiert und finden in der Arbeitspraxis Anwendung. Doch die Diskrepanz zwischen Selbst- und Fremdbild ist offensichtlich.**

Positive Veränderungen nach dem PE-Gespräch nahm rund ein Drittel der befragten Mitarbeiter wahr (◻ Tab. 7.3). Zwar können 60% keine Veränderungen auf das Gespräch selbst zurückführen, wobei allerdings immer wieder betont wurde, dass die Zusammenarbeit und das Klima schon vorher sehr gut gewesen seien.

Beeindruckend ist, dass rund ein Drittel der Mitarbeitenden allein durch ein gut geführtes PE-Gespräch zufriedener und motivierter ist. Negative Folgen werden dagegen nur vereinzelt berichtet.

◻ **Tab. 7.2** Zielvereinbarung im PE-Gespräch (Angaben in %)

Gruppe	Konkrete Ziele vereinbart?			Fachliche Ziele	Verhaltensbezogene Ziele
	ja	teils/teils	nein	sehr viel + viel	sehr viel + viel
Mitarbeiter	46,3	36,4	17,3	52,9	31,3
Personalverantwortliche	59,5	36,5	4,1	65,6	36,2

◻ **Tab. 7.3** Veränderungen nach dem PE-Gespräch (Angaben in %)

Einschätzung	Mitarbeitende			Vorgesetzte		
	Zusammen-arbeit	Motivation	Zufriedenheit	Zusammen-arbeit	Motivation	Zufriedenheit
(sehr viel) besser	30,7	34,0	32,4	51,3	46,8	47,1
unverändert	65,6	60,8	59,8	47,9	51,0	50,3
(sehr viel) schlechter	3,7	5,2	7,8	0,8	2,2	2,0

Detailanalysen veranschaulichen: Personalverantwortliche, die das PE-Gespräch insgesamt kritischer bewerten,

— haben bereits länger Personalverantwortung (dies hängt wahrscheinlich mit dem Alter zusammen),
— führen mit ihren Mitarbeitenden seltener PE-Gespräche,
— sprechen Feedback, Wertschätzung/Lob, Personalentwicklung sowie Aus- und Weiterbildung nach ihren eigenen Aussagen weniger an,
— sehen weniger Chancen, PE-Maßnahmen umzusetzen und das dort Gelernte im Alltag zu realisieren,
— legen weniger Zielvereinbarungen fest,
— nehmen seltener positive Veränderungen nach dem PE-Gespräch wahr (hinsichtlich Zusammenarbeit, Motivation sowie Zufriedenheit),
— bewerten die Durchführung der eigenen PE-Gespräche in der Rolle als Mitarbeiter schlechter,
— führen auch mit der eigenen Führungskraft seltener ein PE-Gespräch.

Diese Korrelationen sind jeweils signifikant.

7.3.3 Bewertung des Erreichten und weitere Schritte

Deutlich wird, dass in dem PE-Gespräch eine große Chance zur Verbesserung der Zusammenarbeit liegt. Ängste, dass durch das Ansprechen von ggf. widersprüchlichen Sichtweisen oder Kritik die Zusammenarbeit zwischen den Hierarchieebenen langfristig beschädigt würde, kann man aufgrund der Datenlage weitgehend ausschließen. Umso erstaunlicher ist es, dass das Instrument nicht von allen Vorgesetzten kontinuierlich eingesetzt wird. Diese Befragungsergebnisse stellen deshalb eine wichtige Basis für die weitere Überzeugungsarbeit und Kommunikation dar.

Als **Konsequenz aus den Evaluationen** wurden u. a. der Gesprächsleitfaden überarbeitet und vereinfacht, Führungskräftetrainings erweitert und institutionalisiert sowie die Führungsspannen im Einzelnen überprüft. In einem weiteren Schritt ist geplant, die Begleitung und Förderung von Ehrenamtlichen durch einen systematischen Prozess zu gestalten (vgl. die Diskussion zum Thema Freiwilligenmanagement – z. B. Rosenkranz & Weber, 2012).

ⓘ Checkliste: Erfolgsfaktoren für das Konzept Personalentwicklung und Chancengleichheit
  - Verbindlichkeit der Durchführung über alle hierarchischen Ebenen und Funktionen hinweg
  - Einbezug aller Mitarbeiterinnen und Mitarbeiter – auch der Älteren, Personen in niedrigeren Funktionen, in Teilzeit und geringfügig Beschäftigten
  - Unterstützung der Personalverantwortlichen durch verbindliches Training, Beratungs- und Erfahrungsaustauschangebote
  - Gute Erfahrungen müssen immer wieder kommuniziert werden, um speziell die Führungskräfte zu überzeugen und nachhaltig für ein neues Konzept zu begeistern
  - Machtpromotoren auf höchster Ebene fördern das Konzept und gehen mit gutem Vorbild voran
  - Breit aufgestellte Projektgruppe, in der die Ergebnisse der Evaluationen und die Konsequenzen offen diskutiert wurden

7.4   Fazit

Personalentwicklung und Personalentwicklungsgespräche können nur funktionieren, wenn es von Seiten der Mitarbeitenden wie der Vorgesetzten die Bereitschaft zur Offenheit und zur Transparenz gibt. Wenn diese nicht vorhanden ist, dann werden es Routinegespräche sein, ggf. sogar Anweisungsgespräche – ohne die gewollte Interaktion. Nötig sind dazu ein partizipatives Führungsverständnis und Kommunikationsfähigkeit. Gespräch heißt ja, Führungskräfte lassen auch die anderen reden und hören zu. Das beinhaltet zudem Feedback. Selbst wenn es nicht immer angenehm ist, es bezieht die Vorstellungen des Mitarbeitenden mit ein. Darüber hinaus gehört zu dem neuen Führungsverständnis, dass man Menschen Gelegenheit geben muss, Dinge zu realisieren und umzusetzen – d. h. konkret tatsächlich Verantwortung zu übergeben.

Auch aus Mitarbeitersicht gibt es ein starkes Bedürfnis nach Feedback und Weiterentwicklung. Es geht um die richtigen Anforderungen am Arbeitsplatz. Employability, die Beschäftigungsfähigkeit, liegt in der Verantwortung der Vorgesetzten, die dafür Sorge tragen müssen, dass Mitarbeiterinnen und Mitarbeiter sich nicht für eine Sackgasse qualifizieren, sondern dass sie für den internen wie externen Arbeitsmarkt weiterhin einsatzfähig sind.

> **Wichtig**
> **Personalentwicklungsgespräche sind kein Selbstläufer. Die Gefahr ist sehr groß, dass Mitarbeitergespräche im Alltagsgeschäft vernachlässigt werden.**

Hier können entsprechende Unterstützungsstrukturen helfen. Derzeit wird an einem Konzept gearbeitet, mit dem das Führen der PE-Gespräche überprüft werden soll. Erinnerungen bzw. Feedbacksysteme können disziplinieren. Solche Feedbacksysteme sind Mitarbeiterbefragungen oder Führungskräftebeurteilungen. Um Personalentwicklung dauerhaft zu sichern, braucht es Strukturen und vielleicht sogar Sanktionen. In Wirtschaftsunternehmen könnte Führungskräften, die keine PE-Gespräche führen, sogar der variable Gehaltsanteil gestrichen werden, da sie einen Teil ihrer Führungsverantwortung nicht erfüllen.

Literatur

o.V. (1999). *Personalentwicklung in der Evangelischen Landeskirche in Württemberg*, 2. Aufl. Konzept verabschiedet vom Evangelischen Oberkirchenrat am 8. September 1998.

Rosenkranz, D. & Weber, A. (Hrsg.) (2012). Freiwilligenarbeit. *Einführung in das Management von Ehrenamtlichen in der Sozialen Arbeit*, 2. überarb. Aufl, im Druck. Weinheim: Juventa.

Rosenstiel, L. von (2003). *Motivation managen*. Weinheim: Beltz.

Roth, G., Regnet, E. & Mühlbauer, B.H. (2010). Organisationskultur und Motivation. In P. Bechtel, D. Friedrich & A. Kerres (Hrsg.), *Mitarbeitermotivation ist lernbar. Mitarbeiter in Gesundheitseinrichtungen motivieren, führen und coachen* (S. 17–48). Heidelberg: Springer.

Schwarz, C. (2006). *Wahrnehmung und Akzeptanz von Leistungsbeurteilungen, BMW MINI Plant Oxford*. Nicht veröffentlichte Diplomarbeit. Universität Passau.

Prima Klima?

Peter Conrad und Gerd Manke

Organisations- und Führungsklimata sind wichtige Einflussfaktoren auf die Leistungsbereitschaft und das Engagement aller Mitarbeiter. Eine Veränderung solcher Klimabereiche ist ein komplexer Change-Management-Prozess. Im vorliegenden Beispielfall wird nachgezeichnet, wie ein Change-Prozess angeleitet wurde, bei dessen Erfolg es auf die Verzahnung von Veränderungen auf zwei Ebenen ankam. Auf der ersten Ebene wurden sozialpsychologische Interventionen zur Sensibilisierung von Wahrnehmungsmustern eingesetzt, um die Führungskräfte zur Reflexion ihres bisherigen Führungsverhaltens anzuregen. Dadurch wurden stellvertretende (»vikarische«) Lernprozesse möglich. Sie bildeten die Basis für nachfolgende strukturelle Veränderungen und die Umgestaltung von Führungsprozessen, um die Transparenz und Akzeptanz der Instrumente und Vorgehensweisen zur Entwicklung des Personals und der Nachwuchsführungskräfte zu erhöhen.

8.1   Ausgangslage

Mitarbeiter wie Nachwuchsführungskräfte eines mittelgroßen Unternehmens (2,5 Mrd. Euro Jahresumsatz, ca. 400 Mitarbeiter in der Deutschlandzentrale) aus dem Bereich Chemie/Pharma schienen nicht hinreichend begeistert von der Art und Weise, wie sich Beförderungsentscheidungen und Karriereentwicklungen in ihrer Unternehmung vollzogen. Es war die Rede von Intransparenz und Gefälligkeitsentscheidungen, die an der von den obersten Führungskräften der Unternehmung behaupteten Geltung von Leistung und Loyalität als Maßstab für die eigene Karriereentwicklung zweifeln ließen. Die tatsächlichen Gründe für Entscheidungen zur Personal- und Führungskräfteentwicklung schienen andere zu sein. Die Zugehörigkeit zu internen Seilschaften, die Karrieren beförderten, wurde als eigentlich zentraler Einflussfaktor gesehen. Aufgrund dieser Diskrepanzen war die Stimmung unter Mitarbeitern und Nachwuchsführungskräften ziemlich schlecht und Abhilfe dringend geboten.

8.2   Was sollte verändert werden?

Durch die Initiative eines Mitglieds des oberen Führungskreises kam es im Jahr 2007 zu mehreren Gesprächen mit insgesamt 5 Führungskräften dieser Leitungsebene unterhalb des Vorstands und dem Beratungsteam. Die Führungskräfte entstammten unterschiedlichen Funktionsbereichen, großen Niederlassungen und Zweigwerken, Controlling, Forschung und Entwicklung (F & E) und der Personal- und Organisationsfunktion. Das Beratungsteam setzte sich aus insgesamt 3 Personal- und Organisationsentwicklern mit unterschiedlichen beruflichen Erfahrungshintergründen und wirtschafts- sowie sozialwissenschaftlicher Ausbildung zusammen.

Zu Beginn der Gespräche ging es darum, erstens die »Situation« zu klären und zweitens Änderungsvorschläge zu entwickeln, die eingesetzt werden könnten, um »Klima« und »Stimmung« zu verbessern. Die Ausgangslage war also zu klären.

Klärung der Ausgangslage ist zentral

Bislang war in der Unternehmung auf die mehr oder weniger systematische Erhebung von Mitarbeitereinschätzungen, z. B. aus unternehmungs- oder betriebsinternen Untersuchungen zur Zufriedenheit, zum Commitment oder dem sozialen Klima (vgl. zusammenfassend z. B. Conrad, 1988; Nerdinger, Blickle & Schaper, 2011), verzichtet worden. Auch waren Mitarbeiterbefragungen (vgl. z. B. Borg, 2002) oder andere Methoden, wie z. B. ein 360-Grad-Feedback (vgl. z. B. Scherm & Sarges, 2002), bislang nicht eingesetzt worden. Insbesondere für den Bereich der Mitarbeiter ohne Führungsverantwortung befürchtete man »Zugriffe« durch die Arbeitnehmervertretung, wenn entsprechend großzahlige Untersuchungen durchgeführt werden sollten. Das wollte man – trotz des als arbeitsfähig beschriebenen Verhältnisses mit dem Organ der Arbeitnehmervertretung (Betriebsrat) – vermeiden. Nicht nur in der Problemauffassung, sondern auch in der Art bzw. dem Umfang einzusetzender Mittel, um für notwendig erachtete Änderungen umzusetzen, herrschten unterschiedliche Ansichten vor.

> **Wichtig**
> **Zu beachten ist, dass die Ausgangslage oft unterschiedlich interpretiert wird.**

Dies zeigte sich besonders in der Frage des Einsatzes externen Change Managements. Die Mehrheitsfraktion plädierte mit unterschiedlichen Gründen dafür, die anstehenden Fragen mit »Bordmitteln«, durch Maßnahmen der eigenen Personalabteilung und dem dort versammelten Sachverstand zu beheben (vgl. zu dieser Problematik z. B. Conrad & Trummer, 2007). Man wollte so maßgeschneiderte, passgenaue, auf die spezifische eigene Situation anwendbare und leistungsfähige Veränderungsansätze entwickeln und implementieren (vgl. dazu z. B. Conrad & Manke, 2001). Die Minderheitsfraktion hingegen plädierte ausdrücklich dafür, auch externen Beratungssachverstand hinzuzuziehen, um die Problemlandschaft auf diesem Weg jenseits von Betriebsblindheit und schwer identifizierbaren »mikropolitischen« Eigeninteressen vermessen zu lassen. Man erhoffte sich, so einen »rationalen Diskurs« anzustoßen, der letztlich zu Veränderungsvorschlägen führen sollte, die man dann zu transparenten Regelungen verdichten könnte.

8.2.1 Problemanalyse

Um die divergierenden Einschätzungen zu sortieren und die Diskussion zu versachlichen, wurden verschiedene Dokumentenanalysen interner Personal- und Organisationsunterlagen vorgenommen

Sammeln und Ergänzen vorhandener Daten

(durchgeführte bzw. geplante Personal- und Führungskräfte-Entwicklungsmaßnahmen, Leistungs- und Entwicklungsbeurteilungen, aktuelle Organisationsstruktur, relativ aktuelle schriftliche Darstellung der internen Aufgabenverteilung). Die Aussagekraft der in einzelnen Funktionsbereichen erarbeiteten Entwicklungspläne für Mitarbeiter und (Nachwuchs-)Führungskräfte hingegen wurde als zweifelhaft eingeschätzt, da tagesaktuelle Veränderungsnotwendigkeiten die planentsprechende Umsetzung der systematisch vorgesehenen Stellenbesetzungen immer wieder beeinträchtigten. Insgesamt sollten auf diesem Weg die bisherigen Entscheidungen zur Personal- und Führungskräfteentwicklung nachvollziehbarer gemacht werden, um ein an konkreten Daten entwickeltes bisheriges Vorgehen mit den bestehenden Unzufriedenheiten in Beziehung setzen zu können. Unterstützt wurde die weitere Datensammlung noch durch die Aufbereitung der einschlägigen Diskussionen durch Methoden der Simultanvisualisierung (»Metaplan«-Moderationstechniken).

Die Rolle der Berater beschränkte sich hier auf die Moderation und diente dazu, die Spannbreite und Differenz der eingebrachten Interpretationen sichtbar zu machen. Neben der Aufbereitung und Präsentation hausintern vorhandener Informationen, die bisherige Entscheidungen sichtbar machten, trugen die Berater dann in einem weiteren Stadium des Prozesses zur »Klärung« von Gründen bei, um das Entstehen von Führungssituationen mit offensichtlichen Akzeptanzdefiziten seitens der »Geführten« in einen allgemeinen Zusammenhang zu stellen.

Hierzu wurde über Ergebnisse aus vorangegangenen Change-Management-Projekten mit vergleichbaren Fragestellungen berichtet und einiger akademischer Input geliefert, der prinzipielle Aspekte von Führung, Entscheidung und Akzeptanz bei den Geführten beleuchten sollte. Veranschaulicht wurde dies an qualitativ unterschiedlichen Arten von Arbeitszufriedenheit, den Voraussetzungen wie Folgen von Commitment, Organisationskultur und Organisationsklima und den allgemeinen Aufgaben von Mitarbeiterführung. So sollte grundsätzlich darauf aufmerksam gemacht werden, wie sich soziale und individuelle Unterschiede auf die Wahrnehmung und subjektive Verarbeitung betrieblicher Sachverhalte auswirken können.

> **Wichtig**
> **Klimawahrnehmungen sind soziale Konstruktionen.**

Die Absicht war insbesondere, den Kenntnisstand über die Bedeutung subjektiver Rekonstruktionen für das eigene wie fremde Verhalten und Handeln im betrieblichen Bereich deutlich werden zu lassen. Verbunden war dies mit der Hoffnung, dass die Gesprächsteilnehmer des Führungskreises diese Perspektive auch auf sich und ihr Führungshandeln und Entscheiden beziehen und reflexiv nutzen würden. Im Grunde ging es demnach um die Gestaltung eines vikarischen Lernprozesses.

> **Wichtig**
> Stellvertretendes Lernen der Führungskräfte (»vikarisches Lernen«) kann entscheidend sein.

Der Erfolg dieser ersten Interventionen erwies sich als »sehr bescheiden«. Skepsis und Reserviertheit überwogen deutlich, die vermittelten Informationen wurden denn auch von einem teilnehmenden Mitglied des oberen Führungskreises als »nette Beschulung« charakterisiert. Die eigentliche Intention war also nicht erreicht worden. Die Notwendigkeit, sich als Management über die Voraussetzungen wie Folgen und nachhaltigen Konsequenzen von Entwicklungs- und Karriereentscheidungen auf Handeln und Engagement der Geführten klar zu werden, bestand demnach weiter fort.

8.3   Wie wurde verändert?

8.3.1   Ebene I: Sensibilisierende Zwischenschritte

Die vorangegangenen, im Wesentlichen kognitiven (inhaltlichen) Vermittlungsangebote zur Deutung des Geschehens bzw. der Problementwicklung waren nach Selbsteinschätzung der Berater für die Teilnehmer der Diskussionsrunden einigermaßen abstrakt geblieben. Die Bedeutung von Wahrnehmungsprozessen bzw. der Kommunikation von Wahrnehmungsurteilen für Verhalten, Entscheidung und Handeln in der sozialen Interaktion wurde rational von den Mitgliedern der Führungscrew schnell anerkannt; die Rückbeziehung auf das eigene Handeln und damit die grundsätzliche (wie auch verallgemeinerungsfähige) Bedeutung für die Entscheidungsbildung und soziale Interaktion aber blieb aus. Daher wurde ein »sidestep« in den Gesamtprozess eingelassen, der auf Erkenntnissen aufbaute, die seit langem prinzipiell vertraut sind. Es handelt sich dabei im Wesentlichen um das sog. Experiential Learning, wie es z. B. von Kolb et al. (Kolb, Osland & Rubin, 1994) entwickelt und eingesetzt wurde (vgl. zusammenfassend Staehle, Conrad & Sydow, 1999). Die so erzeugten Erfahrungen, die man hier als »vikarisches Lernen« (Lernen für die Organisation durch die Führungskräfte) bezeichnen kann, sollten in mehrfacher Hinsicht nutzbringend sein.

Folgende Arbeitshypothesen über seine Wirkungen lagen dem zugrunde:

- Die Führungsmannschaft sollte selbst am eigenen Umgang mit Wahrnehmung erkennen, welche grundsätzliche Bedeutung diese Prozesse für das Entscheiden und Handeln über die eigene Person hinaus haben.
- Aufgrund der so erkannten prinzipiellen Subjektivität der Wahrnehmung sollte ein Transfer auch auf den oder die jeweiligen Bezugspartner ermöglicht werden. Relativierung starrer Positionen, Entkrampfung im Umgang und Abbau von Disputen über »die (einzig) richtige Situationsinterpretation« könnten dann

Reflexionsprozesse anregen

sicher geglaubte Einschätzungen prinzipiell hinterfragbar machen, ohne dass dies als Eingeständnis eigener Wahrnehmungsfehler zu interpretieren wäre. Indem man lernte, sich besser in die Wahrnehmungsstrukturen und Interpretationen des oder der anderen hineinzuversetzen (»taking the role of the other«), wurde die Basis gelegt, um zu einem höheren Grad an wechselseitigem Verständnis zu kommen.

— Dieses epistemische Grundverständnis (vgl. dazu grundsätzlich Groeben & Scheele, 1977) sollte sich nicht nur auf die Führungskräfte selbst beschränken, sondern generalisieren, weil Reflexionsprozesse als Universalie für alle gelten und wechselseitiger Natur sind. Wenn sich das Menschenbild in diese Richtung entwickeln ließe, wäre eine Konsequenz, dass kritische Einschätzungen im Hinblick auf die existierende Personal- und Führungskräfteentwicklung nicht länger als ungerechtfertigt oder unangemessen wahrgenommen würden. Sie könnten nun als sachgerechte, aber eben differierende Sicht auf bestimmte betriebliche Situationen bzw. Entscheidungen gesehen werden.

Sensibilisierung der eigenen Wahrnehmung

Die umgesetzten Maßnahmen lassen sich insgesamt als fokales »Sensitivity-Training« charakterisieren. Fokal deswegen, weil es sich um den eng umgrenzten Bereich handelt, der hier angesprochen wurde. Sensitivity deswegen, weil es nicht um einen Oktroi seitens der Hierarchie gehen sollte. Angeboten wurde die zwanglose Möglichkeit, die Bedeutung des eigenen Wahrnehmens und des darauf fußenden Entscheidens bzw. Handelns in entspannter Atmosphäre kennen zu lernen. Das Angebot wurde von 4 der 5 oberen Führungskräfte genutzt, dauerte einen langen Nachmittag und fand außerhalb der Unternehmung in einem Tagungshotel statt.

Als Übung zur Wahrnehmungssensibilisierung diente beispielsweise die Diagnose des Kooperations- und Entscheidungsverhaltens bei dissonanten Wahrnehmungen. Dies wurde am Beispiel einer mehrdeutigen Bildvorlage angesprochen, wobei das Reizmaterial sowohl als alte wie auch als junge Person wahrgenommen werden konnte (»Kippbild«). Angereichert um weitere schriftliche Angaben zur Person fungierten die dissonanten Wahrnehmungen als Trigger für die weitere Diskussion darüber, wie die Bildvorlage nun »eigentlich« zu interpretieren sei. Die geäußerten Wahrnehmungen wurden mit der jeweils getroffenen Einstellungsentscheidung in Beziehung gesetzt, um das Verhältnis von Wahrnehmung und Entscheidung zu problematisieren. Ein anderes Beispiel zielte auf die Kommunikation von Wahrnehmungsurteilen ab, wie es im klassischen Asch-Paradigma in den Arbeiten zur sozialpsychologischen Wahrnehmungsforschung untersucht und belegt worden war (vgl. z. B. Irle, 1975). Hierdurch sollte auf die Bedeutung des Gruppendrucks für die Äußerung von Wahrnehmungsurteilen aufmerksam gemacht werden. Die sich jeweils in der nachfolgenden Reflexion auf solche systematischen Interventionen einstellenden Interpretationen der kleinen Teilnehmerrunde zeigten nach Einschätzung der Berater jedenfalls insoweit deutliche Einsichten, als Wahrnehmung nicht länger im Sinne eines fotografischen Abbildungsaktes gesehen wurde.

Offensichtlich machte sich eine Art »neuer Nachdenklichkeit« breit, weil man die rekonstruktive Seite von Sach- wie Personwahrnehmung deutlicher nachvollziehen konnte. Insofern erwies sich diese fokussierte Intervention zur Problematisierung von Wahrnehmung bzw. der Kommunikation von Wahrnehmungsurteilen in der Rückschau als durchaus sinnvoll für das Projektvorhaben insgesamt.

Natürlich darf die Bedeutung dieses aus der Beratungssituation hervorgegangenen Zwischenschritts weder inhaltlich noch wegen der methodischen Beschränkungen überbewertet werden. Er zeigt aus unserer Sicht aber, dass man mit bereits relativ einfachen Interventionen psychologisch relevante Einsichtsprozesse und Diskurse anregen kann, die jedenfalls den Beratungsprozess selbst erleichterten.

Einsichtsprozesse und Diskurse anregen

8.3.2 Ebene II: Skizze des Projekts

Auf die Fortsetzung und weitere Konzipierung eines Change-Management-Prozesses unter Beteiligung externer Berater hatte die Sensibilisierungsphase keinen unmittelbaren Effekt. Die Wirkung schien eher in der dadurch erzeugten Vertrauensbildung zu liegen und auch darin, dass man eigenes Handeln und Entscheiden auf dieser Wahrnehmungsfolie besser verstand. Damit schwand auch ein Teil der anfänglichen Skepsis gegenüber der Beratung bzw. den Beratern.

Sensibilisierung und Vertrauensbildung

Nach der zusammenfassenden Auswertung der Gespräche, ihrer Rückkopplung an die Teilnehmer und der Analyse der »Wahrnehmungsexperimente« ruhte das Projekt aus unterschiedlichen Gründen für mehrere Monate. Es dauerte fast ein Dreivierteljahr bis zur Wiederaufnahme des Veränderungsprozesses. Bewegung kam wohl auch deswegen ins Spiel, weil sich abzeichnete, dass einige Nachwuchsführungskräfte mit hohem spezifischen Potenzial ihre Entwicklungsperspektiven weiterhin sehr kritisch einschätzten. Die Gefahr der Abwanderung von nur schwer ersetzbaren »Humanressourcen« wurde konkreter, und der ökonomische Druck, jetzt Change-Management-Maßnahmen einzusetzen, um solche Abwanderungstendenzen aufzuhalten, war unverkennbar.

Nicht geklärt werden konnte, ob die Wiederaufnahme der Kontakte dadurch beschleunigt wurde oder überhaupt wieder zustande kam, weil ein Mitglied der Geschäftsführung (oberster Führungskreis) von der prekären Lage erfahren hatte und die Mitglieder des oberen Führungskreises möglichen Interventionen ihrer vorgesetzten Hierarchieebene zuvorkommen wollten, indem sie jetzt Lösungen entwickelten. Jedenfalls schien ein wichtiger, aber im Hintergrund angesiedelter Machtpromotor im Spiel zu sein, dessen Einschätzungen und Vorstellungen wohl mit dazu beitrugen, dass das Projekt jetzt mit mehr Engagement vorangetrieben wurde und anfängliche Vorbehalte

Einfluss von Machtpromotoren

Problemverschiebungen im Projektverlauf

an (artikuliertem) Einfluss verloren (vgl. dazu im Einzelnen bereits Witte, 1973).

Gleichzeitig war ein gewisser Problemwandel oder auch eine Problemerweiterung zu beobachten, weil es nun nicht länger um Fehlentscheidungen, schlecht kommunizierte Kriterien für das Zustandekommen von Entwicklungen oder Führungsklimata ging. Die Knappheit von Entwicklungsmöglichkeiten selbst trat hinzu, das grundsätzliche Verteilungsproblem von Karrierechancen war somit virulent, was selbst zusätzlich für Druck sorgte.

Die Projektdefinition blieb im Rahmen der ursprünglichen Einschätzungen aus den oben angesprochenen Vorgesprächen erhalten. Fokus war die Entwicklung von Vorschlägen für ein verändertes Change Management. Diese wurden auf die Umgestaltung der bisherigen Planung der Mitarbeiter- und Nachwuchsführungskräfte-Entwicklung bezogen. Ein zentraler Baustein sollte die Ermittlung der Einschätzung der Entwicklungsperspektiven durch Mitarbeiter und Nachwuchsführungskräfte sein, die sich in einer zukünftigen praktischen Managementorientierung verstärkt niederschlagen sollte.

Veränderung der Beraterrollen im Projektverlauf

Das Projekt blieb unterhalb des Vorstands angesiedelt, die Personalfunktion wurde als Projektleiter etabliert. Berichtspflichten über Stand, Entwicklung und Ergebnisse gegenüber dem oberen Führungskreis und dem Vorstand wurden festgelegt. Zu den weiteren Randbedingungen der Projektdurchführung zählten:

- Zusammenarbeit mit der Personal- und Organisationsfunktion, keine ausschließlich externe Beratung.
- Begrenzung des Projektumfangs auf die Situation der Nachwuchsführungskräfte.
- Situationsanalyse und mögliche Konzeptvorschläge sollten für den Kreis der sonstigen Mitarbeiter in »abgespeckter« Form nach dem Muster der Veränderungen für die Nachwuchsführungskräfte durch die Personalabteilung selbst realisiert werden.
- Rollen- und Funktionsteilung zwischen interner und externer Beratung. Projektstruktur und Gesprächsdurchführung mit den Nachwuchsführungskräften durch die externen Berater.
- Auswertung und Aufbereitung der Daten in »anonymisierter Form«, keine quantitative auf Fragebogen gestützte Analyse.
- Entwicklung eines Gesprächsleitfadens, der zuvor inhaltlich mit der Personalfunktion abgestimmt und zu Interviewzwecken durch die Berater eingesetzt werden sollte. Der »Wahrnehmungsbezug« sollte im Gesprächsleitfaden verankert sein, strikte Vertraulichkeit bezüglich der Ergebnisse war durch die Berater zu sichern.
- Berichte und Informationen über das Projekt in internen Medien und durch Gesprächskreise (»Mitarbeiterinformationen«, »Betriebs- bzw. Werkszeitung«, interne »Führungskreisinformationen«) liegen in der Hand der Personalfunktion, keine Datenweitergabe durch die externen Berater, außer in Form allgemeiner, nicht auf bestimmte Personen/Organisationseinheiten oder

Führungskräfte bezogener Angaben bzw. Erkenntnisse. Die Reporting-Pflichten gegenüber dem Vorstand erfolgten im Wesentlichen durch die verantwortliche Personalfunktion, ggf. unter Hinzuziehung der Berater.

— Auf Basis der Einschätzungen der Mitarbeiter bzw. Nachwuchsführungskräfte sollten Änderungsvorschläge entwickelt werden, die mit vorhandenen und als bewährt eingeschätzten Führungsinstrumenten verzahnt werden können.

Als offensichtlich mikropolitisch belastet erwies sich die Festlegung des Erhebungsumfangs. Der Vorschlag der Personalfunktion, sich hier auf zuvor ausgewählte Führungsnachwuchskräfte zu beziehen, wurde von den Beratern aus methodischer Sicht, wegen möglicher Verzerrungen und wegen möglicher Interessenbezogenheit nicht akzeptiert.

> **Wichtig**
> **Mikropolitische Einflüsse sind herauszufiltern und zu beachten.**

Die »Zwischenlösung« bestand darin, dass aus insgesamt 30 möglichen zu Befragenden eine Zufallsauswahl von 10 Führungsnachwuchskräften gezogen wurde. Sie wurden offiziell seitens der Berater angeschrieben und um Mitwirkung an dem Projekt gebeten. Vertraulichkeit und Professionalität wurden zugesichert. Sieben Zusagen gingen ein. Außerdem kam es zu einem Ausgleich der »Verteilungsschiefe«, in dem die Personalabteilung zugunsten unterrepräsentierter Unternehmungsbereiche bei den Befragten mehrere zusätzliche Vorschläge für Interviewpartner machten, von denen letztlich 3 für eine Teilnahme zu gewinnen waren. Durchgeführt wurden leitfadengestützte Interviews.

8.3.3 Ebene III: Methodische Umsetzung

Bei der Entwicklung des Interviewleitfadens wurde – auch angesichts der in ▶ Abschn. 8.2 erwähnten Vorbehalte gegenüber »Fragebogen« – darauf geachtet, dass der gesamte Bereich der Wahrnehmung der internen Situation zur Führungskräfteentwicklung angesprochen werden konnte.

> **Wichtig**
> **Die Erhebungsverfahren müssen sauber konstruiert und die Auswertungen unter strikter Einhaltung der Vertraulichkeit dokumentiert werden.**

Neben soziodemographischen Daten, der bisherigen Entwicklung in der Unternehmung und den eigenen mittel- und längerfristigen Entwicklungsvorstellungen wurden Fragen aus existierenden Instrumenten angepasst übernommen (vgl. dazu zusammenfassend Conrad &

Sydow, 1984, sowie Schneider & Bartlett, 1970; Payne & Pheysey, 1971; von Rosenstiel et al. 1982).

In den Einzelinterviews sollten im Einzelnen Antworten angeregt werden auf Fragen zu

- der wahrgenommenen Unterstützung der Karriereaspirationen durch das Management allgemein, der konkret Verantwortlichen für Führungskräftebetreuung und -entwicklung in der Personalfunktion sowie des oder der jeweiligen Linienvorgesetzten,
- dem allgemein wahrgenommene Engagement bzw. den konkreten Hilfestellungen für die eigenen Entwicklungsziele aus eigener bisheriger Erfahrung mit Entwicklungsentscheidungen,
- der Einschätzung der bisherigen positiv wie negativ (»verbesserungsbedürftig«) eingeschätzten Vorgehensweisen und bislang verwendeten Konzepte zur Führungskräfteentwicklung,
- dem Umgang mit Konflikten bei divergierenden Entwicklungsvorstellungen,
- der Berücksichtigung von inhaltlichen Arbeitsinteressen,
- der Einschätzung der Führungsdistanz zwischen Nachwuchsführungskraft und Vorgesetzten,
- der Einschätzung des Kommunikationsklimas allgemein und für den eigenen Bereich,
- der Informationsoffenheit in Bezug auf die Entwicklung des Unternehmens insgesamt (z. B. die Kommunikation in Bezug auf strategische Entwicklungsziele, mittelfristige Standortplanung),
- der Berücksichtigung der außerberuflichen Sphäre bei Vorschlägen für die weitere Karriereentwicklung (familiäre Situation, schulische Situation der Kinder, Karriereaspirationen des Ehe- bzw. Lebenspartners z. B. im Fall von Auslandsversetzungen).

Die Interviews wurden als Einzelinterviews mit jeweils einem Berater durchgeführt; ihre Dauer variierte zwischen 40 Minuten und 1,5 Stunden. Die Gesprächsprotokolle wurden an den Interviewten (»persönlich«) übersandt, der notwendige Korrekturen vornehmen konnte. Dies sollte eine mögliche »Kontrollvermutung« seitens der Interviewten von Vorneherein abbauen. Die abgezeichneten Unterlagen verblieben ausschließlich bei den Beratern. Auf dieser anonymisierten Grundlage wurden eine zusammenfassende Darstellung entwickelt und Veränderungsvorschläge gemacht.

> **Wichtig**
> Bei den Interviews ist es wichtig, Zusicherungen einzuhalten und den Gesprächspartner respektvoll zu behandeln.

8.4   Ergebnisse und einige Interpretationen

Ähnlich wie bereits bei den Äußerungen und Einschätzungen der Mitglieder des oberen Führungskreises zu Beginn des Projekts, die zwar teils von Skepsis gekennzeichnet waren, aber eben genau dadurch auch anzeigten, dass man es mit selbstbewussten Führungskräften zu tun hatte, die mit ihren Ansichten »nicht hinter dem Berg hielten«, waren die Berater von der »Äußerungsfreude« ihrer Interviewpartner beeindruckt. Mit kritischen Einschätzungen insbesondere in Bezug auf einige Führungskräfte und die Leistungen der Personalfunktion wurde nicht gespart.

Man musste nicht den Eindruck gewinnen, dass die Nachwuchsführungskräfte hier aus »taktischen« oder »mikropolitischen« Überlegungen ihre Meinungen zurückhielten. Natürlich sind das keine »objektiven« Einschätzungen seitens der Berater, weil man strategisches Verhalten in diesem Zusammenhang nie ausschließen kann. Da es sich aber um Nachwuchsführungskräfte handelte, die über ein hohes Qualifikationsniveau verfügten, war eine Befürchtung von negativen Konsequenzen offener Meinungsäußerungen sicher geringer als bei Trägern weniger spezifischen Wissens. Zudem darf man nicht vergessen, dass in allen Interviews auch deutlich positive Kommentare zum allgemeinen Klima in der Unternehmung enthalten waren; die jeweiligen Meinungsbilder waren keineswegs Schwarz-Weiß-Darstellungen.

Interviewergebnisse sachlich richtig einschätzen

Die wohl deutlichste kritische Wahrnehmung bezog sich auf die bisherige Leistung der Personalfunktion. Ihr wurde fast unisono vorgehalten, sich nicht – jedenfalls aber nicht angemessen – um die Nachwuchsführungskräfte zu »kümmern«. Zwar war die Einschätzung bei den Befragten weit verbreitet, dass man sich um die eigene Karriere schon selbst kümmern müsse und die Personalfunktion hier nicht als »Hilfsagentur« analog einem Job-Center fungieren könne. Bemängelt wurde das Fehlen eines systematischen frühzeitigen »Bekanntmachen« zur Wiederbesetzung von Vakanzen, eine Art übergreifendes Informationssystem, das Positionsentwicklungen auch im Ausland erfasste, und einer transparenten Entwicklungsarbeit durch die Personalfunktion. Teils wurden die Qualität, Ansprechbarkeit oder Erreichbarkeit der zuständigen Referenten für die Führungskräfteentwicklung moniert, teils die verwendeten Handhabungsroutinen als sehr bürokratisch (»umständlich, lang dauernd«) eingeschätzt. Demgegenüber kamen die oberen Führungskräfte deutlich »besser weg«. Hier ließen sich aus den Aussagen zur wahrgenommenen Führungsdistanz zwei Gruppen unterscheiden: die »Kümmerer«, die selbst auf die Führungskräfteentwicklung achteten und konkrete Hilfen in ihrem Bereich anboten, und die »Abdelegierer«, die die damit zusammenhängenden Fragen am liebsten vom Tisch haben wollten, indem sie auf die (fast schon alleinigen) Verantwortlichkeiten der Personalfunktion hinwiesen. Da die Kümmerer besonders ihren Bereich im Blick hatten, bestand die Gefahr, dass jenseits dieses Feldes liegende Karrierechancen gar nicht wahrgenommen wurden. Der Einfluss der Personalfunktion und damit die prinzipiell an den Karrierechancen der gesamten Unternehmung orientierte Perspektive konnte beim Abdelegieren größer sein, andererseits war der persönliche Zugang zum Typus des Abdelegierers erschwert.

8.5   Änderungsvorschläge im Einzelnen und Sicherung der Nachhaltigkeit

Verfestigung veränderter Handlungsorientierungen

Vorgeschlagen wurden insgesamt nichtstrukturelle und strukturelle Mittel zur Sicherung von Qualität und Nachhaltigkeit der Führungskräfteentwicklung.

Insbesondere über die Verfestigung veränderter Handlungsorientierungen qua Schulung und Training mit der Unterstützung durch strukturelle Umgestaltung sollten nachhaltige Wirkungen des Change Management gesichert werden.

Nichtstrukturelle Veränderungen waren

- die Schulung der Personalreferenten im Sinne einer verbesserten Dienstleistungsorientierung ihres Betreuungsbereichs (dies reichte von einfachen Techniken des Umgangs mit Anfragen über verbesserte Büroarbeitstechniken bis zu Methoden der Gesprächsführung, Moderation und Planung),
- besserer kommunikativer Austausch und konkrete Verzahnung der strategischen und organisatorischen Funktionsträger über die Zusammenarbeit in Projekten.

Strukturelle Maßnahmen betrafen

- die Einrichtung eines ständigen Gremiums aller Führungskräfte des oberen Führungskreises, um die Nachwuchsführungskräfte besser zu betreuen (Jahresplanung, laufende Anpassungen der Anforderungen an die Nachwuchsführungskräfte und Übersetzung in Maßnahmen),
- die Vorbereitung und Organisation dieser Aufgaben als ständige Aufgabe der Personalfunktion,
- die Professionalisierung und Aktualisierung der vorhandenen »Bewerberbörse«,
- eine systematische Weiterentwicklung der vorhandenen Unterlagen zum jährlichen Mitarbeitergespräch; Leistungsbeurteilung und Entwicklungsplanung zusammenführend, aber zeitlich getrennt durchgeführt, um Konfundierungen zu vermeiden; Erwartungsdiskrepanzen sollten zukünftig auch über Mediationszirkel durch die Personalfunktion abgebaut werden (»realistic career previews«).

8.6   Fazit und Hinweise für die Praxis

Wenn Mitarbeiter und Nachwuchsführungskräfte in diesem Zusammenhang sehr abstrakt als »Träger von Qualifikationen und Handlungsbereitschaften« beschrieben werden, gerät die Darstellung leicht in den Verdacht, sprachlich zynisch zu sein, weil das spezifisch Humane in einer solchen Beschreibung verloren geht und der Mensch zum Produktionsfaktor herabgestuft wird. Indem man aber analytisch darauf aufmerksam macht, dass die menschliche Arbeitsleistung in jeder Unternehmung als »Instrument« eingesetzt wird und wesentlicher Faktor der betrieblichen Leistungserstellung ist, wird auch des Pudels Kern sozial- und verhaltenswissenschaftlich betriebenen Change Managements in Unternehmungen sichtbar.

> **Wichtig**
> Die Interessen- und Zweckorientierung sozial- und verhaltenswissenschaftlicher Veränderungskonzepte ist zu beachten.

Es geht um ökonomische Rationalisierung, die mit den Mitteln von Sozial- und Verhaltenswissenschaften betrieben wird und auch dann betrieblichen Zwecken dient, wenn sie wie im vorgetragenen Beispiel auf die Bedürfnislagen und Erwartungen der Mitarbeiter und (Nachwuchs-)Führungskräfte eingeht bzw. diese einbezieht.

Auch in dem hier berichteten Projekt, das auf die investive Seite von Personal- und Führungskräfteentwicklung verweist, wird also schnell deutlich, dass man es im Kern mit einem ökonomischen Problem zu tun, zu dessen Lösung man sich heute vielfach sozial- und verhaltenswissenschaftlicher Konzepte bedient, wie sie bereits einleitend genannt wurden.

Wie komplex die Handhabung der damit verbundenen Beratungsfragen ist, wird schnell klar, wenn man die mit jeder Beratung verbundenen Machtkontexte in Veränderungsprozessen sieht und die sich hieraus ebenfalls ergebenden materiellen Abhängigkeiten für die Beratung zur Kenntnis nimmt.

Ökonomische Bezüge von Beratung

Kein Auftrag, kein Umsatz. Kein Umsatz, keine Gewinnmöglichkeit. Die sich daraus auch ergebenden Abhängigkeiten und individuellen »Flexibilitäten«, den Erwartungen des Auftraggebers zu entsprechen, statt »unabhängig« zu beraten, sind grundsätzlich sattsam bekannt. Sie werden ungern angesprochen, und die Herausforderungen einer an den unterschiedlichen Interessen der Stakeholder orientierten Beratungspraxis bleiben im Wesentlichen nach wie vor ungelöst (vgl. dazu z. B. Baritz, 1960/1977).

ⓘ Checkliste: Handlungs- und Praxistipps
  - Sachliche Klärung der Ausgangslage und des Problems/der Probleme, wobei die unterschiedlichen Problemsichten und Interessenlagen der Beteiligten zu beachten sind.
  - Klimawahrnehmungen sind keine »objektiven« Wahrnehmungen; sie beeinflussen Verhalten und Handeln von Mitarbeitern und Führungskräften als soziale Konstruktionen. Im Sinne psychologischer Redefinitionsprozesse können sie erkannt und in Grenzen durch Change-Management-Maßnahmen bearbeitet und als subjektive Momente reflexiv zugänglich gemacht werden.
  - Veränderungsvorschläge und Vorgehen sind oftmals Ergebnisse komplexer Aushandlungsprozesse und können nicht »herbeiadministriert« werden.

━ Der Einsatz von Change-Management-Methoden zur Beeinflussung des Organisations- und Führungsklimas muss dem
Problembewusstsein und der Bereitschaft der Führungskräfte
und Mitarbeiter entsprechen, unterschiedliche Einschätzungen einschließlich ihres möglichen Interessenbezugs zuzulassen.

━ Der Einsatz von Change-Management-Methoden, um Or-
ganisations- und Führungsklimata zu verändern, entfaltet
sich stets auch unter mikropolitischen Bedingungen. Wissenschaftlich gestützte Beratung muss die Interessen- und
Zweckorientierungen des Auftraggebers sowie der am
Change-Prozess Beteiligten kognitiv präsent halten, um mögliche Abhängigkeiten zu erkennen und abzubauen.

Leseempfehlung

Conrad, P. & Sydow, J. (1984). *Organisationsklima.* Berlin: de
Gruyter.

Kuenzi, M. & Schminke, M. (2009). Assembling fragments into a
lens: a review, critique, and proposed research agenda for the
organizational work climate literature. *Journal of Management,
35*(3), 634–717.

Rosenstiel, L. von & Nerdinger, FW (2011). *Grundlagen der Organisationspsychologie,* 7. Aufl. Stuttgart: Poeschel.

Literatur

Baritz, L. (1960/1977). *The servants of power. A history of the use of social science in
American industry,* 2nd repr. Westport, Conn.: Wesleyan University Press
Borg, J. (2002). *Mitarbeiterbefragungen.* Göttingen: Hogrefe.
Conrad, P. (1988). *Involvement-Forschung,* Berlin: de Gruyter.
Conrad, P. & Manke, G. (2001). Zielvereinbarung, Leistungsbeurteilung und
flexible Vergütung: Ergebnisse einer branchenübergreifenden Studie zur
Kombination von drei zentralen Instrumenten der Führung, Motivation und
Vergütung. *Personalführung, 5,* 52–57.
Conrad, P. & Sydow, J. (1984). *Organisationsklima.* Berlin: de Gruyter.
Conrad, P. & Trummer, M. (2007). Externe und interne Organisations- und Personal-
beratung: Anspruch und Wirklichkeit. In K. Schwuchow & J. Gutmann (Hrsg.),
Jahrbuch Personalentwicklung 2007 (S. 321–330). München: Wolters Kluwer.
Groeben, N. & Scheele, B. (1977). *Argumente für eine Psychologie des reflexiven Sub-
jekts. Paradigmawechsel vom behavioralen zum epistemologischen Menschen-
bild.* Darmstadt: Steinkopff.
Irle, M. (1975). *Lehrbuch der Sozialpsychologie.* Göttingen: Hogrefe.
Kolb, D.A., Osland, J.S. & Rubin, I.M.(1994). *Organizational behavior: An experiential
approach,* 6th ed. New Jersey: Prentice-Hall

Nerdinger, F.W., Blickle, G. & Schaper, N. (2011). *Arbeits- und Organisationspsychologie,* 2., überarb. Aufl. Heidelberg: Springer.

Payne, R.I. & Pheysey, D.C. (1971). Stern´s organizational climate index: a reconceptualization and application to business organizations. *Organizational Behaviour and Human Performance, 6,* 77–98.

Rosenstiel, L. von, Falkenberg, T, Hehn, W., Henschel, E. & Warns, J. (1982). *Betriebsklima heute. Forschungsbericht im Auftrag des Bayerischen Staatsministeriums für Arbeit und Sozialordnung.* München: Bayerisches Staatsministerium für Arbeit und Sozialordnung.

Scherm, M. & Sarges, M. (2002). *360-Grad-Feedback.* Göttingen: Hogrefe.

Schneider, B. & Bartlett, J. (1970). Individual differences and organizational climate, II: measurement of organizational climate by the multi-trait, multi-rater matrix. *Personnel Psychology, 23,* 493–512.

Staehle, W.H., Conrad, P. & Sydow, J. (1999). *Management: eine verhaltenswissenschaftliche Perspektive,* 8., überarb. und erw. Aufl. München: Vahlen.

Witte, E. (1973). *Organisation für Innovationsentscheidungen.* Göttingen: Schwartz.

Entwicklung und Implementierung eines Leistungsbeurteilungssystems

Uwe Peter Kanning

Leistungsbeurteilungssysteme gehören zu den zentralen diagnostischen Instrumenten der Personal- und Organisationsentwicklung. Sie bilden beispielsweise die Grundlage für die individuelle Leistungsvergütung sowie Entwicklungs- und Zielvereinbarungsgespräche, können im Sinne einer Bedarfsanalyse zukünftige PE- und OE-Maßnahmen begründen und darüber hinaus Daten zur Evaluation derartiger Maßnahmen liefern (vgl. Schuler, 2004). Diese wichtigen Funktionen erfüllen Leistungsbeurteilungssysteme jedoch nur dann zufriedenstellend, wenn sie zum einen diagnostischen Qualitätskriterien Genüge leisten und zum anderen bei den Organisationsmitgliedern Akzeptanz finden. Viele Leistungsbeurteilungssysteme weisen genau in diesen beiden Punkten grundlegende Schwächen auf, wobei Defizite in der diagnostischen Qualität nahezu zwangsläufig eine mangelnde Akzeptanz nach sich ziehen.

Leistungsbeurteilung als Keimzelle der Personalentwicklung

Nachfolgend wird von der Entwicklung und Implementierung eines Leistungsbeurteilungssystems in einer großen Verwaltungseinrichtung aus dem Bereich des öffentlichen Dienstes berichtet. Es handelt sich um eine Kreisverwaltung mit ca. 1200 Mitarbeitern. ◘ Abb. 9.1 gibt einen Überblick über die Struktur der Organisation. Ausgangspunkt für dieses Projekt war die Neubesetzung der Leitungsfunktion in der Personalentwicklungsabteilung. Der personelle Wechsel gab Anlass, die bestehenden Personalentwicklungsinstrumente zu hinterfragen. Dabei traf man auf ein Problem, das sicherlich viele Organisationen kennen: Im Laufe der Jahre wurden immer wieder neue Ideen umgesetzt, ohne dass die Einzelmaßnahmen systematisch miteinander verzahnt wurden. Vor diesem Hintergrund sollte die Einführung des neuen Leistungsbeurteilungssystems die Keimzelle für eine Neukonzeption der gesamten Personalentwicklungsbemühungen bilden. Die Leistungsbeurteilung stellt dabei die wichtigste Säule zur systematischen Ermittlung des Personalentwicklungsbedarfs dar.

9.1   Was sollte verändert werden?

Subjektivität soll reduziert werden

Ziel des Projekts war es, ein neues Leistungsbeurteilungssystem zu entwickeln, das alle 3 Jahre zur Beurteilung der Mitarbeiter durch die direkten Vorgesetzten eingesetzt wird. Zuvor gab es bereits ein Beurteilungssystem, das aus der Sicht fast aller Beteiligten jedoch sehr unbefriedigend war (► Abschn. 9.2). Das neue System soll dazu dienen, die Subjektivität der Bewertung zu reduzieren und verbindliche, arbeitsplatzbezogene Bewertungskriterien zu schaffen, die wiederum die Basis für fundierte Entwicklungsgespräche zwischen Führungskraft und Mitarbeiter legen. Zudem sollen die Beurteilungen der Vorgesetzten in den Ablauf interner Personalauswahlverfahren integriert werden.

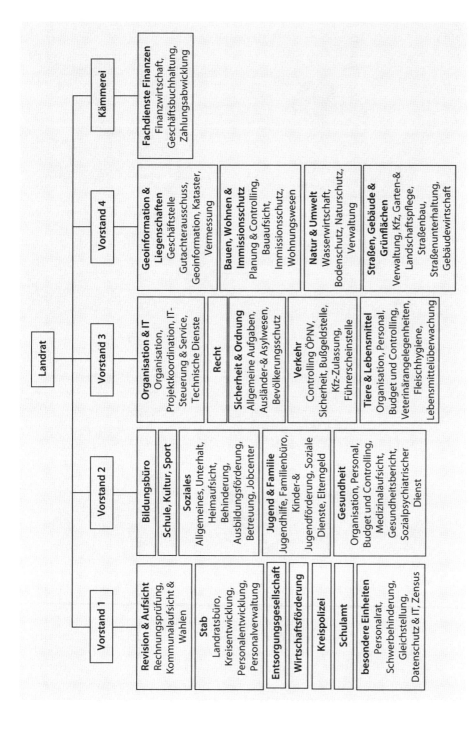

□ Abb. 9.1 Organigramm der Kreisverwaltung (vereinfachte Darstellung)

	sehr unter-durchschnittlich						sehr über-durchschnittlich
Arbeitsweise	1	2	3	4	5	6	7
Arbeitsqualität	1	2	3	4	5	6	7
Auftreten	1	2	3	4	5	6	7
Einsatzbereitschaft	1	2	3	4	5	6	7
Kundenorientierung	1	2	3	4	5	6	7
Führungskompetenz	1	2	3	4	5	6	7
Fachkompetenz	1	2	3	4	5	6	7
Mittelwert	1	2	3	4	5	6	7

◘ **Abb. 9.2** Bewertungsbogen des alten Beurteilungssystems

9.2   Warum und wozu sollte verändert werden?

Die Basis eines jeden Beurteilungssystems bildet eine Skalierung, mit deren Hilfe man die Leistung der Mitarbeiter in Punktwerten ausdrückt. Dabei wird die Gesamtleistung des Einzelnen entlang mehrerer Leistungsdimensionen differenziert, so dass letztlich ein Profil der Stärken und Schwächen jedes Mitarbeiters entsteht. ◘ Abb. 9.2 gibt schematisch das Prinzip der alten Bewertungsskalen der Organisation wieder. In vielen Organisationen kommen vergleichbar einfach strukturierte Systeme zum Einsatz. Aus diagnostischer Sicht weisen sie zahlreiche Mängel auf (vgl. Kanning, 2004):

1. Die einzelnen Leistungsdimensionen sind inhaltlich weder definiert noch voneinander klar abgegrenzt. Unterschiedliche Führungskräfte würden daher ein und dieselbe Leistung z. B. einmal der Arbeitsweise, ein andermal der Kundenorientierung zuordnen. Gleiche Punktwerte bedeuten daher bei verschiedenen Führungskräften inhaltlich etwas Unterschiedliches. Hierdurch verliert das Leistungsbeurteilungssystem seine Funktion als Bedarfsanalyse für die Personal- bzw. Organisationsentwicklung. Da nicht klar ist, für welchen Inhalt bestimmte Punktwerte stehen, lassen sich die Ergebnisse auch nicht sinnvoll bei internen Stellenvergaben nutzen.
2. Die einzelnen Punktwerte selbst sind ebenfalls inhaltlich nicht definiert. Eine bestimmte Leistung führt daher in Abhängigkeit vom individuellen Bezugssystem der Führungskraft zu unterschiedlichen Bewertungen.

3. Die Bewertungsskala hat sehr viele Stufen. Der Unterschied zwischen z. B. 6 und 7 Punkten ist inhaltlich schwer zu fassen und kann später im Feedbackgespräch gegenüber dem Mitarbeiter kaum trennscharf erläutert werden.

4. Die Vorgesetzten müssen die »Durchschnittlichkeit« einer Leistung und nicht die absolute Leistung einschätzen. Die Führungskraft vergleicht also die Mitarbeiter der Abteilung untereinander, um die Punktwerte vergeben zu können. Dies hat zur Folge, dass man ein und dieselbe Leistung in verschiedenen Abteilungen unterschiedlich bewertet. Ist das Leistungsniveau in einer Abteilung besonders hoch, so muss man sehr viel mehr leisten, um beispielsweise 5 Punkte zu erzielen. Bei einem Wechsel des Arbeitnehmers in eine andere Abteilung verändert sich seine Bewertung allein schon deshalb, weil das Bezugssystem des neuen Vorgesetzten ein anderes ist.

5. Jede Leistungsdimension wird durch eine einzige Bewertung erfasst. Hierdurch schlagen Messfehler (die immer auftreten) direkt auf die Beurteilung durch.

6. Über alle Leistungskriterien hinweg wird ein Mittelwert berechnet. Dies führt dazu, dass die Information über das individuelle Leistungsprofil verloren geht. Ein Mitarbeiter, der in allen Bereichen 4 Punkte erzielt, scheint die gleiche Leistung zu erbringen wie ein Mitarbeiter, der extrem schwache Leistungen in manchen Bereichen durch extrem starke Leistungen in anderen rein rechnerisch kompensiert.

Dass ein solches Beurteilungssystem all diejenigen, die es ein wenig durchdenken, letztlich nicht zufriedenstellen kann, liegt auf der Hand. Im Rahmen des Projekts sollte daher ein neues Leistungsbeurteilungssystem entstehen, das die offensichtlichen Schwächen des alten beseitigt oder doch zumindest reduziert. Im Sinne einer professionellen Diagnostik waren damit 3 Zielrichtungen gegeben: Die Ergebnisse der Bewertung sollten von den individuellen Bezugssystemen der Vorgesetzten weitgehend gelöst werden (Verbesserung der **Objektivität**), wobei die Einschätzung jeder Leistungsdimension auf mehreren Einzelbeurteilungen basiert (Erhöhung der **Reliabilität**). Überdies sollen die Kriterien weniger abstrakt sein, sondern vielmehr die tatsächlichen Anforderungen der diversen Arbeitsplätze widerspiegeln (Steigerung der **Validität**).

Kriterien professioneller Diagnostik

9.3 Wie wurde verändert?

Am Anfang stand die Bildung einer **Projektgruppe,** bestehend aus Vertretern unserer Arbeitseinheit als externen Beratern und mehreren Vertretern der Verwaltung: Leiterin der Personalentwicklung inklusive Mitarbeiterin, 2 Vertreter des Personalrats sowie die Gleichstellungsbeauftragte und der Behindertenbeauftragte. In diesem Gre-

Projektgruppe aus Vertretern unterschiedlicher Interessengruppen

mium wurden alle zentralen Entscheidungen gemeinsam getroffen, wobei die externen Berater das fachlich-methodische Know-how in die Gruppe einbrachten und die praktische Entwicklung der Skalen federführend in die Hand nahmen. Im Laufe des Projekts hat die Projektgruppe zusammengenommen etwa 8 Arbeitstage – verteilt auf zahlreiche Einzeltermine – beisammen gesessen. ◘ Abb. 9.3 gibt einen Überblick über den Ablauf des Projekts.

Transparenz durch Informations-veranstaltungen

In der Organisation wurde von vornherein der Transparenz gegenüber den Führungskräften und Mitarbeitern eine besonders große Bedeutung beigemessen. Aus diesem Grund wurden gleich zu Beginn, nachdem der Verwaltungsvorstand dem Projekt zugestimmt und die Projektgruppe sich konstituiert hatte, 4 Informationsveranstaltungen abgehalten: 1 Veranstaltung ausschließlich für die beiden Führungsebenen unterhalb des Verwaltungsvorstands und 3 Veranstaltungen für Mitarbeiter. Die 3 Mitarbeiterveranstaltungen waren inhaltlich identisch und fanden an unterschiedlichen Wochentagen zu verschiedenen Uhrzeiten während der Arbeitszeit statt. Jede der Veranstaltungen dauerte etwa 2 Stunden und beinhaltete, neben einer Kurzvorstellung des Projekts sowie der Projektgruppe durch ein Mitglied des Verwaltungsvorstands, einen ausführlichen Vortrag der externen Berater über die Schwächen des alten und die Stärken des neuen Beurteilungssystems. Darüber hinaus wurde den Anwesenden ausgiebig Zeit eingeräumt, ihre Fragen und Besorgnisse vorzubringen. Eine große Überzeugungsarbeit war hier nicht zu leisten, da insbesondere die Mitarbeiter die Schwächen des alten Systems seit Jahren kannten. Bei den Führungskräften waren es vor allem Jüngere, die das alte System ablehnten. Nur wenige, vornehmlich ältere Führungskräfte sahen in dem alten System kaum Mängel und scheuten zudem den Aufwand, der mit der Entwicklung des Neuen verbunden war. Möglicherweise entsprach das alte System auch mehr dem eigenen Führungskonzept dieser Personen, da es der Führungskraft völlige Freiheiten ließ, während das neue System die Macht der Führungskräfte stark einschränkte.

> **Wichtig**
> Ein wesentliches Qualitätsmerkmal des neuen Leistungsbeurteilungssystems besteht darin, dass die Leistungsdimensionen einen direkten Bezug zu den Anforderungen des Arbeitsplatzes haben.

Allerdings ermöglicht die Vielzahl der Arbeitsplätze leider kein Beurteilungssystem, das tatsächlich auf jeden individuellen Arbeitsplatz spezifisch zugeschnitten ist. Die Arbeitsplätze wurden daher zunächst aufgrund ihrer Ähnlichkeit in 16 Gruppen (Cluster) zusammengefasst, für die dann spezifische Leistungsdimensionen abzuleiten waren (vgl. ◘ Tab. 9.1).

Die Ableitung der für jedes Cluster zentralen Leistungsdimensionen erfolgte jeweils auf der Basis einer **Anforderungsanalyse** nach der Methode der kritischen Ereignisse (Flanagan, 1954; Kanning, Pöttker & Klinge, 2008). Hierbei führen die Berater zunächst Einzelinterviews mit mehreren Arbeitsplatzexperten, die die Anfor-

Projektmonat	Aufgaben der beteiligten Personengruppen			
	Projektgruppe		Führungskräfte	Mitarbeiter
	Verwaltung	Berater		
1	Konstituierung der Projektgruppe			
2		Informationsveranstaltung für Führungskräfte		
	Informationsveranstaltungen für Mitarbeiter			
3	Clusterung der Arbeitsplätze			
4	Durchführung von Anforderungsanalysen für jedes Cluster			
5		Entwicklung der Skalen		
6	Überarbeitung der Skalen			
7	Informationsveranstaltungen für Mitarbeiter			
8	Führungskräfteschulung			
9				
10		Entwicklung Evaluationsfragebogen	Durchführung der Leistungsbeurteilung und Feedbackgespräche	
11	Überarbeitung des Evaluationsfragebogens			
12				
			Ausfüllen der Evaluationsfragebögen	
13				
14		Auswertung der Evaluation		
15	Besprechung der Evaluationsergebnisse			
	Information über die Ergebnisse der Evaluation			
18	Integration der Leistungsbeurteilungsergebnisse in das System der internen Stellenvergabe			

◼ **Abb. 9.3** Zentrale Schritte im Projektablauf

derungen des Clusters aus unterschiedlichen Perspektiven beleuchteten: Arbeitsplatzinhaber, Vorgesetzte, Kollegen, Kunden und ggf. Mitarbeiter des Arbeitsplatzinhabers, sofern die Mitglieder des Clusters Führungsverantwortung trugen. Jeder Gesprächspartner muss in einem ersten Schritt erfolgskritische Situationen aus dem Berufs-

◨ **Tab. 9.1** Arbeitsplatzcluster

Cluster	Berufsgruppe
1	Führungsebene unter dem Vorstand
2	Zweite Führungsebene unter dem Vorstand
3	Juristen, Fachplaner, sonstige Hochschulabsolventen spezieller Fachrichtung
4	Fachassistent, Fahrer, Drucker, Reinigungskräfte, Museumsbeschäftigte
5	Leitstellenbeschäftigte
6	Beschäftigte sozialer und medizinischer Fachrichtungen, sozialmedizinische Assistenten (untere Lohngruppen)
7	Beschäftigte sozialer und medizinischer Fachrichtungen (höhere Lohngruppen)
8	Spezielle Beschäftigte sozialer Fachrichtung (mittlere Lohngruppen)
9	Spezielle Beschäftigte medizinischer Fachrichtung (höhere Lohngruppen)
10	Spezielle Beschäftigte tiermedizinischer Fachrichtung (höhere Lohngruppen)
11	Straßenwärter, Schlosser, Messgehilfen, Gärtner, Hausmeister
12	Technik, DV-Technik, Vermessungstechnik (untere Lohngruppen)
13	Technik, DV-Technik (mittlere und höhere Lohngruppen)
14	Verwaltungsangestellte (niedrige Lohngruppen)
15	Verwaltungsangestellte (mittlerer Lohngruppen)
16	Verwaltungsangestellte (höherer Lohngruppen)

alltag schildern, die für Mitarbeiter des Clusters typisch waren. Als kritisch werden solche Situationen angesehen, deren erfolgreiche Lösung für die Organisation besonders wichtig ist. Ob und inwieweit ein Mitarbeiter seine Aufgaben zum Wohle der Organisation erfüllt, zeigt sich demnach in besonderer Weise in gerade diesen von den Gesprächspartnern skizzierten Situationen. In einem zweiten Schritt musste jeder Interviewpartner in Bezug auf die von ihm genannten Situationen angeben, wie ein Arbeitsplatzinhaber des Clusters sich in einer solchen Situation verhalten sollte (positives Verhalten) bzw. welches Verhalten nicht angemessen wäre (negatives Verhalten). Verhaltensweisen des 1. Typs führen zu einer erfolgreichen Bewältigung der beruflichen Situation, während Verhaltensweisen des 2. Typs ein Scheitern zur Folge haben. Über die ca. 4–7 Interviews hinweg, die pro Cluster durchgeführt wurden, konnten auf diesem Wege schnell mehr als 100 positive und negative Verhaltensweisen gesammelt werden, die man nun in einem dritten Schritt nach qualitativen Gesichtspunkten gruppieren musste. Aus diesem letzten Schritt der Analyse ergeben sich dann die Anforderungs- bzw. Leistungsdimensionen für jedes Cluster. Ihre Anzahl schwankte zwischen 6 und 8 Dimensionen pro Cluster. Die Ableitung der Leistungsdimensionen übernahmen

2 Mitglieder aus dem Beraterteam, wobei mindestens einer der beiden auch zuvor die Interviews in dem entsprechenden Cluster geführt haben musste. Das Ergebnis ihrer Analyse wurde anschließend von einem dritten Berater noch einmal überprüft und ggf. überarbeitet, ehe man die Dimensionen zur abschließenden Entscheidung der Projektgruppe vorstellte.

Über die verschiedenen Cluster hinweg wurden aus den Anforderungsanalysen insgesamt 20 Leistungsdimensionen extrahiert.

> **Wichtig**
> **Selbst wenn in 2 Clustern Leistungsdimensi mit gleicher Bezeichnung auftreten, bedeutet dies nicht, dass die konkrete Definition der Leistungsdimension oder die Definition der später im Zuge der Leistungsbeurteilung durch die Vorgesetzten zu vergebenden Punktwerte identisch ist.**

Hierin spiegelt sich der Anforderungsbezug bezogen auf das jeweilige Cluster wider. Verdeutlichen wir uns dies an einem einfachen Beispiel. Alle Mitarbeiter mit Vorgesetztenfunktion müssen in irgendeiner Form eigene Mitarbeiter führen. Führung bedeutet auf der Ebene eines Bereichsleiters, der vorwiegend mit Veterinärmedizinern und Pädagogen zu tun hat, etwas anderes als für einen Gärtnermeister im Grünflächenamt, der eine Gruppe ungelernter Arbeitskräfte anleitet. Neben der Leistungsdimension Fachkompetenzen (16 Cluster) gab es 2 Leistungsdimensionen, die in fast allen Clustern vertreten waren: Konfliktverhalten (14 Cluster) und Teamfähigkeit (12 Cluster). Wenn in einzelnen Clustern z. B. das Konfliktverhalten nicht gemessen wird, so bedeutet dies nicht, dass man hier ein beliebiges Konfliktverhalten zeigen kann. Vielmehr ist es so, dass an den entsprechenden Arbeitsplätzen Konfliktsituationen selten entstehen und sich eine entsprechende Leistungsdimension daher nicht lohnen würde. Ziel einer Leistungsbeurteilung ist es nicht, alle denkbaren Leistungsdimensionen zu erfassen, sondern nur die für einen Arbeitsplatz wesentlichen.

Sobald die Leistungsdimensionen für ein Cluster feststanden, ging es an die Entwicklung der eigentlichen **Beurteilungsskalen.** Hierbei orientierte man sich am Prinzip der verhaltensverankerten Beurteilungsskalen, wie sie z. B. auch in strukturierten Einstellungsinterviews und Assessment Centern zum Einsatz kommen (vgl. Kanning, 2004; Schuler, 2001). ◘ Abb. 9.4 gibt ein Beispiel für eine solche Beurteilungsskala. Für jede Leistungsdimension jedes Clusters wurden entsprechend Skalen zunächst durch 2 Mitglieder des Beraterteams in einer Rohform entwickelt. Diese Rohform wurde danach ggf. von einem dritten Berater noch einmal überarbeitet, bevor sie letztlich in der Projektgruppe ihren letzten Schliff bekam. Allein für die Besprechung der Skalen in der Projektgruppe mussten 3 komplette Arbeitstage veranschlagt werden. Hierin spiegelt sich die Bedeutung der Skalen. Sie bilden das Herzstück des gesamten Beurteilungs-

Beurteilungsskalen werden in der Projektgruppe verabschiedet

Außendarstellung

Außendarstellung bezieht sich auf die Art und Weise, wie eine Führungskraft die Organisation in der Öffentlichkeit vertritt. Eine positive Außendarstellung ist dadurch gekennzeichnet, dass die Person souverän auftritt und ein einheitliches Bild der Organisation vermittelt.

1	2	3	4	5
meidet Gremien oder verhält sich in solchen passiv		beteiligt sich an Gremien, bringt sich im Allgemeinen aktiv in diese ein **X**		sucht von sich aus Gremien auf, in denen sein/ihr Standpunkt von Interesse ist; bringt sich in diese stets aktiv ein
tritt in der Öffentlichkeit nicht in angemessener Weise auf (z. B. unangemessene Kleidung, unvorbereitet), geringe Präsentationsfähigkeit (z. B. Rhetorik)		tritt in der Öffentlichkeit im Allgemeinen überzeugend auf, unterstützt eine positive Darstellung der Organisation	**X**	tritt in der Öffentlichkeit stets überzeugend und eloquent auf, sorgt aktiv für eine positive Darstellung der Organisation
stimmt sich bei wichtigen öffentlichen Äußerungen intern **X** nicht ab		stimmt sich in wichtigen Dingen intern ab, ist um eine einheitliche Außendarstellung bemüht		stimmt sich in wichtigen Dingen intern sowie mit der Pressestelle ab, gewährleistet eine einheitliche Außendarstellung und wirbt bei Beschäftigten dafür

Gesamtbeurteilung: 3,0

☐ Abb. 9.4 Beispiel für eine Leistungsbeurteilungsskala

systems. Letztlich definieren sie, in welchem Verhalten sich eine gute oder weniger gute Leistung eines Mitarbeiters ausdrückt.

Die neue Beurteilungsskala weist wesentliche Vorteile gegenüber der alten auf. So wird beispielsweise jeweils definiert, worauf sich eine Leistungsdimension bezieht. Dies geschieht zum einen durch einen kurzen Definitionstext, zum anderen durch diverse Verhaltensbeschreibungen. Letztere definieren die zentralen Punktwerte der 5-stufigen Bewertungsskala. Hinzu kommt, dass jede Dimension in mehrere Subdimensionen (Zeilen in ☐ Abb. 9.4) differenziert wird. Die Aufgabe der Führungskräfte besteht darin, für jede der Subdimensionen einen Punktwert zu vergeben (Kreuze in ☐ Abb. 9.4) und anschließend über die Einzelbewertungen hinweg einen ggf. gerundeten Mittelwert zu berechnen (»Gesamtbewertung« in ☐ Abb. 9.4). Je nach Komplexität einer Leistungsdimension schwankt die Anzahl der Subdimensionen zwischen 3 und 6. Ein Mittelwert über alle Leistungsdimensionen hinweg wird nicht mehr berechnet, so dass stets das Leistungsprofil eines jeden Mitarbeiters mit seinen Stärken und Schwächen sichtbar bleibt.

Beurteilungsskalen werden Mitarbeitern und Führungskräften vorgestellt

An die Entwicklung der Beurteilungsskalen schloss sich eine weitere, ca. 3-stündige **Informationsveranstaltung** an. Auch diese Veranstaltung musste 2-mal durchgeführt werden, da nicht alle Mitarbeiter zur gleichen Zeit ihren Arbeitsplatz verlassen konnten. Im Zentrum standen diesmal die Ergebnisse der Anforderungsanalysen, die Beurteilungsskalen sowie ein Überblick über die sich anschließenden Schritte. Jeder Mitarbeiter bekam die für ihn relevanten Beurteilungsskalen in Papierform ausgehändigt. Zudem konnte man die Beurteilungsskalen im Intranet einsehen, was insbesondere für die Mitarbeiter wichtig war, die nicht an einer der beiden Veranstaltungen teilnehmen konnten. Schritt für Schritt legten die Berater in der Veranstaltung dar, wie man vorgegangen ist und wie die Leistungsdimensionen später eingesetzt werden. Zudem gab es genügend Zeit, um auf Fragen und Besorgnisse einzugehen.

Kurz darauf begannen die **Führungskräftetrainings,** mit deren Hilfe die 95 Führungskräfte der Verwaltung auf ihre veränderte Aufgabe vorbereitet werden sollten. Das Training lief in Gruppen mit bis zu 20 Personen ab und dauerte 1 Arbeitstag. Geleitet wurde das Training von den externen Beratern, wobei die Leiterin der internen PE-Abteilung stets anwesend war. Inhaltlich ließen sich 5 Blöcke unterscheiden:

Führungskräfte müssen geschult werden

1. Darstellung und Diskussion der Schwächen des alten Beurteilungssystems.
2. Einführung in die Probleme systematischer Fehler und Verzerrungen der Beurteilung anderer Menschen (z. B. selektive Wahrnehmung, selektives Erinnern, Erwartungseffekte, Stereotype; vgl. Kanning, Hofer & Schulze Willbrenning, 2004).
3. Darstellung und Diskussion der Stärken des neuen Beurteilungssystems.
4. Praktische Übung und anschließende Diskussion, bezogen auf die Anwendung der neuen Beurteilungsskalen.
5. Rollenspielübungen zu den Feedbackgesprächen zwischen Führungskraft und Mitarbeiter.

Die Rollenspielübungen nahmen die Hälfte der Zeit ein und wurden in Kleingruppen mit bis zu 5 Führungskräften jeweils unter Anleitung eines Mitglieds aus dem Beraterteam durchgeführt. Erstaunlich waren dabei die extrem großen Leistungsunterschiede zwischen den Führungskräften, wobei die Dauer der Führungserfahrung dem Anschein nach nicht sonderlich hoch mit den Fähigkeiten zur Gesprächsführung korrelierte.

In der sich anschließenden Phase der **praktischen Durchführung** der Leistungsbeurteilungen sowie der Feedbackgespräche waren die externen Berater nicht mehr beteiligt. Stattdessen gab es eine Anlaufstelle in der PE-Abteilung, an die sich Führungskräfte sowie Mitarbeiter wenden konnten, wenn sich Schwierigkeiten ergaben. Diese Möglichkeit wurde nur sehr vereinzelt genutzt.

9.4 Wie wurde Nachhaltigkeit sichergestellt?

Während die Leistungsbeurteilung in ihre praktische Phase eintrat, kümmerte sich das Beraterteam um das Thema Evaluation. Schon zu Beginn des Projekts stand fest, dass eine umfassende Evaluation durchzuführen ist. Hierzu sollten sowohl die Führungskräfte als auch

◘ Tab. 9.2 Zentrale Variablen des Evaluationsfragebogens

Konzept	Beispielitem (Anzahl der Fragen)	Messgenauigkeit (Cronbachs Alpha)	
		Mitarbeiter	Führungskräfte
Partizipation	Der Personalrat war Mitglied der Planungsgruppe. Diese Form der Einbindung in die Entwicklung des neuen Beurteilungssystems ist hinreichend. (3)	.83	.89
Transparenz	Ich hatte den Eindruck, dass während der Entwicklung des Beurteilungssystems »mit offenen Karten gespielt wurde«. (5)	.84	.82
Bezug zum Arbeitsplatz	Ich finde, die Einteilung der einzelnen Arbeitsplätze in die Cluster ist hinreichend differenziert. (7)	.81	.77
Feedback	Meine Führungskraft hat ihre Beurteilung gut begründet. (20)	.94	.92
Gerechtigkeit	Jemand, der in dieser Leistungsbeurteilung gut abschneidet, bringt im Berufsalltag auch tatsächlich gute Leistung. (1)	–	–
Gesamtzufriedenheit	Ich bin alles in allem mit dem Beurteilungssystem zufrieden. (5)	.92	.90

die Mitarbeiter in einem **Onlinefragebogen** ihre Sicht der Dinge darlegen können. Beide Fragebogen wurden zunächst in einer ersten Fassung durch das Beraterteam entwickelt und dann in der Projektgruppe überarbeitet. Die wichtigsten Variablen der beiden Fragebogen werden in ◘ Tab. 9.2 skizziert. Da die Datenerhebung u. a. zu Forschungszwecken eingesetzt wurde, beinhalten die Fragebogen noch weitere Variablen jenseits der eigentlichen Evaluation, die hier jedoch ausgespart bleiben.

An der Befragung beteiligten sich 237 Mitarbeiter (52% weiblich, 48% männlich) und 67 Führungskräfte (20% weiblich, 80% männlich). ◘ Abb. 9.5 stellt die zentralen Ergebnisse der Untersuchung dar. Die Bewertung erfolgte jeweils auf einer 5-stufigen Skala (1 = »stimme überhaupt nicht zu« bis 5 = »stimme völlig zu«).

Sichtweise einzelner Mitarbeiter ist nicht objektiv

Alle Werte liegen im positiven Bereich der Skala, wobei durchaus jeweils noch ein Spielraum zur Verbesserung bleibt. Dies gilt insbesondere für die wahrgenommene Gerechtigkeit des Systems aus der Sicht der Mitarbeiter. Hierbei ist jedoch zu bedenken, dass die wahrgenommene Gerechtigkeit nicht unabhängig vom Ergebnis der individuellen Leistungsbeurteilung ist. Untersuchungen der korrelativen Zusammenhänge zeigen, dass das Verfahren als umso gerechter erlebt wird, je positiver man selbst darin abschneidet. Da die Einführung des neuen Systems zu einer differenzierteren Bewertung führte, erhielten viele Mitarbeiter, verglichen mit dem alten Leistungsbeurteilungssystem, eine weniger positiv verzerrte Beurteilung (s. unten), was manche möglicherweise als ungerecht erlebten.

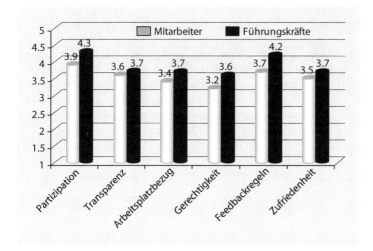

Abb. 9.5 Zentrale Ergebnisse der Evaluation

Die Führungskräfte nehmen mit Ausnahme der Variablen Transparenz und Gesamtzufriedenheit eine signifikant positivere Einschätzung des neuen Leistungsbeurteilungssystems vor. Hierin spiegelt sich möglicherweise auch ihre intensivere Auseinandersetzung mit dem neuen System. Besonders interessant ist in diesem Zusammenhang der Unterschied bezogen auf die Einhaltung der Feedbackregeln. Hier schätzen die Führungskräfte ihr eigenes Verhalten positiver ein, als es von den betroffenen Mitarbeitern bewertet wird. Dies ist Ausdruck eines häufig auftretenden Phänomens der Selbstbild-Fremdbild-Diskrepanz (Scherm & Sarges, 2002). Selbstbilder fallen nicht zuletzt aufgrund ihrer den Selbstwert stärkenden Funktion meist positiver aus als das dazugehörige Fremdbild.

In den Informationsveranstaltungen wurden die Ergebnisse sehr viel differenzierter dargestellt als in diesem Kapitel. So nahm man z. B. einen Vergleich zwischen den einzelnen Clustern vor, betrachtete die Häufigkeitsanalysen zu besonders wichtig erscheinenden Items und differenzierte die Variable Feedback im Hinblick auf einzelne Feedbackregeln (Zweiwegkommunikation, Sandwichmethoden etc.).

Neben der direkten Befragung der Mitarbeiter und Führungskräfte wurde als weiteres Evaluationskriterium die **Verteilung der Punktwerte** herangezogen. Das alte System hat zu einer Inflation hoher Punktwerte geführt, so dass letztlich kaum noch eine Leistungsdifferenzierung zu erkennen war. Mit dem neuen System sollte dies anders werden. Auf der 5-stufigen Skala repräsentiert der Punktwert 3 eine gute Leistung, die in etwa dem Anspruch gerecht wird, für dessen Erfüllung der Arbeitgeber das Gehalt auszahlt. Punktwerte über 3 sollen deutlich machen, dass der Mitarbeiter mehr leistet, als eigentlich von ihm erwartet wird, während Werte unter 3 eine defizitäre Leistung ausdrücken.

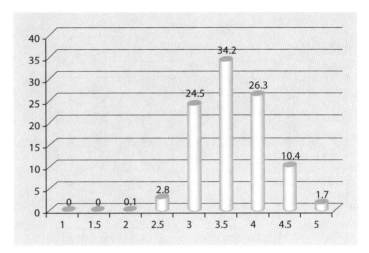

◘ **Abb. 9.6** Verteilung der Punktwerte

◘ Abb. 9.6 gibt die prozentuale Verteilung der Punktwerte für die gesamte Organisation wieder. Es zeigt sich eine immer noch nach rechts verschobene Verteilung, die nun jedoch einer Normalverteilung nahe kommt. Gegenüber dem alten System ist dies eine deutliche Verbesserung. Schaut man sich die Verteilung der Punktwerte einzelner Führungskräfte an, so können diejenigen identifiziert werden, die überwiegend Punktwerte im Bereich zwischen 4 und 5 vergeben. Die Verhaltensbeschreibungen des Punktwerts 5 in den Beurteilungsskalen fällt mit Absicht extrem aus, um mit dem neuen System auch noch im oberen Leistungsbereich differenzieren zu können. Wenn nun eine Führungskraft zu vielleicht 80% ausschließlich den Punktwert 5 vergibt, deutet dies auf eine verzerrte Beurteilung hin. Ein solchermaßen extremes Beurteilungsverhalten zeigten nur sehr wenige Führungskräfte. In der Personalabteilung waren diese Personen schon zuvor bekannt als große Kritiker des neuen Systems. Es handelte sich fast ausschließlich um Führungskräfte, die wenige Jahre vor ihrer Pensionierung standen.

Auf der Basis dieser Ergebnisse wurden 8 Führungskräfte identifiziert, bei denen ein Nachschulungsbedarf besteht, da sie im Vergleich zu ihren Kollegen eine deutliche Tendenz zur Vergabe sehr hoher Punktwerte zeigten. Sie sollen kurz vor der nächsten Leistungsbeurteilungsphase – die erst 3 Jahre nach der ersten stattfinden wird – gemeinsam mit den bis dahin neu eingestellten Führungskräften einer Schulung unterzogen werden. Zudem wird überlegt, in Zukunft positiv verzerrte Leistungsbeurteilungen zu verhindern, indem die Bewertungen vor den Feedbackgesprächen der Personalabteilung vorgelegt werden müssen.

❯ Wichtig
Führungskräfte mit deutlich verzerrten Bewertungsergebnissen müssen sich einem klärenden Gespräch stellen.

Einige Zeit nach der letzten Informationsveranstaltung traf sich die Projektgruppe zu 3 weiteren Sitzungen, in denen die **Einbindung des neuen Beurteilungssystems** in die Prozesse der internen Personalauswahl diskutiert wurde. In Zukunft wird bei internen Stellenausschreibungen zunächst ein Anforderungsprofil erstellt, das sich im Kern auf die Ergebnisse der oben skizzierten Anforderungsanalysen bezieht. Aus der Menge der Anforderungsdimensionen werden 3 aufgegriffen, die besonders wichtig erscheinen. Bei den internen Bewerbern schaut man sich nur Ergebnisse der Leistungsbeurteilung an, die sich auf eben diese 3 Anforderungsdimensionen beziehen. Die Bewerber müssen hier jeweils mindestens 3,5 Punkte erzielt haben, um an dem sich anschließenden Auswahlverfahren teilnehmen zu können. Bei der abschließenden Auswahlentscheidung, die je nach Bedeutung der Stelle durch ein strukturiertes Einstellungsinterview oder ein Assessment Center erfolgt, werden zudem die bisherigen beruflichen Leistungen, wie etwa besuchte Weiterbildungsveranstaltungen oder einschlägige Berufserfahrung, durch ein komplexes Punktesystem berücksichtigt.

9.5 Fazit

Der große Aufwand, der mit der Entwicklung des neuen Leistungsbeurteilungssystems verbunden war, hat sich aus der Sicht der Beteiligten alles in allem gelohnt. Das neue System ist dem alten hinsichtlich der Objektivität, Reliabilität und Validität deutlich überlegen. Die Inflation extrem positiver Punktwerte konnte erfolgreich zurückgefahren werden. Zudem kommt den Leistungspunkten jetzt eine eindeutig geregelte Funktion bei zukünftigen Stellenbesetzungen zu. Erreicht wurde dies zum einen durch die praktische Umsetzung wissenschaftlicher Prinzipien (empirische Anforderungsanalysen, verhaltensverankerte Skalen, Evaluation etc.), zum anderen durch ein sehr hohes Maß an Partizipation und Transparenz. Insbesondere die Führungskräftetrainings dürften darüber hinaus eine breitere Wirkung entfalten, da sich viele Führungskräfte erstmals mit den Schwächen der eigenen Urteilsbildung beschäftigt haben und ihre eigene Rolle in der Personal- und Organisationsentwicklung reflektieren mussten.

Umsetzung wissenschaftlicher Prinzipien und Transparenz als Basis für ein gutes Leistungsbeurteilungssystem

> ℹ️ Checkliste: Empfehlungen für die Praxis der Leistungsbeurteilung
> — Die Einführung eines neuen Leistungsbeurteilungssystems wird idealerweise durch eine Projektgruppe begleitet, in der alle Interessengruppen der Organisation vertreten sind.
> — Leistungsbeurteilungssysteme sollten möglichst spezifisch auf die jeweiligen Leistungsanforderungen der Arbeitsplätze zugeschnitten sein. Es empfiehlt sich daher die Durchführung von Anforderungsanalysen für einzelne Arbeitsplätze bzw. Cluster von Arbeitsplätzen.

- Die Subjektivität der Beurteilung durch den direkten Vorgesetzten muss weitestgehend reduziert werden. Hierbei helfen klare Definitionen der Leistungsdimensionen sowie der Einsatz verhaltensverankerter Beurteilungsskalen.
- Jede Leistungsdimension muss durch mehrere Einzelbeurteilungen (Subdimensionen) erfolgen, damit Messfehler reduziert werden.
- Die Einführung des neuen Leistungsbeurteilungssystems sollte durch Informationsveranstaltungen für Führungskräfte und Mitarbeiter begleitet werden. Ein gutes Beurteilungssystem muss Transparenz und kritische Nachfragen nicht scheuen.
- Die Führungskräfte müssen im Hinblick auf den Beurteilungsprozess, die Handhabung der Beurteilungsskalen sowie das Führen von Feedbackgesprächen geschult werden. Dies gilt auch – und manchmal sogar insbesondere – für erfahrene Führungskräfte.
- Das neue System sollte durch eine Evaluation begleitet werden. Dabei interessiert neben der Wahrnehmung der Mitarbeiter und Führungskräfte insbesondere die Verteilung der Punktwerte der einzelnen Führungskräfte.
- Führungskräfte, die überwiegend sehr hohe Punktwerte vergeben, müssen sich einer kritischen Reflexion ihrer Arbeit – z. B. durch die Personalabteilung – stellen.

Literatur

Flanagan, J.C. (1954). The critical incident technique. *Psychological Bulletin, 51*, 327–358.

Kanning, U.P. (2004). *Standards der Personaldiagnostik.* Göttingen: Hogrefe.

Kanning, U.P., Hofer, S. & Schulze Willbrenning, B. (2004). *Professionelle Personenbeurteilung: Ein Trainingsmanual.* Göttingen: Hogrefe.

Kanning, U.P., Pöttker, J. & Klinge, K. (2008*). Personalauswahl: Leitfaden für die Praxis.* Stuttgart: Schäffer-Poeschel.

Scherm, M. & Sarges, W,(2002). *360-Grad Feedback.* Göttingen: Hogrefe.

Schuler, H. (2001). *Psychologische Personalauswahl.* Göttingen: Verlag für Angewandte Psychologie.

Schuler, H. (Hrsg.). (2004). *Beurteilung und Förderung beruflicher Leistung.* Göttingen: Hogrefe.

Veränderung leicht gemacht?! Zur kritischen Reflexion von Veränderungsprozessen und -maßnahmen

Barbara Müller

Bei der Steuerung von Change-Prozessen steht das Management ständigen Herausforderungen gegenüber und nicht immer enden Veränderungsvorhaben wie ursprünglich intendiert. Ziel dieses Beitrags ist es, anhand eines weitreichenden Veränderungsprozesses in einem öffentlichen Dienstleistungsunternehmen zu analysieren, wie trotz wichtiger Maßnahmen, die gesetzt wurden, Veränderungsprozesse scheitern können. Im Sinne von »Lernen aus Misserfolgen« werden die gezogenen Konsequenzen abschließend kritisch reflektiert.

10.1   Umfassender Struktur- und Strategiewandel: Was wurde verändert?

Einem öffentlichen Dienstleistungsunternehmen mit Sitz in Wien, mehreren Niederlassungen im restlichen Österreich und insgesamt 1500 Mitarbeiter(inne)n stand eine gravierende Struktur- und Strategieänderung bevor. Der Wandel war erforderlich, um sich internationalen Standards anpassen, neueste technische Entwicklungen nutzen zu können und damit noch besser und schneller die umfassenden Datenbanken und Informationen für seine Kunden zur Verfügung stellen zu können.

Nicht immer ist ein struktureller Wandel in Form von strategischer Neuorientierung mitsamt veränderter Unternehmenskultur notwendig. Oft reicht es aus, bisherige einzelne Praktiken anzupassen. Müssen allerdings – wie auch in diesem Fall – komplexe Situationen verändert werden, dann sind ein langfristiger Orientierungswandel und entsprechendes Prozesslernen erforderlich, das darauf abzielt, nach Innovationen bei Produkten oder Dienstleistungen, Normen, Werten und Strategien zu suchen, die dann den Grundstein für die weitere Entwicklung des Unternehmens darstellen (Argyris & Schön, 1978; Kasper et al., 2009; Titscher, 1997; Wimmer, 2004). Mit welchen Konsequenzen die im Folgenden dargestellten Veränderungen verbunden waren und welchen Herausforderungen die zuständigen Entscheidungsträger/innen gegenüberstanden, wird in diesem Beitrag reflektiert, um daraus mögliche Learnings für (Change-)Manager/innen ableiten zu können.

10.2   Ziel des weitreichenden Veränderungsprozesses: Warum wurde verändert?

Ziele der Veränderungen auf struktureller und strategischer Ebene waren

1. die Konzentration und Reduktion auf die unternehmerischen Kernkompetenzen,
2. das Reengineering von Schlüsselprozessen,
3. das Redesign von Produkten sowie
4. das Outsourcing von Leistungen.

10.3 · Analyse und Reflexion des Prozesses: Wie wurde verändert ...

127

10

Um diese Ziele zu erreichen, wurden v. a. folgende **Maßnahmen** gesetzt: Ausgangspunkt war ein mehrtägiger Strategieworkshop, an dem ein erweiterter Führungskreis sowie die Personalvertretung teilnahmen, die übergeordnete Ziele und Strategien erarbeiteten. Zur Bestandsaufnahme der Ist-Situation wurde eine umfassende Markt- und Kundenanalyse durchgeführt und, darauf aufbauend, die Vision inkl. strategischer Maßnahmen formuliert. Erste Veränderungen fanden strukturseitig statt, d. h. die Organisationsstruktur wurde der neuen Vision entsprechend umgeschichtet, Abteilungen wurden zusammengelegt und stärker auf die Dienstleistung (produktorientierte Gliederung) ausgerichtet. Diese Maßnahmen führten auch zu einem Personalabbau sowie zur Auflassung von Standorten und stießen auf entsprechenden Widerstand bei den betroffenen Personen und Einheiten. Es waren v. a. diese Widerstände, die das gesamte Projekt in einem ersten Anlauf zum Scheitern brachten. Daher beschloss die Unternehmensleitung einen erneuten Versuch, die notwendigen Veränderungen voranzutreiben; um allerdings aus den Fehlern der Vergangenheit zu lernen, wurde der bisherige Prozess analysiert. Zur **Analyse** der gesetzten Maßnahmen griff das Management auf das bekannte Veränderungsmodell nach Kotter (1996, 2011; Kotter & Cohen, 2002) zurück (vgl. dazu auch Kasper & Müller, 2010).

10.3 Analyse und Reflexion des Prozesses: Wie wurde verändert und warum wurde der Prozess so gestaltet?

Das Veränderungskonzept nach Kotter (1996, 2011) wurde von den verantwortlichen Managern für eine Analyse herangezogen, um die bisherigen Maßnahmen einordnen, die jeweiligen Einflussfaktoren identifizieren und schließlich Konsequenzen für weiterführende Maßnahmen ableiten zu können.

Dieses Veränderungsmodell geht davon aus, dass erfolgreiche Change-Prozesse stets eine Reihe von Stufen durchlaufen, die in ◘ Tab. 10.1 dargestellt werden. Im Folgenden soll kurz aufgezeigt werden, welche konkreten Maßnahmen in den einzelnen Stufen gesetzt wurden und zu welchem Schluss das Management bezüglich möglicher Fehlerquellen kam.

Die Veränderungsnotwendigkeit hat sich vorrangig durch äußeren Druck gebildet, die Treiber des Veränderungsprozesses haben, darauf reagierend, erste Markt- und Kundenanalysen durchgeführt, es aber nicht geschafft, ein **Gefühl der Dringlichkeit** auf allen Ebenen zu erzeugen bzw. dieses längerfristig aufrechtzuerhalten. Als Grund dafür wird v. a. die inkonsistente Informationspolitik genannt, die von Gerüchten überlagert wurde. Eine **Führungskoalition** unter Einbeziehung der Personalvertretung wurde aufgebaut, indem ein mehrtägiger Strategieworkshop als Startschuss für den Veränderungsprozess durchgeführt wurde. Mangelndes Verständnis übergeordneter

Analyse nach dem Kotter-Modell zur Identifikation von Gründen für das Scheitern des Projekts

❏ Tab. 10.1 Die 8 Stufen eines Veränderungsprozesses nach Kotter (1996)		
1.	Ein Gefühl der Dringlichkeit erzeugen	Die Überzeugung der Dringlichkeit der Veränderung ist eine unabdingbare Voraussetzung des Wandels, nicht nur bei den entscheidenden Führungskräften, sondern auch bei den Mitarbeiter(inne)n einer Organisation.
2.	Führungsteam aufbauen	Zur Durchführung tiefgreifender Veränderungen bedarf es der Zusammenarbeit der Unternehmensleitung und einer ausreichend großen Anzahl einflussreicher Manager/innen, die mit Expert(inn)enautorität, Sachkenntnis, Glaubwürdigkeit, Macht und gegenseitigem Vertrauen imstande sind, das geplante und gemeinsam getragene Ziel zu erreichen.
3.	Entwicklung einer Vision der Veränderungen und Strategien zu deren Umsetzung	Die Vision als das übergeordnete Ziel dient als positive Zugkraft; die sich daraus ableitenden Strategien, Pläne und Budgets sollen Orientierung, Richtung und Energie vermitteln.
4.	Die Vision der angestrebten Veränderungen auf breiter Basis kommunizieren	Nur wenn auch die Mitarbeiter/innen überzeugt werden können, dass die Veränderung möglich und wichtig ist, können sie als Unterstützung gewonnen werden.
5.	Empowerment auf möglichst breiter Basis schaffen	Ziel dieser Stufe ist die Bevollmächtigung und Motivation der betroffenen Personen, um so möglichst viele Barrieren bei der Umsetzung der Vision zu beseitigen.
6.	Kurzfristige Ziele und Erfolge sicherstellen	Ergebnisse müssen sowohl sichtbar als auch eindeutig, frei von Kritik und in deutlichem Bezug zu den Veränderungsbestrebungen sein. Es ist besonders wichtig, das bislang schon Erreichte, die sog. »quick wins«, die für alle erkennbar und nachvollziehbar sein sollen, klar hervorzuheben.
7.	Erreichte Ziele und Erfolge sichern sowie für weitere Veränderungen sorgen	Tiefgreifende Veränderungen nehmen viel Zeit und Energie in Anspruch, und viele Kräfte können den Prozess kurz vor der Zielerreichung noch zum Stillstand bringen: etwa ein Umdenken in Bezug auf die Veränderung oder eine Erschöpfung der Entscheidungsträger/innen. Kurzfristige Erfolge (Stufe 6) sind absolut wichtig, doch kann auch zu großer Eifer den Erfolg ausbleiben lassen. Dabei darf das Gefühl der Dringlichkeit (Stufe 1) nicht verloren gehen.
8.	Die erreichten Veränderungen in der Unternehmenskultur verankern	Erst wenn es gelingt, die allseits anerkannten und akzeptierten Normen, Werte und darauf beruhenden Verhaltensweisen der Organisationsmitglieder entsprechend den durchgeführten Veränderungszielen in der Unternehmenskultur fix zu verankern, kann von einem erfolgreich durchgeführten Change-Management-Prozess gesprochen werden.

Instanzen führte aber dazu, dass dort Besprochenes zunächst noch im Kreis der Teilnehmer/innen blieb. Zudem wurde ein Teambuilding Workshop mit einem erweiterten Teilnehmer(innen)kreis durchgeführt, allerdings konnte auch dort die gewonnene »Energie« nicht in den laufenden Geschäftsalltag integriert werden. Es waren vielmehr die Change-Verweigerer, deren Einfluss im Unternehmen sich erhöhte. Eine **Strategie** und entsprechende **Ziele** wurden in dem Strategieworkshop definiert, allerdings sehr breit und mit viel Interpretationsspielraum für die betroffenen Bereiche, die auch nicht vollständig in diesem Workshop eingebunden wurden. Die beschlos sene Strategie und der Zweck der Maßnahmen wurden vorrangig mittels Rundschreiben, die im gesamten Unternehmen verteilt wurden, und Mitarbeiter(innen)-Informationsveranstaltungen kommuniziert. Nachdem das Dringlichkeitsgefühl den Veränderungen gegenüber aber ohnehin sehr gering war und die Ziele hauptsächlich über Einwegmedien in alle Bereiche kommuniziert wurden, konnte damit auch wenig Handlungsmotivation und »**Empowerment**« auf allen Ebenen erzeugt werden. Erfolgserlebnisse blieben somit im Kreis des Führungsteams. Als Gründe dafür wurde einerseits genannt, dass die mit dem Wandel verbundenen Einsparungen bei Mitarbeiter(inne)n in der Belegschaft wenig Verständnis für Feierlichkeiten geschaffen hätten, ebenso wurde die Gefahr gesehen, dass es durch das Hervorheben einzelner erfolgreicher Change-Treiber zu weiteren Konflikten unter der Belegschaft kommen könnte. Zunehmend schlechte Stimmung im Führungsteam sowie die hohe Arbeitsbelastung behinderten das Feiern von »**quick wins**«. Die zu wenig konkret formulierten Zielsetzungen führten nicht nur zu zunehmender Unsicherheit der Belegschaft, sondern auch dazu, dass Erfolge nicht in dem Ausmaß konsolidiert werden konnten, in dem es eigentlich wünschenswert gewesen wäre.

Bei der Analyse wurden die mangelnde Kommunikation durch Fehlen von Informationsmanagement und Kommunikationsstrukturen sowie die durch Change-Verweigerer entstandenen Widerstände in der Organisation als zentrale Misserfolgsfaktoren diagnostiziert. Das Management beschloss nun in einem zweiten Anlauf, die Veränderungen voranzutreiben und mit entsprechenden Interventionsmaßnahmen an diesen Bereichen anzusetzen.

Mangelnde Kommunikation und Widerstände als Misserfolgsfaktoren

Zur **Evaluation des Erfolgs** müssen an dieser Stelle nun 2 kritische Fragen gestellt werden: Welche Annahmen stecken hinter dieser Analyse bzw. den vom Management gezogenen Konsequenzen? Warum haben die Maßnahmen nicht gegriffen bzw. wie hoch ist die Wahrscheinlichkeit, dass die neuen Maßnahmen nun greifen?

Ganz im Sinne der **3 Stufen der Veränderung** nach Lewin (1947) beziehen sich die Stufen nach Kotter (1996) auf

1. das Auftauen von alten Mustern (»**unfreeze**«),
2. die Durchführung der Veränderung (»**change**«) sowie
3. die Verfestigung der neu etablierten Strukturen (»**refreeze**«).

Die klassischen 3 Stufen der Veränderung

Wie viele Modelle dieser Art (wie sie v. a. in praxisbezogener Management-Literatur zu finden sind, vgl. dazu auch Nadler & Nadler, 1998; Doppler & Lauterburg, 2005) ist die strukturierte Vorgehensweise dieses Change-Management-Ansatzes gut dokumentiert und hilft bei der Komplexitätsreduktion. Die schrittweise, checklistenartige Abarbeitung von Veränderungen ermöglicht ein Vorgehen, bei dem die Zielerreichung durch eine abgesicherte, in der Praxis bewährte Methodik unterstützt wird. Die Gefahr überhasteter Projekt- bzw. Veränderungsarbeit wird reduziert und die Qualität und Nachhaltigkeit werden in den Vordergrund aller Aktivitäten gestellt (Kasper & Müller, 2010). Allerdings gilt es dabei auch zu beachten, dass Checklisten dieser Art meist Annahmen zugrunde legen, die die Durchführung von Veränderungsprozessen negativ beeinflussen können:

- Wandel ist planbar,
- Organisationen leiden an Starrheit und müssen aufgetaut werden,
- der Fokus liegt auf Strukturen anstatt auf Prozessen.

> **Wichtig**
> **Checklisten-Change-Modellen – wie sie in der Praxis häufig Anwendung finden – liegen oft Annahmen zugrunde, die der Komplexität von Veränderungsprozessen nicht gerecht werden können.**

Im Folgenden sollen diese Annahmen kritisch reflektiert und es soll diskutiert werden, warum die oben genannten gezogenen Konsequenzen in dem Praxisfall (Ansetzen an den Kommunikationsstrukturen und Identifikation der »Verhinderer«) möglicherweise zu kurz greifen und nach wie vor die Gefahr besteht, dass die Veränderungen nicht zum gewünschten Erfolg führen.

Interventionen müssen anschlussfähig sein

Mangelnde Kommunikation wird vielfach als Grund für das Scheitern von Veränderungsmaßnahmen gesehen, als Konsequenz wird dann an (technischen) **Kommunikationsstrukturen** angesetzt (Bernecker & Reiß, 2002). Ob und inwiefern kommunizierte Maßnahmen an den betroffenen Stellen ankommen, verstanden und verarbeitet werden, liegt aber viel mehr an der »Anschlussfähigkeit« als an der technischen Umsetzung.

Manager/innen haben v. a. darauf zu achten, dass ihre **Interventionen** angemessen und damit anschlussfähig sind. Das setzt voraus, dass sie auf »passenden« Annahmen über die Logik der Gesamtorganisation – auch seiner Subeinheiten – basieren (Kasper et al., 1998). Gerade am »Nichtverstehen« der Maßnahmen auf anderen Organisationsebenen (beispielsweise der 2. Managementebene oder in einzelnen Funktionsbereichen, v. a. der Produktion und der dort betroffenen Belegschaft) scheitern Kommunikationsprozesse. So entstehen dann Ergebnisse wie im oben dargestellten Fall. Entsprechende Kommunikationskanäle einzurichten, ist *eine* Sache, die andere ist der Inhalt, der über diese Kanäle transportiert wird. Ist dieser nicht anschlussfähig, wird er dort, wo er ankommen soll, schlichtweg ignoriert oder führt zu entsprechenden Widerständen, wie sie auch im konkreten Fall zu massiven Blockaden geführt haben.

Die Analyse von Widerständen muss Muster im Prozess beachten

Widerstände spielen in vielen Veränderungsprozessen eine entscheidende Rolle (vgl. beispielsweise Ahn et al., 2004; Sturdy & Grey, 2003) und können zu ernsthaften Verzögerungen, schwerwiegenden Blockaden und kostspieligen Fehlschlägen führen (Doppler & Lauterburg, 2005; von Rosenstiel & Comelli, 2004). Widerstände werden vielfach den einzelnen Personen im Veränderungsprozess zugeschrieben, indem davon ausgegangen wird, dass Mitarbeiter/innen Angst vor Veränderung generell, der neuen Situation bzw. vor dessen Folgen in Form von Einkommenseinbußen, Statusverlust oder sogar Verlust des Arbeitsplatzes haben. Konsequenzen werden dann vielfach in Form von Entlassungen gezogen, um »die Störenfriede loszuwerden«. Widerstände, die zu Verzögerungen von Veränderungsprozessen führen, auf einzelne Mitarbeiter/innen »abzuschieben«, ist aber oft einer der großen Managementfehler. Die Analyse von Widerständen muss sich von der individuellen Betrachtungsebene lösen und Muster innerhalb des Prozesses betrachten: Gruppenphänomene, Entscheidungsstrukturen, organisationskulturelle Normen und Werte der Interaktion und Sozialisation, Rollen etc. spielen eine zentrale Rolle, wenn es um das Verstehen von Veränderungsprozessen in Organisationen geht (Burnes, 2004; Kasper et al., 1998; Titscher, 1997; Weick & Quinn, 1999).

10.4 Zur nachhaltigen Wirkung von Managemententscheidungen und Interventionsmaßnahmen

Generell steht nicht nur die Managementpraxis, sondern auch die Literatur zu organisationalem Wandel vor der Herausforderung, sich v. a. in den bereits angesprochenen Bereichen weiterzuentwickeln: Wandel ist ein laufender Prozess mit vielen unterschiedlichen Ebenen und Untersuchungseinheiten. Modelle wie die in ◘ Tab. 10.1 dargestellte Checkliste von Kotter – als ein Beispiel für viele Change-Modelle mit ähnlichen Empfehlungen – können dieser Komplexität nur teilweise begegnen (Kasper, 2007). Die Zeit und die Entwicklung eines Veränderungsprozesses sind in eine Analyse ebenso einzubinden wie das **Verstehen der Muster,** die hinter den dynamischen Prozessen in Organisationen liegen und die Wirkung von Veränderungsmaßnahmen damit entscheidend beeinflussen.

❯ Wichtig
Manager/innen (aber auch Forscher/innen) tendieren dazu, Organisationen als Trivialmaschinen zu betrachten. Dabei stehen sie in ihrem tagtäglichen Tun – v. a. in Bezug auf strategische Entscheidungen einen Wandel betreffend – oft sehr komplexen Situationen gegenüber.

Hinter dem Modell einer Trivialmaschine stehen die Annahmen, dass der Eigenzustand immer gleich bleibt und damit vollständig analysierbar ist, dass derselbe Ablauf immer wiederholbar, die Zukunft berechenbar ist und damit Gleichheit und Stabilität schafft (von Foerster, 1985). Eine der größten Illusionen, denen sich nicht nur das Management, sondern oft auch theoretische Modell hingeben, ist die Annahme, »menschliche Maschinen-Teile« verhielten sich in vorgesehener Art und Weise, denn Verhalten ist im Zeitablauf nicht stabil und damit auch nicht berechen- oder vorhersehbar.

Organisationen sind komplexe soziale Systeme

Organisationen sind aber keine Maschinen, sondern von Menschen geschaffene Systeme, »die Bedeutung für ihre Mitglieder durch ihre Wahrnehmung, Deutung und Interpretationen gewinnen« (von Rosenstiel, 2005, S. 238). Sie sind daher als **komplexe soziale Systeme** zu bezeichnen, die aus vielen und verschiedenen Elementen bestehen, die stark miteinander vernetzt sind. Sie ändern sich selbstständig und permanent (Kasper, 2004). Organisationen haben damit eine Eigendynamik und ein Eigenleben und reagieren auf denselben Input zu unterschiedlichen Zeitpunkten auf unterschiedliche Art und Weise. Diese Muster, die beispielsweise in formalen oder informalen Strukturen und Routinen, in Regeln und Programmen, Normen und Werten und in Kommunikationswegen zu erkennen sind, bestimmen, welche Maßnahmen auf- und angenommen werden (also anschlussfähig sind) und welche nicht (Luhmann, 2000).

Als Konsequenz für das Management ergibt sich daraus, dass Interventionsmaßnahmen zumindest eingeschränkt sind und jedenfalls der konkrete Output nicht eindeutig definierbar ist. Umso wichtiger ist das »Innehalten« im Sinne einer detaillierten Analyse und Betrachtung der Situation. Im Gegensatz zu den klassischen Veränderungsstufen »unfreeze«, »change«, »refreeze« (Lewin, 1947) geht es bei Veränderungen in Unternehmen oft vielmehr darum, durch das Einnehmen einer distanzierteren, beobachtenden Perspektive die **Dynamik** und ihre Muster sichtbar zu machen. Analysen und Diagnosen sollen anhand von erhobenen Daten (z. B. Kennzahlen als Fakten, Beobachtung von Ereignissen) feststellen, welche Entscheidungen in der analysierten Organisation getroffen und welche Themen als wichtig erachtet werden. Ziel ist es dann, das Wahrnehmungsraster des Unternehmens anders zu interpretieren, als es in der Alltagspraxis und dem täglichen Tun der Organisationsmitglieder passiert (vgl. dazu Alvesson & Sveringsson, 2008; Kasper et al., 1998; Titscher et al., 2008; Weick & Quinn, 1999).

Wichtig im Zusammenhang mit dem Setzen von Maßnahmen ist auch die fortlaufende Anregung der Organisation. Es geht auch darum, Freiraum für einen Reflexionsprozess zu reservieren und damit **Prozesslernen** zu ermöglichen. Die Einrichtung passender Kommunikationskanäle (Wissensmanagement) kann dabei die Chancen erhöhen, dass Interventionen angenommen und verarbeitet werden.

> **Wichtig**
> Die Interventionswirkung ergibt sich aus der inhaltlichen Qualität sowie der Anschlussfähigkeit.

Die Wirkung von Maßnahmen bezieht sich also v. a. darauf, inwieweit eine Intervention ihrer Form und ihrem Thema nach angemessen ist (kurz: Was wird wie kommuniziert) und inwieweit Verständnis dafür besteht, also dann auch etwas damit angefangen werden kann. Das Schaffen von Verständnis muss über Sinngebung erfolgen, und ob etwas für eine Organisation, eine Organisationseinheit oder einzelne Gruppen in der Organisation Sinn macht, hängt von den Mustern ab, die in diesem Unternehmen im Hintergrund laufen und die Handlungen bestimmen.

Nur wenn sich Veränderungsmaßnahmen an diesen Mustern ausrichten, kann sich eine **lernende Organisation** entwickeln, die sich aktiv mit dem Wissen im Unternehmen und mit den Herausforderungen einer sich ständig wandelnden Umwelt auseinander setzt (Kasper & Mühlbacher, 2004). Solche Organisationen entstehen nicht von selbst, sondern sind gezielt aufzubauen und lernfähig zu organisieren. Dazu sind permanente Interventionen, die an der Grundlogik ansetzen, erforderlich (Kasper et al., 2009; Müller, 2009).

Maßnahmen der Organisationsentwicklung zielen darauf ab, Voraussetzungen für die ständige Evolution der Organisation zu schaffen, damit sich die Organisation ständig selbst weiterentwickeln und dadurch auch die Notwendigkeit radikaler Veränderungsprozesse verhindern oder zumindest einschränken kann (Königswieser & Exner, 2006). Vor allem in Situationen ohne unmittelbaren Leidens- bzw. Veränderungsdruck von außen können sich Unternehmen in Richtung lernende, »wissende« Organisationen entwickeln und zwar durch Schaffung von **Reflexionsräumen,** indem beispielsweise Communities of Practice etabliert oder Kundenpartnerschaften und andere Netzwerke geknüpft werden (Kasper, 2007). Die exakte Analyse und Pflege von Kernkompetenzen (Erpenbeck & von Rosenstiel, 2007), strategisches »Umweltscreening« und die Etablierung von passenden Wissensmanagement-Systemen zählen hierbei zu wichtigen unterstützenden Maßnahmen.

> ℹ️ Checkliste: Möglichkeiten zum Schaffen von Reflexionsräumen
> - Communities of Practice
> - Kundenpartnerschaften und andere Netzwerke knüpfen
> - Analyse und Pflege von Kernkompetenzen
> - Strategisches »Umweltscreening«
> - Etablierung von passenden Wissensmanagement-Systemen

In lernenden Organisationen wird Wandel als kontinuierlich betrachtet

10.5 Zusammenfassende Implikationen für das Management

Wandel ist nicht trivialmaschinenmäßig planbar. Organisationen sind als komplexe soziale Systeme meist einer sehr hohen Dynamik und einem hohen Maß an Komplexität ausgesetzt. Um diese Dynamiken zur verstehen, sind **Beobachtung** und Innehalten erforderlich, um die dahinterliegenden Muster und Prozesse sichtbar zu machen. Diese Muster (Werte und Normen) gilt es in einem nächsten Schritt zu reinterpretieren, bevor die Organisation neu lernen kann. Stufen- oder Phasenmodelle und Checklisten können Manager(inne)n helfen, Veränderungsprojekte durchzuführen und keinen der zentralen

Schritte zu übersehen. Gleichzeitig ist es aber wichtig, nicht zu stark reduzierenden und vereinfachenden Annahmen zu verfallen.

ℹ Checkliste: Hinweise zur kritischen Reflexion bei der Umsetzung von Veränderungen
  - Betrachten Sie Organisationen als soziale Systeme und rücken Sie diese – anstatt einzelne Personen – in den Mittelpunkt der Analyse.
  - Hinterfragen Sie die Einfachheit (lineares Denken) und Betonung der positiven Wertgeladenheit von Erfolgsfaktoren (Lernen) in vielen Managementansätzen. Überlegungen in Bezug auf Interventionsmaßnahmen müssen sich an der Frage orientieren, ob sie für die Organisation »passend« bzw. »nicht passend« sind.
  - Wichtig ist, dass Sie die jeweiligen systemspezifischen Muster beobachten und beschreiben können. Dazu ist Innehalten ebenso erforderlich wie eine detaillierte Analyse der Kultur des Unternehmens.
  - Betrachten Sie Wandel nicht als die Abweichung vom Normalen, sondern sehen Sie Wandel und Dynamik als den Normalzustand an. Es geht um Management durch Komplexität anstatt von Komplexität.
  - Veränderungsmaßnahmen müssen sich auch in der Umsetzung an den organisationsspezifischen Mustern ausrichten. Es reicht nicht, einen Teambuilding-Prozess für Führungskräfte zu starten und Strategien und Maßnahmen auszuarbeiten; sind diese für den Rest der Organisation nicht anschlussfähig, werden sie nicht zum erwünschten Ergebnis führen.
  - Kommunikationsstrukturen dürfen daher nicht nur einseitig gestaltet werden – es geht nicht nur darum, über Maßnahmen zu informieren, sondern sicherzustellen, dass durch Kommunikation ein Austausch und das Vermitteln von unterschiedlichen Sichtweisen innerhalb des Unternehmens möglich wird.

Leseempfehlung

Alvesson, M. & Sveringsson, S. (2008). *Changing organizational culture: Cultural change work in progress.* New York: Routledge.

Kasper, H., Mayrhofer, W. & Meyer, M (1998). Managerhandeln – nach der systemtheoretisch-konstruktivistischen Wende. *Die Betriebswirtschaft (DBW), 58* (5), 603–621.

Kotter, J.P. (2011). *Leading Change. Wie Sie Ihr Unternehmen in 8 Schritten erfolgreich verändern.* München: Vahlen.

Literatur

Ahn, M.J., Adamson, J. & Dornbusch, D. (2004). From leaders to leadership: Managing change. *The Journal of Leadership and Organizational Studies, 10* (4), 112–123.

Alvesson, M. & Sveringsson, S. (2008). *Changing organizational culture: Cultural change work in progress.* New York: Routledge.

Argyris, C. & Schön, D.A. (1978). *Organizational learning. A theory of action perspective.* Reading, MA: Addison-Wesley.

Bernecker, T. & Reiß, M. (2002). Kommunikation im Wandel, Kommunikation als Instrument des Change Managements im Urteil von Change Agents. *Zeitschrift Führung +Organisation (zfo), 71* (6), 353–359.

Burnes, B. (2004). Kurt Lewin and the planned approach to change: A re-appraisal. *Journal of Management Studies, 41* (6), 977–1002.

Doppler, K. & Lauterburg, C. (2005). *Change Management. Den Unternehmenswandel gestalten,* 11. Aufl. Frankfurt a. Main: Campus.

Erpenbeck, J. & Rosenstiel, L. von (Hrsg.). (2007). *Handbuch Kompetenzmessung,* 2. Aufl. Stuttgart: Schäffer-Poeschel.

Foerster, Heinz von (1985). Entdecken oder Erfinden. Wie läßt sich Verstehen verstehen? In H. Gumin & A. Mohler (Hrsg.), *Einführung in den Konstruktivismus* (S. 27–68). München: Oldenbourg.

Kasper, H. (2004). Komplexitätsmanagement. In: G. Schreyögg & A. von Werder (Hrsg.), *Handwörterbuch Unternehmensführung und Organisation,* 4., völlig neu bearb. Aufl. (S. 618–628). Stuttgart: Schäffer-Poeschel.

Kasper, H. (2007). Turn Around und Fusion im Change Management. In Bundeskanzleramt Österreich (Hrsg.),*Turn Around in Wirtschaft und Verwaltung.* Reichenauer Führungsforum 2005/2006, Dialog Wirtschaft und Verwaltung (S. 31–42). Wien: Bundeskanzleramt Österreich.

Kasper, H. & Mühlbacher, J. (2004). Entwicklung des organisationalen Wissens in lernenden Organisationen. In H. Kasper (Hrsg.), *Strategien realisieren – Organisationen mobilisieren* (S. 241–261). Wien: Linde.

Kasper, H. & Müller, B. (2010). Analyse von Veränderungsprozessen. In W. Mayrhofer, M. Meyer & S. Titscher (Hrsg.), *Praxis der Organisationsanalyse. Anwendungsfelder und ihre Methoden* (S. 182–207). Wien: UTB.

Kasper, H., Mayrhofer, W. & Meyer, M (1998). Managerhandeln – nach der systemtheoretisch-konstruktivistischen Wende. *Die Betriebswirtschaft (DBW), 58*(5), 603–621.

Kasper, H., Loisch, U., Mühlbacher, J. & Müller, B. (2009). Organisationskultur und lernende Organisation. In H. Kasper & W. Mayrhofer (Hrsg.), *Personalmanagement Führung Organisation* (S. 309–361). Wien: Linde.

Königswieser, R. & Exner, A (2006). *Systemische Intervention: Architekturen und Designs für Veränderungsmanager.* Stuttgart: Klett-Cotta.

Kotter, J.P. (1996). *Leading change.* Boston: Harvard Business School Press.

Kotter, J.P. (2011). *Leading Change. Wie Sie Ihr Unternehmen in 8 Schritten erfolgreich verändern.* München: Vahlen.

Kotter, J.P. & Cohen, D.S. (2002). *The heart of change. Real-life stories of how people change their organizations.* Boston: Harvard Business School Press.

Lewin, K. (1947). Frontiers in group dynamics. *Human Relations, 1,* 5–41.

Luhmann, N. (2000). *Organisation und Entscheidung.* Opladen: Westdeutscher

Müller, B. (2009). *Wissen managen in formal organisierten Sozialsystemen.* Wiesbaden: Gabler.

Nadler, D.A. & Nadler, M.B. (1998). *Champions of change.* San Francisco: Jossey-Bass.

Rosenstiel, L. von (2005). Organisationsanalyse. In U. Flick, E. von Kardorff & I. Steinke (Hrsg.), *Qualitative Forschung. Ein Handbuch,* 4. Aufl. (S. 224–238). Reinbek bei Hamburg: rororo.

Rosenstiel, L. von & Comelli, G. (2004). Führung im Prozess des Wandels. *Wirtschaftspsychologie, 1*, 30–34.

Sturdy, A. & Grey, C. (2003). Beneath and beyond organizational change management: Exploring alternatives. *Organization, 10*(4), 651–662.

Titscher, S. (1997). *Professionelle Beratung. Was beide Seiten vorher wissen sollten.* Wien: Ueberreuter.

Titscher, S., Meyer, M. & Mayrhofer, W. (2008). *Organisationsanalyse. Konzepte und Methoden.* Wien: UTB.

Weick, K.E. & Quinn, R.E. (1999). Organizational change and development. *Annual Review of Psychology, 50*, 361–386.

Wimmer, R. (2004). *Organisation und Beratung. Systemtheoretische Perspektiven für die Praxis.* Heidelberg: Carl Auer.

10

Veränderungsschwer-punkt Team

Einführung

Lutz von Rosenstiel

Es gehört zu den geradezu archetypischen Vorstellungen von industrieller Arbeit, dass ein Mensch – ähnlich Charly Chaplin in seinem Filmklassiker »Moderne Zeiten« – allein am Fließband, gehetzt durch die Technik, seine extrem arbeitsteilige Tätigkeit verrichtet, wobei räumliche Distanz und Lärm in der Werkshalle die Kommunikation mit anderen verhindern. Gewiss, Arbeitssituationen wie diese gibt es, wenn auch in verwandelter Gestalt, selbst heute noch; sie werden jedoch in modernen Organisationen, die Produkte, Dienstleistungen oder Ideen anbieten, immer seltener. Zunehmend arbeiten Menschen miteinander in Gruppen, Teams, Projekten. Die Gründe dafür sind vielfältig. Sie liegen z. B. darin, dass, angesichts der wissenschaftlichen Entwicklung, Aufgaben quantitativ und qualitativ immer komplexer und umfangreicher werden, so dass sie nur durch Zusammenarbeit verschiedener Spezialisten bewältigt werden können, wie dies insbesondere für Projektgruppen gilt. Aber oft ergeben sich auch Qualifikations- und Produktionsgewinne bei teilautonom arbeitenden Gruppen mit geringen Reibungsverlusten, bei denen einer für den anderen einspringen kann und dadurch kurzfristige Abwesenheiten vom Arbeitsplatz oder etwas längerfristige Ausfälle von Gruppenmitgliedern zu kompensieren sind. Das setzt aber voraus, dass der Mensch als soziales Wesen motivierter und zufriedener durch seine Beschäftigung in der Gruppe ist und sich zudem dadurch, dass er andere erfolgreiche Mitglieder beobachtet oder mit diesen in sozialem Kontakt steht, in seiner Qualifikation verbessert. Die Reihe der Gründe für die Häufigkeit von Gruppenarbeiten (von Rosenstiel & Nerdinger, 2011) ließe sich fortsetzen (Bungard & von Rosenstiel, 1997; Wegge, 2004; Kleinbeck, 2006).

Was aber ist eine Gruppe? Sicherlich mehr als ein bloßes Nebeneinander, wie wir es etwa im Winter nach einem heftigen Schneefall sehen, wenn eine größere Zahl von Menschen nahezu ohne jede Kommunikation die Straßen vom Schnee befreit. Will man von Gruppe sprechen, so setzt das ein intensiveres Zusammenwirken aller Beteiligten voraus. Man definiert die Gruppe häufig als

- eine Mehrzahl von Personen,
- in direkter Interaktionen über eine
- längere Zeitspanne bei
- Rollendifferenzierung und
- gemeinsamen Normen, verbunden durch
- ein Wir-Gefühl.

Dabei wird in der Regel eine Mindestgröße von 3 Personen für eine Gruppe vorausgesetzt, während sich die Obergrenze daraus ergibt, dass jeder mit jedem in direkter Interaktion stehen kann, woraus sich – je nach Situation – eine Obergrenze von 10–20 ergibt. Dabei zeigt die empirische Forschung, dass etwa bei Problemlösungsgruppen 5–6, höchstens aber 7–9 Mitglieder zu integrieren sind, weil sonst die Reibungsverluste bei der Kommunikation den Zugewinn von Ideen durch eine größere Mitgliederzahl übersteigen.

Sind die Gruppenmitglieder länger zusammen, so kommt es rasch zu einer Rollendifferenzierung, d. h. jemand übernimmt Führungsaufgaben, andere stürzen sich in die Sache, weitere versuchen Konflikte zu minimieren und gute zwischenmenschliche Beziehungen zu sichern, wieder andere suchen sich als »Gruppenclown« zu betätigen, wiederum andere werden in die Rolle eines Sündenbocks getrieben etc. Darüber hinaus kann man beobachten, dass die Streuung des Denkens, Wertens und Handelns in den für die Gruppe wichtigen Bereichen reduziert wird; man hält sich an Normen, an Spielregeln und wird negativ sanktioniert, wenn man diese nicht beachtet. Dieser enge Zusammenhang, der der Ideenvielfalt gelegentlich schadet, fördert allerdings die Kohäsion, den Zusammenhalt in der Gruppe, der insbesondere durch die Häufigkeit der unmittelbaren Kontakte, die wahrgenommene wechselseitige Sympathie, die Bindung an gemeinsame Ziele und durch gemeinsame Erfolgserlebnisse gestärkt wird.

Erfolgen die Gruppenprozesse besonders störungsfrei, lässt sich eine Bindung aller an das gemeinsame Ziel diagnostizieren, so spricht man in der Regel von einem Team (Kauffeld, 2001). Das heißt also, dass zwar jedes Team eine Gruppe, keineswegs aber jede Gruppe ein Team ist. Im Unternehmen lässt sich außerdem danach unterscheiden,

- ob Gruppen längerfristig in die Standardprozesse der Arbeit eingebunden sind, wie dies für herkömmliche Produktionsgruppen oder auch für sog. teilautonome Gruppen gilt, innerhalb derer die Gruppe selbst weitestgehend die Funktionen des Vorgesetzten oder des Meisters übernimmt,
- ob zeitbegrenzt Aufgaben außerhalb der Standardprozesse übernommen werden, wie dies etwa für Qualitätszirkel und Lernstattgruppen (Antoni, 2000), aber auch für Projektgruppen gilt, innerhalb derer für die Lösung spezifischer Probleme mehrere Spezialisten (häufig neben ihrer regulären Arbeit) kooperieren, bis die Aufgabe erledigt ist (Wastian, Braumandl & von Rosenstiel, 2012).

Nicht selten kann man im Unternehmen beobachten, dass Führungskräfte mit geringer sozialwissenschaftlicher Qualifikation – ganz der »Maschinenmetapher« der Organisation verhaftet – fachlich geeignete Personen zusammenstellen, ihnen eine Aufgabe vorgeben und davon ausgehen, dass reibungslose Arbeit sofort erledigt wird. Sie vergessen, dass sich eine Gruppe erst bilden muss, bevor diese erfolgreich ihre Tätigkeiten ausführt. In diesem Sinne hat Tuckman (1965) 4 Phasen im Prozess der Gruppenbildung voneinander unterschieden:

Phasen der Gruppenbildung

1. »Forming«: Die Gruppenmitglieder lernen einander kennen.
2. »Storming«: Die Gruppenmitglieder handeln oder kämpfen ihre Position innerhalb der Gruppe aus, nehmen ihren Platz in der »Hackordnung« ein und ringen um attraktive Rollen und Aufgaben.

3. »Norming«: Die Gruppe bildet bestimmte Spielregeln für die Mitglieder aus, die die Selbstverständlichkeiten des Handelns innerhalb der Gruppe bestimmen.
4. »Performing«: Die Gruppe ist nun bereit, gemeinsam und gebunden an ein für alle verbindliches Regelwerk formeller und informeller Art erfolgreich zu arbeiten.

Entsprechend ist es empfehlenswert, vor der Zusammenstellung einer Gruppe zunächst ein Teamentwicklungstraining (Comelli, 2009) mit den vorgesehenen Gruppenmitgliedern durchzuführen, um erst dann, nachdem aus einzelnen Personen eine Gruppe geworden ist, die gemeinsame Arbeit zu starten.

Schließlich sollte nicht vergessen werden, dass nach einer längeren Dauer der Kooperation die Leistung in der Gruppe meist wieder rückläufig ist (Katz, 1982). Das kann verschiedene Gründe haben: so z. B., dass die Einzelnen füreinander keine zusätzlichen Anregungen bieten, verfestigte Normen zu einer Erstarrung der Prozesse führen oder aber dass, wie es Sader (2008) humorvoll ausdrückt, »… die Gruppe sich einen Kaffee gekocht hat und sich wahnsinnig nett findet«.

Prozessgewinne und Prozessverluste in Gruppen

Dies lenkt den Blick auf die Leistungsfähigkeit einer Gruppe. Vielfach wird in allzu großem Optimismus erwartet, dass die von der Gruppe erbrachten Ergebnisse besser sind als die Summe der Leistungen der Einzelnen. Dies kann zwar der Fall sein, ist aber keineswegs die Regel. Es gibt in Gruppen zwar »Prozessgewinne« , die man gezielt – etwa durch ein Teamentwicklungstraining – vorbereiten muss und die etwa darin bestehen, dass die Gruppenmitglieder einander anregen und ergänzen oder dass man aus der Teamarbeit zusätzliche Motivation für die Aufgabe gewinnt. Es gibt aber auch »Prozessverluste« , die sich aus Koordinations- und Reibungsverlusten ergeben, aber auch aus dem Phänomen des »Trittbrettfahrens«, das darin besteht, dass sich einige auf Kosten der engagierten anderen die Sache allzu leicht machen, was wiederum dazu führt, dass auch andere ihre Anstrengung reduzieren, um nicht allein die »Dummen« zu sein.

Prozessgewinne werden häufig bei hoher »Diversity« in Gruppen erwartet (Adler, 2000). Man nimmt an, dass die Verschiedenartigkeit der Gruppenmitglieder – etwa nach ethnischer Zugehörigkeit, Religion, Geschlecht, Lebensalter, sexueller Orientierung, fachlicher Ausrichtung etc. – anregend, aktivierend und somit leistungssteigernd wirkt. Dies ist gelegentlich auch der Fall und in manchen Situationen geradezu selbstverständlich. Man denke etwa an eine Projektgruppe, die nur dann erfolgreich sein kann, wenn die fachliche Ausrichtung der Gruppenmitglieder einander ergänzt, so dass insgesamt all jene Wissensbestandteile und Fähigkeiten zusammenwirken können, die für die Lösung des anstehenden Problems notwendig erscheinen. Heterogenität auf anderen Ebenen, etwa hinsichtlich des Denkstils, der kulturellen Verankerung, der ethnischen Zugehörigkeit, des Lebensalters etc. beinhaltet die Gefahr des Missverstehens, der wechselseiti-

gen Unterstellung und des Konflikts. Wird im Rahmen einer Teamentwicklung nicht explizit auf diese Schwierigkeiten hingewiesen und
der Umgang miteinander trainiert, so sind bei hoher Diversity eher
schlechte Leistungen und ein belastendes Gruppenklima zu erwarten. Durch ein erfolgreiches Training kann allerdings auch in diesen
Fällen ein deutlicher Zugewinn erzielt und die Diversity zur positiven Ressource werden. Es ist aber unbedingt erforderlich, hier in
Trainings- und Entwicklungsmaßnahmen zu investieren, damit es im
positiven Sinne zur Synergie kommt (Brodbeck, 1999).

Generell kann man nicht von der Leistungsüberlegenheit der
Gruppe sprechen. Soll sich diese – etwa bei Problemlösungs- oder
Planungsaufgaben – ergeben, so sollten bestimmte Voraussetzungen
sichergestellt sein:

> **Wann sind die Leistungen der Gruppe besser als die eines guten Einzelnen?**

- Die Aufgabe sollte für die Gruppenarbeit geeignet sein (z. B. sind
  Gruppen beim Lösen von Kreuzworträtseln besser, bei deren
  Entwicklung aber schlechter als gute Einzelne).
- Die Gruppe sollte klein sein (max. 5–7 Mitglieder).
- Zwischen den Gruppenmitgliedern sollte annähernd Gleichbe-
  rechtigung bestehen, also keine allzu hohe Machtdistanz gegeben
  sein.
- Alle Gruppenmitglieder sollten an dem Problem interessiert
  sein.
- Alle Gruppemitglieder sollten das Problem aus unterschiedlicher
  Perspektive sehen, aber dennoch in der Lage sein, die gleiche
  Sprache zu sprechen (was keineswegs nur die Nationalsprache
  betrifft, sondern auch einen für andere nicht verständlichen
  Fachjargon).
- Die Beziehungen zwischen den Gruppenmitgliedern sollten
  nicht übermäßig belastet sein, da sonst z. B. einer dem anderen
  nur deshalb widerspricht, weil er ihn »nicht leiden kann«, und
  nicht deswegen, weil er an dessen Argumenten etwas auszuset-
  zen hat.
- Die Gruppe sollte bestimmte Spielregeln der Zusammenarbeit
  haben und sich an diese auch halten.

Ähnlich wie bei Organisationen unterscheidet man auch bei Gruppen
formelle und informelle Strukturen und Prozesse. Formelle Gruppen
entsprechen in ihren Zusammensetzungen und in ihren Aktivitäten
dem, was geplant ist, während die informellen Gruppen häufig anders
als geplant zusammengesetzt sind und anderen, zunächst ergänzenden Aktivitäten nachgehen (z. B. in der Mittagspause über Privatan-
gelegenheiten sprechen und am Feierabend Gemeinsames unternehmen). Häufig sind derartige informelle Kontakte das »Schmieröl«, das
hilft, dass es in der Sache leichter und besser funktioniert. Allerdings
können informelle Gruppen auch zur Gefahr für den Vorgesetzten oder die Unternehmensleitung oder ganz generell für die Ziele
der Organisation werden. Man spricht dann häufig auch von einer
»Clique«.

Methoden zur Messung des Teamklimas

Ist die Gruppenarbeit nicht erfolgreich, gibt es dabei Spannungen in Konflikten, so ist dies ein möglicher Anlass zur Intervention. Hier aber gilt das Gleiche wie beim Arzt: Vor die Therapie muss die Diagnose treten. Diese kann sowohl in Beobachtungs- als auch Befragungsverfahren bestehen. So lässt sich z. B. beobachten, ob die Kommunikation der anderen zu einem bestimmten Gruppenmitglied zusammengebrochen ist. Dieses wird dann faktisch aus der Gruppe ausgeschlossen oder »gemobbt« und zum Sündenbock erklärt. In ähnlicher Weise lässt sich feststellen, ob die Gruppe zerfällt und in unterschiedliche, einander bekämpfende Teilgruppen auseinander bricht. Dies ließe sich auch mit Befragungsmethoden ermitteln, doch sind diese v. a. darauf gerichtet, das von den Gruppenmitgliedern erlebte Klima abzubilden, wobei die meisten der verbreiteten Verfahren 2 Grunddimensionen dieses Klimas thematisieren: eine Sachdimension, die erfasst, wie im Sinne der Zielerreichung kooperiert wird, und eine soziale Dimension, in der es um das wechselseitige Verständnis und den Zusammenhalt geht. Dabei kann man auf standardisierte und bewährte Befragungsinventare zurückgreifen, wie z. B. das Teamklima-Inventar (TKI) von Brodbeck, Anderson & West (2000) oder den Fragebogen für die Arbeit im Team (FAT) von Kauffeld (2001), der auch bei Gruppen erfolgreich eingesetzt werden kann, deren Mitglieder formal nicht besonders qualifiziert sind.

Das Verständnis für Gruppenstrukturen, Gruppenprozesse und Gruppenklima ist nicht nur deshalb für Änderungsprozesse bedeutsam, weil diese nicht selten an Gruppen ansetzen, sondern v. a. auch, weil diejenigen, die die Veränderung vorantreiben, sich selbst meist als Projektgruppe konstituieren und entsprechend ihr eigenes Handeln reflektieren und optimieren sollten.

Die Unternehmenskultur hat Einfluss auf den Unternehmenserfolg

Der Erfolg eines Unternehmens, eines Bereichs, einer Abteilung, einer Gruppe hängt von vielen Einflussgrößen ab. Selbstverständlich sind die vieldiskutierten »harten S«, die Strategien, die Strukturen, die Systeme, von erheblicher Bedeutung. Auch ein falsches Warenangebot am Markt, knappe finanzielle Ressourcen, ein ungeeigneter Standort etc. können ein Unternehmen in die Knie zwingen. Keinesfalls unterschätzen aber sollte man die »weichen S« für den Erfolg des Unternehmens, etwa die soziale Kompetenz der Manager, die Kriterien, die für deren Entwicklung und Beförderung ausschlaggebend sind, ihren Führungsstil, das soziale Klima im Team und in der Gesamtorganisation sowie die Kultur des Unternehmens etc. (Peters & Waterman, 1984).

Es kommt nicht nur, aber doch sehr wesentlich auf die Menschen an. Dabei ist jeweils zu prüfen, ob es der Einzelne ist, mit seiner Zielstrebigkeit, seinem fachlichen Wissen, seiner sozialen Kompetenz, seiner Intelligenz, der zum Erfolg bzw. – bei Mängeln – zum Misserfolg beiträgt, oder aber, ob das Zusammenspiel mehrerer, das Team also, dafür verantwortlich ist. Bekannt ist der »Joke«, der dieses Problem am Beispiel der Universität illustriert: »Gott schuf den Professor, aber der Teufel in seinem Zorn die Kollegen.«

Den Anforderungen nicht entsprechende Führungskräfte, schlechte Kooperationen im Führungsteam können ein Unternehmen nachhaltig gefährden oder sogar in den Ruin treiben. Hier ist dann so rasch wie möglich eine gezielte Intervention erforderlich, die – je nach Organisationsdiagnose – in individuellen Schulungs- oder Coachingmaßnahmen, in Teamentwicklungen, Versetzungen oder gar in dem Austausch Einzelner oder eines ganzen Führungsteams bestehen kann. In eindrucksvoller Weise belegen dies Raich und Hinterhuber (▶ Kap. 12) am Beispiel des Führungsteams eines weltbekannten Unternehmens der optischen Industrie. Hier konnten – nach einer eingehenden Analyse der Ursachen einer schweren Krise – nur harte Einschnitte, die weitgehend den Charakter eines »Bombenwurfs« zeigen, zur Überwindung der Probleme führen.

Teamarbeit findet sich allerdings keineswegs nur auf der Führungsebene. Sie wird in allen Bereichen einer Organisation zunehmend zur Selbstverständlichkeit. Auf die vielfältigen Gründe, die dafür sprechen und die Gruppenarbeit häufig zur Notwendigkeit machen, war bereits eingegangen worden. So können eben komplexe Aufgaben nur durch koordinierte Zusammenarbeit unterschiedlicher Spezialisten bewältigt werden; selbstgesteuerte Job Rotation in der Gruppe sichert häufig das flexible Sichanpassen an unerwartete Ablaufstörungen oder andere Herausforderungen. Gemeinsames bewusstes Handeln ist zudem vielfach die Basis individueller, persönlicher Entwicklung und des Organisationslernens.

Die Einführung von Gruppenarbeit in einer Organisation, die damit nicht vertraut ist, kann allerdings auch mit erheblichen Gefahren verbunden sein. Es können Konflikte entstehen, es können Stress und Überforderung bei sonst bewährten Mitarbeitern beobachtet werden. Führungskräfte oder der Betriebsrat, die sich übergangen fühlen, blockieren gelegentlich den Prozess. Kurz: Die Einführung von Gruppenarbeit ist eine gewichtige Maßnahme innerhalb eines Change-Management-Prozesses, die professionell vorbereitet und begleitet werden muss. Antoni (▶ Kap. 13) zeigt an einem Beispiel in klarer und strukturierter Weise, wie man dabei vorgehen sollte, wie man den Erfolg des Vorgehens evaluieren und wie man die Nachhaltigkeit sichern kann.

Aber selbst dann, wenn bereits Teams oder Arbeitsgruppen bestehen, können Interventionen erforderlich sein. Man denke hier z. B. an die Notwendigkeit, in der Gruppe neue Aufgaben zu verteilen, Ablaufprozesse oder Regeln zu implementieren, die sich aus einem Organisationswandel ergeben, an Qualifizierungsmaßnahmen für Einzelne oder für Teams insgesamt, da sich Anforderungen änderten, an gruppendynamische Störungen, die sich aus personellen Veränderungen im Team, aus Sach- oder Beziehungskonflikten, aus Misserfolgen bei der Arbeit und der Suche nach »Sündenböcken« etc. ergeben können.

Ein gewichtiger Grund für Teamentwicklung kann auch darin liegen, dass sich das Unternehmen insgesamt oder einer seiner Bereiche einer veränderten Strategie verpflichtet, das Team davon betroffen ist oder diese gar aktiv vorantreibt. Dies wird sehr deutlich in der von Hofmann (▶ Kap. 14) dargestellten Entwicklung eines Bereichsführungsteams, die aufgrund der strategischen Neuausrichtung des Unternehmens erforderlich wurde. Hier erfährt man anschaulich und konkret, was dabei angestrebt wurde, mit welchen Methoden man arbeitete, wie der Erfolg der Maßnahmen gemessen und die Nachhaltigkeit sichergestellt wurde.

Angesichts sich ständig wandelnder Bedingungen in der Gesellschaft, was sich für das Unternehmen in veränderten Beschaffungs-, Finanzierungs-, Personal- und Absatzmärkten zeigt, ist ein rasches Sich-darauf-Einstellen, also große Flexibilität, erforderlich. Change-Maßnahmen sind entsprechend häufig darauf gerichtet, Flexibilität zu erhalten oder – falls diese der Verfestigung oder Erstarrung gewichen ist – sie wieder aufzubauen. Dies war exemplarisch bereits deutlich geworden, als es um Flexibilisierungspotenziale in der Produktion ging. Gruppen sind dabei von zentraler Bedeutung. Sie haben sich immer wieder als eine besonders flexible Arbeitsform erwiesen und sind zugleich ein Mittel, um die Flexibilisierung von Organisationsstrukturen und -prozessen voranzutreiben. Dies zeigt das von Hornstein und Augustin (▶ Kap. 15) vorgestellte Fallbeispiel.

In allen 4 Fallbeispielen dieses Teils des Buches wird deutlich, dass die Bedeutung von Gruppen und Teams in Organisationen erheblich gestiegen ist. Die Einführung von Gruppenarbeit und die Verbesserung dieser Arbeit durch Teamentwicklungstrainings ist entsprechend ein häufig zu beobachtender Baustein von Change-Management-Prozessen. Dabei ist allerdings ein weiterer Aspekt zu beachten: Auch wenn es darum geht, Aufgaben neu zu gestalten, Personen zu qualifizieren, die Organisation in ihren Strukturen und Prozessen, in ihrer Kultur und in ihrem Klima zu verändern, dann erfolgt dies fast stets in Gruppen, die damit betraut wurden. Teamarbeit ist aus dieser Doppelsicht so etwas wie das Herz des Change Managements.

Literatur

Adler, N. (2000). *International dimensions of organizational behavior*, 2. Aufl. Boston: Kent Publishers.

Antoni, C. (2000). *Teamarbeit gestalten*. Weinheim: Beltz.

Brodbeck, F.C. (1999). *»Synergy is not for free« Theoretische Modelle und experimentelle Untersuchungen über Leistung und Leistungsveränderung in aufgabenorientierten Kleingruppen*. Habilitationsschrift. Institut für Psychologie der Universität München.

Brodbeck, F.C., Anderson, N. & West, M. (2000). *Teamklima-Inventar (TKI)*. Göttingen: Hogrefe.

Bungard, W. & Rosenstiel, L. von (1997). Themenheft Gruppenarbeit und soziale Kompetenz. *Zeitschrift für Arbeits- und Organisationspsychologie, 15*(3).

Comelli, G. (2009). Qualifikation für Gruppenarbeit: Teamentwicklungstraining. In L. von Rosenstiel, E. Regnet & M. Domsch (Hrsg.), *Führung von Mitarbeitern*.

Handbuch für erfolgreiches Personalmanagement, 6. Aufl. (S. 360–387). Stuttgart: Schäffer-Poeschel.

Katz, R. (1982). The effects of group longevity on project communication and performance. *Administrative Science Quarterly*, *27*, 81–104.

Kauffeld, S. (2001). *Teamdiagnose*. Göttingen: Verlag für Angewandte Psychologie.

Kleinbeck, U. (2006). Das Management von Arbeitsgruppen. In H. Schuler (Hrsg.), *Lehrbuch der Personalpsychologie*, 2. Aufl. (S. 651–672). Göttingen: Hogrefe.

Peters, T.J. & Waterman, R.H. (1984). *Auf der Suche nach Spitzenleistungen. Was man von den bestgeführten US-Unternehmen lernen kann.* Landsberg: Moderne Industrie.

Rosenstiel, L. von & Nerdinger, F. W. (2011). *Grundlagen der Organisationspsychologie*, 7. Aufl. Stuttgart: Schäffer-Poeschel.

Sader, M. (2008). *Psychologie der Gruppe,* 9. Aufl. München: Juventa.

Tuckman, B.W. (1965). Development sequence in small groups. *Psychological Bulletin, 63,* 384–399.

Wastian, M., Braumandl, I. & Rosenstiel, L. von (Hrsg.). (2012). *Angewandte Psychologie für Projektmanager, 2. Aufl.* Heidelberg: Springer.

Wegge, J. (2004). *Führung von Arbeitsgruppen*. Göttingen: Hogrefe.

Der Austausch des Führungsteams als Voraussetzung zur erfolgreichen Krisenbewältigung und langfristigen Existenzsicherung

Margit Raich und Hans H. Hinterhuber

Die Führungsfähigkeit des Unternehmers oder CEO und seines Führungsteams ist die wichtigste Triebkraft für den Erfolg eines jeden Unternehmens (Hinterhuber, 2010a). Entspricht die Performance nicht den Vorstellungen der Anteilseigner, und verbessern die Veränderungsprozesse die Situation nicht, muss, wie die Industriegeschichte zeigt, das Führungsteam ausgewechselt werden. Im Rahmen dieses Beitrags wird das Unternehmen Leica Camera AG einer Analyse unterzogen. Leica war über Jahrzehnte ein führendes Unternehmen auf dem Gebiet der Herstellung von Kleinbildkameras.

12.1   Was soll verändert werden?

Die Wurzeln des Traditionsunternehmens gehen auf das Jahr 1849 zurück, als der Mathematiker Carl Keller das »Optische Institut« gründete, in dem Fernrohre und Mikroskope produziert wurden. Oskar Barnack entwickelte 1915 unter dem neuen Eigentümer Ernst Leitz aus einem Belichtungsproben-Gerät für Kinofilme die erste Kleinbildkamera der Welt: die Leica oder auch Leitz-Camera. Diese Entwicklung revolutionierte damals die Welt der Fotografie. Die kleine und leichte Kamera bot neue Möglichkeiten sowohl für die Reportage als auch für die Kunstfotografie. Fast jeder Profifotograf verfügte über eine Leica (Leica, 2011a).

Jedoch hat der Mythos Leica in den letzten Jahren etwas an Glanz verloren. Einer der Hauptgründe lag darin, dass das Unternehmen den Trend zur Digitalfotografie verpasste. Das Unternehmen hat in den Geschäftsjahren 2004/2005 einen Verlust von 19,8 Mio. EUR erwirtschaftet. Leica befand sich zu dieser Zeit in einer existenzbedrohenden Situation. Eine der Maßnahmen – neben einem überzeugenden Sanierungskonzept – war die Entscheidung, auch die Führungsstruktur entsprechend anzupassen, um das Unternehmen wieder auf Erfolgskurs zu bringen (Leica, 2005). Die folgenden Ausführungen zeigen die Notwendigkeit des Austausches des Führungsteams als ein Erfordernis, um eine Krise zu bewältigen und ein Unternehmen nachhaltig zu sichern. Anhand von Geschäftsberichten von Leica, Medienberichten inkl. Interviews mit Unternehmensvertretern sowie Literatur zum Thema Krisenmanagement und Führung wird der Fall Leica rekonstruiert und diskutiert. Die Ausführungen werden von Checklisten begleitet und enden damit, wie man erkennen kann, ob das gegenwärtige Führungsteam über die erforderlichen Fertigkeiten und Einstellungen verfügt, ein Unternehmen langfristig erfolgreich zu führen.

> **Wichtig**
> Die Fähigkeiten des Führungsteams sind essenziell für eine erfolgreiche Krisenbewältigung.

12.2   Warum und wozu soll verändert werden?

Eine Krise kann die langfristige Existenz einer Organisation gefährden. Die Ursachen für Krisen sind vielseitig. Sie können ohne Zutun eines Unternehmens entstehen, wie im Fall von Naturkatastrophen, Anschlägen, staatlichen Eingriffen, Kriegen oder unvorhergesehenen Marktentwicklungen. Bei unternehmensinternen Krisen können ein schlechtes Portfoliomanagement, fehlende Preispolitik und Produktqualität oder unzureichende Produktivität die Ursachen sein. Aber auch Mängel in den Organisationsstrukturen und Prozessabläufen, im Innovationsverhalten oder in der Führung zählen dazu. Es stellt sich die Frage, was zu tun ist, wenn ein Unternehmen aufgrund von Managementfehlern in eine Krise schlittert. Es zeigt sich immer wieder, dass eine der Maßnahmen darin besteht, einzelne Führungskräfte oder das gesamte Führungsteam auszutauschen.

Im Rahmen dieses Beitrags wird anhand der Leica Camera AG auf eine Krise Bezug genommen, die unternehmensintern verursacht wurde und auf das Fehlverhalten und die Fehlentscheidungen des Topmanagements zurückzuführen ist. Das Traditionsunternehmen erzielte im Geschäftsjahr 2004/2005 einen Jahresfehlbetrag von insgesamt 19,8 Mio. Euro bei einem Umsatz von 93,7 Mio. (Leica, 2005). International machte das Unternehmen mit dieser Entwicklung Schlagzeilen.

Einer der Hauptkritikpunkte bestand darin, dass das Unternehmen den Einstieg in die Digitalfotografie verschlafen hatte. Die Prognose des Vorstandsvorsitzenden Hans-Peter Cohn stellte sich nicht ein. Sein Rücktritt folgte kurze Zeit darauf.

Damals erklärte Cohn in einem Interview mit dem Spiegel:

» Die Digitaltechnik ist nur ein Intermezzo. In spätestens 20 Jahren werden wir sicher mit anderen Technologien als heute fotografieren. Aber den Film wird es dann immer noch geben. (…) beim Fotografieren geht es auch um Kreativität. Die Digitaltechnik setzt auf Masse, auf Tempo und ist damit wie die E-Mail ein Ausdruck unserer Zeit. Mit den Handy-Kameras kommt auch noch die Invasion privater Paparazzi. Aber Fotografieren ist etwas anderes, etwas Besinnliches – das wird es immer geben. (…) Die Digitalfreunde haben noch ein anderes großes Problem: Wenn der nächste Technologiesprung kommt, stellt sich die Frage, ob die heutigen Datenträger überhaupt noch lesbar sind. Welcher Computer zum Beispiel kann heute noch eine Diskette aus den achtziger Jahren lesen? Wer digitale Bilder nicht ständig auf neue Speichermedien überträgt, wird sich die Fotos der Geburtstage seiner Kinder irgendwann nicht mehr anschauen können. Dann verlieren wir quasi unser Gedächtnis. Ein Fotoalbum haben Sie in 50 Jahren immer noch – wenn auch leicht vergilbt (Der Spiegel, 2004, S. 82). «

Menschen neigen oft dazu, Dinge zu bewahren. Sie stehen Veränderungen kritisch gegenüber. Dinge, die sie gewöhnt sind, sind be-

Gefährdung der langfristigen Existenz von Unternehmen durch Krisen

Fehlerhaftes Verhalten des Managements als Hauptgrund für das Scheitern von Unternehmen

quem und komfortabel. Sie geben auch Sicherheit. In Unternehmen entwickeln Individuen mit der Zeit institutionell und kulturell geprägte Glaubenssätze und Praktiken, die ihre Wahrnehmung beeinflussen (Turner & Pidgeon, 1997). Die Kultur eines Unternehmens beeinflusst natürlich auch das Denken und Handeln von Führungskräften (Raich, 2006; Müller et al., 2010). Dies kann dazu führen, dass sie bestimmte Dinge sehen wollen, die jedoch nicht immer der Realität entsprechen. Entscheidungen werden unter falschen Prämissen getroffen, die in weiterer Folge eine Krise verursachen können (Stein, 2008), wie auch im Fall des Vorstandsvorsitzenden Hans-Peter Cohn. Prof. David Weier von der Universität Newcastle Business School stellte fest, dass 85% der Unternehmen aufgrund von schlechtem Management scheitern. Davon sind wiederum 73% dem fehlerhaften Verhalten des Senior Managements zuzuschreiben. Hingegen machen durch externe Faktoren verursachte Krisen lediglich 7% aus (The Antidote, 1999). Das Unternehmen Leica Camera AG zählt ebenfalls zu den genannten 85%.

Die Auseinandersetzung mit der Frage, durch welche Ursachen Krisen entstehen können, ist fundamental, gerade dann, wenn diese beim Management liegen. Hauschildt et al. (2006) haben sich mit den verschiedenen Krisentypologien auseinander gesetzt, wobei einige dieser Typologien auf Managementfehler unterschiedlichster Art zurückzuführen sind (s. auch Checkliste ◘ Abb. 12.1). Bei **Typ 1** handelt es sich um Unternehmen, die sich durch Persönlichkeitsdefizite im Management auszeichnen. **Typ 2** wird beschrieben als jene Unternehmen, bei denen die persönliche Interaktion mit internen und externen Stakeholdern massiv gestört ist. Hierbei handelt es sich um Führungsfehler im Sinne der mangelnden Kooperation sowie interpersonelle Konflikte im obersten Führungskreis. Bei **Typ 3** spricht man von Unternehmen mit operativen Störungen. Diese werden auch als handwerkliche Fehler bezeichnet und reichen von unzureichenden Absatzwegen und falscher Preispolitik bis hin zu Fehlern in der Forschung und Entwicklung oder im Außendienst. Organisationsfehler der Führung sind kennzeichnend für **Typ 4**. Man spricht in diesem Zusammenhang auch von Unternehmen mit institutionellen Störungen, die sich durch ungenaue Aufgaben- und Kompetenzverteilungen, Überorganisation mit zeitraubenden Abläufen oder Mangel an Flexibilität auszeichnen.

Diese Fehler können aus finanzwirtschaftlicher Sicht verschiedene Formen von Unternehmenskrisen verursachen. Eine Unternehmenskrise startet mit einer Strategiekrise und kann in weiterer Folge in eine Erfolgs- und/oder Liquiditätskrise münden (Hauschildt et al., 2006). In Deutschland werden ca. 50% aller Insolvenzen durch Strategiekrisen ausgelöst. 25% sind auf Erfolgskrisen zurückzuführen. Nur ein Viertel aller Insolvenzen machen reine Liquiditätskrisen aus (KfW-Infodienst, 2010). Der Erfolgs- und Liquiditätskrise geht in der Regel eine Strategiekrise voraus. Strategische Krisen sind nicht immer

Worin liegen die Ursachen einer Krise im Fall von Managementfehlern?		
1.	Gibt es Persönlichkeitsdefizite bei den Führungskräften?	☐
	Gewinnsucht	☐
	Verschwendung	☐
	Spekulationen	☐
	Manipulationen	☐
	Veruntreuung	☐
	Unterschlagung	☐
	…	
2.	Ist die Gestaltung der Beziehungen zu internen und externen Stakeholdern gestört?	☐
	Mitarbeiter und Führungsteam	☐
	Investoren	☐
	Kunden	☐
	Lieferanten	☐
	Partnerunternehmen	☐
	Öffentlichkeit	☐
	…	
3.	Gibt es handwerkliche Fehler im Unternehmen?	☐
	Preispolitik	☐
	Absatzpolitik	☐
	Marketing	☐
	Vertrieb	☐
	Forschung und Entwicklung	☐
	…	
4.	Gibt es institutionelle Defizite im Unternehmen?	☐
	Kompetenzverteilung	☐
	Aufgabenverteilung	☐
	Über- oder Unterorganisation	☐
	Prozesse	☐
	…	

◨ **Abb. 12.1** Checkliste zur Identifikation möglicher Managementfehler. (In Anlehnung an Hauschildt et al., 2006, © 2006 Schäffer-Poeschel Verlag für Wirtschaft, Steuern, Recht GmbH in Stuttgart)

unmittelbar erkennbar, oft nur anhand schwacher Signale (Ansoff, 1976). In der Regel ist die Handlungs- und Zahlungsfähigkeit in dieser Phase noch nicht bedroht (Kehrel & Leker, 2009). Unternehmen müssen jedoch nicht vorab eine Strategiekrise durchlaufen. Beispielsweise können finanzwirtschaftliche Fehldispositionen unmittelbar zu einer Erfolgs- bzw. Liquiditätskrise führen (Goller, 2000).

❯ **Wichtig**
Die Unterscheidung von Strategie-, Erfolgs- und Liquiditätskrisen hilft dabei, Krisenursachen zu identifizieren und die richtigen Maßnahmen einzuleiten.

Von **Strategiekrisen** spricht man, wenn mit der Krise eine ernsthafte Gefährdung des Erfolgspotenzials des Unternehmens verbunden ist. Das Erfolgspotenzial wird über produkt- und marktspezifische Faktoren erzielt. Managementfehler resultieren in falschen Markteinschätzungen oder in der Nichtberücksichtigung von Marktveränderungen. Neben falscher Produktpolitik und Fehlinvestitionen können auch Marktsättigung und Überkapazitäten auf Defizite des Managements zurückgeführt werden (Müller, 1986).

■ **Die Strategiekrise bei Leica**

Sicherlich ist der verpasste Eintritt in die Digitalfotografie das einschneidendste Ereignis in der Unternehmensgeschichte von Leica Camera AG. Leica fokussierte weiterhin auf hochqualitative analoge Fotografie. Bereits Mitte der 70er Jahre wurde die erste Digitalkamera von Kodak auf den Markt gebracht. Der heute pensionierte Forscher und Entwickler Steve Sasson von Eastman Kodak Company entwickelte damals einen Prototyp mit einem neuen elektronischen Sensor. Die Kamera wog 4 kg und lieferte Fotos mit einer Auflösung von 0,1 Megapixel in schwarz-weißer Fotoausgabe. Die Qualität auf Papier war jedoch weniger überzeugend. Schlussendlich dauerte es dann 20 Jahre, bis sich die Digitalkamera endgültig auf dem Markt durchsetzte. Sasson hatte Recht mit seiner Aussage, dass die Art und Weise, wie Menschen fotografieren, sich durch die Digitalkamera wesentlich verändern würde (Digitalfotografie, 2011). Für den kleinen Marktteilnehmer Leica bedeutete dies – nachdem man erkannt hatte, dass in Zukunft auch die Digitalkameras im Produktportfolio eine bedeutende Rolle spielen müssen – eine große Herausforderung in Bezug auf Entwicklungskosten, kurze Produktlebenszyklen und die damit verbundenen laufend neuen Produktgenerationen (Leica, 2005).

Erfolgskrisen stellen sich ein, wenn Umsatz- bzw. Rentabilitätsziele nicht mehr erreicht werden. Bei Erfolgskrisen ist festzuhalten, dass sie sich oft leicht verschleiern lassen, z. B. durch Auflösung von Rückstellungen. Auch hier sind Managementfehler die Krisenursache, die sich in Mängeln der Qualitäts- und Servicepolitik, einer unwirtschaftlichen Produktion oder in falschen Absatz-, Finanzierungs- und Produktpolitiken widerspiegeln. Dadurch werden sie nicht unmittelbar ersichtlich (Müller, 1986).

■ **Die Erfolgskrise bei Leica**

Leica erkannte zwar die wachsende Nachfrage am Massenmarkt in Hinblick auf die digitalen Fotoapparate; die damit in Zusammenhang stehenden reduzierten Margen, verkürzten Produktlebenszyklen und Großvertriebsformen passten jedoch nicht in das Konzept des Unternehmens. Man ignorierte diese Entwicklungen (Leica, 2004).

Die dritte Form der Krisen, die **Liquiditätskrise**, tritt dann ein, wenn ein Unternehmen in die Zahlungsunfähigkeit gerät und seinen Zahlungsverpflichtungen nicht mehr nachkommen kann. Die nicht ausreichenden Umsätze und Gewinneinnahmen können die zu hohen Kreditlasten und Überschuldung nicht mehr ausgleichen. Auch diese Vorkommnisse sind auf Fehler des Managements zurückzuführen (Müller, 1986).

■ **Die Liquiditätskrise bei Leica**

Die Leica Camera AG war mit dem Problem konfrontiert, dass im März 2004 ein Verlust in der Höhe von insgesamt der Hälfte des Grundkapitals entstehen würde. Bereits im Februar 2005 haben die Banken ihre Kreditlinien teilweise gekündigt. Die einzige Möglich-

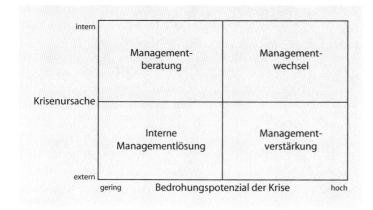

⬘ Abb. 12.2 Bewältigung von Managementdefiziten in der Krise. (Mit freundlicher Genehmigung von Michael Völpel)

keit bestand nun darin, dass die Großaktionäre gemeinsam mit den verbleibenden Kredit gebenden Banken eine Brückenfinanzierung gewährten. Im Rahmen einer außerordentlichen Hauptversammlung im Mai 2005, wo der Vorstandsvorsitzende Josef Spichtig ein überzeugendes Sanierungskonzept, welches gemeinsam mit dem Aufsichtsrat entwickelt wurde, präsentierte, wurde die vorgeschlagene Kapitalerhöhung vorgenommen, die es ermöglichte, weiterzumachen. Die Turnaroundstrategie wurde für einen Zeithorizont von 5 Jahren erstellt, wobei im Mittelpunkt des Interesses die zeitnahe Einführung von Digitalprodukten sowie die Aufrechterhaltung der Liquidität standen, um den Fortbestand der Leica Camera Gruppe sicherzustellen (Leica, 2005).

Die Frage, wann ein Managementwechsel anzustreben ist, sollte laut einer Studie von KPMG (Krüger, 2008) davon abhängig gemacht werden, ob eine Krise intern oder extern verursacht wird und wie stark das Ausmaß der Bedrohung für das Unternehmen ist (⬘ Abb. 12.2).

Ein Austausch des Managements ist dann vorzunehmen, wenn eine interne Krisenursache vorliegt und das Bedrohungspotenzial für das Unternehmen sehr hoch ist. Managementberatung ist vorgesehen, wenn die bisher getroffenen Entscheidungen des Managements noch keine allzu große Gefährdung des Unternehmens mit sich brachten. Hingegen lautet die Empfehlung bei externen Krisenursachen, interne Managementlösungen zu finden oder eine Verstärkung des Managements vorzunehmen, je nachdem, wie stark die Bedrohung für das Unternehmen ist.

■ **Der Austausch des Führungsteams bei Leica**
Im Fall von Leica hat man sich nicht nur vom damaligen Vorstandsvorsitzenden Hans-Peter Cohn getrennt. Es wurde die Adaptierung der gesamten Führungsstruktur vorgenommen. Neben dem Vorstandsvorsitzenden wurden auch der Finanzvorstand und die Füh-

rung in den Bereichen Marketing und Vertrieb und Operations (dazu zählen Produktmarketing, Produktion und Customer Service) durch andere Führungskräfte ersetzt. In weiterer Folge kam es auch zur Neuschaffung und -besetzung der Funktion Forschung und Entwicklung (Leica, 2005). Zu einem späteren Zeitpunkt, am 22. Februar 2008, wurde beispielsweise auch Steven K. Lee nach nur 15 Monaten Amtszeit abberufen. »Pöbelnder Chef treibt Leica wieder in die roten Zahlen«, so lautete die Schlagzeile. »Der chinesischstämmige Amerikaner hat Mitarbeiter demotiviert, Händler vergrault, Zulieferer verärgert und Kunden verunsichert« (Preissner & Schwarzer, 2008). Sein Verhalten führte zu massiven Einschnitten bei den zwischenmenschlichen Beziehungen mit den verschiedenen Stakeholdern. Andreas Kaufmann löste ihn ab und wirkte für 1 Jahr als Vorstandsvorsitzender (Leica, 2008).

Wenn die Entscheidung getroffen wurde, das gesamte oder nur Teile des Führungsteams durch neue Führungskräfte zu ersetzen, stellt sich die Frage, welchen Anforderungen diese gerecht werden müssen. Neben der Umsetzung von Sofortmaßnahmen, wie z. B. die Projektorganisation oder Liquiditäts- und Ergebnissicherung, bedarf es Maßnahmen, um das Unternehmen nachhaltig zu sichern. In diesem Zusammenhang spielen v. a. strategisches Management und Leadership eine wichtige Rolle.

12.3   Wie soll verändert werden?

Je schwieriger die wirtschaftlichen Rahmenbedingungen, desto wichtiger eine exzellente Führung

Trennt sich ein Unternehmen von seinem CEO, so liegt das in der Regel an seiner Inkompetenz. Es ist deshalb nicht verwunderlich, wenn sich die Wirtschaftsergebnisse des Unternehmens nach der Trennung verbessern. Baruch Lev, Professor an der Stern School of Business, New York University, weist mit seinen Kollegen in einer groß angelegten Longitudinalstudie nach, dass die »managerial ability« die wichtigste Triebkraft für den nachhaltigen Erfolg eines Unternehmens ist. Er zeigt auf der Basis von Bilanzdaten börsennotierter US-Unternehmen, dass langfristig überdurchschnittliche Ergebnisse auf das Wirken des CEO und seines Führungsteams zurückzuführen sind (Demerjian et al., 2010). Je schwieriger die wirtschaftlichen Rahmenbedingungen sind, desto wichtiger ist somit eine exzellente Führung des Unternehmens (◘ Abb. 12.3).

Für ein neues Führungsteam ist es wichtig, sich Gedanken über die zukünftige Entwicklung und den erforderlichen Veränderungsbedarf zu machen. Hierzu gilt es, eine Fülle an Fragen zu beantworten, die in der Checkliste präsentiert werden.

ⓘ Checkliste: Fragenkatalog für Führungskräfte in Zeiten der Veränderung
  — **Zeit:** Wie schnell muss eine Veränderung herbeigeführt werden?

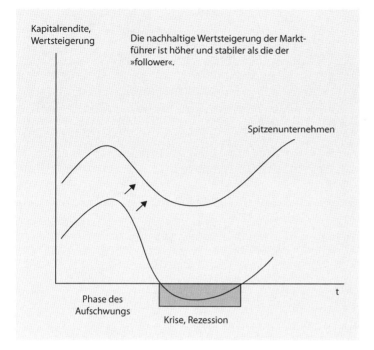

◼ Abb. 12.3 Leadership und Strategie: in schwierigen Zeiten wichtig (zitiert in Hinterhuber, 2010a)

- **Reichweite:** Welches Ausmaß an Wandel ist erforderlich?
- **Bewahrung:** Welche organisatorischen Ressourcen und Charakteristiken sollen beibehalten werden?
- **Vielfalt:** Soll das Unternehmen sich in Zukunft durch Homogenität oder Heterogenität in der Produktpalette auszeichnen?
- **Kapazität:** Hat das Unternehmen die erforderlichen Kapazitäten für die Veränderung?
- **Fähigkeiten:** Verfügt das Unternehmen über die personellen Ressourcen und Managementfähigkeiten für die Implementierung?
- **Bereitschaft:** Ist seitens der Belegschaft die Bereitschaft zur Veränderung vorhanden?
- **Macht:** Wie sehen die Machtverhältnisse der verantwortlichen Führungskräfte aus?

Vom neuen Führungsteam müssen sowohl Leadership als auch strategische Managementfähigkeiten erwartet werden (◼ Abb. 12.4). Im Mittelpunkt der strategischen Unternehmensführung, die mehr ein technokratischer Ansatz ist, steht die Strategie, im Mittelpunkt von Leadership das Individuum. Beide Ansätze ergänzen sich, wenn das Unternehmen neue Möglichkeiten erschließen, Bestehendes optimieren und schlecht kalkulierbare Risiken beherrschen will.

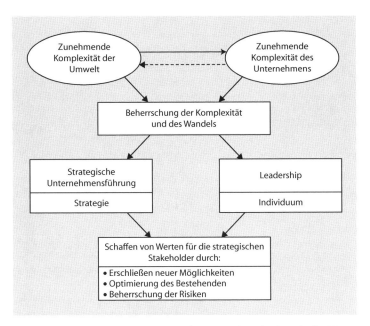

☐ **Abb. 12.4** Strategische Unternehmensführung und Leadership schaffen Werte für die strategischen Stakeholder (Hinterhuber, 2011)

Strategische Unternehmens-führung als integrierte Gesamtheit von Einstellungen, Entscheidungs- und Handlungshilfen

Strategische Unternehmensführung ist eine integrierte Gesamtheit von Einstellungen, Entscheidungs- und Handlungshilfen, mit denen ein Unternehmen in einem turbulenten Umfeld die Kunden noch wettbewerbsfähiger und erfolgreicher machen und dabei seinen Wert nachhaltig steigern kann. **Leadership** ist die erworbene und angeborene Fähigkeit, neue Möglichkeiten zu erschließen und umzusetzen oder umsetzen zu lassen sowie kraft der eigenen Authentizität andere Menschen anzuregen und in die Lage zu versetzen, sich begeistert, initiativ und kreativ für Ziele und Aufgaben einzusetzen, die im gemeinsamen Interesse sind. Leadership ist eine natürliche, zwanglose Fähigkeit, andere Menschen im positiven Sinn und im Hinblick auf sinnvolle Ziele anzuregen; diese Fähigkeit zeigt sich in einem natürlichen Antrieb, einem inneren Respekt für die und einem echten Interesse an den Menschen.

> **Wichtig**
> **Leadership ist eine Fähigkeit, neue Möglichkeiten zu erschließen und Menschen in Hinblick auf sinnvolle Ziele anzuregen.**

Heute scheinen v. a. ganzheitliches Denken und Handeln sowie ein globales Bewusstsein notwendig zu sein. Die Aufgabe von Leadership im Rahmen der strategischen Unternehmensführung sind (Hinterhuber, 2011):

- Kurzfristige Ergebnisse erzielen und gleichzeitig das Unternehmen langfristig stärker zu machen. Dies ist die Legitimation für die Präsenz der Führenden in der Organisation.

— Die Veränderung zu antizipieren und herbeizuführen. Im Licht der vitalistischen Philosophie Bergons entfaltet sich das Unternehmen in einem ständigen schöpferischen Prozess in immer neuen Formen.

- **Strategische Unternehmensführung und Leadership bei Leica**

Eine zentrale Schlüsselfigur bei Leica ist Andreas Kaufmann. Er ist Mehrheitseigentümer, im Aufsichtsrat vertreten und übernahm für kurze Zeit die Gesamtführung des Unternehmens nach der Trennung von Steven K. Lee. Andreas Kaufmann ist wesentlich für die Neuausrichtung des Unternehmens verantwortlich. Er übernahm das Ruder, »um die Firma zu stabilisieren« (Engel, 2009). Er ist jene Person, die im Sinne von Leadership agiert.

» Leidenschaft habe ich jede Menge, vor allem wenn es darum geht, sich für tolle Produkte und einzigartige Dinge zu begeistern. Ich glaube, dass gerade ein mittelständisches Unternehmen mit Weltrang wie Leica ohne diese Qualitäten gar nicht funktionieren würde. Da brauchen Sie Mitarbeiter, die sich mit Leidenschaft und Enthusiasmus engagieren. Und das überrascht mich immer wieder aufs Neue: dass man hier in der Region auf ungemein passionierte Menschen trifft, die Ideen entwickeln und mit großer Motivation ausgestalten (Kaufmann in einem Interview in Wetzlar Network, 2011). «

Die »Leidenschaft und Perfektion für das bessere Bild« spiegeln sich auch in den folgenden Unternehmenswerten wider (Leica, 2011b):
— beste Optik,
— Konzentration auf das Wesentliche und
— dauerhafte Werte.

Trotz des ständigen Wechsels auf der Vorstandsebene scheinen nun die Rahmenbedingungen geschaffen worden zu sein, das Unternehmen langfristig auf Erfolgskurs zu bringen und zu halten. Die Weichen für eine nachhaltige Existenzsicherung wurden gestellt – durch den Einsatz von strategischer Unternehmensführung und Leadership.

Im Geschäftsbericht 2009/2010 von Leica verkündet der Vorstandsvorsitzende Rudi Spiller mit Freude eine positive Geschäftsentwicklung. Leica hat einen fundamentalen Richtungswechsel angetreten. Nach den Jahren der Restrukturierung arbeitet das Unternehmen nun gezielt in Hinblick auf die neue Nischenstrategie. Im Mittelpunkt steht die Premiumpositionierung der Marke Leica, verbunden mit Qualität und Exklusivität der Produkte. Mit Hilfe des neu eingeschlagenen Innovationskurses wurden im Geschäftsjahr 2009/2010 10 neue Produkte eingeführt. Die überraschende Kundennachfrage machte eine Kapazitätsausweitung der Produktion erforderlich (Leica, 2010). Man blickt zuversichtlich in die Zukunft, obwohl es noch viel zu tun gibt.

12.4 Wie kann die Nachhaltigkeit sichergestellt werden?

Seit dem Rücktritt des Vorstandsvorsitzenden Hans-Peter Cohn im Jahre 2004 hat es bei der Leica Group AG laufend Neubesetzungen im Vorstand gegeben. Auch der Nachfolger von Cohn wurde Mitte April 2005 wieder durch einen Neuen ersetzt. Und dies war nicht der letzte Austausch: Seit diesem Zeitpunkt wurden der Vorstand bzw. einzelne Personen des Vorstands in regelmäßigen Abständen gewechselt.

Zum Abschluss dieses Beitrags wird der Versuch unternommen, einen Vorschlag für ein Leadership-Assessment des Führungsteams zu unterbreiten. Hinter diesem Leadership-Assessment steckt die Idee, herauszufinden, ob die Führungsmannschaft im Sinne einer langfristigen Orientierung und Nachhaltigkeit des Unternehmens denkt und handelt. Dieser Prozess sollte laufend durchgeführt werden, um zu verhindern, dass Unternehmen in Krisen geraten, die durch Managementfehler verursacht werden.

Eine genaue Analyse der Ausgangssituation ist die Grundlage jeder Veränderung, deshalb wird mit dem Leadership-Assessment der Ist-Situation begonnen. ◘ Abb. 12.5 zeigt ein Beispiel, wie ein Leadership-Assessment für Führungspositionen im Unternehmen durchgeführt werden kann. Es werden die Eigenschaften und Fähigkeiten aufgelistet, die von einer Führungspersönlichkeit erwartet werden, wenn sie ihrer Führungsverantwortung nachkommen soll. Die Vorgesetzten beurteilen
a. die Wichtigkeit der einzelnen Charakteristiken und
b. wie zufrieden sie mit den jeweiligen Leistungen der beurteilten Personen sind.

Eine fundierte Ist-Analyse setzt voraus, dass keine Wertung enthalten ist. Aufgabe des Beurteilers oder des Beurteilungsteams ist es, sachbezogen die richtigen offenen Fragen zu stellen und die Charakteristiken zu begründen, die an eine effiziente Führung gestellt werden.

Die Aufsichtsräte haben die Wahl: verändern oder entlassen? Wenn sie auf die Frage »Sind wir stolz auf den CEO und sein Führungsteam?« nicht mit einem 100-prozentigen Ja antworten können, muss sofort eine Entscheidung getroffen werden. Warum geschieht das in der Regel nicht? Der Grund ist, dass die Aufsichtsräte Angst vor der Konsequenz haben.

> **❯ Wichtig**
> Ein Führungsteam, das seine Aufgaben nicht oder nur ungenügend erfüllt, ist nicht nur mit sich unzufrieden, es verärgert die Kunden, stiftet Unruhe im Unternehmen, vermindert den Wert des Unternehmens oder gefährdet sogar dessen Existenz.

Wichtigkeit	Geben Sie bitte die Wichtigkeit der folgenden Themen für Ihr Unternehmen/Ihre Business Unit/Ihren Bereich an. Kreuzen Sie bitte hierzu den entsprechenden Wert links an. Markieren Sie danach auf der Skala rechts, wie zufrieden Sie mit dem entsprechenden Thema sind.	Zufriedenheit
sehr wichtig / völlig unwichtig		sehr wichtig / völlig unwichtig
1 2 3 4 5	Sieht, was zu tun ist/denkt und handelt unternehmerisch	1 2 3 4 5
1 2 3 4 5	Denkt ganzheitlich/strategisch	1 2 3 4 5
1 2 3 4 5	Versteht die Kräfte und Bedingungen, die in einer gegebenen Situation eine Rolle spielen/erkennt und nutzt das Situationspotenzial	1 2 3 4 5
1 2 3 4 5	Schafft eine innovationsfreundliche Organisation/organisatorische Fähigkeiten	1 2 3 4 5
1 2 3 4 5	Beeinflusst das Verhalten anderer im positiven Sinn so, dass sie sich engagiert für die Kunden einsetzen/Teamfähigkeit	1 2 3 4 5
1 2 3 4 5	Hat den Mut, Maßnahmen zu ergreifen, die die Dinge besser machen/verhält sich aktionsorientiert	1 2 3 4 5
1 2 3 4 5	Lebt die Werte, die er predigt/Authentizität	1 2 3 4 5
1 2 3 4 5	Entwickelt seine Mitarbeiter	1 2 3 4 5
1 2 3 4 5	Liefert Ergebnisse	1 2 3 4 5
1 2 3 4 5	Selbstvertrauen	1 2 3 4 5
1 2 3 4 5	Zwischenmenschliche Fähigkeiten	1 2 3 4 5
1 2 3 4 5	Kundenorientierung	1 2 3 4 5
1 2 3 4 5	Problemlösungsfähigkeiten	1 2 3 4 5
1 2 3 4 5	...	1 2 3 4 5
1 2 3 4 5	...	1 2 3 4 5
1 2 3 4 5	...	1 2 3 4 5

▣ **Abb. 12.5** Leadership-Assessment: Ist-Situation (Hinterhuber, 2010b)

Ist die Antwort kein 100-prozentiges Ja, muss der Aufsichtsrat eine Liste mit den negativen Punkten erstellen. Die Leadership-Fragen lauten:

— Warum haben der CEO und sein Team die Ziele nicht erreicht?

- Wie kann geholfen werden, dass wieder Spitzenleistungen erbracht werden?
- Welches sind die konkreten Vorschläge des CEO, damit wieder ein 100-prozentiges Vertrauen vorhanden ist?

Lassen die gemeinsam formulierten Ziele die gewünschten Verhaltensänderungen nicht erwarten, ist eine einvernehmliche Trennung sofort in die Wege zu leiten.

Der Aufsichtsrat hat nicht die Verantwortung für den CEO oder ein Mitglied seines Führungsteams. Diese Erkenntnis erleichtert den schmerzhaften Prozess der Entlassung eines Führungsteams. Im nächsten Abschnitt wird gezeigt, wie Leadership-Assessment in Bezug auf die Soll-Situation angewendet werden kann.

Aus den Führungscharakteristiken, die in ◘ Abb. 12.5 als wichtig beurteilt werden, die vom Führungsteam jedoch nicht in zufriedenstellender Weise erfüllten werden, werden dabei die Anforderungen an das neue Führungsteam. ◘ Abb. 12.6 zeigt beispielhaft, wie dabei vorgegangen wird.

12.5   Fazit

Management als kreatives Lösen von Problemen und das Optimieren von Bestehendem

Der Fall Leica hat sehr anschaulich gezeigt, wie wichtig es ist, dass ein Führungsteam über Einstellungen und Fähigkeiten verfügt, ein Unternehmen langfristig erfolgreich zu führen sowie auch durch stürmische Zeiten zu manövrieren. Idealerweise sollte es zu einer Entwicklung, wie sie im Fall Leica auftrat, erst gar nicht kommen. Natürlich dürfen wir nicht vergessen, dass es sich bei dieser Analyse ausschließlich um eine Außenbetrachtung handelt, was als kritischer Aspekt dieses Beitrags anzusehen ist. Nichtsdestotrotz zeigt das Beispiel, dass Managementfehler weitreichende Folgen für ein Unternehmen haben können. Die größte Fehleinschätzung lag aus Sicht der Autoren darin, die Zukunft der Digitalkameras zu ignorieren. Hans-Peter Cohn, der nicht an die Digitaltechnik und an eine neue Geschwindigkeit der Fotografie glaubte, kann sich in eine Reihe anderer Unternehmensvertreter einordnen, die nicht auf neue Technologien setzen wollten:

- »This telephone has too many shortcomings to be seriously considered as a means of communication. The device is inherently of no value to us« (Western Union, internes Memo, 1876).
- »The wireless music box has no imaginable commercial value. Who would pay for a message sent to nobody in particular?« (Antwort der Teilhaber von David Sarnoff auf sein Drängen in den 1920er Jahren, in das Radio zu investieren)
- »There is no reason why anyone would want a computer in their home« [Ken Olson, Präsident, Präsident und Gründer von Digital Equipment Corporation (DEC), 1977].

Schlüsselfähigkeiten	Leistungskriterien	1: Herausragende Stärke 5: Signifikante Entwick- lungsnotwendigkeit
Sieht, was zu tun ist/denkt und handelt unternehmerisch	Hat einen klaren, einfachen, kundenfokussierten Kernauftrag entwickelt und kommuniziert.	1 2 3 4 5
	Setzt sich und erreicht herausfordernde Ziele.	1 2 3 4 5
	Hat den Mut und das Selbstvertrauen, für seine Werte einzustehen.	1 2 3 4 5
	Übernimmt die Verantwortung für eigene Fehler.	1 2 3 4 5
	Antizipiert die Veränderungen und sieht sie als Chance. …	1 2 3 4 5
Denkt ganzheitlich/ strategisch	Denkt voraus, hat das große Bild vor Augen, »stretches horizons«, »challenges imaginations«.	1 2 3 4 5
	Hat ein Gespür dafür, wohin der Markt geht und was die Kunden wirklich wollen.	1 2 3 4 5
	Ist uneingeschränkt Ehrlichkeit und Vertrauen verpflichtet.	1 2 3 4 5
	Handlungen und Verhalten stimmen mit den Worten überein.	1 2 3 4 5
	Hasst, vermeidet und beseitigt »Bürokratie« …	1 2 3 4 5
Versteht die Kräfte und Bedingungen, die in einer gegebenen Situation eine Rolle spielen/erkennt und nutzt das Situationspotenzial	Trifft Entscheidungen aus der Sicht der übergeordneten Entscheidungsebene.	1 2 3 4 5
	Hat Einsicht in den größeren gesellschaftlichen, umweltlichen, kompetitiven und technischen Rahmen, der Einfluss auf die Entscheidungen des Unternehmens hat.	1 2 3 4 5
	Erkennt die »tragenden Faktoren« einer Situation und lässt sich in seinen Entscheidungen von ihnen tragen.	1 2 3 4 5
	Analysiert sorgfältig die Risiken seiner Entscheidungen aus der Sicht des Gesamtunternehmens. …	1 2 3 4 5
Hat den Mut, Maßnahmen zu ergreifen, die die Dinge besser machen	Ist unzufrieden mit dem »status quo«.	1 2 3 4 5
	Hat keine Angst, dass seine Vorschläge nicht angenommen werden	1 2 3 4 5
	Nutzt Schnelligkeit als Wettbewerbsvorteil.	1 2 3 4 5
	Bringt Fakten und rationale Argumente ein, um andere zu überzeugen.	1 2 3 4 5
	Ermutigt Mitarbeiter und Teams, unternehmerisch zu handeln und kalkulierte Risiken einzugehen. …	1 2 3 4 5

Abb. 12.6 Leadership-Assessment des Führungsteams: Soll-Situation (Hinterhuber, 2010b)

Den Markt beobachten, ein Gespür für mögliche Trends entwickeln, das sind Fähigkeiten, über die das Topmanagement verfügen sollte. Eine exzellente Führung, eine gute Strategie, die richtigen Mitarbeiter, taktische Maßnahmen mit rasch spürbaren Wirkungen und Glück bestimmen zu etwa 80 % den Erfolg eines Unternehmens. Die wirtschaftlichen Rahmenbedingungen tragen mit etwa 20 % zum Unternehmenserfolg bei. Eine für das Unternehmen langfristig ausgerichtete Führung umfasst Leadership und Strategisches Management. Erfolgreiche Unternehmen zeichnen sich dadurch aus, das mindestens 70 % der Führungskräfte strategisch denken und unternehmerisch handeln.

In Krisenzeiten braucht man beides: Leadership und Management

Management ist mehr das kreative Lösen von Problemen und das Optimieren von etwas, das bereits besteht; es führt in der Regel zu inkrementalen Innovationen. Leadership dagegen ist mehr Offenheit für neue Möglichkeiten und die Fähigkeit, daraus Nutzen für das Unternehmen zu ziehen; es geht darum, Mitarbeiter zu inspirieren und in die Lage zu versetzen, strategisch zu denken und unternehmerisch zu handeln. Leadership führt deshalb eher zu bahnbrechenden Innovationen. Management lässt sich leichter erlernen als Leadership. Management beruht eher auf Techniken und Instrumenten, wie z. B. Portfolio-Planung, Budgetierung, Kostenrechnung, Projektmanagement und dergleichen mehr, die sich relativ leicht vermitteln lassen. Leadership ist viel subtiler, denn es geht darum, Möglichkeiten zu entdecken und umzusetzen, die andere nicht gesehen haben, und die Mitarbeitenden zu bewegen, kreativ ihre Energie zum Wohl der nachhaltigen Entwicklung des Unternehmens einzusetzen. Leadership schafft neue Arbeitsplätze, Management baut Arbeitsplätze ab. Führende brauchen schlussendlich beides. Erst recht in Krisenzeiten.

Literatur

Ansoff, I.H. (1976). Managing strategic surprise and discontinuity: Strategic response to weak signals. *Zeitschrift für betriebswirtschaftliche Forschung, 28*, 129–152.

Demerjian, P., Lewis, M., Lev, B. & McVay, S. (2010). *Managerial ability and earnings quality*, Paper presented at the 21st Annual Conference on Financial Economics and Accounting, November 12–13, 2010, Maryland/USA.

Der Spiegel (2004). Nur ein Intermezzo, Interview mit Hanns-Peter Cohn, Vorstandschef der Mythenmarke Leica, über den Boom und die Zukunft digitaler Fotografie. *39*. S. 82.

Digitalfotografie (2011). http://www.digitalfotografie.org [Zugriff am 13. Mai 2011].

Engel, R. (2009). Leica hofft auf Erfolg in der Nische. *Weltonline*. http://www.welt.de/die-welt/wirtschaft/article4518068/Leica-hofft-auf-Erfolg-in-der-Nische.html [Zugriff am 16. Mai 2011].

Goller, M. (2000). *Aktuelle Vergleichsverfahren in Deutschland. Eine ökonomische Analyse*. Frankfurt a. Main: Peter Lang.

Hauschildt, J., Grape, C. & Schindler, M. (2006). Typologien von Unternehmenskrisen im Wandel. *Die Betriebswirtschaft, 1*, 7–25.

Hinterhuber, H.H. (2010a). *Die 5 Gebote für exzellente Führung: Wie Ihr Unternehmen in guten und in schlechten Zeiten zu den Gewinnern zählt*. Frankfurt a. Main: Frankfurter Allgemeine Buch.

Hinterhuber, H.H (2010b). Leadership – Consulting. In D. Hofmann & R. Steppan (Hrsg.), *Headhunter. Blick hinter die Kulissen einer verschwiegenen Branche* (S. 208–236). Heidelberg: Springer.

Hinterhuber, H.H. (2011). *Strategische Unternehmensführung. Band 1: Strategisches Denken*, 8. Aufl. Berlin: Erich Schmidt.

Kehrel, U. & Leker, J. (2009). Unternehmenskrisen. *Zeitschrift Führung und Organisation, 78* (4), 200–205.

KfW-Infodienst (2010). *Mittelstand 2010: Unternehmenskrisen vermeiden*, Ausgabe Februar 2010, Interview mit KfW-Experte Nau Robert, S. 6–7. www.kfw.de/infodienst [Zugriff am 10. Mai 1011].

Krüger, W. (2008). *Krisenmanagement in der Sanierungspraxis – eine kritische Bestandsaufnahme.* Präsentation beim BDU Fachverband Sanierungs- und Insolvenzberatung Expertendialog in Bonn am 7.3.2008.

Leica (2004). *Geschäftsbericht 2003/2004.* http://www.corporate.leica-camera.de/investor_relations/annual_reports/2004/index.html [Zugriff am 17. Mai 2011].

Leica (2005). *Geschäftsbericht 2004/2005.* http://www.corporate.leicacamera.de/investor_relations/annual_reports/2005/index.html [Zugriff am 18. Mai 2011].

Leica (2008). *Geschäftsbericht 2007/2008.* http://www.corporate.leicacamera.de/investor_relations/annual_reports/2008/index.html [Zugriff am 18. Mai 2011].

Leica (2010). *Geschäftsbericht 2009/2010.* http://www.corporate.leicacamera.de/investor_relations/annual_reports/2010/index.html [Zugriff am 18. Mai 2011].

Leica (2011a). *Historie.* http://de.leica-camera.com/culture/history [Zugriff am 14. Mai 2011].

Leica (2011b). Unternehmenswerte. http://www.corporate.leica-camera.de/corporate_values [Zugriff am 20. Mai 2011].

Müller, C., Peham, C. & Raich, M. (2010). Change Agent, Change Leader und Change Entrepreneur. Erfolgsfaktoren für Veränderungsprozesse? In H. Pechlaner, M. Raich, S. Schön & K. Matzler (Hrsg.), *Change Leadership – Den Wandel antizipieren und aktiv gestalten* (S. 397–426). Wiesbaden: Gabler.

Müller, R. (1986). *Krisenmanagement in der Unternehmung. Vorgehen, Maßnahmen und Organisation.* Frankfurt a. Main: Peter Lang.

Preissner, A. & Schwarzer, U. (2008). Pöbelnder Chef treibt Leica wieder in die roten Zahlen, *Spiegel Online,* http://www.spiegel.de/wirtschaft/0,1518,549321,00.html [Zugriff am 7. Mai 2011].

Raich, M. (2006). How to accept complexity: How to demand simplicity: A holistic view of leadership: A case study. *International Journal of Learning and Change, 1* (2), 180–200.

Stein, M (2009). Reclaiming resilience and safety: Resilience activation in the critical period of crisis. *Human Relations. 62*, 1289–1326.

The Antidote (1999). How Crisis Unfold. *21*, 13–15.

Turner, B. & Pidgeon, N. (1997). *Man-made-disasters.* Oxford: Butterworth-Heinemann.

Wetzlar Network (2011). *Interview mit Andreas Kaufmann.* http://www.wetzlar-network.de/Magazin/People/Andreas-Kaufmann-a130.html [Zugriff am 17. Mai 2011].

Gruppenarbeit erfolgreich einführen

Conny Antoni

In diesem Beitrag werden Gestaltungsprinzipien und Einführungsschritte für die erfolgreiche Einführung selbstregulierender Gruppenarbeit anhand eines Fallbeispiels erläutert. Es wird gezeigt, wie dies
durch eine frühzeitige Beteiligung, Informierung und Qualifizierung
aller betroffenen Interessengruppen gelingen kann und welche Projektstrukturen und Rahmenbedingungen hierfür hilfreich waren.

13.1   Was soll verändert werden?

In der Blechteilefertigung eines Metall verarbeitenden Unternehmens
sollte Gruppenarbeit eingeführt werden. Die Tätigkeiten der Produk-
tionsmitarbeiterinnen und -mitarbeiter waren stark arbeitsteilig organisiert, mit geringen Aufgabenumfängen und kurzen Taktzyklen. Die
Arbeitsverteilung, die Feinsteuerung der Fertigung, die Personal- und
Arbeitszeitplanung gehörten zu den Aufgaben der Meister, die hierbei
von Vorarbeitern und Einrichtern unterstützt wurden. Sie kontrol-
lierten, ob die Mitarbeiter vorschriftsmäßig arbeiteten und waren für
die Lösung auftretender Probleme zuständig. Die Aufgaben der Mitarbeiter beschränkten sich auf die unmittelbar produzierenden Tätigkeiten an ihrem Arbeitsplatz, der ihnen fest zugeordnet war. Springer
übernahmen nach Vorgaben der Meister, Vorarbeiter und Einrichter
den flexiblen Einsatz an mehreren Arbeitsplätzen, um Personal- und
Produktionsschwankungen auszugleichen. Indirekte Tätigkeiten wie
Qualitätssicherung, NC-Programmierung der Maschinen, Wartung
und Instandhaltung wurden von dafür zuständigen Personen in anderen Abteilungen durchgeführt.

■   **Prozessorientierte selbstregulierte Gruppenarbeit**
Mit der Einführung von Gruppenarbeit sollten die Teammitglieder
neben der Ausführung der direkten Tätigkeiten auch die Verantwortung und Kontrolle für die Qualität ihrer Arbeit übernehmen, etwaige
Fehler vor Ort selbst beheben und die Maschinen selbst einrichten
und programmieren sowie kleinere Modifikationen an Blechteilen
mit einem CAD-Programm auftragsgemäß selbst konstruieren können. Durch die Integration dieser indirekten Tätigkeiten sollten die
wesentlichen für die Auftragsbearbeitung erforderlichen Arbeitsprozesse durch die Gruppe selbst erledigt werden können. Innerhalb der
Gruppen sollten die Teammitglieder mehrere Maschinen bedienen
und damit an verschiedenen Arbeitsplätzen flexibel arbeiten können.
Dazu sollten sie für diese direkten und indirekten Tätigkeiten qualifiziert werden, um eine Mehrfachqualifikation zu erreichen.
　　Die interne Arbeitsverteilung, die Planung der Arbeitszeiten, die
Feinsteuerung von Fertigungsaufträgen und die Optimierung von
Arbeitsbedingungen und -abläufen sollten die Gruppen selbst vornehmen. Um diese Steuerungsaufgaben übernehmen zu können, sollten entsprechende Aufgaben und Kompetenzen in die Gruppe integriert und die hierfür erforderlichen Ressourcen bereitgestellt werden.

Zur gemeinsamen Koordination und Planung sollten wöchentliche Gruppensitzungen dienen. Diese sollten von einem gewählten Gruppensprecher moderiert werden, der zugleich Ansprechpartner für Vorgesetzte sowie vor- und nachgelagerte Bereiche sein sollte.

> **Wichtig**
> Prozessorientierte selbstregulierte Gruppenarbeit führt zu kürzeren Durchlaufzeiten und größerer Flexibilität.

13.2　Warum/wozu soll verändert werden?

Die Blechteilefertigung befand sich in einer schwierigen wirtschaftlichen Situation. Externe Lieferanten waren kostengünstiger, so dass ein Outsourcing der Blechteilefertigung drohte. Mit der Einführung von Gruppenarbeit sollten daher die Produktivität, Qualität und v. a. Flexibilität gesteigert und damit die Arbeitsplätze in der Blechteilefertigung gesichert werden. Ferner sollten auch die Arbeitssituation und die Qualifikation der Mitarbeiterinnen und Mitarbeiter verbessert werden.

- **Von der Lager- zur flexiblen Auftragsfertigung**

Die Erhöhung der Flexibilität und damit einhergehend die Verbesserung der Zufriedenheit der internen Kunden sollten durch eine Reduzierung der Durchlaufzeit von durchschnittlich 12–15 Tagen auf durchschnittlich 1–2 Tage erreicht werden. Hierzu mussten die Fertigungsprozesse optimiert, eine bedarfsgerechte Auftragsteuerung und eine mit der nachgelagerten Montage synchrone Teilefertigung eingeführt werden. Aufgrund der hohen Material- und Lagerkosten stellten die Reduzierung des Lagerbestands und die direkte Belieferung der internen Kunden ohne Zwischenlager ein weiteres zentrales Ziel dar. Um den Bestand an Rohmaterial reduzieren zu können, sollte das Material vereinfacht und vereinheitlicht werden. Weitere Einsparungen an Material sollten durch eine Minimierung des Verschnitts erreicht werden. Zur Erhöhung der Wettbewerbsfähigkeit sollten ferner die Maschinenauslastung erhöht und die Rüstzeiten reduziert werden.

In Hinblick auf die Beschäftigten in der Teilefertigung sollten durch unterschiedliche körperliche und qualifikatorische Anforderungen ein Belastungswechsel, eine abwechslungsreichere Arbeit und eine breitere Qualifizierung der Mitarbeiterinnen und Mitarbeiter erreicht und damit deren Arbeitssituation und Einsatzflexibilität verbessert werden.

13.3　Wie wurde die Gruppenarbeit erfolgreich eingeführt?

Die Führungskräfte und Betriebsräte hatten sich bereits vor Projektbeginn über die Erfahrungen mit Gruppenarbeit in anderen Werken

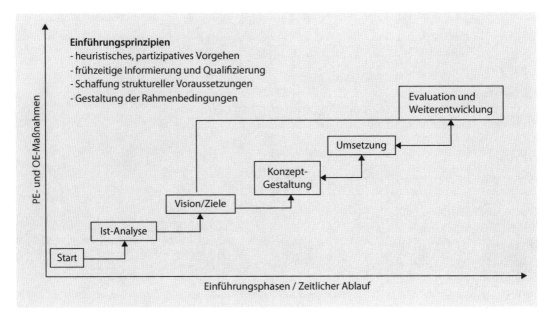

Abb. 13.1 Prinzipien und Phasen bei der Einführung von Gruppenarbeit

informiert. Eine Betriebsvereinbarung lag bereits vor, die die Rahmenbedingungen für die Vorgehensweise zur Einführung der Gruppenarbeit regelte.

Das Projekt zur Einführung der Gruppenarbeit dauerte ca. 24 Monate und verlief grob in 6 Phasen (vgl. Antoni, 2000; ▫ Abb. 13.1):

1. Projektstart
2. Ist-Analyse
3. Gemeinsame Vision schaffen und Ziele vereinbaren
4. Gruppenarbeitskonzept entwickeln
5. Gruppenarbeitskonzept umsetzen
6. Evaluation

13.3.1 Phase 1: Projektstart

Für die Steuerung des Einführungsprozesses wurde eine Projektstruktur mit einem Lenkungs- und einem Projektteam geschaffen, die im weiteren Verlauf durch Teilprojektteams ergänzt wurde (vgl. ▫ Abb. 13.2).

Lenkungsteam

Aufgabe des Lenkungsteams war es, grundlegende strategische Fragen – etwa zur Integration indirekter Funktionen in die Gruppen – zu entscheiden und die Rahmenbedingungen festzulegen, wie z. B. welche zeitlichen und finanziellen Ressourcen bereitgestellt werden. Ferner kontrollierte es den Fortschritt des Projekts und die Einhaltung der vereinbarten Rahmenbedingungen. Mitglied im Lenkungsteam waren neben dem Werksleiter der Personalleiter, der Betriebs-

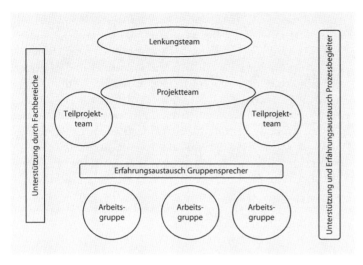

○ **Abb. 13.2** Projektstruktur bei der Einführung der Gruppenarbeit

ratsvorsitzende und ein Vertreter der Arbeitsvorbereitung und der Produktionsplanung. Auftraggeber und Leiter des Lenkungsteams war der Werkleiter.

Aufgabe des Projektteams war es, die Grundzüge des Gruppenarbeitskonzepts zu erarbeiten und seine partizipative Entwicklung, Umsetzung und Weiterentwicklung zu steuern. Mitglied des Projektteams waren der Projektleiter, die Meister, gewählte Vertreter der Beschäftigten aus jeder Schicht bzw. im weiteren Verlauf die gewählten Gruppensprecher, Vertreter des Betriebsrats sowie der internen und externen Prozessbegleitung.

Projektteam

❯ **Wichtig**
Unternehmensspezifische Gruppenarbeitskonzepte sollten in partizipativer Projektarbeit entwickelt und umgesetzt werden.

Neben dem Lenkungs- und Projektteam wurden auch Teilprojektteams gebildet, die einzelne Themen bearbeiteten und Lösungsvorschläge entwickelten (vgl. ○ Abb. 13.2). Mitglieder der Teilprojektteams waren Mitarbeiterinnen und Mitarbeiter, Gruppensprecher und Vertreter aus indirekten Bereichen und des Betriebsrats, die jeweils nach ihren Interessen und Kompetenzen ausgewählt wurden.

Teilprojektteam

Der Betriebsrat wurde auf allen Projektebenen eingebunden. Betriebsräte arbeiteten im Lenkungsteam, im Projektteam und z. T. in den Subteams konstruktiv mit. Diese konstruktive Zusammenarbeit von Management und Betriebsrat war ein wichtiges vertrauensbildendes Signal für die Beschäftigten.

Zunächst wurde im Lenkungsteam geklärt, wer die Projektleitung übernimmt. Als Projektleiter wurde der Leiter der Blechteilefertigung benannt. Er vereinbarte mit dem Lenkungsteam die Ziele, Ressourcen und Rahmenbedingungen des Projekts und welche externen und

Prozessbegleitung

internen Berater als Prozessbegleitung hinzugezogen werden. Die interne Prozessbegleitung übernahm eine Mitarbeiterin der Weiterbildung, die externe der Autor dieses Beitrags. Beide nahmen an den Sitzungen des Lenkungs- und Projektteams teil. Sie klärten zu Beginn mit dem Projektleiter, welche Interessengruppen die Einführung von Gruppenarbeit unterstützen oder behindern könnten (▶ Checkliste: Fragen, die es bei einer Kraftfeldanalyse zu klären gilt). Auf dieser Grundlage wurde konkretisiert, wer Auftraggeber für die Prozessbegleitung ist, wie sich das Projektteam zusammensetzt und was die nächsten Schritte sind. Als Auftraggeber vereinbarte der Werkleiter dann mit der Prozessbegleitung den Auftrag, das Projektteam bei der Erarbeitung eines unternehmensspezifischen Gruppenarbeitskonzepts und bei der Steuerung des Einführungsprozesses zu unterstützen und prozessbegleitend zu qualifizieren.

> **Wichtig**
> Mit Interessen-/Kraftfeldanalysen können vorhandene Interessengruppen identifiziert und in den Einführungsprozess eingebunden werden.

ⓘ Checkliste: Fragen, die es bei einer Kraftfeldanalyse zu klären gilt
  - Welche Interessengruppen sind durch die Einführung von Teamarbeit betroffen?
  - Welche Ziele verfolgen diese Interessengruppen?
  - Wie beeinflussen sich diese Interessengruppen?
  - Wie wirkt sich die Einführung der Gruppenarbeit auf die Ziele und Beziehungen dieser Interessengruppen aus?
  - Wer gehört zu den potenziellen Unterstützern, wer zu den Gegnern?
  - Wie können Gegner für die Einführung von Gruppenarbeit gewonnen werden?
  - Welche Gegebenheiten im Unternehmen fördern, welche hemmen Teamarbeit?

Alle betroffenen Mitarbeiterinnen und Mitarbeiter sowie Führungskräfte wurden von Beginn an über die Ziele des Projekts aus Sicht des Managements und des Betriebsrats informiert und kontinuierlich über den Projektstand auf dem Laufenden gehalten. Hierzu dienten gezielte Informationsveranstaltungen für die Beschäftigten, regelmäßige Besprechungen zum Schichtwechsel und die später eingeführten Gruppengespräche. Zur Konstituierung des Projektteams wurde mit den Mitgliedern ein Kickoff-Workshop zur Rollen- und Aufgabenklärung sowie zur Vereinbarung der weiteren Vorgehensweise durchgeführt.

13.3.2 Phase 2: Ist-Analyse

Analyse von Stärken und Schwächen sowie Erwartungen und Befürchtungen

Das Projektteam hatte sich darauf verständigt, zunächst eine Diagnose der Ausgangssituation in der Blechteilefertigung durchzufüh-

ren, um die Stärken und Schwächen der Produktions- und Dienst-
leistungsprozesse sowie die Erwartungen und Befürchtungen von
Mitarbeitern und Vorgesetzten im Hinblick auf die Einführung von
Gruppenarbeit zu ermitteln.

- **Partizipative Anforderungsanalyse**

Die Ist-Analyse wurde so durchgeführt, dass alle Mitarbeiter der Teilefertigung im Rahmen von Schichtgruppentreffen aus ihrer Sicht bestehende Probleme mittels einer Kartenabfrage sammelten und zu
Schwerpunkten gruppierten. Die Führungskräfte ergänzten die von
den Mitarbeitern erarbeitete Problemlandschaft und formulierten
Erwartungen aus ihrer Sicht. Parallel wurden wirtschaftliche Kennzahlen der Ausgangssituation (z. B. Gemeinkosten, Leistungsstand,
Qualitätszahlen, Durchlaufzeiten und Schnittstellen) durch Führungskräfte und Fachabteilungen analysiert und dokumentiert. Insbesondere wurde analysiert, wie effektiv die bestehende Organisation
auftretende Störungen und Probleme bewältigen kann (vgl. Strohm,
1997).

Als zentrale wirtschaftliche Anforderungen kristallisierten sich
v. a. sehr kurzfristige Auftragsänderungen heraus, die aufgrund der
bestehenden arbeitsteiligen Arbeitsorganisation innerhalb der Teilefertigung, der vorgelagerten und indirekten Abteilungen, insbesondere der Produktionsplanung und Qualitätssicherung, zu langen Durchlaufzeiten und Engpässen bei Material und Zulieferteilen führten und
die Kosten in die Höhe trieben. Die Beschäftigten äußerten v. a. die
Sorge, dass diese in der gesamten Prozesskette liegenden Ursachen
nicht angegangen werden, sondern, wie bislang üblich, versucht würde, Kosteneinsparungen durch Vorgabezeitenkürzungen in der Fertigung zu erzielen. Sie formulierten daher klar ihre Erwartung, dass die
Abläufe in den indirekten Abteilungen überprüft und mehr Aufgaben
und Kompetenzen in die Teilefertigung verlagert werden, damit sie
ihre Probleme selbst lösen können. Erst unter dieser Bedingung waren sie zur Mitarbeit bereit.

Die Durchführung dieser Organisationsdiagnose hatte neben der
Datenbeschaffung für die weitere Vorgehensplanung noch eine wichtige Motivationsfunktion, um die Bereitschaft zu stärken, sich an dem
Veränderungsprozess zu beteiligen. Vor allem die Beschäftigten in der
Blechteilefertigung konnten durch ihre Beteiligung an der Problemanalyse dafür gewonnen werden, sich an der Arbeit in den Teilprojektteams zu beteiligen.

13.3.3 Phase 3: Gemeinsame Vision schaffen und Ziele vereinbaren

- **Vision einer flexiblen Blechteilefertigung**

Der Leiter der Teilefertigung skizzierte vor dem Hintergrund dieser
Ausgangssituation, die durch hohe Durchlaufzeiten, Lagerfertigung
und ständige Fertigungsplanänderungen geprägt war, seine Vision

Optimierung der gesamten
Prozesskette

einer flexiblen Blechteilefertigung, die ohne große Investitionen in neue Anlagen durch eine flexible Mannschaft zur Direktanlieferung der Teile an die Montagelinien innerhalb eines Tages fähig ist. Als Ziel für Teamarbeit wurde mit den Mitarbeitern vereinbart, dass notwendige Produktivitätssteigerungen nicht wie seit Jahrzehnten üblich durch Kürzung der Vorgabezeiten im Hundertstel-Sekunden-Bereich, sondern durch eine Optimierung der gesamten Prozesskette vom Lieferanten bis zum Kunden sowie die Integration indirekter Funktionen aus den Bereichen Qualitätssicherung, Fertigungsplanung und Instandhaltung und durch fachliche und zeitliche Flexibilisierung der Teammitglieder erreicht werden sollten. Dies traf bei den Beschäftigten in der Teilefertigung auf große Zustimmung und schuf die Voraussetzung für ihre Mitarbeit im Projekt.

13.3.4 Phase 4: Gruppenarbeitskonzept entwickeln

■ **Heuristische, partizipative Konzeptentwicklung**
Auf der Grundlage dieser gemeinsamen Vision und Zielsetzung erarbeiteten die Mitarbeiterinnen und Mitarbeiter der Blechteilefertigung gemeinsam mit ihren Führungskräften das Gruppenarbeitskonzept und die Voraussetzungen für dessen Umsetzung in mehreren parallel arbeitenden Teilprojektteams. Leitfragen und Hinweise seitens der Prozessbegleitung halfen ihnen bei der Strukturierung ihrer Arbeit. Fachliche Unterstützung leisteten die jeweiligen indirekten Abteilungen. Die Mitglieder der Teilprojektteams wurden nach ihrer fachlichen Expertise und ihrem Interesse für das jeweilige Thema ausgewählt. Die Teilprojektteams wurden durch das Projektteam koordiniert, das die Einzelergebnisse in ein Gesamtkonzept integrierte. Die Beschäftigten wurden über Zwischenergebnisse im Rahmen von Schichtgruppentreffen und Gruppensitzungen durch ihre gewählten Vertreter im Projektteam, durch ihre Meister und je nach Thema z. T. direkt durch den Projektleiter oder andere Projektteammitglieder informiert. Analog berichtete die Projektleitung dem Lenkungsteam und informierte es über den Projektstand.

13.3.5 Phase 5: Gruppenarbeit umsetzen

Machtpromotoren helfen bei der Lösung von Machtkonflikten

Die Umsetzung der erarbeiteten Lösungen und damit die Einführung der Teamarbeit erfolgten schrittweise durch die Beschäftigten und ihre Führungskräfte. Dem Projektteam kam hierbei eine unterstützende, koordinierende und kontrollierende Funktion zu. Das Umsetzungstempo richtete sich danach, wie schnell die Qualifizierung und damit die Entwicklung der konkreten Handlungskompetenzen der Teammitglieder vorangingen und die erforderlichen strukturellen und technischen Maßnahmen realisiert wurden. Als wesentlicher Einflussfaktor erwiesen sich dabei die Fachabteilungen. Sie waren gefordert, neue Aufgaben an die Teams zu übertragen, diese bei deren Übernahme zu unterstützen und die erforderlichen technischen und organisatorischen Voraussetzungen zu schaffen. Bei manchen Aufgaben kam es zu erheblichen Verzögerungen und Konflikten bei der Umsetzung der Gruppenarbeit. Die Konflikte betrafen neben sachlichen Problemen – wie die Klärung von Schnittstellen – v. a. auch Machtfragen – wie die Entscheidung, wer welche Aufgaben und Kompetenzen erhält. Daher war es von Vorteil, dass sowohl die Werkleitung als auch der Betriebsratsvorsitzende im Lenkungsteam eingebunden waren und ihre Macht entsprechend zur Konfliktlösung einsetzen konnten.

Fallbeispiel: Probleme bei der Umsetzung partizipativ erarbeiteter Problemlösungen
Ein Teilprojektteam erarbeitete ein Konzept, wie die Gruppe die Qualität ihrer gefertigten Teile selbst prüfen, diese Daten in das vorhandene Qualitätsmanagementsystem einpflegen und insbesondere auftragsgemäß modifizierte Teile selbst freigeben konnte. Dies setzte neben entsprechenden Qualifizierungsmaßnahmen auch voraus, dass ein Barcode-Lesegerät zur Erfassung der Teile installiert wurde. Es dauerte jedoch fast 1 Jahr, bis die zuständige Fachabteilung für Qualitätskontrolle ein Barcode-Lesegerät installierte, damit die Gruppe die Prüfung und Freigabe von Teilen selbst übernehmen konnte. Erst als das Projektteam den Projektstand, mit den erzielten Erfolgen und Misserfolgen sowie deren Ursachen, in einer Zwischenbilanz im Lenkungsteam präsentierte und eine Entscheidung von der anwesenden Werkleitung einforderte, konnte das Problem gelöst werden.

Durch die Mitarbeit in Projektteams und diversen Workshops und durch die Arbeit vor Ort qualifizierten sich die Beteiligten zugleich für die Arbeit in und mit Gruppen. Diese prozessimmanenten und informellen Lernprozesse wurden durch gezielte Qualifizierungsangebote im Rahmen der fachlichen Weiterbildung, z. B. zur NC-Programmierung, sowie durch Gruppensprecher- und Führungstrainings sukzessive ergänzt. Beispielsweise bereiteten sich die Führungskräfte in einem 1-tägigen Workshop auf die Einführung der Gruppenarbeit und die damit verbundenen Veränderungen ihrer Rolle vor.

> ❯ **Wichtig**
> Prozessimmanente und informelle Lernprozesse sollten durch gezielte Trainings für Gruppenmitglieder und -sprecher sowie Führungskräfte ergänzt werden.

ℹ Checkliste: Zielsetzung des Workshops für Führungskräfte
   – Ein gemeinsames Verständnis von Gruppenarbeit erarbeiten
   – Die Chancen und Risiken der Einführung von Gruppenarbeit diskutieren

– Die eigene Rolle und eigene Aufgaben im Rahmen von Grup-
penarbeit erarbeiten
– Die Veränderung der Rollen von Gruppenmitgliedern, Grup-
pensprechern, Führungskräften und Indirekten durch die
Einführung von Gruppenarbeit erörtern
– Konkrete Schritte für das weitere Vorgehen vereinbaren

Die Gruppensprecher und ihre Stellvertreter wurden für ihre Koordi-
nations- und Moderationsaufgaben in 3 Modulen geschult:
– Im 1. Modul (0,5 Tage) wurde erarbeitet, was die Rolle der Gruppensprecher ist, welche Aufgaben sie haben, welche Qualifikationen die Teilnehmer dafür bereits besitzen und was sie noch
lernen möchten.
– Im 2. Modul (0,5 Tage) ging es um den Sinn und Zweck von Vereinbarungen mit Vorgesetzten und Kollegen, etwa bei der Übernahme von neuen Aufgaben und Zielen. Es wurde erarbeitet,
wann Vereinbarungen notwendig sind und wie sie abgeschlossen
werden.
– Im 3. Modul (2 Tage) wurden die Gruppensprecher mit Rollenspielen und simulierten Gruppensitzungen dafür qualifiziert,
Gruppengespräche ergebnisorientiert vorbereiten und moderie-
ren zu können.

**Teamcoaching für
Gruppensprecher und Meister**

Zusätzlich zu diesen Schulungsmaßnahmen wurde den Gruppen-
sprechern und Meistern angeboten, die ersten Gruppensitzungen
gemeinsam mit der internen Prozessbegleitung vor- und nachzu-
bereiten. Hinzu kam ein Teamcoaching der Gruppensprecher und
Meister, wenn sich diese trafen, um Erfahrungen mit der Einführung
von Gruppenarbeit auszutauschen, Probleme zu diskutieren und gemeinsame Lösungsansätze zu entwickeln.

Neben diesen Personalentwicklungsmaßnahmen musste eine Vielzahl technischer und arbeitsorganisatorischer Änderungen umgesetzt
werden. Die technischen Änderungen betrafen z. B. die im Beispiel
oben angesprochene Einrichtung von Barcode-Lesegeräten oder eines
zweidimensionalen CAD-Systems, um kleinere Produktmodifika-
tionen vor Ort konstruieren zu können. Arbeitsorganisatorische Änderungen betrafen die Integration der indirekten Tätigkeiten in die
Gruppenarbeit und die entsprechenden Änderungen in den Abläufen
und Zuständigkeiten, etwa in der Qualitätssicherung, der Produktionsplanung oder der Arbeitsvorbereitung. Weitere wichtige Änderungen
betrafen die Kennzahlen- und Informationssysteme zur Führung und
Selbstregulation der Gruppen und deren Entlohnungsbedingungen.

■ **Visualisierung von Gruppenkennzahlen**
Die für die Führung und Selbstregulation der Gruppen erforderlichen
Kennzahlen
– zur Erfassung der Gruppenproduktivität, wie z. B. Personalpro-
duktivität oder Maschinenauslastung,

- zur Qualität, wie z. B. Ausschuss- oder Nacharbeitskennzahlen,
- zur Kundenzufriedenheit, wie z. B. Kundenreklamationen, oder
- mitarbeiterbezogene Kennzahlen, wie z. B. Qualifizierungsstand oder Umsetzungsgrad von Verbesserungsmaßnahmen

wurden für die Vereinbarung von Gruppenzielen anschaulich visualisiert und den Gruppen vor Ort zugänglich gemacht.

■ **Gruppenorientiertes Entgeltsystem**

Die Entlohnungsbedingungen wurden angepasst, um Anreize für einen flexiblen Arbeitsplatzwechsel und zur Qualifizierung innerhalb der Gruppe zu schaffen. Hierzu wurde mit den Beschäftigten vereinbart, welche konkreten Arbeits- und Flexibilitätsanforderungen zu erfüllen sind, um eine bestimmte Entgeltstufe zu erreichen. Die Meister konnten nun mit ihren Teammitgliedern deren »Arbeiterkarriere« planen und Maßnahmen zu deren Qualifikations- und Lohnentwicklung vereinbaren.

13.3.6 Phase 6: Zielerreichung evaluieren

Die schrittweise Umsetzung der Teamarbeit wurde regelmäßig im Projekt- und Lenkungsteam überprüft. Zusätzlich zu dieser projektinternen Berichterstattung wurden die am Projekt beteiligten Personen, insbesondere die Gruppenmitglieder, deren Führungskräfte und Vertreter indirekter Abteilungen im Rahmen der Ist-Analyse und zum Ende der Konzeptentwicklungsphase sowie am Ende der Umsetzungsphase durch die externe Projektbegleitung zu ihren Erfahrungen und Einstellungen zur Gruppenarbeit befragt (vgl. Van Dick & West, 2005). Die Ergebnisse dieser Befragung wurden zusammen mit den Eindrücken aus den Beobachtungen der Prozessbegleitung den Arbeitsgruppen, dem Projektteam und dem Lenkungsteam rückgemeldet.

13.4 Wie wurde die Nachhaltigkeit sichergestellt?

Die Nachhaltigkeit der Einführung der Teamarbeit wurde zum einen durch ein konsequentes Projektcontrolling sichergestellt und zum anderen dadurch, dass alle Beteiligten über die Projektfortschritte informiert und diese vor Ort visualisiert wurden. Hierzu berichteten die Leiter der Teilprojektteams, Gruppensprecher und Meister regelmäßig dem Projektteam über den Stand ihrer Arbeit. Die Fortschritte in der Umsetzung der Gruppenarbeit wurden mit Hilfe von Infotafeln visualisiert, auf denen die geplanten Maßnahmen, die zuständigen Personen und Termine und der jeweilige Umsetzungsstand dokumentiert wurden. Die Gruppenmitglieder besprachen in den Schichtbesprechungen und in den Gruppensitzungen ihre Arbeit und die der Teilprojektteams sowie des Projektteams mit Hilfe dieser Infotafeln. Der Projektleiter, Mitglieder des Projektteams und Vertreter indirekter Abteilungen berichteten dem Lenkungsteam über den Stand der Einführung. Die Einführung der Gruppenarbeit wäre ohne feste Berichtstermine des Projektteams im Lenkungsteam, in dem die Werkleitung und der Betriebsratsvorsitzende vertreten waren, vermutlich ein Opfer der Verschleppungstaktik einzelner Fachabteilungen geworden, die ihren Einfluss und ihre Zuständigkeiten mit allen erdenklichen Mitteln verteidigten. Nach Ende der Einführungsphase traten an die Stelle der Projektteamtreffen die Besprechungen im Führungskreis der Blechteilefertigung, in die die Gruppensprecher eingebunden wurden, um einen kontinuierlichen Informationsaustausch mit den Gruppen und ein Controlling der Gruppenarbeit zu gewährleisten.

> **Wichtig**
> Die Nachhaltigkeit der Einführung wird durch ein konsequentes Controlling der Gruppenarbeit anhand visualisierter Kennzahlen gesichert.

13.5   Fazit: Hinweise für die Praxis

Fasst man diese Erfahrungen zusammen, so empfiehlt sich für die erfolgreiche Einführung von Gruppenarbeit, kein Konzept von der Stange zu kaufen, sondern gemeinsam mit allen betroffenen Interessengruppen ein maßgeschneidertes Konzept zu entwickeln, das sich an den jeweiligen betriebsspezifischen Anforderungen und Ressourcen orientiert. Hierzu ist es hilfreich, zunächst in einer Interessen- bzw. Kraftfeldanalyse zu sondieren, welche Interessengruppen es gibt und aus welchen Gründen sie die Einführung von Gruppenarbeit unterstützen oder behindern könnten. Gelingt es, Vertreter dieser verschiedenen Interessengruppen in die Entwicklung und Umsetzung der Gruppenarbeit einzubinden, erhöht sich die Chance, deren Kräfte für den Einführungsprozess konstruktiv nutzbar zu machen. In Projekt- und Lenkungsteams können bestehende Probleme gemeinsam definiert, Ziele vereinbart, Lösungen entwickelt und umgesetzt werden. Diese Projektstrukturen eröffnen Mitwirkungsmöglichkeiten und tragen zur prozessimmanenten Qualifizierung der Teilnehmer bei. Gleichwohl bedarf es ergänzender Weiterbildungsmaßnahmen und prozessbegleitender Unterstützung, um die Beteiligten auf ihre neuen Rollen und Aufgaben – sei es als Teamleiter, Gruppensprecher, Gruppenmitglied oder Dienstleister – vorzubereiten. Überdies müssen die erforderlichen technischen, arbeitsstrukturellen und organisatorischen Voraussetzungen geschaffen werden. Angesichts der Komplexität dieses Veränderungsprozesses bedarf es klarer Ziele und Projektstrukturen sowie gut funktionierender Kommunikationsprozesse, um diesen steuern und, mit der Unterstützung der zentralen

Machtpromotoren, auch gegen Widerstände durchsetzen zu können (vgl. Sims & Salas, 2007; Salas, Kosarzycki, Tannenbaum, & Carnegie, 2004).

Literatur

Antoni, C. H. (2000). Teamarbeit gestalten. Grundlagen, Analysen, Lösungen. Beltz: Weinheim.

Salas, E., Kosarzycki, M. P., Tannenbaum, S. I. & Carnegie, D. (2004). Principles and advice for understanding and promoting effective teamwork in organizations. In R. J. Burke & C. L. Cooper (Eds.) Leading in turbulent times: Managing in the new world of work. Oxford, UK: Blackwell Publishing.

Sims, D. A. & Salas, E. (2007). When teams fail in organizations: what creates teamwork breakdowns. In J. Langan-Fox, C. L. Cooper & R. J Klimoski (Eds.), Research companion to the dysfunctional workplace: management challenges and symptoms (pp. 302-318).: Cheltenham, UK: Edward Elgar Publishing.

Strohm, O. (1997) Unternehmen arbeitspsychologisch bewerten. Ein Mehrebenenansatz unter besonderer Berücksichtigung von Mensch, Technik und Organisation. Zürich: Vdf Hochschulverlag.

Van Dick, R. & West, M.A. (2005). Teamwork, Teamdiagnose und Teamentwicklung. Göttingen: Hogrefe.

Praxisbeispiel »Teamentwicklung« – Die Entwicklung eines Bereichsführungsteams im Rahmen der strategischen Neuausrichtung in einem IT-Unternehmen

Laila Maija Hofmann

Der Beitrag beschreibt den Ablauf des Veränderungsprozesses einer Gruppe von Führungskräften zu einem Führungsteam im Rahmen eines Organisationsentwicklungsprojekts (OE-Projekt). Ausgewählte Erfahrungen, die hierbei gesammelt wurden, werden aus der Sicht der externen Prozessberaterin kritisch analysiert und Empfehlungen für ähnlich gelagerte Aufgabenstellungen abgeleitet.

14.1   Organisationsentwicklung als Ansatz für die Veränderungen im Marketingbereich des IT-Unternehmens

Der im Folgenden geschilderte Teamentwicklungsprozess fand im Rahmen eines umfassenden Veränderungsprojekts eines weltweit tätigen IT-Unternehmens in den Jahren 2002–2007 statt. Zu Beginn des Projekts arbeiteten rund 7000 Mitarbeiterinnen und Mitarbeitern für die Firma, die in allen wichtigen Ländern Europas, des Mittleren Ostens sowie Afrikas vertreten war.

Ziel des Change-Projekts: Erhöhung der Kundenorientierung

Im Fokus des Change-Projekts stand die klare Ausrichtung des Gesamtunternehmens an den Kundenbedürfnissen. Hierfür wurde der Organisationsaufbau weg von einer eher technikorientierten Struktur hin zu einer eindeutigen Kundenorientierung verändert. Es kam im Zuge dieses Prozesses auch zu Zusammenlegungen von Abteilungen; u. a. wurden 2 bisher weitgehend unabhängig voneinander agierende Organisationseinheiten zum Bereich »Marketing« zusammengeführt. Für die Besetzung der Führungspositionen der neu gestalteten Organisationseinheiten wurden interne und externe Bewerber und Bewerberinnen einer Art Management-Audit unterzogen.

Die Wahl zur Besetzung der Leitung des neu entstandenen Marketingbereichs fiel auf eine interne Bewerberin. Sie war im April 2000 in das Unternehmen als Verantwortliche für den Kommunikationsbereich in Deutschland eingetreten. Im Oktober 2002 wurde ihr nun in der Funktion »Leitung Marketing & Kommunikation« die Gesamtverantwortung für diese beiden Bereiche und damit für über 500 Mitarbeiterinnen und Mitarbeiter übertragen. Bis dahin waren dies weitgehend unabhängige Organisationseinheiten mit z. T. erheblichen Aufgabenüberlappungen, was zu einer Vielzahl an Abstimmungsproblemen führte.

Die neu ernannte Leiterin machte es sich zunächst zur Aufgabe, einen umfassenden Überblick über alle Marketingaktivitäten des Unternehmens zu bekommen und diese dann in ein Gesamtkonzept zu integrieren. Da sie davon überzeugt war, dass dies nur möglich sein würde unter Nutzung des Know-hows und auf der Basis der Bereitschaft aller Marketing-Mitarbeiterinnen und -Mitarbeiter, entschied sie sich beim Veränderungsansatz für einen Organisationsentwicklungsprozess, den sie mit Hilfe zweier externer Moderatoren plante.

14.2　Wie wurde verändert?

14.2.1　Der Start des Organisationsentwicklungsprojekts und die zeitliche Abfolge der Interventionen im Bereich Marketing

Im Herbst 2002 fand ein Kick-off mit den Marketingführungskräften aus der Zentrale, den Product Operations und den Ländern bzw. Regionen statt (etwa 20 Personen).

Als Ziele für diesen 1. Workshop wurden definiert:

- Vereinbarungen zum Vorgehen bei dem Veränderungsprojekt treffen.
- Zu einer Übereinkunft über die Entwicklung von organisatorischen Schnittstellen und Verantwortlichkeiten kommen.
- Ein Organisationsmodell für eine Übergangszeit entwerfen.
- Sich gemeinsam über die Ziele (wie z. B. Kundenorientierung), die Fachterminologie im Marketing und im Vertrieb, den Führungs- und Kooperationsstil abstimmen.
- Sich über die sog. Principles of Operations (also Leitlinien für die Zusammenarbeit) verständigen.

Basierend auf den Erkenntnissen aus diesem Workshop, entschied sich die Leiterin für einen systematischen Kommunikationsansatz, der sowohl den hierarchieübergreifenden Informationsfluss als auch den Informationsfluss innerhalb der verschiedenen Hierarchieebenen gewährleisten sollte. So wurde festgelegt, dass sich alle Mitglieder der oberen Führungsebene aus dem Marketingbereich zunächst alle 2 Monate persönlich treffen, zum sog. International Marketing Directors' Workshop. Etwa ein halbes Jahr später fand der 1. Workshop für die der Leiterin direkt unterstellten Mitarbeiterinnen und Mitarbeiter sowie deren direkt Unterstellte statt, der sog. »1st & 2nd line management workshop«.

Alle Workshops verfolgten grundsätzlich 4 Zielsetzungen, die von Termin zu Termin auf die jeweils aktuell anliegenden Themen hin konkretisiert wurden:

- Zum einen ging es – wie bereits erwähnt - um die Gewährleistung des Informationsaustauschs. Es sollten Entscheidungen des Vorstands und der Leitung kommuniziert und hinterfragt werden können, um ein gemeinsames und geteiltes Verständnis zu gewährleisten. Darüber hinaus ging es um die Möglichkeit, voneinander zu lernen, in Form eines sog. internen Best Practice Sharing.
- Ein weiteres Ziel war die gemeinsame Erarbeitung von Lösungsansätzen für aktuelle Probleme und strategische Herausforderungen.
- Da bei speziellen Themen bei einigen Teilnehmerinnen und Teilnehmern – oftmals von den Betroffenen selbst auch angespro-

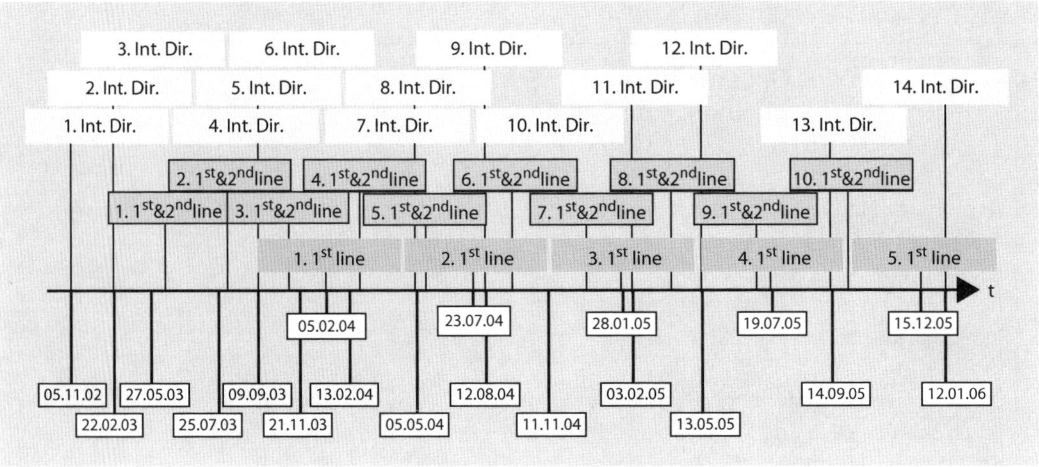

Abb. 14.1 Zeitliche Einordnung der Workshop-Interventionen für die einzelnen Zielgruppen

chene – Kenntnis- und/oder Erfahrungslücken offensichtlich wurden, wurden Zeitfenster bei den gemeinsamen Treffen für Trainingseinheiten vorgesehen.

- Es war der Leiterin bei allen Zusammenkünften wichtig, in die Teamentwicklung – also in die Stabilisierung und die Qualität der persönlichen Beziehungen untereinander – zu investieren.

All dies führte zu erhöhten Anforderungen an die Führungsgruppe und deren Teamfähigkeit. So wurde rund 1 Jahr nach Start des Prozesses eine dritte Workshop-Reihe für das sog. »1st line management team« eingerichtet.

In Abb. 14.1 sind alle beschriebenen Interventionen in der zeitlichen Abfolge dargestellt.

Teamentwicklung als Teilprojekt im Organisationsentwicklungskonzept

Die folgenden Ausführungen fokussieren auf den Prozess der Entwicklung des »1st line management teams«.

14.2.2 Der Teamentwicklungsprozess für die obersten Führungskräfte als Teilprojekt der Organisationsentwicklung im Bereich Marketing

Rahmendaten und Ziele des Teamentwicklungsprojekts

Analyse der Gruppensituation

Zum »1st line management team« zählten anfangs 9 Personen. Bei einem Drittel dieser Gruppe bestand jedoch »nur« Fachweisungsgebundenheit zur Marketingleiterin. Ein Teil des Teams hatte bereits sehr viel Erfahrung zum Thema Marketing im Unternehmen gesammelt, der andere Teil war vom externen Markt rekrutiert

worden. Zumindest 1 Person aus dieser Gruppe hatte fest damit gerechnet, selbst die Marketingleitung angetragen zu bekommen. Die
Leiterin selbst konnte zwar auf eine erfolgreiche Karriere und jah-
relange Erfahrungen im Kommunikationsbereich zurückblicken,
musste sich aber in die anderen Themengebiete des Marketings erst
einarbeiten.

Konkreter Auslöser für die »1st line management workshops« war
ein sog. Upward-Appraisal, das im Gesamtunternehmen 2003 durchgeführt worden war. So lag auch der Schwerpunkt des 1. Workshops
in der Auswertung dieser Vorgesetztenbeurteilung. Hierzu fanden
im Vorfeld Einzelgespräche der Führungskräfte mit der Marketingleiterin statt. Dabei wurde u. a. besprochen, welche konkreten Rückmeldungen zu den Einzelnen im anschließenden Workshop mit der
gesamten Führungsgruppe diskutiert werden sollten.

Von Beginn an standen somit im Fokus des Projekts für die Führungskräfte die Entwicklung eines gemeinsamen Verständnisses hinsichtlich der Führungsphilosophie innerhalb des Marketingbereichs
und die Verbesserung der Zusammenarbeit im Führungsteam.

Darüber hinaus sollten während der extern moderierten Workshops die strategische Ausrichtung für die Marketingarbeit zur
Orientierung aller Mitglieder in den unterschiedlichen Abteilungen
definiert und regelmäßig überprüft sowie Vereinbarungen über Standards für das Tagesgeschäft und das Miteinander getroffen werden.

Inhalte und Methoden der Workshoparbeit

Neben der Diskussion der Ergebnisse der Vorgesetztenbeurteilung
gehörte zum 1. Workshop für das Managementteam ein KollegIn-
nen-Feedback. Die intensive Arbeit an den Beziehungen untereinander war aus unserer Sicht dringend notwendig geworden, da die
Führungsmannschaft bei den Mitarbeitern und Mitarbeiterinnen als
»uneinig«, bei einigen sogar als »zerstritten« galt.

Die Bedeutung, die Möglichkeiten und Grenzen von Feedback
waren bereits in einem vorangegangenen Meeting erläutert und persönliche Erfahrungen ausgetauscht worden. Ein Training zum Umgang mit persönlichem Feedback hatte stattgefunden. Nun wurden
alle Mitglieder der Führungsgruppe aufgefordert, anhand von 3 Leitfragen eine Selbstreflexion vorzunehmen und eine Rückmeldung für
jede Kollegin und jeden Kollegen vorzubereiten (◯ Abb. 14.2).

Am Vorabend des ersten Zusammentreffens erhielten alle ihre
persönliche Zusammenfassung der anonymisierten Ergebnisse. Sie
wurden gebeten, eine Rückmeldung zu diesem Feedback an die Gesamtgruppe zu geben. In der Folge entstand ein sehr intensiver Austausch der Teammitglieder untereinander, der in der Gesamtgruppe,
in Teilgruppen und in Vier-Augen-Gesprächen bis tief in die Nacht
hinein andauerte. Es wurden Missverständnisse aufgeklärt, Konflikte
auf den Tisch gebracht und Schnittstellen in der Zusammenarbeit
definiert. Von allen Beteiligten wurde dieser sehr persönliche Ansatz

Peer-Feedback als Startpunkt

Leaders' Meeting February 4-5, 2004 Personal Feedback to _____		
	In your role as a leader	In your role as a member of the M&C - Leaders' Team
What I like very much about you	· · ·	· · ·
What I like you to do more in the future	· · ·	· · ·
What I like you to do less in the future	· · ·	· · ·

⊡ Abb. 14.2 Feedback-Fragebogen

als überaus wichtig und sehr hilfreich für das Zusammenwachsen als Führungsmannschaft gesehen.

Teamphasen nach Tuckman

Vergleicht man diesen Prozess mit dem Phasenmodell von Teamentwicklung nach Tuckman (1965), könnten die einzelnen Phasen folgendermaßen nachvollzogen werden: Das Kennlernen und »gegenseitige Beschnuppern« (»**Forming**«) erfolgte im Rahmen des Tagesgeschäfts und insbesondere im ersten internationalen Workshop (⊡ Abb. 14.1). Kurz danach deutete sich in der Zusammenarbeit der Führungskräfte im Unternehmen das sog. »**Storming**« an und trat sehr klar während des 1. Workshops für die Führungskräfte zu Tage. Dieses mündete bereits im Workshop in Vereinbarungen zur persönlichen Zusammenarbeit. Die folgenden moderierten Treffen der Führungskräfte hatten dann insbesondere das »**Norming**« im Fokus:

— So wurde in einem sehr aufwendigen Top-down- und Bottom-up-Prozess unter Beteiligung aller Marketingmitarbeiter die Bereichsmission und -vision aus der Unternehmensmission abgeleitet.

— Die Unternehmenswerte wurden anhand von konkreten Beispielen aus dem Marketing-Arbeitsalltag verdeutlicht und für die Kommunikation hinein in die unterschiedlichen Abteilungen aufbereitet.

— Es wurden im Verlauf des Teamentwicklungsprozesses engagierte Diskussionen innerhalb des Managementteams über die Bedeutung der Vorbildfunktion von Führungskräften geführt.

— Qualitätsstandards und Leistungserwartungen für die jährlichen Zielvereinbarungsgespräche wurden untereinander geklärt und allen Mitarbeitern kommuniziert.

Auch die Phase »**Performing**« kann anhand des geschilderten Bei-
spiels nachvollzogen werden. So war bei der nächsten Vorgesetztenbeurteilung eine ganze Reihe an Bewertungen signifikant besser ausgefallen. Insgesamt konnte der Marketingbereich einige sehr erfolgreiche Projekte vorweisen. Die Bedeutung für das Unternehmen und
die Wertschätzung des Bereichs wurden u. a. im Verlauf des Projekts
durch die Anbindung des Marketingbereichs direkt an das BoM ausgedrückt; die Marketingleiterin wurde zum »Vice President Marketing« befördert.

Selbstverständlich kam es im Laufe des Prozesses auch zu einigen
Problemen und manchmal sogar zu Rückschlägen. Innerhalb der betrachteten 3 Jahre mussten immer wieder neue Kolleginnen und Kollegen in das Team integriert werden, 2 der Kollegen aus der Ursprungs-
gruppe entschieden sich auch während dieses Zeitraums, das Unternehmen zu verlassen. Diese Veränderungsprozesse galt es zu gestalten:

= Diejenigen, die das Team verließen, verabschiedeten sich in besonderer Weise bei ihren Führungskollegen. Die Gründe für das
  Ausscheiden während des Prozesses wurden jeweils erläutert.
= Für die »Neuen« wurde jeweils zu Beginn der Workshops eine
  Integrationsphase gestaltet, die i.d.R. aus 2 Teilen bestand: Zum
  einen erläuterten die »alten Hasen« den bisherigen Prozess und
  das Erreichte (z. B. in Form eines Zeitstrahls) und luden zur kritischer Rückfrage ein; zum anderen wurde der »Neue« gebeten,
  seine ersten Eindrücke zu berichten, was in unterschiedlichster
  Weise geschah (z. B. ein »Bild« des Teams malen, persönliche
  Eindrücke in eine »Geschichte« verpacken).

Umgang mit Veränderungen in der Teamzusammensetzung

Der Verlauf des Teamentwicklungsprozesses wurde regelmäßig im
Plenum reflektiert. Methodisch geschah das u. a. mit Hilfe von sog.
Organisationsskulpturen, die von einzelnen gestellt wurden.

Im Abstand von jeweils 1 Jahr wurden sog. **Outdoor-Trainings**
mit der klaren Zielstellung integriert, die Kommunikation zwischen
den Teammitgliedern kritisch zu reflektieren und das gegenseitige
Vertrauen auszubauen.

Um den kontinuierlichen Verbesserungsprozess, der innerhalb
der gesamten Firma propagiert wurde, auch in der Führungsarbeit
abzubilden, wurden neben der Arbeit an den Beziehungen zwischen
den Teammitgliedern und an aktuellen Geschäftsthemen auch **Führungsinstrumente und -ansätze** zur Diskussion gestellt.

Es wurden sowohl von der Leiterin wie auch von der Zielgruppe
selbst Lernthemen definiert, die zur erfolgreichen Veränderung notwendig erschienen. So entstand im Laufe der Zeit eine Art »**Werk-
zeugkasten**« mit Instrumenten wie

= Completed Staff Work nach Kepner und Tregoe (1998),
= Zielvereinbarung,
= Feedback,
= Coaching als Führungsansatz u. Ä.

Organisationsskulpturen zur Visualisierung von unterschiedlichen individuellen Wahrnehmungen

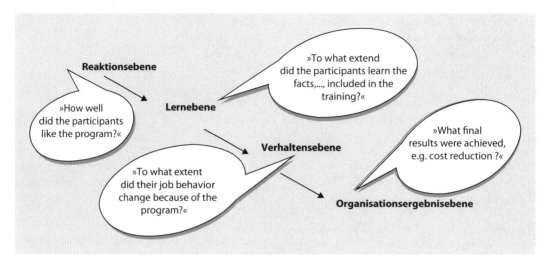

Reaktionsebene

»How well did the participants like the program?«

Lernebene

»To what extend did the participants learn the facts,..., included in the training?«

Verhaltensebene

»To what extent did their job behavior change because of the program?«

»What final results were achieved, e.g. cost reduction ?«

Organisationsergebnisebene

◘ Abb. 14.3 Das Evaluationskonzept nach Kirkpatrick (angelehnt an Kirkpatrick & Kirkpatrick, 2006). Reprinted with permission of Berret-Koehler Publishers. From Evaluating Training Programs: The Four Levels (3rd ed), © 2006 by Kirkpatrick & Kirkpatrick, Berret-Koehler Publishers, Inc., San Francisco, CA. All rights reserved. www.bkconnection.com

Individuelles Coaching zwischen den Teamworkshops zur Sicherung der Nachhaltigkeit

Zwischen den einzelnen Workshops konnten die Führungskräfte auch in Einzelgesprächen mit den externen Moderatoren im Rahmen eines Coachings individuelle Themen bearbeiten oder Hilfe für die Gestaltung der Zusammenarbeit in ihrem eigenen Verantwortungsbereich einholen.

Erfolgsmessung als integrierter Bestandteil des Entwicklungsprozesses

Bereits im oben geschilderten Kick-off-Workshop für den gesamten Bereichsprozess im November 2002 wurde die Messung der Ergebnisse von Marketingaktivitäten für die gesamte Marketingarbeit im Unternehmen als erfolgskritisch definiert[1]. Um diesem Aspekt Nachdruck zu verleihen, wurde beschlossen, dass auch Führungsinterventionen einer Messung unterzogen werden sollten; ein Beispiel hierfür sind die genannten Vorgesetztenbeurteilungen, die von der Personalabteilung koordiniert wurden.

Darüber hinaus beschloss man, auch den OE-Prozess einer regelmäßigen Evaluation zu unterziehen, u. a. um die vereinbarte Managementleitlinie – nämlich den Wertschöpfungsbeitrag im Fokus zu behalten – zu unterstreichen. Dies führte folgerichtig auch zu einer kontinuierlichen Überprüfung des Teamentwicklungsansatzes für den obersten Führungskreis.

Ebenen der Evaluation von Personalentwicklungsmaßnahmen

Als Grundlage für das Evaluationskonzept diente das Vier-Ebenen-Modell von Kirkpatrick & Kirkpatrick (2006) (◘ Abb. 14.3):

- **Reaktionsebene**
Hierfür wurden am Ende eines jeden Workshops die Teilnehmerinnen und Teilnehmer – meist in einer Blitzlichtrunde – nach ihrem

---

1   Siehe hierzu im Detail den Aufsatz von Hofmann, 2008.

Feedback gefragt: was aus ihrer Sicht verstärkt unternommen/bei-
behalten werden sollte oder was noch fehlt, um die Veränderung hin
zum gewünschten Zustand voranzutreiben.

■ **Lernebene**

Zur Überprüfung des Lernerfolgs wurden beispielsweise sog. Wis-
senswettbewerbe veranstaltet, in denen die Teilnehmerinnen und
Teilnehmer in Kleingruppen mit Fragen zu den behandelten Themen
konfrontiert wurden und gegeneinander in einer Art Wettkampf an-
traten.

■ **Verhaltensebene**

Wie geschildert, wurden während der Workshops wünschenswerte
Verhaltensweisen auf Grundlage der definierten Unternehmenswerte festgelegt. Dazu wurden die Führungskräfte jeweils am Ende des
1. Workshoptags um ihre Einschätzung des »Klimas« in ihrer Gruppe
auf Basis des Fragebogens von Francis & Young (1982; Comelli & von
Rosenstiel, 2003, S. 257) gebeten. Dieser Fragebogen wurde u. a. deshalb gewählt, weil er die Bereiche »Kommunikation«, »Kooperation«
und »Commitment« beinhaltet sowie einen Unternehmenswert, der
von der Gruppe als außerordentlich wichtig eingestuft wurde, nämlich »Courage«, also Mut.

Es sind jeweils die Mittelwerte aller Nennungen pro Item eingetragen. Diese Folie wurde jeweils am 2. Workshoptag aufgelegt;
zusätzlich dazu wurden alle Nennungen markiert, so dass man die
Streuung der Antworten erkennen konnte. Man konnte somit festhalten, inwieweit sich die Wahrnehmung der Zusammenarbeit in die
gewünschte Richtung entwickelt – und ob diese Wahrnehmung von
allen geteilt oder aber individuell sehr unterschiedlich gesehen wird.
Dabei konnte man erkennen, dass die Tendenz in die gewünschte
Richtung geht; nur der Wert »Risikoneigung« (der interpretiert wurde
in Richtung des Unternehmenswerts »Courage«) verschlechterte sich.

Diese Information war dann jeweils Basis für Plenums- oder
Kleingruppengespräche, in denen Handlungsansätze erarbeitet werden sollten, um unerwünschte Entwicklungen zu korrigieren.

Darüber hinaus wurde zu Beginn eines jeden Workshops erho-
ben, welche der im letzten Workshop besprochenen Marketing- und
Führungsmethoden und -instrumente zwischenzeitlich mit welchem
Erfolg angewendet wurden. Dies geschah auf Basis von (Selbst- und
Fremd-)Beobachtung auf der Grundlage der zum Ende eines jeden
Workshops definierten »Action Items«, Interviews und Fragebogen.

■ **Organisations- bzw. Ergebnisebene**

Anfangs lagen keine konkreten Ergebnisziele für die Marketingarbeit
vor (z. B. über die Kundenzufriedenheit oder den Bekanntheitsgrad
von Produkten). Der Prozess zur Identifikation der erfolgskritischen
Kenngrößen (KPI) und die systematische Erfassung der Daten sollten
ein Ergebnis des gesamten OE-Prozesses sein.

Fragebogen zum Teamcheck

Anhand von qualitativen Interviews mit allen Mitgliedern des Führungsteams konnte jedoch zumindest festgehalten werden, dass

- die Integration der Marketingaktivitäten von allen Führungskräften als gelungen bezeichnet wurde und
- die Implementierung von notwendigen Prozessen (z. B. Kommunikations-, Planungs- und Messprozesse) in den Augen aller Befragten stattgefunden hatte.

Kennziffern zur Messung des Interventionserfolgs

Darüber hinaus wurde festgestellt, dass für Kennziffern, für die zu Beginn des Prozesses – wie erwähnt – keine Daten zur Verfügung standen, im Verlauf des Analysezeitraums eine Verbesserung konstatiert werden konnte:

- Effizienzsteigerung
- Erhöhung des Bekanntheitsgrads des Unternehmens
- Verbesserung des Images des Unternehmens

14.3   Ausgewählte Ansätze zur Sicherung der Nachhaltigkeit

Die Nachhaltigkeit im Sinne von »**Dauerhaftigkeit**« der Führungsteamentwicklung kann daran beurteilt werden, dass der Prozess über mehr als 3 Jahre konsequent verfolgt wurde. Die Workshops wurden anfangs 3-mal im Jahr, später dann nur mehr 2-mal im Jahr durchgeführt, auch wenn die Vorgesetztenbeurteilungen und die Betriebsklima-Untersuchungen gute Führungsarbeit bestätigten. Die Führungskräfte selber mahnten Workshops bzw. Meetings an, wenn aufgrund von Terminengpässen das nächste Teamtreffen Gefahr lief, vom Kalender genommen zu werden.

Maßnahmen zur Absicherung der Dauerhaftigkeit der Intervention

Erreicht wurde diese Nachhaltigkeit durch Unterschiedliches. Sehr wichtig war sicherlich das Vorbild der Marketingleiterin. Sie selbst war bei allen Treffen die gesamte Zeit über dabei, stellte sich selbst allen Feedback-Interventionen und kümmerte sich aktiv um die Ausgestaltung des Teamentwicklungsprozesses mit den externen Moderatoren. Am Ende jedes Workshops wurden sog. Action Items mit klaren Zuständigkeiten vereinbart, die bis zum nächsten Treffen (Workshop, Jour Fixe oder Telco) bearbeitet werden mussten. Tauchten Probleme in der Zusammenarbeit auf, konnte auch – wie in ▶ Abschn. 14.2.2 »Inhalte und Methoden der Workshoparbeit« beschrieben – zwischen den Teamtreffen Unterstützung intern oder extern angefordert werden.

Die Nachhaltigkeit im Sinne von »**Durchdringung**« lässt sich dadurch belegen, dass nach einiger Zeit fast alle Führungskräfte wiederum für ihre eigenen Verantwortungsbereiche Teamentwicklungsprozesse anstießen. Mehr noch: Zunehmend interessierten sich auch andere Unternehmensbereiche für diesen Ansatz, erkundigten sich über die Rahmenbedingungen und wie sie es denn angehen müssten. Die Marketingleiterin wurde später gar gebeten, einen ähnlichen Prozess für das Gesamtunternehmen im Rahmen eines Kulturprojekts einzuleiten.

Hierbei geholfen haben sicherlich die signifikant besseren Ergebnisse des Marketingbereichs bei den Betriebsklima-Untersuchungen. Das hatte offenbar Aufmerksamkeit erregt. Regelmäßige kurze Berichte in der Mitarbeiterzeitung des Unternehmens informierten darüber hinaus über die Aktivitäten.

Im Jahr 2007 jedoch wurde ein neuer CEO benannt. Dieser Kollege hatte von Anfang an nichts von einem partizipativen Ansatz gehalten. Trotzdem konnte er den angestoßenen Kulturprozess für das Gesamtunternehmen nicht sofort aufhalten. Dies gelang erst, als sich die Marketingleiterin entschied, das Unternehmen zu verlassen. Fast alle ihr direkt zugeordneten Führungskräfte haben dem Unternehmen zwischenzeitlich ebenfalls den Rücken gekehrt. Sie stehen heute noch miteinander im Austausch und unterstützen sich auch in beruflichen Fragen. Einige haben inzwischen in ihren neuen Funktionen wieder Teamentwicklungsmaßnahmen eingeleitet.

Die Rolle der Geschäftsführung

14.4 Fazit und ausgewählte Empfehlungen für die Praxis

Eine **Zielvereinbarung** mit allen Beteiligten ist zu Beginn eines solchen Teamprojekts aus Sicht der Autorin unumgänglich. Wenn man so intensiv an den Beziehungen arbeiten möchte, dann sind zunächst die transparente Kommunikation und die Abstimmungen von Rahmendaten eine Frage des gegenseitigen Respekts. Darüber hinaus hat ein solches Vorgehen Vorbildcharakter und ist Beispiel für eine bestimmte Führungsphilosophie, wie sie im beschriebenen Praxisfall implementiert werden sollte. Es muss sichergestellt werden, dass diese/s Ziel/e so formuliert ist/sind, dass alle Beteiligten – in unserem Beispiel alle Führungsverantwortlichen – ein gemeinsames Verständnis darüber haben.

Ähnliches gilt für die Entwicklung eines **gemeinsamen Leitgedankens**. Wobei im vorliegenden Fall ein zusätzlicher Aspekt eine bedeutende Rolle spielte: Es ging um die Ableitung der Marketing-Vision und -Mission aus dem Unternehmenskonzept. Diese wurden in einem sog. Top-down/Bottom-up-Ansatz entwickelt. Es sollten alle Marketingmitarbeiter am Prozess beteiligt sein und damit ein gemeinsames Verständnis über den Wertschöpfungsbeitrag ihrer Fachfunktion für das Gesamtunternehmen generieren. Auf Basis der in diesem Projekt gemachten Erfahrungen möchte die Autorin nachdrücklich darauf aufmerksam machen, dass an dieser Stelle viel Ausdauer und Engagement insbesondere von den Führungskräften notwendig ist, da sie zum einen sich und ihre Ansichten selbst in die Diskussion einbringen sollen und zum anderen die hierarchieübergreifende Kommunikation mitbefördern müssen.

Top-down/Bottom-up Ansätze zur Absicherung der Kommunikation

Besonderheiten in internationalen Teams

Messungen als Change-Impulse

Eine weitere Empfehlung bezieht sich auf die sorgfältige Gestaltung von »Neuaufnahmen« und »Abschiedsprozessen« im Team. In Projekten, die über mehrere Jahre angelegt sind, kann nicht von einer **kontinuierlichen Beteiligung** ausgegangen werden. Einige Interventionsmöglichkeiten wurden in ▶ Abschn. 14.2.2 »Inhalte und Methoden der Workshoparbeit« geschildert. Dabei gilt es allerdings auch zu bedenken, dass Veränderungen im Team nach einer gewissen Zeit sehr hilfreich sein können, um die Effektivität der Teamarbeit zu gewährleisten (vgl. z. B. von Rosenstiel, 2007, S. 298ff.).

Im vorliegenden Beispiel war die **Arbeitssprache** Englisch, aber nur für 2 der Führungskräfte war dies die Muttersprache. Anfänglich wurde diesem Thema kaum Aufmerksamkeit geschenkt: Alle Beteiligten waren es ja gewohnt, sich im internationalen Kontext in englischer Sprache zu verständigen. Sobald es jedoch zu Detailfragen über Leistungsbeurteilung oder Führungsanspruch kam, wurde die Herausforderung deutlich. Um die Kommunikation zu erleichtern, ist zu diesem Punkt die in ▶ Abschn. 14.2.2 »Inhalte und Methoden der Workshoparbeit« Arbeit mit »Bildern« sehr zu empfehlen, sei es mit Papier und Stiften oder als Aufstellungsarbeit.

Auch Messungen von Interventionen sind selbst Veränderungsimpulse, die für die Teamentwicklung sehr hilfreich sein können. Im beschriebenen Prozess wurde die Messung fast durchgängig als positiv erlebt, da diese Rückmeldungen – laut Aussage der Befragten – zum einen die Motivation (gerade der Führungsgruppe) für den gesamten Prozess aufrecht hielt. Zum anderen waren diese Erfolgsmessungen die konsequente Umsetzung des propagierten Managementkonzepts: Alles, wofür Geld investiert wird, also auch Teamentwicklungsprozesse, wird regelmäßig überprüft.

Abschließend sei an dieser Stelle die allseits bekannte Empfehlung zu unterstreichen, dass Veränderungsprojekte nur dann Aussicht auf nachhaltigen Erfolg haben, wenn sie von oberster Stelle unterstützt werden. Das hier geschilderte Projekt wurde ganz klar von der Marketingleiterin vorangetrieben, die anfänglich die Duldung des CEO hatte, später dann dessen klare Unterstützung. An der Entscheidung über seine Nachfolge war er augenfällig kaum beteiligt. Hier spielten die Mutterkonzerne und deren strategische Ziele die entscheidende Rolle. Die langfristige Sicherung des Fortbestehens des Teilkonzerns stand dort nicht im Fokus.

> ⓘ Checkliste: Reflexionsfragen für Organisationsentwicklungsprojekte
> - **Zielvereinbarungen:**
>   - Haben alle Beteiligten ein gemeinsames Verständnis darüber, was erreicht werden soll?
>   - Sind allen Beteiligten die Rahmendaten für das Projekt klar?
> - **Mission/Leitgedanke:**
>   - Sind die Verantwortlichen darauf vorbereitet, dass es sich i.d.R. um einen zeitintensiven und anstrengenden Prozess handelt?
>   - Sind sie sich über ihre Vorbildfunktion im Klaren?

- Wurde ein Kommunikationsprozess konzipiert (top-down und bottom-up)?
- **Umgang mit Veränderungen im betroffenen Team:**
  - Welche Interventionen sind geplant, wenn es personale Veränderungen während des Organisationsentwicklungsprojekts gibt?
- **Internationale Projekte:**
  - Sind sich alle Beteiligten über die speziellen Schwierigkeiten in der Kommunikation über eine Nichtmuttersprache im Klaren?
  - Gibt es Unterstützung in Form von interkulturellem Training, Coaching oder Mentoring?
- **Erfolgsmessung:**
  - Wie werden Erfolge im Projekt sichtbar gemacht?
  - Stehen der Aufwand für die Messungen und der Erkenntnisgewinn hieraus in einem ausgewogenen Verhältnis?
- **Vorbildfunktion:**
  - Stehen die Hauptverantwortlichen glaubhaft hinter dem Projekt?
  - Ist Unterstützung für diese Personengruppe vorgesehen (Sparrings-PartnerInnen, Coaches, Redetraining u. Ä.)?

Leseempfehlung

Comelli, G. & Rosenstiel, L. von (2009). *Führung durch Motivation,* 4. Aufl. München: Vahlen.

König, E. & Volmer, G. (2008). *Handbuch Systemische Organisationsberatung.* Weinheim: Beltz.

Rohm, A. (Hrsg.). (2007). *Change-Tools,* 2. Aufl. Bonn: managerSeminare.

Literatur

Comelli, G. & Rosenstiel, L. von (2003). *Führung durch Motivation,* 3. Aufl. München: Vahlen.

Francis, A. & Young, D. (1982). *Mehr Erfolg im Team.* Hamburg: Windmühle.

Hofmann, L. (2008). Erfolgsmessung in der Personal- und Organisationsentwicklung. In K. Schwuchow & J. Gutmann (Hrsg.), *2008 – Jahrbuch Personalentwicklung* (S. 409–418). Köln: Luchterhand.

Kepner, C.H. & Tregoe, B.B. (1998). *Entscheidungen vorbereiten und richtig treffen,* 6. Aufl. Landsberg/Lech: Verlag Moderne Industrie.

Kirkpatrick, D.L. & Kirkpatrick, J.D. (2006). *Evaluating Training Programs: The Four Levels,* 3. Aufl. San Francisco, CA: Berrett-Koehler Publishers.

Rosenstiel, L. von (2007). *Grundlagen der Organisationspsychologie,* 6. Aufl. Stuttgart: Schäffer-Poeschel.

Tuckman, B.W. (1965). Developmental sequences in small groups. In *Psychological Bulletin, 63,* 384–399.

Flexibilisierung von Organisationsstrukturen durch Teams am Beispiel eines kleinen mittelständischen Unternehmens

Elisabeth von Hornstein und Siegfried Augustin

Viele Unternehmen scheitern weniger an externen Rahmenbedingungen als vielmehr an einem zu wenig weitsichtigen Umgang mit diesen. Professionelles Veränderungsmanagement wird durch eine kurzfristig ergebnisorientierte Unternehmens- bzw. Zielpolitik ersetzt. Veränderungen erfolgen meist unter Zeitdruck und werden top-down verordnet. Appelle zur konsequenten Mitarbeitereinbindung für die Akzeptanz- und damit auch nachhaltige Erfolgssicherung werden in den Bereich der »Veränderungslyrik« verwiesen, so dass es auch nicht verwundert, dass 2/3 der Veränderungsvorhaben scheitern. Das hier beschriebene Change-Projekt »Wachstumsgetriebene Organisationsentwicklung«, kurz »WOE« genannt (vgl. hier und im Folgenden Augustin, von Hornstein & Stihl, 2011), steht für ein Projektpaket, in dem mittels kontinuierlicher und konsequenter Einbindung der Mitarbeiter Lösungen zur Flexibilisierung der Organisationsstrukturen erarbeitet werden. Die Beschreibung der hierfür erforderlichen Teamorganisation in den jeweiligen Projektphasen wird Fokus des nachfolgenden Beitrags sein. Viele andere methodische Aspekte und inhaltliche Ergebnisse dieses Veränderungsprozesses bleiben auf Grund der gebotenen Kürze unberücksichtigt.

15.1   Was sollte verändert werden?

Das Unternehmen VIKING

Das 1981 gegründete mittelständische Unternehmen VIKING stellt u. a. Rasenmäher und (motorisierte) Gartengeräte – wie beispielsweise Häcksler, Laubsauger etc. – her. 1993 wurde das Unternehmen zu einer 100-prozentigen Tochter des Stihl-Konzerns, die innerhalb der Stihl-Gruppe jedoch weiterhin eine eigenständige Markenpersönlichkeit beibehält und sogar weiterentwickelt. Der Umsatz betrug zu dieser Zeit bereits 22 Mio. EUR, die Belegschaft von 67 Mitarbeitern wurde von 2 Geschäftsführern geführt. Der eine Geschäftsführer war Gründer und Marketingleiter des Unternehmens, der andere, Dr. Nikolas Stihl, technischer sowie kaufmännischer Leiter von VIKING.

Unternehmen sind durch Prozesse, Prozesse durch ihre Mitarbeiter erfolgreich

VIKING verfolgt eine kompromisslose Qualitätspolitik, die nicht nur die hergestellten Produkte, sondern auch die Prozesse und Mitarbeiter betrifft. Im Zuge eines sich stark abzeichnenden Wachstums des Unternehmens war offensichtlich, dass die bisherige Produktqualität nur durch eine Anpassung bzw. Neugestaltung der Prozesse unter starker Einbindung der Mitarbeiter beibehalten werden konnte.

15.2   Warum und wozu sollte verändert werden?

Organisatorische und strukturelle Ausgangslage als Projektanstoß

Der Umsatz der Firma VIKING war 2006 bereits auf 90 Mio. EUR gestiegen und die Belegschaft hatte sich auf 170 Mitarbeiter erhöht. Geführt wurde das Unternehmen nunmehr von Dr. Nikolas Stihl (der 2. Geschäftsführer war pensionsbedingt ausgeschieden) und

5 Bereichsleitern, die jeweils für den Einkauf, die Produktion, das Rechnungswesen, das Marketing sowie die Entwicklung verantwortlich waren. In das Jahr 2006 fiel auch die Entscheidung für eine Runderneuerung des Sortiments, die einen weiteren Wachstumssprung erhoffen ließ. Die Komplexität im Unternehmen würde weiter ansteigen und mit strukturellen sowie personellen Veränderungen einhergehen, die mit der bisherigen Aufbau- und Ablauforganisation nicht mehr bewältigbar wären. So war bereits an den hohen Führungsspannen erkennbar, dass die Kapazität der Führungskräfte durch Fach- und Führungsaufgaben ausgeschöpft war.

Der Veränderungsprozess »WOE« zielte darauf ab, unter Nutzung des Erfahrungswissens der Beteiligten innovative Lösungsansätze zu erarbeiten. Da eine zu detaillierte Zielvorgabe das Ergebnis teilweise schon vorwegnimmt, wurde der Projektauftrag daher bewusst sehr offen formuliert:

- Die Ziele und Erwartungen an die Prozesse von morgen sind bis zum Ende xy formuliert, akzeptiert und vereinbart.
- Die Ziele und Erwartungen an die Organisation von morgen sind bis zum xy formuliert, akzeptiert und vereinbart.
- Ein Maßnahmenplan zur Umsetzung liegt bis zum xy vor.
- Die Implementierung der Maßnahmen und Überleitung in einen kontinuierlichen Veränderungsprozess (KVP) sind bis xy erfolgt.

15.3   Wie wurde verändert?

Häufig erfolgen im Rahmen von Change-Projekten die Problemanalyse und damit einhergehend die Lösungsfindung durch das Topmanagement bzw. und/oder die es unterstützenden Berater. Auch wenn diese Vorgehensweise auf den ersten Blick zeitsparend und effektiv erscheint, erweist sie sich bei mittel-und langfristiger Betrachtung eher als kontraproduktiv. Selbst wenn der genannte Personenkreis im positiven Fall über profundes und v. a. relevantes Wissen verfügt, berücksichtigen die vorgenommenen Analysen nur selten den gesamten Unternehmenskontext. Dies führt zu voneinander isolierten Lösungsansätzen, aus denen wiederum häufig suboptimale Veränderungsziele abgeleitet werden.

Die Möglichkeit der Partizipation und damit auch Beeinflussbarkeit und Vorhersehbarkeit der Veränderung wird von den Mitarbeitern als fair empfunden, was die Identifikation und Bereitschaft zur Mitwirkung erhöht (Frey et. al, 2009, S. 567).

Die Möglichkeit der Partizipation und damit auch Beeinflussbarkeit und Vorhersehbarkeit der Veränderung wird von den Mitarbeitern als fair empfunden, was die Identifikation und Bereitschaft zur Mitwirkung erhöht (Frey et. al, 2009, S. 567).

Akzeptanz durch Partizipation

WOE erfolgte ohne Zeitdruck und mittels eines proaktiven Vorgehens, so dass die Mitarbeiter intensiv und umfassend eingebunden werden konnten. Der Geschäftsführer nahm als Machtpromotor eine Vorbildfunktion ein, indem er konsequent die aktive Beteiligung an dem Veränderungsprozess förderte und forderte. Die beteiligten Mitarbeiter wirkten als Fach- und Prozesspromotoren, indem sie einerseits ihr Wissen und ihre Erfahrung einbrachten, anderseits im Sin-

Teams als Mikrokosmos organisationalen Lernens

ne von Multiplikatoren für ein positives internes Projektmarketing sorgten.

Da Teamlernen die Voraussetzung für organisationales Lernen und damit nachhaltige Veränderungen ist (Senge, 2010), wurde dem Prozess der Teamzusammensetzung, den Regeln zur Zusammenarbeit in und zwischen den Teams sowie den gegenseitigen Rollenanforderungen und Verantwortungen bei der Projektorganisation ein hoher Stellenwert eingeräumt.

15.3.1 Das Prinzip Partizipation

So viel »Top-down« wie nötig, und so viel »Bottom-up« wie möglich

Bei einem partizipativen Vorgehen ist es sehr wichtig, dass das Management die Ziele, den Zeitrahmen, den Aufbau der Projektorganisation, die Hintergründe der Veränderung sowie der getroffenen Entscheidungen kommuniziert, um bei den Mitarbeitern Orientierungslosigkeit, die häufig mit Ängsten und damit Widerständen einhergeht, zu vermeiden. Darüber hinaus müssen die Gestaltung der Entscheidungsprozesse klar formuliert und das Verhältnis zwischen »Top-down« und »Bottom-up« kontinuierlich reflektiert werden (Gebert, 2007). Den Mitarbeitern muss bewusst sein, dass Partizipation nicht demokratische Entscheidungsfindung per Mehrheitsprinzip bedeuten muss, sondern auch ein Gegenstromverfahren darstellen kann, in dem das Management klare Aufgabenstellungen vorgibt und die Mitarbeitenden hierfür Lösungsalternativen entwickeln, die dann »top-down« entschieden werden. Allerdings kann dadurch die Entscheidung des Führenden abweichend von der ursprünglichen Überzeugung ausfallen. Wichtig ist, dass für die Mitarbeiter die Beweggründe der Entscheidungsträger nachvollziehbar sind.

15.3.2 Organisationales Lernen durch Teams

Die Voraussetzung für Organisationslernen ist individuelles Lernen, das mithilfe erweiterter Handlungsspielräume bei der Aufgabengestaltung, durch professionelle Personalauswahl und gezielte Qualifizierung beim Individuum selbst (von Rosenstiel & Nerdinger, 2011) sowie durch Bereitstellung entsprechender Konzepte wie beispielsweise eines umfassenden Kompetenzmanagements seitens der Organisation entsteht.

❯ **Wichtig**
Individuelles Lernen ist zwar Voraussetzung für organisationales Lernen, wird aber erst dann für die Organisation relevant, wenn es den Mitarbeitern in gesteuerten Kommunikationsprozessen ermöglicht wird, zum einen gemeinsam

gewonnene Erkenntnisse zu erzielen und zum anderen die Handlungskonzepte der Beteiligten einer kritischen Reflexion zu unterziehen.

Dies ist allerding nur im Rahmen einer gut organisierten Teamarbeit möglich, in der die Teammitglieder Techniken des Dialogs und der Diskussion beherrschen (Senge, 2010). Hierzu zählen neben Feedback-Regeln u. a. auch Kreativitätstechniken wie beispielsweise die »de-Bono-Methode« (de Bono, 1989). In der Teamarbeit lässt sich häufig beobachten, dass wichtige Informationen deshalb nicht beachtet werden, weil die Teammitglieder in unterschiedlichen Kontexten kommunizieren. Während 2 Teammitglieder z. B. den rein sachlichen Aspekt einer Information diskutieren, wird dem durchaus wichtigen Einwand eines Kollegen, der seine Beobachtung auf Emotionen und Erfahrungen stützt, keine Beachtung geschenkt. Die de-Bono-Methode unterteilt daher in ein 6-Farben-Denken, das durch verschiedene »Denk-Hüte« symbolisiert wird. Man denke hier auch an den Volksmund, der davon spricht, sich einen speziellen »Hut aufzusetzen«. Die Farbe Weiß steht hierbei für Fakten, Zahlen und objektive Information, Rot für Emotionen und Gefühle, Schwarz für logische Argumente, die gegen eine Sache sprechen, Gelb für positive und konstruktive Argumente, Grün für Kreativität und neue Ideen. Die Farbe Blau steht für Neutralität und bleibt dem Moderator vorbehalten. Eine mögliche Anwendungsform der de-Bono-Methode besteht darin, dass sich das gesamte Team in einem moderierten Prozess zeitgleich »einen ganz bestimmten Hut aufsetzt« und der Farbe entsprechend nur einen Aspekt des Themas bearbeitet. Damit können einerseits Informationen effizient und effektiv zusammengetragen werden, andererseits unterschiedliche Wahrnehmungen optimal verknüpft werden.

Zur Sicherstellung des Lerntransfers zwischen den Teams sind eine kontinuierliche standardisierte Visualisierung der erreichten Ergebnisse sowie deren Kommunikation zwischen den Teams im Rahmen einer gezielten und umfassenden Koordination erforderlich.

Organisationales Wissen entsteht in Kommunikationsprozessen

15.3.3 Das Projekt »WOE«

Das Projekt »WOE« wurde in 5 Phasen durchgeführt (vgl. ◘ Abb. 15.1). Die flankierenden Maßnahmen bestanden in der kontinuierlichen Aktualisierung eines integrativen Kommunikationskonzepts, einem unternehmensspezifischen Zeitplan sowie einem projektbegleitenden Controlling. Bei der Konzeption der einzelnen Projektphasen in der Vorbereitungsphase bildeten Aspekte der Teamzusammensetzung sowie der Arbeitsgestaltung in und zwischen den Teams einen Schwerpunkt.

In der Analysephase wurden bereits 25 Mitarbeiter (in 5 Teams organisiert) in das Projekt eingebunden. Die Anzahl der direkt am Projekt beteiligten Mitarbeiter erhöhte sich in der Konzeptionsphase auf 45 Mitarbeiter, die dann 7 Teams themenspezifisch zugeteilt

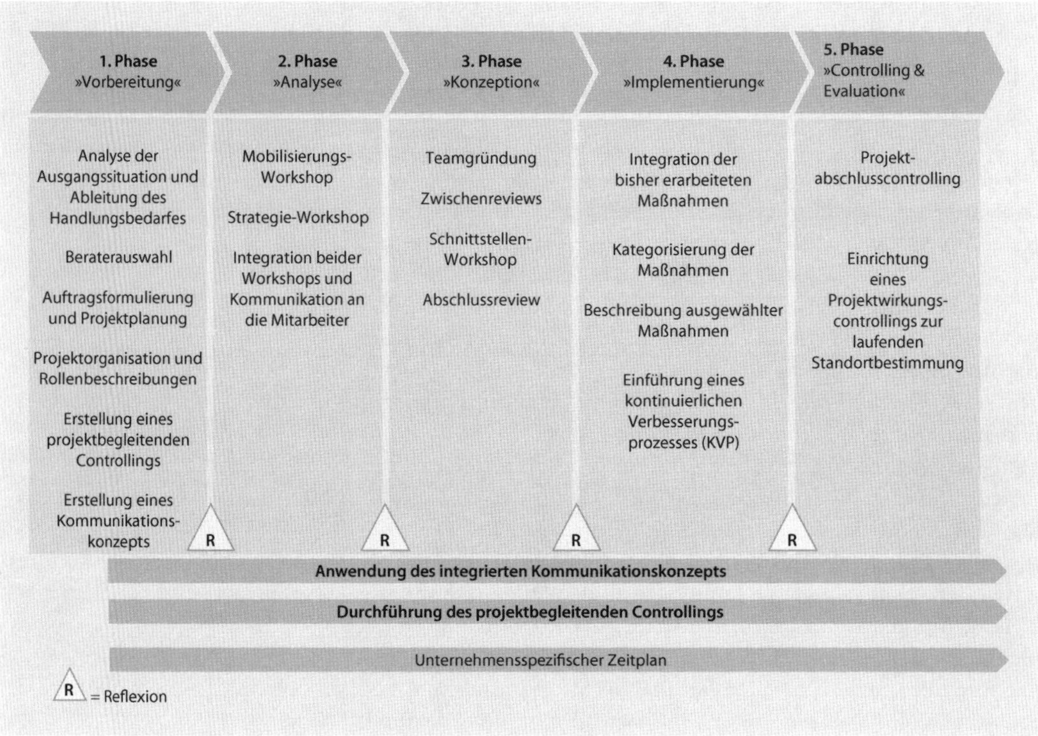

Abb. 15.1 Projektphasen. (Aus Augustin, von Hornstein & Stihl, 2011)

wurden. Diese Veränderungsteams wurden in der Implementierungsphase modifiziert und ergänzt und zu Umsetzungsteams ernannt. In der Controlling- und Evaluierungsphase wurden dann KVP-Gruppen (**k**ontinuierlicher **V**erbesserungs**p**rozess) gebildet, die im Sinne einer laufenden Organisationsentwicklung auch nach dem offiziellen Projektende weiterwirkten. Das Projektteam wurde in der Implementierungsphase in ein Kernteam umgewandelt, das dann in der Controlling- und Evaluierungsphase als KVP-Team weiterbestand.

Vorbereitungsphase

Projektorganisation, Themenauswahl, Zusammenstellung der Teams

Die **Vorbereitungsphase** wurde im Wesentlichen von dem Geschäftsführer, den 5 Bereichsleitern sowie den beiden Beratern gestaltet. Unterstützt wurden sie hierbei von der internen Projektleiterin, der Assistentin der Geschäftsführung und späteren Personalmanagerin. Die externe Projektleitung wurde auf die Mitautorin dieses Artikels übertragen. Neben der Verabschiedung der Projektziele und dem Aufbau der Projektorganisation wurden insbesondere die in der folgenden Checkliste aufgeführten Fragestellungen intensiv behandelt:

🛈 Checkliste: Fragen zur Teamarbeit und Teamorganisation
    1. Welche Themen werden zur Bearbeitung vorgegeben und nach welchen Kriterien werden die Teams zu deren Bearbeitung zusammengesetzt?

2. Wer ist verantwortlich für den Erfolg der einzelnen Teams und wie wird die teamübergreifende Zusammenarbeit geregelt, damit ein möglichst hoher Lerntransfer und gezielter Erfahrungsaustausch erreicht sowie Doppelarbeiten weitestgehend vermieden werden?

3. Wie muss ein Kommunikationskonzept gestaltet sein, damit einerseits kein Mitarbeiter des Werks uninformiert bleibt, andererseits sich die hierzu aufzuwendenden finanziellen, zeitlichen und personellen Ressourcen noch in einem vertretbaren Rahmen bewegen?

■ **Themenauswahl**

Die Themenauswahl erfolgte in Anlehnung an das EFQM-Bewertungsmodell (European Federation for Quality Management), das der Ermittlung und Steuerung der Qualität in Unternehmen dient. Dieses Modell, welches die Voraussetzung für die Bewerbung um den European Quality Award darstellt, erfasst alle wesentlichen Treiber (Befähiger-Kriterien), die notwendig sind, um positive Wirkungen (Ergebnis-Kriterien) zu erzielen. Der Bogen spannt sich hier u. a. von Themen der Führung über Politik und Strategie, Mitarbeiterorientierung und den Umgang mit Ressourcen bis hin zur Beherrschung von Prozessen. Die hierbei im Rahmen einer Zertifizierung festgestellten Werte werden mit Soll-Werten verglichen, Abweichungen analysiert und Veränderungsziele vereinbart. Diese Vorgehensweise soll zu einer positiven Beeinflussung der Ergebniskriterien »Kunden- und Mitarbeiterzufriedenheit«, »Auswirkungen auf die Gesellschaft« sowie »Gute Geschäftsergebnisse« führen (von Hornstein & von Rosenstiel, 2000).

> **Themenauswahl in Anlehnung an das EFQM-Modell**

- **Thema 1 – Führung:** Wie muss sich die Führungssituation hinsichtlich Struktur und Qualifikation bei VIKING durch das geplante Wachstum verändern?
- **Thema 2 – Kundenzufriedenheit:** Wer sind unsere internen Kunden, wie zufrieden sind unsere internen und externen Kunden?
- **Thema 3 – Wachstum:** Was brauchen wir an Mitarbeitern, Material, Information und Know-how, um den Herausforderungen des geplanten Wachstums begegnen zu können?
- **Thema 4 – ISO-Prozessstruktur:** Was müssten wir anders machen, damit unsere internen/externen Kunden besser arbeiten können?
- **Thema 5 – Kernprozesse:** Was von alledem, was wir heute tun, würden wir nicht mehr neu beginnen, wenn wir es nicht schon täten?

Damit die Themen einer prozessorientierten Perspektive unterzogen werden konnten, wurde in den einzelnen Teams jeweils ein repräsentativer Querschnitt des Unternehmens abgebildet. Zudem wurde die Betriebsrätin mit einbezogen. Bei der Auswahl der Teammitglieder wurden Mitarbeiter eingebunden, die bereits an ähnlichen Themen-

> **Widerstand – der siamesische Zwilling der Veränderung**

stellungen gearbeitet hatten oder besonderes Interesse zeigten, daran zu arbeiten (Dick & West, 2005). Auch kritische Mitarbeiter, die sich offen gegen das Projekt aussprachen, wurden bewusst hinzugezogen, da sich diese – wenn einmal überzeugt – als wichtige und äußerst glaubwürdige Promotoren des Wandels erweisen (von Hornstein & von Rosenstiel, 2000). Generell muss Widerständen Raum gegeben werden, da sie etwas Selbstverständliches sind. So beschreibt Doppler (2009, S. 11) Widerstand auch als siamesischen Zwilling der Veränderung. Es ist also normal, dass Mitarbeiter auf Veränderung zunächst mit Widerstand reagieren, da jede Veränderung auch mit Unbekanntem und damit Unsicherheit einhergeht. Wichtig ist, den Mitarbeitern Gelegenheit zu geben, ihre Ängste und Vorbehalte zu artikulieren, die vorgetragenen Argumente ernst zu nehmen und ihnen Zeit zu geben, sich auf die neue Situation einzustellen (Greif, Runde & Seeberg, 2004).

- ■ **Verantwortung und Teamarbeit**

Im Rahmen der Projektorganisation wurden die Aufgaben und Verantwortungen aller funktionalen Rollen (Geschäftsführer, Berater, Projektleiterin, Teamcoach, Teamleiter und Teammitglieder) verbindlich durch Rollenbeschreibungen sowie die gegenseitigen Anforderungen und Verantwortungen zwischen den Rollen projektphasenspezifisch festgelegt. Für die Phasen 1–3 wurde hierzu die in ◘ Abb. 15.2 dargestellte Struktur gewählt.

Das Projektteam mit interner und externer Leitung trug die fachliche Verantwortung gegenüber dem Auftraggeber. Für jedes Team wurde ein Teamcoach benannt, der dem Geschäftsführer gegenüber die Ergebnisverantwortung trug. Dem in der Praxis häufig auftretenden Konflikt, dass der Linienvorgesetzte seine Mitarbeiter nicht wie vereinbart zur Projektarbeit freistellt und damit den Teamerfolg gefährdet (Streich & Brennholt, 2009), wurde durch die Benennung von sog. Teamcoaches entgegengewirkt. Jedem der 5 Bereichsleiter wurde hierzu die Ergebnisverantwortung für 1 bzw. 2 Teams übertragen. Im Fall eines Interessenkonflikts zwischen Projektleitung und Linienvorgesetzten konnten sich die Teamleiter an ihren Teamcoach wenden, der aufgrund seiner Ergebnisverantwortung ein profundes Interesse daran hatte, dass die Teamarbeit reibungslos verlief und die Mitarbeiter hierzu auch wirklich freigestellt wurden. Da die Teams abteilungsübergreifend zusammengesetzt waren, lag der Klärungsbedarf in einem solchen Fall zwischen den Bereichsleiterkollegen, also auf einer horizontalen Ebene, und war nicht wie üblich hierarchisch – »Teamleiter vs. Linienvorgesetzter« – geprägt. Diese wichtige Aufgabe wurde auch explizit in der Rollenbeschreibung der Teamcoaches formuliert: »Vertretung der Interessen des Teams gegenüber den Linienvorgesetzten« (vgl. Augustin, von Hornstein & Stihl, 2011, S. 109f).

Die Teamleiter konnten sich somit auf ihre Durchführungsverantwortung konzentrieren, die zum einen die Steuerung des Team-

Teamleiter haben Durchführungsverantwortung gegenüber dem Projektteam

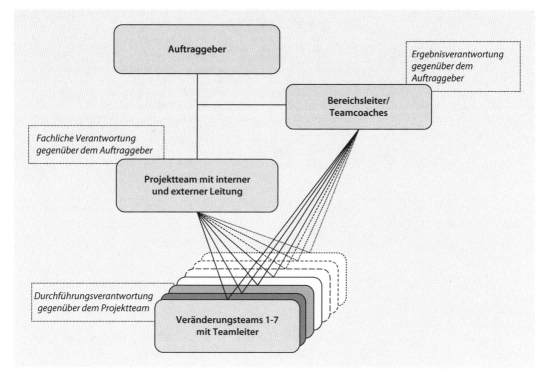

Abb. 15.2 Projektorganisation Phasen 1–3. (Aus Augustin, von Hornstein & Stihl, 2011)

prozesses und die Kommunikation der Ergebnisse an den Teamcoach, zum anderen die Koordination der Ergebnisse mit den andern Teams bzw. Teamleitern beinhaltete.

Einen weiteren Schwerpunkt bildeten Überlegungen zur Organisation der Zusammenarbeit zwischen den Teams, die einen optimalen Wissenstransfer und das Vermeiden von Doppelarbeiten gewährleisten sollten. Zu diesem Zweck wurden regelmäßige Zwischenreviews und ein Schnittstellenworkshop (▶ Abschn. 15.3.3 »Konzeptionsphase«) festgelegt. Darüber hinaus wurden aber auch die vertikalen Strukturen verbindlich definiert.

■ **Kommunikationskonzept**

Im Kommunikationskonzept wurde projektphasenspezifisch festgelegt, wer wen wann wozu informiert bzw. mit einbindet. Alle Mitarbeiter des Werks sollten informiert, aber nicht gleichermaßen beteiligt sein. Bei der Einbindung wurden Überlegungen zum sog. Fairness-Check (▶ Kap. 26) berücksichtigt, wonach es bei Veränderungsprozessen 4 Dimensionen wahrgenommener Fairness gibt, die von zentraler Bedeutung für die Akzeptanz von Veränderungsprozessen sind. Im Wesentlichen lassen sich diese Dimensionen mit den in ▶ Tab. 15.1 aufgeführten Leitfragen beschreiben.

> **Tab. 15.1** Fairness Check. (Aus Streicher & Frey, 2008)

Dimension	Leitfrage
Distributiv	Welche persönlichen Vor- und Nachteile habe ich bzgl. der Ressourcenverteilung zu erwarten?
Prozedural	Wird meine Meinung berücksichtigt?
Interpersonal	Werde ich respektvoll behandelt?
Informational	Werde ich offen und zeitnah informiert?

Analysephase

Mobilisierungs- und Strategieworkshops

Die Analysephase setzte sich hauptsächlich aus einem Mobilisierungs- und einem Strategieworkshop zusammen, wobei der Mobilisierungsworkshop den offiziellen Startschuss des Projekts für die Mitarbeiter bildete.

In diese Veranstaltung waren neben der Geschäftsführung, den 5 Bereichsleitern, der Projektleiterin, der Betriebsrätin und den beiden externen Beratern 25 ausgewählte Mitarbeiter eingeladen worden, die im Vorfeld in 5 Gruppen gemäß der 5 Schwerpunktthemen eingeteilt worden waren. Die Geschäftsführung und Bereichsleiter waren nur zu Beginn und bei der abschließenden Ergebnispräsentation anwesend.

> **Agenda Mobilisierungsworkshop (aus Augustin, von Hornstein & Stihl, 2011, S. 123)**
> 1. Ausgangssituation und Zielsetzung von WOE
> 2. Geplante Vorgehensweise im Projekt
> 3. Zielsetzung und Ablauf der Informationsveranstaltung
> 4. Themenspezifischer Input zu den jeweiligen 5 Gruppenarbeiten
> 5. Gruppenarbeit
> 6. Präsentation und Diskussion der Gruppenarbeitsergebnisse
> 7. Fazit und Ausblick (weitere Vorgehensweise)

Die Gruppenarbeit erfolgte im Rahmen einer sog. rollierenden Gruppenarbeit. Hierzu wird für jedes Team bzw. jedes Thema ein Moderator bestimmt. Während die Teams nach jeweils 30 Minuten Bearbeitungszeit zum nächsten Raum bzw. Thema wechseln, bleibt der Moderator im Raum und sammelt die Ideen aller Teams. Die Rotation ist dann abgeschlossen, wenn jedes Team wieder zu seinem ursprünglichen »Heimathafen« bzw. Thema zurückgekehrt ist und gemeinsam mit dem Moderator die Ergebnisse systematisiert. Diese Methode ist sehr geeignet, um bei einer hohen Teilnehmerzahl möglichst viele Anregungen zu sammeln. Zudem bietet dieses Vorgehen den Vorteil, dass bei der Ergebnispräsentation der Teams die Aufmerksamkeit der

Teilnehmer hoch bleibt, da sie bei allen Thema gleichermaßen mit eingebunden und daher auch an allen Teamergebnissen interessiert sind.

Zwei Wochen nach diesem Workshop wurde dann der Strategieworkshop mit folgender Agenda durchgeführt:

> **Agenda Strategieworkshop (aus Augustin, von Hornstein & Stihl, 2011, S. 125)**
> 1. Die Prüfung und Zuordnung der Lösungsideen aus dem Mobilisierungsworkshop in Maßnahmenpakete ist erfolgt.
> 2. Die Maßnahmenpakete sind auf ihre Plausibilität (Quercheck) überprüft worden.
> 3. Die Zuordnung der verantwortlichen Teamcoachs zu den Maßnahmenpaketen sowie eine erste Terminierung sind erfolgt.
> 4. Die weitere Vorgehensweise, v. a. die Sicherstellung einer umfassenden Information und Kommunikation für alle betroffenen Mitarbeiter, ist verabschiedet worden.

In diesem Workshop wurde von der Geschäftsführung und den Bereichsleitern neben der Modifizierung und Erweiterung der Themenstellung auch die Einbindung weiterer 20 Mitarbeiter beschlossen, die nun in 7 Veränderungsteams statt wie bisher in 5 Teams organisiert wurden. Die Auswahl dieser Mitarbeiter erfolgte z. T. auf Vorschlag durch die Hierarchie, z. T. aufgrund eines von ihnen selbst geäußerten Interesses.

Erweiterung von 5 auf 7 Teams

Eine Woche später wurde den Mitarbeitern in einer 1-stündigen Informationsveranstaltung die weitere Vorgehensweise kommuniziert. Besonderer Wert wurde hierbei auf die Rückmeldung gelegt, warum welche Vorschläge aufgenommen wurden und warum welche nicht.

Konzeptionsphase

Für eine erfolgreiche Teamarbeit muss das Team gemeinsam über die Ziele, Aufgaben, Rollen, Zeitvorgaben und Methoden informiert werden. Nur wenn die Gruppenmitglieder persönlich vom Ziel überzeugt sind, kann es zu einem Ziel-Commitment und damit zur Identifikation der Mitglieder mit der Gruppe kommen (Wegge, 2000). Bei Veränderungsprozessen nimmt die Vorbildfunktion der Führungsebene einen hohen Stellenwert ein. Da jede wahrgenommene Unstimmigkeit auf den nachfolgenden Ebenen Unsicherheiten und Widerstände erzeugt (Frey et al, 2009), war bei dem Projekt »WOE« die Geschäftsführung – trotz äußerst knappen Zeitbudgets – bei allen Kick-offs der 7 Teams aktiv mit eingebunden.

Neben einer vertrauensvollen Zusammenarbeit mit dem Topmanagement gilt eine reibungslose projektübergreifende Zusammenarbeit als zentraler Erfolgsfaktor (Kauffeld, Grote & Lehmann-Willen-

Kick-off-Workshops, Schnittstellenworkshop, Zwischen- und Abschlussreviews

brock, 2009). Daher ist es sehr wichtig, dass die jeweiligen Teamziele und Arbeitsergebnisse regelmäßig abgeglichen und ggf. modifiziert werden. In der Konzeptionsphase wurde daher neben den regelmäßigen Zwischenreviews auch ein Schnittstellenworkshop durchgeführt. Gestartet wurde in allen 7 Teams mit einem Kick-off-Workshop.

> **Agenda Kick-off-Workshop (aus Augustin, von Hornstein & Stihl, 2011, S. 129)**
> 1. Eröffnung durch Geschäftsführer: Selbstverständnis, unternehmenspolitische Grundsätze und Zielpyramide
> 2. Projektziele und Projektphasenplan
> 3. Phasenspezifische Projektorganisation und Rollenbeschreibungen
> 4. Kurzer fachlicher Input durch die Berater
> 5. Erläuterung der formalen Gestaltungsaspekte
> 6. Verabschiedung der Teamregeln
> 7. Wahl des Teamleiters
> 8. Namensgebung und Teamtaufe

Standards erleichtern die teamübergreifende Zusammenarbeit

Nach der Darstellung der 3 ersten Agendapunkte seitens der Geschäftsführung erfolgte ein kurzer themenspezifischer Input durch die Berater. Im Anschluss daran wurden die verbindlichen Standards für die Dokumentation der Arbeitsresultate, wie beispielsweise der Protokollführung und Ergebnispräsentationen, erläutert und reflektiert. Durch die standardisierte Vorgehensweise wird die teamübergreifende Zusammenarbeit vereinfacht und optimiert.

Ebenso verbindlich waren auch die vom Projektteam für die eigene Arbeit und die aller nachgeordneten Teams vorgegebenen Teamspielregeln, die allerdings teamspezifisch ergänzt und modifiziert werden konnten. Die Wahl des Teamleiters hingegen oblag den Teammitgliedern. Besonderer Wert wurde noch der Teamnamensgebung beigemessen, die, wie sich im weiteren Verlauf des Projekts herausstellen sollte, eine sehr identitätsstiftende Wirkung hatte. Dies zeigte sich beispielsweise daran, dass Team Nr. 1, welches dieses Vorgehen eher belächelte und auf eine Namensgebung verzichtete, von den übrigen 6 Teams während der gesamten Projektdauer als »No Names« tituliert wurde.

Nach der Namensfindung kam noch einmal die Geschäftsführung hinzu, um das jeweilige Team aus der Taufe zu heben und mit Sekt auf ein erfolgreiches Gelingen anzustoßen.

Einbindung weiterer Mitarbeiter durch Subteams

Die einzelnen Teams trafen sich im Schnitt 14-tägig für 3 Stunden zur gemeinsam Bearbeitung der Aufgabenstellungen und der Definition weiterer erforderlicher Arbeitspakete. Diese wurden dann von der Teamleitung an Subteams bzw. einzelne Experten delegiert und koordiniert. Auf diese Weise wurden noch einmal ca. 40 Mitarbeiter eingebunden. Jeder Mitarbeiter, der an dem Projekt »WOE« mitarbeitete, bekam eine Tasse mit dem Projektlogo, einem wachsenden Baum.

Neben den 14-tägigen Teamtreffen erfolgten noch situationsspezifisch 2 Zwischenreviews mit dem Projektteam, den 5 Bereichsleitern bzw. Teamcoaches und dem Geschäftsführer. In diesen Workshops wurden Arbeitsergebnisse sowie Entscheidungsalternativen für die weitere Vorgehensweise präsentiert. Zudem wurde evtl. notwendiger Abstimmungsbedarf mit anderen Teams identifiziert.

Drei Monate nach Projektbeginn wurde ein Schnittstellenworkshop durchgeführt, da die zu bearbeitenden Themenstellungen der 7 Teams nicht immer trennscharf waren. Beispielsweise widmete sich Team Nr. 6 »ISO-Stars« im Rahmen der bevorstehenden ISO-Zertifizierung stark dem Thema Prozessqualität, was zu Überschneidungen mit Team Nr. 7 »Die Kernigen« führte, welches das Thema Kernprozesse bearbeitete. Bei den Schnittstellenworkshops überprüften die 7 Teamleiter und die Projektleiterin, inwieweit sich Doppelbearbeitungen abzeichneten und welche Verlagerungen von Aufgabenpaketen erforderlich waren.

Verlagerung von Aufgabenpaketen zwischen den Teams

Das Projekt wurde nach rund einem halben Jahr mit teamspezifischen Abschlussreviews (gleiche Teilnehmerzusammensetzung wie bei Zwischenreviews) in die Implementierungsphase übergeleitet. Das »offizielle« Ende der Konzeptionsphase erfolgte im Rahmen einer Abschlussfeier, bei der sich die Geschäftsführung noch einmal ausdrücklich für die engagierte Teilnahme der Mitarbeiter bedankte.

Dank an die Teams

Implementierungsphase

In der Implementierungsphase wurden die Teams noch einmal neu strukturiert, da für die Erarbeitung von Lösungsvorschlägen mitunter andere Kompetenzen erforderlich sind als für deren Realisierung. So spielen beispielsweise bei der Generierung von Ideen Kreativität und Innovation eine große Rolle, wohingegen die Umsetzung der erarbeiteten Maßnahmen ein hohes Maß an Pragmatismus und Durchsetzungsvermögen erfordert. Eine völlige Neubesetzung der Teams ist allerdings nicht sinnvoll, da dies u. a. zum Infragestellen der bereits sorgfältig geprüften und gemeinsam verabschiedeten Lösungen durch die neuen Teammitglieder und damit einhergehend zu langwierigen Grundsatzdiskussionen führen kann.

Aus Veränderungsteams werden Umsetzungsteams

Nichtsdestotrotz kann es beim Übergang in die Implementierungsphase noch zu notwendigen Maßnahmenverfeinerungen kommen, die im Rahmen einer ersten Anwendung offensichtlich werden. Gerade in einem solchen Fall ist der Input der unmittelbar von der Veränderung betroffenen Mitarbeiter sehr wertvoll. Zudem wird durch die Hinzuziehung weiterer, an der Ideen- und Lösungsentwicklung nicht beteiligter Mitarbeiter eine breitere Akzeptanz für die Veränderung geschaffen (Maier & Hülsheger, 2009).

Die Veränderungsteams wurden daher zu Umsetzungsteams, die sich zum einen aus bereits bewährten Teammitgliedern und zum anderen aus themenspezifisch neu hinzugekommenen Mitarbeitern zusammensetzten.

Das Projektteam wird zum Kernteam

Das bisherige Projektteam wurde in ein Kernteam umgewandelt, das aus der Projektleiterin und den 7 Teamleitern der Veränderungsteams bestand. Die Teamleitung für die neu gebildeten Umsetzungsteams wurde von der Projektleiterin und den Teamcoaches auf Mitarbeiter übertragen, die sich während der Konzeptionsphase besonders hervorgetan hatten. Sie trugen gegenüber dem Kernteam die Durchführungsverantwortung dafür, dass die verabschiedeten Lösungswege auch tatsächlich umgesetzt wurden. Das Kernteam trug die fachliche Verantwortung sowie die Ergebnisverantwortung gegenüber dem Auftraggeber. Bei methodischen und fachlichen Fragestellungen konnte das Team bedarfsspezifisch auf die externen Berater zurückgreifen.

Vom funktions- zum prozessorientierten Organigramm

Wie es für Veränderungsprojekte typisch ist, zogen sich der Personal- und der Prozessaspekt auch bei dem Projekt »WOE« in vielfältigster Weise durch die rund 40 Lösungsvorschläge der Konzeptions- und damit 40 Aufgabenstellungen der Implementierungsphase hindurch. Exemplarisch sei die gravierendste Veränderung kurz skizziert. Die bisherige funktionsorientierte Aufbauorganisation wich einer prozessorientierten Struktur, die sich aus 4 Kernprozessen zusammensetzt: dem »Markenmanagementprozess«, dem »Produktentstehungsprozess«, dem »Marktversorgungsprozess« und dem »Lieferantenmanagementprozess«. Darüber hinaus wurden die 4 Stabsstellen »Finanz-und Rechnungswesen«, »EDV«, »Qualitätswesen« sowie »Personalmanagement« geschaffen. Zu den Prozessownern wurden die bisherigen Bereichsleiter ernannt, die Leitung der Stabsstelle »Personalmanagement« (in deren Zuständigkeitsbereich auch die Organisationsentwicklung fällt) wurde auf die Projektleiterin übertragen. Die Leitung der Stabstelle »Finanz-und Rechnungswesen« wurde von dem bisherigen Bereichsleiter »Rechnungswesen« wahrgenommen, die beiden anderen Stabsstellen wurden neu besetzt. Zudem wurden insgesamt 20 Abteilungsleiter und Gruppenleiter ernannt, die fast ausschließlich intern rekrutiert wurden und größtenteils schon im Kernteam mitgewirkt hatten. Mittlerweile hatte sich die Gesamtbelegschaft von 170 auf 230 Mitarbeiter erhöht. Der erwirtschaftete Umsatz konnte um nahezu 27% gesteigert werden.

Controlling- und Evaluierungsphase

Sicherung der Nachhaltigkeit durch KVP

Ein Veränderungsprojekt endet nicht mit der Implementierungsphase. Vielmehr ist es nun erforderlich, die Wirkungsziele, die mit der Umsetzung der Maßnahmen angestrebt wurden, einer laufenden Wirkungskontrolle zu unterziehen. Dies geschieht am besten im Sinne eines kontinuierlichen Verbesserungsprozesses (KVP), in dem die angestrebte Wirkung und deren Nachhaltigkeit überprüft und sichergestellt werden.

Ein Veränderungsprojekt endet nicht mit der Implementierungsphase

Die methodische Basis von KVP beginnt mit der gemeinsamen kontinuierlichen Erfassung von Verbesserungsmöglichkeiten durch Mitarbeiter benachbarter Arbeitsplätze, die in KVP-Kleingruppen

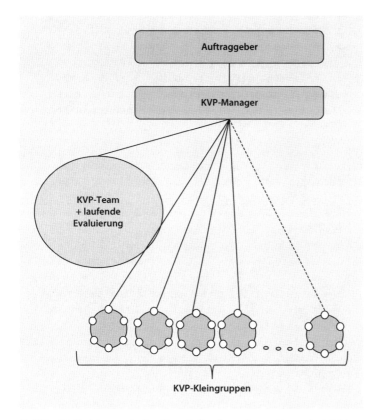

Abb. 15.3 Projektorganisation Phase 5. (Aus Augustin, von Hornstein & Stihl, 2011)

organisiert sind und deren Aktivitäten von einem KVP-Team koordiniert werden (Abb. 15.3). Das KVP-Team besteht aus Vorgesetzten der Bereiche, in denen die KVP-Kleingruppen installiert sind, und entscheidet über prozess- und bereichsübergreifende Vorschläge. Im Unterschied zu Projektteams, die überwiegend Lösungen für neuartige und zeitlich abgegrenzte komplexe Aufgabenstellungen erarbeiten, suchen KVP-Teams nach Verbesserungsmöglichkeiten im Sinne einer Feinjustierung der Prozesse (Antoni, 2009).

Bei der Überleitung von der Implementierungs- in die Controlling- und Evaluierungsphase wurde die Projektorganisation dahingehend verändert, dass das bisherige Kernteam in ein KVP-Team umfunktioniert wurde, das über die Lösungsvorschläge der KVP-Kleingruppen entschied und neben dem Projektabschlusscontrolling der Phasen 1–4 auch fortan für die Evaluierung der Ergebnisse im Sinne einer laufenden Standortbestimmung zuständig war. Ein aus den Reihen der ehemaligen Umsetzungsteams ernannter und direkt dem Geschäftsführer unterstellter KVP-Manager koordinierte die Aktivitäten der KVP-Kleingruppen.

> **Wichtig**
> Evaluationen lassen sich in formative und summative Vor-
> gehensweisen unterscheiden. Während es bei der ersten
> Variante darum geht, den Prozess der Maßnahme zu beglei-
> ten und verlaufsspezifisch zu verbessern, prüft die summative
> Evaluation, inwieweit die Lern- bzw. Veränderungsziele er-
> reicht wurden und welche Wirkung damit einhergeht (Bortz
> & Döring, 2006).

Formative und summative Evaluierung stehen in starker Wechselwirkung

Diese beiden Evaluierungs-bzw. Controllingformen stehen in einer starken Wechselwirkung. Je konsequenter ein formatives Controlling betrieben wird, desto weniger aufwändig und umso punktgenauer gestaltet sich das summative Controlling.

Im Rahmen des Projekts »WOE« fand ein projektbegleitendes formatives Controlling phasenspezifisch durch die Veränderungs- bzw. Umsetzungsteams statt. Das projektbegleitende Controlling wurde von den Teams von Anfang an als Maßnahme zur Qualitätssicherung und weniger als Kontrollinstrument empfunden. Da zudem bei den durchgeführten Zwischen- und Abschlussreviews die Qualität der durchgeführten Veränderungsschritte bewertet und intensiv diskutiert wurde sowie bedarfsspezifisch Zielkorrekturen vorgenommen wurden, brachte das Projektabschlusscontrolling der Phasen 1–4 auch keine Überraschungen mit sich. So lagen die Kosten für das gesamte Projekt im budgetierten Rahmen. Auch der Zeitstrahl war eingehalten worden, da für die Implementierungsphase aufgrund der zahlreichen und v. a. gravierenden Veränderungen entsprechend großzügig geplant worden war.

15.4   Fazit

Ein proaktiver und partizipativer Veränderungsprozess braucht bestimmte Rahmenbedingungen, damit er erfolgreich durchgeführt werden kann.

ⓘ Checkliste: Rahmenbedingungen für einen erfolgreichen Veränderungsprozess
   – Das Unternehmen sollte sich in keiner existenziellen Krise befinden, sondern dem Veränderungsprozess genügend Raum und Zeit geben können.
   – Trotz Berücksichtigung der zentralen Erfolgsfaktoren wie umfassender Partizipation und Kommunikation sowie konsequenter Machtpromotion durch das Management ist auch bei einem proaktiven Vorgehen mit Widerständen zu rechnen. So ist für viele Mitarbeiter einfach nicht einsehbar, warum sich etwas verändern soll, wenn doch alles so gut läuft. Daher ist es äußerst wichtig, den Mitarbeitern in verständlicher Form die strategischen Hintergründe näherzubringen und aufzuzeigen, »was passiert, wenn nichts passiert«.

- Die grobe Richtung des Projekts, der Zeitstrahl und die budgetären Ziele des Projekts müssen klar benannt, aber nicht zu eng gesteckt sein, damit innovative Lösungsansätze nicht im Keim erstickt werden.
- Die Projektorganisation sollte trotz der häufigen Umstrukturierungen der Teams und der damit einhergehenden Komplexitätserhöhung so klar und einfach wie möglich gehalten werden. Hierzu ist es – neben einer ansprechenden Visualisierung der Projektphasen – erforderlich, dass die Rechte und Pflichten aller Mitwirkenden klar definiert und konsequent kommuniziert und reflektiert werden.
- Die Einhaltung von Standards ist äußerst wichtig, damit die vielen Arbeitsergebnisse zeitsparend und optimal integriert werden können. Auch die stringente Einhaltung von verbindlichen Spielregeln zur Zusammenarbeit muss konsequent in Form von regelmäßig durchgeführten Feedbackrunden eingefordert werden.
- Die umfassende Einbindung der Mitarbeiter in der Analyse- und Konzeptionsphase führt zu einer hohen Veränderungsgeschwindigkeit in der Implementierungsphase, die nicht von allen Mitarbeitern mitgetragen werden kann. Neben den mentalen Blockaden spielen häufig Angst vor ungewohnten Herausforderungen oder unzureichende Qualifikation bzgl. der neuen Aufgaben eine Rolle. Es ist daher sehr wichtig, bereits zu Beginn der Implementierungsphase bedarfsspezifisch mit Schulungen, Trainings und Coachings zu starten.

Das hier beschriebene Projekt »WOE« kann auch in anderen Unternehmen in entsprechend modifizierter Form eingesetzt werden.

Literatur

Antoni, C. (2009). Gruppenarbeitskonzepte. In L. von Rosenstiel, E. Regnet & M.E. Domsch (Hrsg.), *Führung von Mitarbeitern. Handbuch für erfolgreiches Personalmanagement*, 6. Aufl. (S. 336–343). Stuttgart: Schäffer-Poeschel.

Augustin, S., Hornstein, E. von & Stihl, N. (2011). *Change Management – Ein Wechselspiel von Psychologie und Logistik. Praxisgerechte Veränderungen durch Psychologistik*. Wiesbaden: Gabler.

Bono, E. de (1989). *Das Sechsfarben-Denken. Ein neues Trainingsmodell*. Econ: Düsseldorf.

Bortz, J. & Döring, N. (2006). *Forschungsmethoden und Evaluation*. Heidelberg: Springer.

Conny, A. (2009). Gruppenarbeitskonzepte. In L. von Rosenstiel, E. Regnet & M.E. Domsch (Hrsg.), *Führung von Mitarbeitern. Handbuch für erfolgreiches Personalmanagement*, 6. Aufl. (S. 336–343). Stuttgart: Schäffer-Poeschel.

Dick, R. & West, M. (2005). *Teamwork, Teamdiagnose, Teamentwicklung*. Göttingen: Hogrefe.

Doppler, K. (2009). Über Helden und Weise. Von heldenhafter Führung im System zu weiser Führung am System. *OrganisationsEntwicklung, 2*, 4–13.

Doppler, K. & Lauterburg, C. (2008). *Change Management. Den Unternehmenswandel gestalten,* 11. Aufl. Frankfurt: Campus.

Frey, D., Gerkhardt, M., Fischer, P., Peus, C. & Traut-Mattausch, E. (2009). Change Management in Organisationen – Widerstände und Erfolgsfaktoren der Umsetzung. In L. von Rosenstiel, E. Regnet & M.E. Domsch (Hrsg.), *Führung von Mitarbeitern. Handbuch für erfolgreiches Personalmanagement,* 6. Aufl. (S. 561–572). Stuttgart: Schäffer-Poeschel,.

Gebert, D. (2007). Organisationsentwicklung. In H. Schuler (Hrsg.), *Lehrbuch Organisationspsychologie,* 4. aktual. Aufl. (S. 601–616). Huber: Bern.

Greif, S., Runde, B. & Seeberg, I. (2004). *Erfolge und Misserfolge beim Change Management.* Göttingen: Hogrefe.

Häfele, W. (Hrsg.). (2009). OE-Prozesse initiieren und gestalten. *Ein Handbuch für Führungskräfte, Berater/innen und Projektleiter/innen,* 2. Aufl.. Bern: Haupt.

Hornstein, E. von & Rosenstiel, L. von (2000). *Ziele vereinbaren, Leistungen bewerten.* München: Schäffer-Poeschel.

Kauffeld, S., Grote, S. & Lehmann-Willenbrock, N. (2009). Traum oder Albtraum: Zusammenarbeit in Projektteams. In M. Wastian, I. Braumandl & L. von Rosenstiel (Hrsg.). *Angewandte Psychologie für Projektmanager. Ein Praxisbuch für die erfolgreiche Projektleitung* (S. 167–185). Heidelberg: Springer.

Maier, G. & Hülsheger, U. (2009) Innovation und Kreativität in Projekten. In M. Wastian, I. Braumandl & L. von Rosenstiel (Hrsg.). *Angewandte Psychologie für Projektmanager. Ein Praxisbuch für die erfolgreiche Projektleitung* (S. 247–262). Heidelberg: Springer.

Rosenstiel, L. von & Nerdinger, F.W. (2011). *Grundlagen der Organisationspsychologie. Basiswissen und Anwendungshinweise,* 7. Aufl. Stuttgart: Schäffer-Poeschel.

Senge, P. M. (2010). *Die fünfte Disziplin. Kunst und Praxis der lernenden Organisation,* 10. Aufl. Stuttgart: Klett-Cotta.

Streich, R. & Brennholt, J. (2009). Kommunikation in Projekten. In M. Wastian, I. Braumandl & L. von Rosenstiel (Hrsg.), *Angewandte Psychologie für Projektmanager. Ein Praxisbuch für die erfolgreiche Projektleitung* (S. 61–82). Heidelberg: Springer.

Streicher, B. & Frey, D. (2008). Fairness-Check bei Wandelprojekten. Vier Dimensionen von Gerechtigkeit und wie man sie berücksichtigt. *OrganisationsEntwicklung, 4,* 70–75.

Wegge, J. (2000). Participation in group goal setting: Some novel findings and a comprehensive model as a new ending to an old story. *Applied Psychology, 59*(3), 498–516.

15

Veränderungsschwerpunkt Individuum

Einführung

Lutz von Rosenstiel

Eine Unzahl von Wissenschaften beschäftigt sich mit der Frage: »Was ist der Mensch?« Es ist offensichtlich, dass die Perspektiven, aber auch die impliziten oder expliziten Wertungen sich dabei z. T. vehement unterscheiden. Auf die eben gestellte Frage wird die Theologie anders antworten als die Biologie, die Kulturwissenschaft, die Soziologie, die Ökonomie oder die Psychologie. Und auch innerhalb dieser Wissenschaften gibt es ein weites Feld unterschiedlicher und z. T. sogar einander wiedersprechender Auffassungen.

Geht es – wie in diesem Kontext – um den Menschen in der Organisation, so gilt es zwischen impliziten, durch empirische Forschung kaum fundierten Annahmen, den sog. Menschenbildern, und durch empirische Forschung fundiertem Wissen über den Menschen zu unterscheiden. Freilich sind die Grenzen zwischen diesen beiden Bereichen nicht klar bestimmbar und durchaus fließend.

Man kann nun die Frage aufwerfen, warum man sich mit derartigen impliziten Annahmen, die nicht selten auf schlichten Vorurteilen beruhen, auseinander setzen sollte. Hierauf lassen sich vielfältige Antworten geben; eine aber erscheint besonders wichtig: Sie wirken als sich selbst erfüllende Prophezeiungen. Wenn z. B. ein Vorgesetzter gewerbliche Arbeitnehmer für grundsätzlich faul, verantwortungsscheu und unselbstständig hält, so wird er diese mit detaillierten Vorgaben und Aufträgen zu steuern suchen, alle relevanten Entscheidungen selber treffen, das Verhalten der Arbeiter beständig kontrollieren. Auf diese Weise lernen diese es nicht, selbstständig zu planen und ihr Handeln der eigenen Kontrolle zu unterwerfen. Wenn dann einmal keine detaillierten Aufträge gegeben werden und nicht kontrolliert wird, sind entsprechend die Arbeitsprozesse und -ergebnisse schlecht, worin der zuvor erwähnte Vorgesetzte eine Bestätigung seines Menschenbilds und eine Rechtfertigung seines Führungshandelns sieht. Einige Beispiele für derartige Menschenbilder sollen an extremen Standpunkten anschaulich gemacht werden, wobei es für diese sogar jeweils durchaus einige, aber keine ausreichenden empirischen Belege gibt:

- Der Mensch sei in seinen Fähigkeiten und Fertigkeiten, Motiven und Gefühlen weitestgehend genetisch determiniert und entsprechend durch Erziehungs-, Schulungs- und Führungsmaßnahmen kaum zu ändern. Dem steht die These entgegen, dass alles Verhalten gelernt sei und entsprechend auch wieder umgelernt werden könne, so dass der Einzelne schließlich das Produkt jener Lernprozesse sei, die sein Umfeld ihm vermittelt.
- Der Mensch sei – wie im einführenden Beispiel bereits angesprochen – grundsätzlich faul, verantwortungsscheu und an seinen Aufgaben desinteressiert, so dass er nur durch finanzielle Anreize, durch Befehl und Kontrolle zur Arbeit bewegt werden könne, während die Gegenthese hier lautet, dass Menschen sich gerne engagieren, bereit sind, Verantwortung zu übernehmen und eine frei von materiellen Anreizen getragene Bindung an ihre Aufgaben zu entwickeln, wenn man ihnen nur die Möglichkeit, den

entsprechenden Handlungsspielraum gibt. Dies sind letztlich jene impliziten Menschenbilder unterschiedlicher Vorgesetzter, die McGregor (1970) als »Theorie X« und »Theorie Y« einander gegenüberstellt.

- Der Mensch sei in seinem Sinnen und Trachten böse von Jugend an, wie wir es bereits in der Bibel lesen, und müsse daher ständig überwacht werden. Demgegenüber geht die Gegenthese davon aus, der Mensch sei gut, altruistisch, kooperativ und engagiert, wenn man ihm nur die Möglichkeit dazu bietet und er von der Gesellschaft nicht verdorben und zum Bösen verführt werde.
- Der Mensch sei durch Willensfreiheit gekennzeichnet, könne zwischen Handlungsalternativen wählen, müsse daher auch die Verantwortung für sein Tun tragen, lautet eine Sicht, während die Gegenthese dahin geht, dass der Mensch in seinem Fühlen, Wollen, Denken und Handeln voll determiniert sei und sein Gefühl, frei wählen zu können, schlicht eine Selbsttäuschung, eine Illusion sei.

Die Liste dieser Beispiele ließe sich fortsetzen.

Schein (1965), Ulich (2005) u.v.a. untersuchen, welche impliziten Menschenbilder die Wissenschaft hat, die sich mit dem Menschen in der Organisation auseinandersetzt. Dabei lassen sich, betrachtet man die historische Entwicklung dieser Forschungsrichtung im Laufe des vergangenen Jahrhunderts, 4 unterschiedliche Phasen unterscheiden. Da stand zu Beginn durch die einflussreichen Arbeiten des Ingenieurs Taylor (1911) die Auffassung, der Mensch sei einerseits ein »homo oeconomicus«, der ausschließlich durch finanzielle Anreize motivierbar sei; er sei andererseits ein »homme machine«, also ein komplexer Mechanismus, den es durch richtige Arbeitsgestaltung zwar auszunutzen, aber nicht zu überlasten gelte. Es ist dann schlüssig, dass vor dem Hintergrund einer solchen Konzeption eine extreme Arbeitsteilung, verbunden mit einer koordinierenden Hierarchie der Verantwortung, stand sowie individueller Leistungslohn eingeführt wurde. Außerdem sollte durch Zeit- und Bewegungsstudien sowie eine darauf aufbauende Gestaltung der Arbeitsumgebung und der Arbeitsprozesse eine angemessene Auslastung der Arbeitnehmer gesichert werden.

Es folgte jene Phase innerhalb des Fachs, die durch die implizite Annahme des »social man« gekennzeichnet war. Sie ist durch den Namen Mayo (1947) sowie die vielzitierten Hawthorne-Untersuchungen (Roethlisberger & Dickson, 1939) geprägt. Hier gelangte man durch zwar einschlägige, aber deutlich überinterpretierte Untersuchungen zu dem Ergebnis, dass das Handeln des Menschen v. a. durch die Beziehungen zu anderen – insbesondere zu den Kollegen und Vorgesetzten – bestimmt sei, dass formelle und informelle soziale Normen in Gruppen das Leistungsverhalten steuern. Daraus entwickelte sich in den 40er und 50er Jahren des vergangenen Jahrhunderts die weitverbreitete »Human-Relations-Bewegung«, innerhalb derer u. a. empfohlen wurde, dass die Vorgesetzten freundlich und wertschät-

> **Die Organisationspsychologie lässt sich in ihrer Entwicklung als Wandel der impliziten Menschenbilder interpretieren**

zend mit ihren Mitarbeitern umgehen sollten, was diese durch höheres Engagement und bessere Leistung danken würden.

In den späten 50er und 60er Jahren setzte sich dann unter dem Einfluss der sog. humanistischen Psychologie die implizite Annahme des »self-actualizing man« durch, also eines Mitarbeiters, der Selbstverwirklichung in seinen Aufgaben sucht und dem man daher Handlungsspielraum bei seinen Tätigkeiten zugestehen sollte. Diese Sicht des Menschen ist stark mit den Namen der Motivationsforscher Maslow (1954) sowie Herzberg, Mausner & Snyderman (1959) verbunden. Es überrascht nicht, dass in Folge derartiger Überlegungen die Propagierung »neuer Formen der Arbeitsgestaltung« (Ulich, Groskurth & Bruggemann, 1973) stand, innerhalb derer die Erweiterung des individuellen oder des gemeinsamen Handlungsspielraums empfohlen wurde. Dieser sollte z. B. durch »Job-Rotation«, »Job-Enlargement«, »Job-Enrichment«, durch die Implementierung »teilautonomer Arbeitsgruppen« oder durch dezentrale Organisationskonzepte bis hin zum »Unternehmertum im Unternehmen« realisiert werden. Auch das vielzitierte Programm der deutschen Bundesregierung »Humanisierung des Arbeitslebens« (Pöhler, 1979) war stark von derartigen Ideen beeinflusst worden.

Bald erkannte man in Wissenschaft und Praxis, dass derartige Menschenbilder, obwohl sie jeweils auf durchaus Zutreffendes hinwiesen, grobe Vereinfachungen, Vereinseitigungen darstellen. So gelangte man zum Menschenbild des »complex man«. Dies bedeutet, dass sich die Auffassung durchsetzte, dass Menschen sich deutlich voneinander unterscheiden, doch jeder Einzelne in Abhängigkeit von seiner Stellung im Lebenslauf und von seiner jeweiligen Situation bei der Arbeit unterschiedliche Gefühle, Motive, Handlungspräferenzen, Fertigkeiten und Kompetenzen entwickelt. Die Konsequenz derartiger Auffassungen war der Verzicht auf generalisierende Empfehlungen oder gar Gestaltungsmaßnahmen. An ihre Stelle traten Schulungsmaßnahmen, Anreizsysteme, Führungskonzepte, Arbeitsgestaltungen etc., die jeweils differenziert auf die unterschiedlichen Personen hin optimiert werden sollten. Dies ist eine Tendenz, die im Zuge der Globalisierung, spezifisch bei der interkulturellen Zusammenarbeit unter Berücksichtigung der grundlegenden Unterschiede der Kulturen wichtig wurde (Hofstede, 1997; Savin, 2005; Ma, 2007). In jüngster Zeit spricht man angesichts der neuen Informations- und Kommunikationstechnologien, die die Erwerbsarbeit nachhaltig revolutionieren und den arbeitenden Menschen prägen, von einem »virtual man« (Kauffeld, 2011). Dieser ist durch 4 Prozesse bestimmt worden: die Enttraditionalisierung, die Optionierung, die Individualisierung und die Netzwerkbildung.

Versucht man – abgesehen von diesen z. T. ideologischen, z. T. aber auch empirisch gestützten Auffassungen vom Menschen – zu analysieren, was Organisationen mit den in ihnen arbeitenden Menschen tun, so lassen sich – grob vereinfacht – 4 große Felder vonein-

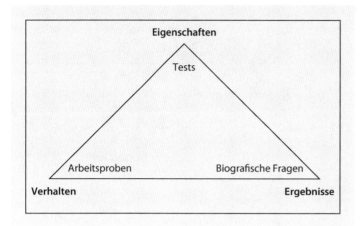

◘ **Abb. 16.1** Der trimodale Ansatz der Berufseignungsdiagnostik. (In Anlehnung an Schuler 2006, S.103)

ander unterscheiden: Die Mitarbeiter werden ausgewählt, geführt, beurteilt und entwickelt. Diese Gebiete stellen nicht nur die wichtigsten Forschungsgebiete der Organisationspsychologie dar (Schuler, 2006), sondern sind auch gewichtige Felder der Arbeit der Personalabteilungen in Organisationen.

Bei der Personalauswahl geht es darum, heute jene Personen zu erkennen, die sich morgen als Mitarbeiter in der Organisation bewähren sollen. Fehlbesetzungen kosten ein Unternehmen viel Geld, was sich inzwischen recht genau berechnen lässt. Wird eine Top-Position falsch besetzt, so kann dies sogar für das Unternehmen den Ruin bedeuten.

Die organisations- und personalpsychologische Forschung hat in einer inzwischen über 130-jährigen Tradition durch Verfahren, die sich durch hohe Reliabilität und Validität auszeichnen, ihre Nützlichkeit unter Beweis gestellt. Dennoch werden diese von vielen Unternehmen nicht genutzt; die Kluft zwischen Wissenschaft und Praxis ist auf diesem Feld besonders groß (Kirsch, 1995). Daher gibt es bei vielen Veränderungsprozessen in Organisationen, die ihr Zentrum in der Personalgewinnung und -auswahl haben, oft erhebliche Widerstände durch diejenigen, die ihre auf Common Sense beruhenden, aber wenig nützlichen Vorgehensweisen verteidigen.

Orientiert man sich am »trimodalen Ansatz« (Schuler, 2001; ◘ Abb. 16.1), so gibt es 3 Gruppen von Indikatoren, die einen gültigen Schluss auf künftige Bewährung gestatten:

Die Persönlichkeitsdiagnostik verwendet psychologische Tests, Arbeitsproben und Interviews.

— die Eigenschaften, die mit Hilfe von Testverfahren gemessen werden können,
— das Verhalten, das mit verschiedenen Arbeitsproben, insbesondere aber mit dem Assessment Center, fassbar wird, und
— bisherige Leistungen innerhalb der Biografie, die sich mit strukturierten Interviews erkennen lassen.

Die psychologischen Testverfahren lassen sich als Messinstrumente bestimmen, die innerhalb der psychologischen Diagnostik zur Urteilsbildung über Menschen und somit zum Vergleich zwischen verschiedenen Menschen eingesetzt werden. Testverfahren dienen dem Ziel, möglichst quantitative Aussagen über den Grad der individuellen Merkmalsausprägung eines oder mehrerer empirisch abgrenzbarer Persönlichkeitsmerkmale zuzulassen (Lienert & Raatz, 1994). Derartige Persönlichkeitsmerkmale sind die Intelligenz in all ihren Facetten, motorische,- sensorische- und psychische Leistungsvoraussetzungen sowie nichtkognitive Persönlichkeitsmerkmale wie z. B. die Extraversion, die emotionale Stabilität, die Interessen, die Motive oder die Volition.

Faktoren des Führungserfolgs

Sind geeignete Personen ausgewählt, so bestehen ihre Aufgaben in der Organisation darin, bestimmte Tätigkeiten, die sich aus der Arbeitsteilung ergeben haben, auszuführen, wobei die verschiedenen derartigen Tätigkeiten der Mitarbeiter durch Führung koordiniert werden. Führung ist dabei kein Selbstzweck, sondern ein Mittel zum Zweck, um betriebliche Ziele zu realisieren. Die Forschung hat sich nun intensiv mit der Frage beschäftigt, was denn unter Führungserfolg verstanden und wodurch dieser herbeigeführt werden kann. Dabei zeigt sich schnell, dass die Bestimmung des Führungserfolgs keine Aufgabe der Wissenschaft ist, sondern darüber unternehmenspolitisch entschieden wird. Dabei muss festgelegt werden, ob die kurzfristige Maximierung des Gewinns, die langfristige Bindung qualifizierter Mitarbeiter, die Verbesserung des Ansehens des Unternehmens in der Region oder was auch immer von den Führungskräften mit den Mitarbeitern zu realisieren ist (Neuberger, 2002).

Was aber sind die Bedingungen dieses Erfolgs? Häufig hört man die Auffassung, dass dieser von einer geeigneten Führungspersönlichkeit oder einem angemessenen Führungsstil abhänge. Dies ist zwar nicht unrichtig, jedoch einseitig. Es greift zu kurz, wie ◘ Abb. 16.2 zeigt.

Man erkennt, dass der Führungserfolg – wie immer er auch inhaltlich definiert sein mag – von den Geführten abhängt. Doch wird deren Verhalten in der einen Situation erfolgsförderlich sein, in der anderen aber nicht. Die Reaktion der Geführten hängt wiederum vom Führungsverhalten ab, aber auch hier gilt, dass dies von Situation zu Situation unterschiedlich erfolgt, was man besonders drastisch bei interkulturellen Vergleichen erkennen kann. Das Führungsverhalten ist natürlich von den stabilen und variablen Eigenschaften der führenden Person bestimmt, aber auch hier gilt, dass diese Eigenschaften sich je nach Situation in einem jeweils andersartigen Verhalten zeigen (von Rosenstiel & Nerdinger, 2011).

Geeignete Führungspersönlichkeiten sucht man im Rahmen der Personalauswahl durch die Eignungsdiagnostik zu gewinnen, das Führungsverhalten selbst durch Schulungsmaßnahmen zu optimieren. Dabei haben 2 wissenschaftlich fundierte Konzepte eine besondere Bedeutung erlangt: die Dimensionen des Führungsverhaltens,

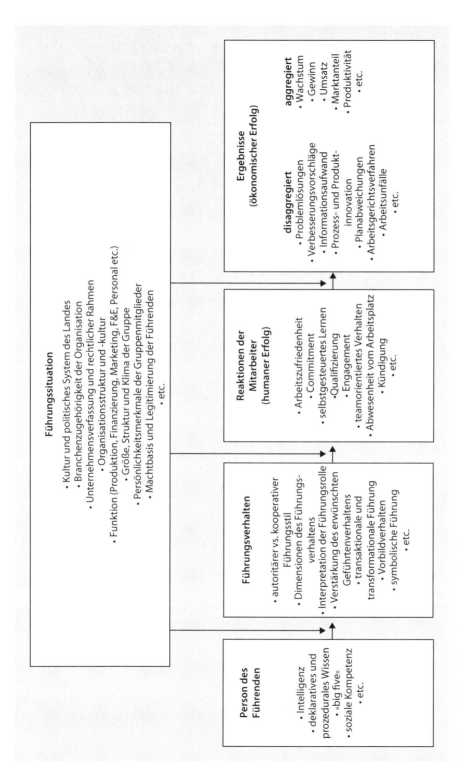

Person des Führenden
• Intelligenz
• deklaratives und prozedurales Wissen
• »big five«
• soziale Kompetenz
• etc.

Führungsverhalten
• autoritärer vs. kooperativer Führungsstil
• Dimensionen des Führungsverhaltens
• Interpretation der Führungsrolle
• Verstärkung des erwünschten Geführtenverhaltens
• transaktionale und transformationale Führung
• Vorbildverhalten
• symbolische Führung
• etc.

Reaktionen der Mitarbeiter (humaner Erfolg)
• Arbeitszufriedenheit
• Commitment
• selbstgesteuertes Lernen
• Qualifizierung
• Engagement
• teamorientiertes Verhalten
• Abwesenheit vom Arbeitsplatz
• Kündigung
• etc.

Führungssituation
• Kultur und politisches System des Landes
• Branchenzugehörigkeit der Organisation
• Unternehmensverfassung und rechtlicher Rahmen
• Organisationsstruktur und -kultur
• Funktion (Produktion, Finanzierung, Marketing, F&E, Personal etc.)
• Größe, Struktur und Klima der Gruppe
• Persönlichkeitsmerkmale der Gruppenmitglieder
• Machtbasis und Legitimierung der Führenden
• etc.

Ergebnisse (ökonomischer Erfolg)

disaggregiert
• Problemlösungen
• Verbesserungsvorschläge
• Informationsaufwand
• Prozess- und Produktinnovation
• Planabweichungen
• Arbeitsgerichtsverfahren
• Arbeitsunfälle
• etc.

aggregiert
• Wachstum
• Gewinn
• Umsatz
• Marktanteil
• Produktivität
• etc.

◻ **Abb. 16.2** Ein Modell der Wirkung personaler Führung

❑ Abb. 16.3 Drei zentrale Dimensionen des Führungsverhaltens in Anlehnung an die Ohio-Forschung. (Nach von Rosenstiel & Nerdinger, 2011, S. 184, © 1999 Schäffer-Poeschel Verlag für Wirtschaft, Steuern, Recht in Stuttgart)

die auf die langjährige Forschung der Staatsuniversität von Ohio (Fleishman, 1973) zurückgehen, und die Differenzierung zwischen transaktionaler und transformationaler Führung, die durch Arbeiten von Bass & Avolio (1990) angeregt wurde. Die Ohio-Studien bestanden im Kern darin, dass Geführte ihre Vorgesetzten mit Hilfe standardisierter Fragebogen beurteilen. Die Befragungsergebnisse wurden dann mit Hilfe einer Faktorenanalyse verdichtet, wobei man zunächst 2 zentrale Führungsdimensionen fand:

- die Aufgabenorientierung und
- die Mitarbeiterorientierung.

Untersuchungen in Nord- und Mitteleuropa ergänzten diese beiden Dimensionen durch eine dritte, die sich als Partizipationsorientierung umschreiben ließe.

Visualisiert man diese 3 voneinander unabhängigen Faktoren, so ergibt sich in den meisten Fällen eine jeweils spezifische zu beobachtende Wirkung auf die Geführten (❑ Abb. 16.3).

Man erkennt:

Aufgaben-, Mitarbeiter- und Partizipationsorientierung als zentrale Faktoren des Führungsverhaltens

- Die **Aufgabenorientierung** des Führenden, die v. a. darin besteht, mit dem Mitarbeiter klare Ziele zu vereinbaren und ihn bei der Zielverfolgung zu unterstützen. Sie dient der Leistungsintension und damit bei begünstigenden Umständen der Leistung.
- Die **Mitarbeiterorientierung,** die sich in der Berücksichtigung der Wünsche und Zielvorstellungen des Mitarbeiters durch den Führenden zeigt sowie in dessen Wertschätzung. Sie lässt den Mitarbeiter zufriedener werden und senkt meist die Fluktuation und die Fehlzeiten in der Gruppe.
- Die **Partizipationsorientierung** des Vorgesetzten wird darin deutlich, dass er die Mitarbeiter in die Entscheidungsprozesse einbindet. Dies stärkt deren Motivation, sich auch bei Schwierigkeiten für die Zielerreichung einzusetzen, sie erhöht die Ak-

zeptanz der getroffenen Entscheidungen, denn die Mitarbeiter werden zu Mitentscheidern, und sie dient schließlich der Personalentwicklung, da die Beteiligung an Entscheidungen als Lernen im Prozess der Arbeit interpretiert werden kann.

Allerdings dürfen all diese soeben genannten Effekte bestimmten Führungsverhaltens auf die Reaktionen der Mitarbeiter nicht verallgemeinert werden. Es kommt – wie bereits zuvor betont – auf die jeweilige Situation an. So wird man z. B. die hier genannten positiven Effekte der Partizipation nicht erwarten dürfen, wenn in der jeweiligen Landeskultur vom Führenden autoritäre Entscheidungen erwartet werden, wenn die Mitarbeiter wenig qualifiziert sind und ein geringes intrinsisches Interesse an der Aufgabe haben und wenn sie schließlich durch Erfahrungen in Elternhaus, Schule oder bei früheren Arbeitgebern etc. in ihren Wünschen nach Mitwirkung oder der Selbstständigkeit unterentwickelt sind.

Obwohl die Forschung diese Dimensionen des Führungsverhaltens und ihre Wirkung über ein halbes Jahrhundert immer wieder bestätigen konnte (Judge, Piccolo & Ilies, 2004), hat in jüngerer Zeit ein anderes Verständnis des Führungsverhaltens ein höheres Interesse gefunden: die Unterscheidung zwischen transaktionaler und transformationaler Führung. Das Konzept der **transaktionalen Führung** entspricht der Vorstellung, Führung erfolge nach Marktprinzipien, also auf der Grundlage von Austausch. Bringt der Mitarbeiter gute Leistungen, erweist er sich als loyal und verlässlich, so belohnt ihn im Team der Führende durch Unterstützung, Förderung, setzt sich für dessen Höhergruppierungen besonders ein und beurteilt ihn positiv. Entsprechend wird sich der Geführte für Freundlichkeit, Wertschätzung und Unterstützung durch den Führenden wiederum mit guten Leistungen »bedanken«.

Transaktionale Führung

Anders sieht das Konzept der **transformationalen Führung** aus, die sich durchaus mit der transaktionalen verbinden kann. Das Wort transformational deutet darauf hin, dass durch das Handeln des Führenden der Mitarbeiter transformiert, verändert wird, so dass er bereit ist, sich ohne unmittelbare Belohnung, ohne marktmäßiges Tauschkonzept, besonders anzustrengen und Leistungen über die Erwartungen hinaus zu erbringen. Dies konnte in der Zwischenzeit häufig belegt werden (Geyer & Steyrer, 1998; Gebert & von Rosenstiel, 2002). Diese transformationale Führung hat 4 Facetten, die freilich nicht voneinander unabhängig sind:

Transformationale Führung

- **Charisma** (was sich z. B. darin zeigt, dass der Mitarbeiter stolz darauf ist, mit dem Führenden zusammen zu arbeiten)
- **Inspirierende Motivierung** (d. h. der Führende verwendet Symbole und Bilder, um die Zielvorstellungen der Gruppe begeisternd zu verdeutlichen)
- **Intellektuelle Stimulierung** (d. h. der Führende bringt durch entsprechende Anregungen und Ideen die Mitarbeiter dazu, alte Probleme in einem neuen Licht zu sehen)

— **Individuelle Wertschätzung** (d. h. der Führende kümmert sich persönlich um jeden Einzelnen und unterstützt, fördert ihn)

> **Wichtig**
> **Transformationale Führung ist besonders wirksam in Situationen, in denen Mitarbeiter verunsichert und orientierungslos sind.**

Der Grad der Ausprägung der transaktionalen und transformationalen Führung wird meist durch eine Befragung der Geführten ermittelt und zwar mit Hilfe des von Bass & Avolio (1990) entwickelten »Multifactor Leadership Questionnaire« (MLQ).

Bei der Beurteilung von Mitarbeitern durch Vorgesetzte sind Beurteilungsfehler zu vermeiden

Zu den Aufgaben des Führenden gehört es, seinen Mitarbeiter in regelmäßigen Abständen – meist 1-mal pro Jahr – nach bestimmten Regeln durch ein mehr oder weniger standardisiertes Verfahren zu beurteilen und diese Beurteilung mit ihm zu besprechen. Dabei ist es wichtig, dass der Führende sich dessen bewusst ist, dass er nicht der »liebe Gott« ist, sondern selbst bei größtem Bemühen um Objektivität und Fairness bestimmten Fehlertendenzen unterliegt. Diese Fehler ergeben sich z. T. aus dem Verhalten der Mitarbeiter, z. T. aus dem Eindruck, den der Führende vom Mitarbeiter gewinnt, oder sie liegen auf der Ebene der Aussagen des Führenden (Brandstätter, 1970; Schuler, 1989).

Entstehen Fehler auf der Ebene des Verhaltens des Mitarbeiters, so kann man als Beispiel dafür nehmen, dass der Führende seinen Mitarbeiter nur in völlig untypischen Situationen sieht, also eine zu geringe Beurteilungsnähe hat. Dies trifft z. B. auf Außendienstmitarbeiter zu, die über 90% ihrer Zeit unterwegs beim Kunden sind und den Führenden entsprechend nur bei den relativ selten stattfindenden Besprechungen treffen.

Liegt der Fehler auf der Ebene des Eindrucks, so könnte man als Beispiel dafür nennen, dass der Führende den Mitarbeiter mit einem anderen, ihm länger vertrauten, vergleicht. War der Vorgänger eine »Perle«, so hat der aktuelle Mitarbeiter im Vergleich kaum eine Chance. War der Vorgänger dagegen eine »Niete«, so wird der aktuelle Mitarbeiter als »Perle« erscheinen.

Liegt der Fehler auf der Ebene der Aussage, so könnten Beispiele darin bestehen, dass der Vorgesetzte seine Beobachtungen mit anderen Worten und Bewertungen verbindet als ein Kollege. Für den einen ist z. B. – angelehnt an die berüchtigte »Zeugnissprache« – die Aussage »er hat sich stets bemüht, den Anforderungen gerecht zu werden« ein hohes Lob, während es für den anderen die denkbar schlechteste Bewertung darstellt. Auf der Aussagenebene können aber auch bewusste, taktisch begründete Falschaussagen liegen, wenn z. B. ein schwacher Mitarbeiter weggelobt werden soll (»Flaschenpost«) oder ein Leistungsträger durch nur mäßige Beurteilung davor »geschützt« werden soll, von der Organisation in höherwertige Aufgaben hineinbefördert zu werden (»Angst vor Heldenklau«).

Systematische Personalbeurteilungen können aus unterschiedlichen Gründen im Unternehmen implementiert werden. Diese Gründe lassen sich grob 2 Zielen (von Rosenstiel & Nerdinger, 2011) zuordnen:

— Dem **Selektionsziel,** das sich z. B. darin zeigt, dass Lohndifferenzierungen zwischen den Mitarbeitern vorgenommen werden, über Beförderungen, Degradierungen oder Entlassungen entschieden werden soll oder es um Versetzungen oder Auslandsentsendungen geht.

— Dem **Kommunikationsziel,** was sich v. a. darin zeigt, dass mit einem gewissen »Zwang« das erfolgt, was in der Führung eigentlich selbstverständlich sein sollte: ein faires und ausgewogenes Feedback durch den Vorgesetzten, ein ernsthaftes Gespräch zwischen Vorgesetztem und Mitarbeiter über dessen Zukunft sowie erforderliche fachliche und persönliche Unterstützung.

Selektion und Kommunikation
als unterschiedliche Ziele
der systematische
Personalbeurteilung

Dieses auf den Beurteilungen beruhende **Mitarbeitergespräch,** das mehr oder weniger standardisiert durchgeführt wird und zuvor mit dem Führenden im Zuge der Personalentwicklung trainiert werden sollte, hat in der Regel 3 Phasen:

1. **Vergangenheitsbezug:** Hier wird über die Ziele und Vorannahmen gesprochen, die zuvor, meist vor einem Jahr, vereinbart worden waren, um auf diese Weise die »Messlatte« noch einmal bewusst zu machen, an der das Verhalten und die Leistungen des Mitarbeiters im Beurteilungszeitraum gemessen werden sollten.

2. **Gegenwartsbezug:** Hier wird – wenn irgend möglich im Einvernehmen zwischen Führendem und Geführtem – beurteilt, ob und inwieweit diese Ziele erreicht worden sind, und sodann darüber gesprochen, ob z. B. Zielverfehlungen dem Mitarbeiter anzulasten sind, da er sich nicht ausreichend angestrengt hat, Personalentwicklungsmaßnahmen nicht genutzt wurden, ob er auf aktuelle technische Möglichkeiten nicht zurückgegriffen hat etc. oder ob er dafür nicht persönlich verantwortlich gemacht werden kann, weil z. B. die Konjunktur eingebrochen ist, ein starker Konkurrent sich einschlägig positioniert hat oder der Vorgesetzte es an der zugesagten Unterstützung hatte fehlen lassen.

3. **Zukunftsbezug:** Hier geht es primär darum, auf der Sachebene mit dem Mitarbeiter aufgabenbezogene Ziele für die künftigen Aktivitäten zu vereinbaren und abzusprechen, welche Unterstützung und Förderungsmaßnahmen er dafür benötigt. Zum anderen gilt es auf der persönlichen Ebene, mit ihm Entwicklungsziele zu besprechen, z. B. dass er für geplante künftige Aufgaben in Südamerika seine Kenntnisse der spanischen Sprache verbessern sollte oder mit Blick auf die Übertragung künftiger komplexer Projekte Seminare zum Projektmanagement besuchen sollte.

Die Veränderung von Beurteilungssystemen in Unternehmen stellt sich häufig als eine konfliktträchtige Maßnahme des Wandels dar, weil es nicht selten ein umstrittenes Politikum ist, wenn von Selektions- auf die Kommunikationsziele oder umgekehrt umgestellt werden soll, wenn statt eines auf Skalen beruhenden Beurteilungsbogens ein halbstandardisierter Leitfaden, der auf Skalen verzichtet, eingeführt werden oder wenn künftig davon abgesehen werden soll, die Beurteilung in vollem Umfang dem nächsthöheren Vorgesetzten oder der zentralen Personalabteilung zur Verfügung zu stellen, um auf diese Weise das Kommunikationsziel, das vertrauliche Gespräch zwischen dem Führenden und dem Mitarbeiter, zu fördern. Die Schwierigkeit dieser Veränderungen wird gelegentlich noch dadurch intensiviert, dass dafür meist die Zustimmung des Betriebs- oder Personalrats erforderlich ist.

Personalentwicklung wird unterschiedlich definiert

Ein wichtiges Ergebnis derartiger Beurteilungen besteht häufig darin, dass notwendige oder wünschenswerte Personalentwicklungsmaßnahmen mit dem Mitarbeiter vereinbart werden. Derartige Maßnahmen werden häufig mit der Fort- und Weiterbildung gleichgesetzt, obwohl diese nur einen Teil davon darstellt. So lässt sich Personalentwicklung als eine systematisch vorbereitete, durchgeführte und kontrollierte Förderung der Potenziale des Mitarbeiters in Abstimmung mit seinen Erwartungen und Wünschen, aber auch mit Blick auf künftige betriebliche Anforderungen definieren (Rüter, 1988). Entsprechend werden auch weniger institutionalisierte Maßnahmen, die als Lernen im Prozess der Arbeit oder als Lernen im sozialen Umfeld zu verstehen sind, der Personalentwicklung zuzurechnen sein. Man denke hier an systematische Job-Rotation, an die Mitarbeit in einem Projekt, an Auslandsentsendungen etc.

Implizites Lernen

Personalentwicklung wird nicht selten als wenig erfolgreich, als »herausgeschmissenes Geld« bezeichnet. In diesem Sinne sprechen Staudt & Kriegesmann (1999) davon, dass Weiterbildung ein »Mythos« sei, der zerbricht. Sie weisen darauf hin, dass durch Fort- und Weiterbildung max. 20% dessen gelernt wird, was bei künftigen veränderten Anforderungen erforderlich sei, und dass das Übrige durch implizites Lernen, v. a. im Prozess der Arbeit, erworben wird. Nun hatten wir bereits zuvor betont, dass auch derartige Lernprozesse – insbesondere wenn sie zielbezogen erfolgen – als Teil der Personalentwicklung zu verstehen seien. Aber auch Fort- und Weiterbildung in Form von Trainings, Seminaren und Vorträgen kann durchaus erhebliche Effekte positiver Art haben, wenn die Maßnahmen auf professioneller Basis erfolgen. Arthur, Bennett, Edens & Bell (2003) haben dies in einer überaus gründlichen Metaanalyse auf der Basis von 636 Veröffentlichungen, die zwischen 1960 und 2000 erschienen, nachgewiesen, wobei sich die Erfolge nicht nur auf der Ebene subjektiver Aussagen der Trainierten, sondern an messbaren Lerneffekten, an Verhaltensveränderungen und harten Daten nachweisen ließen.

> ⟩ **Wichtig**
> Im Rahmen der Personalentwicklung ist das implizite Lernen wichtiger als das explizite.

Zu den erfolgssichernden Maßnahmen zählen nicht nur eine professionelle Vorbereitung und Durchführung der Schulungen bei Nutzung eines Mixes von inhalts- und prozessorientierten Lehrformen, sondern insbesondere transfersichernde Vorgehensweisen, wobei unter Transfer die Übertragung des im Seminar Erworbenen in die Praxis zu verstehen ist. Diese Wirkung soll langfristig, also nachhaltig, gesichert werden. Dies gilt es durch eine sorgfältige Evaluation (von Rosenstiel, 2003) zu überprüfen, wobei die Evaluation nicht zu einer bloßen Kostenkontrolle, wie sie vielfach im Bildungscontrolling üblich ist (Friedel-Howe, 1999), verkommen sollte, sondern wirklich die Effizienz überprüft wird, d. h. die Effektivität im Sinne der erreichten Veränderungen in Relation zu den Kosten gesetzt wird.

Zunehmend gewinnt die Personalentwicklung eine strategische Bedeutung (von Rosenstiel, Pieler & Glas, 2004). Plant ein Unternehmen z. B., im Rahmen seiner Strategie künftig auch in Ostasien zu produzieren, seine Produkte und Dienstleistungen auf dem südamerikanischen Markt anzubieten oder gar insgesamt die Branche zu wechseln, so braucht man Mitarbeiter, die den neuen Anforderungen gewachsen sind. Entsprechend sind dann Personalentwicklungsmaßnahmen mehr als ein »nice to have«, sie werden zu einem Politikum, an dem sich Interessengegensätze entzünden, und entsprechend zu gewichtigen Bestandteilen von Veränderungsprozessen.

Zunehmende Bedeutung der Personalentwicklung

Wir hatten gesehen, dass in einer wissenschaftlich begründeten anwendungsbezogenen Forschung und Praxis der Diagnose und der Intervention eine herausragende Bedeutung zukommt, wobei die jeweiligen konkreten Instrumente und Maßnahmen natürlich auf empirisch begründeter Theoriebildung aufbauen müssen. Diagnostik ist erforderlich, um zu erkennen, wie sich der Ist-Zustand darstellt, wo sich Veränderungsbedarf ergibt. Diagnostik ist wiederum gefragt, um im Zuge der Evaluation zu prüfen, ob der normativ vorgegebene oder (unternehmens-)politisch bestimmte Soll-Zustand durch die Intervention erreicht wurde. Die Intervention wird von jener Forschung getragen, in der man fundiert untersucht, wie man auf spezifischen inhaltlichen Feldern vom Ist- zum Soll-Zustand gelangt. Aus der Perspektive des Individuums geht es hier also um psychodiagnostisch fundierte Personalauswahl und um theoretisch begründete Personalentwicklung. Dies sind jene Felder, denen in der Praxis tätige Organisationspsychologen einen Großteil ihrer Arbeitszeit widmen. Das zeigt sich auch in den 5 in diesem Abschnitt dargestellten Veränderungsprojekten, die schwerpunktmäßig beim Individuum ansetzen.

Prümper (▶ Kap. 17) geht vom demografischen Wandel in Europa aus, der von den Unternehmen zunehmend als große Herausforderung erkannt wird. Konkret heißt das: Man kann nicht in ausreichender Zahl hochqualifizierte junge Mitarbeiter und Mitarbeiterinnen gewinnen und steht entsprechend vor der Aufgabe, u. a. – ganz im

Gegensatz zu bisheriger Praxis – die Älteren länger im Unternehmen zu halten und dabei ihre Arbeitsfähigkeit zu bewahren und zu entwickeln. Der Autor zeigt – auf der Grundlage von Konzepten des finnischen Arbeitswissenschaftlers Ilmarinen – an mehreren konkreten Fallbeispielen, welche Dimensionen die Arbeitsfähigkeit hat und wie man diese erfassen und entwickeln kann. Dabei wird zugleich deutlich, dass man dabei nicht isoliert auf das Individuum schauen, sondern auch die Situation – insbesondere die Arbeitsbedingungen und die Führung – beachten muss. So führen die Interventionsmaßnahmen Schritt für Schritt schließlich zu dem, was der Autor als »gesundes Unternehmen« bezeichnet. Dabei wird durch Hinweise auf konkrete Beispiele aus der Praxis deutlich, welche Vorbereitungsarbeiten erforderliche sind, wie Mitarbeiterbefragungen im Zuge der Ermittlung des Ist-Zustands eingesetzt werden können, wie darauf aufbauend Maßnahmen entwickelt, umgesetzt und evaluiert werden können und was zur Sicherung der Nachhaltigkeit getan werden kann.

Um ältere Mitarbeiter geht es auch in der Falldarstellung von Schuler, Mussel und von der Bruck (▶ Kap. 18). Hier steht bei der Falldarstellung nicht ein Change-Projekt in einem einzelnen Unternehmen im Zentrum, sondern es geht um die wissenschaftliche Fundierung und Initiierung eines gesellschaftlichen Wandels, nämlich darum, die Arbeitsmarktchancen älterer Bewerber zu verbessern. Dabei wird auf der Basis bisheriger internationaler Forschung die Methode des »Berufsprofilings« entwickelt. Das Verfahren ermöglicht es in fundierter Weise, individuelle Merkmalsausprägungen zu erfassen, deren Altersabhängigkeit festzustellen und die Merkmale mit empirisch ermittelten Berufsanforderungen zu vergleichen. Der Beitrag zeigt nicht nur, dass in bestimmten Merkmalsdimensionen die Älteren den Jüngeren durchaus überlegen sind, was verbreiteten Vorurteilen widerspricht, sondern er macht in eindrucksvoller Weise deutlich, wie viel empirische und theoretische wissenschaftliche Arbeit erforderlich ist, bis man in sozial verantwortlicher Weise eine Intervention einleiten kann, die dem Einzelnen und der Gesellschaft Nutzen bringt.

Veränderung in Organisationen führt fast stets zu neuen Anforderungen an die Mitarbeiter. Daher sind auch Organisations- und Personalentwicklungsmaßnahmen eng aufeinander abzustimmen. Das zeigt Sonntag (▶ Kap. 19) am Beispiel des Geschäftsfeldes »Poststellen & Verkauf« der Schweizerischen Post. Hier wurde u. a. nach grundlegenden Veränderungsprozessen geprüft, ob sich leistungs- und erfolgskritische Aufgaben und Anforderungen auf gemeinsame Kompetenzen zurückführen lassen, welche dieser Kompetenzen besonders stark zur Leistung der Stelleninhaber beitragen und welche Verhaltensweisen diese Kompetenzen am besten repräsentieren. Auf dieser Grundlage wurde dann in mehreren aufwändigen Schritten ein Kompetenzmodell entwickelt, das später als Basis der Personalauswahl, -beurteilung und -entwicklung dienen kann. Der Beitrag von Sonntag sucht nicht nur den häufig etwas verwaschen dargestellten Begriff der Kompetenz zu klären, sondern zeigt zugleich, wie viel Mühe mit der Entwicklung eines Kompetenzmodells verbunden ist.

Veränderungen in Organisationen führen meist zu modifizierten Anforderungen an die Mitarbeiter. Gelegentlich kann aber auch das Erkennen individueller Kompetenzen eine Neuausrichtung betrieblicher Funktionen nach sich ziehen. Roos und Sarges (▶ Kap. 20) machen dies am Beispiel eines eignungsdiagnostischen Projekts in einem mittelständischen Unternehmen des Maschinenbaus deutlich. Voraus ging eine Suche, wo denn die eigentlich gravierenden Probleme des Unternehmens liegen. Dies führte dann im Führungsbereich zu einer differenzierten Diagnostik, die auf unterschiedliche Methoden zurückgriff, wie Testverfahren, 360-Grad-Feedbacks, Interviews oder Einzel-Assessments. Nachdem auf diese Weise die besonderen Stärken und Schwächen der Führungskräfte diagnostiziert worden waren, wurde eine betriebliche Umorganisation mit dem Ziel vorgenommen, die Stärken der Personen besonders zur Geltung kommen zu lassen und ihre Schwächen so weit als möglich zu umgehen, was offensichtlich zu einem besseren »Funktionieren« der Organisation führte.

Das Beispiel zeigt deutlich, dass der Wissenschaftler, der ein Veränderungsprojekt in der Praxis begleitet, sensibel für die Situation und zeitlich flexibel sein sollte. Es kann nicht um die – aus wissenschaftlicher Perspektive – beste Lösung gehen, sondern um die – angesichts der konkreten Umstände – bestmögliche.

Der Beitrag zeigt, welche große Bedeutung eine profunde Diagnostik für die Neuausrichtung von Führungsfunktionen und damit letztlich für die nachhaltige Sicherung des Unternehmenserfolgs haben kann.

In origineller Weise auf die Personalentwicklung zentriert ist das Veränderungsprojekt, das Kehr und Rawolle (▶ Kap. 21) bei einem Finanzdienstleister umsetzten. Hier ging es darum, die Führungskräfte so zu entwickeln, dass sie – im Sinne eines authentischen Selbstmanagements – sich selbst mit geeigneten und geprüften Konzepten motivieren, um innere und äußere Widerstände überwinden zu können, und zugleich in die Lage versetzt werden, ihre Mitarbeiter zu motivieren, also »Führung durch Motivaton« zu realisieren. Auch hier wurde vor der Intervention – also der Implementierung strukturierter Trainingsmodule – zunächst im Rahmen von Workshops eine Diagnose, also eine konkrete Bestandsaufnahme, durchgeführt und auf dieser Grundlage eine zukunftsorientierte Vision entwickelt, die sich durch bildhafte, mit positiven Emotionen besetzte Darstellungen gut und wirksam kommunizieren lässt. So konnten dann Tausende selbstständige Handelsvertreter auf den Weg zu einer gemeinsamen Kultur gebracht werden. Damit war die Grundlage für ein für alle verbindliches Trainingskonzept geschaffen, das in mehreren theoretisch gut fundierten und empirisch überprüften zeitversetzt angebotenen Modulen realisiert wurde.

Die vorläufige Evaluation – in ihrer Gesamtheit ist sie noch nicht abgeschlossen – spricht für eine erfolgreiche Maßnahme, die sich nicht auf klassische Personalentwicklung beschränkt, sondern ein umfassendes Change-Projekt darstellt, das letztlich die Führungskultur eines großen Unternehmens nachhaltig veränderte.

Der Beitrag ist ein Beispiel dafür, dass die vielzitierte These, dass Weiterbildung ein Mythos sei, der verblasse, in dieser Schärfe überzogen, wenn nicht gar falsch ist. Wissenschaftlich fundierte, an die Anforderungen der Situation angepasste Trainingsmaßnahmen können sehr wohl erfolgreich und innerhalb einer gezielten Organisationsentwicklung ein bedeutsamer Pfad sein.

Dies weist zugleich auf alle 5 hier vorgestellten Veränderungsprojekte zurück. Zwar war jeweils der Veränderungsschwerpunkt das Individuum – jedoch das Individuum in der Organisation. Und so ging es jeweils bei den hier beschriebenen Interventionen um Personen: ältere Mitarbeiter, deren Arbeitsfähigkeit erhalten und entwickelt werden sollte, deren Arbeitsmarktchancen durch einen fundierten Abgleich zwischen persönlichen Stärken und betrieblichen Anforderungen erhöht werden sollte, um Etablierung eines Kompetenzmodells nach einem umfassenden Veränderungsprozess, um so zukunftsorientiert Mitarbeiter auszuwählen, beurteilen und entwickeln zu können, um differenzierte Diagnostik an Führungskräften, damit diese ihren Stärken gemäß adäquate Aufgaben im Unternehmen bekommen können, und schließlich um die Entwicklung einer einheitlichen Führungskultur in einem zuvor recht heterogenen Netzwerk, um danach ein einheitliches Personalentwicklungskonzept der »Führung durch Motivation« zu implementieren.

Literatur

Arthur, W. jr., Bennett, W. jr., Edens, P.S. & Bell, S.T. (2003). Effectiveness of training in organizations: A meta analysis of design and evaluation features. *Journal of Applied Psychology, 88,* 234–245.

Bass, B. & Avolio, B. (1990). *Transformational leadership development: Manual for the multifactor leadership questionaire.* Palo Alto: Consultig Psychologist Press.

Brandstätter, H. (1970). Die Beurteilung von Mitarbeitern. In A. Mayer & B. Herwig (Hrsg.), *Handbuch der Psychologie. Bd. 9: Betriebspsychologie* (S. 668–734). Göttingen: Hogrefe.

Fleishman, E. (1973). Twenty years of consideration and structure. In E.A. Fleishman & J.G. Hunt (Hrsg.), *Current developments in the study of leadership* (pp 1–37). Carbondale: Southern Illinois University Press.

Friedel-Howe, H. (1999). Bildungscontrolling. In L. Rosenstiel, M. Hockel & W. Molt (Hrsg.), *Handbuch der Angewandten Psychologie. Grundlagen – Methoden – Praxis* (S. VI–11.1 1-10). Landsberg: ecomed.

Gebert, D. & Rosenstiel, L. von (2002). *Organisationspsychologie,* 5. Aufl. Stuttgart: Kohlhammer.

Geyer, A. & Steyrer, J. (1998). Messung und Erfolgswirksamkeit transformationaler Führung. *ZfP, 12,* 377–401.

Herzberg, F., Mausner, B. & Snyderman, B. (1959). *The motivation to work.* New York: Wiley & Sons.

Hofstede, G. (1997). *Lokales Denken, globales Handeln.* München: Beck.

Kirsch, A. (1995). *Strategien der Selektion und Sozialisation von Führungskräften.* Wiesbaden: Gabler.

Lienert, G. & Raatz, U. (1994). *Testaufbau und Testanalyse,* 5. Aufl. München: PVU.

Ma, X.J. (2007) Personalführung in China. Motivationsinstrumente und Anreize. Göttingen: Vandenhoeck & Ruprecht.

Maslow, A.H. (1954). *Motivation and personality.* New York: Harper.

Mayo, E. (1947). *Problem industrieller Arbeitsbedingungen.* Frankfurt: Verlag der Frankfurter Hefte.

McGregor, D. (1970). *Der Mensch im Unternehmen.* Düsseldorf: Econ.

Neuberger, O. (2002). *Führen und führen lassen.* Stuttgart: Lucius.

Pöhler, W. (Hrsg.). (1979). *Damit die Arbeit menschlicher wird. Fünf Jahre Aktionsprogramm Humanisierung des Arbeitslebens.* Bonn: Verlag Neue Gesellschaft.

Roethlisberger, F.J. & Dickson, W.J. (1939). *Management and the worker.* Cambridge (Mass.): Harvard University Press.

Rosenstiel, L. von (2003). Betriebliche Personalentwicklung – »ein blinder Fleck« für die Evaluation. *Zeitschrift für Evaluation, 1,* 151–174.

Rosenstiel, L., von & Nerdinger, F. (Hrsg.). (2011). *Grundlagen der Organisationspsychologie,* 7. Aufl. Stuttgart: Schäffer-Poeschel.

Rosenstiel, L. von, Pieler, D. & Glas, P. (Hrsg.). (2004). *Strategisches Kompetenzmanagement.* Wiesbaden: Gabler.

Rüter, H.D. (1988). Personalentwicklung bei der Landesbank Rheinland-Pfalz. *Wirtschaft und Gesellschaft im Beruf, Sonderheft Oktober,* 35–41.

Savin, V. (2005). *Anreizgestaltung für russische Mitarbeiter deutscher Unternehmen in Russland.* Berlin: Duncker & Humblot.

Schein, E.H. (1965). *Organizational psychology.* New York: Prentice Hall.

Schuler, H. (1989). Leistungsbeurteilung. In E. Roth (Hrsg.), *Organisationspsychologie* (Enzyklopädie der Psychologie; Bd. 3, S. 399–430). Göttingen: Hogrefe.

Schuler, H. (2001). *Psychologische Personalauswahl.* Göttingen: Verlag für angewandte Psychologie.

Schuler, H. (Hrsg.). (2006). *Lehrbuch der Personalpsychologie.* Göttingen: Hogrefe.

Staudt, E. & Kriegesmann, B. (1999). Weiterbildung: Ein Mythos zerbricht. In Arbeitsgemeinschaft Qualifikations-Entwicklungs-Management (Hrsg.), *Kompetenzentwicklung 99* (S. 17–60). Münster: Waxmann.

Taylor, F. W. (1911). *The principles of scientific management.* London: Harper.

Ulich, E. (2005). *Arbeitspsychologie.* Stuttgart: Schäffer-Poeschel.

Ulich, E., Groskurth, P. & Bruggemann, A. (1973). *Neue Formen der Arbeitsgestaltung.* Frankfurt a. M.: Europäische Verlagsanstalt.

Herausforderung demografischer Wandel: Von der Arbeitsunfähigkeit zum Haus der Arbeitsfähigkeit

Jochen Prümper

Der demografische Wandel stellt für die Beschäftigten, die Unternehmen und die Gesellschaft eine große Herausforderung dar. Dieser Beitrag berichtet von einem Projekt, in dem sich mehrere Unternehmen zusammengeschlossen haben, um langfristig die Arbeitsfähigkeit ihrer Beschäftigten sicherzustellen. Als gemeinsame Orientierung diente dabei zum einen das in Finnland entwickelte »Konzept der Arbeitsfähigkeit«, welches in einem ganzheitlichen Ansatz den Fokus auf eine demografiegerechte Arbeits- und Organisationsgestaltung legt. Zum anderen einigten sich alle beteiligten Organisationen auf einen systematisch gestalteten Veränderungsprozess, der sie in 6 Schritten – von der Vorbereitung über eine Mitarbeiterbefragung bis hin zur Maßnahmenentwicklung, -umsetzung, -erfolgsüberprüfung und Sicherung der Nachhaltigkeit – ihrem Ziel näher brachte.

17.1   Was sollte verändert werden?

Projekt: HAWAI4U

Vor dem Hintergrund des demografischen Wandels werden der Erhalt und die Förderung der Arbeits- und Beschäftigungsfähigkeit zunehmend zu einer zentralen Aufgabe von Gesellschaft, Unternehmen und Beschäftigten. Eine wissenschaftlich fundierte und gleichermaßen betriebspraktisch orientierte Gelegenheit zur Erprobung eines auf die Sicherung der Arbeitsfähigkeit von Beschäftigten abgestellten Veränderungsprozesses bot das von dem Ministerium für Arbeit, Gesundheit und Soziales des Landes Nordrhein-Westfalen und dem Europäischen Sozialfonds geförderte Projekt »HAWAI4U: Handlungshilfe Work Ability Index für Unternehmen« (vgl. www.hawai4u.de).

An diesem Projekt beteiligten sich Unternehmen verschiedener Branchen und unterschiedlicher Größe (dabei waren sowohl ein international operierendes Großunternehmen, ein traditionsreiches, mittelständiges Familienunternehmen, ein innovatives, dienstleistungsorientiertes Sachverständigeninstitut und eine Gesellschaft für lokale Wirtschaftsförderung als auch ein kleinerer, christlicher Sozialdienst), die alle ein gemeinsames Ziel verfolgten: die Sicherung der Arbeitsfähigkeit ihrer Beschäftigten vor dem Hintergrund demografischen Wandels.

ⓘ Checkliste: Wie gut ist Ihr Unternehmen auf den demografischen Wandel vorbereitet?
Um in Erfahrung zu bringen, wie Ihr Unternehmen den Herausforderungen des demografischen Wandels gegenübersteht, werfen Sie doch einmal einen Blick auf die folgenden Fragen und beantworten diese für sich:
1. Ist die Zusammensetzung der Altersgruppen im Unternehmen bekannt und fließt sie in personalpolitische Entscheidungen ein?
2. Besteht die Altersstruktur zu gleichen Teilen aus jungen, mittelalten und alten Beschäftigten?
3. Sind die Arbeitstätigkeiten so gestaltet, dass Beschäftigte diese bis zum 67. Lebensjahr ausführen können?

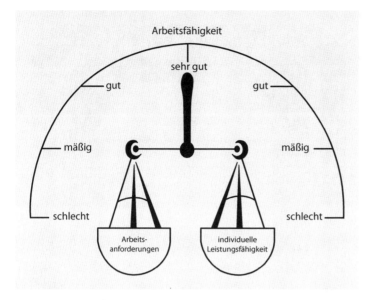

Arbeitsfähigkeit

sehr gut

gut   gut

mäßig   mäßig

schlecht   schlecht

Arbeits-   individuelle
anforderungen   Leistungsfähigkeit

◘ **Abb. 17.1** Arbeitsfähigkeit als Resultat der Interaktion von Arbeitsanforderungen und individueller Leistungsfähigkeit

4. Werden die Mitarbeiterinnen und Mitarbeiter aktiv bei der Gestaltung ihrer Arbeitsbedingungen beteiligt?
5. Gelingt es dem Unternehmen problemlos, den Bedarf an jungen Facharbeitern auszubilden oder zu rekrutieren?
6. Erhalten alle Beschäftigten – auch ältere – die Chance, sich zu qualifizieren und ihre Kompetenzen zu erweitern?
7. Wird der Wissensaustausch zwischen älteren, erfahrenen Mitarbeitern und dem Nachwuchs gezielt gefördert?
8. Wird allen Beschäftigten im Unternehmen eine berufliche Entwicklungsperspektive geboten?

Falls Sie mehrere dieser Fragen mit »trifft eher nicht zu« beantwortet haben, dann sollte sich Ihr Unternehmen auf jeden Fall intensiver mit dem Thema demografischer Wandel und Sicherung der Arbeitsfähigkeit beschäftigen (Quelle: Giesert & Tempel, 2004, S. 36).

17.1.1 Das Konzept der Arbeitsfähigkeit

Das Konzept der Arbeitsfähigkeit, welches in den 1980er Jahren in Finnland v. a. von Ilmarinen und Tuomi (2004) geprägt wurde, beschreibt ein dynamisches Gleichgewicht, welches einerseits durch die individuelle Leistungsfähigkeit des Beschäftigten und andererseits durch Arbeitsanforderungen bestimmt wird und durch deren Zusammenwirken weiterentwickelt und gefördert, aber auch vermindert werden kann (◘ Abb. 17.1 veranschaulicht dieses »interaktionistische Konzept« grafisch).

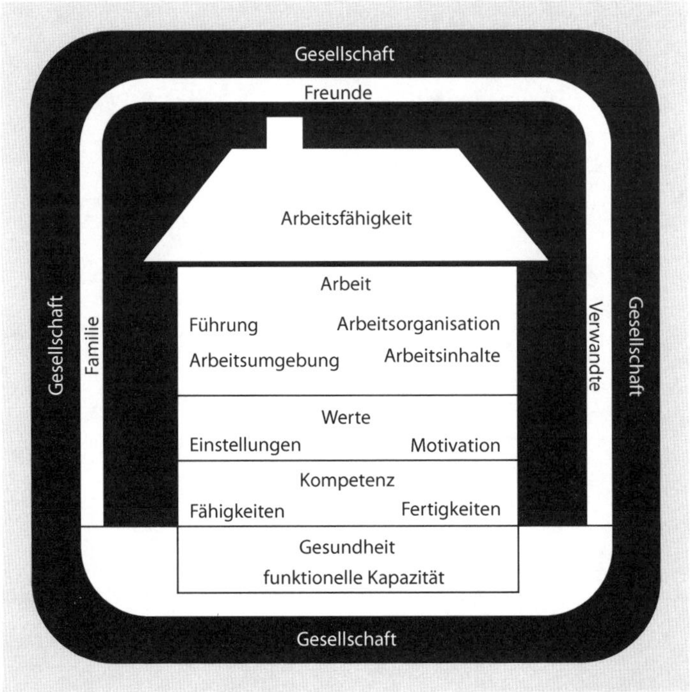

● **Abb. 17.2** Das Haus der Arbeitsfähigkeit

> **Wichtig**
> **Arbeitsfähigkeit bezeichnet die Summe der Faktoren, die einen Menschen in einer bestimmten Arbeitssituation in die Lage versetzen, die ihm gestellten Arbeitsaufgaben erfolgreich zu bewältigen.**

Haus der Arbeitsfähigkeit

Die Haupteinflussfaktoren der Arbeitsfähigkeit werden im sog. Haus der Arbeitsfähigkeit (vgl. ● Abb. 17.2) zusammengefasst. Aufseiten der Beschäftigten sind Gesundheit (im Sinne von körperlichem und psychischem Leistungsvermögen), Kompetenz (im Sinne von Fähigkeiten und Fertigkeiten) und Werte (im Sinne von Einstellungen und Motivation) die entscheidenden Faktoren. Aufseiten der Arbeitsanforderungen geht es um Aspekte wie Arbeitsinhalte, Arbeitsmittel, Arbeitsumgebung, soziales Arbeitsumfeld, Arbeitsorganisation und Führung. Arbeitsfähigkeit wird nicht abstrakt und allgemein als »Fähigkeit zur Arbeit« verstanden, sondern als Leistungsfähigkeit im Hinblick auf konkret zu benennende Arbeitsanforderungen.

17.1.2   Der »Work Ability Index«

Um die Arbeitsfähigkeit von Beschäftigten zu erfassen, wurde in Finnland der »Work Ability Index« (dt. »Arbeitsbewältigungsindex«)

entwickelt (vgl. Tuomi et al. 2001). Der »Work Ability Index« (kurz: WAI) bildet die verschiedenen Aspekte der Arbeitsfähigkeit in 7 Dimensionen mit insgesamt 11 Fragen ab, die einzeln beantwortet und anschließend zu einem WAI-Gesamtwert verrechnet werden.

Die 7 Dimensionen der Arbeitsfähigkeit
- 1. Dimension: Derzeitige Arbeitsfähigkeit im Vergleich zu der besten je erreichten Arbeitsfähigkeit
- 2. Dimension: Arbeitsfähigkeit in Relation zu den Arbeitsanforderungen
- 3. Dimension: Anzahl der aktuellen, vom Arzt diagnostizierten Krankheiten
- 4. Dimension: Geschätzte Beeinträchtigung der Arbeitsleistung durch die Krankheiten
- 5. Dimension: Krankenstand im vergangenen Jahr
- 6. Dimension: Einschätzung der eigenen Arbeitsfähigkeit in 2 Jahren
- 7. Dimension: Psychische Leistungsreserven

Der so bestimmte WAI-Wert zeigt einem Beschäftigten, wie hoch die eigene Fähigkeit eingeschätzt wird, die bestehenden Arbeitsanforderungen zu bewältigen, oder anders ausgedrückt, ob die Balance zwischen »Qualität und Produktivität der Arbeit« und der »Lebensqualität und dem Wohlbefinden« gestört ist oder nicht. Der WAI-Wert kann zwischen 7 und 49 Punkten liegen und wird gemäß einer von den finnischen Forschern in den 90er Jahren erarbeiteten Kategorisierung eingestuft (zur entsprechenden Berechnungsformel und zur Bestimmung der Kategorisierung s. Tuomi et al., 2001). In Abhängigkeit von der zugewiesenen Kategorie kann das Ziel von einzuleitenden Maßnahmen abgelesen werden (vgl. ◘ Tab. 17.1).

Kategorien des WAI und Ziel von Maßnahmen

Ein Fallbeispiel soll die Umsetzung des »Konzepts der Arbeitsfähigkeit« illustrieren (Darstellung in Anlehnung an Hasselhorn & Freude, 2007, S. 12f., sowie Ilmarinen & Tempel, 2002, S. 85ff.).

Von der Arbeitsunfähigkeit zum Haus der Arbeitsfähigkeit: Über 50-jähriger Busfahrer im öffentlichen Personennahverkehr
Ein über 50-jähriger Busfahrer mit 20 Jahren Berufserfahrung im öffentlichen Personennahverkehr im Raum Hamburg und Schleswig-Holstein hatte innerhalb von 8 Jahren 3 Bandscheibenvorfälle im Bereich der Lendenwirbelsäule erlitten. Nach einer Operation und einer sich anschließenden Rehabilitationsmaßnahme wurde er unter Fortsetzung einer Therapie für 3 Monate arbeitsunfähig geschrieben.

Zurück im Arbeitsleben wurde deutlich: Er hatte eine Muskelschwäche des linken Beins mit Einschränkung der Gefühlswahrnehmung zurückbehalten. Nach etwa 2-stündigem Sitzen traten unangenehm brennende Schmerzen im Bereich der Lendenwirbelsäule auf.

◻ **Tab. 17.1** Kategorien des WAI und Ziel von Maßnahmen

WAI-Wert	Arbeitsfähigkeit	Ziel von Maßnahmen
44–49	sehr gut	Arbeitsfähigkeit erhalten
37–43	gut	Arbeitsfähigkeit unterstützen
28–36	mäßig	Arbeitsfähigkeit verbessern
7–27	schlecht	Arbeitsfähigkeit wiederherstellen

Besonders beschwerlich war für ihn das Fahren im dichten Verkehr. Dies ging für ihn einher mit einer erhöhten inneren Anspannung, die die Verkrampfung der Muskeln im Bereich des Rückens erhöhte und die Schmerzen noch verstärkte. Zudem wurde dadurch eine rechtzeitige Pause hinausgezögert, die er dringend benötigte, um sich durch entsprechende Bewegungs- und Entspannungsübungen Entlastung zu verschaffen.

Eine volle Schicht von bis zu 10 Stunden täglicher Fahrzeit wurde für ihn immer mehr zur Qual. Der Busfahrer geriet zunehmend in eine persönliche Krise. Grundsätzlich wollte er seinen Beruf sehr gerne weiter ausüben, aber nun befürchtete er Fahrdienstuntauglichkeit und damit den Entzug der Fahrerlaubnis.

Was sollte er tun? Den Arbeitsplatz wechseln, einen Rentenantrag stellen oder durchhalten, solange es noch irgendwie ging?

Von den Kassenärzten und dem medizinischen Dienst seiner Krankenkasse wurde die zögerlich-resignative Haltung des Busfahrers als eine Verschleppung der Rehabilitation und des Rentenbegehrens fehlgedeutet, und so wurde er schließlich, nach einer gescheiterten Teilarbeitsfähigkeit mit 4 Stunden pro Tag, nach Aktenlage und ohne Wiedervorladung vom medizinischen Dienst seiner Krankenkasse voll arbeitsfähig geschrieben.

Auf Rat seines Vorgesetzten suchte der Busfahrer am 1. Tag der Arbeitsaufnahme den Betriebsarzt auf und schilderte diesem verzweifelt sein Problem. Dieser konnte nun anhand des »Hauses der Arbeitsfähigkeit« die entstandene Situation reflektieren:

— Die **Gesundheit (Erdgeschoss)** war zweifellos angegriffen, ein fachneurologisches Gutachten stellte jedoch die Wiederherstellung in Aussicht.
— An der **Kompetenz (1. Stock)** des Beschäftigten bezüglich dessen angestammter Tätigkeit, dem Busfahren, mangelte es nicht.
— Im Bereich der **Werte (2. Stock)** hatten sich bei dem Beschäftigten aufgrund des langwierigen Krankheitsverlaufs, der Angst vor Arbeitsplatzverlust und der Kommunikationsprobleme zwischen Patient, Kassenärzten und dem medizinischen Dienst Defizite eingeschlichen. Er fühlte sich von dem behandelnden Kassenarzt unverstanden und von seiner Krankenkasse im Stich gelassen.

— Im Bereich der **Arbeit (oberstes Stockwerk)** lagen zweifellos Hindernisse, da Busfahren in Bezug auf die körperliche Bewegung eine relativ monotone Tätigkeit mit einseitiger Körperhaltung und nur recht kurzen Wartezeiten am Ende einer Fahrt darstellt. Andererseits bestand bei dem Vorgesetzten der ausdrückliche Wunsch, an dem Beschäftigten festzuhalten und ihm eine Weiterbeschäftigung als Busfahrer zu ermöglichen.

Für den Betriebsarzt stand sehr bald fest, dass die drohende Fahrdienstuntauglichkeit – wenn überhaupt – nur durch ein nachhaltiges und behutsames Konzept zu vermeiden war, das zwischen Beschäftigtem, Arbeitgeber, behandelnden Ärzten und Arbeitsmediziner abgesprochen werden musste. Vor diesem Hintergrund wurden auf Basis der 4 Handlungsfelder Maßnahmen entwickelt, um die drohende Fahrdienstuntauglichkeit zu vermeiden. In diesem Fall wurde Handlungsbedarf in den Bereichen Gesundheit und Arbeit gesehen. Zunächst erklärte der Betriebsarzt den Fahrer befristet für fahrdienstuntauglich, bis alle erforderlichen medizinischen Befunde zusammengestellt waren. Dann wurde mit dem Vorgesetzten ein spezifischer Dienstplan entwickelt, der sowohl die notwendigen Pausen berücksichtigte als auch die Verkehrsverhältnisse und Verkehrsdichte des Linienverkehrs. Und schließlich wurde auf dieser Grundlage über mehrere Wochen hinweg ein erneuter Teilarbeitsversuch vorgenommen, zunächst über 4 und später über 6 Stunden pro Tag. Mit Hilfe des WAI-Fragebogens ließ sich der Verlauf der erfolgreichen Wiedereingliederung verfolgen.

Diese Vorgehensweise hatte für den Beschäftigten und das Unternehmen folgende Vorteile:

Vorteile für den Beschäftigten und das Unternehmen

1. Der Fahrer traute sich zu, stufenweise in den Arbeitsalltag zurückzukehren (Ausweg aus der Krise).
2. Sollte eine Wiedereingliederung dennoch scheitern, würde der Fahrer dies besser verkraften können, da er sich längerfristig darauf einstellen kann, dass er sich entweder inner- oder außerbetrieblich nach einer anderen Tätigkeit umsehen oder aber einen Rentenantrag stellen muss (Entwicklung neuer Sichtweisen und Bewältigungsstrategien).
3. Das Unternehmen entwickelte die Bereitschaft, die Arbeitsanforderung des Fahrers – so weit wie möglich – individuell zu gestalten (Anpassung der Arbeitsanforderung, soziale Unterstützung durch den Vorgesetzten).
4. Das Unternehmen sammelte neue Erfahrungen im Umgang mit älteren Mitarbeitern (Management des demografischen Wandels).

17.2 Warum sollte verändert werden?

Ende 2010 hat die Bundesregierung unter dem Titel »Aufbruch in die altersgerechte Arbeitswelt« den Bericht nach § 154 Abs. 4 SGB VI zur

Aufbruch in eine altersgerechte Arbeitswelt

Anhebung der Regelaltersgrenze auf 67 Jahre vorgelegt. Sie kommt darin zu dem Schluss, dass vor dem Hintergrund des demografischen Wandels in Verbindung mit einem drohenden Fachkräftemangel eine Erhöhung der Erwerbsbeteiligung Älterer einen wichtigen Beitrag zur Sicherung des Wohlstands und zur Stärkung der internationalen Wettbewerbsfähigkeit leistet. Erhalt und Förderung der Arbeits- und Beschäftigungsfähigkeit werden damit zu einer zentralen Aufgabe von Unternehmen und Beschäftigten.

> **Der demografische Wandel ermöglicht ein längeres Arbeitsleben**
>
> Der demografische Wandel führt zu einer erheblichen Verringerung des Potenzials an Erwerbspersonen, das außerdem deutlich älter wird. Die Aufgabe für Betriebe, Sozialpartner und nicht zuletzt für die Politik besteht künftig darin, die Rahmenbedingungen so zu gestalten, dass auch eine älter werdende Arbeitsgesellschaft ein Höchstmaß an Produktivität und Innovationsfähigkeit erreichen kann. Dies ist möglich, wenn Arbeitsorganisation und Arbeitsgestaltung in den Unternehmen auf die spezifischen Fähigkeiten und Kompetenzen älterer Arbeitnehmerinnen und Arbeitnehmer ausgerichtet werden (BMAS, 2010, S. I).

17.2.1 Arbeitsfähigkeit und demografischer Wandel

Arbeitsfähigkeit bei älteren und jüngeren Beschäftigten

Im Allgemeinen nimmt die durchschnittliche Arbeitsfähigkeit von Beschäftigten mit dem kalendarischen Alter ab. Zudem entwickelt sich mit dem Alter die Arbeitsfähigkeit innerhalb verschiedener Berufsgruppen unterschiedlich. So sind z. B. bei Ärzten und Führungskräften in allen Altersgruppen deutlich höhere WAI-Werte zu beobachten als beispielsweise bei Lehrern (vgl. Hasselhorn & Freude, 2007, S. 17f.). Allerdings zeigt sich auch, dass die Spannbreite der Arbeitsfähigkeit ab 45 Jahren stark zunimmt. Mit anderen Worten: Ältere Beschäftigte unterscheiden sich stärker in ihrer Arbeitsfähigkeit als jüngere (vgl. Ilmarinen, 2006, S. 136).

❯ Wichtig

Auch eine älter werdende Belegschaft kann Fortschritte in der Arbeitsfähigkeit erzielen, wenn in den Unternehmen die Arbeits- und Organisationsgestaltung auf die spezifischen Fähigkeiten und Fertigkeiten Jüngerer und Älterer ausgerichtet wird.

Um ihre Produktivität zu halten, müssen Unternehmen über den gesamten Erwerbsverlauf hinweg Investitionen in den Erhalt der Arbeitsfähigkeit ihrer Beschäftigten tätigen.

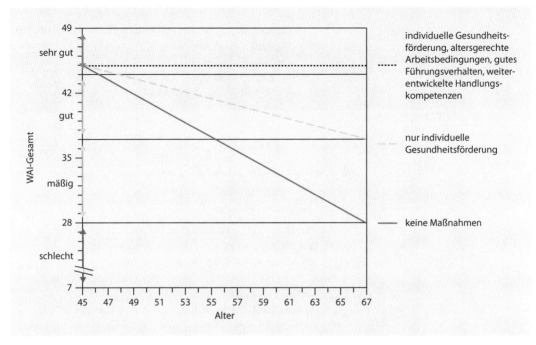

■ Abb. 17.3 Idealtypische Darstellung der Entwicklung der Arbeitsfähigkeit. (In Anlehnung an Tuomi et al., 1997, S. 69, sowie Richenhagen, 2007, S. 49). Die Prinzipdarstellung (Richenhagen 2007, S. 49) wurde 2004 erstmals veröffentlicht (Richenhagen 2004, S. 64). Sie ist inzwischen weiterentwickelt worden (Richenhagen 2011, S. 36; vgl. auch Pfeiffer/Richenhagen u.a. 2012, S. 98).

■ **Entwicklung der Arbeitsfähigkeit in Abhängigkeit vom Alter und von durchgeführten Maßnahmen**

Im Hinblick auf den Verlauf der Arbeitsfähigkeit während des Erwerbslebens ist der in ■ Abb. 17.3 dargestellte prinzipielle Zusammenhang von Bedeutung. Mit zunehmendem Alter nimmt die Arbeitsfähigkeit im Durchschnitt ab, wenn keine gezielten Maßnahmen zur Förderung und zum Erhalt der Arbeitsfähigkeit durchgeführt werden (untere, durchgezogene Kurve). Bei Einzelmaßnahmen aus dem Haus der Arbeitsfähigkeit, z. B. bei ausschließlich individueller Gesundheitsförderung, treten zwar positive Effekte im Hinblick auf die Arbeitsfähigkeit auf, allerdings nicht in dem erforderlichen Maße (mittlere, gestrichelte Kurve). Nachhaltige Zuwächse entstehen erst dann, wenn Defizite im Bereich aller Einflussfaktoren des Hauses der Arbeitsfähigkeit situationsbezogen ermittelt und entsprechende Maßnahmen zur Verbesserung umgesetzt werden (obere, gepunktete Kurve).

> **Arbeit allein erhält die Arbeitsfähigkeit nicht**

17.2.2 Arbeitsfähig in die Zukunft

Reduzierung der betrieblichen Belastungen und Aufbau von organisatorischen und personellen Ressourcen sind die entscheidenden Stellschrauben zur Verbesserung der Arbeitsbedingungen und damit auch zur Unterstützung der Arbeitsfähigkeit. So konnte beispielsweise in eigenen Studien gezeigt werden, wie bedeutungsvoll freundliches und respektvolles Führungsverhalten für den Erhalt und die Förderung der Arbeitsfähigkeit ist (Becker, Ehlbeck & Prümper, 2009; Prümper & Becker, 2011), wie bedeutsam sich eine Erhöhung des Handlungsspielraums gerade für die Beschäftigten positiv auf Arbeitsfähigkeit auswirkt, die unter hohen quantitativen Belastungen tätig sind (Prümper, Thewes & Becker, 2011), und welch positiven Einfluss eine Erhöhung der direkten Partizipation insbesondere für Beschäftigte mit hohen Arbeitsanforderungen auf die Arbeitsfähigkeit hat (Becker & Prümper, 2011).

> ❯ **Wichtig**
> Die Arbeitsfähigkeit ist von großer Relevanz für die
> — **Beschäftigten**, da sie eine wesentliche Grundlage für das Wohlbefinden des Individuums darstellt,
> — **Unternehmen**, da sie entscheidend Leistung, Produktivität und Innovationsfähigkeit beeinflusst,
> — **Gesellschaft**, da sie bedeutende Auswirkungen auf die Balance der sozialen Sicherungssysteme hat.

17.3   Wie wurde verändert?

Exemplarisch sollen an dieser Stelle die Projekterfahrungen mit 4 – bzgl. Betätigungsfeld und Größe – recht unterschiedlichen Unternehmen zur Sprache kommen. Berücksichtigung findet dabei:
— ein börsennotiertes, international ausgerichtetes Produktionsunternehmen mit Tausenden von Beschäftigten und zahlreichen Niederlassungen auf verschiedenen Kontinenten,
— ein mittelständiges Familienunternehmen aus der Baustoff- und Entsorgungsbranche,
— ein kleineres Beratungsunternehmen für lokale Wirtschaftsförderung,
— eine kleinere Non-Profit-Organisation in dem Bereich soziale und karitative Dienstleistungen.

17.3.1 Sechs Schritte zu einem arbeitsfähigen Unternehmen

Selbstverständlich verlangt jede Organisation – in Abhängigkeit z. B. von ihrer Unternehmenskultur, -größe oder -historie – bei Veränderungsprozessen eine auf sie individuell abgestimmte Vorgehensweise. Dennoch sollte von vornherein ein Rahmen festgelegt werden, an dem ein derartiges Projekt sich vom Verlauf her orientiert. Im vorliegenden Fall waren dies die »6 Schritte zu einem arbeitsfähigen Unternehmen«, die im Folgenden beschrieben und mit Beispielen aus der

Praxis erläutert werden (für weiterführende Informationen s. Ehlbeck & Giesert, 2009).

Checkliste: 6 Schritte zu einem arbeitsfähigen Unternehmen
- 1. Schritt: Vorbereitung
- 2. Schritt: MitarbeiterInnenbefragung
- 3. Schritt: Maßnahmenentwicklung
- 4. Schritt: Maßnahmenumsetzung
- 5. Schritt: Maßnahmenerfolgsüberprüfung
- 6. Schritt: Sicherung der Nachhaltigkeit

Von der Vorbereitung bis zur Sicherung der Nachhaltigkeit

Vorbereitung
Im Rahmen der Vorbereitung wird das Ziel verfolgt,
- eine Arbeitsgruppe zu konstituieren, die das Projekt steuert und begleitet,
- einen gut strukturierten Projektplan zu entwerfen und
- eine vertrauensvolle Atmosphäre zu schaffen, in der die Beschäftigten über das Projekt ausreichend informiert sind.

Information im Vorfeld einer Beschäftigtenbefragung
Die AEG Power Solutions GmbH, ein international ausgerichtetes Unternehmen mit zahlreichen Niederlassungen auf verschiedenen Kontinenten, entwickelt und vertreibt im deutschen Werk in Warstein-Belecke mit über 400 Mitarbeiterinnen und Mitarbeitern sichere Stromversorgungssysteme.

Die Geschäftsführung fasste gemeinsam mit dem Betriebsrat und unter Einbeziehung der Schwerbehindertenvertretung, der Fachkraft für Arbeitssicherheit sowie des Betriebsarztes den Beschluss, die Erkenntnisse einer bereits vorliegenden Gefährdungsbeurteilung um eine Befragung der Beschäftigten zur Arbeitsfähigkeit zu ergänzen, um so vor dem Hintergrund des demografischen Wandels weiterführende Maßnahmen der betrieblichen Gesundheitsförderung zu entwickeln.

Erste Informationen am schwarzen Brett weckten die Aufmerksamkeit der Belegschaft. Außerdem erhielt jede/r Beschäftigte eine E-Mail mit einer ausführlichen Mitteilung über die geplante Befragung. Zusätzlich informierten die Abteilungsleiter und der Betriebsrat die Beschäftigten in einem persönlichen Gespräch und verteilten gemeinsam und abteilungsbezogen die Fragebogen. In einer eigens eingerichteten Sprechstunde bestand am nächsten Tag eine weitere Möglichkeit, offen gebliebene Fragen zu stellen.

MitarbeiterInnenbefragung
Der 2. Schritt verfolgt das Ziel,
- die Arbeitsfähigkeit zu ermitteln,
- zentrale Aspekte der Arbeitstätigkeit als Stellschrauben zur Verbesserung der Arbeitsfähigkeit zu identifizieren und

— den Einfluss weiterer Aspekte, wie z. B. Alter und Geschlecht, zu berücksichtigen.

Zur Erfassung der Arbeitsfähigkeit kommt dabei – wie oben beschrieben – der WAI zum Einsatz, zur Erfassung der zentralen Aspekte der Arbeitstätigkeit der KFZA.

■ Der KFZA – Kurzfragebogen zur Arbeitsanalyse

Screening der Arbeits- und Organisationsstruktur

Bei dem KFZA handelt es sich um ein Screening-Instrument, mit dem positive und negative Einflüsse der Arbeits- und Organisationsstruktur erfasst werden. Im Rahmen einer schriftlichen Befragung werden dazu von Beschäftigten auf der Grundlage von 26 Einzelaspekten 11 Faktoren beurteilt, die Aussagen erlauben über

— die **Arbeitsinhalte** mit den Faktoren »Vielseitigkeit« und »Ganzheitlichkeit« einer Arbeitsaufgabe,
— die **Stressoren** mit den Faktoren »Qualitative Arbeitsbelastung«, »Quantitative Arbeitsbelastung«, »Arbeitsunterbrechungen« und »Umgebungsbelastungen«,
— die **Ressourcen** mit den Faktoren »Handlungsspielraum«, »Soziale Rückendeckung« und »Zusammenarbeit« und
— das **Organisationsklima** mit den Faktoren »Information und Mitsprache« und »Betriebliche Leistungen«.

Eine ausführlichere Darstellung des KFZA findet sich in Prümper, Hartmannsgruber und Frese (1995), eine Kurzübersicht in Prümper (2010).

Zusätzlich können – je nach Unternehmen – weitere standardisierte Fragen aus anderen Instrumenten sowie branchen-, betriebs- oder abteilungsspezifische Zusatzfragen in das Verfahren integriert werden.

Vorbereitung, Auswertung und Präsentation der Ergebnisse

Der Sozialdienst katholischer Frauen e.V. bietet in Köln mit über 250 und in Langenfeld mit ca. 40 Beschäftigten eine breite Palette sozialer und karitativer Dienstleistungen an.

Die Motivation dieses Unternehmens zur Durchführung eines Arbeitsfähigkeitsprojekts war, die Arbeits- und Beschäftigungsfähigkeit der Beschäftigten vor dem Hintergrund des demografischen Wandels nicht nur zu erhalten, sondern auch systematisch zu fördern.

Unterschiedliche Betriebsgrößen verlangen unterschiedliche Herangehensweisen

Die unterschiedlichen Betriebsgrößen in den beiden Standorten verlangten unterschiedliche Herangehensweisen. In Langenfeld wurde das Projekt der Belegschaft zunächst auf einer Betriebsversammlung präsentiert. Direkt im Anschluss erfolgte die Ausgabe der Fragebogen. Die Beschäftigten konnten den Fragebogen direkt vor Ort nach der Versammlung, am Arbeitsplatz oder auch zu Hause ausfüllen und in einem Rückumschlag zurücksenden. In Köln erfolgte die Ausgabe der Fragebogen per Hauspost und die Rückgabe in Sammelboxen.

Nach der Auswertung wurden die Ergebnisse vor der Geschäftsführung bzw. den Fachbereichsleitungen präsentiert, gemeinsam diskutiert und mögliche Lösungsansätze entwickelt. Nach dieser Präsentation erfolgte die Vorstellung der Ergebnisse vor den Beschäftigten und dem Vorstand. So war sichergestellt, dass Geschäftsführung und Fachbereichsleitungen sich mit den Ergebnissen in Ruhe auseinandersetzen konnten.

Den Beschäftigten wurden die Befragungsergebnisse im Rahmen von Belegschaftsversammlungen zugänglich gemacht. Zusätzlich wurde eine Kurzfassung der Ergebnisse im Intranet zur Verfügung gestellt.

Maßnahmenentwicklung

Auf Grundlage der Befragungsergebnisse werden spezifische Maßnahmen entwickelt:
- zur Erhaltung und Förderung der Arbeitsfähigkeit und
- zum Belastungsabbau und Ressourcenaufbau.

Grundlage der weiteren Vorgehensweise sind die in der Befragung identifizierten Handlungsbedarfe zu Belastungen und Ressourcen; Ziele sind das Erarbeiten von Maßnahmenvorschlägen zur Verbesserung der Problembereiche und das Priorisieren der Maßnahmenvorschläge zur Gesundheitsförderung.

Hierzu werden mit den Beschäftigten Workshops nach der IPLV-Methode durchgeführt (eine ausführlichere Darstellung der IPLV-Workshopmethode findet sich in Martin, Prümper & von Harten, 2008, S. 47ff., ein betriebspraktisches Beispiel in Ehlbeck, Lohmann und Prümper, 2008).

Beteiligung der Beschäftigten

Die Brühne GmbH & Co. KG steht als Familienunternehmen seit 1899 für Kompetenz und Dienstleistung in der Baustoff- und Entsorgungsbranche und ist mit ca. 90 Mitarbeitern und Mitarbeiterinnen an verschiedenen Standorten in Nordrhein-Westfalen tätig.

Die Ergebnisse der Beschäftigtenbefragung hatten psychische Belastungen, Bewegungsmangel an Bildschirmarbeitsplätzen sowie mangelnde Beteiligungsmöglichkeiten der Beschäftigten an Veränderungsprozessen in den Mittelpunkt gerückt.

Da die psychischen Belastungen gerade in der Hauptverwaltung in Dortmund ein wichtiges Thema waren, beschlossen die Geschäftsführung und der Betriebsrat, mit der Maßnahmenentwicklung hier zu beginnen. Mit den gewonnenen Erfahrungen sollte dann in den anderen Abteilungen und Standorten weiter gearbeitet werden. Die Diskussion in den IPLV-Workshops konzentrierte sich schließlich auf 3 Themen:
- Umgang mit Veränderungen im Unternehmen
- Stress durch ein hohes Arbeitsvolumen in Verbindung mit immer genauer definierten Arbeitsprozessen und einem zunehmenden Dokumentationsaufwand für das Prozessmanagement
- Bewegungsmangel durch fast ausschließliches Arbeiten im Sitzen

Veränderung durch Partizipation

Gemeinsam entwickelten die Beschäftigten in den IPLV-Workshops Lösungsvorschläge, die sich auf das eigene Verhalten bezogen, wie z. B. die Nutzung vorhandener Headsets zum Telefonieren zur Vorbeugung von Fehlhaltungen und Verspannungen.

Weitere Ideen bezogen sich auf eine Verbesserung der Arbeitssituation: Es gab den Wunsch, Stehpulte zu testen, um Bewegungsmangel durch langes Sitzen entgegenzuwirken.

Die Geschäftsleitung erkannte, dass sie die Beschäftigten bei Veränderungsprozessen stärker beteiligen sollte.

Das Thema »Stress und Prozessmanagement« war für die Beschäftigten sehr bedeutsam, sie hatten im Workshop dazu jedoch keine Lösungsidee. So beschloss der kaufmännische Geschäftsführer, noch im laufenden Jahr Mitarbeitergespräche mit allen Beschäftigten der Verwaltung in Dortmund speziell zu diesem Themenkomplex zu führen.

Maßnahmenumsetzung

Das Ziel dieses Schritts besteht darin, dass

— die beschlossenen Maßnahmen umgesetzt werden, um die Arbeitsfähigkeit der Beschäftigten zu verbessern und zu erhalten.

Priorisierung von Maßnahmen

Dazu werden die Maßnahmen nach Wichtigkeit und Dringlichkeit sortiert, die Reihenfolge der durchzuführenden Maßnahmen festgelegt, der Prozess kontinuierlich dokumentiert und die Beteiligten regelmäßig informiert und zur Beteiligung an der Maßnahmenumsetzung motiviert.

Einrichtung eines Runden Tischs

Die Wirtschaftsförderung Hagen GmbH ist mit ca. 20 Beschäftigten Ansprechpartner für ortsansässige und an Hagen interessierte Unternehmen und unterstützt durch umfassende Beratung unternehmerische Vorhaben von der Planungsphase bis zur Realisierung.

Hier sollte das Arbeitsfähigkeitskonzept dazu genutzt werden, ein Projekt zur betrieblichen Gesundheitsförderung aufzusetzen. Um auf Grundlage der Befragungsergebnisse konkrete Maßnahmen zu entwickeln, wurde u. a. ein Runder Tisch ins Leben gerufen, an dem Geschäftsführung, Betriebsrat und die Fachkraft für Arbeitssicherheit teilnahmen.

Ein Ergebnis dieses Runden Tischs war ein »Schnupper-Gesundheitstag«, den das Unternehmen gemeinsam mit einer Krankenkasse durchführte. Es wurde eine breite Palette von Angeboten realisiert, in der die Beschäftigten Informationen zur Gesundheitsförderung erhielten, Entspannungstechniken kennen lernten und die Möglichkeiten hatten, den eigenen Gesundheitszustand testen zu lassen. Der wohl größte Erfolg: Bei einem Mitarbeiter konnte eine gefährliche Hautveränderung aufgedeckt werden.

Maßnahmenerfolgsüberprüfung

Das Ziel dieses Schritts besteht in der Evaluation der Wirksamkeit der durchgeführten Maßnahmen, sowohl

- durch eine qualitative Befragung der Geschäftsführung, der Führungskräfte und der Vertretungsorgane als auch
- durch eine quantitative Befragung der Beschäftigten.

Als Möglichkeiten kommen hier eine Beschäftigtenbefragung unter erneutem Einsatz des WAI und des KFZA, Einzelinterviews mit Geschäftsführung und Führungskräften und IPLV-Workshops mit Beschäftigten in Betracht.

Gespräch von Geschäftsführung und Betriebsrat

Nachdem bei der AEG Power Solutions GmbH die zu entwickelnden Maßnahmen zwischen der Geschäftsführung und dem Betriebsrat abgestimmt wurden, ging es an die Maßnahmenumsetzung. Ob und wie die Umsetzung schließlich erfolgt ist, musste überprüft werden. Zu diesem Zweck fand 4 Monate nach den Workshops ein Gespräch über den aktuellen Projektstand mit der Geschäftsführung und dem Betriebsrat statt.

Viele der geplanten Maßnahmen konnten umgesetzt werden. Es gab aber auch Maßnahmen, die bis zum Zeitpunkt der Besprechung noch nicht umgesetzt werden konnten, wie z. B. die Anpassung der Dokumentation der Gefährdungsbeurteilung an eine veränderte Betriebssituation. Daraufhin wurde in einem Gespräch zwischen Geschäftsführung und Betriebsrat beschlossen, die Gefährdungsbeurteilung bei der künftigen Veränderung der Arbeitsplätze direkt zu erneuern bzw. zu erstellen.

Die Erfassung der psychischen Belastungen und Beanspruchung unter Verwendung des KFZA und des WAI wurde fester Bestandteil der in dem Betrieb durchgeführten Gefährdungsbeurteilung.

Gefährdungsbeurteilung

Sicherung der Nachhaltigkeit

Maßnahmen zum Erhalt der Arbeitsfähigkeit müssen nachhaltig, d. h. effektiv und dauerhaft, wirken. Das Ziel des letzten Schritts besteht deshalb darin sicherzustellen, dass:

- die Maßnahmen zur Sicherung und Förderung der Arbeitsfähigkeit in der Unternehmensstruktur fest verankert sind.

Um dies zu erreichen, sind mehrere Maßnahmen notwendig. Diese reichen von der Einführung eines betrieblichen Gesundheits- und Eingliederungsmanagements (BGM und BEM) über die Festschreibung der Maßnahmen in der Gefährdungsbeurteilung bis hin zur Integration des Arbeitsfähigkeitskonzepts in die Personalentwicklung.

BGM (betriebliches Gesundheitsmanagement) und BEM (betriebliches Eingliederungsmanagement)

Verbesserte Information und regelmäßige Veranstaltungen

Bei der Wirtschaftsförderung Hagen GmbH wurde erkannt, wie wichtig es ist, dass die Geschäftsführung ihre Mitarbeiter über den Stand der durchgeführten Maßnahmen informiert. Seitdem finden regelmäßige Besprechungen rund um das Thema Arbeitsfähigkeit statt. Ein weiteres Erfolgskriterium für die Sicherung der Nachhaltigkeit ist die Aufnahme der in den Workshops entwickelten Maßnahmen in die Gefährdungsbeurteilung. Sie wird seitdem regelmäßig durchgeführt und aktualisiert. Der Gesundheitstag findet nunmehr jährlich statt.

Schulung der Mitarbeiter und Führungskräfte

Auch die Schulung der Mitarbeiter trägt zur Sicherung der Nachhaltigkeit bei. Deshalb fand für alle Beschäftigten eine Veranstaltung zu dem Thema »Gesundheit allgemein« und für die Führungskräfte zu dem Thema »Gesunde Führung« statt.

Nach der Durchführung des Gesundheitstags wurde die Idee geboren, eine »bewegte Pause« als festen Bestandteil zu installieren. Hierzu wurden 2 Mitarbeiter als Multiplikatoren von einer Krankenkasse zu Themen wie Dehnen, Koordination, Atmung etc. geschult. Therabänder für die Übungen wurden von der Krankenkasse gestellt und liegen in den Büros aus.

Der Arbeitsschutzausschuss kontrolliert und steuert den weiteren Verlauf und ist ein entscheidender Garant für die Nachhaltigkeit des Projekts.

17.4   Fazit

17.4.1   Hinweise für die Praxis

Um ein Veränderungsprojekt, welches vor dem Hintergrund des demografischen Wandels auf die Sicherung der Arbeitsfähigkeit von Beschäftigten abzielt, zum Erfolg zu führen, sollten – so lehrte die Praxis der beschriebenen Projekte – in den einzelnen Schritten die folgenden Punkte Berücksichtigung finden (vgl. auch Ehlbeck & Giesert, 2009):

🛈 Checkliste: Praxistipps für die 6 Schritte zu einem arbeitsfähigen Unternehmen

1. **Schritt: Vorbereitung**

Projektarbeitsgruppe

   ▬ Führen Sie in der Projektarbeitsgruppe eine gute Organisation und Ablaufplanung der Befragung durch, um Datenschutz und Anonymität zu garantieren.
   ▬ Statten Sie die Arbeitsgruppe mit Entscheidungskompetenz aus, um langwierigen (Entscheidungs-)Prozessen vorzubeugen.
   ▬ Informieren Sie Führungskräfte und Beschäftigte gut und ausreichend, um Vertrauen aufzubauen.
   ▬ Stellen Sie eine Vertrauensperson für nicht deutschsprachige Beschäftigte bereit, um auch für diese Gruppe einen hohen Rücklauf zu erzielen.

- Wählen Sie den Informations- und Befragungszeitpunkt optimal, um eine hohe Akzeptanz zu erreichen (Ferienzeiten und unternehmensinterne Prozesse bzw. Termine sind zu berücksichtigen).
- Wählen Sie den Befragungszeitraum nicht zu lang, um einen hohen Rücklauf zu erzielen (optimal sind 2–3 Wochen).
- Organisieren Sie Arbeitsabläufe wenn möglich so, dass die Beschäftigten genügend Zeit haben, den Fragebogen während der Arbeit auszufüllen (z. B. Schichtgruppen mit Springern unterstützen).
- Legen Sie Auswertungseinheiten gut überlegt fest, um die erwünschte Aussagekraft der Ergebnisse zu erzielen (nicht zu klein wegen Anonymität und nicht zu groß, um handlungsleitende Erkenntnisse zu gewinnen).
- Regeln Sie Vorgehensweisen und Methoden idealerweise in einer Betriebsvereinbarung oder einer schriftlichen Regelungsabsprache.

2. **Schritt: MitarbeiterInnenbefragung**   *Informationspolitik*
- Lassen Sie die Ergebnisse für jede Abteilung so aufbereiten, dass nur die eigene Abteilung sichtbar ist, um Konkurrenz und schlechtes Gerede zwischen den Abteilungen zu vermeiden.
- Präsentieren Sie die Ergebnisse den Führungskräften in kleiner Runde. Achten Sie darauf, niemanden bloßzustellen.
- Informieren Sie sämtliche Ebenen und Funktionen (Geschäftsführung, Führungskräfte, Mitarbeiter und Mitarbeiterinnen, Betriebsrat, Betriebsarzt etc.).
- Stellen Sie das Unternehmensergebnis ggf. im Intranet zur Verfügung, damit alle Interessierten jederzeit darauf zugreifen können.

3. **Schritt: Maßnahmenentwicklung**   *Workshops*
- Führen Sie die Workshops mit den Beschäftigten ohne Geschäftsführung und ohne Führungskräfte durch.
- Gestalten Sie die Teilnahme an den Workshops für die Beschäftigten auf freiwilliger Basis und ermöglichen Sie diese während der Arbeitszeit.
- Beteiligen Sie die betrieblichen Akteure, wie z. B. Betriebsarzt und Fachkraft für Arbeitssicherheit. Ihre Mitarbeit ist wesentlich für eine erfolgreiche Maßnahmenentwicklung.
- Beteiligen Sie die Beschäftigten grundlegend. Sie können sich selbst einbringen, sie werden beteiligt und die Geschäftsführung berücksichtigt ihre Vorschläge. Dies allein kann schon zu einer verbesserten Gesamtstimmung im Betrieb beitragen, und die Beschäftigten gelangen aus einer passiven in eine aktive Rolle.

   ▫ Achten Sie darauf, dass die »Paten«, die »Kümmerer« aus den unterschiedlichen Arbeitsbereichen eng mit Betriebsrat und Geschäftsführung zusammenarbeiten.

   ▫ Entwickeln Sie nach Möglichkeit sowohl gesamtbetriebliche als auch abteilungsspezifische Maßnahmen.

   ▫ Damit die Projektarbeitsgruppe ihrer Steuerungsfunktion nachkommen kann, sollte der Informationsfluss aus den Workshops und Round-Table-Gesprächen gewährleistet sein. Dies kann z. B. durch die Beteiligung eines Mitglieds aus der Arbeitsgruppe an den Workshops erreicht werden.

Maßnahmenumsetzung mit professioneller Unterstützung

4. Schritt: Maßnahmenumsetzung

 ▫ Informieren Sie regelmäßig über den aktuellen Stand der Maßnahmen.

 ▫ Gehen Sie lösungsorientiert an den Prozess heran. Dies kann dabei helfen, Konflikte und Kommunikationsprobleme zu reduzieren bzw. ihnen entgegenzuwirken.

 ▫ Schaffen Sie Spielräume für Erprobungen.

 ▫ Die Kooperation der betrieblichen Akteure ist eine große Unterstützung.

 ▫ Holen Sie sich professionelle Unterstützung von z. B. Krankenkassen, Berufsgenossenschaften, Organisationsberatern, …

 ▫ Verfestigen Sie Stärken und Ressourcen und verankern Sie diese z. B. in den arbeitsorganisatorischen Abläufen.

Evaluation

5. Schritt: Maßnahmenerfolgsüberprüfung

 ▫ Prüfen Sie die statistischen Ergebnisse, die auf bestimmte Zusammenhänge von Belastung, Ressourcen und Beanspruchungen hinweisen, in der Praxis auf Plausibilität.

 ▫ Ergänzen Sie die Evaluation durch qualitative Aussagen der von einer Maßnahme betroffenen Personen.

 ▫ Führung und Mitarbeiter müssen miteinander reden (lernen)!

 ▫ Führen Sie Dialoge, sie ebnen Wege. Aber auch Widersprüche können bestehen bleiben und zu gegebener Zeit wieder bearbeitet werden.

 ▫ Nehmen Sie sich Zeit für die abschließende Bewertung eines Ergebnisses.

 ▫ Behalten Sie alle 4 Komponenten des Arbeitsfähigkeitskonzepts im Auge, bearbeiten Sie eine nach der anderen.

Verhaltens- und Verhältnisprävention

6. Schritt: Sicherung der Nachhaltigkeit

 ▫ Fühlen Sie sich für die Nachhaltigkeit verantwortlich.

 ▫ Betrachten Sie die Maßnahmenumsetzung langfristig.

 ▫ Kommunizieren Sie Erfolge im Betrieb.

 ▫ Leisten Sie Überzeugungsarbeit bei den Beschäftigten und den Führungskräften, bleiben Sie am Ball und schärfen Sie das Bewusstsein der Mitarbeiter.

 ▫ Investieren Sie zunächst in personelle, finanzielle und zeitliche Ressourcen, um später die Früchte des Erfolgs zu ernten. Durch Verringerung des Krankenstands werden Ressourcen frei.

- Kombinieren Sie Maßnahmen der Arbeitsentlastung mit Maßnahmen der individuellen Gesundheitsförderung. Jeder muss selbst etwas für seine Gesundheit tun; gleichzeitig müssen die Arbeitsbedingungen angepasst bzw. verändert werden.
- Vergessen Sie nicht: Der Unternehmer/die Geschäftsführung ist in der Pflicht!
- Achten Sie auf eine klare Rollenverteilung: Der Betriebsrat kontrolliert, und die betrieblichen Akteure unterstützen und beraten. Die Beschäftigten sind aktiv beteiligt.

17.4.2 Aufbruch in eine altersgerechte Arbeitswelt

Vor dem Hintergrund des demografischen Wandels kann es vorrangig nicht mehr darum gehen, ältere Beschäftigte mehrheitlich in den vorzeitigen Ruhestand »zu begleiten«. Stattdessen rücken die Frage ihrer spezifischen Leistungsfähigkeit sowie die alters- und alternsgerechte Arbeitsgestaltung immer mehr in den Fokus des betrieblichen Interesses.

In Zukunft sollten sich Unternehmen deshalb nicht nur auf die Frage konzentrieren, wie Arbeitsunfähigkeit vermieden werden kann, sondern auch und insbesondere, wie sich die Arbeitsfähigkeit erhalten und steigern lässt (vgl. hierzu auch Prümper & Richenhagen, 2011).

> **Wichtig**
> Die Unternehmen müssen einen Paradigmenwechsel von der Frühverrentungspolitik zur demografiegerechten Arbeits- und Organisationsgestaltung vollziehen.

Der demografische Wandel stellt Unternehmen vor die Herausforderung, sich stärker als bisher mit dem Thema alternsgerechte Arbeits- und Organisationsgestaltung zu befassen. Ob dies erfolgreich gelingt oder nicht, kann an der Arbeitsfähigkeit der Beschäftigten – dem ausgewogenen Gleichwicht zwischen dem, was der Beschäftigte dauerhaft leisten kann, und dem, was von ihm verlangt wird – abgelesen werden. Mit dem WAI, dem »Work Ability Index«, liegt ein wissenschaftlich fundiertes und international weit verbreitetes und anerkanntes Verfahren vor, mit dem die Arbeitsfähigkeit erhoben werden kann.

Alternsgerechte Arbeits- und Organisationsgestaltung

Die Erfahrungen mit den durchgeführten Veränderungsprojekten zur Sicherung der Arbeitsfähigkeit von Beschäftigten rückten dabei insbesondere die folgenden 4 Handlungsfelder in das Zentrum der Intervention:

Handlungsfelder

1. das Individuum,
2. die Arbeitsbedingungen,
3. die Führung und
4. die Handlungskompetenz.

Individuelle Gesundheitsförderung, alternsgerechte Arbeitsbedingungen, gutes Führungsverhalten und weiterentwickelte Handlungskompetenzen tragen dazu bei, dass die Arbeitsfähigkeit auch im höheren Erwerbsalter auf einem hohen Niveau erhalten bleibt. »Für die weit verbreitete Meinung, dass die Arbeitsproduktivität auf Grund eines höheren Alters der Beschäftigten sinken muss, gibt es keine wissenschaftliche Evidenz« (BMAS, 2010, S. 13).

Leseempfehlung

Deller, J., Kern, S., Hausmann, E. & Diederichs, Y. (2008). *Personalmanagement im demografischen Wandel. Ein Handbuch für den Veränderungsprozess mit Toolbox Demografiemanagement und Altersstrukturanalyse.* Heidelberg: Springer.

Seyfried, B. (Hrsg.). (2011). *Ältere Beschäftigte: Zu jung, um alt zu sein: Konzepte –Forschungsergebnisse – Instrumente.* Bielefeld: Bertelsmann.

Tempel, J., Giesert, M. & Ilmarinen, J. (2012). *Arbeitsleben 2025: Das Haus der Arbeitsfähigkeit im Unternehmen bauen.* Hamburg: VSA.

Literatur

Becker, M., Ehlbeck, I. & Prümper, J. (2009). Freundlichkeit und Respekt als Motor der Gesundheit. Eine empirische Studie. In M. Giesert (Hrsg.), *Führung und Gesundheit – Gesundheitsgipfel an der Zugspitze* (S. 62–74). Hamburg: VSA.

Becker, M. & Prümper, J. (2011). Partizipation in der Pflege: Einfluss auf die Dienstplangestaltung als Moderator zwischen wöchentlicher Arbeitszeit und Arbeitsfähigkeit. In M. Giesert (Hrsg.), *Erfolgreich führen … mit Vielfältigkeit und Partizipation der Beschäftigten!* (S. 96–111). Hamburg: VSA.

BMAS (2010). *Aufbruch in die altersgerechte Arbeitswelt. Bericht der Bundesregierung gemäß § 154 Abs. 4 Sechstes Buch Sozialgesetzbuch zur Anhebung der Regelaltersgrenze auf 67 Jahre.* Berlin: BMAS.

Ehlbeck, I. & Giesert, M. (2009). *Arbeitsfähig in die Zukunft. Ein Handlungsleitfaden für die Praxis.* Düsseldorf/Berlin: IQ-Consult gGmbh/bao GmbH.

Ehlbeck, I., Lohmann, A. & Prümper, J. (2008). Erfassung und Bewertung psychischer Belastungen mit dem KFZA – Praxisbeispiel Krankenhaus. In S. Leittretter (Hrsg.), *Arbeit in Krankenhäusern human gestalten* (S. 32–58). Düsseldorf: edition.

Giesert, M. & Tempel, J. (2004). *Arbeitsfähigkeit 2010 – Was können wir tun, damit Sie gesund bleiben? Fakten und Chancen des Alters und Alterns im Arbeitsleben.* Düsseldorf: GiGA.

Hasselhorn, H.M. & Freude, G. (2007). *Der Work Ability Index – ein Leitfaden.* Dortmund: BAuA.

Ilmarinen, J. (2006). *Towards a longer worklife! Ageing and the quality of worklife in the European Union.* Helsinki: Finnish Institute of Occupational Health.

Ilmarinen, J. & Tempel, J. (2002). Erhaltung, Förderung und Entwicklung der Arbeitsfähigkeit – Konzepte und Forschungsergebnisse aus Finnland. In B. Badura, C. Vetter & H. Schellschmidt (Hrsg.), *Fehlzeiten-Report 2002: Zahlen, Daten, Analysen aus allen Branchen der Wirtschaft. Demographischer Wandel: Herausforderung für die betriebliche Personal- und Gesundheitspolitik* (S. 85–99). Heidelberg: Springer.

Ilmarinen, J. & Tuomi, K (2004). Past, present and future of work ability. *People and Work Research Reports 65*, 1–25.

Martin, P., Prümper, J. & Harten, G. von (2008). *Ergonomie-Prüfer zur Beurteilung von Büro- und Bildschirmarbeitsplätzen (ABETO)*. Frankfurt a. Main: Bund.

Pfeiffer, I. & Richenhagen, G. (2012). *Instrumentenkasten für eine altersgerechte Arbeitswelt in KMU*. Verfügbar unter http://www.prognos.com/ Publications.520+M5d1b03729f5.0.html?&tx_atwpubdb_pi1%5BshowU-id%5D=323 [28.11.2012]

Prümper, J. (2010). KFZA – Kurz-Fragebogen zur Arbeitsanalyse. In W. Sarges, H. Wottawa & C. Ross (Hrsg.), *Handbuch Wirtschaftspsychologischer Testverfahren – Band II: Organisationspsychologische Instrumente* (S. 157–164). Lengerich: Pabst.

Prümper, J. & Becker, M. (2011). Freundliches und respektvolles Führungsverhalten und die Arbeitsfähigkeit von Beschäftigten. In B. Badura, A. Ducki, H. Schröder, J. Klose & K. Macco (Hrsg.), *Fehlzeiten-Report 2011: Führung und Gesundheit* (S. 37–47). Heidelberg: Springer.

Prümper, J., Hartmannsgruber, K. & Frese, M. (1995). KFZA – Kurzfragebogen zur Arbeitsanalyse. *Zeitschrift für Arbeits- und Organisationspsychologie, 39*, 125–132.

Prümper, J. & Richenhagen, G. (2011). Von der Arbeitsunfähigkeit zum Haus der Arbeitsfähigkeit. Der Work Ability Index und seine Anwendung. In B. Seyfried (Hrsg.), *Ältere Beschäftigte: Zu jung, um alt zu sein. Konzepte – Forschungsergebnisse – Instrumente* (S. 135–146). Bielefeld: Bertelsmann.

Prümper, J., Thewes, K. & Becker, M. (2011). The effect of job control and quantitative workload on the different dimensions of the work ability index. In C.-H. Nygard, M. Savanainen, K. Lumme-Sand & T. Kirsi (Eds.), *Age management during the life course* (S. 102–116). Tampere: Tampere University Press.

Richenhagen, G. (2007). Beschäftigungsfähigkeit, altersflexibles Führen und gesundheitliche Potenziale, *Personalführung, 8*, 44–51.

Richenhagen, G. (2011). Arbeitsfähigkeit - Arbeitsunfähigkeit - Arbeitsschutz. In: Giesert, M.: *Arbeitsfähig in die Zukunft*. Hamburg: VSA.

Tuomi K., Ilmarinen J., Jahkola A., Katajarinne, L. & Tulkki, A. (2001). *Arbeitsbewältigungsindex – Work Ability Index*. Bremerhaven: Wirtschaftsverlag NW.

Tuomi, K., Ilmarinen, J., Seitsamo, J., Huuhtanen, P., Martikainen, R., Nygård, C-H. & Klockars, M. (1997). Summary of the Finnish research project (1981–1992) to promote the health and work ability of aging workers. *Scandinavian Journal of Work, Environment & Health, 23*(suppl. 1), 66–71.

Verbesserung der Einstellungs- chancen für ältere Personen

Heinz Schuler, Patrick Mussel und Heike von der Bruck

Ein Teil der Dauerarbeitslosigkeit älterer Personen ist auf die mangelnde Berücksichtigung ihrer spezifischen Fähigkeiten zurückzuführen. Mithilfe der Methode des Berufsprofilings können Merkmalsausprägungen diagnostiziert und mit den Berufsanforderungen abgeglichen werden. Aus der Ermittlung der Altersabhängigkeit von Eignungsmerkmalen und deren Relevanz für den Wiedereintritt ins Berufsleben lassen sich Zuordnungen finden, die die Situation von stellungsuchenden Personen durch Vermittlung in den ersten Arbeitsmarkt dauerhaft verändert. Empfehlungen für Betroffene, Unternehmer und Vermittler werden abgeleitet.

18.1   Was soll verändert werden?

Unter den arbeitslosen Personen ist die Gruppe der über 50-Jährigen in besonderem Maße von der Schwierigkeit betroffen, den Wiedereintritt ins Berufsleben zu schaffen. Nicht nur, dass die Bereitschaft von Arbeitgebern gering ist, ältere Mitarbeiter einzustellen; auch der beschleunigte wirtschaftliche Strukturwandel wirkt sich benachteiligend auf diese Gruppe aus, indem er immer rascher ihre frühere berufliche Qualifikation obsolet erscheinen lässt. In Verbindung mit der tatsächlichen oder vermeintlichen Abnahme berufserfolgsrelevanter Fähigkeiten hat dies zur Folge, dass die Chance auf beruflichen Wiedereinstieg für diese Gruppe besonders gering ist (Wanberg, Watt & Rumsey, 1996).

Unterschätzung der »Employability« älterer Personen

Gleichzeitig hat der demografische Wandel zur Folge, dass die Arbeitskraft auch älterer Personen dringend benötigt wird. Die im Folgenden berichtete Untersuchung soll deshalb dazu beitragen, die Chancen beschäftigungsloser älterer Personen auf Wiedereintritt in den Arbeitsmarkt zu verbessern. Die Veränderung und damit deutliche Verbesserung der Erwerbschancen Älterer fordert ein Umdenken auf verschiedenen Ebenen. Die Politik hat erkannt, dass sowohl volkswirtschaftliche als auch gesellschaftspolitische Veränderungen gezielte Maßnahmen der Diagnose und Weiterentwicklung des Potenzials Älterer erfordern. Welche Methoden jedoch zielführend den Weg für Ältere in den Arbeitsmarkt ebnen, hängt wesentlich von der Nachfrage und letztlich der Bereitschaft der Unternehmen ab, Kompetenzen, die Ältere im Arbeitsprozess bieten, zu erkennen, und zugleich davon, in welchem Umfang Ältere in der Lage sind, sich jüngeren Bewerbern im Konkurrieren um einen Arbeitsplatz zu stellen.

18.2   Warum und wozu soll verändert werden?

Lange Zeit konzentrierte sich der Blick der Unternehmen auf junge, gut ausgebildete Fachkräfte. Die Betrachtung der sinkenden Ausbildungszahlen der Unternehmen macht jedoch deutlich, dass dieser Weg, bestimmt durch die sinkenden Schülerabgangszahlen, nicht weiter ausschließlich beschritten werden kann. Bedenklich entwickelt sich zudem die Ausbildungsreife der Schulabgänger, welche von einer Vielzahl von Personalentscheidern und Geschäftsführern beklagt wird. Insbesondere wird von der Wirtschaft ein Defizit an sozialen Kompetenzen kritisiert – eine Ressource, die von Unternehmen besonders geschätzt wird.

Die notwendigen Veränderungsprozesse sind von 3 wesentlichen Faktoren dominiert. Zum einen durch den zunehmenden Fachkräftemangel der Wirtschaft, der neue Wege in der Potenzialgewinnung fordert. Hier scheint der Blick auf die Potenziale Älterer durchaus lohnenswert. Zum zweiten sollten Erkenntnisse über die Entwicklung von Fähigkeiten im Verlauf der Lebensspanne auch in der Arbeitsvermittlung genutzt werden. Als Bindeglied zwischen Angebot und Nachfrage auf dem Arbeitsmarkt können Arbeitsvermittler sodann die Besonderheiten Älterer gezielt in die Vermittlungsbemühungen einbeziehen. Letztlich ist zudem der 3. Faktor, das Selbstbewusstsein – im doppelten Sinne der angemessenen Selbsteinschätzung und des ausgeprägten Selbstvertrauens – der Betroffenen von entscheidender Bedeutung. Selbstbewusstes Auftreten und die damit verbundene Kenntnis über eigene Stärken bilden eine wesentliche Voraussetzung im Bemühen um einen Arbeitsplatz. Die Veränderungsprozesse der Betroffenen können darüber hinaus positiv befördert werden, indem neue berufliche Perspektiven aufgezeigt werden, die nicht immer dem ursprünglich erlernten Berufsbild entsprechen.

> Notwendige Veränderungsprozesse auf dem Arbeitsmarkt

Die Betrachtung der Ressource Mensch wird zunehmend auch auf die Zielgruppen gerichtet sein, die bislang am Arbeitsmarkt benachteiligt waren bzw. durch die Verfügbarkeit anderer Potenziale bewusst aus dem Arbeitsmarkt ausgesteuert wurden[1]. Es bedarf daher veränderter Methoden und neuer Wege, mit Hilfe derer es gelingen kann, Potenziale Älterer zu erkennen und für die Wirtschaft zu einer förderlichen Ressource zu erklären.

18.3 Wie wird verändert?

18.3.1 Die Altersabhängigkeit von Fähigkeiten

Ein Teil der hohen Dauerarbeitslosigkeit älterer Personen scheint auf die mangelhafte Berücksichtigung ihrer spezifischen Fähigkeitsausprägungen zurückzuführen zu sein. Für einen Teil der berufsrelevanten Fähigkeiten ist die Abnahme im Laufe des Alters belegt, für andere Teile werden ein konstantes Fähigkeitsniveau oder sogar ein Fähigkeitszuwachs angenommen. Auch scheint der Zusammenhang zwischen Alter und beruflicher Leistung vom Komplexitätsniveau des betreffenden Berufs abzuhängen. In einer metaanalytischen Zusammenfassung vorliegender Forschungsergebnisse errechnete Stur-

> Manche Fähigkeiten nehmen mit dem Alter ab – andere ändern sich nicht oder nehmen sogar zu

---

1 Beispielhaft stehen in diesem Zusammenhang die Altersteilzeit wie auch die 58er-Regelung.

man (2003) für Tätigkeiten geringer Komplexität einen umgekehrt U-förmigen Zusammenhang zwischen Alter und Leistung, während für komplexe Tätigkeiten ein Anstieg der Leistung mit zunehmendem Alter ermittelt wurde. McEvoy und Cascio (1989) hatten demgegenüber einen sehr geringen linearen Leistungsanstieg mit zunehmendem Alter gefunden. Für noch ältere Untersuchungen war im Durchschnitt eine Leistungsabnahme auch bei komplexen Berufen ermittelt worden (Lehmann, 1953). Gemäß den Ergebnissen von Warr (1995) scheint Zeitdruck die entscheidende Moderatorvariable zu sein, die zur Abnahme der Leistung mit dem Alter führt. Gemäß der Entwicklungstheorie von Baltes (1997) sind Veränderungen über den Lebenslauf nie eindimensional und linear. Dem entspricht, dass Komponenten der fluiden Intelligenz (z. B. Bearbeitungsgeschwindigkeit) durch eine stärkere Altersabnahme gekennzeichnet sind als Komponenten der kristallinen Intelligenz (z. B. Bildung). Für Letztere sowie für einige Charaktermerkmale sind sogar durchaus noch Fähigkeitsverbesserungen mit zunehmendem Alter zu erwarten (McEvoy & Cascio, 1989).

Am Lehrstuhl für Psychologie der Universität Hohenheim wurde eine Befragung von 175 Führungskräften aus Dienstleistungs- und Industrieunternehmen sowie aus dem öffentlichen Dienst unternommen, bei der die Führungskräfte ihre Einschätzung verschiedener berufsrelevanter Merkmale zu Protokoll gaben (Görlich, 2007; Schuler & Görlich, 2007). ◪ Tab. 18.1 zeigt deutlich auf, welche Merkmale die befragten Führungskräfte für besonders wichtig halten (Rangreihe von oben nach unten) und wie sie deren Altersabhängigkeit einschätzen bzw. in welcher Alterskohorte sie das Ausprägungsoptimum wahrnehmen.

Die Ergebnisse der Hohenheimer Untersuchung decken sich im Wesentlichen mit denen aus Befragungen von Avolio und Waldman (1989).

> **Wichtig**
> Nach der Einschätzung durch Führungskräfte steht der Abnahme verschiedener berufsrelevanter Fähigkeiten mit dem Alter die Zunahme anderer Fähigkeiten gegenüber. Daraus ergeben sich für Eignungsmerkmale verschiedene altersspezifische Optima.

18.3.2 Eine neue Methode des Vergleichs von Fähigkeiten und Anforderungen

Psychologische Berufseignungsdiagnostik kann abhelfen

Die Methodik der im Folgenden berichteten Untersuchung bestand darin, den Zusammenhang zwischen der Altersabhängigkeit psychischer Eignungsmerkmale und deren Bedeutung für die Personalauswahl mittels eines empirischen Vorgehens zu bestimmen, das von subjektiven Einschätzungen unabhängig ist. Hierzu kam ein Verfah-

▣ Tab. 18.1 Altersverlauf verschiedener berufsrelevanter Merkmale in der Einschätzung von Führungskräften. (Aus Görlich, 2007, S. 576)

Altersunab-hängig	Mit Alter nach-lassend	Optimum bei 30–39 Jahren	Optimum bei 40–49 Jahren	Optimum bei 50–59 Jahren
- Toleranz - Allgemeine Intelligenz - Hilfsbereit-schaft - Rechenfähig-keit - Sprachliche Fähigkeiten	- Flexibilität - Offenheit für Neues - Lernbereit-schaft - Lernfähigkeit - Schnelligkeit - Körperliche Belastbarkeit - Risikobereit-schaft - Muskelkraft	- Interesse an der Tätigkeit - Teamfähigkeit - Initiative - Durchhaltever-mögen - Konzentration - Gedächtnis - Kreativität/Innova-tivität - Anpassungsbereit-schaft - Technisches Ver-ständnis - Geschicklichkeit	- Qualitätsbewusstsein - Arbeitsmoral - Kundenorientierung - Selbstständigkeit - Planung und Organi-sation - Psychische Belastbar-keit - Durchsetzungs-/Über-zeugungsfähigkeit - Auftreten/Umgangs-formen - Fachwissen - Vorausschauendes Denken und Handeln - Führungsfähigkeit (Leis-tungsorientierung) - Ökonomisches Denken und Handeln	- Zuverlässigkeit - Verantwortungsbewusst-sein - Selbstkontrolle - Loyalität/Integrität - Erfahrungswissen - Führungsfähigkeit (Mit-arbeiterorientierung) - Urteilsfähigkeit - Realismus/Pragmatismus - Frustrationstoleranz - Geduld - Verträglichkeit - Sicherheitsbewusstsein (bzgl. Unfällen etc.) - Allgemeinbildung

ren zum Einsatz, das unter der Bezeichnung »Berufsprofiling« bei der Potenzialdiagnose Verwendung findet[2]. Personen und Berufe werden auf Basis eines einheitlichen Anforderungsrasters bewertet. Geglie-dert in 5 Merkmalsbereiche – Persönlichkeit, Intelligenz, Wissen, Ver-halten und Interessen – wird eine gründliche testbasierte Diagnose der Berufseignung im Hinblick auf wesentliche Anforderungsmerk-male vorgenommen (Mussel, von der Bruck & Schuler, 2009; Schuler, Mussel & Frintrup, 2010). In einer zentralen Datenbank können Per-sonen- und Berufsprofile miteinander abgeglichen werden.

Basis der Eignungsbestimmung ist ein Vergleich der individuellen Ausprägungen aller berufserfolgsrelevanten individuellen Merkmale mit den Eignungsanforderungen von derzeit 500 Berufen. Das Prin-zip des Vergleichs wird in ▣ Abb. 18.1 veranschaulicht. Der Vergleich bezieht sich auf die 5 genannten Merkmalsbereiche sowie auf die in-nerhalb der Bereiche jeweils relevanten Anforderungsdimensionen. Beim Vergleich von Anforderungs- und Personenprofilen werden nicht nur untere Cutoffs – wie zumeist bei Personalauswahlentschei-dungen –, sondern auch obere Cutoffs, also potenzielle Unterforde-rungen berücksichtigt, darüber hinaus Kompensationsmöglichkeiten der erfolgsrelevanten Merkmale untereinander. Um diesen komplexen Vergleich durchführen zu können, wurde ein Matching-Algorithmus entwickelt, der in der Lage ist, pro Person ca. 30.000 Datenpunkte zu

Sorgfältiges empirisches Vorgehen ist erforderlich

---

2   Das Berufsprofiling des Instituts für Berufsprofiling ist eine Marke der Firma HR DIAGNOSTICS AG in Stuttgart.

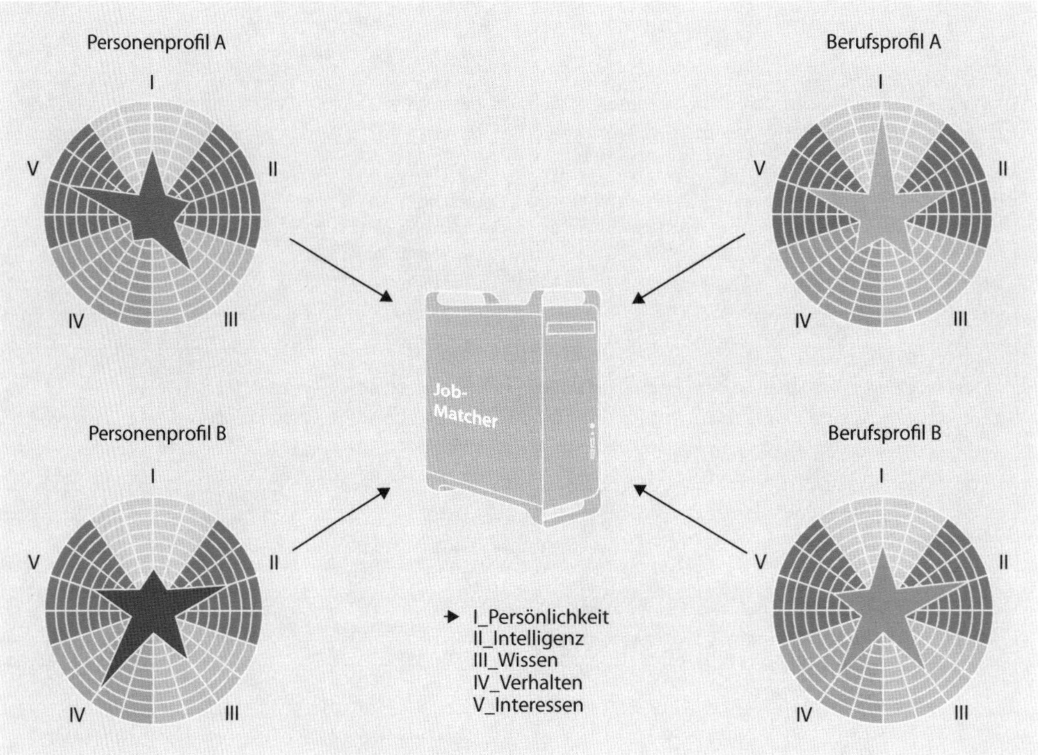

■ **Abb. 18.1** Grundprinzip des Berufsprofilings. (Aus Schuler, Mussel & Frintrup, 2010, S. 44)

vergleichen. Auf diese Weise können für jede diagnostizierte Person auch Berufe in den Vergleich einbezogen werden, die ansonsten – weil nicht naheliegend – nicht in Betracht gezogen würden.

Als Ergebnis des Vergleichsprozesses wird die Ähnlichkeit des Personenprofils mit Anforderungen des Profils aller Berufe angegeben, und zwar bezogen auf »Eignung« im engeren Sinn (Fähigkeit, Persönlichkeitsmerkmale etc.) sowie auf die Interessen der betreffenden Person. ■ Abb. 18.2 zeigt die grafische Form (»Jobradar«), in der die Affinität von Person und Berufen deutlich wird. In dieser Darstellung werden alle in das Matching einbezogenen Berufe in einem radialen Abstand zur Person (Mitte) dargestellt. Je geringer der Abstand zwischen Beruf und Person, desto größer ist die Passung aus Eignungsperspektive. Getrennt hiervon wird die Passung aus Perspektive des beruflichen Interesses ausgewiesen. Dabei ergeben sich in vielen Fällen gänzlich neue Perspektiven, weshalb dieses Verfahren häufig zur Berufs- und Vermittlungsberatung eingesetzt wird und insbesondere zur beruflichen Reintegration Nutzen stiftet. Gleichermaßen können mit Hilfe des Berufsprofilings allerdings auch Auswahl- und Platzierungsentscheidungen getroffen werden, indem für

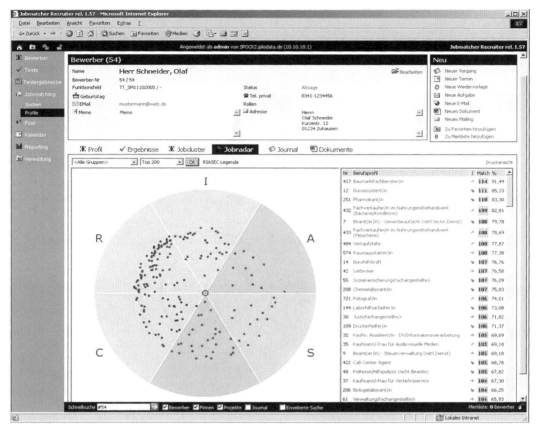

◘ **Abb. 18.2** Das Jobradar

eine bestimmte Position unter mehreren diagnostizierten Kandidaten
die geeignetste Person ausgewählt wird.

❯ **Wichtig**
Eine präzise Ermittlung der Altersabhängigkeit von Fähigkeiten wird durch qualifizierte Methoden der psychologischen Eignungsdiagnostik ermöglicht.

18.3.3 Verknüpfung altersbedingter Unterschiede mit deren Bedeutsamkeit für den beruflichen Wiedereinstieg

An der hier berichteten Untersuchung (vgl. auch Mussel, von der
Bruck & Schuler, 2009) nahmen 709 arbeitslose Personen im Alter
zwischen 50 und 62 Jahren (M = 54,2; SD = 2,74) teil; 47% davon sind
weiblichen Geschlechts. 528 Personen verfügten über eine abgeschlos-
sene Berufsausbildung, 321 über ein abgeschlossenes Studium. Die

Untersuchung an 50- bis
62-jährigen Personen

Teilnehmer waren zwischen 0 und 120 Monaten arbeitslos (M = 45; SD = 31,7). Bis zum Abschluss des Projekts (innerhalb von 2 Jahren) wurden 117 Personen erfolgreich vermittelt. Das Projekt wurde durch die PUUL GmbH in Leipzig realisiert, die Förderung erfolgte durch das Bundesministerium für Arbeit und Soziales.

Als Vergleichsgruppe fungierten 121 Personen im Alter zwischen 18 und 25 Jahren (M = 22,71; SD = 1,47), davon 59,5% weiblich. Die Teilnehmer dieser Gruppe waren zwischen 1 und 68 Monaten arbeitslos (M = 18; SD = 14,0). 55% verfügten über einen Realschulabschluss, 21% über einen Hauptschulabschluss, 16% über Fach- bzw. Hochschulreife.

Die wichtigsten allgemeinen berufsrelevanten Merkmale

Zur Durchführung der Eignungsdiagnose wurde das in ▶ Abschn. 18.3.2 geschilderte Berufsprofiling eingesetzt. Es umfasste psychometrisch konstruierte und validierte Tests zur Messung folgender Merkmale (für detailliertere Angaben vgl. Mussel et al., 2009):

- Kognitive Fähigkeiten
- Kaufmännische Arbeitsprobe
- Technisch-mechanisches Verständnis
- Räumliches Vorstellungsvermögen
- Englischgrundkenntnisse
- Kreativität
- Merkfähigkeit
- Berufliche Leistungsmotivation
- Integrität
- Soziale Kompetenz
- Gewissenhaftigkeit
- Vertrauen in die eigene Leistung
- Kunden- und Serviceorientierung
- Verhalten in Kundensituationen

Bei allen teilnehmenden Personen wurde die vollständige Testbatterie im zeitlichen Umfang von ca. 3,5 Stunden durchgeführt. Die Auswertung erfolgte dergestalt, dass für jedes Merkmal Mittelwertsdifferenzen zwischen den Gruppen der jüngeren und der älteren Personen berechnet wurden. Mittels einer varianzanalytischen Auswertung wurden Differenzwerte *(d)* ermittelt, die angeben, welches Ausmaß die standardisierten (also auf ihre Streuung bezogenen) Gruppendifferenzen haben. Dabei ergab sich z. B., dass beim Merkmal »Merkfähigkeit« die Gruppendifferenz zugunsten der jüngeren Personen relativ groß ist (d = -0.78, also 0.78 Standardabweichungen), während beim Merkmal »Gewissenhaftigkeit« annähernd die gleiche Differenz zugunsten der älteren Personen vorliegt (d = +0.71).

Welche Merkmale sind besonders vermittlungsrelevant?

An dieser Stelle können nicht alle statistischen Details der Auswertung beachtet werden (s. hierzu Mussel et al., 2009). Wir benötigen aber noch einen zweiten Kennwert, nämlich den zum Vermittlungserfolg. Hierzu wurde jedes ermittelte Merkmal zur Wahrscheinlichkeit der erfolgreichen Vermittlung in Beziehung gesetzt. Hierbei er-

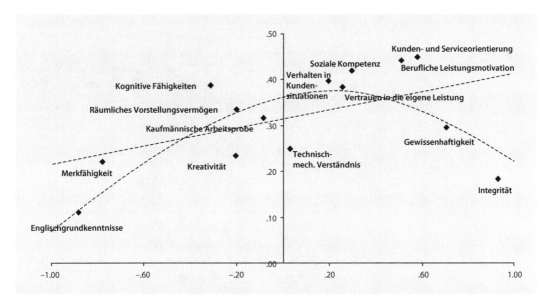

◘ **Abb. 18.3** Verknüpfung altersbedingter Unterschiede (auf der Abszisse) mit deren Bedeutsamkeit für den beruflichen Wiedereinstieg (auf der Ordinate); angegeben sind Effektstärken *d* für die untersuchten Merkmale. (Aus Mussel et al., 2009, S. 125)

gab sich, dass alle Merkmale mit Ausnahme der Englischgrundkenntnisse und der Integrität einen signifikanten Beitrag zur Vermittlung leisteten, d. h. sich im Erfolg niederschlugen, eine Arbeitsstelle zu bekommen. Merkmale mit hohen Beiträgen zum Vermittlungserfolg waren u. a. Kunden- und Serviceorientierung, berufliche Leistungsmotivation und kognitive Fähigkeiten (Intelligenz). In ◘ Abb. 18.3 sind beide Auswertungen integriert.

An einigen Beispielen soll aufgezeigt werden, wie ◘ Abb. 18.3 zu interpretieren ist. Englischgrundkenntnisse (links unten in der Abbildung) sind bei jüngeren Personen wesentlich besser ausgeprägt als bei älteren, spielen allerdings für den Vermittlungserfolg eine geringe Rolle. Bedeutsamer für den Wiedereintritt ins Berufsleben sind Merkfähigkeit und Gewissenhaftigkeit – bei Ersterem sind Jüngere, bei Letzterem Ältere überlegen. Sehr hoch ist die Berufsrelevanz der sozialen Kompetenz (oben Mitte; mäßiger Vorteil bei Älteren) sowie der kognitiven Fähigkeiten (ebenfalls mäßige Differenz, aber zugunsten der Jüngeren). Die Abbildung gibt also gleichzeitig die Merkmalsunterschiede in Abhängigkeit vom Lebensalter und die Bedeutung dieser Merkmale für den Vermittlungserfolg wieder.

Verbindung von Altersabhängigkeit und Vermittlungsrelevanz

Zwei gepunktete Linien finden sich noch in ◘ Abb. 18.3, die der Erklärung bedürfen: Die gerade Linie ist die Regressionsgerade. Ihr Verlauf kann so interpretiert werden, dass diejenigen Merkmale, in denen ältere Personen Defizite gegenüber jüngeren aufweisen, im Durchschnitt die für den Berufseinstieg weniger wichtigen Merkmale sind. Die bogenförmig verlaufende Linie geht auf die quadratische

Gute Nachricht für Betroffene

Korrelation zwischen Altersdifferenzen und Berufsrelevanz zurück. Dass sie gegenüber der Mitte leicht nach rechts verschoben ist, stellt eine gute Nachricht für ältere Personen dar: Dies bedeutet nämlich, dass für den Vermittlungserfolg v. a. solche Merkmale von Bedeutung sind, die keinen altersspezifischen Differenzen unterliegen oder deren Ausprägung sogar mit dem Alter zunimmt.

18.4 Wie wird Nachhaltigkeit sichergestellt?

Die Anwendung und der Erfolg dieser Methodik soll in 2 Praxisbeispielen illustriert werden.

Fallbeispiele aus der Praxis

Herrmann F., 54 Jahre, wurde in seinem gelernten Beruf als Gerber arbeitslos. 2 Jahre lang bemühte er sich, wieder eine Stelle als Gerber zu bekommen. Die Arbeitsagentur suchte für ihn auch nach einer Anstellung in einem verwandten Beruf – leider vergeblich: Es wurden wenige Stellen gefunden, und diese wurden mit jüngeren Bewerbern besetzt.

Herrmann F. verlor die Zuversicht wie so viele seiner Schicksalsgenossen. Schließlich erfuhr er vom Vermittlungsprogramm der PUUL GmbH in Leipzig und durchlief das Potenzialanalyseverfahren »Berufsprofiling«. Ergebnis war, dass für Herrn F. v. a. Berufe in Frage kamen, die technisches Geschick mit Kundenkontakten verbinden. Die höchste Person-Anforderungs-Übereinstimmung ergab sich für die Tätigkeit des Baumarkt-Fachverkäufers. Heute ist Herr F. in einem großen Baumarkt beschäftigt und arbeitet erfolgreich zur eigenen Zufriedenheit und zum Nutzen seines Arbeitgebers.

Ein weiterer ausgewählter Vermittlungserfolg, basierend auf der oben beschriebenen Methode, veranschaulicht die Vermittlung von langzeitarbeitslosen Bewerbern in ein Sächsisches Klinikum. Maßgeblich waren bei der Personalauswahl die hohe soziale Kompetenz, Erfahrung im Umgang mit Menschen sowie »Primärtugenden« wie Zuverlässigkeit, Verbindlichkeit und Verantwortungsbewusstsein. Über die Methodik des Berufsprofilings konnten Bewerber identifiziert werden, welche diese Voraussetzungen mitbrachten. Nicht der ursprünglich erlernte Berufsabschluss, sondern vielmehr die Fähigkeiten der Bewerber konnten im Auswahlprozess überzeugen. Möglich wurde dieser Vermittlungserfolg durch die Empfehlung des Berufsprofilings, welche den Kandidatinnen gute Erfolgsaussichten in Tätigkeiten prognostizierte, die im serviceorientierten Dienstleistungsbereich angesiedelt sind.

Die Herangehensweise, bei der sich sowohl Unternehmen als auch Bewerber und Arbeitsvermittler die Ergebnisse des Berufsprofilings zunutze machten, erzielte im gesamten Projektverlauf nachhaltige Erfolge. Entscheidend hierfür war zum einen die Gewissheit für die Bewerber, dass sie den Anforderungen der vakanten Stellenprofile gerecht werden würden. Zugleich fruchtete die Erkenntnis, alternative

Berufsfelder, die bislang nicht bei der Jobsuche berücksichtigt wurden, als mögliche Perspektive zu betrachten.

> **Wichtig**
> Die wirklich entscheidungsrelevante Information über optimale Zuordnungen von Personen und Arbeitsplätzen ergibt sich erst aus der Zusammenschau der Altersabhängigkeit von Merkmalen mit ihrer Relevanz für den Vermittlungserfolg.

18.5 Fazit und Hinweise für die Praxis

Die Forschung zur Berufseignungsdiagnostik hat Intelligenz als das herausragende erfolgsdeterminierende Merkmal erwiesen (Schuler, 2000). Einbezogen in diese Forschung wurden allerdings weit überwiegend jüngere Personen, die in den fluiden kognitiven Fähigkeiten – wie Bearbeitungsgeschwindigkeit und Gedächtnis – älteren Personen überlegen sind. Dieser Befund legt die Annahme eines Defizitmodells der Entwicklung nahe, das einen generellen Verlust der beruflichen Schaffenskraft mit zunehmendem Alter postuliert. Die Ergebnisse der hier berichteten Untersuchung unterstützen demgegenüber ein differenzierteres Entwicklungsmodell wie das von Baltes (1997), das unterschiedliche Entwicklungsverläufe für verschiedene Eigenschaften sowie Kompensationsmöglichkeiten zwischen diesen vorsieht. Dementsprechend finden wir eine ganze Reihe von Merkmalen, deren Ausprägung im Lebensverlauf nicht ab-, sondern zunimmt.

Ein differenziertes Entwicklungsmodell

Die Prüfung der Relevanz der wichtigsten berufsbezogenen Merkmale – nicht an subjektiven Einschätzungen, sondern am faktischen Wiedereingliederungsergebnis – zeigt, dass für die Alterskohorte der 50- bis 62-Jährigen neben und sogar noch vor den kognitiven Fähigkeiten Charaktermerkmale wie soziale Kompetenz, berufliche Leistungsmotivation sowie Kunden- und Serviceorientierung von herausragender Bedeutung für die Akzeptanz am Arbeitsmarkt sind – dass also weniger die ausgesprochenen »Defizitmerkmale« für die Einstellungschancen Älterer von Bedeutung sind als diejenigen, für die keine Altersabnahme oder sogar ein Zuwachs mit dem Alter zu verzeichnen ist.

Die Stärken älterer Personen sind berufsrelevanter als ihre Schwächen

Einbezogen in die berichtete Untersuchung wurde eine große Bandbreite an Berufen. Gleichwohl wäre noch zu prüfen, inwieweit die Ergebnisse auf andere Regionen (hier Leipzig mit Einzugsbereich), andere Berufe und andere Alterskohorten generalisierbar sind. Nicht im Einzelnen bekannt sind Selektionseffekte bezüglich Personen und Arbeitgebern, durch die eine Generalisierbarkeit eingeschränkt sein könnte.

Mit gebotener Vorsicht scheint es gleichwohl gerechtfertigt, Empfehlungen für die Praxis auszusprechen. Sie sind nach 3 Zielgruppen gegliedert:

> **ℹ Checkliste: Empfehlungen für die Praxis**
> 1. **Betroffene**
>   - Lassen Sie sich nicht einreden, die Berufseignung nehme generell mit dem Alter ab. Es gibt Fähigkeiten, die bei den meisten Personen tatsächlich abnehmen, aber es gibt auch berufsrelevante Fähigkeiten, die zunehmen. Wichtig ist, sich selbst gut zu kennen (und dafür ggf. kompetente Unterstützung zu suchen) und sich um eine Berufstätigkeit zu bemühen, die den eigenen Stärken tatsächlich gerecht wird.
> 2. **Arbeitgeber**
>   - Wählen Sie Ihre Mitarbeiter nicht nach dem Alter aus, sondern nach den Fähigkeiten, die den Anforderungen der Arbeitsplätze entsprechen, die Sie anzubieten haben. Setzen Sie dazu solide Verfahren der psychologischen Eignungsdiagnostik ein. Auf diese Weise nützen Sie nicht nur Ihrem Unternehmen, sondern werden auch Ihrer sozialpolitischen Verantwortung gerecht.
> 3. **Vermittler**
>   - Sie erzielen dauerhafte Problemlösungen, wenn Sie nicht primär nach vakanten Arbeitsplätzen Ausschau halten, sondern Ihre Zielgröße im Vergleich von eignungsdiagnostisch ermittelten individuellen Stärken und Schwächen mit den tatsächlichen (und nicht den klischeehaft kolportierten) Tätigkeitsanforderungen sehen. Für jede Person gibt es Tätigkeitsfelder, an die man zunächst nicht gedacht hat, weil sie mit ihrem erlernten Beruf nichts zu tun haben.

Leseempfehlung

Görlich, Y. (2007). Alter und berufliche Leistung. In H. Schuler & K. Sonntag (Hrsg.), *Handbuch der Arbeits- und Organisationspsychologie* (S. 574–579). Göttingen: Hogrefe.

McEvoy, G.M. & Cascio, W.F. (1989). Cumulative evidence of the relationship between employee age and job performance. *Journal of Applied Psychology, 74,* 11–17.

Mussel, P., Bruck, H. von der & Schuler, H. (2009). Altersbedingte Veränderung differentieller Merkmale: Bedeutsamkeit für den beruflichen Wiedereinstieg älterer Erwerbspersonen. *Zeitschrift für Personalpsychologie, 8,* 117–128.

Literatur

Avolio, B.J. & Waldman, D.A. (1989). Rating of managerial skill requirements. *Psychology and Aging, 4,* 464–470.

Baltes, P.B. (1997). On the incomplete architecture of human ontogeny: Selection, optimization, and compensation as foundation of developmental theory. *American Psychologist, 52,* 366–380.

Görlich, Y. (2007). Alter und berufliche Leistung. In H. Schuler & K. Sonntag (Hrsg.), *Handbuch der Arbeits- und Organisationspsychologie* (S. 574–579). Göttingen: Hogrefe.

Lehmann, H.C. (1953). *Age and achievement.* Princeton, NJ: Princeton University press.

McEvoy, G.M. & Cascio, W.F. (1989). Cumulative evidence of the relationship between employee age and job performance. *Journal of Applied Psychology, 74,* 11–17.

Mussel, P., Bruck, H. von der & Schuler, H. (2009). Altersbedingte Veränderung differentieller Merkmale: Bedeutsamkeit für den beruflichen Wiedereinstieg älterer Erwerbspersonen. *Zeitschrift für Personalpsychologie, 8,* 117–128.

Schuler, H. (2000). *Psychologische Personalauswahl. Einführung in die Berufseignungsdiagnostik,* 3. Aufl. Göttingen: Hogrefe.

Schuler, H. & Görlich, Y. (2007). *Kreativität. Ursachen, Messung, Förderung und Umsetzung in Innovation.* Göttingen: Hogrefe.

Schuler, H., Mussel, P. & Frintrup, A. (2010). Vom Elektroniker zum Kundenberater. *Personalwirtschaft, 37*(2), 43–45.

Sturman, M.C. (2003). Searching for the inverted u-shaped relationship between time and performance. *Journal of Management, 29,* 609–640.

Wanberg, C.R., Watt, J.D. & Rumsey, D.J. (1996). Individuals without jobs: An empirical study of job-seeking behavior and reemployment. *Journal of Applied Psychology, 81,* 76–87.

Warr, P. (1995). In what circumstances does job performance vary with age? In J.M. Peiró, F. Prieto, J.L Meliá & O. Luque (Eds.), *Work and organizational psychology: European contributions of the nineties* (pp. 1–13). Erlbaum (UK): Taylor & Francis.

Kompetenzmodellierung nach Veränderungsprozessen: Neue Aufgaben kompetent bewältigen

Karlheinz Sonntag

Kompetenzmodelle stellen die wesentliche Komponente für ein effizientes HR-Management einer Organisation dar und bilden die Grundlage für unterschiedliche Verwendungen im Bereich der Personalauswahl, -beurteilung und -entwicklung. Dargestellt wird im Folgenden ein Prozess der Kompetenzmodellierung nach organisatorischen Restrukturierungsmaßnahmen.

19.1   Die Ausgangssituation: Was und warum wurde verändert?

Vor dem Hintergrund kontinuierlicher Veränderungsprozesse ist das Wissen um aktuelle und zukünftige Anforderungen und Mitarbeiterkompetenzen für die Personalverantwortlichen eines Unternehmens von zentraler Bedeutung.

Kompetenzmodelle stellen hier eine verlässliche und inhaltsvalide Grundlage für Personalauswahl, -beurteilung und -förderung dar. Der volle Nutzen von Kompetenzmodellen als zentrales HR-Tool bei Reorganisationsmaßnahmen wird dann erreicht, wenn ein strategie- und evidenzbasierter Entwicklungsprozess zugrunde gelegt wird (▶ Checkliste).

> ℹ️ Checkliste: Schritte eines strategie- und evidenzbasierten Entwicklungsprozesses
> — Einsatz von Aufgaben- und Anforderungsanalysen
> — Erfassung aktueller und zukünftiger Aufgaben und Anforderungen
> — Einbeziehung von Stelleninhabern, Vorgesetzten und strategischem Management
> — Transformation der Anforderungen in Kompetenzen pro Funktion oder Funktionsgruppe (Kompetenzmodellierung)
> — Einsatz von Kompetenzmodellen für Mitarbeiterauswahl und -förderung

Diese Entwicklungsschritte innovativer Kompetenzmodellierung, die auf fundierten Aufgaben- und Anforderungsanalysen beruhen, sind in einem Change-Projekt mit der Schweizerischen Post umgesetzt worden (vgl. Sonntag & Schmidt-Rathjens, 2004; Sonntag, Frieling & Stegmaier, 2012).

Marktöffnung und Kundenorientierung als Change-Faktoren

Die Schweizerische Post wurde seit 2000 einem fundamentalen Veränderungsprozess unterzogen: weg von einem Staatsbetrieb hin zu einem »staatsnahen« Unternehmen, das neben der Sicherstellung der Grundversorgung auch die Eigenwirtschaftlichkeit in den Fokus ihres unternehmerischen Handelns stellt. Marktöffnung, Lösungsorientierung, Kundenorientierung und die Wahrnehmung von Verantwortung waren u. a. die Zielgrößen des Kulturwandels.

Aufbauorganisatorisch wurde die bis dahin vorherrschende Stab-Linien-Organisation in eine Matrixorganisation mit 7 Geschäftsfeldern umgewandelt. Das Geschäftsfeld »Poststellen & Verkauf«, auf das sich

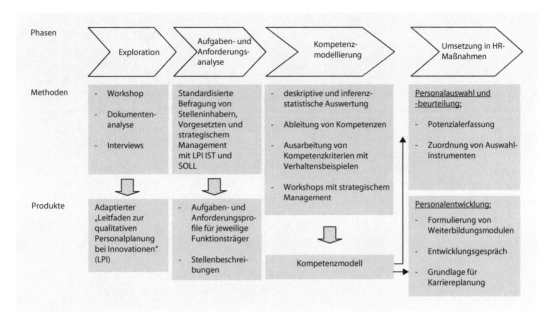

Abb. 19.1 Entwicklungsphasen, Methoden und Produkte eines strategie- und evidenzbasierten Kompetenzmodells und dessen Umsetzung in HR-Maßnahmen

die folgenden Ausführungen beziehen, umfasste 2585 Poststellen in der gesamten Schweiz. Neben einer Typisierung des Poststellennetzes und der Optimierung der Geschäftsprozesse sowie der Einführung von Zielvereinbarungen, Deckungsbeitragsrechnung und einem neuen Lohnsystem sollten im Rahmen der Neuorganisation Aufgaben und Anforderungen der Stelleninhaber (z. B. Poststellenleiter, Verkaufsmanager, Schalterpersonal usw.) neu definiert und in entsprechende Kompetenzmodelle transformiert werden. Mit diesen Modellen sind Maßnahmen der Personalauswahl und -entwicklung verbunden.

19.2 Die Entwicklung eines strategie- und evidenzbasierten Kompetenzmodells: Wie wurde verändert?

Der zentrale Prozess der Kompetenzmodellierung und seine Umsetzung in das Human Ressource Management der Schweizerischen Post beinhaltete die im Folgenden dargestellten 4 Phasen (vgl. ▣ Abb. 19.1).

Die im Folgenden aufgeführten Entwicklungsarbeiten orientieren sich an dem in ▣ Abb. 19.1 dargestellten Phasenmodell.

19.2.1 Exploration

Um erste Informationen über Aufgaben und Anforderungen der Stelleninhaber zu bekommen, für die ein Kompetenzmodell entwickelt

Workshops mit Geschäftsleitung, strategischem Management und Stelleninhabern

werden sollte, fand ein Workshop mit Teilnehmern aus der Geschäftsleitung und dem strategischen Management statt. Zusätzlich wurden detailliertere Informationen über Tätigkeitsinhalte (Haupt- und Teilaufgaben) sowie relevante Anforderungsbereiche der verschiedenen Stelleninhaber (wie Poststellenleiter, Verkaufsmanager, Schalterpersonal) sowohl im Hinblick auf die aktuelle Situation als auch auf die künftigen Entwicklungen im Rahmen von halbstandardisierten Interviews mit einer kleineren Stichprobe von 28 Stelleninhabern, Vorgesetzten und Angehörigen des strategischen Managements gewonnen.

Die ausgewerteten Daten bildeten in einem weiteren Schritt die Grundlage für die auftragsspezifische Anpassung des Leitfadens für qualitative Personalplanung bei Innovationen (LPI) (Sonntag, Schaper & Benz, 1999). Dieses strategisch ausgerichtete Analyseverfahren ist modular aufgebaut und ermöglicht, sowohl aktuelle (Ist) als auch zukünftige Aufgaben und Anforderungen (Soll) für unterschiedliche Funktionen und Stellen zu erfassen. Im konkreten Fall wurden die Interviews ausgewertet und anschließend inhaltsvalide Items für Aufgaben und Anforderungen der verschiedenen Stelleninhaber formuliert.

19.2.2 Aufgaben- und Anforderungsanalysen

Aufgaben- und Anforderungsanalysen als unabdingbare Voraussetzungen für die Entwicklung von Kompetenzmodellen

In einem nächsten Schritt wurden mithilfe des auf die Zielgruppe der Schweizerischen Post adaptierten LPI (LPI-PV) Aufgaben- und Anforderungsanalysen durchgeführt. Analysegegenstand dieser Verfahren sind die erforderlichen Leistungsvoraussetzungen für das Ausführen von Arbeitstätigkeiten. Ursprung und Hauptanwendungsgebiet liegen im Bereich der Eignungsdiagnostik (vgl. Schuler, 2006) und der Personalentwicklung (vgl. Sonntag, 2006). Aus den vorangegangenen Entwicklungsarbeiten wurden 176 Aufgabenitems und 95 Anforderungsitems in das Analyseinstrument übernommen und für die Hauptstudie eingesetzt.

Da mit dem LPI-PV schweizweit 1098 Funktionsträger in den Poststellen befragt wurden, mussten Schulungen für die Interviewer durchgeführt werden. Im Rahmen eines Workshops wurden die Interviewer in das Verfahren der Anforderungsanalyse und der Untersuchungsmethodik sowie in den Prozess der Kompetenzmodellierung (vgl. Sonntag, 2009) eingeführt. Mithilfe des Datenanalyseprogramms SPSS wurden die Daten deskriptiv sowie inferenzstatistisch ausgewertet und in Form von Aufgaben- und Anforderungsprofilen für die jeweiligen Stelleninhaber aufbereitet.

Der LPI-PV ist ein Instrument, das vorzugsweise im Rahmen von Organisationsentwicklungsprozessen einzusetzen ist. Für die Beschreibung der zukünftigen Aufgaben und Anforderungen ist es erforderlich, dass die in einem ersten Schritt ermittelte aktuelle Bestandsaufnahme durch die Funktionsträger (Ist) in einem Workshop mit Vertretern des strategischen Managements vorgestellt wird. Auf dieser Grundlage wird das strategische Management aufgefordert, die aktuelle Situation im Hinblick auf zukünftige, mittelfristige Veränderungen (Soll) zu reflektieren und Stellung zu nehmen. Differenziertere Beurteilungen zukünftiger Entwicklungen in den Aufgaben und Anforderungen erfolgten dann über die Bearbeitung der Version des LPI-PV »Strategisches Management«.

Die so ermittelten Aufgaben- und Anforderungsprofile lassen insgesamt zentrale Aussagen über Vergleiche zwischen verschiedenen Gruppen von Stelleninhabern, aber auch den Vergleich zwischen aktuellen und zukünftigen Aufgaben und Anforderungen pro Stelleninhaber zu.

Ein Nebenprodukt der Aufgaben- und Anforderungsanalyse im Rahmen der Kompetenzmodellierung sind aktualisierte Stellenbeschreibungen.

19.2.3 Kompetenzmodellierung

Kompetenzmodelle und Anforderungsanalyse

 Wichtig

Kompetenzmodelle verstehen sich als eine Konfiguration oder ein Muster an Fähigkeiten und Fertigkeiten, an Wissen, Motivation, Interessen und anderen Leistungsvoraussetzungen, die eine Person oder Gruppe für die Bewältigung ihrer Aufgaben benötigt (vgl. Sonntag, 2009).

Anforderungsanalysen spielen eine zentrale Rolle bei der Entwicklung von Kompetenzmodellen (vgl. Lucia & Lepsinger, 1999; Cooper, 2000; Shippman et al., 2000; Arnold & Randall, 2010). Das in dem schweizerischen Postprojekt eingesetzte Verfahren ist eine *aufgabenbezogene* Anforderungsanalyse (im Gegensatz zur *eigenschaftsbezogenen*, vgl. den Originalansatz von Fleishman & Reilley, 1992); d. h. auf der Grundlage standardisierter und strukturierter Erhebungsverfahren werden Aufgaben ermittelt, die bei diesen Arbeitstätigkeiten tatsächlich zu bewältigen sind. Auf dieser Basis werden die erforderlichen Leistungsvoraussetzungen wie beispielsweise Kenntnisse, Fertigkeiten und Fähigkeiten über Schlussfolgerungen zu relevanten Kompetenzen verdichtet.

Ableitung der Kompetenzen

Die Ableitung der Kompetenzen erfolgte auf der Basis der durchgeführten Aufgaben- und Anforderungsanalyse. Diejenigen Anforderungen, die sich nach Maßgabe der Untersuchungsergebnisse für die verschiedenen Stelleninhaber als relevant erwiesen, wurden zu übergeordneten Kompetenzen zusammengefasst. Für die Aggregation waren folgende Fragestellungen leitend:

- Lassen sich leistungs- und erfolgskritische Aufgaben und Anforderungen auf gemeinsame Kompetenzen zurückführen?
- Welche Kompetenzen tragen am stärksten zur Performance des Funktionsträgers bei?
- Durch welche inhaltlichen Aspekte und Verhaltensweisen wird die Kompetenz am besten repräsentiert?

Auf diese Weise wurden zunächst 36 Kompetenzen abgeleitet, die sich den Bereichen Fach-, Methoden-, Sozial-/Führungs- sowie Personal-/Selbstkompetenz zuordnen lassen. Bei der Definition dieser Teilbereiche beruflicher Handlungskompetenz wurde sich an der Definition von Sonntag (2004, 2009) orientiert:

Unter **Fachkompetenz** werden v. a. jene spezifischen Kenntnisse, Fertigkeiten und Fähigkeiten verstanden, die zur Bewältigung von Aufgaben einer beruflichen Tätigkeit erforderlich sind. **Methodenkompetenz** bezieht sich auf flexibel einsetzbare kognitive Fähigkeiten (z. B. zur Problemlösung oder Entscheidungsfindung), die eine Person zur selbstständigen Bewältigung komplexer und neuartiger Aufgaben befähigen. **Sozial- und Führungskompetenz** umfasst kommunikative und kooperative Verhaltensweisen oder Fähigkeiten, die das Realisieren von Zielen in sozialen Interaktionssituationen erlauben. **Personal-/Selbstkompetenz** schließlich bezieht sich am deutlichsten auf persönlichkeitsbezogene Dispositionen, die sich in Einstellungen, Werthaltungen, Bedürfnissen und Motiven äußern und v. a. die motivationale und emotionale Steuerung des beruflichen Handelns betreffen

Festlegung und Definition der Kompetenzen

Definition von Kompetenzen durch iteratives Vorgehen

In einem nächsten Schritt wurden die 36 Kompetenzen definiert. Dies erfolgte u. a. auf der Basis intensiver Recherchen in der entsprechenden Fachliteratur. Es wurden auch existierende Kompetenzmodelle anderer Organisationen gesichtet. Auf diese Weise war eine umfassende und theoretische Fundierung der einzelnen Kompetenzen gewährleistet. Die endgültigen im Modell verwendeten Definitionen sind das Ergebnis mehrerer Optimierungsdurchgänge. Bei jeder Kompetenz wurde in Zusammenarbeit mit dem Auftraggeber sorgsam geprüft, ob sie wirklich erforderlich ist, im Vergleich zu den übrigen zusätzlichen Informationsgewinn bringt und eindeutig abzugrenzen ist. Dies erfolgte durch eine Einigung auf Definitionsbestandteile, die von allen Projektmitarbeitern in gleicher Weise verstanden und als wichtig bzw. relevant für die Tätigkeiten und Funktionsträger in den Poststellen der Schweizerischen Post erachtet wurden.

Erstellung von Kompetenzlisten

Die einzelnen Kompetenzen wurden zu sog. Kompetenzlisten zusammengefasst. Diese enthielten neben den entsprechenden Kompetenzdefinitionen auch jeweils Beschreibungen für einen hohen bzw. niedrigen Ausprägungsgrad dieser Kompetenz.

Darüber hinaus wurden zur besseren Veranschaulichung für jede Berufsgruppe relevante Aufgaben (nach Maßgabe der Ergebnisse der Aufgabenanalysen) ausgewählt, die beispielhaft für die jeweiligen Kompetenzen sind. Mit anderen Worten: Es wurden solche Aufgaben ausgesucht, für deren erfolgreiche Bewältigung die jeweilige Kompetenz in einer bestimmten Ausprägung vorliegen muss. ❍ Abb. 19.2 zeigt eine entsprechend gestaltete Kompetenzliste am Beispiel »Teamfähigkeit«.

Kompetenz: Teamfähigkeit

Definition	Fähigkeit zur konstruktiven Zusammenarbeit in einer Arbeitsgruppe / im Team im Rahmen der gemeinsamen Leistungserbringung. Dies beinhaltet die Fähigkeit, sich und sein Können im Sinne einer Gruppenaufgabe optimal einzubringen, ohne den Beitrag anderer zu beeinträchtigen, sowie einen freundlichen und höflichen Umgang mit den anderen Teammitgliedern.

Hoher Ausprägungsgrad

Konzentriert seine Handlungen auf Aktivitäten, die zum Erreichen der Ziele der Gruppe führen; stellt die Interessen des Teams über die Bedürfnisse der eigenen Person und geht respektvoll mit den anderen Teammitgliedern um. Tritt aktiv für gemeinsame Ziele ein und denkt auch bei internen Meinungsverschiedenheiten oder Streitigkeiten zuallererst an die Teamleistung.

7

6

5

4

3

2

Niedriger Ausprägungsgrad

Ist in der Lage, bei Bedarf in einem gut funktionierenden Team zu arbeiten und seinen Teil zur Gruppenleistung beizutragen.

1

Kompetenz nicht erforderlich   0 ☐

Frage

Welcher Ausprägungsgrad der Kompetenz »**Teamfähigkeit**« ist erforderlich, um die Aufgaben eines PP-Filial-Teamverantwortlichen erfolgreich erfüllen zu können?

Bitte nehmen Sie die Einstufung durch Ankreuzen auf der siebenstufigen Skala vor und beachten Sie hierbei die unten aufgeführten Aufgabenbeispiele.

Um Ihnen die Einstufung zu erleichtern, sind im folgenden Beispiele für Aufgaben aus dem Tätigkeitsbereich eines PP-Filial-Teamverantwortlichen aufgeführt:

- Sich im Team gegenseitig Auskünfte erteilen
- An Meetings und Teamsitzungen teilnehmen
- Teamgespräche führen
- Kontakte mit Mitarbeitenden pflegen
- Betriebsklima fördern

◘ **Abb. 19.2** Kompetenzliste am Beispiel »Teamfähigkeit«

Am Ende dieses Arbeitsschritts lag für jede der 36 Kompetenzen eine Kompetenzliste vor, die jeweils eine aussagekräftige Definition, verbale Verankerungen für einen hohen bzw. niedrigen Ausprägungsgrad (entspricht den Leistungsstufen eines Low oder High Performers) sowie relevante Aufgabenbeispiele enthielt.

Durchführung von Workshops zur Kompetenzmodellierung

Die 36 Kompetenzlisten bildeten die Grundlagen für die Durchführung von Workshops zur Kompetenzmodellierung. Bei den Teilnehmern der Workshops handelte es sich um die Vorgesetzten der betreffenden Funktionsträger sowie Mitarbeiter des strategischen Managements. Als Bearbeitungsunterlagen erhielt jeder Teilnehmer eine Kompetenzliste sowie ein Glossar, in dem die für die einzelnen Kompetenzen relevanten Aufgabenbeispiele aufgeführt waren.

Die Teilnehmer sollten einschätzen, welcher Ausprägungsgrad der jeweils diskutierten Kompetenz erforderlich ist, um die Aufgaben der in Frage stehenden Berufsgruppe erfolgreich ausüben zu können. Die Einschätzung erfolgte auf einer 7-stufigen Skala unter Berücksichtigung der aufgeführten Aufgabenbeispiele.

Endgültiges Kompetenzmodell

Grafische Aufbereitung von Kompetenzmodellen in Kompetenzprofilen

Im Anschluss an die Erhebung der Daten im Rahmen der Workshops erfolgte die Auswertung. Die erarbeiteten Definitionen und formulierten Ausprägungsgrade erwiesen sich bis auf wenige Optimierungswünsche als gut verständlich und konsensfähig. Anmerkungen oder Änderungsvorschläge der Teilnehmer bezogen sich primär auf die Verwendung von Fremdwörtern in den Definitionen oder die Anpassung an schweizerische Sprachgepflogenheit. Die Verbesserungsvorschläge wurden bei der Erarbeitung der endgültigen Version des Kompetenzmodells berücksichtigt. Insgesamt fand die inhaltlich-thematische Struktur des Kompetenzmodells großen Anklang bei den Workshopteilnehmern.

Die Ergebnisse der statistischen Auswertung der Daten hinsichtlich der Ausprägung der einzelnen Kompetenzen wurden in einem Profilzug dargestellt und in das Kompetenzmodell übertragen. Somit lagen schlussendlich für die untersuchten Funktionsgruppen Kompetenzprofile bzw. Kompetenzmodelle vor. ◙ Abb. 19.3 zeigt die grafische Darstellung eines Kompetenzmodells am Beispiel der Funktionsgruppe Schalterpersonal.

19.3   Anwendung der Kompetenzmodelle im Human Ressource Management: Nachhaltigkeit

Kompetenzmodelle stellen die wesentliche Komponente für ein effizientes HR-Management einer Organisation dar und bilden die Grundlage für unterschiedliche Verwendungen im Bereich der Personalauswahl, -beurteilung und -entwicklung. Insofern ist die nachhaltige Verwendung der entwickelten Kompetenzmodelle für die reorganisierten Funktionsgruppen im Bereich Poststellen und Verkauf der Schweizerischen Post gegeben. Dies zeigen mehrere Folgearbeiten zur diagnostischen Erfassung von Kompetenzen im Rahmen der Perso-

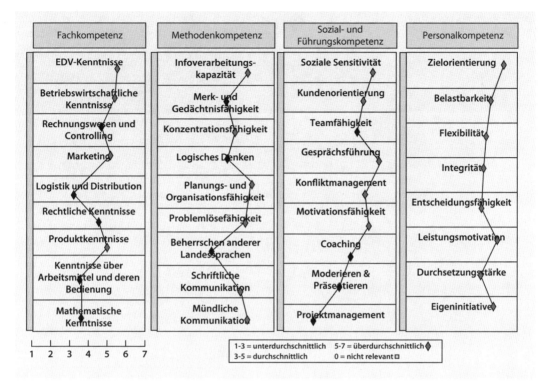

nalauswahl, ebenso wie weitere Arbeiten in der Personalentwicklung und -förderung (z. B. Entwicklung von Weiterbildungsmodulen, Informationen für Zielvereinbarungsgespräche) oder der Personaleinsatzplanung (z. B. neue Stellenbeschreibungen aufgrund der durchgeführten Aufgaben- und Anforderungsanalysen).

19.3.1 Diagnostische Erfassung der Kompetenzen

Um die Messung einzelner Kompetenzen personenseitig zu ermöglichen, sind diagnostische Verfahren der beruflichen Eignung einzubeziehen. Entsprechende Testverfahren wurden recherchiert. Grundlagen hierzu bildeten die psychologischen Datenbanken Psyndex und Psychinfo sowie die Test-Datenbank des Hogrefe-Verlags (www.testzentrale.de; Testzentrale der Schweizer Psychologen AG: www.testzentrale.ch). Des Weiteren wurden Internet-Suchmaschinen verwendet sowie einschlägige Testhandbücher (z. B. Brickenkamp, 2002) und Lehrbücher zur psychologischen Eignungsdiagnostik (z. B. Schuler, 2001) konsultiert. Basierend auf diesen Informationen wurde eine Liste der Verfahren erstellt, die die entsprechende Kompetenz erfassen können.

Zuordnung diagnostischer Verfahren zu einzelnen Kompetenzen

Im nächsten Arbeitsschritt wurde ausgewählt, welche der Verfahren für eine personseitige Erhebung der jeweiligen Kompetenzen angemessen erschienen. Entscheidend für die Auswahl waren folgende verfahrensspezifische Aspekte:

- Zeitaufwand der Testdurchführung, Auswertung und Interpretation
- Aktualität
- Verfügbarkeit
- Kostenaspekt
- Anspruchsniveau

In den Empfehlungen zur eignungsdiagnostischen Erfassung der Kompetenzen wurden pro Kompetenz immer mindestens ein psychologisches Testverfahren und eine alternative Möglichkeit der Erfassung aufgeführt. Damit liegt ein diagnostisches Verfahrensportfolio vor, das auf die aktuellen und zukünftig erforderlichen Kompetenzen der Stelleninhaber aufgrund der Veränderungsprozesse abgestimmt ist.

19.3.2 Weitere Anwendungsbereiche im HR-Management

Für die Personalentwicklung der Schweizerischen Post lieferten die Kompetenzmodelle der Funktionsträger auch wichtige inhaltliche Grundlagen für Weiterbildungsmodule, Zielvereinbarungsgespräche, Stellenbeschreibungen sowie Karriereplanung. Im konkreten Fall wurden Weiterbildungseinheiten für als defizitär empfundene Kompetenzen erarbeitet. Die elaborierten Module enthielten pro Kompetenz Angaben zu Lerninhalten, Lernzielen, didaktisch-methodischer Konzeption und Lernerfolgskontrolle. In ihrer Gesamtheit repräsentieren die Module auf diese Weise ein Curriculum für die berufsspezifische Weiterbildung der Funktionsträger im Bereich Poststellen und Verkauf der Schweizerischen Post. Die Ergebnisse der aktuellen Aufgaben- und Anforderungsanalysen bildeten die inhaltliche Grundlage für Neuformulierungen der Stellenbeschreibungen in den reorganisierten Poststellen.

19.4 Fazit

> **Wichtig**
> Das hier dargestellte Praxisbeispiel macht deutlich, dass die Entwicklung von Kompetenzmodellen kein triviales Abarbeiten von Routinehandlungen darstellt und mit einem nicht unerheblichen Aufwand an Zeit und Kosten verbunden ist.

19

Die Modellierung von Kompetenzen ist ein komplexes Vorhaben und erfordert den Sachverstand mehrerer Experten. Deshalb empfiehlt sich eine enge Zusammenarbeit von Personalverantwortlichen des Unternehmens, Vertretern des Managements und (externen) arbeits- und organisationspsychologischen Beratern. Die Beratungsleistungen beziehen sich v. a. auf arbeits- und personalpsychologische Expertise hinsichtlich der Anwendung anforderungsanalytischer Verfahren, des Know-hows bei der Modellierung von Kompetenzen sowie der Kenntnis eignungsdiagnostischer Instrumente. Kompetenzmodelle sind schwierig zu implementieren, wenn sie nicht die Unterstützung durch das Topmanagement erfahren und dessen Willen zur nachhaltigen Umsetzung nicht erkennbar ist.

Komplexe Modellierung von Kompetenzen erfordert den Sachverstand von Experten

Literatur

Arnold, I. & Randall, R. (2010). *Work Psychology*, 5. Aufl. Essex: Pearson.

Brickenkamp, R. (2002). *Handbuch psychologischer und pädagogischer Tests*. Göttingen: Hogrefe.

Cooper, K.C. (2000). *Effecitve competency modeling and reporting: A step by step guide for improving individual and organizational performance*. New York: AMACOM.

Fleishman, E.A. & Reilly, M.E. (1992). *Handbook of human abilities. Definitions, measurements and job task requirements*. Palo Alto, CA: Consulting Psychology Press.

Lucia, A.D. & Lepsinger, R. (1999). *The art and science of competency models*. New York: Pfeiffer.

Schuler, H. (2001). *Psychologische Personalauswahl*. Göttingen: Hogrefe.

Schuler, H. (Hrsg.). (2006). *Lehrbuch der Personalpsychologie*, 2., überarb. u. erweit. Aufl. Göttingen: Hogrefe.

Shippman, J.S. et al. (2000). The practice of competency modeling. *Personnel Psychology, 53*, 703–740.

Sonntag, Kh. (2004). Personalentwicklung. In H. Schuler (Hrsg.), *Enzyklopädie der Psychologie. Themenbereich D, Serie III, Bd. 3 Organisationspsychologie – Grundlagen und Personalpsychologie* (S. 827–893). Göttingen: Hogrefe.

Sonntag, Kh. (Hrsg.). (2006). *Personalentwicklung in Organisationen*, 3., überarb. u. erweit. Aufl. Göttingen: Hogrefe.

Sonntag, Kh. (2009). Kompetenztaxonomien und -modelle: Orientierungsrahmen und Referenzgroße beruflichen Lernens bei sich verändernden Umfeldbedingungen. In U. Staudinger & H. Heidemeyer (Hrsg.), *Altern, Bildung und lebenslanges Lernen (Altern in Deutschland Bd. 2). Nova Acta Leopoldina NF Bd. 100, Nr. 364* (S. 249–268). Stuttgart: Wissenschaftliche Verlagsgesellschaft.

Sonntag, Kh., Frieling, E. & Stegmaier, R. (2012). *Lehrbuch Arbeitspsychologie*, 3., vollst. überarbeitete Aufl. Bern: Huber.

Sonntag, Kh. & Schmidt-Rathjens, C. (2004). Kompetenzmodelle – Erfolgsfaktoren im HR-Management? Ein strategie- und evidenzbasierter Ansatz der Kompetenzmodellierung. *Personalführung, 10*, 18–26.

Sonntag, Kh., Schaper, N. & Benz, D. (1999). Leitfaden zur Personalplanung bei technisch-organisatorischen Innovationen (LPI). In H. Dunckel (Hrsg.), *Handbuch psychologischer Arbeitsanalyseverfahren (Mensch – Technik – Organisation Bd. 14*, S. 285–317). Zürich: Verein der Fachverlage.

Neuausrichtung von Führungsfunktionen nach individueller Kompetenzanalyse im oberen Management

Christian Roos und Werner Sarges

20

Wie lassen sich unstrukturierte Probleme lösen, die firmenintern zunächst als klar definiert dargestellt worden waren? Wie werden Führungskräfte durch individuelle Kompetenzanalysen und darauf aufbauende Entwicklungsmaßnahmen in ihrer Funktion gestärkt bzw. wie können sie sich durch eine entsprechende Neuausrichtung des eigenen Verantwortungsbereichs noch wirkungsvoller entfalten? Durch den Einsatz anerkannter eignungsdiagnostischer Instrumente und das Wirken in der Praxis erfahrener Berater können die eigentlichen Problemfelder exploriert und die Managementleistung erfolgreich optimiert werden.

20.1 Worum geht es und wozu soll verändert werden?

Eignungsdiagnostische Interventionen helfen, den langfristigen Unternehmenserfolg zu sichern

Auch und vor allem mit Hilfe geeigneter eignungsdiagnostischer Interventionen sollte der Erfolg eines mittelständischen Unternehmens langfristig abgesichert werden. Vorangestellt sei eine kurze Problemskizze.

Der Inhaber eines mittelständischen Unternehmens aus dem Bereich des Sondermaschinenbaus hatte beobachtet, wie die Betriebsergebnisse trotz insgesamt befriedigender Ertragslage niedriger ausgefallen waren, als seiner Einschätzung nach möglich gewesen wäre.

Nach einer ersten Analyse der Abläufe verdichtete sich bei ihm der Eindruck, dass es erhebliche Verbesserungsbedarfe gäbe, denen durch individuelle Personalentwicklungsmaßnahmen begegnet werden müsse.

Es galt also ein Problem zu lösen, bei dem auch Mitarbeiter- und Führungskräfte-Potenziale einzuschätzen waren, wobei psychologische Eignungsdiagnostik vermutlich eine Rolle spielen würde. Das war der Grund, warum wir als Experten und Berater auf dem Gebiet der Management-Diagnostik angesprochen wurden.

> **Wichtig**
> Ein Experte, der die Geschäftsleitung berät, sollte nicht nur inhaltlich und methodisch gut ausgebildet sein, sondern auch aus eigenem operativem Erleben wissen, worüber er spricht.

Nun kann organisationspsychologisches und eignungsdiagnostisches Wissen – und sei es noch so umfangreich, abgesichert und ausdifferenziert – nie in nur einfacher Weise, d. h. unmittelbar angewendet werden. Auch Ärzte, Ingenieure oder Lehrer können nicht eine direkte Anwendung von wissenschaftlichen Aussagen anstreben. Vielmehr müssen in all diesen Bereichen die brauchbaren Wissensbestände in kunstfertiger Weise selektiert, gewichtet und kombiniert werden, um effiziente Lösungen für konkrete praktische Problemstellungen zu konstruieren. Immerhin helfen fundierte Kenntnisbestände als adäquates Hintergrundwissen, Übersimplifizierungen zu vermeiden, feinere Unterscheidungen zu treffen, besser zu strukturieren und nicht zuletzt auch neue Problemdimensionen zu sehen.

Das Problem mit vielen Problemen nämlich ist, erst einmal herauszufinden, was das wirkliche Problem eigentlich ist. Gefragt ist die Fähigkeit, die *richtigen* Probleme zu identifizieren, sie einzugrenzen und dann erst Lösungen zu suchen – und nicht umgekehrt (Lösungen zu produzieren, die auf die Suche nach Problemen geschickt werden).

Lösungen erst nach der Problemidentifikation produzieren

> **Wichtig**
> Der Problementdeckung muss mindestens so viel Bedeutung beigemessen werden wie der Problemlösung – andernfalls erhöht sich die Wahrscheinlichkeit für das präzise Lösen falscher Probleme.

Gleichwohl wird in den meisten Management-Büchern so getan, als wüssten wir ohnehin schon, was das Problem ist und wie die Lösungen idealerweise auszusehen hätten: beispielsweise wie man die Organisation am effektivsten verschlankt oder wie man global kompetitiv wird. Derartige »One-size-fits-all-Ansätze« nehmen etwa an, dass Verschlankung oder globale Wettbewerbsfähigkeit das Problem ist, das es zu lösen gilt, ohne zu fragen, ob es überhaupt den Kern trifft. Dieses Übergewicht vermeintlicher Lösungssuche gegenüber der Problemidentifizierung im Management geht einerseits auf die dominante Orientierung der Betriebswirtschaftslehre an Operations Research und Management Science zurück, andererseits und vorgeordnet aber auch darauf, dass in unserem gesamten Bildungssystem das Lösen von gut definierten Problemen dominiert: In Schule, Hochschule und oft auch noch in den ersten Jahren der betrieblichen Praxis lösen wir Probleme, die ein anderer (Lehrer, Professor, Vorgesetzter) uns vorgibt, und das auch noch mit Methoden, die wir strikt befolgen müssen. Die Mehrzahl dieser Methoden, die aus den Naturwissenschaften stammen, ist geeignet für gut strukturierte Probleme, doch im Managementbereich haben wir es häufiger als andernorts mit schlecht definierten Problemen zu tun, die oft auch noch selbst zu entdecken sind.

Für schlecht definierte Probleme gliedert sich der Problemlöseprozess in 2 Phasen, von denen die Güte der ersten (»weichen«) Phase, nämlich die Problementdeckung und -strukturierung, die notwendige Vorbedingung ist für den Erfolg der zweiten (»harten«) Phase, der Problemlösung (Sarges, 2000). Aber: So sehr wir in all unseren Bildungsinstitutionen bezüglich der harten Phase übertrainiert wurden, so wenig wurden wir herausgefordert bezüglich der weichen Phase. Und daher liegt hier die Ursache für die Gefahr bei nicht wenigen Problemlösungsversuchen in der Praxis: Wenn man der Problem*entdeckung* nicht mindestens so viel Bedeutung beimisst wie der Problem*lösung*, erhöht sich die Wahrscheinlichkeit für das präzise Lösen falscher Probleme, was Mitroff (1998) treffend als »Fehler dritter Art« bezeichnet.

Vermeiden des Fehlers dritter Art

Diese Gefahr sahen wir auch hier. Denn im Verlauf unserer ersten Gespräche mit dem Inhaber wurde mit Nachdruck darauf hingewiesen, das Problem sei eigentlich schon lokalisiert und müsse nur noch unter fachlicher Beratung und Intervention unsererseits gelöst werden:

- Zum einen sei die »Mannschaft« seit Jahren miteinander aktiv. Es hätten sich Abläufe und informelle Entscheidungswege etabliert, die zu hinterfragen es sich nunmehr lohne.
- Zum anderen würden die akquirierten Projekte im Sondermaschinenbau immer größer und komplexer, was die Führungskräfte und Mitarbeiter mittlerweile an den Rand dessen führe, was diese noch zu bewältigen in der Lage seien.

Deshalb sollten die Führungskräfte nun weitergebildet werden, denn ihnen fehlten allmählich die Kenntnisse und Instrumente, mit dieser sich langsam wandelnden neuen Situation adäquat umgehen zu können. Hierzu wolle man durch eine fachlich fundierte Eignungsdiagnostik den Grundstein für ein jeweils auf die individuellen Bedarfe der einzelnen Führungskräfte hin abgestimmtes Management-Entwicklungsprogramm legen.

20.2   Was soll verändert werden?

Valide Einschätzung vorhandener Potenziale

Nach Identifizierung des eigentlichen Problems sollte die Aufgabenzuteilung der Führungskräfte passender auf deren persönliche Stärken zugeschnitten werden. Hierzu war eine valide Einschätzung der vorhandenen Potenziale aller Beteiligten nötig.

Betrachtet man andere Unternehmen der Branche, stellt man fest, dass sich auch im Umfeld des Sondermaschinenbaus durchaus gute Arbeits- und auch ertragreiche Betriebsergebnisse dauerhaft realisieren lassen.

Schaute man auf die Art des Zusammenwirkens der verantwortlichen Führungskräfte im täglichen Betrieb dieser Unternehmung, so ließ sich feststellen, dass die Abfolge der inhaltlich zu bewältigenden Aufgaben zwar in sich logisch aufgebaut und allen Beteiligten bekannt war: Auf eine Kundenanfrage, die vom Vertrieb betreut wurde, folgte intern die Konstruktion, die ihrerseits die Basis für die technischen Gewerke wie Elektrik oder Software sowie auch letztlich die Montage bildete. Danach wird die fertige Anlage im Betrieb vom Kunden begutachtet und schließlich technisch abgenommen, bevor sie wieder zerlegt und für den Kunden am endgültigen Bestimmungsort aufgebaut wird.

Aber durch die Fokussierung aller Beteiligten auf nur den je eigenen Verantwortungsbereich fertigte beispielsweise die Konstruktion schon erste Entwürfe, ohne zuvor vom Vertrieb detailliertere Informationen über die Erwartungshaltung des Kunden eingeholt zu haben. Oder es entstanden bereits erste Teile der Betriebssoftware, bevor intern feststand, welche Bauteile nun letztlich montiert werden sollten und wie diese anzusteuern wären.

Idealerweise sollten die Verantwortlichen aller Unternehmensteile die von ihnen jeweils verantworteten Prozesse besser miteinander verzahnen. Hierzu müssten sie aber in die Lage versetzt werden, auch ziel- und ablaufgerichteter miteinander kommunizieren zu können und – vor allem – dies auch wirklich zu wollen.

So müssten (um bei einem der oben skizzierten Fehler-Beispiele zu bleiben) Vertrieb und Konstruktion gemeinsam die Bedarfe des Kunden explorieren und daraus entstehende erste Ideen diskutieren, bevor überhaupt mit der Konstruktion erster Bauteile begonnen wird. Ein zwar nahe liegendes Vorgehen, das aber so nicht praktiziert wurde. Ähnliches fanden wir für weitere Schnittstellen und andere Prozess-Knotenpunkte.

Wir mussten also nach den tieferen Hinderungsgründen eines an sich nahe liegenden rationaleren Ablaufs in der Wertschöpfungskette suchen. An dieser Stelle erschien uns ein eignungsdiagnostischer Ansatz bei den Führungskräften der obersten und oberen Ebene Erfolg versprechend.

Generell galt es dabei, diese vorhandenen Umsetzungsdefizite auszugleichen, also nicht nur die jeweils zugeteilten Aufgaben zu erledigen, sondern sie richtig zu erledigen, d. h. nicht den oben bereits apostrophierten »Fehler dritter Art« zu begehen (d. h. sich präzise dem falschen Problem zu widmen).

Ausgleich von Umsetzungsdefiziten

Eignungsdiagnostisch stellten sich insbesondere folgende Fragen:
1. Wo liegen – psychologisch gesehen – die Hinderungsgründe für das wenig rationale Vorgehen in der Prozesskette?
2. Wo genau haben die vorhandenen Führungskräfte ihre besonderen Stärken?
3. Wo können unter Umständen die Verantwortlichkeiten entsprechend neu zugeordnet werden?

Eine unserer ersten Vermutungen bestand darin, dass manche Verantwortliche nicht nur mit Blick auf die Arbeitszuteilung, sondern auch mit der Arbeitsaufgabe selbst überfordert waren. Wir nahmen daher die Verantwortlichen mit ihren Persönlichkeitsstrukturen sowie ihrem damit korrelierten Zusammenwirken untereinander in den Fokus.

Zur Erfassung der persönlichen Stärken und Schwächen der vom Inhaber benannten Führungskräfte wurden wichtige berufsrelevante Eignungsmerkmale für Management- und Experten-Funktionen geprüft.

Dazu setzten wir diverse wissenschaftlich fundierte Testverfahren zur Einschätzung grundlegender Persönlichkeitsmerkmale, Motive und kognitiver Kompetenzen sowie ergänzend dazu 360-Grad-Feedbacks und Interviews ein, bei den Führungskräften der obersten Ebene (inklusive Inhaber) im Rahmen von Einzel-Assessments. Die Ergebnisse wurden mit den zu beurteilenden Personen persönlich besprochen und in Ergebnisberichten festgehalten.

Einsatz wissenschaftlich fundierter Testverfahren zur Erfassung individueller Stärken und Schwächen

Letztlich ließen sich zum einen fundierte und zum anderen durch die entsprechenden Rückmeldegespräche von den Akteuren auch akzeptierte Ergebnisberichte anfertigen, die neben vielen Facetten der Persönlichkeit auch Auskunft geben konnten über Faktoren wie

- Kommunikationsverhalten,
- Sinn für Dringlichkeit,
- Norm- und Regelorientierung,
- Verhalten unter Stress,
- analytische Fähigkeiten,
- motivationale Facetten u. a.

Die Akzeptanz des Vorgehens und letztlich der Ergebnisse wurde erzeugt durch

- einen wertschätzenden und vertrauensvollen Umgang auf Augenhöhe zwischen Berater und Führungskraft,
- den Einsatz seriöser Instrumente, die bei Bedarf auch methodisch erläutert werden konnten,
- das Besprechen der jeweiligen Einzel- und Endergebnisse der eignungsdiagnostischen Einschätzungen im persönlichen Gespräch sowie
- das Einbetten der gesammelten Befunde in den Kontext der spezifischen Verantwortung einer Führungskraft im täglichen Geschäft (der Berater muss aus eigenem Erleben wissen, wovon er spricht).

20.3 Wie wurde verändert?

Der Einsatz wissenschaftlich fundierter Instrumente und Methoden im Einklang mit einer zu erzeugenden hohen Akzeptanz bei allen Beteiligten bildete die Basis einer effizienten Management-Diagnostik. In nachgelagerten Workshops mit der Geschäftsleitung wurden anschließend einvernehmlich zielführende Maßnahmen zur Veränderung erörtert und beschlossen.

> **Wichtig**
> Es kommt nicht allein auf die Validität eingesetzter diagnostischer Instrumente und Verfahren an, sondern auch auf die Akzeptanz des Vorgehens und der gewonnenen Erkenntnisse.

Erzeugen von Akzeptanz

Nach Abschluss aller eignungsdiagnostischen Beurteilungen und Rückmeldungen erfolgte zunächst eine Phase des innerbetrieblichen, konstruktiven Feedbacks an alle Beteiligten. Hierzu wurden jeweils Sechs-Augen-Gespräche geführt, an denen die betreffende Führungskraft, der Inhaber der Firma sowie einer von uns als externer Experte/Berater teilnahmen.

In diesen Gesprächen wurden augenfällige Kritikpunkte an bisherigen Arbeitsbeiträgen geäußert, gegenseitig Wünsche vorgebracht und daraus ableitbare Veränderungsideen diskutiert. Erfolgsvoraussetzung hierbei war die gelingende Moderation eines offenen Austauschs aller Beteiligten durch uns als externe Berater, ohne die sich solche Gesprächssituationen schnell zu recht einseitig verlaufenden Schuldzuweisungsdiskussionen wandeln können.

Die Ergebnisse dieser Sechs-Augen-Gespräche flossen in der Folge mit ein in einen intensiven Austausch mit dem Inhaber und uns. Im Verlauf dieses Austauschs wurden Ideen weiterentwickelt, verschiedene Verantwortungsbereiche im Unternehmen je nach den persönlichen Stärken der vorhandenen Führungskräfte neu zu ordnen.

Das methodische Vorgehen orientierte sich dabei stark am dialektischen Problemlösen sensu Dörner (1987), in dessen Verlauf Ziele und Mittel immer konvergierender definiert und Verantwortlichkeiten hierdurch immer passender zugeordnet wurden. In der Auseinandersetzung mit These (»Neukundengewinnung ist nicht seine Sache!«) und Gegenthese (»Was wäre zu erwarten, wenn die Neukundengewinnung in seinem Verantwortungsbereich läge?«) konnten sich alle Verantwortlichen ein immer genaueres Bild von den zu optimierenden Einsatzbereichen der vorhandenen Führungskräfte machen.

Dialektisches Problemlösen

> **Wichtig**
> Zum Lösen unstrukturierter Probleme bzw. bei der Klärung nicht allzu klar definierter Ursache-Wirkungs-Zusammenhänge bietet sich ein dialektisches Vorgehen beim Problemlösen an.

Letztlich wuchs bei allen Beteiligten die Einsicht,
- dass man nicht alles verändern kann oder gar muss, sondern jeweils nur Teile,
- dass man mehr nach Stärken zuteilen und sie ausbauen und weniger die Schwächen zu ändern versuchen sollte.

Entsprechend galt es nun, durch mäßige, aber wirkungsvolle Umorganisation der internen Aufgabenverteilung erkannte Schwächen der verantwortlichen Führungskräfte zu umgehen und zu lernen, den Umgang mit diesen Schwächen zwar *nicht absolut,* aber *so gut wie möglich* zu bewältigen.

Schwächen lassen sich nicht absolut, sondern nur so gut wie möglich bewältigen

> **Wichtig**
> Es geht nicht immer darum, die möglichst beste, sondern vielmehr darum, die bestmögliche Lösung zu finden.

An mehreren Stellen erfolgte eine Umorganisation von Aufgabenbereichen. Am deutlichsten kann dieses Vorgehen anhand von 2 Beispielen illustriert werden:

Beispiele für die Umorganisation von Aufgaben
Beispiel 1: Der bisherige Produktionsleiter wurde nach der Umorganisation verantwortlich für das Innovationsmanagement. Hier widmet er sich seither neuen technischen Konzepten, arbeitet Umsetzungspläne aus und berät den Inhaber bei der Erstellung von Angeboten mit grö-

ßeren Auftragsvolumina. In diesem neuen Tätigkeitsfeld kann er nun seinen Wunsch nach tiefer fachlicher Durchdringung der Aufgaben sowie seine Detailorientierung und Sorgfalt zum Wohl des Unternehmens nutzbar machen. In seiner alten Tätigkeit als Produktionsleiter waren diese Eigenschaften noch kontraproduktiv: In wöchentlichen Regel-Meetings ließ er seine ihm unterstellten Abteilungsleiter detailliert den jeweiligen Stand an den Anlagen berichten, erzeugte sog. »Offene-Punkte-Listen« und trug selbigen die umgehende Abarbeitung dieser Listen auf.

Hierdurch waren die Führungskräfte, die auf der Arbeitsebene den Ablauf der Produktion zu verantworten hatten, mehrere Stunden pro Woche rein administrativ durch Report-Aufgaben gebunden – Zeit, die ihnen letztlich operativ fehlte.

Beispiel 2: Auf die neu zu besetzende Stelle des Produktionsleiters folgte der bis dahin formal nur für die Montage zuständige Abteilungsleiter. Dieser war de facto schon seit einiger Zeit der maßgebliche Akteur, wenn es wichtige Entscheidungen im Gesamtablauf der Produktion herbeizuführen galt. Hierbei hatte er auch stets den Gesamtnutzen für die Firma und nicht nur einzelne Abteilungsinteressen im Blick, was ihn auch hier und da mal bei seinen Abteilungsleiter-Kollegen anecken ließ. In solchen Fällen musste dann der oben bereits skizzierte formal zuständige Produktionsleiter eingreifen, wobei der Montageleiter in den meisten Fällen mit Blick auf die von ihm vorgeschlagenen Lösungswege Recht erhielt.

Nachdem er nun auch formal für die gesamte Produktion verantwortlich geworden war, ließen sich durch das neue Unterstellungsverhältnis solche vorgeschlagenen Lösungswege noch schneller verwirklichen.

Allein aus eignungsdiagnostischer Betrachtung ergaben sich keinerlei Zweifel, dass die neue Organisation besser funktionieren würde als die vorherige. Lediglich die Akzeptanzfrage der Neuausrichtung galt es im Vorwege noch zu klären. Auch dies lässt sich am besten anhand des oben bereits beschriebenen Beispiel-Paares verdeutlichen: Während der alte Produktionsleiter ein promovierter Ingenieur war, der seinerseits überwiegend Ingenieure zu führen hatte, war der neue Produktionsleiter von der formalen Qualifikation her »nur« ein gelernter Facharbeiter. Er hatte sich aber über die Jahre nicht nur fachlich, sondern auch menschlich im Kreis der Führungskräfte genügend Anerkennung und Respekt verschafft, dass ihm die neue Aufgabe problemfrei angetragen werden konnte.

Zudem folgte dieses Vorgehen einer ursprünglichen Nebenbedingung des Inhabers: Im Zuge unserer Beratungstätigkeit sollte zum einen niemand entlassen und zum anderen auch keiner neu eingestellt werden. So konnte es im Verlauf dieser Neuausrichtung der Verantwortungsbereiche und Arbeitsfelder mit Blick auf diese Bedingung nur darum gehen, nicht die möglichst beste, sondern die bestmögliche Lösung für alle Beteiligten zu finden.

20.4 Wie wird die Nachhaltigkeit sichergestellt?

Die persönliche Begleitung der Führungskräfte auch nach der Maßnahme sowie die Arbeit eines Interims-Personalleiters, der den Änderungsprozess weiterhin hausintern aktiv steuert, sichert die Stringenz des Vorgehens auch über den Beitrag der Management-Diagnostik hinaus.

Die beteiligten Führungskräfte wurden ca. 2 Jahre nach der Maßnahme in Einzel-Interviews befragt, wie zufrieden sie mit ihren neu zugeschnittenen Verantwortungsbereichen seien und ob es weitere Verbesserungsmöglichkeiten gebe. Darüber hinaus wurden sie on-the-job jeweils tageweise von einem in Sachen »Führung in der Praxis« erfahrenen Coach persönlich begleitet und erhielten stetig persönliche Optimierungsimpulse unter vier Augen.

Nach Umsetzung der Optimierungsempfehlungen stieg die Arbeitszufriedenheit in allen Bereichen. Auch die Prozesse laufen jetzt reibungsärmer, was sich in kürzeren Projektlaufzeiten und einer deutlich verbesserten Produktqualität widerspiegelt.

Steigerung der Produktqualität und der Arbeitszufriedenheit

Ungeachtet dessen müssen aber die Entwicklungshinweise in der betrieblichen Praxis erst einmal Fuß fassen. Alle müssen mit der Zeit erfahren können, dass bestimmte Handlungsweisen und Verfahren Normalität werden und den Status des Experimentierens verlassen. Gerade in diesem Zusammenhang lag die Verantwortung über das langfristige Gelingen der gesetzten Veränderungsimpulse schon zu Beginn der Veränderungen beim Inhaber, der den neuen Weg zunächst einmal tragen musste und nicht in der kritischen Phase der Lernkurve (vgl. ◻ Abb. 20.1) auf Basis vermeintlicher Verschlechterung der Abläufe wieder in Frage stellen durfte.

Wie bei jeder Veränderung sinkt die Produktivität der Beteiligten zunächst einmal kurzfristig ab, ehe sie sich danach auf höherem Niveau stabilisiert. Dies ist u. a. damit zu erklären, das die Erprobung neuer Zuständigkeiten, Abläufe und Methoden – unabhängig davon, ob es sich um technische Anpassungen oder Änderungen im persönlichen Umgang handelt – zu Beginn erst einmal etwas Zeit braucht, ehe sich das Neue gefestigt hat. Während dieser Zeit geht einige Energie in die Umsetzung der Veränderung, die sich aber nur kurzfristig in einer etwas geminderten Produktivität ausdrückt.

Insgesamt scheinen sämtliche Maßnahmen auch knapp 3 Jahre nach Start des Projekts nachhaltige Wirkung in die intendierte Richtung zu entfalten, wenngleich eine abschließende Beurteilung in solchen Kontexten erst nach ca. 5 Jahren vorgenommen werden sollte.

20.5 Fazit

Wichtig waren und sind das Finden und Betrachten des richtigen Problems sowie die Bereitschaft aller Beteiligten, die Fokussierung der Problembetrachtung makroskopisch zu erweitern und sich für mehr als nur den persönlichen Verantwortungsbereich zuständig zu fühlen.

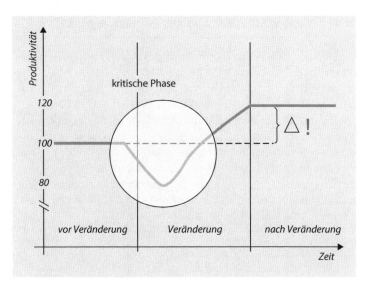

◘ **Abb. 20.1** Phasen der Lernkurve. (Mod. nach Lewin, 1947)

Der eingangs skizzierten Fragestellung konnte durch Nutzung eignungsdiagnostisch gewonnener Erkenntnisse wirkungsvoll entsprochen werden – wenn auch in einer anderen Weise als zunächst vom Kunden vermutet.

Inzwischen steigen Erlöse und Margen, Abläufe sind besser organisiert, Führungskräften bleibt wieder mehr Zeit für ihre operativen Aufgaben, die Kosten sinken, und die Kundenzufriedenheit ist höher als zuvor.

Richtige Art der Problembetrachtung

Zunächst musste aber bei allen Beteiligten der Blick für die richtige Art der Problembetrachtung und das eigentliche Problem an sich geschärft werden. Die darauf aufbauende Prozessoptimierung erfolgte dann letztlich am wirkungsvollsten dadurch, dass die am Veränderungsprozess beteiligten Führungskräfte

- gemäß ihrer individuellen Stärken optimal eingesetzt wurden,
- sich insgesamt motivierter den neu übertragenen Aufgaben stellten,
- nunmehr jeweils auch den Gesamtprozess im Blick haben (und nicht nur ihre eigenen Verantwortungsbereiche),
- ihre Eigenverantwortlichkeit im Kontext des Gesamtprozesses sehen, sie ernst nehmen und frei werdende Optimierungspotenziale eigenständig nutzen,
- die bereits zuvor bekannte Prozessfolge nun auch aus Eigenantrieb heraus einhalten und supervidieren.

Den Blick der Führungskräfte weiten

Darüber hinaus war es die Aufgabe, den Blick aller beteiligten Führungskräfte zu weiten:

- Sie sollten künftig Probleme sowohl makro- wie mikroskopisch betrachten und den Auflösungsgrad der Problembetrachtung je nach Erfordernis bewusst variieren können (Dörner, 1987).

Durch die Stärkung des Adlerblicks (auch Helicopterview genannt; Sarges, 2000) können dann aus konkreten Erfahrungen Regeln für künftiges Handeln abgeleitet werden, die wiederum auf andere konkrete Situationen Anwendung finden.

— Sie sollten mehr Optimismus in Bezug auf die eigene Problemlösekompetenz entwickeln, verschiedene Ideen – auch außerhalb des eigenen Bereichs – aufgreifen und weiterführen und auftretende Konflikte im Sinne des Unternehmens konstruktiv aufbereiten.

— Sie sollten die eigene Verantwortung als entsprechend erweitert erleben und sich dem Erfolg der gesamten Firma und nicht nur des eigenen Verantwortungsbereichs verpflichtet fühlen (Commitment).

Sämtliche Veränderungen konnten zunächst im Rahmen der vom Inhaber gesetzten Bedingung »keine Entlassungen – nur Änderungen der Verantwortungsbereiche« erreicht werden.

Indes: Veränderungen der dargestellten Art können nur dann erfolgreich sein und bleiben, wenn auch der Inhaber und die beteiligten Führungskräfte den Willen zur Veränderung mitbringen und sich klar machen, welche Konsequenzen ein eingeleiteter Veränderungsprozess für das eigene berufliche Handeln, den persönlichen Verantwortungsbereich und die innerbetrieblichen Abläufe haben kann. Denn der Veränderbarkeit von Menschen sind manchmal engere Grenzen gesetzt, als es wünschenswert wäre.

ℹ Checkliste: Fragen für die Praxis

— Ist mein Berater inhaltlich und methodisch gut ausgebildet?
— Weiß mein Berater aus eigenem operativem Erleben, worüber er spricht?
— Messe ich der Problemdeckung mindestens so viel Bedeutung bei wie der Problemlösung?
— Habe ich valide diagnostische Instrumente und Verfahren im Einsatz?
— Habe ich eine hinreichend große Akzeptanz bei meinem Vorgehen?
— Werden die gewonnenen Erkenntnisse von allen angenommen?
— Gehe ich beim Lösen unstrukturierter Probleme dialektisch vor?
— Bin ich auf der Suche nach der bestmöglichen Lösung?
— Akzeptiere ich auch die schwierigen Phasen der Lernkurve?

Literatur

Biech, E. (1998). *The business of consulting – The basics and beyond.* San Francisco: Jossey-Bass.

Dörner, D. (1987). *Problemlösen als Informationsverarbeitung,* 3. Aufl. Stuttgart: Kohlhammer.

20

Frey, D. et al. (2010). Nichts ist praktischer als eine gute Theorie – Nicht ist theorie-gewinnender als eine gut funktionierende Praxis. Zum Theorie-Praxis-Austausch in der Psychologie. In U. Kanning, L. von Rosenstiel & H. Schuler (Hrsg.), *Jenseits des Elfenbeinturms – Psychologie als nützliche Wissenschaft* (S. 50–74). Göttingen: Vandenhoeck & Ruprecht.

Kline, T. (1999). *Remaking teams – The revolutionary research-based guide that puts theory into practice.* San Francisco: Jossey-Bass.

Lewin, K. (1947). Frontiers in group dynamics. In *HR, 1,* 5–41.

Mitroff, I. (1998). *Smart thinking for crazy times – The art of solving the right problems.* San Francisco: Berrett-Koehler.

Sarges, W. (2000). Leistungsverbesserungen bei der Arbeit in Teams – Warum Unternehmen dazu eher Berater als Wissenschaftler konsultieren. In E.H. Witte (Hrsg.), *Leistungsverbesserungen in aufgabenorientierten Kleingruppen* (S. 180–196). Lengerich: Pabst.

Schönpflug, W. (2000). Ars nihil sine scientia. Theorie als Rekonstruktion von Praxis – Praxis als Konstruktion nach Theorie. *Report Psychologie, 25,* 166–169.

Zaleznik, A. (1990). *Führen ist besser als managen.* Freiburg i.Br.: Haufe.

»Führung durch Motivation« – Einführung eines mehrstufigen Trainingsprogramms für Führungskräfte in einem Versicherungskonzern

Hugo M. Kehr und Maika Rawolle

Als Ergebnis langjähriger Motivationsforschung ist an der University of California at Berkeley ein innovatives, praxistaugliches Motivationsmodell entwickelt worden: das 3-Komponenten-Modell der Motivation (kurz: 3K-Modell). Das 3K-Modell ist Dreh- und Angelpunkt der FdM-Trainingsreihe. FdM steht für »Führung durch Motivation«. Das vorliegende Kapitel beschreibt, wie die FdM-Trainingsreihe als maßgeschneidertes Programm, das, auf 5 Trainingsstufen verteilt, insgesamt 14 Seminartage umfasst, flächendeckend in der Vertriebsorganisation eines deutschen Versicherungskonzerns eingeführt wurde. Die Autoren gehen dabei auch auf Schwierigkeiten und Rückschläge ein und geben konkrete Hinweise für die Praxis.

21.1   Was soll verändert werden?

Kaum zurückgekehrt von einer mehrjährigen Auslandstätigkeit in Australien, klingelte gleich an seinem ersten Arbeitstag an der Technischen Universität München in Hugo Kehrs Büro das Telefon: Ein früherer Kunde war am Apparat, eine leitende Führungskraft der Vertriebsorganisation einer großen deutschen Versicherung. Ob er vielleicht Interesse habe an einem Projekt, bei dem die Führungskultur der Vertriebsorganisation auf den Prüfstand gestellt und verbessert werden solle. Und *ob* er an dem Projekt interessiert war! Auf dem roten Kontinent mit seinem überschaubaren Binnenmarkt und seinen undurchdringlichen Good-Ol'-Boys-Networks hatte es Anfragen in dieser Größenordnung nicht gegeben. Nach über 15 Jahren Erfahrung als Forscher, Berater und Trainer fühlte sich Kehr für diese Herausforderung gerüstet.

Anvisiertes Grobziel des Projekts: Führungskultur durch Trainings verbessern

Kurz darauf kam es bei einem Treffen von leitenden Persönlichkeiten der Vertriebsorganisation und einem Projektteam des Beraters zum Kick-off des Projekts »Führung passiert«. Den Arbeitstitel hatte der Vertriebschef bewusst gewählt, um damit zum Ausdruck zu bringen, dass in seinen Augen zu diesem Zeitpunkt zu wenig systematisch geführt wurde. Entsprechend war es das anvisierte Grobziel des Projekts, Trainingstools und -systematiken einzuführen, die helfen, die Führungskultur im Unternehmen zu verbessern. Zuvor eher passive Führungskräfte sollten aktiver werden, und jene Führungskräfte, die bereits aktiv um ihre Mitarbeiter bemüht waren, sollten lernen, die Effektivität ihrer Führungsarbeit zu steigern.

21.2   Warum und wozu soll verändert werden?

Zur ersten Bestandsaufnahme wurden Workshops durchgeführt, an denen Top-Führungskräfte, Vertriebsleiter mittlerer Ebenen und Ausbildungsbeauftragte teilnahmen. Hier wurden Stärken-Schwächen-Analysen erstellt und Anforderungsprofile für Führungskräfte entwickelt sowie die Skizzierung einer Vision, der sog. Vision for Change (Kehr & Rawolle, 2009), angestoßen. Dabei sind 3 Visionen entstanden:

- Der lachende Unternehmer – Europas größte Unternehmerplattform
- Der Apfelbaum mit starken Wurzeln, der in seiner vollen Pracht lauter gesunde Äpfel trägt und Platz zur Entfaltung bietet
- Das transparente, mit klarem Quellwasser gefüllte Aquarium

Um der Vision des lachenden Unternehmers näher zu kommen, brauchte es neben der Rekrutierung neuer Vertriebsmitarbeiter – hier war die Organisation bereits relativ erfolgreich – Mechanismen, um die Fluktuation zu senken und eine nachhaltige Bindung motivierter Vertriebsteams zu erreichen. Um die Idee des Apfelbaums zu verwirklichen, brauchte es Maßnahmen, die für gesundes und nachhaltiges Wachstum sorgen und die sicherstellen, dass die Unternehmenswurzeln – Werte und Philosophie – sich in der Führungskultur widerspiegeln. Für das Aquarium, die Vision des Ausbildungsleiters des Unternehmens, braucht es einheitliche, transparente und verbindliche Ausbildungswege anstelle von Beliebigkeit und Wildwuchs. Allen Visionen ist gemein, dass sie den Mitarbeiter in das Zentrum der Bemühungen stellen und auf einer Führungsphilosophie basieren, die den Mitarbeiter und seine Bedürfnisse wirklich ernst nimmt.

Workshops zur Bestandsaufnahme und Visionsfindung

> **Wichtig**
>
> **Zur ersten Bestandsaufnahme dienten Workshops mit Führungskräften unterschiedlicher Ebenen. Dabei wurden Stärken-und-Schwächen-Analysen, Anforderungsanalysen sowie eine Visions- und Strategiebestimmung vorgenommen.**

Dieser erste Eindruck wurde durch weitere Workshops bestätigt. Es ergab sich folgendes Bild: Die Vertriebsorganisation besteht aus insgesamt etwa 10.000 selbstständigen Handelsvertretern, die sich eigenständig ihre Teams rekrutieren und so jeweils eigene Binnenkulturen etablieren können. Im Ergebnis führt dies zu einer eher uneinheitlichen Führungskultur. Zugleich ist der Umgang mit selbstständigen Handelsvertretern aus Sicht der Unternehmensleitung ungleich schwieriger, als es die Führung arbeitsvertraglich verpflichteter Mitarbeiter wäre. Letztere können zu bestimmten Maßnahmen angehalten werden, etwa Mitarbeiterbefragungen, Führungsaudits oder Trainingsmaßnahmen, und haben diese über sich ergehen zu lassen. Demgegenüber schreiben gerade selbstständige Handelsvertreter Individualität und Persönlichkeit sehr groß. Viele haben den Beruf aus Liebe zur Freiheit und Unabhängigkeit gewählt. Insofern können Change-Maßnahmen hier nicht von oben verordnet und durchgesetzt werden, sondern müssen in besonderem Maße um Akzeptanz werben.

Herausforderung des Führens selbstständiger Handelsvertreter

Zugleich bringt es die Besonderheit eines Zusammenschlusses selbstständiger Handelsvertreter mit sich, dass Motivation, Führung und Kommunikation in besonderem Maße erfolgskritisch sind. Konsequenterweise haben die Themen Motivation, Führung und Kommunikation seit dem Bestehen der Organisation stets große Beachtung gefunden. Vertriebsbeauftragte sollten in höchstem Maße motiviert sein, sie müssen den direkten Kontakt zum Kunden suchen, Ängste überwinden und mit Rückschlägen umzugehen wissen. Authentische Kommunikation wiederum schafft Glaubwürdigkeit und Vertrauen und ist im Umgang mit Kunden und dem eigenen Team unverzichtbar. Dazu kommt als Besonderheit dieser Vertriebsorganisation, dass neu eingestellte Vertriebsbeauftragte über die Rekrutierung neuer Vertriebsmitarbeiter bereits sehr schnell, oft bereits nach wenigen Monaten, in Führungsverantwortung gelangen. Ein erfolgreiches Vertriebsteam aufbauen und halten kann aber wiederum nur derjenige, der es versteht, inspirierend zu führen. Insofern sind Motivation, Führung und Kommunikation die Schlüssel zum Erfolg der Vertriebsmitarbeiter und damit der Gesamtorganisation. Um diesen Herausforderungen zu begegnen, hatte das Unternehmen bereits in den 70er Jahren eine hausinterne »Akademie« gegründet und dort die Themen Motivation, Kommunikation und Führung fest in ihrem Ausbildungsportfolio etabliert.

Analyse der bestehenden Trainings

In einem nächsten Analyseschritt wurden die bestehenden Trainings und Schulungsmaßnahmen des Auftraggebers einer kritischen Bestandsaufnahme unterzogen. Die meisten Trainingsinhalte waren zum Zeitpunkt ihrer Entwicklung State of the Art gewesen. Inzwischen aber hatten sich manche Inhalte überholt, und Fortschritte in Forschung und Trainingspraxis waren noch nicht hinreichend berücksichtigt worden. Außerdem war die vorgefundene Trainingslandschaft recht zersplittert, da viele Vertriebschefs den in ihren Bereichen durchgeführten Schulungen ihren eigenen Stempel aufgedrückt hatten. So ließ es sich oft nicht mehr leicht nachvollziehen, in welchen Schulungen welcher Teilnehmerkreis welche Trainingsinhalte erfahren hatte. Schließlich war die Schulung mancher erfolgskritischer Themen, etwa das Führen von Zielvereinbarungsgesprächen, erst für höhere Karrierestufen vorgesehen, obwohl diese Themen gerade auch in früheren Karrierestufen relevant sind, wie die Analyse der Anforderungsprofile gezeigt hatte.

Ergebnis der Bestandsaufnahme war ein Pflichtenheft für die neu zu entwickelnde Trainingslandschaft: Entwicklung eines verbindlichen, mehrstufigen Ausbildungsprogramms im Sinne einer »Führungsfachausbildung« mit den Schwerpunktthemen Motivation, Kommunikation und Führung, die bewährten Bausteine aus den bisherigen Trainings integrierend, unter Berücksichtigung des aktuellen Forschungsstands zu Motivation und Führung sowie der kulturellen, organisatorischen und anforderungsspezifischen Besonderheiten der Organisation des Auftraggebers.

ⓘ Checkliste: Pflichtenheft für eine neue Trainingslandschaft
- Bewährte Inhalte bisheriger Führungstrainings des Auftrag-
  gebers als Basis
- Integration wissenschaftlicher Ansätze zu Führung und Moti-
  vation
- Ergänzung durch passende Kommunikationsübungen
- Maßgeschneiderte Entwicklung von Übungen, Fallstudien
  und Rollenspielen
- Multimediale und zielgruppengerechte Umsetzung

21.3 Wie wurde verändert?

Bereits in den Vorgesprächen war bestimmt worden, dass der Kulturwandel durch umfassende Trainingsmaßnahmen angestoßen werden
sollte. Ausgangspunkt für die Entwicklung der Trainingsinhalte waren
die bewährten und erprobten Inhalte und Übungen der bisherigen
Führungstrainings des Auftraggebers. Diese wurden mit den bereits
bestehenden Konzepten zu Selbstmanagement-Training (SMT; Kehr,
2009) und zu Führung durch Motivation (FdM; Kehr, 2011) und mit
passenden Kommunikationsübungen verbunden. Schließlich wurden
ergänzende Übungen, Fallstudien und Rollenspiele maßgeschneidert
entwickelt, die die Inhalte didaktisch ansprechend, multimedial und
zielgruppengerecht umsetzen.

Das so entstandene Grobkonzept wurde nun in einer Serie von
Workshops mit erfahrenen Schulungsbeauftragten des Auftraggebers
sowie Vertriebsmitarbeitern unterschiedlicher Hierarchie-Ebenen
getestet. Um eine hohe Akzeptanz des Projekts zu erreichen, wurden
dabei bewusst weite Kreise der Organisation einbezogen. Die Workshops testeten einzelne Übungen auf Akzeptanz, sammelten relevantes Fallmaterial und passten die Trainingsinhalte an die in der Organisation gebräuchlichen Sprachspiele an.

Um das gewünschte Führungsverhalten in kritischen Situationen
modellhaft zu illustrieren, wurde eine Serie aus insgesamt 9 Schulungsfilmen gedreht. Einem Wunsch des Auftraggebers entsprechend
wurde ein Teil dieser Schulungsfilme nicht mit Schauspielern, sondern mit organisationseigenen Führungskräften gedreht. Anfangs
hatte sich der Regisseur mit dem Argument stark gegen diese Idee
gesträubt, Laiendarsteller seien ungeeignet, komplexe Sachverhalte
wiederholt und unter Zeitdruck vorzuspielen, wenn Kameras und
Studioleuchten auf sie gerichtet sind. Allerdings hat sich das Wagnis
gelohnt. Die fertigen Schulungsfilme zeigen nun glaubhaft, dass das
dort modellierte Führungsverhalten wirklich von echten und bekann-
termaßen erfolgreichen Kollegen praktiziert wird, dass es zur eigenen
Kultur passt und dass es wirklich funktioniert.

Im Ergebnis entstand so schrittweise ein integriertes, mehrstufiges
Trainingskonzept: die FdM-Reihe. »FdM« ist dabei das Akronym für

Schulungsfilme mit Organisationsmitgliedern als Darsteller

FdM-Training und 3K-Modell

Führung durch Motivation. Dreh- und Angelpunkt der FdM-Reihe ist ein innovatives Motivationskonzept, das 3-Komponenten-Modell der Mitarbeitermotivation (»3K-Modell«; vgl. Kehr, 2011). Das 3K-Modell wurde von Kehr (2004) als Ergebnis mehrjähriger Forschung an der University of California at Berkeley entwickelt.

■ **Das 3K-Modell**

»3K« steht für die 3 Komponenten der Motivation. In der Fachsprache heißen sie explizite (selbsteingeschätzte) Motive, implizite (unbewusste) Motive und subjektive Fähigkeiten. Im Management-Training stehen dafür die Metaphern »Kopf«, »Bauch« und »Hand«:

- Kopf steht für die rationalen Absichten, für unsere Ziele und die Bereitschaft, eine bestimmte Handlung auszuführen.
- Bauch steht für den emotionalen Bereich, für die mit der Handlung verbundenen Hoffnungen, die oft unbewussten Bedürfnisse und Motive, die es aufzudecken gilt, aber auch für Ängste und Bauchschmerzen.
- Hand repräsentiert die Fähigkeiten, das Wissen und die Erfahrung, die eine Handlung verlangt.

Wenn die Komponenten Kopf und Bauch erfüllt sind, entsteht intrinsische Motivation. Man ist hochkonzentriert und erledigt gerne das, was man sich vorgenommen hat. Ist dagegen nur eine dieser beiden Komponenten nicht erfüllt – gibt es unangenehme »Bauchgefühle« oder steht man vom Kopf her nicht dahinter –, so fällt es einem schwer, seine Absichten umzusetzen: Man steht sich selbst im Weg. Hier braucht es zur Unterstützung den Willen, der die störenden Bauchgefühle oder Zweifel zurückdrängt. Eine solche willentliche Bekämpfung von Unlust und Zweifel kann durchaus erfolgreich sein – sie kostet jedoch Kraft, die sich anderweitig besser einsetzen ließe. Sind alle 3 Komponenten erfüllt, so kommt es zu Flow-Erleben (Schiepe, Schattke, Seeliger & Kehr, 2011), dem Zustand der optimalen Motivation, bei dem man völlig in seiner Tätigkeit aufgeht.

Einsatz des 3K-Modells in Mitarbeitergesprächen

Führungskräfte können das 3K-Modell im Mitarbeitergespräch zur Motivationsdiagnose verwenden, beispielsweise in Zielvereinbarungsgesprächen. Das nennt man die »3K-Prüfung«. Dabei werden Fragen nach den 3 Komponenten der Motivation (»Kopf«, »Bauch« und »Hand«) gestellt. Diese Fragen helfen dem Mitarbeiter, auch über schwierige Themen wie »ungute Bauchgefühle«, Ängste oder ein mitunter fehlendes »Ziel hinter dem Ziel« zu sprechen. Dann lässt sich gemeinsam mit der Führungskraft nach Lösungen suchen.

■ **FdM-Trainings**

Gestaffelte Trainings

Die Trainings der FdM-Reihe sind in 5 Stufen gestaffelt (◘ Abb. 21.1). Es beginnt mit dem FdM-basis, einem 4-stündigen Workshop, der neu eingestellten Mitarbeitern eine erste Einführung in den FdM-Ansatz und in das 3K-Modell (Kehr, 2011) gibt. Das FdM-1 vertieft die

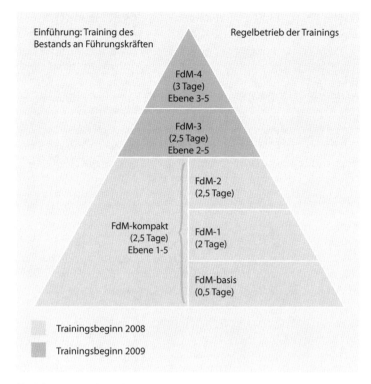

Einführung: Training des Bestands an Führungskräften

Regelbetrieb der Trainings

FdM-4
(3 Tage)
Ebene 3-5

FdM-3
(2,5 Tage)
Ebene 2-5

FdM-2
(2,5 Tage)

FdM-kompakt
(2,5 Tage)
Ebene 1-5

FdM-1
(2 Tage)

FdM-basis
(0,5 Tage)

Trainingsbeginn 2008

Trainingsbeginn 2009

⊙ Abb. 21.1 Die FdM-Reihe bei einem Versicherungskonzern (Beispiel)

Führungsthematik und trainiert insbesondere das Führen von Ziel-vereinbarungs- und Kontrollgesprächen. Das FdM-2 gibt eine fundierte Einführung in die Motivation von Mitarbeitern. Die Themen, die mittels diverser Übungen eingehend vermittelt werden, umfassen Lösung von Zielkonflikten, Gewinnung von Handlungsenergie aus unbewussten Motiven, Stärkung von Willenskraft, Steigerung von intrinsischer Motivation und Flow-Erleben. Das FdM-3 setzt dann da an, wo sich bei der Umsetzung der vorangegangenen Trainings vielleicht Schwierigkeiten ergeben haben mögen. Im 1. Teil werden den Teilnehmern Coaching- und Fragetechniken vermittelt. Im 2. Teil erfolgt der Feinschliff zum Führungsstil: Hier geht es um inspirierende Führung, um Authentizität und um Charisma. In der Führungsforschung wird die Entwicklung und überzeugende Kommunikation einer Vision als zentrale Komponente inspirierender und charismatischer Führung gesehen. Entsprechend ist das FdM-4 ein Visionsworkshop, der die aktuelle Forschung der Autoren zu Visionen (z. B. Rawolle, 2010) trainingsgerecht umsetzt. Hier entwickeln die Führungskräfte eine Vision, ein starkes, inspirierendes »Leit-Bild«, aus dem im Team gemeinsame Werte und Ziele herausgearbeitet werden und Motivation geschöpft wird. Die Trainings FdM-1 bis FdM-3 werden durch die Kommunikationstrainings K-1 bis K-3 ergänzt. Zum Beispiel schult das K-3 authentische Körpersprache, passend zum Thema Authentizität im FdM-3. Insgesamt umfasst der Regelbetrieb der FdM-Reihe, die sich als eine »Führungsfachausbildung« versteht, 14 Seminartage.

Für jedes Training der FdM-Reihe gibt es neben umfangreichen Teilnehmerunterlagen, Rollenspielen, Gesprächsleitfäden, Schulungsfilmen und validierten Fragebogen insbesondere auch ausformulierte Trainerleitfäden. Diese beschreiben detailliert sämtliche Übungsteile, geben Hintergrundinformationen und didaktische Tipps und unterstützen die Moderation und Auswertung von Gruppenarbeiten. Die Vorteile derart differenzierter Trainerleitfäden sind, dass die Trainings weitestgehend unabhängig von der Trainerpersönlichkeit funktionieren, dass die Inhalte transparent und nachvollziehbar sind und dass es leicht fällt, neue Trainer in Trainertrainings auszubilden.

Implementierung der FdM-Reihe
Im sogenannten Regelbetrieb durchlaufen Führungskräfte im Verlauf ihrer Karriere all diese Führungstrainings. Um aber bei der Einführung der FdM-Reihe die Akzeptanz der oberen Führungsebenen zu sichern, entschloss sich der Auftraggeber zu dem Schritt, Führungskräften, die sich bereits auf höheren Führungsebenen befanden und die daher nicht mehr in den Genuss der neuen Trainings gekommen wären, ein Kompakttraining anzubieten (◘ Abb. 21.1). An diesem »FdM-kompakt«, das die Inhalte von FdM-basis bis FdM-2 zusammenfasst, haben dann auch etwa die Hälfte der Führungskräfte der obersten 2 Leitungsebenen teilgenommen.

Während die Kompakttrainings von externen Referenten durchgeführt wurden, sollte der Regelbetrieb durch hausinterne, hauptberufliche Schulungsleiter geleistet werden. Dazu wurden entsprechende Trainertrainings entwickelt und durchgeführt. Hier zahlte es sich aus, detaillierte Trainerleitfäden zu besitzen, mit deren Hilfe ein entsprechend vorbereiteter Referent auch komplexe psychologische Sachverhalte sicher transportieren kann.

Die Organisation des Auftraggebers hatte in der Vergangenheit gute Erfahrungen mit Trainerduos gemacht, bei denen ein hauptberuflicher (oft externer) Referent (»Fachtrainer«) gemeinsam mit einer hochstehenden Führungskraft (»Praxistrainer«) ein Training durchführt. Nun löst die Vorstellung, gemeinsam mit einem Praktiker ein Training leiten zu sollen, nicht bei jedem professionellen Trainer Begeisterungsstürme aus. Dennoch wurden in diesem Projekt mit derartigen Trainergespannen durchweg sehr gute Erfahrungen gemacht. Das mag auch daran liegen, dass viele Führungskräfte des Auftraggebers ohnehin regelmäßig referieren und trainieren und dass es dort zudem bereits eine erstklassige Referentenausbildung gegeben hatte. Konsequenterweise wurden bislang bereits über 100 Praxistrainer geschult. Diese können nun das FdM-basis selbstständig führen und beim FdM-1 und FdM-2 als Praxistrainer mitwirken.

21.4 Evaluation und Qualitätssicherung

Das Selbstmanagement-Training (SMT), die Vorlage der FdM-Reihe, wurde wissenschaftlich anhand systematischer Kontrollgruppendesigns mit Längsschnittanalysen evaluiert. Eine allen wissenschaftlichen Kriterien genügende, systematische Evaluation ließ sich in diesem Beratungsprojekt indes nicht realisieren. Doch sprechen verschiedene Indizien dafür, dass die FdM-Reihe die in sie gesetzten Erwartungen erfüllt. Da sind zunächst die hohen Beteiligungszahlen zu nennen. Da die Teilnahme an den Trainingsmaßnahmen der FdM-Reihe auf Freiwilligkeit beruht, spricht eine hohe Beteiligung für große Akzeptanz. Dann wird jeweils nach jedem Training die Zufriedenheit der Teilnehmer mit einem Fragebogen erfasst. Die durchschnittlichen Bewertungen nach über 70 FdM-Trainings lagen bei 1,3 auf einer 5-stufigen Skala. Dies kommt auch in den Teilnehmerstimmen zum Ausdruck. Beispielhaft sei eine Führungskraft aus der obersten Leitungsebene angeführt: »Unter einem anderen Namen haben wir das eigentlich schon immer gemacht: Ziele setzen, Ziele formulieren, fokussieren, Kraft bündeln und Blockaden lösen. Mit FdM und dem 3K-Modell haben wir nun ein Instrument, das Ganze konzentrierter, strukturierter und klarer durchzuführen.«

Der Auftraggeber ließ durch ein externes Forschungsinstitut anhand einer repräsentativen Befragung der Organisationsmitglieder die Verbreitung der in der FdM-Reihe vermittelten Führungsinstrumente überprüfen. Die Auswertungen der durch teilstrukturierte Interviews erhobenen Daten zeigen, dass die Maßnahmen sehr gut aufgenommen und insbesondere auch angewendet werden. Dieses Ergebnis hat zu einer Intensivierung der Zusammenarbeit geführt, die inzwischen auch den Wechsel mehrerer Entscheidungsträger und eine parallel durchgeführte Umstrukturierungsmaßnahme überdauert hat.

Erst vor kurzem konnte damit begonnen werden, einen größeren Datensatz auszuwerten, der sämtliche in dieser Vertriebsorganisation verfügbaren harten Erfolgsdaten enthält: Einzel- und Gruppenumsatz, Storno-Quote, Aufstiegsgeschwindigkeit, Mitarbeiterfluktuation etc. Es sollen nun die Bereiche der Organisation, die sehr intensiv die FdM-Reihe eingeführt haben, mit anderen Bereichen verglichen werden, die sich eher abwartend verhalten haben. Erwartet wird, dass Umsatzzahlen nur bedingt von einer solchen Trainingsmaßnahme beeinflusst werden, weil Umsätze von diversen Einflussfaktoren (z. B. Marktlage, Wettbewerb, Gesetzesänderungen) beeinflusst sind. Eine andere Variable, bei der FdM als mitarbeiterorientiertes Führungskonzept jedoch unmittelbar ihren Niederschlag finden sollte, ist die Mitarbeiterfluktuation – gerade im Vertrieb eine kritische Größe.

ℹ Checkliste: Maßnahmen der Evaluation
- Kontinuierliche Bewertung der Trainings und der Trainer durch die Teilnehmer
- Systematische Befragung der Teilnehmer zur Zufriedenheit mit den vermittelten Führungsinstrumenten
- Kontrolle der Beteiligungszahlen

—   Statistischer Vergleich hinsichtlich harter Erfolgszahlen zwischen Organisationsteilen, die bereits die Trainings eingeführt haben, mit solchen, die sie noch nicht eingeführt haben
—   Idealerweise Verwendung eines Kontrollgruppendesigns mit Längsschnittanalysen

21.5   Rückschläge und Schwierigkeiten

Identifizierte Schwierigkeiten

»Es ist völlig normal, dass nicht jeder Hurra schreit, wenn etwas Neues eingeführt wird, und viele noch versuchen, etwas mit [veralteten] Methoden zu erreichen, die sich ja bewährt haben« (ein Entscheidungsträger; Einfügung der Verf.).

Anfangs ist das Beraterteam vielleicht ein wenig zu naiv an den Prozess herangegangen. Der Auftraggeber legte Wert auf gute und dem State of the Art entsprechende Trainings im Bereich von Motivation und Führung, und hierin lag schließlich die Kernkompetenz des Beraterteams. Und von einem hohen Maß an Qualität und einer professionellen Performance würden sich schon alle überzeugen lassen.

Erst nach und nach setzte die Erkenntnis ein, dass die organisationsweite Einführung einer Führungsfachausbildung eine veritable Change-Maßnahme darstellt, die wie bei jedem Change-Projekt auch Widerstände auslösen wird. Diese Widerstände, die oft nicht offen ausgesprochen werden, können die unterschiedlichsten Ursachen haben. So mag vielleicht eine erfolgreich gewordene Führungskraft der Auffassung sein, man sei doch früher auch nicht in besonderem Maße durch seine Vorgesetzten gefördert worden, sondern habe sich im Gegenteil oft geradezu durchsetzen müssen. Und was einen selbst stark gemacht habe, könne doch nun den eigenen Mitarbeitern keinesfalls schaden. Diesem Gedanken mag man zwar entgegenhalten, dass eine aktivere Führung der eigenen Vorgesetzten vielleicht auch dazu hätte beitragen können, dass viel mehr Teamkollegen von damals hätten erfolgreich werden können, anstatt das Feld zu wechseln. Dass man selbst viel schneller und mit weniger Reibungsverlusten nach vorn hätte kommen können. Dennoch sitzen derartige Glaubenssätze oft tief und sind dann recht änderungsresistent.

Verschärfend kommt hinzu, dass die leitenden Persönlichkeiten des Vertriebs über eigene Ausbildungsbudgets verfügen, mit denen sie nach Bedarf eigene Trainings durchführen und auch externe Referenten hinzukaufen können. So konnten sie über die Ausbildung, bei der sie sich oft selbst aktiv als Referenten eingebunden haben, wirksam den Aufbau einer individuellen Binnenkultur erreichen. Eine neue, zentral organisierte Trainingsreihe, noch dazu mit verbindlichen Trainerleitfäden, wirkt dieser Individualität entgegen und kann daher als Bedrohung empfunden werden.

Aber auch bei den Führungskräften, die am FdM-kompakt teilgenommen hatten und von den Inhalten überzeugt waren, ergaben sich bisweilen Schwierigkeiten. Als Beispiel sei hier die 3K-Prüfung (▸ Abschn. 21.3) im Mitarbeitergespräch genannt: Eine Führungskraft der obersten Ebene hat vielleicht beim Rollenspiel im Training erkannt, welches Potenzial in der 3K-Prüfung steckt. Dennoch kann sie sich nicht wirklich vorstellen, sich den Leitfaden zur Hand zu nehmen und mit ihren direkt unterstellten Mitarbeitern, die sie oft seit vielen Jahren kennt, Mitarbeitergespräche mit 3K-Prüfung zu führen. Frei nach dem Motto: »Das ist etwas für die Indianer, aber doch nicht für uns Häuptlinge ...« Freilich wird hier die Vorbildfunktion verkannt, die es haben würde, wenn auch zwischen den Führungskräften der obersten Ebene regelmäßig solche Gespräche stattfinden würden. Ist das jedoch nicht der Fall, so hat das ebenfalls Modellwirkung, nur in die unerwünschte Richtung: Die Führungskräfte der mittleren Ebenen nehmen wahr, dass die neuen Techniken offenbar ganz oben nicht praktiziert werden, und schließen daraus, dass dies also offenbar für sie selbst auch nicht nötig wäre. Im ungünstigsten Fall zieht sich das dann bis zu den Mitarbeitern der unteren Karrierestufen durch.

21.6 Maßnahmen zur Sicherung der Nachhaltigkeit

Obwohl bereits einiges dahingehend unternommen worden war, möglichst breite Kreise der Organisation an der Entwicklung der neuen Trainingsreihe zu beteiligen, so hätte man doch bereits zu Beginn des Projekts denjenigen Personen mehr Aufmerksamkeit schenken sollen, bei denen man mit passivem oder auch aktivem Widerstand im Veränderungsprozess hatte rechnen können. Diese Personen hätten bestenfalls überzeugt oder aber durch die nicht immer nur feinen Methoden des Change Management (vgl. Buchanan & Badham, 2008) mit ins Boot geholt werden sollen. Als letzten Ausweg hätte man sich zur Not über Widerstände hinwegsetzen und die Einführung der neuen Führungstrainings auch mit leichtem Druck »verordnen« können. Schließlich ist es in den allermeisten Konzernen, die es nicht mit Selbstständigen, sondern mit abhängig Beschäftigten zu tun haben, durchaus üblich, Change-Prozesse per Dekret flächendeckend einzuführen – auch wenn das mitunter am Widerstand der Betroffenen scheitern mag.

Zugleich kann man gar nicht genug tun, um die Unterstützung der Unternehmensleitung regelmäßig und möglichst öffentlichkeitswirksam zu unterstreichen. Neben Ansprachen der Unternehmensleitung und des Beraters, die es stellenweise gegeben hatte, hätten etwa PR-Filme gedreht werden können, bei denen die Top-Führungskräfte untereinander Zielvereinbarungsgespräche mit 3K-Prüfung durchführen. Was die mittleren Führungskräfte betrifft, so hätte man gerade den besonders erfolgreichen und daher als Modell fungierenden Personen verdeutlichen sollen, welche Vorteile es für sie bringt, die neuen Führungstools in ihrem Einflussbereich einzuführen und zwar – wenn es nicht anders geht – auch ungeachtet dessen, was ihre eigenen Vorgesetzten davon halten mögen. Schließlich verlangt der Aufbau einer leistungsstarken Vertriebsmannschaft gegenwärtig einen aktiveren Einsatz als noch vor wenigen Jahrzehnten, als vielleicht bereits eine gehobene Statusposition und der sichtbar vorgelebte finanzielle Erfolg eine stattliche Anzahl selbstmotivierter Nacheiferer angezogen haben mag.

Eine Maßnahme, die sich im Change Management indes bereits bewährt hat, ist das Angebot des FdM-basis für nichtleitende Mitarbeiter. Hier erfahren neu eingestellte Organisationsmitglieder, mit welchen Führungstechniken sie künftig geführt werden *sollten*. Das macht die Führungskultur transparent und wirkt im Sinne einer vertrauensbildenden Maßnahme. Im Ergebnis schafft dies aber auch eine gewisse Erwartungshaltung, die die Teilnehmer nach dem Besuch des FdM-basis an ihre Führungskräfte herantragen und sie dort z. B. anfragen lässt, ob man nicht auch einmal mit ihnen eine 3K-Prüfung zu ihren Zielen durchführen könne. Vom Hörensagen her scheint sich dieser sanfte »Druck von unten« bereits positiv bemerkbar zu machen.

Weiterhin trug der stufenartige Aufbau der Trainingsreihe zur Nachhaltigkeit bei, der sicherstellte, dass bereits gelernte Themen immer wieder aufgefrischt und in neue Inhalte und Übungen integriert wurden. Auch wurden didaktische Elemente im Training zur Sicherung des nachhaltigen Lerntransfers eingesetzt:

- Einsichten und Lernziele, die die Teilnehmer am Ende jedes Trainingsabschnitts für sich notieren sollten;
- Lernpartnerschaften, schriftliche Vereinbarungen zwischen je 2 Trainingsteilnehmern, sich gegenseitig beim Transfer der gesetzten Lernziele in den Alltag zu unterstützen;
- Transfergespräche, bei denen der Trainingsteilnehmer mit seinem Vorgesetzten jeweils vor und nach dem Besuch eines jeden Trainings die Lern- und Entwicklungsziele sowie die zu erwartenden Trainingsinhalte bespricht.

Gegenwärtig wird zudem die verpflichtende Implementierung der Trainingsreihe erwogen. Neben bestimmten Umsatzmargen, die es zu überschreiten gilt, wäre dann der Besuch eines bestimmten Trainings die Voraussetzung für den Eintritt in eine neue Hierarchie- und Provisionsstufe.

❯ **Wichtig**
Maßnahmen zur Sicherung der Nachhaltigkeit bestehen sowohl in der Sicherstellung der unternehmensweiten Akzeptanz und Einführung der Trainings als auch in der stufenartigen Struktur und didaktischen Aufbereitung der Trainings, die eine nachhaltige Umsetzung des Gelernten in der Praxis fördern.

21.7 Fazit und Hinweise für die Praxis

Die Einführung einer neuen Trainingslandschaft zu den Themen Motivation und Führung, die das Binnenverhältnis zwischen Führungskraft und Mitarbeiter zentral berühren, ist ein veritabler Change-Prozess. Mit der FdM-Reihe soll eine Führungskultur etabliert werden, die die Motivation des Mitarbeiters, seine Bedürfnisse, Eigenheiten, Vorlieben und Ängste in das Zentrum der Bemühungen stellt. Führungskraft und Mitarbeiter nehmen sich gegenseitig ernst, und es wird mit offenen Karten gespielt. So schafft der FdM-Ansatz Transparenz und Nachhaltigkeit im Innenverhältnis einer Organisation.

Bei der Einführung der FdM-Reihe hat es sich bewährt, aufwändige Workshops zunächst zur Anforderungsanalyse und später zur Feinkalibrierung der Trainingsinhalte durchzuführen. Die FdM-Reihe spricht nunmehr die Sprache des Auftraggebers, sie verwendet seine Fallbeispiele und löst Probleme, die sich den Mitgliedern der Organisation in ihrer Praxis wirklich stellen. Als Nebeneffekt fühlen sich viele Organisationsmitglieder der durch sie selbst entwickelten Trainingsreihe positiv verpflichtet.

Bei der Implementierung eines solchen umfangreichen Projekts reicht es nicht, klaren Support der Entscheidungsträger zu besitzen. Die einmütige Unterstützung muss auch stetig wiederholt und nach außen klar erkennbar werden. Maßnahmen der Projektwerbung sollten nicht nur die höheren und mittleren Führungskräfte ansprechen, sondern direkt auch die Organisationsmitglieder der unteren Karriereebenen ins Visier nehmen. Das Projektteam sollte sich von der eigentlichen Projektarbeit nicht zu sehr gefangen nehmen lassen, sondern stets ein Augenmerk auf mögliche Zweifler haben. Es gilt, deren Widerstand frühzeitig zu erspüren und ihm mit geeigneten Maßnahmen zu begegnen.

ⓘ Checkliste: Kritische Erfolgsgrößen für ein erfolgreiches Motivations- und Führungstraining

 - Klare Verankerung der Trainingsinhalte durch ein validiertes Motivationsmodell
 - Beständige Aktualisierung durch laufende Forschung
 - Verlässlichkeit durch professionelle und detaillierte Trainerleitfäden
 - Einsatz eines Methodenmix aus Case Studies, Gesprächsleitfäden und Rollenspielen
 - Verwendung validierter Fragebogen mit individuellem Fragebogenfeedback
 - Teilnehmerunterlagen und Schulungsfilme im Corporate Design des Kunden
 - Laufende Evaluation des Trainingserfolgs

Literatur

Buchanan, D.A. & Badham, R. (2008). *Power, politics, and organizational change: Winning the Turf Game.* London: Sage.

Kehr, H.M. (2004). Integrating motives, goals, and abilities: The compensatory model of work motivation and volition. *Academy of Management Review (Special issue: The future of work motivation theories), 29,* 479–499.

Kehr, H.M. (2009). *Authentisches Selbstmanagement – Übungen zur Steigerung von Motivation und Willensstärke.* Weinheim: Beltz.

Kehr, H.M. (2011). Führung und Motivation: Implizite Motive, explizite Ziele und die Steigerung von Willenskraft. *Personalführung, 4,* 66–71.

Kehr, H.M. & Rawolle, M. (2009). Kopf, Bauch und Hand – wie Motivation Veränderungsprozesse unterstützt. *Wirtschaftspsychologie aktuell, 2,* 23–26.

Rawolle, M. (2010). The motivating power of visions: Exploring the mechanisms. Dissertation. Friedrich-Alexander-Universität Erlangen-Nürnberg. Verfügbar unter http://www.opus.ub.uni-erlangen.de/opus/volltexte/2010/1704/pdf/MaikaRawolleDissertation.pdf [23.01.2012]

Schiepe, A., Schattke, K., Seeliger, J. & Kehr, H.M. (2011). Flow in open innovation: A test of the predictive power of the compensatory model of motivation. München: Technische Universität München.

Tools und begleitende Maßnahmen bei Veränderungsprozessen

Einführung

Lutz von Rosenstiel

Ganz gleich, ob der Veränderungsschwerpunkt bei der Aufgabenge-staltung, bei der Organisation, beim Team oder beim Individuum liegt: Es gibt bestimmte Tools und begleitende Maßnahmen bei Ver-änderungsprozessen, die generell bedeutsam sind und für den Pro-zess wichtig erscheinen. Dazu zählen natürlich – bei eher abstrakter Betrachtung – eine möglichst aus der Strategie des Unternehmens entwickelte Zielformulierung, eine Feststellung des derzeitigen Ist-Zustands bei der Person und der jeweiligen Situation im Sinne einer fundierten Diagnose, die Einleitung möglichst erfahrungsbasierter Interventionen als geplante Maßnahmen, um vom Ist- zum Soll-Zustand zu gelangen, die Evaluation als Prüfung, ob man das Ziel erreicht oder ob man diesem zumindest näher gekommen ist, und schließlich die Einleitung von Maßnahmen, um die Veränderung zu stabilisieren und deren Nachhaltigkeit zu sichern.

Begibt man sich auf eine konkretere Ebene, so lassen sich als im-mer wieder hilfreiche Vorgehensweisen qualitative Interviews mit Entscheidern oder Betroffenen, Mitarbeiterbefragungen mithilfe überprüfter standardisierter Fragebogen, moderierte Gruppenge-spräche, Take-off-Workshops, Maßnahmen der Feedbackvermittlung an Führungskräfte mit nachfolgendem Coaching, aber auch eher be-triebswirtschaftlich oder ingenieurwissenschaftlich begründete Vor-gehensweisen nennen. Dabei kommt es meist aus der Praxis heraus immer wieder zu bisher wenig bekannten innovativen Ansätzen. Fünf davon werden nachfolgend vorgestellt:

So präsentiert Negele (▶ Kap. 23) eine sog. Wissensbilanz, die als Instrument des Wandels hilfreich sein kann und sich innerhalb des vorgestellten Fallbeispiels auch tatsächlich als hilfreich erwies.

Buchholz (▶ Kap. 24) hat einen »Change-Index« erarbeitet und in der Praxis erprobt. Das Instrument kann hilfreich sein, wenn man prüfen möchte, wie es um die Veränderungsbereitschaft in der Orga-nisation steht und mit welchen Widerständen innerhalb des Prozesses man möglicherweise rechnen muss.

Ein anders strukturiertes Befragungsinstrument zur Steuerung von Veränderungsprozessen stellen Müller, Bungard, Straatmann und Hörning (▶ Kap. 25) vor. Hier überzeugt nicht nur die exakte Beschreibung des Veränderungsprojekts und die Begleitung des Wan-dels durch »Change Surveys«, sondern auch der Umstand, dass dieses Fallbeispiel im öffentlichen Sektor, konkret in der Stadt Mannheim, erhoben wurde.

Streicher, Frey und Graupmann (▶ Kap. 26) machen deutlich, dass es bei Veränderungsprozessen in sehr starkem Maße auf das »Wie« ankommt. Sie betonen die hohe Bedeutung der Fairness innerhalb des Prozesses, die von den Betroffenen des Wandels erlebt werden sollte. Dabei differenzieren sie zwischen distributiver, prozeduraler, interpersonaler und informationaler Fairness.

Jochum (▶ Kap. 27) stellt das von ihm entwickelte »Jochum-Dia-log-Gesprächsmodell (JDG)« vor, dessen Einführung einerseits selbst als ein Change-Management-Prozess interpretiert werden kann, was der Autor an 2 Praxisbeispielen verdeutlicht, das aber auch, entsprechend eingesetzt, Veränderungsprozesse begleiten und unterstützen kann.

Die Kenntnis dieser oder ähnlicher Tools oder begleitender Maßnahmen kann für den, der einen Change-Prozess verantwortet, sehr nützlich sein.

Die »Wissensbilanz« als Instrument des Wandels

Rolf Negele

Das klassische Rechnungswesen gibt nur sehr partiell Auskunft über das Zukunftspotenzial und Risikoprofil von Organisationen und versagt daher immer mehr als alleinige Basis für die interne Unternehmenssteuerung. Die wahren Erfolgsfaktoren moderner Dienstleistungsunternehmen sind eher in ihrem immateriellen Wissens- und Beziehungskapital zu suchen als in ihrem Finanzkapital und den Sachanlagen. Ansätze aus den skandinavischen Ländern (beispielsweise Schweden, Skandia Navigator/Dänemark, Danish Agency for Trade and Industry), wo mittels Intellectual Capital Statements (Wissensbilanzen) die Entwicklung der Kompetenzplattform eines Unternehmens transparent gemacht werden soll, scheinen Erfolg versprechend. Der leitende Gedanke des Intellectual Capital Statement wurde von Thomas A. Steward, dem Editor des Havard Business Review (2001–2008), formuliert: »Intellectual Capital is something that you cannot touch, but still makes you rich.«

Das Diakonische Werk Rosenheim hat in Stadt und Landkreis Rosenheim als soziales Dienstleistungsunternehmen und in Oberbayern im Bereich der Kinder- und Jugendhilfe die Kostenführerschaft erobert. Es ist nicht der wirtschaftlich stärkste Träger im Geschäftssegment, jedoch in den offerierten Angeboten der innovativste Träger mit der größten unternehmerischen Spannkraft.

Der Markt ist gekennzeichnet durch starken Wettbewerb und hohes Risiko

Der Markt ist gekennzeichnet von starkem Wettbewerb zwischen den unterschiedlichen Anbietern sozialer Dienstleistungen. Kunden sind sowohl Adressaten (Klienten, Patienten, …) wie auch die öffentliche Hand mit unterschiedlichen Kostenträgern (Ämter der Kommunen, Bezirke und Länder des Bundes und der EU). Die Kostenträger sind stark politikorientiert. Die Marktsituation ist auf kommunaler Ebene häufig von individuellen Beziehungen einzelner Mitarbeiter des Unternehmens zu denen der Kostenträger geprägt, auf Landes- und Bundesebene z. T. durch Verbände gesteuert oder in zentralen Vergabestellen organisiert. Weitere Kostenträger neben der öffentlichen Hand sind vernachlässigbar.

Der Markt kann als hoch risikobehaftet bewertet werden und erfordert vom Management tiefe Kenntnisse der Gesetzeslage und weitreichende Vorausschau auf politische Interessen im Bereich zukünftiger sozialer öffentlicher Leistungen.

Die Differenzierung des Kerngeschäfts (Erbringung sozialer Dienstleistungen) soll in den kommenden Jahren in allen Regionen vorangetrieben werden. Es soll sichergestellt werden, dass zukünftig durch marktorientierte Diversifikation zunehmend eine breite Finanzierungsbasis in der vorbeschriebenen schwierigen Marktsituation erreicht wird.

Risiken des Geschäftsumfelds können in der starken Wettbewerbssituation, in den kommunalen und überregionalen politischen Entwicklungen und in der Mitarbeitersituation liegen:

– Soziale Dienstleistungen stehen häufig im Licht der Öffentlichkeit. Der Leumund des erbringenden sozialen Dienstleisters ist ein Teil seines Kapitals; Angriffe von Wettbewerbern auf den

Leumund können sich unmittelbar negativ auf den Geschäfts-
erfolg auswirken.

— Die politische Willensbildung beeinflusst die Auftragssituation
sozialer Dienstleister. In den vergangenen Jahrzehnten ist zu
beobachten, dass die gewünschten zu erbringenden sozialen
Leistungen wiederkehrend wechselnde bzw. unterschiedliche
Zielrichtungen haben. So ist ein mehrfacher Wechsel von ge-
wünschter einzelfallorientierter Hilfeleistung hin zu regionalen
versorgenden Strukturen und umgekehrt zu beobachten. Programme und Einrichtungen des Diakonischen Werks Rosenheim
können negativ beeinflusst werden, wenn sie nicht flexibel und
zeitnah, der gewünschten Auftragslage entsprechend, ihre Leistungen erbringen können.

— Die vorgenannten wechselnden Rahmenbedingungen stellen
hohe Anforderungen an die Persönlichkeit und den Ausbil-
dungsgrad der Mitarbeiter eines Unternehmens. Mögliche negative Effekte können durch wenig flexibles Personal, gefangen in
verkrusteten Hierarchien, entstehen.

Der Mitarbeitermarkt bewegt sich in den letzten 25 Jahren zyklisch. **Zyklische Bewegung des**
In den vergangenen Jahren entwickelte er sich zunehmend zu einem **Mitarbeitermarkts**
Mitarbeitermarkt mit hoher Anzahl offener Stellen bei allen Trägern
sozialer Dienstleistungen. Bei geringeren Verdienstaussichten als
in vergleichbaren Berufsfeldern des technischen oder betriebswirt-
schaftlichen Bereichs, sind für Berufsanfänger und wechselorientierte
Fachkräfte die immateriellen Leistungen und das Betriebsklima eines
Unternehmens zunehmend attraktiv.

Im Haushaltsjahr 2010 waren im Diakonischen Werk Rosenheim
mehr als 800 Mitarbeiter beschäftigt. Die Gruppe der Mitarbeiter, die
einen Hochschulabschluss bzw. eine vergleichbare Kompetenzbasis
nachweisen – erlangt durch eine qualifizierte Berufsausbildung mit
langjähriger Arbeitserfahrung und interner sowie externer beruflicher Weiterbildung –, betrug 69% im Gegensatz zu den Mitarbeitern
mit geringerer Qualifikation – Hilfs- und Hauswirtschaftskräfte – mit
24%; ungelernte Kräfte des Personalstamms wurden lediglich mit 7%
gezählt.

23.1   Was soll verändert werden und warum?

Die Implementierung eines Berichtswesens, das auf die immate- **Der Prozess nimmt Einfluss**
riellen Werte eines Unternehmens fokussiert – einzeln genannt das **auf alle Hierarchieebenen des**
Human-, das Struktur- und das Beziehungskapital –, muss als weit- **Unternehmens**
reichender Change-Prozess verstanden werden (◘ Abb. 23.1). Dieser
Prozess nimmt Einfluss auf alle Hierarchieebenen des Unterneh-
mens, bewertet und bilanziert die Qualität, Quantität und Systematik
(QQS) der immateriellen Werte in unterschiedlichen Dimensionen.
Die Bilanzierung nach deutlich qualitativen Bewertungskriterien, im

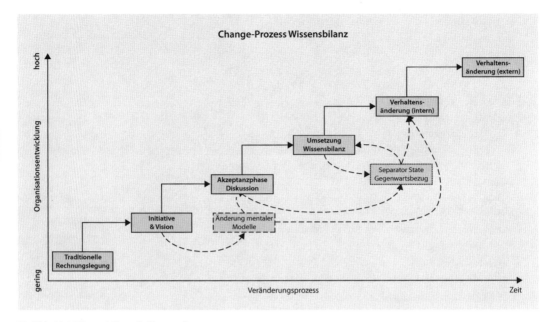

Abb. 23.1 Wissensbilanz als Change-Prozess

Ausbau der Marktführerschaft als Vision

Gegensatz zur quantitativ orientierten Finanzbilanz, muss die Hürden der Akzeptanz und der Überzeugung von der Sinnhaftigkeit in der Unternehmensspitze ebenso nehmen wie die der Verunsicherung und Skepsis, bezogen auf die Betrachtung des Humankapitals, bei den Arbeitnehmervertretern (Betriebs- oder Personalrat).

Die Neuausrichtung der Unternehmensorientierung durch die Einführung der Wissensbilanzierung als Managementinstrument war eine Initiative des Personalvorstands, kam somit aus der obersten Führungsebene des Unternehmens. Die Vision für das Diakonische Werk Rosenheim war es, die Marktführerschaft im Segment der Sozialen Dienstleister in der Region des Dekanatsbezirks Rosenheim auszubauen und die Marke »Jugendhilfe Oberbayern« dominant im oberbayerischen Markt zu platzieren.

Die Einführung der Wissensbilanz ermöglicht eine systematische Analyse des intellektuellen Kapitals. Sie kann Mitgliedern aller Führungsebenen Einsichten in die eigenen Stärken und Schwächen geben und Zusammenhänge zwischen intellektuellem Kapital, Geschäftsprozessen und Geschäftsergebnissen aufzeigen. Wissensbilanzierung kann als ein Instrument des internen Risikomanagements genutzt werden.

Die Annahme, dass die Unabhängigkeit des Unternehmens u. a. von weiterem Wachstum der Geschäftsaktivitäten und dem Erfolg zukünftiger Vermögensbildung abhängt, stand gleichwertig der Annahme gegenüber, dass das intellektuelle Kapital im stark wissensorientierten Arbeitsfeld des Unternehmens von großer Bedeutung ist. Die Erstellung einer Wissensbilanz sollte die gewählte Methode zur

Erfassung des intellektuellen Kapitals und zu dessen Weiterentwicklung sein.

> ❶ Checkliste: Ziele, die durch die Wissensbilanzierung in Bezug auf die immateriellen Werte für die einzelnen Kapitalarten des intellektuellen Kapitals erreicht werden sollten
> - **Humankapital (HK):**
>   - Beibehalten des hohen Ausbildungsstands und qualifizierten Managementwissens auf Geschäftsleitungsebene (Vorstand und Geschäftsführer) durch stete qualifizierte Fortbildung der Funktionsträger
>   - Angebots- und »visions«-orientierter Ausbildungsstand der Mitarbeiter
>   - Hohes Verständnis für die Unternehmensstrategie bei den Mitarbeitern
> - **Strukturkapital (SK):**
>   - Exzellente IT-Ausstattung für alle Arbeitsbereiche (State of the Art)
>   - Stärkung der Unternehmensorganisation in Zeiten des Wachstums
>   - Qualifizierung des Qualitätsmanagements mit Ausrichtung auf Wirkungsanalyse
>   - Stärkung des Human Resource Management im Ausbau und der Beachtung geschlechtssensibler Arbeitsplatzorganisation (z. B. Frauen in Leitungspositionen/Bindung in Elternzeit)
> - **Beziehungskapital (BK):**
>   - Spenderakquise in realisierbarer Größenordnung qualifizieren
>   - Stakeholder/Kooperationspartner Kommunikation qualifizieren
>   - Weiterer Ausbau der Unternehmenskommunikation
>   - Aufbau eines Marketingkonzepts (nicht Sales!)
>   - Beibehalten der guten bis hohen Adressatenzufriedenheit

23.2 Wie wurde verändert?

Die Implementierung der Wissensbilanz wurde als Transformationsprozess angelegt. Dieser sollte die Stärken der Organisationsentwicklung und des Change Managements miteinander verbinden. In einem ersten Schritt wird, im Sinne eines Change Managements, der machtvolle Input durch einen außenstehenden Berater genutzt, der den Veränderungsprozess für das Unternehmen startet und weitgehend das Design (Zielsetzung, prinzipielle Vorgehensweise, Dauer) festlegt. Die folgenden Schritte im Projekt – ein methodischer Ansatz der Organisationsentwicklung – sollten, geführt durch eine interne

Als Transformationsprozess angelegte Wissensbilanz

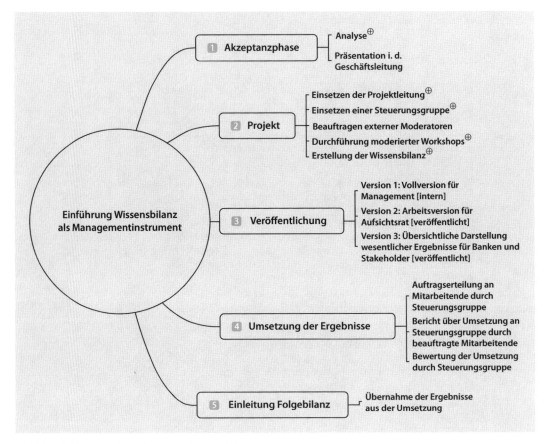

Abb. 23.2 Phasen der Einführung einer Wissensbilanz

Projektleitung, die innovierende Kraft der Betroffenen durch Integration bündeln und somit die internen Ressourcen nutzen.

Die Umsetzung erfolgte in 5 Phasen (Abb. 23.2):

1. Akzeptanzphase
2. Projekt
3. Veröffentlichung
4. Umsetzung der Ergebnisse
5. Einleitung der Folgebilanz

23.2.1 Akzeptanzphase

Die Einführung der Wissensbilanz als strategisches Managementinstrument musste zunächst von der obersten Führungsebene akzeptiert und mitgetragen werden. Zur Vorbereitung der Präsentation in der Führungsrunde wurden die unterschiedlichen strategischen Tools auf Kompatibilität zur Wissensbilanz geprüft. Kollisionen mit der

Finanzbilanz konnten durch die Wahl eines induktiv-analytischen Verfahrens ausgeschlossen werden.

> **Klassifizierung betriebswirtschaftlicher Bewertungsmethoden in »deduktive« und »induktive« Verfahren**
> - Deduktiv-summarische Verfahren berechnen die »Marktwert-Buchwert-Lücke« und wollen mit dieser Berechnung das immaterielle Vermögen eines Unternehmens darstellen. Die Verfahren wollen dadurch das immaterielle Vermögen monetär absolut oder zumindest im Vergleich quantifizierbar und bewertbar machen (Lorson & Heiden, 2002).
> - Induktiv-analytische Verfahren beschreiben und bewerten einzelne immaterielle Vermögenswerte. Die Anhaltspunkte zur Werteentwicklung werden durch Betrachtung v. a. nichtfinanzieller Indikatoren ermittelt und zur unternehmerischen Steuerung angeboten (North, 2005).

Im Unternehmen existierte ein langjährig über alle Arbeitsbereiche angewandtes Qualitätsmanagement. Es entsprach dem EFQM-Bewertungsmodell, das sich in Organisationen der sozialen Arbeit in Deutschland zunehmend durchgesetzt hat (Egger & Zink, 2007), in Verbindung mit einer Selbstbewertung. Da das gewählte induktiv-analytische Verfahren der gewünschten Version der Wissensbilanz ähnlich der Selbstbewertung des EFQM-Bewertungsmodells war, musste sichergestellt werden, dass keine Parallelverfahren in den angewandten Instrumenten geschaffen wurden. Hierzu wurde eine unternehmensinterne Untersuchung durchgeführt. Überschneidungen sowie Doppelungen wurden identifiziert, so dass die Indikatorenkataloge der beiden Managementinstrumente aufeinander abgestimmt werden konnten. Die jährlichen EFQM-Workshops wurden in die ersten beiden Quartale eines Jahres verschoben, um die aufbereiteten Ergebnisse im Nachgang für die Wissensbilanz verfügbar zu haben.

EFQM als Qualitätssicherungsmanagement implementiert

Die Unternehmensleitung steuerte das Unternehmen ausschließlich traditionell über die Auswertung der Finanzbilanz (Quartalsergebnisse und Kennzahlen). Im Vorfeld der endgültigen Präsentation und Entscheidungsfindung, der Änderung des mentalen Modells im Vorstand, wurden alle Inhaber von Schlüsselfunktionen, das mittlere Management des Unternehmens, 2 Wochen nach einer Informationsveranstaltung in einer anonymisierten Onlinebefragung zur Akzeptanz einer Wissensbilanzierung als zukünftig weiterem Managementinstrument befragt. Die Probanden konnten exemplarisch ausgewählte Einflussfaktoren in den 3 Dimensionen Quantität, Qualität und Systematik bewerten. Das Instrument war für Mitarbeiter der sozialen Arbeit methodenähnlich zu Diagnosetools der alltäglichen

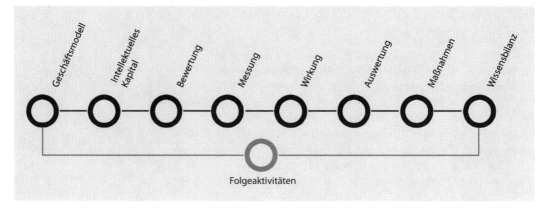

Geschäftsmodell · Intellektuelles Kapital · Bewertung · Messung · Wirkung · Auswertung · Maßnahmen · Wissensbilanz

Folgeaktivitäten

☐ Abb. 23.3 Prozess der Erstellung einer »Wissensbilanz made in Germany«

Arbeit und fand in der Rückmeldung eine Akzeptanz von weit mehr als 80%. Der Vorstand der Diakonie Rosenheim entschied sich nach der Präsentation der Vorarbeiten zur Freigabe der Projektmittel.

23.2.2 Projekt

Die Projektphase sollte für alle Beteiligten als Lernprozess angelegt sein und einen kontinuierlichen organisatorischen Wandel (Schreyögg & Koch, 2007) einleiten.

Das Projekt benötigte einen externen Moderator

Der frühzeitige Entschluss, einen externen Moderator zu suchen, war getrieben von der Überzeugung, dass die Einführung einer Methode mit hoher Außenwirkung nicht den Charakter »homemade« tragen darf. Der beauftragte Moderator war Mitglied im Projekt des Fraunhofer Instituts für Produktionsanlagen und Konstruktionstechnik (Berlin), das die Methode »Wissensbilanz – made in Germany« im Auftrag des Bundesministeriums für Wirtschaft und Technologie entwickelt hatte (☐ Abb. 23.3). Dem externen Moderator wurde eine interne Projektleiterin zugeordnet, die – intrinsisch motiviert – den Projektverlauf in ihrem Zweitstudium als Thema ihrer Diplomarbeit behandeln wollte.

Die Steuerungsgruppe war eine Untergruppe der Projektgruppe und setzte sich aus wissenschaftlichen Mitarbeitern und leitenden Angestellten des Unternehmens zusammen. Alle Mitglieder der Steuerungsgruppe verfügten über einen weitreichenden Einblick in alle Unternehmensbereiche und -ebenen und hatten umfangreiche Kenntnisse über die Geschäftsprozesse der unterschiedlichen Unternehmensteile.

> **Wichtig**
> Die Wissensbilanz ist grundsätzlich an Geschäftsprozessen ausgerichtet, diese sind ergebnisorientiert und dem Geschäftsergebnis des Unternehmens untergeordnet (Bornemann & Reinhardt, 2008).

Die Aufgabe der Steuerungsgruppe bestand in der Beschreibung der Ausgangssituation, des Geschäftsumfelds der Organisation und der Geschäftsziele. Orientiert an den von der Unternehmensleitung beschriebenen anzustrebenden Geschäftsergebnissen, wurde die Formulierung der Dimensionen mit deren jeweiligen Einflussfaktoren des intellektuellen Kapitals zur späteren Analyse (Bewertung, Messung, Wirkung) gesucht. Wichtig in dieser Phase war der wiederkehrende Gegenwartsbezug, also die Unterordnung der formulierten Einflussfaktoren unter das Geschäftsergebnis des Unternehmens zu beachten.

Einflussfaktoren bzw. treibende Elemente sind Fach- oder Führungskompetenz, Zusammenarbeit und Informationsfluss oder Beziehungen zu Stakeholdergruppen.

Die Projektgruppe setzte sich aus den Mitgliedern der Steuerungsgruppe und Vertretern aller Arbeitsbereiche und Hierarchieebenen zusammen. In einem ersten moderierten Workshop formulierten die Mitglieder der Projektgruppe, nach Erläuterung und kritischem Diskurs über die Vorarbeit der Steuerungsgruppe, Erwartungen an die Nutzen und Ziele einer Wissensbilanz.

> **Einflussfaktoren müssen sich am Geschäftsziel orientieren**

Nutzen und Ziele einer Wissensbilanz
- Stärkung des Vertrauens in die Unternehmensleitung
- Erweiterung der Transparenz
- Gewinnung einer ganzheitlichen Perspektive (»big picture«)
- Verständnis für die eigene Organisation stärken
- Zusammenhänge von Lösungswegen gewinnen

Im zweiten moderierten Workshop wurde, unter Anleitung der gemischt externen und internen Moderation, die Analyse der einzelnen Einflussfaktoren durchgeführt. Wichtig in dieser Phase war die bremsende Hilfestellung des externen Moderators. In Kenntnis der Komplexität des Instruments empfahl er zunächst eine Aufnahme des Status quo mit Konzentration auf wenige Indikatoren. Die Projektgruppe konnte sich so intensiver mit der jeweiligen Einzelbewertung von Quantität, Qualität und Systematik (QQS-Methode) der Einflussfaktoren befassen. Die diversifizierte Zusammensetzung der Projektgruppe garantierte eine multilaterale Diskussion der unterschiedlichen Betrachtungsgegenstände. Die einzelnen Mitglieder der Gruppe erhielten einen tiefen Einblick in Geschäftsprozesse und Unternehmensziele. In einem aufwändigen Verfahren bewertete jedes Gruppenmitglied zunächst für sich alleine jeden einzelnen Einflussfaktor nach der QQS-Methode und diskutierte seine ggf. abweichende Bewertung gegen den Durchschnittswert der Gruppenbewertung. Diese Methode garantierte, dass kein Argument unbeachtet blieb und weitgehend alle Betrachtungen Einfluss auf das Gesamtergebnis hatten.

Im Rahmen des folgenden dritten Workshops wurden alle Einflussfaktoren daraufhin bewertet, wie hoch die jeweilige Wirkung auf-

> **Bewertung von Quantität, Qualität und Systematik für jeden Einflussfaktor**

einander im Hinblick auf die Erreichung des Geschäftsergebnisses ist (z. B.: Prozessoptimierung wirkt auf Fachkompetenz mit dem Faktor 0, aber Prozessoptimierung wirkt auf Motivaton und Engagement mit dem Faktor 3). Ein unmittelbarer Lernerfolg für die Gruppenmitglieder war das Kennenlernen der Stärke, mit der ein Einflussfaktor bei Veränderung einen anderen Einflussfaktor beeinflusst.

Der Prozess der Erstellung einer »Wissensbilanz – made in Germany« ist EDV-unterstützt. Noch im Rahmen des dritten Workshops konnten die Ergebnisse der Bewertung visualisiert und interpretiert werden.

23.2.3 Veröffentlichung

Bericht in verschiedenen Versionen für unterschiedliche Interessengruppen

Der Veröffentlichung der Wissensbilanz wurde zentrale Bedeutung beigemessen. Die Einführung eines neuen Managementinstruments sollte positiv von den unterschiedlichen Stakeholdergruppen aufgenommen werden. Die unterschiedlichen Interessen der Adressaten sollten vor Erstellung eines Intellectual Capital Report identifiziert werden, um zielgruppenkonkrete Berichte zu erstellen. Vertreter der Kapitalgeber sind an kurzen, schnell erfassbaren Informationen interessiert, die sie zur Unternehmensbewertung nutzen können. Diese Informationen können am ehesten mit dem Begriff der Intangible Assets umschrieben werden (Negele, 2011, S. 92). Andere Stakeholder, wie Öffentlichkeit oder Kooperationspartner, interessieren sich nicht so sehr für die Berichte auf Basis eines accountingorientierten Ansatzes (Scholz, Stein, & Bechtel, 2006), sondern finden die gewünschten Informationen über das Unternehmen in Reports, basierend auf einem indikatorenbasierten Ansatz. Ein indikatorenbasierter Ansatz scheint geeignet für den Einsatz in Nonprofit-Organisationen (Scholz, Stein, & Bechtel, 2006, S. 95). Die Steuerungsgruppe entschloss sich zur Erstellung von 3 Versionen der Wissensbilanz.

Eine Vollversion, die alle Diskussionsinhalte sowie den vollständigen Bewertungskatalog enthielt, wurde den einzelnen Mitgliedern der Projektgruppe und des Vorstands des Unternehmens ausgehändigt. Es wurde vereinbart, dass die Diskussionsinhalte vertraulich behandelt und nicht an weitere Stakeholder publiziert werden. Die vertrauliche Behandlung der Gesamtdarstellung sollte die einzelnen Mitglieder der Projektgruppe schützen, da aus den Verlaufsprotokollen der Diskussion Einzelaussagen extrahiert werden könnten, die, aus dem Zusammenhang gerissen, wenig hilfreich für eine weitergehende Diskussion erschienen und die betroffenen Diskutanten der Projektgruppe in eine Verteidigungsposition hätten drängen können, die von den Initiatoren unerwünscht war.

Eine Arbeitsversion war an die Mitglieder des Aufsichtsrats und die Wirtschaftsprüfungsgesellschaft gerichtet. Diese öffentliche Wissensbilanz wurde gleichzeitig für alle interessierten Stakeholder im Internet veröffentlicht. Das Unternehmen gab erstmals in seiner

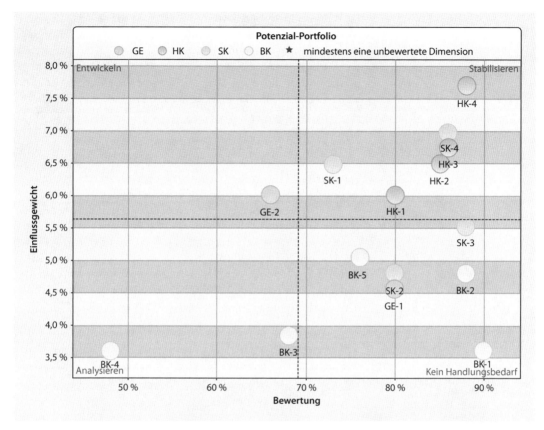

○ **Abb. 23.4** Potenzial-Portfolio

Geschichte einen tiefen Einblick in seine Geschäftsprozesse und ging den ersten Schritt hin zu einer transparenten Organisation.

Eine Kurzversion der Wissensbilanz erschien als Artikel für Fachzeitschriften und als Messe- bzw. Kongresshandreichung.

23.2.4 Umsetzung der Ergebnisse

Die Auswertung der Ergebnisse der Wissensbilanz zeigte den höchsten Analysebedarf im Bereich »Beziehung zu Förderern und Spendern« (○ Abb. 23.4, BK-4) sowie Entwicklungsbedarf im Geschäftsergebnis Image (○ Abb. 23.4, BK-2), aber auch im Bereich »Zusammenarbeit und Informationsfluss« (○ Abb. 23.4, SK-1).

Die Analyse des Wirkungsnetzes wies die höchste Hebelwirkung bei Konzentration des Managements auf die Stabilisierung und Entwicklung des Einflussfaktors »Zusammenarbeit und Informationsfluss« auf.

Die Veränderung mentaler Modelle ist eine mögliche Wirkung eines positiv verlaufenden Change-Prozesses. Im Rahmen der Erstel-

Das Wirkungsnetz zeigt die Hebelwirkung

lung einer Wissensbilanz wirkt dieser Effekt auf verschiedene Prozessschritte, wie den der notwendigen internen Verhaltensänderung.

Entgegen früher getroffenen Entscheidungen, keine Stabsstellen einzurichten, da der Effekt dieser Stellen für das Unternehmen nicht gesehen wurde, folgte der Vorstand der durch die Wissensbilanz gewonnenen Einsicht, den Einflussfaktor Zusammenarbeit und Informationsfluss zu entwickeln. Es wurde eine Stabsstelle für Unternehmenskommunikation eingerichtet und besetzt. Der zu entwickelnde Einflussfaktor war im Potenzial-Portfolio knapp im Bereich »kein Handlungsbedarf«, jedoch mit deutlichem Bedarf der notwendigen *Stabilisierung* eingewertet worden. Es erschien absehbar, dass mit geringem Mitteleinsatz ein hoher Effekt erzielt werden konnte.

Der Einflussfaktor Beziehung zu Förderern und Spendern sollte neu bewertet werden. Die Analyse der Wissensbilanz warf Fragen auf, die zuvor nicht gestellt wurden. Im Laufe der Analyse zeigte sich, dass die Erwartungen an ein mögliches Spendenaufkommen eher unrealistisch waren und diesem Einflussfaktor eine deutlich geringere Bedeutung zuzumessen war, als er für die Erwartung der zu erzielenden Geschäftsergebnisse zu diesem Zeitpunkt hatte.

23.3   Wie wurde Nachhaltigkeit sichergestellt?

Das Diakonische Werk Rosenheim erstellt seit 2009 eine jährliche Wissensbilanz und nutzt die Ergebnisse für strategische Entscheidungen.

Erkannte Handlungsbedarfe, die in der Wissensbilanz identifiziert wurden, werden dokumentiert und verbindlich einem Verantwortlichen mit konkreten Umsetzungsmaßnahmen zugeordnet. Vor Erstellung der jeweiligen Folgebilanz wird der Sachstand dieser Maßnahmen oder deren abschließende Umsetzung dokumentiert.

Ergebnisse müssen hierarchieübergreifend diskutiert werden

Die Ergebnisse der Wissensbilanz werden in allen Unternehmensgremien (Dienstbesprechungen) kommuniziert, um den Mitarbeitern Gelegenheit zu geben, diese zu diskutieren und proaktiv notwendige Maßnahmen zu unterstützen.

Die das Unternehmen betreuende Wirtschaftsprüfungsgesellschaft wertet die Wissensbilanz als wesentlichen Bestandteil des Risikomanagements, »die […] eine jährliche Analyse der Geschäftstätigkeit, Wirkungszusammenhänge, Stärken-Schwäche-Analyse, Benchmark-Analyse sowie die künftigen Strategien beinhaltet« (Prüfungsbericht 2011).

23.4   Fazit und Hinweise für die Praxis (Lessons Learned)

Wandel in der Betrachtung von betrieblichen Zusammenhängen

Die Einführung der »Wissensbilanz – made in Germany« hat zu einem Wandel in der Betrachtung von betrieblichen Zusammenhängen geführt. Ohne die notwendigen kaufmännischen Kontrollinstrumente zu vernachlässigen, ist ein Intellectual Capital Report eine nicht unerhebliche Erweiterung des Portfolios der Managementinstrumente im beschriebenen Unternehmen geworden. Die Erweiterung der Betrachtung von Geschäftsprozessen um Intangible Assets, das Human-, Struktur- und Beziehungskapital, vertieft die Kenntnis über das Unternehmen und ist durch die Veröffentlichung der Ergebnisse ein Schritt zu einem transparenteren, sympathischeren Unternehmen.

Das Konzept des Intellectual Capital Statements könnte Ausgangspunkt für die Lösung der heutigen internen und externen Steuerungsprobleme in sozialen Dienstleistungsunternehmen sein, wenn es gelingt, dieses sowohl mit dem klassischen Rechnungswesen als auch mit der Steuerung der operativen Prozesse zu verbinden, um die traditionellen Reporting Konzepte zu einem umfassenderen Corporate Reporting Modell (Unternehmensberichtswesen) zu erweitern.

Checkliste: Praxistipps

Ein neues Projekt Wissensbilanz sollte wenigen Schritten folgen[1]:

- Grundsätzliche Entscheidung über die Einführung des Intellectual Capital Reporting durch die oberste Führungsebene des Unternehmens
- Bildung einer Steuerungsgruppe
- Suche und Verpflichtung einer externen Moderation
- Bildung einer Projektgruppe, zusammengesetzt aus Mitarbeitern aller Hierarchieebenen und Interessengruppen des Unternehmens
- Festlegung eines verbindlichen und zeitlich überschaubaren Zeitraums zur Durchführung des Projekts
- Durchführung des Projekts
- Präsentation der Ergebnisse
- Umsetzung der identifizierten Maßnahmen

Literatur

Bornemann, M. & Reinhardt, R. (2008). *Handbuch Wissensbilanz: Umsetzung und Fallstudien.* Berlin: Schmidt.

Egger, M. & Zink, K. (2007). EFQM. In R. Mulot & S. Schmitt (Hrsg.), *Fachlexikon der sozialen Arbeit*, 6. Aufl. (S. 222). Baden-Baden: Nomos.

Lorson, P. & Heiden, M. (2002). Intellectual Capital Statement und Goodwill-Impairment: »Internationale« Impulse zur Unternehmensorientierung? In G. Seicht (Hrsg.), *Jahrbuch für Controlling und Rechnungswesen* (S. 369–403). Wien: Lexisnexis.

Negele, R. (2011). *Zur Anwendung des Intellectual-Capital-Konzepts in Nonprofit-Organisationen des Sozialen Dienstleistungsbereiches.* München: Grin.

---

1   Unternehmen, die das Intellektuelle Kapital ihres Unternehmens kennen lernen wollen, finden im Internet unter www.wissensbilanz-schnelltest.de einen spielerischen Einstieg in das Thema.

North, K. (2005). *Wissensorientierte Unternehmensführung: Wertschöpfung durch Wissen*, 4. Aufl. Wiesbaden: Gabler.

Scholz, C., Stein, V. & Bechtel, R. (2006). *Human Capital Management*. München: Wolters Kluwer.

Schreyögg, G. & Koch, J. (2007). *Grundlagen des Managements*. Wiesbaden: Gabler.

Steger, A. (2008). *Gestaltungvon Veränderungsprozessen. Human Resource Development in lernenden Organisationen*. Innsbruck: MCI.

Der Change-Index: Ein Befragungsinstrument zur Ermittlung von Veränderungsbereitschaft in Organisationen

Ulrike Buchholz

Veränderungen[1] müssen bei den Menschen eine Überzeugungs- und eine Erfahrungsschwelle überwinden, bis sie nachhaltig greifen können. Diese Erkenntnis ist inzwischen ein sprichwörtlicher »alter Hut«. Offenbar passt er aber auch heute noch nicht immer auf alle verantwortlichen Köpfe, die Veränderungen in den Organisationen durch- und umsetzen müssen. Denn nach wie vor scheitern viele Veränderungsprozesse an der mangelnden Integration der Mitarbeiter. Und nach wie vor ist Kommunikation eine zentrale Komponente für Integration und damit für den Erfolg von Veränderungsvorhaben.

Kommunikation als zentraler Bestandteil der Wertschöpfungskette trägt langfristig und nachhaltig dazu bei, Unternehmen erfolgreich zu führen. Gerade in Zeiten großer Veränderungen wirkt ein optimierter Einfluss auf Meinungsbildungsprozesse Unsicherheiten entgegen. Vielfach sind die eine Veränderung begleitenden Kommunikationsmaßnahmen jedoch noch zu wenig strategisch aufgestellt, d. h. vor allem noch nicht in jeder Hinsicht professionell und konsequent auf die Informationsbedürfnisse der Mitarbeiter ausgerichtet.

Ihr Anspruch an Führung und Orientierung ist nach Jahren der positiven wie negativen Erfahrung im Umgang mit Veränderungen gestiegen. Ihr Wissen im Umgang mit Veränderungen ist merklich angewachsen, und so nehmen sie nicht mehr alles widerspruchslos hin. Sie haben sich an die entsprechenden Prozesse gewöhnt, die oft parallel zueinander, aber nicht immer koordiniert ablaufen. Die Mitarbeiter können die anstehenden Abläufe einschätzen und haben sich über die Jahre die Kompetenz angeeignet, handwerkliche Schwächen zu erkennen. Außerdem sind sie inzwischen geübt im Umgang mit den angebotenen Kommunikationsinstrumenten und haben sich vielfach eine hohe Medienkompetenz angeeignet, so dass sie die angebotenen Inhalte sehr gut auf Relevanz und Widersprüchlichkeit beurteilen können. So sind sie nicht mehr einfach durch vermeintlich stichhaltige Aufrufe zur Teilnahme an Veränderungsinitiativen zu beeindrucken, sondern hinterfragen ganz offen die Sinnhaftigkeit der festgelegten Vorgehensweise und wollen mehr über das Wie und Wozu wissen und zwar aus in ihren Augen glaubwürdigen Quellen.

Überzeugungs- und Erfahrungsschwellen veränderungsemanzipierter Mitarbeiter überwinden

Somit ist es essenziell, diejenigen Informationen zu vermitteln, die die Mitarbeiter selbst im Hinblick sowohl auf Inhalt wie auch auf Aktualität für sich als substanziell und relevant betrachten. Kaum weniger wichtig für diese Bewertung sind die gewählten Kanäle und die erkennbaren Quellen dieser Informationen, wie insbesondere das Topmanagement oder die direkten Führungskräfte. Nur so kann es in den heutigen Zeiten mit solcherart veränderungsemanzipierten Mitarbeitern gelingen, ihre Überzeugungs- und Erfahrungsschwelle zu überwinden und sie erfolgreich zum Mitmachen zu bewegen.

Doch wohl jeder, der schon einmal Veränderungsprojekte vorangetrieben hat, wird festgestellt haben, dass dies kein linearer Prozess

---

1   Nähere Informationen zum Change-Index über www.scopar.de

ist, sondern durch Widersprüche und interpretationsfähige Wahrheiten gekennzeichnet ist. Wie können also vor diesem Hintergrund Überzeugungs- und Erfahrungsschwellen überwunden werden, ohne dass es zu großen Reibungsverlusten kommt oder der Prozess gar scheitert?

Das vorliegende Kapitel stellt mit dem Change-Index ein Befragungsinstrument vor, mit dessen Hilfe die Veränderungsbereitschaft und in Teilen auch die Veränderungsfähigkeit von Mitarbeitern festgestellt werden kann. Die meist kosten- und zeitintensiven Blockaden in Belegschaften können so erkannt bzw. benannt und die richtigen flankierenden (Kommunikations-)Maßnahmen entwickelt werden. Der Change-Index bringt die erforderliche Transparenz in Veränderungsprozesse und stellt somit eine entscheidende Voraussetzung für den Umsetzungserfolg dar. Das Instrument ist geeignet für den Einsatz in einzelnen Organisationseinheiten bis hin zu ganzen Belegschaften, wie das angeführte Beispiel verdeutlicht. Die Befragungsergebnisse im geschilderten Fall haben gezeigt, wo die Mitarbeiter im Veränderungsprozess stehen und welche (Kommunikations-)Maßnahmen geeignet sind, den Prozess sicher über Überzeugungs- und Erfahrungsschwellen hinwegzuführen.

24.1   Was sollte verändert werden und warum?

Profitables Wachstum bei einer deutlichen Ausrichtung auf internationale Märkte setzte sich ein deutsches Konsumgüterunternehmen in einem Fünfjahresplan zum Ziel. Es sollten in diesem Zeitraum 15% Kapitalrendite erreicht werden. Durch Verdrängung sollten in Europa und Nordamerika Marktteile hinzugewonnen werden. Außerdem zielte das Unternehmen auf den Aufbau einer starken Position in den Wachstumsmärkten Osteuropa und Asien. Neben der Fokussierung auf ein zu erweiterndes Kerngeschäft sollte der Hebel v. a. Effizienzsteigerung und die Entwicklung eines tiefgehenden Verständnisses für Kundenbedürfnisse auf den internationalen Märkten und eine adäquate Ansprache sein. Die Realisierung erforderte tiefgreifende Veränderungen sowohl der Struktur als auch der Prozesse, was wiederum Einstellungs- und Verhaltensänderungen bei den Mitarbeitern erforderlich machte. Das Programm Global Uniqueness wurde aufgesetzt.

Die Unternehmensleitung wollte wissen, wo die Mitarbeiter in bzw. vor diesem Veränderungsprozess abzuholen waren, und setzte zu diesem Zweck den Change-Index ein.

24.2   Wie wurde verändert?

Um Veränderungsprozesse mit Kommunikationsmaßnahmen professionell unterstützen zu können, sollte man wissen, wie Verbreitungsprozesse verlaufen und von welchen Faktoren es abhängt, ob eine Neuerung von den Mitgliedern einer Gruppe angenommen oder abgelehnt wird. Eine Strukturierungsmöglichkeit bietet dabei die Diffusionsforschung, nach der sich die Übernahme neuer Ideen und Praktiken in der Regel als ein Prozess aufeinander aufbauender Phasen vollzieht.

Der Change-Index folgt in seinem Aufbau einem Phasenmodell des amerikanischen Diffusionsforschers Everett M. Rogers und adaptiert es für die Kommunikation in Veränderungsprozessen. Rogers unterscheidet in seinem Prozessmodell 5 aufeinander folgende Schritte, vom ersten Kontakt zu einer Idee bis zu ihrer Übernahme in dauerhaftes Handeln (vgl. Rogers, 2003, S. 169):

- **Phase 1, Kenntnisnahme:** Wahrnehmung des Neuen, des Veränderungsthemas
- **Phase 2, Einschätzung:** Realisierung der Relevanz und Bewertung der Veränderung
- **Phase 3, Entscheidung:** Festigung der Meinung zur Veränderung und Zustimmung bzw. Ablehnung
- **Phase 4, Versuch/Phase 5, Unterstützung**: Ernsthafte Umsetzungsversuche und dauerhafte Übernahme der Veränderung

Dieser Ablauf beschreibt einen Prozess, in dem man zunächst Kenntnis über eine Neuerung bzw. Veränderung erhält und dazu eine erste Einstellung oder Meinung bildet. Im nächsten Schritt trifft man eine Entscheidung darüber, ob man die neue Idee grundsätzlich annimmt oder ablehnt. Bei einem positiven Urteil unternimmt man einen ersten Versuch der Übernahme, um schließlich die getroffene Entscheidung abschließend zu bestätigen oder doch endgültig abzulehnen.

Man kann einen bestimmten Schritt im umrissenen Prozess, im Weiteren als Phase bezeichnet, dann als erreicht betrachten, wenn eine signifikante Mehrheit einer Belegschaft dort positioniert ist. Doch wie erhält man Gewissheit, in welcher Phase sich die Mitarbeiter mehrheitlich befinden? Mit Hilfe des Change-Index kann diese Frage beantwortet werden. Entlang des eben beschriebenen Prozesses werden über die Anwendung eines die 5 Phasen abdeckenden Kategoriensystems die Veränderungsbereitschaft und in Ansätzen auch die Veränderungsfähigkeit im Unternehmen abgefragt.

> ❯ **Wichtig**
> Die Analyse der Befragung macht anschließend deutlich, in welcher der 5 Veränderungsphasen sich die Mitarbeiter mehrheitlich befinden, und lässt auf dieser Basis eine Ableitung für geeignete Maßnahmen zu, um eine maximale Umsetzungseffizienz zu erzielen.

Ergibt die Befragung also z. B., dass die befragten Mitarbeiter die Notwendigkeit und die Zusammenhänge des Veränderungsvorhabens zwar grundsätzlich verstanden haben – sie sich demnach in

Befragungsinhalte für Phase „Kenntnisnahme"	Befragungsinhalte für Phase „Einschätzung"
? Werden Zusammenhänge mit Blick auf das Veränderungs- vorhaben bewusst wahrgenommen? ? Wird die im Unternehmen herrschende Transparenz als ausreichend bewertet? ? Wird die Glaubwürdigkeit der handelnden Personen und damit die Relevanz ihrer Aussagen im Hinblick auf die Veränderungs- thematik positiv bewertet? ? …?	? Identifizieren die Befragten sich mit dem Unternehmen? ? Werden auftretende Widersprüchlichkeiten im Rahmen der Veränderung als solche erkannt und akzeptiert? ? Sind Gründe für die Bereitschaft erkennbar, das Vorhaben zu unterstützen bzw. eher nicht zu unterstützen? ? …?
Befragungsinhalte für Phase „Entscheidung"	**Befragungsinhalte für Phase „Versuch und Unterstützung"**
? Ist ein Interesse an der Weiterentwicklung neuer Ideen feststellbar? ? Wird erkannt, worauf man sich konkret einlassen muss? ? Werden Handlungsoptionen erkannt? ? Fühlen sich die Befragten bei der Umsetzung unterstützt? ? …?	? Wird erkannt, dass das Veränderungsvorhaben funktioniert? ? Fühlen sich die Befragten in ihrem Team/ihrer Abteilung gut eingebunden? ? Wird die konkrete Veränderungssituation als nicht bedrohlich eingeschätzt? ? Wird Neues als Chance betrachtet? ? …?

▣ **Abb. 24.1** Variablen im Change-Index (Auswahl)

Veränderungsphase 2 befinden –, sie aber offenbar noch nicht oder nur sehr zögerlich an der Umsetzung teilhaben wollen, heißt es nun, Maßnahmen in die Wege zu leiten, durch die die Mitarbeiter zu einer (präferiert positiven) Entscheidung gelangen und damit die Veränderungsphase 3 durchlaufen können.

Der hier vorzustellende Index enthält also Fragenkomplexe, die Aufschluss geben über die Einstellung und Befindlichkeit der Mitarbeiter im Rahmen der 5 Phasen von Rogers. Sie werden für die Zwecke des Kommunikationsmanagements mit »Kenntnisnahme«, »Einschätzung«, »Entscheidung«, »Versuch« und »Unterstützung« bezeichnet, wobei die beiden letzten Phasen aus Sicht der Kommunikation keine signifikanten Unterschiede aufweisen und deshalb gemeinsam betrachtet werden (s. auch ▣ Abb. 24.1).

Umsetzungseffizienz durch Aufschluss über Einstellung und Befindlichkeit

ⓘ Checkliste: Untersuchungsthemen im Change-Index
  ▬ Ausmaß der Aufmerksamkeit gegenüber der Veränderung
  ▬ Grundsätzliche Relevanz, die ihr zugemessen wird
  ▬ Bewertung der Auswirkungen auf die eigene Situation
  ▬ Annahme oder Ablehnung der Veränderung
  ▬ Einschätzung der Durchführbarkeit des Projekts

24.2.1 Phase 1: Kenntnisnahme

In dieser ersten Phase erhalten die Mitarbeiter Kenntnis von einem Veränderungsthema, in unserem Fall von Global Uniqueness. Es tritt

Veränderungsthema bewusst machen

in ihr Bewusstsein, wird zunächst einmal wahrgenommen, ohne dass dem Thema notwendigerweise eine Relevanz für die eigene Arbeit beigemessen wird. Diese Haltung dürfte umso stärker zu beobachten sein, je häufiger zuvor Veränderungsprojekte oder Unternehmensprogramme verkündet wurden, ohne dass eine konsequente Umsetzung erfolgt ist. So war es auch im vorgestellten Fall: Die Mitarbeiter betrachteten das Thema schlicht als ein weiteres, für sie ebenso wenig relevantes Thema wie alle anderen zuvor.

Der Change-Index ermittelt in diesem Bereich »Kenntnisnahme« also, ob ein Veränderungsthema als solches wahrgenommen wird. Dazu werden Aussagen erhoben zum Ausmaß der Aufmerksamkeit, die die Mitarbeiter dem Veränderungsprozess widmen, und zur Relevanz, die sie dem Veränderungsthema beimessen.

Hinterfragt wird z. B., ob die Befragten

- konkrete Zusammenhänge mit Blick auf das Veränderungsvorhaben bewusst wahrnehmen,
- die im Unternehmen herrschende Transparenz als ausreichend bewerten,
- die Befriedigung eigener Informationsbedürfnisse als ausreichend bewerten,
- die Glaubwürdigkeit der handelnden Personen und damit die Relevanz ihrer Aussagen im Hinblick auf die Veränderungsthematik positiv bewerten.

Insgesamt soll deutlich werden, ob die Mitarbeiter sich im Kommunikationsverhalten des Unternehmens komfortabel fühlen, Aussagen der Leitung Glauben schenken, mithin gegenüber Unternehmensbelangen grundsätzlich aufmerksam sind, und das Veränderungsvorhaben als relevant betrachten.

Sollte die Befragung hier ein mehrheitliches »ja« ergeben, können Kommunikationsmaßnahmen eingeleitet werden, die den Mitarbeitern helfen, sich durch mehr oder durch qualitativ höherwertige Informationen intensiver mit dem voranschreitenden Projekt auseinanderzusetzen und seine Bedeutung für das eigene Umfeld einschätzen zu können.

Sollte die Analyse ein »nein« ergeben, müssen geeignete Kommunikationsmaßnahmen ergriffen werden, um zunächst einmal die grundsätzliche Aufmerksamkeit auf das Veränderungsvorhaben zu richten. In unserem Fallbeispiel musste genau dieses zunächst erreicht werden.

24.2.2 Phase 2: Einschätzung

Auswirkungen und Ausmaß der Veränderung bewerten

Die zweite Phase wird dann aktiviert, wenn die Mitarbeiter erkennen, dass das aktuelle Thema wohl doch nicht an ihnen vorbeigehen, sondern vermeintlich oder tatsächlich signifikant in ihren Arbeitsalltag eingreifen wird. Jetzt beginnt die Bewertung der neuen, unbekannten

Situation. Unsicherheit stellt sich ein, die Vor- und Nachteile werden abgewogen, die Komplexität der Veränderung wird eingeschätzt, eine persönliche Machbarkeitsanalyse vorgenommen.

Im Bereich »Einschätzung« ermittelt der Index also, wie die Mitarbeiter die Auswirkungen und das Ausmaß der Veränderung bewerten. Dazu werden mit Hilfe der Befragung Aussagen erhoben, die die Qualität der Einschätzung des Veränderungsvorhabens beleuchten. Betrachten die Mitarbeiter dieses als für sie vorteilhaft, als nachteilig, als beängstigend, als anspornend? Was halten sie von dem Vorhaben?

Hinterfragt wird z. B., ob die Befragten

- sich mit ihrem Unternehmen identifizieren, was eine positive Resonanz auf Handlungsoptionen im Rahmen der Veränderung als wahrscheinlich erscheinen lässt,
- die Ernsthaftigkeit der für das Veränderungsvorhaben besonders relevanten Personen positiv bewerten,
- die ihnen entgegengebrachte Wertschätzung sowie die grundsätzliche Möglichkeit zu handeln bzw. mitzuwirken positiv bewerten,
- auftretende Widersprüchlichkeiten im Rahmen der Veränderung erkennen und akzeptieren,
- Gründe erkennen lassen, weswegen sie bereit sind, das Vorhaben zu unterstützen bzw. eher nicht zu unterstützen.

Insgesamt soll das Ausmaß der (rational begründeten) Einschätzung der Durchführbarkeit des Vorhabens deutlich werden. Damit verbunden ist eine Erkenntnis über das Ausmaß der wahrscheinlichen Verunsicherung und möglichen Orientierungslosigkeit. Sollte die Mehrheit der Befragten in dieser Phase positioniert sein (und eben nicht mehr in der Phase »Kenntnisnahme«), müssen nun Kommunikationsmaßnahmen initiiert werden, die die gezielte Meinungsbildung im Unternehmen unterstützen, um Phase 3 einzuläuten. Unsere Projektverantwortlichen mussten jedoch erst einmal für eine grundsätzliche Transparenz und Orientierung sorgen, damit das Programm »Global Uniqueness« und seine Auswirkungen auf die eigene Arbeit verstanden wurden und bewertet werden konnten.

24.2.3 Phase 3: Entscheidung

Erste Versuche werden unternommen, eine Meinung gebildet, das Urteil gefällt. Nimmt man die neue Situation in seinem Arbeitsumfeld an oder lehnt man sie ab? Hier ist es entscheidend für die Unternehmensleitung, an der Meinungsbildung in ihrem Unternehmen beteiligt zu sein. Denn ein Urteil fällt so oder so – die Frage ist nur, auf Basis welcher Informationen und Handlungen. Je mehr Unterstützung die Mitarbeiter erhalten, je mehr Fragen zur Zufriedenheit beantwortet sind, umso eher fällt die Entscheidung zu Gunsten der angestrebten Veränderung.

Unsicherheiten entgegenwirken

In diesem Bereich »Entscheidung« ermittelt der Index also, ob die Veränderung angenommen oder abgelehnt wird.

Hinterfragt wird z. B., ob die Befragten

- Interesse an der Weiterentwicklung neuer Ideen haben,
- das Engagement der Unternehmensleitung/Projektleitung positiv bewerten,
- erkennen können, worauf sie sich konkret einlassen müssen,
- Handlungsoptionen erkennen können,
- sich bei der Umsetzung unterstützt fühlen.

Insgesamt soll deutlich werden, ob und wie sehr die Mehrheit der Befragten dem Veränderungsprojekt zustimmt oder ob und wie sehr sie sich verweigert. In ersterem Fall ist nun das getroffene Einverständnis kommunikativ zu stützen, indem die Verantwortlichen regelmäßig zeigen, dass das Veränderungsprojekt erfolgreich umgesetzt wird und wie ggf. zielführend mit Problemen oder Krisen umgegangen wird. Kernaussage muss sein: »Schaut her, es geht, und alle kommen mit!«. Stellt sich heraus, dass die Befragten das Projekt mehrheitlich ablehnen, muss eine weitere sorgfältige Analyse zeigen, ob sie sich noch in der Phase der Einschätzung befinden oder gar erst in der Phase der Kenntnisnahme. Je nachdem müssen die Kommunikationsmaßnahmen angegangen werden.

Unsere Projektverantwortlichen hatten aber in den vorangegangenen Phasen erkannt, wo die Mitarbeiter abzuholen waren, nämlich bei »irrelevant«, »reines Beschäftigungsvorhaben«, »wir sind auch so gut«, und hatten daraufhin die Inhalte des Programms mit Blick auf Transparenz und Orientierung kommunikativ so überzeugend vermittelt und auf die Informations- und Motivationsbedürfnisse der Mitarbeiter ausgerichtet, dass diese mehrheitlich Feuer fingen.

24.2.4 Phasen 4 und 5: Versuch und Unterstützung

Einen ernsthaften Versuch unternehmen

Erst wenn die Mitarbeiter erkannt haben, dass es für sie sinnvoll ist, den aufgezeigten Weg mitzugehen, werden sie einen ernsthaften Versuch unternehmen und die Veränderung schließlich übernehmen – sofern ihr positives Urteil eine Bestätigung findet.

In diesem Bereich ermittelt der Index, ob die Mitarbeiter das Projekt als tatsächlich umsetzbar einschätzen oder nicht.

Hinterfragt wird z. B., ob die Befragten

- erkennen, dass der Prozess fließt, dass die Veränderung funktionieren kann,
- die konkrete Situation als nicht bedrohlich einschätzen, da sie sich in ihrer sozialen Gruppe (Team, Abteilung etc.) gut eingebunden fühlen,
- Neues nicht als Risiko betrachten, sondern als Chance.

Insgesamt soll erkennbar sein, ob die Mehrheit der Befragten unmittelbar bereit ist, selbst einen ernsthaften Versuch zu unternehmen oder dies gar schon (erfolgreich) getan hat, und bereit ist, die neuen Arbeitsabläufe oder Verhaltensweisen dauerhaft anzuwenden. Wenn ja, müssen sie darin bestärkt werden, indem man ihnen zeigt, wie auch andere das Projekt erfolgreich und für sich zufriedenstellend umsetzen und das Unternehmen dadurch die Veränderung meistert. Wenn nein, müssen die Kommunikationsmaßnahmen weiter so angelegt sein, dass die Mitarbeiter daraufhin endgültig einen Versuch wagen wollen. In unserem Fallbeispiel sind sie hier auf einem guten Weg.

Die richtigen Maßnahmen identifizieren (Beispiel)
1. Befragungsergebnis:
   – Die Mitarbeiter haben die Notwendigkeit und die Zusammenhänge des Veränderungsvorhabens grundsätzlich verstanden.
   – Sie wollen aber noch nicht oder nur sehr zögerlich an der Umsetzung teilhaben.
2. Ergebnisinterpretation:
   – Die Mitarbeiter befinden sich in Phase 2 (Einschätzung).
3. Zu treffende Kommunikationsmaßnahmen:
   – Über geeignete Kanäle überzeugende Botschaften vermitteln, durch die die Mitarbeiter zu einer (präferiert positiven) Entscheidung gelangen können (Eintritt in und Durchlaufen von Phase 3).

24.3 Fazit und Hinweise für die Praxis

Die für ein Unternehmen wettbewerbsrelevante Übernahme von neuen Ideen und Praktiken wird also durch Entscheidungsphasen gefördert oder behindert. In jedem Schritt des beschriebenen Prozesses kann es zu einem Abbruch kommen. Der Change-Index dient dazu, Barrieren zu entdecken, die die Mitarbeiter zögern lassen oder gar dafür sorgen, dass die Veränderung abgelehnt wird. Die Analyse der Befragungsergebnisse zeigt, welche Meinung oder Einstellung die Mitarbeiter mehrheitlich zum aktuellen Veränderungsprozess haben. Daraus wiederum kann man schließen, in welcher Veränderungsphase sie sich mehrheitlich befinden. In unserem Fall waren die Mitarbeiter zunächst unaufmerksam, nach intensiveren Kommunikationsmaßnahmen grundsätzlich skeptisch, und zwar weil sie die Zusammenhänge nicht vollständig durchschauen. So hilft der Index, die jeweils wirkenden kommunikativen Ansatzpunkte zu identifizieren, über die die Überzeugungs- und Erfahrungsschwellen überwunden werden können. Denn eine Veränderung zu akzeptieren und anzunehmen, ist ein hochkommunikativer Akt.

Identifizierung ermöglichen und einen Lernprozess in Gang setzen

> **Wichtig**
> Die Befragungsergebnisse aus dem Change-Index weisen den Weg für adäquate Kommunikationsmaßnahmen, über die die Mitarbeiter Identifikationsmöglichkeiten auch in Zeiten der Unsicherheit erkennen können.

Die Projektverantwortlichen können den Mitarbeitern die richtigen Wissensbausteine vermitteln, mit denen sie die strategischen und operativen Unternehmensziele sowie die Gründe für die Veränderung und die Bedeutung für die Zukunft des eigenen Unternehmens verstehen können. Ebenso werden sie in die Lage versetzt, die Bedeutung und die Auswirkung der Veränderung auf die eigene Arbeit einzuschätzen. Darüber hinaus wird mit der richtigen Kommunikation ein für die Bewältigung von Veränderungen notwendiger Lernprozess in Gang gesetzt und am Leben erhalten.

Der Change-Index hilft dabei zu erkennen, bei welchen Inhalten oder Themen sich die Aufmerksamkeit der Mitarbeiter aktuell befindet. Die Aufgabe ist es anschließend, das Wissen laufend zu erweitern und die Einstellung so zu beeinflussen und in der Folge zu verändern, dass die gewünschten Handlungen (Umsetzen des Veränderungsvorhabens) ausgelöst werden. Um dies wirkungsvoll umsetzen zu können, ist ein professionelles Kommunikationsmanagement mit adäquaten Kanälen, Medien und Protagonisten unabdingbar, dessen Prozess wegen des begrenzten Rahmens dieses Buchkapitels jedoch nicht mehr Gegenstand der vorliegenden Darstellung sein kann. Hier zumindest ein kurzer Überblick über den Prozess:

- **Phase 1, Kenntnisnahme:**
  Aufmerksamkeit erzielen
  - Veränderungsthema intensiv kommunizieren,
  - Relevanz verdeutlichen
- **Phase 2, Einschätzung:**
  Unumgänglichkeit deutlich machen
  - für Transparenz sorgen,
  - die Ausprägung und die Auswirkungen der Veränderung begreiflich machen
- **Phase 3, Entscheidung:**
  Unsicherheit entgegenwirken
  - Sinn und Nutzen der Veränderung deutlich machen,
  - Machbarkeit glaubhaft machen
- **Phase 4 und 5, Versuch und Unterstützung:**
  Umsetzung unterstützen
  - Erfolge und Problemlösungsstrategien transparent machen

ⓘ Checkliste: Hinweise für das Kommunikationsmanagement
  - Will man für ein Veränderungsthema Aufmerksamkeit erreichen, ist dafür zu sorgen, dass die Mitarbeiter davon ausreichend oft bzw. intensiv genug gehört haben: Massenmedien vermitteln rasch die ersten Informationen (Phase 1).

- Will man die Relevanz des Themas für die Mitarbeiter deutlich machen, ist dafür zu sorgen, dass die Inhalte durchgehend verstanden, die Ausprägung und Auswirkungen der Veränderung deutlich werden: Persönliche Kommunikation schafft Verständnis und tiefere Erkenntnisse (Phase 2).
- Die Phase der Urteilsbildung geht einher mit dem Erzielen von Einverständnis. Es ist notwendig, die Mitarbeiter davon zu überzeugen, dass die angestrebte Veränderung sinnvoll und machbar ist: Persönliche Kommunikation schafft Vertrauen (Phase 3).
- Die Bereitschaft zum (Mit)machen und das Neue beizubehalten muss kommunikativ begleitet werden, um das in Phase 3 erzielte Einverständnis zu stärken. Massenmedien schaffen Transparenz über neue Abläufe und deren Machbarkeit (Phasen 4 und 5).

Aber es sind nicht die Massenmedien wie z. B. Mitarbeiterzeitschrift, Broschüren oder das Intranet, die in den signifikanten Veränderungsphasen von Bedeutung sind. In der Phase der Kenntnisnahme und Bewusstseinsbildung sind diese Medien unverzichtbar, denn sie vermitteln die ersten Informationen. Ebenso wie außerhalb des Unternehmens sind die Massenmedien als erste Quelle der Information dominierend. Aber schon in der Phase des erwachten Interesses und der ersten Meinungsbildung wenden sich die Mitarbeiter für weitere, detailliertere Informationen an Meinungsführer wie z. B. ihre Führungskräfte. Massenmedien haben hier nur einen begleitenden, ergänzenden Effekt. Dies intensiviert sich noch in der Phase der Auswertung und Entscheidung. Der letzte Schritt, Versuch und Unterstützung, konzentriert sich schließlich stark auf die Anwendung des Neuen. Hier sollte man die Kommunikation aber nicht unterschätzen, denn auf die Meinungsführer wird weiterhin gehört. Sie können das Unterfangen bestärken oder es (nachhaltig) in Frage stellen.

Bevor man also aktionistisch irgendwelche offensichtlich oder wahrscheinlich sinnvoll erscheinenden Kommunikationsmaßnahmen ergreift, ist es Erfolg versprechender, sich zunächst den Ablauf von Veränderungsprozessen sowie den Umgang der betroffenen Menschen damit vor Augen zu führen (Phasenmodell) und z. B. mit Hilfe des Change-Index herauszufinden, wo die Mitarbeiter mental stehen. Das führt in der Regel dazu, einige vorschnelle Kommunikationsschritte zu überdenken und bestenfalls zu unterlassen, so z. B. das großzügige Verteilen von unterstützendem Mobilisierungsmaterial mit dem Logo des Veränderungsvorhabens, bevor die Menschen überhaupt verstanden haben, um was es geht und auf welche Weise sie davon betroffen sind (Durchlaufen der Phase 2).

Leseempfehlung

Buchholz, U. & Knorre, S. (2010). *Grundlagen der Internen Unternehmenskommunikation*. Berlin: Helios Media.

Deekeling, E. (2008). *Kommunikation im Corporate Change: Maßstäbe für eine neue Managementpraxis*, 2., vollst. überarb. Aufl. Wiesbaden: Gabler.

Mast, C. (2008). Change Communication. In M. Meckel & B.F. Schmid (Hrsg.), *Unternehmenskommunikation. Kommunikationsmanagement aus Sicht der Unternehmensführung*, 2. Aufl. (S. 403–434). Wiesbaden: Gabler.

Literatur

Rogers, E.M. (2003). *Diffusion of innovations*, 5th ed. New York: Free Press.

Einsatz von Change Surveys zur nachhaltigen Steuerung von Veränderungsprozessen im öffentlichen Sektor

Karsten Müller, Walter Bungard, Tammo Straatmann und Ulrich Hörning

Die erfolgreiche Begleitung und Umsetzung von Veränderungsprojekten wird wie in der Privatwirtschaft zunehmend zu einer zentralen
Herausforderung für Organisationen im öffentlichen Sektor. Dabei
werden verstärkt weiche Faktoren wie die Veränderungsbereitschaft
der MitarbeiterInnen (Change Readiness) und die Organisationskultur
als entscheidende Erfolgsfaktoren insbesondere von größeren Veränderungsprozessen erkannt. Vor diesem Hintergrund kommen sog.
Change Surveys und Kulturanalysen als Instrumente zur nachhaltigen
und beteiligungsorientierten Steuerung von Veränderungsprozessen zum Einsatz. Besonderheiten, Chancen und Risiken von Change
Surveys sollen in diesem Beitrag anhand eines Fallbeispiels aus dem
öffentlichen Sektor verdeutlicht werden.

25.1 Hintergrund – Warum und wozu soll verändert werden?

In der letzten Zeit stehen öffentliche Verwaltungen durch soziale,
politische und technologische Wandlungsprozesse unter einem zunehmenden Veränderungsdruck (z.B. Müller, Straatmann, Hörning
& Müller, 2011a). Dafür gibt es vielfältige Gründe: politische Vorgaben und Auflagen, Budgetkürzungen, Privatisierung von öffentlichen Leistungen, neue Technologie in der Verwaltungsarbeit (z. B.
E-Government), veränderte Erwartungshaltungen der Bürgerschaft
u.v.m. (Karp & Helgø, 2008). Entsprechend ist die Leistungsfähigkeit von öffentlichen Verwaltungen in zunehmendem Maße von der
erfolgreichen Umsetzung organisationaler Veränderungsprozesse
abhängig (Müller, Müller & Straatmann, 2010a). In Bezug auf den
bisherigen Erfolg von Veränderungsprozessen in öffentlichen Verwaltungen stellt Faust (2003) zusammenfassend fest, dass bei vielen
Beteiligten anstelle eines reibungslosen Verlaufs eher eine Verände-
rungsresistenz zu beobachten sei. Auch Andlinger (2008) kommt zu
dem Schluss, dass in der Praxis relativ viele Veränderungsprojekte im
öffentlichen Bereich scheitern. Insgesamt ist somit wohl treffender
von Misserfolgs- als von Erfolgsquoten zu sprechen. Ähnlich wie bei
privatwirtschaftlichen Organisationen setzt sich zunehmend die Erkenntnis durch, dass die Akzeptanz und Veränderungsbereitschaft
der MitarbeiterInnen sowie die Berücksichtigung der Organisationskultur zentrale Erfolgsfaktoren für Veränderungsprozesse darstellen
(Müller et al., 2010a).

   Dabei gilt für Organisationen im öffentlichen Sektor, dass die
angestrebten Veränderungsprojekte unter besonderen Rahmenbedingungen stattfinden, die bei der Gestaltung und Steuerung der
Veränderungsprozesse bedacht werden müssen (Müller et al., 2011a).
Change Surveys bilden hierbei ein wichtiges Instrument zur Erfassung der Veränderungsbereitschaft der Organisation und zur effekti-
ven und zielgerichteten Steuerung und Evaluation von Veränderungsmaßnahmen (Müller, Liebig, Straatmann & Bungard, 2010b).

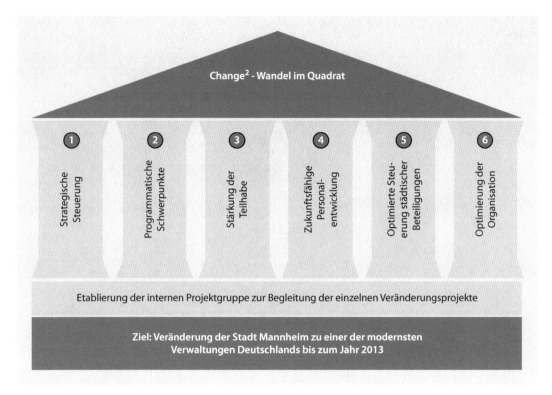

◘ Abb. 25.1 Darstellung der »Change²«-Architektur. (Nach Kurz, 2010)

25.2 Was soll verändert werden?

Die Stadtverwaltung Mannheim hat sich 2008 mit einem umfassenden Veränderungsprojekt namens »Change²« (Wandel im Quadrat) zum Ziel gesetzt, bis 2013 eine der modernsten Stadtverwaltungen in Deutschland zu werden (◘ Abb. 25.1). Zentraler Punkt des Veränderungsprojekts ist eine Neuausrichtung weg vom reinen Verwalten hin zum aktiven Gestalten, d. h. konkret soll in der Zukunft der Stadtverwaltung eine stärkere Steuerung der Aktivitäten über konkrete Zielorientierung und messbare Ziele erfolgen (Kurz, 2010). Entsprechend muss stärker vom Ergebnis aus gedacht und Verwaltung nicht mehr nur als laufende Aufgabe gesehen werden (Mersmann & Müller, 2009).

Im Sinne der Modernisierungsziele wurden 6 Säulen als zentrale Handlungsfelder des Change-Prozesses definiert, denen rund 40 Einzelprojekte untergeordnet wurden, welche von der Stärkung der Bürgerbeteiligung bis hin zur Neuorganisation von Arbeitsbereichen reichen (Kurz, 2010).

Im Rahmen der 1. Säule »Strategische Steuerung« wurde eine Gesamtstrategie entwickelt, um die wesentlichen Ziele der Stadt

Säulen des Change-Prozesses

Mannheim zu erreichen. Dabei standen insbesondere die Stärkung der Urbanität, die Talentförderung, die Stärkung von Wirtschaft und Kultur sowie Themen wie Bildungsgerechtigkeit, Zusammenhalt, Toleranz und Integration im Vordergrund. Die 2. Säule »Programmatische Schwerpunkte« diente dazu, die konzeptionellen Anforderungen der strategischen Schwerpunkte zu konkretisieren, inhaltliche Lösungen zu ermitteln und die Organisation entsprechend dieser Inhalte auszurichten. Zudem war die »Stärkung der Teilhabe« (Säule 3) ein zentrales Gestaltungsfeld, bei dem die intraorganisationale Zusammenarbeit verbessert, gemeinsame Ziele definiert und die Wertschätzung des Ehrenamts erhöht werden sollten. Um neben der stärkeren Beteiligung ein nachhaltiges Personalmanagement zu etablieren, wurde innerhalb der 4. Säule »Zukunftsfähige Personalentwicklung« eine erfolgreiche Positionierung auf dem Arbeitsmarkt angestrebt. Darüber hinaus sollte in einer 5. Säule »Optimierte Steuerung städtischer Beteiligungen« auf die zahlreichen Beteiligungen im Vergleich zu anderen Kommunen reagiert werden. Als 6. Säule wurde die »Optimierung der Organisation« definiert. Diesem Feld wurden die meisten Einzelprojekte in verschiedensten Verwaltungsbereichen zugeordnet, um jeden Bereich der Organisation an den strategischen Veränderungen auszurichten und so eine Modernisierung der gesamten Organisation voranzutreiben (Kurz, 2010).

Ausgangspunkte und Projektziele

Schon früh im Prozess wurde auf die Akzeptanz und Beteiligung der MitarbeiterInnen großer Wert gelegt. So gab es von Anfang an eine umfassende interne Kommunikationsstrategie (Mersmann & Müller, 2009). Um neben der Information über das Intranet und die Vorgesetzten auch Rückmeldungen von den MitarbeiterInnen zu bekommen und diese aktiver in den Veränderungsprozess einzubinden, wurde in Zusammenarbeit mit der Universität Mannheim ein eigenes Projekt zum Einsatz eines gezielten Change Surveys zur beteiligungsorientierten und nachhaltigen Steuerung des Veränderungsprozesses gestartet.

Die Ziele des Projekts beinhalteten die Erfassung der Veränderungsbereitschaft der MitarbeiterInnen sowie jene der Wahrnehmung zentraler Einflussfaktoren des Veränderungserfolgs aus Sicht der MitarbeiterInnen als Situations- und Organisationsexperten (Müller et al., 2010a). Neben der Wahrnehmung wichtiger Prozessfaktoren sollte auch die Einschätzung der aktuellen Organisationskultur als wichtige Determinante der Veränderungsbereitschaft erfasst werden. Aus diesen Informationen sollten praktische Maßnahmen für die Optimierung des Veränderungsprozesses gewonnen werden. Darüber hinaus ergab sich durch die frühe Erhebung die Möglichkeit, die Ergebnisse als Ausgangspunkt im Sinne einer Baseline-Messung zur Beobachtung von Veränderungen der Veränderungsbereitschaft und Organisationskultur zu nutzen (Müller et al., 2010a).

25.3 · Change Management auf Basis von Change Surveys und Kulturanalysen ...

343   **25**

25.3   Change Management auf Basis von Change Surveys und Kulturanalysen – Wie wurde verändert?

Im Zentrum des Projekts stand daher die Durchführung gezielter Change Surveys und kontinuierlicher Kulturanalysen. Die Informationen sollten das Erreichen der vereinbarten Ziele und somit eine beteiligungsorientierte und nachhaltige Steuerung des Veränderungsprozesses ermöglichen.

25.3.1   Change Surveys – Merkmale und Funktionen

Change Surveys (oder auch Change-Befragungen) gehören, ähnlich wie Pulsbefragungen, zu einem neuen Typus organisationaler Erhebungen, der in den letzten Jahren neben der klassischen Mitarbeiterbefragung eine große Verbreitung in der organisationalen Praxis gefunden hat (Müller et al., 2010b).

> **Typische Merkmale von Change Surveys (vgl. Müller et al., 2010b)**
> - Bezug zu einem konkreten Thema oder Anlass
> - Verwendung eines im Vergleich zur klassischen Mitarbeiterbefragung kleinen Fragenpools
> - Befragung von Stichproben
> - Wiederholung der Befragung in relativ kurzen Zeitabständen
> - Zeitnahe Rückspiegelung der Ergebnisse auf hoch aggregiertem Niveau (z. B. Gesamtorganisation)
> - Ableitung von Handlungsmaßnahmen auf Managementebene (z. B. Projektleitung)

Genereller Vorteil von Change Surveys, aber auch von Pulsbefragungen, ist die Möglichkeit der schnellen Erfassung und Rückmeldung von Zuständen und Wahrnehmungen in der Organisation. Diese Informationen können in Veränderungsprojekten zeitnah zur Steuerung und Optimierung des Veränderungsprozesses genutzt werden (Müller et al., 2010b). Dabei werden Change Surveys häufig in regelmäßigen und kurzen Abständen projektbegleitend durchgeführt und bieten damit eine zeitnahe Grundlage für fundierte Analysen und Evaluationen des Projektverlaufs sowie der Wirkung der durchgeführten Maßnahmen. Entsprechend können Change Surveys im gesamten Projektverlauf wichtige Informationen für Change Manager liefern. Durch die vornehmlich zentrale Nutzung der Ergebnisse und Ableitung von Handlungsimplikationen auf Managementebene sind für Change Surveys oder Pulsbefragungen häufig nur Stichprobenbefragungen notwendig, um ein Stimmungsbild der Gesamtorganisation oder einer größeren Einheit zu erlangen.

Funktionen von Change Surveys

◘ Abb. 25.2 Prozesslandkarte des Change Surveys

Change Surveys sind stets anlassbezogen und setzen an der Diagnose und Lösung konkreter organisationaler Herausforderungen oder an der angestrebten Optimierung bereits initiierter Veränderungsvorhaben an. Besonderes Augenmerk liegt bei den Change Surveys auf deren handlungsimplikativer Gestaltung (vgl. Müller et al., 2010b). Entsprechend sind Change Surveys durch einen ausgeprägten Themenfokus gekennzeichnet. Hierbei soll das fokussierte Themenfeld möglichst präzise abgebildet sein, so dass eine Nutzung der Ergebnisse zur detaillierten Analyse und eine fundierte Ableitung spezifischer Handlungsmaßnahmen zur Optimierung des Veränderungsvorhabens ermöglicht werden. Entsprechend erfüllen Change Surveys neben Controlling- und Monitoring-Funktionen die Hauptfunktion der Ableitung gezielter Handlungsmaßnahmen aus den Rückmeldungen der MitarbeiterInnen (Müller et al., 2010b).

> **Wichtig**
> Change Surveys sind anlassbezogene, thematisch fokussierte und meist wiederholend durchgeführte organisationale Befragungen, deren Hauptfunktion in der beteiligungsorientierten Generierung von Handlungsimplikationen für die zentrale Begleitung und Optimierung organisationaler Projekte liegt.

25.3.2 Aspekte der Gestaltung und Durchführung

Wichtige Aspekte bei der Durchführung von Change-Befragungen, insbesondere in der Vorbereitung (◘ Abb. 25.2), sind

- die Einbindung der Mitarbeitervertretung,
- die Planung der Befragungswellen,
- die Festlegung der Stichproben,
- die Entwicklung eines Befragungsmodells, die interne Kommunikation und Information der MitarbeiterInnen sowie
- die Planung der Follow-up-Phase der Befragung.

Planung der Befragungswellen

Für die Vorbereitung und Durchführung der ersten Welle des Change Surveys, inkl. der Analyse und Präsentation der Ergebnisse, wurde ein Zeitraum von ca. 6 Monaten veranschlagt. Der Befragungszeitraum wurde dabei mit 3 Wochen angesetzt (Müller et al., 2011a). Für die nächsten Wellen können insbesondere in der Vorbereitungsphase ei-

25.3 · Change Management auf Basis von Change Surveys und Kulturanalysen ...

345   **25**

nige Synergien genutzt werden, so dass die veranschlagte Zeit für die Befragungsepisoden meist kürzer ausfällt.

Neben der Zeitplanung für die einzelnen Wellen müssen die Change Surveys untereinander verzahnt und an die Bedürfnisse des Veränderungsprozesses angepasst werden.

Im vorliegenden Fall war es zentral, in der Anfangsphase des Projekts eine Baseline-Erhebung durchzuführen und wichtige erste Einschätzungen für die weitere Gestaltung der Veränderungsprozesse in der Stadtverwaltung zu gewinnen (Müller et al., 2010a).

Für die Zeitabstände zwischen weiteren Befragungswellen galt das Motto, dass nicht schneller gemessen werden soll, als gehandelt werden kann bzw. sich die positiven Effekte der durchgeführten Maßnahmen entfalten können (Müller, Bungard & Jöns, 2007). Eine zu kurze Taktung führt häufig zu einem Akzeptanzverlust des Instruments, der sich z. B. in sinkenden Rücklaufraten und einer Verschlechterung der Datenqualität widerspiegelt, z. B. durch nachlässige Beantwortung der Fragen (Rogelberg, Church, Waclawski & Stanton, 2002).

Entsprechend wurde unter Berücksichtigung der mehrjährigen Dauer der gesamten Veränderungsvorhaben und des Umfangs der tiefgreifenden organisationalen Veränderungen eine sehr konservative Taktung der Befragungswellen von 18 Monaten festgelegt, wobei eine Flexibilität in Hinblick auf den exakten Zeitpunkt des Befragungszeitraums bestand, um auf Feiertage, Ferien und aktuelle organisationale Entwicklungen reagieren zu können (Müller et al., 2011b).

Zeitabstände zwischen Befragungen

Einbindung des Personalrats

Wie bei jeder Befragung von MitarbeiterInnen ist auch bei Change Surveys eine Einbindung der Mitarbeitervertretung in den Prozess der Vorbereitung notwendig und wünschenswert (Müller et al., 2007). Neben allen rechtlichen Aspekten gibt es vielfältige Gründe, die für eine möglichst frühzeitige Einbindung der Mitarbeitervertretung sprechen. So haben die Mitarbeitervertretungen in der Regel ein gutes Gespür für die Interessen und Sorgen der MitarbeiterInnen und können so wichtige und hilfreiche Impulse zur Planung des Vorgehens sowie zur Konstruktion des Fragebogens liefern. Des Weiteren sind die Mitarbeitervertretungen zentrale MeinungsführerInnen und können wertvolle Promotoren des gesamten Prozesses sein.

Im Fallbeispiel wurde der Personalrat früh in die Gestaltung des Change Surveys eingebunden. Dabei wurde die Idee der Einbindung der MitarbeiterInnen vom Personalrat begrüßt und als sehr positives Element im Veränderungsprozess aufgefasst. In der Zusammenarbeit kamen vom Personalrat viele wertvolle Informationen, und es wurde aktiv an der Gestaltung des Befragungsprozesses und dessen Promotion mitgewirkt.

Festlegung der Stichproben

Die Ergebnisse von Change Surveys werden häufig auf zentralem Niveau der Organisation genutzt, um Veränderungsprozesse zu beobachten und zu steuern (Müller et al., 2010b). Entsprechend sind Change Surveys häufig auf die Erfassung eines Gesamtbilds der Organisation ausgerichtet. Um ein solches Gesamtbild zu bekommen, ist es in vielen Fällen ausreichend, den Change Survey als Befragung von Stichproben zu konzipieren. Im Zentrum der Stichprobenziehung steht dabei die Gewinnung repräsentativer Informationen und verlässlicher Aussagen in Bezug auf die zu untersuchende Thematik (Müller et al., 2010b).

Stichprobe bei Change[2]

Die Größe der Stichprobe hat einen engen Bezug zur gewünschten bzw. notwendigen Auswertungstiefe: Ist nur ein Gesamtbild für die Organisation notwendig oder werden Ergebnisse auf Ebene kleinerer Einheiten (z. B. hier Dezernate, Abteilungen, …) zur gezielten Ableitung von Maßnahmen benötigt? Dabei gilt: Je tiefer auf Ebene der Organisationseinheiten ausgewertet werden soll (d. h. je differenzierter Ergebnisse für einzelne Einheiten oder Mitarbeitergruppen ausgewertet werden sollen), desto größer ist der Stichprobenumfang anzusetzen. Nach McConnell (2003) werden üblicherweise 10–20% der Zielgruppe als Stichprobenumfang gezogen.

Im vorliegenden Fall wurde entschieden, dass für die erste Erhebung eine Analyse auf Ebene der Gesamtorganisation ausreichend ist. Weiterhin erlaubte die Befragung einer Stichprobe von MitarbeiterInnen zunächst eine Gewöhnung der Organisation an den Umgang mit Befragungsprozessen. Da es bislang keine großen Erfahrungswerte bezüglich Beteiligungsquoten gab, wurden für die erste Durchführung des Change Surveys ca. 20% der Mitarbeiterschaft per geschichteter Zufallsauswahl als TeilnehmerInnen gezogen.

Mit weiterem Projektfortschritt und entsprechend konkreteren Veränderungsprozessen wurden für die weiteren Befragungswellen eine zunehmende Auswertungstiefe und damit ein zunehmend größerer Stichprobenumfang geplant.

Analysemodell und Fragebogenentwicklung

Oberste Zielsetzung von Change Surveys ist die beteiligungsorientierte Gewinnung von Informationen zur Optimierung von organisationalen Veränderungsvorhaben (Müller et al., 2010a). Um dieses Ziel zu erreichen, bedarf es einigen Entwicklungsaufwands. In der Literatur finden sich unter dem Begriff »Change Readiness Assessment« unterschiedlichste Verfahren und Ansätze (Holt, Armenakis, Feild & Harris, 2007). Wichtig ist hierbei, dass nicht nur singuläre Konstrukte bzw. einzelne Variablen erfasst werden, sondern dass theoriegeleitet Wirkungsmechanismen des Veränderungsprozesses und der Veränderungsbereitschaft abgeleitet und abgebildet werden (Müller et al., 2010b). Erst aus einer solchen soliden Konstruktion heraus können dann in der Analyse die zentralen Stellhebel und Einflussmechanismen der Veränderungsbereitschaft identifiziert werden.

Entsprechend wurde zur Erfassung der Veränderungsbereitschaft und wichtiger Bedingungsfaktoren an der Universität Mannheim ein theoriegeleitetes Analysemodell entwickelt, das als Grundlage der Fragebogenkonstruktion diente.

Basierend auf der etablierten Theorie des geplanten Verhaltens (Ajzen, 1991), wurden die Akzeptanz und die Bereitschaft, den Veränderungsprozess zu unterstützen, erfasst. Die Übertragung von Ajzens Theorie (Ajzen, 1991) auf den Bereich der Veränderungsbereitschaft der MitarbeiterInnen macht deutlich, dass 3 psychologische Akzeptanzfaktoren von besonderer Bedeutung sind (vgl. Jimmieson, Peach & White, 2008; Müller et al., 2010a):

- die Einstellung zum Veränderungsprozess (Wollen), d. h. die wahrgenommene Notwendigkeit und der Nutzen, den der Veränderungsprozess bringt,
- die subjektive Norm (Dürfen), d. h. die Förderung und Unterstützung des Veränderungsvorhabens durch Kollegen, Vorgesetzte und das Management und
- die Kontrollüberzeugung (Können) in Bezug auf die Veränderungen, d. h. das Vorhandensein entsprechender Kompetenzen und Ressourcen.

Psychologische Akzeptanzfaktoren

Neben der Erfassung dieser psychologischen Akzeptanzfaktoren war es für die Steuerung des Veränderungsprozesses wichtig, deren Bedingungsfaktoren zu spezifizieren und messbar zu machen, um konkrete Maßnahmen zur zielgerichteten Steuerung abzuleiten. Dazu wurden konkrete organisationale und veränderbare Aspekte als Einflussfaktoren und mögliche Interventionspunkte in das Analysemodell integriert (Müller et al., 2010a). Die Basis hierfür lieferte die von Herold, Fedor und Caldwell (2007) nach intensiver Durchsicht der Erfolgsfaktoren von Veränderungsprozessen vorgenommene Klassifikation von Inhalts-, Prozess- und Kontextfaktoren. So wurden entsprechend Faktoren erfasst, welche Aspekte des Inhalts des Veränderungsprozesses (z. B. Nutzen, Zielklarheit), des Umsetzungsprozesses (z. B. Information, Beteiligung) und des organisationalen Kontexts (z. B. Unterstützung durch das Management) widerspiegelten (Müller et al., 2010a).

> **Wichtig**
> Um die Identifikation von bedeutsamen Einflussfaktoren und die Ableitung von konkreten Maßnahmen zur zielgerichteten Steuerung zu ermöglichen, sollten Change-Surveys bereits in der Fragebogenkonstruktion theoretisch fundierte und handlungsimplikative Ursache-Wirkungs-Zusammenhänge abbilden.

Zusätzlich wurde ein Block zur Kulturanalyse basierend auf der KUK-Skala (Jöns, 2010) integriert und an den Kontext der öffentlichen Verwaltungen angepasst.

Neben diesen Überlegungen zum Analysemodell sollten die MitarbeiterInnen auch die Gelegenheit bekommen, über offene Kommentare zur Optimierung des Veränderungsprozesses beizutragen. So helfen offene Kommentare häufig bei der Interpretation der quantitativen Befragungsergebnisse und können auch über die erfassten Aspekte hinaus einen zusätzlichen Erkenntnisgewinn generieren (Müller et al., 2010b).

Der Fragebogen bestand letztlich aus 54 geschlossenen Fragen im Zustimmungsformat und 5 offenen Fragen zum Veränderungsprozess. Dabei war von vornherein durch einen modularen Aufbau (Müller et al., 2007) berücksichtigt, dass es inhaltliche Anpassungen und Erweiterungen im Laufe der weiteren Wellen zur Abbildung des Projektstands geben wird.

Kommunikation

Eine wesentliche Rolle in der Vorbereitung von Change Surveys müssen die interne Kommunikation und die Positionierung des Change Surveys spielen (Müller et al., 2010b).

Neben der reinen Ankündigung der Befragung ist es insbesondere in Zeiten des Wandels zentral, den MitarbeiterInnen mit dem Change Survey nicht einen weiteren Grund für Sorgen, sondern einen anonymen und glaubwürdigen Kommunikationskanal anzubieten. Entsprechend ist es notwendig, den Change Survey mit großer Transparenz als Instrument anzukündigen, über das die MitarbeiterInnen am Veränderungsprozess und dessen Gestaltung beteiligt werden. Dies bedeutet natürlich auch für die Kommunikation in der Folge der Befragung, dass die geweckten Erwartungen der Mitarbeiter berücksichtigt werden müssen. So muss für die Mitarbeiter deutlich werden, was durch die Befragung erreicht wurde und welche Maßnahmen auf Basis der Ergebnisse abgeleitet und umgesetzt werden.

Kommunikation bei Change²

Bei der Stadt Mannheim wurde im gesamten »Change²«-Prozess großer Wert auf die interne Kommunikation und Information der MitarbeiterInnen gelegt, entsprechend wurde auch der Change Survey vielfältig angekündigt, z. B. im Intranet, über Führungsbesprechungen oder auch über den Personalrat (Mersmann & Müller, 2009).

Neben der Einladung zur Teilnahme erhielten die ausgewählten MitarbeiterInnen auch nochmals ein Schreiben des Oberbürgermeisters der Stadt Mannheim, welches den Sinn und Zweck der Befragung verdeutlichte.

Durchführung

Bei der gesamten Vorbereitung und Durchführung galt es, die Grundsätze der Anonymität und Freiwilligkeit konsequent umzusetzen (Bungard, Müller & Niethammer, 2007). Um bei der Durchführung der Erhebung den unterschiedlichen Voraussetzungen der MitarbeiterInnen in der Stadtverwaltung Rechnung zu tragen, wurde der Fragebogen sowohl als klassischer papierbasierter Fragebogen als auch als Online-Fragebogen umgesetzt. Um die von den MitarbeiterInnen wahrgenommene Anonymität, insbesondere bei der ersten Befragung, zu gewährleisten und Vertrauen in das Instrument wachsen zu lassen, wurden keine Angaben zur Person oder zur Organisationseinheit erhoben. Zusätzlich wurde deutlich gemacht, dass die Teilnahme freiwillig ist und die Antworten lediglich von der Universität Mannheim gesammelt und ausgewertet werden.

Follow-up

Ähnlich wie bei der klassischen Mitarbeiterbefragung spielt die Phase nach der Befragung auch bei Change Surveys eine wesentliche Rolle. Während jedoch bei klassischen Mitarbeiterbefragungen die Follow-up-Phase dezentral konzipiert ist und häufig auf allen Ebenen der Organisation (vom Management bis zu dezentralen Teams) Maßnahmen abgeleitet und angestoßen werden, ist die Follow-up-Phase bei Change Surveys zentral angelegt (Müller, Straatmann & Kohnke, 2011b).

Follow-up bei Change[2]

Entsprechend wurden insbesondere auf Ebene des Projektmanagements, des Personalrats und des Führungskreises Workshops zur Diskussion der Ergebnisse durchgeführt.

Da ein Großteil der Follow-up-Phase auf zentraler Ebene stattfindet, ist es besonders wichtig, auch den MitarbeiterInnen die Ergebnisse und Implikationen zu kommunizieren. Erst so kann den MitarbeiterInnen deutlich werden, dass ihre Rückmeldungen ernst genommen werden und auf sie reagiert wird.

🛈 Checkliste: Empfehlungen zur Gestaltung und Durchführung von Change Surveys
  - Ausreichend Zeit zwischen den Befragungswellen
  - Anpassung der Befragungswellen an Meilensteine des Veränderungsprozesses
  - Planung der Stichprobengröße in Anlehnung an die notwendige Auswertungstiefe und die Bedürfnisse der Organisation
  - Klare und transparente Information und Positionierung des Change Surveys
  - Frühzeitige und aktive Einbindung der Mitarbeitervertretung
  - Entwicklung eines fundierten Analysemodells als Basis des Change Surveys
  - Nicht alles, was interessant ist, ist auch notwendig, daher Fragebogen auf das Wichtigste beschränken
  - Nutzung offener Kommentare zur Sammlung von Zusatzinformation
  - Sicherstellung der Anonymität und Freiwilligkeit
  - Kommunikation von Implikationen und abgeleiteten Maßnahmen, so dass die Funktionalität und Wirksamkeit des Change Surveys sichtbar wird

25.3.3 Ergebnisse

Nach den 3 Wochen des Befragungszeitraums ergab sich eine für einen Change Survey beachtliche Rücklaufquote von knapp 40% (Müller et al., 2010a). Während Rücklaufquoten bei klassischen Mitarbeiterbefragungen aus verschiedenen Gründen größer ausfallen (z. B. mehr Interesse der MitarbeiterInnen an den arbeitsplatzrelevanten Themen, mehr Werbung im Vorfeld etc.), sind bei Change Surveys häufig etwas geringere Rücklaufquoten zu erwarten (Müller et al., 2010b).

Schon während des Befragungszeitraums zeigte sich, dass der Change Survey nicht nur ein Diagnoseinstrument ist, sondern selbst schon eine Intervention darstellt. So wurde über verschiedene Kanäle deutlich, dass die Befragung Auslöser von veränderungsprozessbezogenen Diskussionen unter den MitarbeiterInnen ist. Insgesamt gab es mehr positive Rückmeldungen zur Durchführung der Befragung als negative.

Für die Aufbereitung und Darstellung der Ergebnisse erfolgte eine intensive quantitative und qualitative Auswertung der Daten und der Antworten auf die offenen Fragen (Müller et al., 2010a).

Akzeptanz und Veränderungsbereitschaft

In Bezug auf die Bereitschaft, den Veränderungsprozess aktiv zu unterstützen, zeigte sich insgesamt, dass die überwiegende Mehrheit dem Veränderungsprozess positiv gegenübersteht (vgl. Müller et al., 2010a). Dennoch gab es auch Rückmeldungen, die dem Veränderungsprozess wenig Erfolgschancen zugestanden und ihm eine eher ablehnende Haltung entgegenbrachten. Die Aufschlüsselung der psychologischen Akzeptanzfaktoren lieferte für die Steuerung des Veränderungsprozesses besonders hilfreiche Einblicke: Im Bereich der Einstellung zum Veränderungsprozesses (**Wollen**) zeigten die Ergebnisse, dass die MitarbeiterInnen durchaus eine Notwendigkeit für Veränderungen sehen und inhaltlich den geplanten Veränderungsprozess positiv bewerten. Der Bereich der Kontrollwahrnehmung (**Können**) machte deutlich, dass es Bedenken der MitarbeiterInnen in Bezug auf die Vorbereitung und Schulung für die neuen Herausforderungen gibt. Interessanterweise offenbarte insbesondere die Facette der subjektiven Norm (**Dürfen**), dass das herrschende Arbeitsklima und die Strukturen eher als hinderlich für den Erfolg des Veränderungsprozesses gesehen werden. Da öffentliche Verwaltungen intern typischerweise stärker bürokratisch organisiert sind (Speier-Werner 2006), zeigte sich eine besondere Herausforderung, einen intraorganisationalen und hierarchieübergreifenden Dialog zu initiieren und eine Basis für eine gemeinsame Veränderung herzustellen (Müller et al., 2011a).

Interventionspunkte

Bezüglich der möglichen Interventionspunkte ergab sich ein differenziertes Bild über den aktuellen Stand der einzelnen Variablen (vgl. Müller et al., 2010a). Beispielsweise zeigte sich, dass die MitarbeiterInnen den Zugang zu Informationen über den Veränderungsprozess bereits als gut empfinden. Dennoch schnitt die Zufriedenheit mit der Information insgesamt eher schlechter ab.

Auch wurde deutlich, dass die Führungskräfte bislang im Veränderungsprozess eine eher passive Rolle eingenommen hatten. So gab nur ein geringer Prozentsatz der MitarbeiterInnen an, dass eine Kommunikation mit ihrem direkten Vorgesetzten über den Veränderungsprozess stattgefunden hatte. Dies offenbarte, dass die Bemühun-

25.3 · Change Management auf Basis von Change Surveys und Kulturanalysen ...

351

25

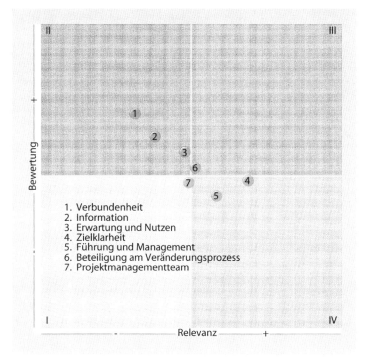

☐ Abb. 25.3 Handlungsportfolio der Einflussfaktoren (Müller et al., 2011a)

gen des Veränderungsvorhabens bisher an der Linie vorbei gingen. So machten auch die MitarbeiterInnen gleichzeitig deutlich, dass sie stärker in den Veränderungsprozess eingebunden werden wollen.

Um die Einzelergebnissen zu verdichten und die relevanten Handlungsfelder auf einen Blick zu identifizieren, wurde für die Projektsteuerung ein sog. Handlungsportfolio erstellt (☐ Abb. 25.3).

Das Handlungsportfolio stellt eine Kombination aus der absoluten Bewertung der Einflussfaktoren (Y-Achse) und deren statistisch ermittelter Relevanz in Bezug auf die Veränderungsbereitschaft (X-Achse) dar (Müller et al., 2010a). Dieser aufgespannte Bereich lässt sich nun in 4 Quadranten teilen: So umfasst der untere linke Bereich (Quadrant I) eine eher kritische Bewertung in Kombination mit geringerer Relevanz für die Veränderungsbereitschaft. Auf der anderen Seite spiegelt der obere rechte Bereich wider, dass eine positive Bewertung durch die MitarbeiterInnen vorliegt und gleichzeitig eine hohe Relevanz gegeben ist. Für die Identifikation der Handlungsfelder ist v. a. der untere rechte Bereich entscheidend, der durch eine hohe Relevanz in Bezug auf die Veränderungsbereitschaft und eine relativ kritische Bewertung gekennzeichnet ist.

Handlungsportfolio

❯ **Wichtig**
Das Handlungsportfolio kann durch die Abbildung der Bewertung und Relevanz von Einflussfaktoren zur Ermittlung möglicher Interventionspunkte genutzt werden.

Auf Basis der durchgeführten quantitativen und qualitativen Analysen wurden mit den Aspekten der Zielklarheit, der Führungskräfte und der Beteiligung 3 zentrale Felder für die Optimierung des Veränderungsprozesses ermittelt (Müller et al., 2010a). Vor dem Hintergrund der frühen Phase des Veränderungsprozesses wurden die Aspekte Zielklarheit und Führungskräfte für die Ableitung zeitnaher Maßnahmen in den Fokus genommen.

Kulturanalyse

Darüber hinaus wurde in der Kulturanalyse deutlich, dass die Stadtverwaltung bezüglich der strategischen Orientierung (z. B. Kundenorientierung, Qualitätsorientierung) gut eingestuft wurde. Des Weiteren wurden auch Aspekte wie bürokratischer Stil und starke hierarchische Organisation oder lange Entscheidungswege als kennzeichnend für die Stadtverwaltung gesehen. Darüber hinaus wurden eine Tendenz zum Einzelkämpfertum und eine geringe Mitarbeiterorientierung wahrgenommen. Dies macht deutlich, dass für den Veränderungsprozess die Entwicklung der Organisationskultur hin zu einer Vertrauenskultur mit mehr Dynamik und einer stärkeren Einbindung der Beteiligten eine wichtige Voraussetzung für den Erfolg darstellt.

Ableitung von Maßnahmen

Vor dem Hintergrund der Ergebnisse wurden viele Besonderheiten von öffentlichen Verwaltungen deutlich (▶ Checkliste: Tipps für Change Management im öffentlichen Sektor), die für das weitere Change Management und die Ableitung von Maßnahmen in der Folge des Change Surveys besondere Berücksichtigung fanden.

ⓘ Checkliste: Tipps für Change Management im öffentlichen Sektor (Müller et al., 2011a)
  — Einrichtung eines interdisziplinären Projektteams zur Begleitung des Veränderungsprozesses als zentraler Ansprechpartner und Motor in der hierarchieübergreifenden Koordination und Kommunikation
  — Konsequente Kommunikation und Unterstützung in Bezug auf den Veränderungsprozess durch das Topmanagement aufgrund der häufig hierarchisch geprägten Strukturen in der öffentlichen Verwaltung
  — Bereitschaft zur Verhandlung und Kompromissfindung aufgrund der hohen Interessenvielfalt der externen Stakeholder (z. B. Politik, Medien)
  — Aktive strategische Einbindung der Mitarbeiter in den Change-Prozess, damit diese den kulturellen Wandel erleben und Veränderungsbereitschaft entwickeln können
  — Einbindung des mittleren Managements als aktive Change-Promotoren, weil der Veränderungsprozess insbesondere

25.3 · Change Management auf Basis von Change Surveys und Kulturanalysen ...

353   **25**

durch die gegebenen hierarchischen Strukturen und Gewohnheiten nur in der Linie erfolgreich sein kann
- Überzeugung der Mitarbeiter von der Dringlichkeit, Notwendigkeit und dem Nutzen des Veränderungsprozesses;
  hierbei kann es aufgrund des geringer wahrgenommenen
  Wettbewerbsdrucks in der öffentlichen Verwaltung sinnvoll
  sein, über die Organisationsgrenzen hinwegzuschauen und
  den zunehmenden Wettbewerb auch in diesem Bereich (z. B.
  durch Privatisierung von öffentlichen Leistungen) klar zu verdeutlichen
- Maßnahmen zur Initiierung eines hierarchieübergreifenden
  Dialogs ergreifen, da dieser in der Regel ein besonderes
  Problemfeld öffentlicher Verwaltungen darstellt.

Zielklarheit und Informationsstrategie

Beim Handlungsfeld der Zielklarheit wurde ein enger Bezug zur bisherigen Information deutlich. So bestand diese v. a. in der Darlegung der
visionären Zielsetzung und der generellen Richtung. Während es insbesondere in öffentlichen Verwaltungen wichtig ist, die Notwendigkeit
und die Vision der Veränderung in die Organisation zu tragen, so blieb
für viele Mitarbeiter jedoch unklar, was die Veränderungen für ihren
Arbeitsalltag und für ihre Abteilung bedeuten (Müller et al., 2010a).

Insbesondere vor dem Hintergrund der Produkte und Tätigkeiten
öffentlicher Verwaltungen ist in der Regel eine intensivere Kommunikation und deutlichere Argumentation nötig, um die Initiierung von
Change-Prozessen zu begründen. Dabei müssen gerade aufgrund der
Aufgaben- und Zielkomplexität im öffentlichen Sektor die konkreten
Zielsetzungen eines spezifischen Veränderungsprozesses verständlich,
konkret und klar kommuniziert werden (Müller et al., 2011a). Dies
kann die Zielklarheit bei den Mitarbeitern deutlich steigern und dadurch zu größerer Akzeptanz und Veränderungsbereitschaft führen.

Entsprechend musste sich die Informationsstrategie von einer
visionären Kommunikation hin zu einer Implementierungs- bzw.
Umsetzungskommunikation ändern (Müller et al., 2010a). So wurde
beispielsweise der Intranet-Auftritt überarbeitet. Er sollte nun eher
deutlich machen, welche Maßnahmen für einzelne Bereiche und Abteilungen angedacht waren oder was bisher konkret umgesetzt wurde.
Weiterhin wurden regelmäßige Diskussionsveranstaltungen mit zufällig ausgewählten MitarbeiterInnen durchgeführt, bei denen diese
ihre Fragen und Anregungen zum Veränderungsvorhaben direkt an
den Oberbürgermeister richten konnten. Die Dokumentation der
Veranstaltung wurde dann wieder allen MitarbeiterInnen zugänglich
gemacht.

Informationsstrategie

Führungskräfte und Veränderungsprozess in die Linie bringen

In Bezug auf das Handlungsfeld »Führungskräfte« sollte eine stärkere
Einbindung erfolgen. Bisher waren sich viele Führungskräfte ihrer

Rolle im Veränderungsprozess kaum bewusst und agierten entsprechend wenig als aktive Change-Promotoren (Müller et al., 2010a).

Insbesondere in den typischen, hierarchischen Strukturen von öffentlichen Verwaltungen kann ein solch umfassender Veränderungsprozess an der Linie vorbei, d. h. ohne Einbindung und Unterstützung durch die Führungskräfte, kaum erfolgreich sein (Müller et al., 2011a).

Den Führungskräften kommt dabei entsprechend eine entscheidende Rolle zu, da sie durch Kommunikation mit den Mitarbeitern die Dringlichkeit und Notwendigkeit von Veränderungsprozessen in der Organisation begründen und den Nutzen der Veränderungen verdeutlichen sowie die konkreten Implikationen für den eigenen Arbeitsbereich darstellen und erläutern können.

Um das Bewusstsein der Führungskräfte für ihre Rolle als Change-Promotoren zu stärken und die Führungskräfte in dieser Rolle zu unterstützen, wurden zahlreiche Maßnahmen angestoßen. So wurden regelmäßige Veranstaltungen unter Beteiligung des Oberbürgermeisters genutzt, um den Veränderungsprozess und die Rolle der Führungskräfte zu diskutieren (Müller et al., 2010a). Außerdem wurde der Führungskreis um weitere Ebenen erweitert, so dass ein direkter Austausch zum Veränderungsprozess mit dem Oberbürgermeister und einer größeren Zahl von Führungskräften stattfinden konnte.

25.4   Sicherung der Nachhaltigkeit

Zur Sicherung der Nachhaltigkeit und um weiterhin eine beteiligungsorientierte Steuerung des Veränderungsprojekts zu erlauben, wurde wie geplant eine Wiederholungsbefragung durchgeführt (Müller et al., 2011b). Um eine Vergleichbarkeit der Ergebnisse zu gewährleisten, blieb der Fragebogen in vielen Teilen identisch. Angepasst an den Veränderungsprozess und die aktuelle Situation wurde der Fragebogen durch weitere Module, die v. a. die wahrgenommene Umsetzung und die bisherige Arbeit in den Projekten fokussierten. Der Umfang des Fragebogens blieb bei ca. 50 Items, da an anderer Stelle Kürzungen vorgenommen werden konnten.

Entsprechend der Planung wurde bei der Wiederholungsbefragung eine größere Stichprobe von ca. 2500 MitarbeiterInnen gezogen, um eine Auswertung auch auf Ebene einzelner Dienststellen und Bereiche zu erlauben. Weiterhin wurde für die Auswertung auf Gesamtebene zwischen Führungskräften und MitarbeiterInnen unterschieden.

Wie das erneute Handlungsportfolio im Vergleich zur ersten Welle zeigt (◘ Abb. 25.4), hat es insgesamt eine bessere Wahrnehmung der Interventionspunkte gegeben, wobei v. a. die anvisierten Handlungsfelder deutlich positiver bewertet wurden (Müller et al., 2011b).

Evaluation der Maßnahmen

Die durchgeführten Maßnahmen und der weitere Projektfortschritt führten insbesondere für die Bereiche »Zielklarheit« und

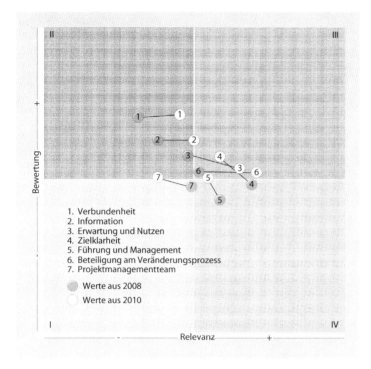

☐ Abb. 25.4 Handlungsportfolio der Einflussfaktoren im Vergleich (Müller et al., 2011a, b)

»Führungskräfte« zu einer deutlich besseren Bewertung. Im Sinne der Evaluation von konkreten Maßnahmen des Change Managements zeigt die Change-Befragung somit ihr hohes Potenzial bei der Steuerung von Veränderungsprozessen, der zielgerichteten Ableitung von konkreten Veränderungsmaßnahmen sowie der Evaluation in Bezug auf deren Wirksamkeit.

Die erneute Befragung macht darüber hinaus aber auch deutlich, dass die Relevanz der Aspekte »Information«, »Erwartung und Nutzen« sowie »Beteiligung am Veränderungsprozess« stark zugenommen hat (vgl. Müller et al., 2011b).

Entsprechend wurden als zentrale Ansatzpunkte für die weitere Optimierung v. a. das Akzeptanz- und Umsetzungsmanagement sowie die weitere Verbesserung im Bereich der Kommunikation und der Unterstützung der Führungskräfte festgelegt.

> **Wichtig**
> Um Nachhaltigkeit zu sichern, sollten Wiederholungsbefragungen etabliert werden, die den Veränderungsprozess steuern und die Wirksamkeit konkreter Veränderungsmaßnahmen evaluieren können.

Kulturanalyse

Des Weiteren zeigte die Kulturanalyse, dass die Organisationskultur sich eher langsam verändert. Während sich in der Bewertung bezüglich der Interventionspunkte wie beispielsweise bei der Zielklarheit oder den Führungskräften große Unterschiede im Vergleich zur Erstbefragung auftaten, fanden sich bezüglich der Einschätzung der Organisationskultur nur leichte Tendenzen im Sinne einer positiven Entwicklung. Die aktive Veränderung einer Organisationskultur ist eine schwierige und langfristige Herausforderung. Im Management der Organisationskultur ist insbesondere die Bedeutung symbolischer Handlungen nicht zu unterschätzen.

Wichtige Hinweise hierfür liefert das auf Basis des Kulturebenen-Modells nach Schein (1985) von Hatch (1993) entwickelte »Cultural Dynamic Model«, welches die Dynamik zwischen Grundannahmen, Werten, Symbolen und Artefakten der Organisationskultur verdeutlicht (Müller & Straatmann, im Druck). Die Beziehungen sind so gestaltet, dass kulturelle Transformationsprozesse sowohl proaktiv (von tieferen hin zu höheren Ebenen) als auch retroaktiv (von höheren zu tieferen Ebenen) ablaufen (Hatch, 1993). Entsprechend ist es über retroaktive Wirkmechanismen und bewusst eingesetzte Symbole und Artefakte möglich, Veränderungen auf den tieferen Ebenen der Organisationskultur anzustoßen. Ein solches Kulturmanagement über symbolische Handlungen und Rituale sollte dabei bewusst als längerfristiger Prozess gesehen werden. In diesem Prozess ist es jedoch wichtig, dass entsprechende Verhaltensweisen, wie organisationale Rituale und Symbole, eine Sichtbarkeit in der gesamten Organisation entfalten, die auch Rückschlägen standhält und konsequent in die gewünschte Richtung ausgelegt ist. Insbesondere veränderte Verhaltensweisen von Führungskräften sind in diesem Sinne wichtige symbolische Träger innerhalb eines kulturellen Veränderungsprozesses (z. B. Schein, 1984).

Entsprechend sollten die Führungskräfte auch stärker in den Kulturwandel mit einbezogen werden.

So wurden in Zusammenarbeit mit Führungskräften explizite Leitlinien für Führung, Kommunikation und Zusammenarbeit entwickelt und über verschiedene Veranstaltungen in die Organisation getragen.

Um den Stand der Implementierung der Leitlinien besser zu beobachten und die MitarbeiterInnen auch hier einzubinden, wurde eine fokussierte Pulsbefragung als weiteres beteiligungsorientiertes Instrument etabliert (Müller et al., 2010b). Zusätzlich stellen die befragungsbasierte Beteiligung und die assoziierten Maßnahmen auch hier ein kulturelles Symbol dar, das deutliche Signale in Bezug auf die Relevanz der Leitlinienimplementierung setzt.

Flankierend zum Veränderungsprozess und zum angestoßenen Kulturwandel wurden beispielsweise gezielt Coaching und Qualifizierungsmaßnahmen für Führungskräfte angeboten.

Im Rahmen des gesamten Veränderungsprozesses sind 2 weitere Erhebungswellen des Change Surveys vorgesehen. Somit ist auch weiterhin eine beteiligungsorientierte Gestaltung und Optimierung des Veränderungsvorhabens sichergestellt.

> **Wichtig**
> Ein nachhaltiges Kulturmanagement erfordert die Einbindung von Führungskräften sowie langfristige, sichtbare und konsistente Verhaltensänderungen, deren Fortschritt durch fokussierte Pulsbefragungen beobachtet werden kann.

25.5 Fazit und Hinweise für die Praxis

Die erfolgreiche Umsetzung von Veränderungsprozessen ist auch in öffentlichen Verwaltungen zunehmend relevant für die Sicherung der Leistungsfähigkeit der Organisation.

Dabei wird angesichts der bisherigen Erfahrungen schnell deutlich, dass Change Management insbesondere bei größeren Veränderungsprojekten weit mehr ist als eine rein konzeptionell-technische Aufgabe. Neben der technischen Ebene sind v. a. weichere Faktoren wie die Akzeptanz und Veränderungsbereitschaft der MitarbeiterInnen, die Zielklarheit sowie die Berücksichtigung der Organisationskultur wesentliche Erfolgsfaktoren.

Das Fallbeispiel konnte dabei zeigen, dass Change Surveys mit der Erfassung der Veränderungsbereitschaft und der Kulturdiagnose für Entscheidungsträger wichtige Informationen zur Steuerung und Evaluation von Veränderungsprozessen bieten und daher als nützliche Instrumente im Rahmen von Veränderungsvorhaben angesehen werden können. Dabei hängt der Nutzen des Change Surveys entscheidend von der Gestaltung und Durchführung der Befragung sowie von der Qualität der Umsetzung der erhaltenen Ergebnisse ab.

Implikationen des Fallbeispiels

ℹ Checkliste (vgl. Müller et al., 2010b): Change Survey, wenn …
- … die Größe des Veränderungsprojekts (Umfang, Anzahl der Beteiligten, Dauer) einen schnellen und fundierten informellen Überblick zur Steuerung des Vorhabens nicht erlaubt
- … Unterstützung des Instruments durch das Topmanagement und die Mitarbeitervertretung vorhanden ist
- … nicht das reine Monitoring, sondern v. a. Gestaltung und Optimierung des Veränderungsprozesses im Mittelpunkt stehen
- … die MitarbeiterInnen in den Veränderungsprozess eingebunden und so beteiligungsorientierte Lösungsansätze generiert werden sollen
- … der Change Survey zur Weiterentwicklung der Dialogkultur genutzt wird
- … ein thematisch fokussiertes und fundiertes Analysemodell die Grundlage des Change Surveys darstellt
- … in der Folge der Befragung tatsächlich sichtbare Reaktionen auf die Ergebnisse erfolgen und kommuniziert werden

Darüber hinaus wurde im Fallspiel deutlich, dass insbesondere umfassende Veränderungsvorhaben an der Linie vorbei wenig Erfolgsaussichten haben und entsprechend das mittlere und untere Management als wichtiger Dreh- und Angelpunkt zu sehen sind (Müller et al., 2010a). Zudem sind die besonderen Herausforderungen von Veränderungsprojekten in öffentlichen Verwaltungen – wie die Zielklarheit, eine deutliche, hierarchieübergreifende Kommunikation, Dialogorientierung und Verdeutlichung der Dringlichkeit und des Nutzens von Veränderungen – zu berücksichtigen und im Veränderungsprozess gezielt zu adressieren (Müller et al., 2011a).

Die Berücksichtigung der Organisationskultur offenbarte dabei, dass die Kultur einen neuralgischen Punkt für organisationale Veränderungsprozesse darstellt. Die fundierte Kulturanalyse im Zeitverlauf macht deutlich, dass die Gestaltung und Veränderung von Organisationskulturen deutlich langfristige Herausforderungen sind. Doch neben einem langen Atem aufgrund der eher langsamen Veränderungen der Organisationskultur ist es v. a. wichtig, durch den Einsatz von Symbolen und Artefakten den Wandel aktiv deutlich zu machen und ihn somit im Alltag sichtbar und erlebbar werden zu lassen. Dies erhöht die Chancen, einen gemeinsam getragenen Veränderungsprozess in der gesamten Organisation erfolgreich durchzuführen.

> **Leseempfehlung**
>
> Kurz, P. (2010). *Verwaltungs-Design*. Frankfurt: Frankfurter Allgemeine Buch.
>
> Müller, K., Liebig, C., Straatmann, T. & Bungard, W. (2010). Puls- und Change-Befragungen: Zeitgemäße Instrumente zur Steuerung und Evaluation von Organisationsentwicklungs- und Veränderungsprozessen. *Zeitschrift für Organisationsentwicklung, 3,* 66–71.
>
> Müller, K., Straatmann, T., Hörning, U. & Müller, F. (2011). Besonderheiten des Change Managements in öffentlichen Verwaltungen. *Verwaltung & Management.*

Literatur

Ajzen, I. (1991). The theory of planned behavior. *Organizational Behavior and Human Decision Processes, 50,* 179–211.

Andlinger, C. (2008). Kommunales Change Management. In D. Brodel (Hrsg.), *Handbuch kommunales Management – Rahmenbedingungen, Aufgabenfelder, Chancen und Herausforderungen* (S. 227–244). Wien: LexisNexis.

Bungard, W., Müller, K. & Niethammer, C. (Hrsg.). (2007). *Mitarbeiterbefragung - was dann…? MAB und Folgeprozesse erfolgreich gestalten.* Heidelberg: Springer.

Faust, T. (2003). *Organisationskultur und Ethik: Perspektiven für die öffentliche Verwaltung.* Berlin: Tenea.

Hatch, M.J. (1993). The dynamics of organizational culture. *Academy of Management Review 1993, 18* (4), 657–693.

Herold, D.M., Fedor, D.B. & Caldwell, S.D. (2007). Beyond change management: A multilevel investigation of contextual personal influences on employees' commitment to change. *Journal of Applied Psychology, 92,* 942–951.

Holt, D.T., Armenakis, A.A., Feild, H.S. & Harris, S.G. (2007). Readiness for organizational change: The systematic development of a scale. *Journal of Applied Behavioral Science, 43,* 232–255.

Jimmieson, N.L., Peach, M. & White, K.M. (2008). Utilizing the theory of planned behavior to inform change management - An investigation of employee intentions to support organizational change. *The Journal of Applied Behavioral Science, 44* (2), 237–262.

Jöns, I. (2010). Kurzskala zur Erfassung der Unternehmenskultur. In W. Sarges, H. Wottowa & C. Roos (Hrsg.), *Handbuch wirtschaftspsychologischer Testverfahren. Band II: Organisationspsychologische Instrumente* (S. 209–215). Lengerich: Pabst Science.

Karp, T. & Helgø, T.I. (2008). From change management to change leadership: Embracing chaotic change in public service organizations, *Journal of Change Management, 8* (1), 85–96.

Kurz, P. (2010). *Verwaltungs-Design.* Frankfurt: Frankfurter Allgemeine Buch.

McConnell, J.H. (2003). *How to design, implement and interpret an employee survey. Band I.* New York: Amacom.

Mersmann, G. & Müller, K. (2009). Anders handeln heißt anders denken. *Personalwirtschaft, 12,* 44–46.

Müller, K., Bungard, W. & Jöns, I. (2007). Mitarbeiterbefragung – Begriff, Funktion, Form. In W. Bungard, K. Müller & C. Niethammer (Hrsg.), *Mitarbeiterbefragung – was dann …? MAB und Folgeprozesse erfolgreich gestalten* (S. 6–12). Heidelberg: Springer.

Müller, F., Müller, K. & Straatmann, T. (2010a). Change-Befragungen als Steuerungs- und Kommunikationsinstrument für Veränderungsprozesse in öffentlichen Verwaltungen. In P. Kurz (Hrsg.), *Verwaltungs-Design* (S. 78-95). Frankfurt: Frankfurter Allgemeine Buch.

Müller, K., Liebig, C., Straatmann, T. & Bungard, W. (2010b). Puls- und Change-Befragungen: Zeitgemäße Instrumente zur Steuerung und Evaluation von Organisationsentwicklungs- und Veränderungsprozessen. *Zeitschrift für Organisationsentwicklung, 3,* 66–71.

Müller, K. & Straatmann, T. (im Druck). Organizational values. In A. C. Michalos (Hrsg.), *Encyclopedia of Quality of Life Research.* Berlin: Springer.

Müller, K., Straatmann, T., Hörning, U. & Müller, F. (2011a). Besonderheiten des Change Managements in öffentlichen Verwaltungen. *Verwaltung & Management.*

Müller, K., Straatmann, T. & Kohnke, O. (2011b). Change-Befragungen: Survey-Feedback Verfahren zur Begleitung und Steuerung von organisationalen Veränderungsprojekten. *Wirtschaftspsychologie Aktuell, 1,* 9-13.

Quinn, R.E. (2004). *Building the bridge as you walk on it: A guide for leading change.* San Francisco: Jossey-Bass.

Rogelberg, S.G, Church, A., Waclawski, J., & Stanton, J.S. (2002). Organizational survey research. In S. Rogelberg (Ed.), *Handbook of research methods in industrial and organizational psychology* (pp. 141–160). London: Blackwell.

Schein, E.H. (1984). Coming to a new awareness of organizational culture. *Sloan Management Review, 25* (2), 3–16.

Schein, E.H. (1985). *Organizational culture and leadership.* San Francisco: Jossey-Bass.

Speier-Werner, P. (2006). *Public Change Management. Erfolgreiche Implementierung neuer Steuerungsinstrumente im öffentlichen Sektor.* Wiesbaden: Deutscher Universitäts-Verlag.

Washington, M. & Hacker, M. (2005). Why change fails: Knowledge counts. *Leadership & Organization Development Journal, 26* (5), 400–411.

Fairness bei Veränderungs- prozessen

Bernhard Streicher, Dieter Frey und Verena Graupmann

Mitarbeiter schätzen eine faire Behandlung, während Unfairness zu negativen Reaktionen führt. Faire Bedingungen unterstützen nachhaltig zentrale Erfolgsfaktoren von Veränderungsprozessen wie Sinnvermittlung, offene Kommunikation, Beteiligung der Betroffenen und Transparenz. Daher sollte in allen Phasen eines Veränderungsprozesses auf die Einhaltung der Bedingungen distributiver, prozeduraler, interpersonaler und informationaler Fairness geachtet werden, um Skepsis oder gar Widerstand gegenüber der Veränderung zu reduzieren und Vertrauen, Zuversicht, Kooperation und Engagement zu fördern. In diesem Beitrag wird die Bedeutsamkeit und Umsetzung von Fairnessbedingungen anhand der Einführung einer Partizipationskultur in einer Non-Profit-Organisation beleuchtet.

26.1   Was und wozu sollte verändert werden?

Restriktionen führen zu »innerer Kündigung«

In einer sozialen Einrichtung mit einer Vielzahl an Wohngruppen für Kinder und Jugendliche sollte über einen Zeitraum von 2 Jahren eine nachhaltige Partizipationskultur implementiert werden. Die Initiierung des Projekts und die Auswahl des Themas erfolgten im Rahmen einer Mitarbeitertagung. Ziel des Projekts war es, sowohl auf Mitarbeiter- als auch auf Bewohnerseite die Identifikation mit der Einrichtung, das gegenseitige Vertrauen, die Eigenverantwortung, das Engagement und das subjektive Wohlbefinden zu erhöhen. Ein geringer Handlungsspielraum und restriktive Vorgaben in der Vergangenheit wurden bei der Erhebung des Status quo als wesentlicher Grund für Unzufriedenheit und Rückzug in die »innere Kündigung« gesehen.

Zur Konzepterstellung und Evaluation des Projekts wurden die Autoren von der Geschäftsführung als wissenschaftliche Begleitung und Beratung über einen Zeitraum von 2 Jahren hinzugezogen. Eine stichpunktartige, qualitative Erhebung der Einstellung von Mitarbeitern gegenüber dem Projekt zeigte zunächst aufgrund gescheiterter oder mangelhaft umgesetzter Veränderungsprozesse in der Vergangenheit z. T. erhebliche Skepsis bezüglich des Projekterfolgs. Damit Veränderungsmaßnahmen mit Unterstützung der Mitarbeiter erfolgreich umgesetzt werden können, müssen die betroffenen Mitarbeiter die vorhandenen Defizite nicht nur wahrnehmen, sondern auch zuversichtlich sein, dass eine positive Veränderung möglich ist (vgl. Gebert, 2007). Aus diesen beiden Grundfaktoren – Wahrnehmung von Defiziten und Veränderungsmöglichkeiten – lassen sich eine Vielzahl von Führungsaufgaben ableiten, die sich als wichtige Erfolgsdeterminanten von Veränderungsmaßnahmen erwiesen haben. So sollen u. a. den Mitarbeitern die Vision, der Sinn und das Ziel der Veränderungsmaßnahme klar vermittelt werden; die Kommunikation muss professionell und verständlich sein; die Entscheidungsprozesse sollen transparent und beeinflussbar und die Veränderungen vorhersehbar sein; die Mitarbeiter sollen in ihren Sorgen ernst genommen und so

weit wie möglich als eigenständige Akteure an den Veränderungsmaßnahmen beteiligt werden (Doppler & Lauterburg, 2002; Hron,
Frey & Lässig, 2005; Kotter, 1996).

> **Wichtig**
> Die Wahrnehmung von Defiziten und von Veränderungs-
> möglichkeiten als Grundlage für erfolgreiche Veränderungs-
> maßnahmen.

26.2 Wie wurde verändert?

26.2.1 Status-quo-Erhebung: Warum Mitarbeiter beim Veränderungsprozess eher die Risiken als die Chancen sehen

Um die genannten Erfolgsfaktoren effektiv umsetzen zu können,
wurde im konkreten Projekt zunächst in der genannten qualitativen
Status-quo-Erhebung zusätzlich gefragt, warum die Mitarbeiter dem
geplanten Veränderungsprozess mit Skepsis begegnen. Dabei kristallisierten sich 4 typische Aspekte heraus, die wir im Folgenden kurz
allgemein darstellen:

Zu Beginn auch Skepsis gegenüber der Maßnahme erheben

- Angst vor Kontrollverlust,
- Verlustvermeidung,
- Misstrauen gegenüber der Führung und
- Freiheitseinschränkung.

- **Kontrollverlust**

Menschen haben ein grundlegendes Bedürfnis nach Kontrolle im
Sinne der Erklärbarkeit, Vorhersehbarkeit und Beeinflussbarkeit
von Situationen (Frey & Jonas, 2002). Mitarbeiter erfahren in Veränderungsprozessen oft, dass sie bezüglich wichtiger Merkmale
wie Ablauf, Dauer und Ergebnisse keine Kontrolle haben. Diesen
Kontrollverlust erleben Mitarbeiter als negativ. Sie können ihn kompensieren, indem sie an Bewährtem festhalten (z. B. Verteidigung des
Status quo) oder die Situation verlassen (z. B. »innere Kündigung«).
Die Verantwortlichen müssen den subjektiven Kontrollverlust daher
reduzieren, damit er von den Betroffenen nicht als bedrohlich oder
lähmend empfunden wird, indem sie ausführliche Erklärungen geben
(z. B. warum und wozu), den Prozess vorhersehbar (z. B. Meilensteine, Zeithorizont) und beeinflussbar machen (z. B. regelmäßige Besprechungen).

- **Verlustvermeidung**

Menschen haben ein stärkeres Bedürfnis, Verlust zu vermeiden, als
von einem möglichen Gewinn zu profitieren (Kahneman & Tversky,
1979). Die Veränderung des Status quo aufgrund eines Veränderungsprozesses wird meist als Verlust wahrgenommen. Menschen sind da-

her eher bereit, mehr Risiken einzugehen, um diesen Verlust zu vermeiden (z. B. durch Boykott), als von den möglichen Vorteilen einer Veränderung zu profitieren.

- **Misstrauen**

Nach negativen Erfahrungen mit den Entscheidungsträgern im Unternehmen in der Vergangenheit wird diesen wenig Kompetenz für eine erfolgreiche Umsetzung des aktuellen Veränderungsprozesses zugestanden. In Situationen mit negativem Ausgang neigen Menschen dazu, die Ursachen des Scheiterns in der Persönlichkeit der Verantwortlichen, also der Führungskräfte zu sehen. Dies kann neben der pessimistischen Einstellung gegenüber den Erfolgsaussichten zu einem reduzierten Engagement führen. Entscheidend ist hier, dass die Mitarbeiter Vertrauen in die Kompetenz der Entscheidungsträger haben. Daher müssen Führungskräfte gerade in Veränderungsprozessen großen Wert auf eine Stärkung des Vertrauens legen.

- **Freiheitsbedrohung**

Menschen haben ein grundlegendes Bedürfnis nach (Handlungs-) Freiheit. Veränderungsprozesse können dieses Bedürfnis bedrohen. Wenn Menschen sich in ihrer Freiheit eingeschränkt fühlen, entsteht psychologische Reaktanz. Reaktanz ist nach Brehm (1966) ein motivationaler Zustand, der auf die Wiedererlangung der eliminierten oder bedrohten Freiheit ausgerichtet ist (vgl. Punkt »Kontrollverlust«). Bei Veränderungsmaßnahmen bedeutet dies Widerstand gegen die Veränderung anstelle von Kooperation, selbst wenn die Veränderung Vorteile mit sich bringt. In der Praxis ist es wichtig, Veränderungen so zu kommunizieren, dass sie nicht als Einschränkung wahrgenommen werden. Dies ist dann der Fall, wenn sich die betroffenen Personen stark mit der Gruppe, die die Veränderung verursacht, identifizieren (Graupmann, Jonas, Meier, Hawelka & Aichhorn, 2012) und wenn die Gründe für die Veränderung als legitim wahrgenommen werden (Graupmann, Schurz, Jonas, Streicher & Pryor, 2011), d. h. wenn die Notwendigkeit und Sinnhaftigkeit des Veränderungsprozesses empfängerorientiert vermittelt wurden.

> **Wichtig**
> Wahrgenommener Kontrollverlust, Verlustvermeidung, Misstrauen, negative Erfahrungen, die unsichere Situation und Freiheitseinschränkungen erzeugen Widerstand gegen Veränderungsmaßnahmen.

26.2.2 **Fairness als übergeordneter Rahmen**

Fairness fördert kooperatives Verhalten und reduziert Verunsicherung und Widerstand

Da die genannten Gründe für eine skeptische Einstellung gegenüber dem Veränderungsprozess in unserem Projekt nur aufwendig in Einzelgesprächen mit den Mitarbeitern zu klären gewesen wären, be-

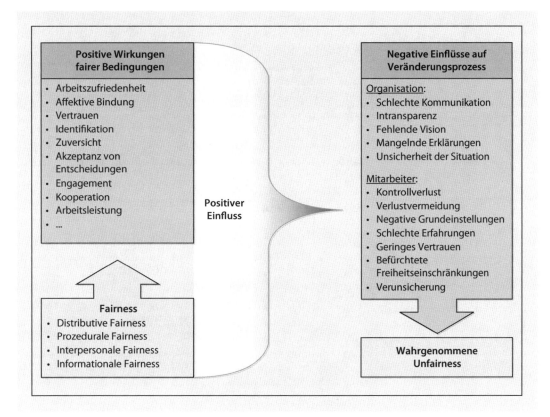

⊡ Abb. 26.1 Faire Bedingungen kompensieren negative Einflüsse und erhöhen die Erfolgswahrscheinlichkeit des Veränderungsprozesses

stand unser Ansatzpunkt darin, einen Rahmen zu schaffen, in dem die Befürchtungen der Mitarbeiter aufgegriffen und ernst genommen werden und sich gleichzeitig das Ziel des Projekts, nämlich die Etablierung einer Partizipationskultur, widerspiegelt. Wir argumentieren, dass sowohl eine schlechte Kommunikation, Intransparenz, fehlende Vision und mangelnde Erklärungen auf Organisationsseite als auch Verlustängste, negative Grundeinstellungen, schlechte Erfahrungen, geringes Vertrauen und befürchtete Freiheitseinschränkungen auf Mitarbeiterseite bei den Betroffenen die Wahrnehmung erzeugen, dass sie unfair behandelt werden (⊡ Abb. 26.1). Zentrale Erfolgsfaktoren von Veränderungsmaßnahmen sollten daher eng mit Fairness verbunden sein, und die Umsetzung fairer Bedingungen sollten Mitarbeiterbedenken reduzieren und das Engagement für die Veränderung erhöhen. Zusammengefasst konnte die bisherige Forschung starke Effekte fairer Bedingungen in Organisationen auf unterschiedliche Dimensionen arbeitsrelevanter Einstellungen und Verhaltensweisen wie beispielsweise Arbeitszufriedenheit, affektive Bindung, Vertrauen, Arbeitsleistung und kooperatives Arbeitsverhalten belegen. Unfairness führt dagegen zu negativen Reaktionen wie

Verunsicherung, emotionalem Rückzug, Fehlzeiten, Diebstahl und auch zu Widerstand gegen Veränderungen (im Überblick: Greenberg & Colquitt, 2005).

Zusätzlich beinhaltet eine Partizipationskultur zentrale Aspekte fairer Bedingungen, so dass in unserem Veränderungsprozess eine hohe Übereinstimmung zwischen der Art und Weise der Umsetzung und den Inhalten der Veränderung erreicht werden konnte. Im Folgenden führen wir die einzelnen Dimensionen von Fairness in Organisationen näher aus, beschreiben, wie wir diese in unserem Projekt konkret umgesetzt haben, und geben allgemeine Hinweise für die Praxis.

Distributive Fairness

Leistung, Gleichheit, Bedürftigkeit und Anrecht als Prinzipien fairer Verteilungen

Veränderungsprozesse gehen mit positiven und/oder negativen Ergebnissen einher. Ziel der Veränderung kann sein, dass zusätzliche Güter (z. B. Ressourcen, Stellen, Aufgaben, Aufstiegsmöglichkeiten, Kompetenzen) bereitgestellt werden und/oder dass solche Güter reduziert werden. Sowohl beim Zugewinn als auch beim Verlust von Gütern stellt sich die Frage, wie eine faire Verteilung unter den Betroffenen erreicht werden kann. Diese Form der Fairness wird als Verteilungs-, Ergebnis- oder distributive Fairness bezeichnet. Nach dem Leistungsprinzip wird ein Ergebnis dann als fair eingeschätzt, wenn das Verhältnis des eigenen Inputs zum eigenen Output dem entspricht, was relevante Bezugspersonen für eine ähnliche Leistung erhalten. Andere Verteilungsregeln betonen die Bedeutsamkeit von Anrecht (z. B. Dauer der Betriebszugehörigkeit), Gleichheit oder Bedürftigkeit als Prinzipien fairer Verteilungen. Bei Gewinnen bekämen nach dem Leistungsprinzip diejenigen mehr, die mehr geleistet haben, nach dem Anrechtsprinzip diejenigen, die länger im Unternehmen sind oder einen sonstwie begründeten Anspruch haben; nach dem Gleichheitsprinzip bekämen alle in etwa das Gleiche und nach dem Bedürftigkeitsprinzip würden diejenigen bevorzugt, die besondere Bedürfnisse oder Nachteile haben. Die 4 Verteilungsprinzipien lassen sich analog auf die Umsetzung von Verlusten anwenden. Für das Leistungsprinzip bedeutet dies beispielsweise, dass diejenigen, die mehr geleistet haben, weniger einbüßen müssen. Obwohl die Formulierung von Verteilungsprinzipien Objektivität vermittelt, handelt es sich um einen rein subjektiven Bewertungsprozess. Im betrieblichen Alltag lässt sich distributive Fairness langfristig nur durch stetes Verhandeln gewährleisten. Hierbei können gruppenspezifische Verteilungsregeln, die einzelne Verteilungsprinzipien unterschiedlich gewichten, ausgehandelt werden, denen alle Betroffenen zustimmen können (Streicher, 2010).

> **Wichtig**
> Zur Herstellung von wahrgenommener Verteilungsfairness können unterschiedliche Verteilungsprinzipien so miteinander kombiniert werden, dass möglichst alle Betroffenen der vereinbarten Verteilungsregel zustimmen.

Im konkreten Projekt, in dem, wie eingangs beschrieben, eine Partizipationskultur in einer sozialen Organisation eingeführt wurde, wurden zwar keine materiellen Ressourcen neu verteilt oder beschnitten,
so dass Aspekte distributiver Fairness nicht im Vordergrund standen
und auch von den Mitarbeitern keine diesbezüglichen Befürchtungen
geäußert wurden. Allerdings wurden gerade in der Start- und ersten Umsetzungsphase Zeit und Arbeitsbelastung als Ressource von
allen Mitarbeitern beansprucht, da sie neben ihrer sonstigen Tätigkeit an zusätzlichen Treffen teilnehmen mussten und konkrete Partizipationsmaßnahmen für die Bewohner in ihren Arbeitsbereichen
entwickeln und umsetzen sollten. In einer Kick-off-Veranstaltung
wurden dieser Punkt von der Projektleitung aktiv angesprochen und,
quasi als zukünftiger Ausgleich für die zusätzlichen Anstrengungen,
die möglichen positiven Veränderungen (z. B. mehr Handlungsfrei-
räume, mehr Engagement und Selbstständigkeit der Bewohner) betont. Gleichzeitig wurde in der Kick-off-Veranstaltung der Rahmen
für eine Umsetzung der Partizipationskultur so abgesteckt, dass eine
Einflussnahme auf den Prozess und damit eine gewisse Form der
Kontrolle für alle Mitarbeiter gleichermaßen möglich waren.

ⓘ Checkliste: Fragen zur distributiven Fairness im Veränderungs-
prozess
  ▬ Was sind die möglichen Gewinne und Verluste der geplanten
    Veränderung, und wer sind die Betroffenen bzw. die Gewin-
    ner und Verlierer?
  ▬ Nach welchen Kriterien werden Verluste und Gewinne ver-
    teilt?
  ▬ Welche Vorstellungen von fairer Verteilung haben die Mit-
    arbeiter und nach welchen Regeln kann höchstmögliche
    Akzeptanz bei einer Güterverteilung erreicht werden?
  ▬ Können Gewinne und Verluste angemessen verteilt werden
    oder muss ein Ausgleich geschaffen werden?
  ▬ Erhalten Mitarbeiter für ihr früheres und gegenwärtiges
    Engagement eine angemessene Anerkennung?
  ▬ Lohnt sich für die Mitarbeiter eine aktive Beteiligung am Ver-
    änderungsprozess?

Da am Beginn von Veränderungsprozessen selten vorhersehbar ist,
wer zu den Gewinnern oder Verlierern gehören wird, ist es oft nicht
möglich, Veränderungsprozesse allein aus dem Blickwinkel der Res-
sourcenverteilungen fair zu gestalten. Veränderungsmaßnahmen
bestehen aus vielen einzelnen Entscheidungen, sich verändernden
Situationen und Informationen. Zusätzlich haben die Betroffenen
unterschiedliche Bedürfnisse, die sich im Laufe des Veränderungsprozesses auch verändern können. Aus der Forschung weiß man, dass
Menschen bereit sind, auch für sie nachteilige Entscheidungen zu akzeptieren, wenn sie den Eindruck haben, dass die Entscheidungsprozesse fair gestaltet sind, sie gut informiert werden und würde- und
respektvoll mit ihnen umgegangen wird (Daly, 1995). Daher ist es

**Eine faire Gestaltung der
Entscheidungsprozesse ist
besonders wichtig**

besonders wichtig, auf diese Aspekte zu achten, die mit 3 weiteren Dimensionen von Fairness beschrieben werden können: prozedurale Fairness, interpersonale Fairness und informationale Fairness.

Prozedurale Fairness

Mitarbeiter engagieren sich insbesondere dann für die Umsetzung einer Entscheidung, wenn sie die Entscheidungsfindung als fair wahrnehmen, auch wenn sie überzeugt sind, keinen oder nur einen geringen Einfluss auf die Entscheidung haben zu können. Dazu gehört, dass sie die Entscheidung nachvollziehen können und wissen, mit welchem Ziel sie getroffen wurde. Bei Veränderungsmaßnahmen können die Mitarbeiter bereits im Planungsprozess beteiligt werden. Sollte dies nicht möglich sein (z. B. aus Geheimhaltungsgründen), dann wird es umso wichtiger, diesen Entscheidungsprozess im Nachhinein transparent zu kommunizieren. Zusätzlich können Mitarbeiter bei den Entscheidungen der Umsetzung beteiligt werden.

ℹ Checkliste: Zur Wahrung von prozeduraler Fairness soll in allen Phasen des Veränderungsprozesses darauf geachtet werden, dass …

- … die Betroffenen die Möglichkeit haben, ihre Meinung kundzutun und Gehör zu finden (Voice),
- … die verwendeten Regeln und Entscheidungsprozesse gleichermaßen auf alle Personen und die gesamte Dauer angewendet werden (personelle und zeitliche Konsistenz),
- … die Entscheidung nicht durch persönliches Eigeninteresse oder Voreingenommenheit der Entscheidungsträger beeinflusst wird (Unvoreingenommenheit/Neutralität),
- … akkurate, d. h. korrekte und genaue Informationen gesammelt und bei der Entscheidungsfindung angemessen berücksichtigt werden (Akkuratheit),
- … fehlerhafte oder unangemessene Entscheidungen geändert werden können (Korrigierbarkeit),
- … das Vorgehen den persönlichen Wertvorstellungen der Betroffenen bzw. fundamentalen ethischen Werten entspricht (Moral/Ethik),
- … die Bedürfnisse und Meinungen aller betroffenen Parteien berücksichtigt werden (Repräsentativität),
- … die Entscheidungsfindung ausführlich und nachvollziehbar erklärt wird (Transparenz/Nachvollziehbarkeit).

Voice als wirksamste Bedingung von Entscheidungsfairness

Bei den Bedingungen prozeduraler Fairness hat sich Voice als einflussreichste Bedingung erwiesen. Mit Voice ist nicht Mitbestimmung im klassischen Sinn gemeint, sondern die Möglichkeit, den eigenen Standpunkt zu artikulieren. Hierzu gehört auch, dass Mitarbeiter ihren Ärger und ihre Enttäuschung mitteilen können und dies von den Führungskräften unterstützt wird. Wie keine andere Bedingung vermittelt das Geben von Voice die Botschaft: »Deine Meinung ist uns wichtig, du bist ein wichtiges Mitglied dieser Organisation!« Die Erfüllung der Bedingungen prozeduraler Fairness ist in allen Phasen eines Veränderungsprozesses nach der Veröffentlichung von großer Bedeutung. Dadurch erhöht sich die Bereitschaft der Mitarbeiter, sich mit der Maßnahme zu identifizieren und sich für diese zu engagieren. Ferner kompensiert prozedurale Fairness die negativen Auswirkungen von Freiheitseinschränkungen. Dagegen werden solche Reaktanzeffekte durch Unfairness noch verstärkt (Bader, 2004).

Im konkreten Projekt wurde insbesondere in der Startphase und in der ersten Umsetzungsphase (Dauer ca. 6 Monate) versucht, ein hohes Maß an prozedural fairen Bedingungen zu schaffen. So wurden den Mitarbeitern beispielsweise im Rahmen von Kick-off-Veranstaltungen die Hintergründe und das geplante Vorgehen des Projekts detailliert erklärt; sie erhielten ausführlich die Möglichkeit, ihre Meinung kundzutun, und auf Bedenken und Einwände wurde so weit wie möglich eingegangen. Die Entscheidungsprozesse (z. B. bei der Auswahl von Pilotmaßnahmen) waren transparent, und die Entscheidungsgrundlagen wurden offengelegt. Im weiteren Verlauf wurde von der Projektleitung durch Kummerboxen, Meinungsabfragen und Lenkungskreise (d. h. indirekte Voice über Vertreter) die Bedeutsamkeit der Meinung der Mitarbeiter vermittelt. Die Auswertung der wissenschaftlichen Begleitung des Projekts zeigte hierbei auch einen Anstieg des Vertrauens in die Projektleitung und eine verstärkte Identifikation mit dem Projekt durch die Mitarbeiter (vgl. Streicher, Maier, Jonas & Reisch, 2008). Die Mitarbeiter hatten in dieser Projektphase das Gefühl, dass sie ihre Argumente einbringen können und dass sich die Projektverantwortlichen damit auseinandersetzen.

Als problematisch erwies sich im Nachhinein, dass, nach Ende der ersten Umsetzungsphase und mit der Etablierung von einzelnen Partizipationsmaßnahmen in den Wohngruppen, weniger auf die Erfüllung prozeduraler Bedingungen gegenüber den Mitarbeitern, sondern verstärkt gegenüber den Bewohnern geachtet wurde, da prozedurale Fairness ein zentraler Aspekt der eingeführten Partizipationskultur für die Bewohner sein sollte. Für die Mitarbeiter entstand dadurch die unbefriedigende Situation, dass sie einerseits den Bewohnern ein hohes Maß an prozeduraler Fairness entgegenbringen sollten, aber andererseits in ihrer Behandlung durch die Projektleitung nicht mehr das gleiche Maß an prozeduraler Fairness erlebten. So gab es aufgrund der zunehmenden Arbeitsroutine einige Entscheidungen durch die Projektleitung, die für die Arbeitnehmer intransparent und nicht nachvollziehbar waren. Zusätzlich wurde durch die Geschäftsführung die geplante Erhöhung der Entscheidungsfreiheit der Mitarbeiter auf einen späteren Zeitpunkt verschoben, was bei den Mitarbeitern zusätzlich als weitere Verringerung prozeduraler Fairness wahrgenommen wurde. Ferner waren aufgrund des zentralen Themas des Projekts (Partizipation) die Erwartungen der Mitarbeiter an Mitgestaltungsmöglichkeiten und an die Qualität des Veränderungsprozesses sicher höher, als dies in streng

> Fortlaufende Projektevaluation hilft, Fehlentwicklungen zu erkennen

hierarchischen Organisationen bei beispielsweise Restrukturierungsmaßnahmen der Fall wäre. Insofern bestand allein durch die Wahl des Themas eine größere Gefahr, dass geweckte Erwartungen nicht erfüllt werden. Diese Umstände zeigten sich in der fortlaufenden Projektevaluation auch in einer verringerten Identifikation mit dem Projekt und einer geringeren Bereitschaft, sich für das Projekt zu engagieren. Als Gegenmaßnahmen wurden die Situation der Mitarbeiter aktiv in den regelmäßigen Projekttreffen angesprochen, deren Meinung zu getroffenen Entscheidungen erkundet und die Entscheidungen im Nachhinein gründlich erklärt. Zusätzlich wurden in Absprache mit der Geschäftsführung die Handlungsfreiheit und Eigenverantwortung der Mitarbeiter bei einzelnen Aufgaben oder Problemen, die den Mitarbeitern besonders wichtig waren, erhöht.

Die Umsetzung prozeduraler Fairness darf natürlich nicht zu einer formalisierten Regelanwendung verkommen. Mitarbeiter dürfen nicht das Gefühl haben, dass die Möglichkeit zur Meinungsäußerung nur dazu dient, sie zu beschwichtigen. Dadurch fühlen sich Mitarbeiter nicht ernst genommen und werden mit Widerstand reagieren. Vielmehr ist wichtig, dass Mitarbeiter sowohl im persönlichen Umgang wertgeschätzt werden als auch alle relevanten Informationen erhalten.

Interpersonale Fairness

Respektvoller Umgang mit Mitarbeitern unabhängig von Person und Situation

Interpersonale Fairness meint den respektvollen, freundlichen und würdevollen Umgang mit den Betroffenen durch den Entscheidungsträger. Konkret umfasst dies empathische Kommunikation, d. h. das Aufgreifen von Sorgen und Befürchtungen, eine Berücksichtigung des Standpunkts des Gegenübers und die Vermittlung von Verständnis und Unterstützung. Menschen wollen unabhängig von der konkreten Situation respektvoll behandelt werden. In der betrieblichen Praxis erleichtert die Einhaltung der Bedingungen interpersonaler Fairness die Auseinandersetzung mit den Sachthemen. Die Verletzung dieser Bedingung führt dagegen schnell zu einer Konzentration auf persönliche Befindlichkeiten.

Im konkreten Projekt wurden bei der Projektplanung von Seiten der Geschäftsführung einzelne Mitarbeiter genannt, die sich möglicherweise gegen die Veränderungsmaßnahme stellen, weil sie an sich »schwierige« Persönlichkeiten seien. Um eine Abwertung dieser Mitarbeiter und zusätzlichen Widerstand zu vermeiden, wurde in jeder Kommunikation mit Mitarbeitern auf die Einhaltung interpersonaler Fairness geachtet mit dem Bestreben, die Bedürfnisse hinter der artikulierten Skepsis zu verstehen. Die Erfahrung im Projekt zeigte, dass Bedenkenträger einerseits sensibel auf Verletzungen der Bedingungen interpersonaler Fairness reagieren und dies als Bestätigung für ihre Skepsis dem Veränderungsprozess gegenüber verwenden. Andererseits führte interpersonale Fairness bei diesen Mitarbeitern über die Zeit zu einem verstärktem Engagement und wichtigen Hinweisen auf zu wenig beachtete Probleme.

ⓘ Checkliste: Fragen zur interpersonalen Fairness im Veränderungsprozess

━ Fühlen sich die Verantwortlichen angemessen in die persönlichen Befindlichkeiten der Mitarbeiter ein, und stehen sie für
Fragen bereit (z. B. Offene-Tür-Philosophie)?

━ Sind die Führungskräfte ausreichend auf schwierige Gesprächssituationen vorbereitet (z. B. durch Verhaltens-
trainings)?

━ Wird mit allen Beteiligten gleichermaßen wertschätzend und
respektvoll umgegangen?

━ Wie kann interpersonale Fairness kontinuierlich im Veränderungsprozess auch bei indirekter, nicht persönlicher Kommunikation gewährleistet werden?

Informationale Fairness

Informationale Fairness umfasst die Qualität und Quantität der Informationen, die den Betroffenen in Form von akkuraten, zeitnahen,
ehrlichen und angemessenen Erklärungen gegeben werden. Dies beinhaltet die umfassende Information zu verschiedensten Aspekten
der angestellten Überlegungen, des Sachstands, des weiteren Vorgehens als auch der getroffenen oder anstehenden Entscheidungen.

Um Gerüchten vorzubeugen, wurden im konkreten Projekt die
Mitarbeiter möglichst früh über die anstehende Veränderungsmaßnahme umfassend informiert. In der Kick-off-Veranstaltung wurde
darauf geachtet, dass die Informationen zum Projekt insbesondere eine
positive Vision der Veränderung sowie klare und widerspruchsfreie
Botschaften enthalten und die nächsten Schritte erklären mit dem Ziel,
Vertrauen, Sinn und Zuversicht bei den Mitarbeitern zu schaffen und
Unsicherheit und negative Einstellungen zu reduzieren. Ebenfalls wurden die Mitarbeiter stets über mögliche zu erwartende Schwierigkeiten
und Probleme informiert, damit sie erfahren, dass mögliche negative
Maßnahmen früh kommuniziert werden und mit ihnen besprochen
wird, wie deren Auswirkungen minimiert werden können. Es hat sich
gezeigt, dass die Mitarbeiter aufgrund dieser umfassenden Information
mit den oben beschriebenen negativen Episoden nach der ersten Umsetzungsphase besser umgehen konnten und die Glaubwürdigkeit der
Projektleitung dadurch langfristig nicht in Frage gestellt wurde. Ferner
wird vermutet, dass die Mitarbeiter den Veränderungsprozess als weniger verunsichernd erlebten, wenn sie aufgrund einer fairen Informationspolitik ihre Zweifel gehört und dokumentiert wussten.

> **Umfassende Information fördert
> Vertrauen und Zuversicht**

❯ Wichtig
**Umfassende und unmittelbare Information der Mitarbeiter
ist für den Erfolg von Veränderungsmaßnahmen wichtig.
Wenn dies nicht möglich ist, sollte diese Entscheidung im
Nachhinein nachvollziehbar erklärt werden. So lässt sich
teilweise informationale Unfairness durch prozedurale und
interpersonale Fairness kompensieren.**

> ℹ️ Checkliste: Fragen zur informationalen Fairness im Veränderungsprozess
> - Sind der Zeitpunkt und die Art der Bekanntgabe des Veränderungsprozesses gut vorbereitet?
> - Werden wirklich alle relevanten Informationen an die Betroffenen weitergegeben?
> - Werden die Informationen akkurat, zeitnah, ehrlich und angemessen vermittelt?
> - Wird auch über mögliche negative Konsequenzen gesprochen, und werden die Mitarbeiter auf den Umgang mit möglichen negativen Auswirkungen vorbereitet?
> - Wenn wichtige Informationen zurückgehalten werden müssen, wann und wie werden diese dann vermittelt?

26.3   Wie wurde die Nachhaltigkeit sichergestellt

Evidenzbasierte Planung, kontinuierliche Evaluation und situative Interventionen sichern Nachhaltigkeit

Die Voraussetzungen für eine nachhaltige Umsetzung der eingeführten Partizipationskultur wurden unseres Erachtens bereits während aller Phasen des Veränderungsprozesses durch 3 Elemente geschaffen:

1. Eine sorgfältige, auf wissenschaftlichen Erkenntnissen beruhende Planung und Vorbereitung des Projekts. Hierzu gehörten klare Absprachen mit der Geschäftsführung, die Formulierung realistischer und definierter Ziele und ein theoretisches Modell zu den Auswirkungen und Wirkmechanismen der geplanten Veränderungsmaßnahmen. Dieses Modell und die dazugehörigen psychologischen Theorien und Forschungsbefunde wurden den Mitarbeitern im Rahmen der Kick-off-Veranstaltung vorgestellt. Das Modell ermöglichte es sowohl, unterschiedliche Maßnahmen zu planen und die Effektivität dieser Maßnahmen zu überprüfen, als auch Sinn und Zweck einzelner Maßnahmen und die Reihenfolge ihrer Durchführung für die Mitarbeiter verständlich zu machen.

2. Die kontinuierliche Evaluation des Projekts auf allen Ebenen (Geschäftsführung, Gruppenleitung, Mitarbeiter, Heimbewohner). Zur Evaluation wurden sowohl standardisierte Verfahren wie Fragebogen oder strukturierte Interviews als auch informelle Gespräche, Rückmelderunden und anonyme Zettelkästen eingesetzt. Neben der Überprüfung unseres Wirkmodells diente die Evaluation v. a. der Erfassung der Effektivität der durchgeführten Maßnahmen. Die Ergebnisse wurden den Betroffenen möglichst zeitnah rückgemeldet. Dadurch fühlten sich die Mitarbeiter in ihren Meinungsäußerungen ernst genommen, was in der Folge zu einer erhöhten Bindung an das Projekt führte.

3. Es konnte aufgrund der kontinuierlichen Evaluation bei ungewollten Entwicklungen zeitnah mit entsprechenden Interventionen reagiert werden. Diese Interventionen reichten von einfachen Informationsmitteilungen bis hin zu Mitarbeitertreffen und

Workshops. Das Bemühen aller Verantwortlichen, auf Missstände zu reagieren, wurde von den Mitarbeitern sehr wertgeschätzt, was wiederum zu einer stärkeren Identifikation mit dem Projekt auf Mitarbeiterseite führte.

Über den 3 genannten Elementen stand als Leitfaden für das gesamte Projekt, alles Handeln möglichst nach Fairnessbedingungen zu gestalten. Entsprechend zeigte die Evaluation eine im Projektverlauf erhöhte Fairnesswahrnehmung bei den Betroffenen. Diese führte wiederum mit Zunahme der Partizipationsmöglichkeiten zu mehr gegenseitigem Vertrauen und höherer Identifikation mit der Einrichtung. Wir gehen davon aus, dass faire Bedingungen nachhaltig zu einer höheren Bereitschaft führen, sich in Gruppen kooperativ zu verhalten und sich für gemeinsame Ziele zu engagieren. Das Projekt wurde beendet, als Modellprojekte allgemeine Routinen wurden und die betroffenen Mitarbeiter und Heimbewohner die in der Zielformulierung anvisierte Partizipationskultur als Alltagskultur verinnerlicht hatten.

26.4   Fazit

Die Nichtbeachtung zentraler Erfolgsfaktoren, die wir eingangs genannt haben, bei der Umsetzung von Veränderungsmaßnahmen nehmen die Betroffenen als unfair wahr. Folglich ist es wichtig, in allen Phasen des Veränderungsprozesses auf alle 4 Arten von Fairness zu achten. Insgesamt führte die Einhaltung von Fairnessbedingungen im Projekt auf Mitarbeiterseite zu mehr Identifikation, Vertrauen und Engagement bezüglich der Veränderungsmaßnahme und zu weniger Reaktanzeffekten. Auf Bewohnerseite erzeugten die eingeführten Partizipationskulturen, die viele Fairnessaspekte enthalten, mehr Identifikation und Vertrauen in die Einrichtung und eine erhöhte subjektive Selbstwirksamkeitswahrnehmung und Wohlbefinden. Besonders bewährt hat sich unserer Meinung nach die begleitende wissenschaftliche Evaluation der Veränderungsmaßnahme. Neben Kriterien für die erfolgreiche Etablierung der Partizipationskultur und der wahrgenommenen Fairness (Maier, Streicher, Jonas & Woschée, 2007; Streicher, Maier, Jonas & Reisch, 2008) wurden auch kontinuierlich prozessrelevante Variablen wie Vertrauen und Identifikation erhoben. Dies war ein wichtiges Instrument, um zunehmende Skepsis und Frustration frühzeitig zu erkennen und entsprechend gegenzusteuern.

Nicht genug betont werden kann die zentrale Bedeutung prozeduraler Fairness. Wie beschrieben, wurde dieser Aspekt im Laufe des Projekts gegenüber den Mitarbeitern vernachlässigt, was unmittelbare negative Konsequenzen hatte. Daher sollten während des gesamten Veränderungsprozesses die Bedingungen prozeduraler Fairness gewährleistet sein, auch wenn nach der Etablierung neuer Routinen leicht der Eindruck entsteht, dass zentrale Entscheidungen nun getroffen sind und die Meinung und Beteiligung der Mitarbeiter keine Rolle mehr spielen sollten. Mitarbeiter benötigen aber Zeit, mit den neuen Routinen Erfahrungen zu sammeln, und die Möglichkeit, sich darüber auszutauschen. Da die Organisationsstruktur im beschriebenen Projekt aus sehr flachen Hierarchien bestand und die Mitarbeiter aufgrund ihrer Berufsqualifikationen über hohe soziale Kompetenzen verfügten, wurde auf die Verwendung spezieller Kommunikatoren, die auf die Einhaltung von Fairnessregeln und Kommunikationsstandards achten, verzichtet. In größeren und/oder stärker hierarchisch strukturierten Organisationen sollten vor dem Start der Veränderungsmaßnahme Führungskräfte systematisch in der Umsetzung fairer Bedingungen trainiert werden. So zeigte sich, dass ein Fairnesstraining zu einem erhöhten Engagement der Geführten und zu einer Leistungsverbesserung bei einer Teamaufgabe führte (Streicher, Jonas & Frey, 2011).

Wie massiv Betroffene auf formal zwar korrekte, aber als unfair wahrgenommene Veränderungsmaßnahmen reagieren können, zeigen auf gesellschaftlicher Ebene die Baumaßnahmen im Rahmen des Bahnprojekts Stuttgart 21. Hier wurden zu Beginn zahlreiche fairnessrelevante Bedingungen verletzt: Die Betroffenen hatten beispielsweise keine Voice und fühlten sich nicht ernst genommen, notwendige Informationen wurden nicht kommuniziert, und der Sinn des Projekts wurde nur ungenügend vermittelt. Analog lassen sich die aktuellen Schuldenkrisen betrachten: Die Veränderungsprojekte sind hier die Sparmaßnahmen, die eher auf Akzeptanz stoßen werden, wenn die Prinzipien aller 4 Fairnessdimensionen umgesetzt werden. Diese Prozesse aus dem Makrobereich zeigen sich im Mikrobereich von Organisationen ebenso. Daher sind Entscheidungsträger permanent gefordert, ihre Ziele und Wege in der Veränderung zu kommunizieren, die Beteiligten mit einzubeziehen und zu erklären, was sie tun, und warum sie es tun. Dabei gilt die Aussage »You cannot over-communicate«.

Leseempfehlung

Greenberg, J. & Colquitt, J. (2005). *Handbook of organizational justice.* Mahwah, NJ: Lawrence Erlbaum Associates.

Klendauer, R., Streicher, B., Jonas, E. & Frey, D. (2006). Fairness und Gerechtigkeit. In H.-W. Bierhoff und D. Frey (Hrsg.), *Handbuch der Sozialpsychologie und Kommunikationspsychologie* (S. 187–195). Göttingen: Hogrefe.

Literatur

Bader, P. K. (2004). Employees' resistance and commitment to change in organizations: An investigation of individual differences and fairness perceptions. *Dissertation Abstracts International: Section B: The Sciences and Engineering, 65* (3-B), 1585.

Brehm, J.W. (1966). *A theory of psychological reactance*. New York: Academic Press.

Daly, J.P. (1995). Explaining changes to employees: The influence of justification and change outcomes on employees' fairness judgments. *Journal of Applied Behavioral Science, 31*, 415–428.

Doppler, K. & Lauterburg, C. (2002). *Change Management: Den Unternehmenswandel gestalten*. Frankfurt a. M.: Campus.

Frey, D. & Jonas, E. (2002). Die Theorie der kognizierten Kontrolle. In D. Frey & M. Irle (Hrsg.), *Theorien der Sozialpsychologie. Band 3: Motivations-, Selbst- und Informationsverarbeitungstheorien* (S. 13–50). Bern: Göttingen.

Gebert, D. (2007). Psychologie der Innovationsgenerierung. In D. Frey & L. von Rosenstiel (Hrsg.), *Enzyklopädie der Psychologie: Wirtschaftspsychologie* (S. 783–808). Göttingen: Hogrefe.

Graupmann, V., Jonas, E., Meier, E., Hawelka, S. & Aichhorn, M. (2012). Reactance, the self and its group: When threats to freedom come from the in-group versus the out-group. *Euopean Journal of Social Psychology, 42*, 164–173.

Graupmann, V., Schurz, M., Jonas, E., Streicher, B. & Pryor, J. (2011). *For no good reason – The role of legitimacy in the emergence of implicit and explicit reactance after the elimination of a freedom*. Unveröffentlichtes Manuskript.

Greenberg, J. & Colquitt, J. (2005). *Handbook of organizational justice*. Mahwah, NJ: Lawrence Erlbaum Associates.

Hron, J., Frey, D. & Lässig, A. (2005). Change Management – Gestaltung von Veränderungsprozessen. In D. Frey, L. Rosenstiel & C. Grafvon Hoyos (Hrsg.), *Wirtschaftspsychologie* (S. 120–124). Weinheim: Beltz.

Kahneman, D. & Tversky, A. (1979). Prospect theory: An analysis of decision under risk. *Econometrica, 47*, 263–291.

Kotter, J.P. (1996). *Leading Change*. Boston, MA: Harvard Business School Press.

Maier, G.W., Streicher, B., Jonas, E. & Woschée, R. M. (2007). Gerechtigkeitseinschätzungen in Organisationen: Die Validität einer deutschsprachigen Fassung des Fragebogens von Colquitt (2001). *Diagnostica, 53*, 97–108.

Streicher, B. (2010). Gerechtigkeit in Konfliktsituationen und in der Mediation. *Zeitschrift für Konfliktmanagement, 13*, 100–103.

Streicher, B., Jonas, E. & Frey, D. (2011). *Enhancing group performance: A leadership training in organizational justice versus conventional trainings*. Manuskript eingereicht zu Veröffentlichung.

Streicher, B., Jonas, E., Maier, G.W., Frey, D., Woschée, R. & Waßmer, B. (2008). Test of the construct validity and criteria validity of a German measure of organizational justice. *European Journal of Psychological Assessment, 24*, 131–139.

Streicher, B., Maier, G.W., Jonas, E. & Reisch, L. (2008). Organisationale Gerechtigkeit und Qualität der Führungskraft-Mitarbeiter-Beziehung. *Wirtschaftspsychologie, 10*, 54–64.

Professionalisierung von Führungsgesprächen als Grundlage für nachhaltige Veränderung in der Führungskultur

Eduard Jochum

Die professionelle Kommunikation zwischen Führungskraft und Mitarbeiter bildet eine der wesentlichsten Grundlagen für einen erfolgreichen Führungsprozess. Und der Erfolg von Unternehmen insgesamt hängt im Wesentlichen von der Wirksamkeit der Personalführung ab und von Faktoren, die sich als Unternehmenskultur beschreiben lassen.

Wie Berth z. B. in seiner Studie zeigte (Berth, 1994, insbesondere S. 191–215), waren wesentliche Input-Faktoren erfolgreicher Unternehmen u. a. folgende:

- Ergänzendes Auseinanderzugehen in Erkenntnis eigener Schwächen
- Vertrauenskultur (wenig Fremdkontrolle, viel Selbstkontrolle)
- Einmaligkeitsstreben
- Visionen und Ziele
- Führungskraft erlebt sich als Diener der Mitarbeiter

Führung und Unternehmenskultur sind Erfolgsfaktoren für Unternehmen

Legt man diese Faktoren als heuristische Merkmale für erfolgreiche Veränderungsprozesse in Organisationen zu Grunde, dann kommt man schnell zu dem Ergebnis, dass der Führung von Mitarbeitern eine wesentliche Bedeutung zukommt. Führung gelingt jedoch nur so gut, wie es der Führungskraft gelingt, ihre Vorstellungen in einem unmittelbaren kommunikativen Prozess den Mitarbeitern zu vermitteln. Dazu bedarf es jedoch nicht nur der professionellen Handhabung von Instrumenten, sondern auch der Reflexion der Einstellung von Führungskräften zu ihrer Führungsrolle.

27.1   Gegenstand der Veränderung – Was soll verändert werden?

Der unmittelbare Inhalt der Veränderungen in dem hier zu Grunde liegenden Prozess ist die Professionalisierung der Führungsgespräche, insbesondere der Mitarbeiterjahresgespräche, als unmittelbares Führungsinstrument. Eine solche Verbesserung von Mitarbeitergesprächen kann nachhaltig nur erfolgreich sein, wenn dabei Führungskräfte auch über ihr Rollenverständnis und ihre Aufgaben reflektieren und damit auch ihr Führungsverhalten verändern.

Ziel als Orientierung und Beratung und Förderung der Mitarbeiter (Coach-Funktion) als nicht-delegierbare Führungsaufgaben

Zu den wesentlichsten Aufgaben von Führungskräften zählen: Orientierung geben durch klare Ziele und Fördern und Beraten der Mitarbeiter (Coach-Funktion).

In dem vorliegenden Kapitel konzentrieren wir uns auf die Gesprächsführung in der Rolle des Förderers und Beraters (Coach-Funktion). Damit verbunden ist auch die Aufgabe, den Mitarbeitern Orientierung zu geben, indem mit diesen klare Ziele vereinbart werden.

Im Einzelnen sollen bei der **Verbesserung von Mitarbeitergesprächen** folgende Aspekte verändert werden:

- Erkennen, dass die Entwicklung und Förderung der Mitarbeiter eine der wesentlichsten, nicht delegierbaren Führungsaufgaben ist
- Klarheit in den Ansprachen und Vereinbarungen (Zielen) schaffen
- Mitarbeiterjahresgespräche besonders als Förderungs- und Entwicklungsinstrument nutzen
- Erkennen, dass eine Multifunktionalität von Mitarbeitergesprächen unzweckmäßig ist – insbesondere wenn gleichzeitig direkte und indirekte Führungsziele verfolgt werden (Förderung versus Gehaltsentwicklung)
- Anerkennung und Kritik (Feedback) systematisch und häufiger geben
- Fragen als Führungsinstrument systematisch einsetzen
- Zeit für jährliche Reflexionsgespräche mit den Mitarbeitern einplanen

27.2 Wozu dienen die Veränderungen – Was soll damit erreicht werden?

Mit der Verbesserung und Professionalisierung der Führungskommunikation und insbesondere von Mitarbeiterjahresgesprächen sollen folgende Ziele erreicht werden:
- Vermittlung von Orientierung durch Klärung der gemeinsamen Ziele und Interessen
- Entwicklung der Handlungskompetenzen der Mitarbeiter
- Erhöhung der Motivation der Mitarbeiter durch Partizipation
- Förderung der Selbststeuerung und Eigenverantwortung der Mitarbeiter
- Führungskräften die Angst vor jährlichen »Beurteilungsgesprächen« nehmen

Damit sollen auch folgende weitergehende Ziele erreicht werden:
- Verbesserung der Offenheit zwischen Führungskraft und Mitarbeiter
- Insgesamt Stärkung der Vertrauenskultur

> Mitarbeiter entwickeln bedeutet vor allem Stärkung der Eigenverantwortlichkeit und Erhöhung des Vertrauens

27.3 Wie wurde verändert?

Die wesentliche Grundlage dafür, dass Führungskräfte zukünftig professionellere Mitarbeiterjahresgespräche führen, ist die Sicherstellung, dass die Führungskräfte ein bestimmtes Rollenverständnis entwickeln und sie solche Gespräche in einem Training intensiv geübt haben.

Bei dem zugrundeliegenden Fallbeispiel handelt es sich um ein Unternehmen aus der Telekommunikationsindustrie mit ca. 2000 Mitarbeitern. In diesem Unternehmen wurde entschieden, dass alle Führungskräfte nach dem Jochum Dialog Gesprächsmodell (JDG; früher Dialog Gesprächsmodell) trainiert werden. Dazu stellen wir hier die wesentlichen Elemente des JDG vor.

27.3.1 Grundlagen des Professionalisierungsmodells

Das JDG ist ein Instrument zur direkten Führung zur Stärkung der Führungskraft in der Coach-Rolle (Berater-Rolle)

Das JDG fokussiert auf die Professionalisierung von Mitarbeiterjahresgesprächen als direktem Führungsinstrument. **Schwerpunkte und Ziele** der Mitarbeiterjahresgespräche sind dabei (s. Jochum, 2010, S. 45):

- Mitarbeiterförderung und -entwicklung
- Entwicklung von Eigenfeedbacks und Eigenlösungen
- Anerkennung und Kritik durch die Führungskraft
- Vereinbarung von Zielen und Ziele-Review
- Motivation der Mitarbeiter
- Behebung von Unklarheiten und Reibungsverlusten
- Verbesserung der Vertrauensbasis zwischen Führungskraft und Mitarbeiter

Bei dem JDG nimmt die Führungskraft die Rolle eines Coachs ein. Sie ist zugleich Förderer und Berater. Die Führungskraft kann in dieser Rolle wirkungsvoll sein, wenn Folgendes gegeben ist:

- Die Führungskraft darf nicht Teil des Problems sein oder sich die Probleme des Mitarbeiters zu eigen machen.
- Aktuelle Konfliktthemen müssen bereinigt sein.
- Die Führungskraft wird vom Mitarbeiter in dieser Rolle akzeptiert und hat sich auch einen »Auftrag zur Beratung« vom Mitarbeiter abgeholt oder geben lassen.

Die **Grundphilosophie** des JDG lässt sich wie folgt skizzieren:

- Selbststeuerung vor Fremdsteuerung
- Eigenfeedback vor Fremdfeedback
- Eigenlösungen vor »Ratschlagslösungen«
- Fragen vor Sagen
- Positives vor Kritischem
- Gemeinsame Verbindlichkeiten

Strukturierung der Gesprächsdynamik des JDG als wellenförmiger Verlauf

Das JDG ist ein Kommunikationsmodell, das die Dynamik des Verlaufs eines professionell geführten Mitarbeiterjahresgesprächs in grafischer Form, ähnlich einem wellenförmig gerundeten W, anschaulich und einprägsam darstellt. Es verdeutlicht die Einzelteile der wellenförmigen Darstellung durch systematisch aufgebaute Fragen und Aussagen sowie durch die Unterscheidung von positiven und kritischen Aspekten – den optimierten Gesprächsverlauf.

Ein **Mitarbeiterjahresgespräch** ist ein systematisch geführtes Reflexions- und Orientierungsgespräch zwischen Führungskraft und Mitarbeiter, das jährlich ein- oder mehrmals durchgeführt wird und bei dem die Führungskraft die Rolle des Coachs und Förderers übernimmt und der Mitarbeiter die Rolle des Beratenen.

Das Ziel des JDG ist es, dass Mitarbeiter ihren Leistungsbeitrag (Zielerreichungsgrad) und ihr Leistungsverhalten sowie ihre Kompetenzen (Fähigkeiten und Fertigkeiten) reflektieren und von der Führungskraft ein detailliertes Feedback erhalten. Darauf aufbauend sollen sie im nächsten Jahr ihr Leistungspotenzial bzw. ihre Kompetenzen weiterentwickeln können, um dadurch in ihrem Verhalten effektiver zu werden und so ihren Leistungsbeitrag (Zielerreichungsgrad) in der Organisation erhöhen zu können (Jochum, 2010, S. 43).

- **Grundmodell**

Wie aus ◘ Abb. 27.1 hervorgeht, gleicht das gesamte Grundmodell einem »W« bzw. »UU«. Das hier bisher Diskutierte entspricht der 1. Hälfte der Gesprächskurve (ähnlich einem »U«).

Das Grundmodell ist identisch für die beiden Zielbereiche von Mitarbeiterjahresgesprächen, nämlich für Zielvereinbarungsgespräche und für Mitarbeiterentwicklungsgespräche, da diese beiden Gesprächsschwerpunkte zu den direkten Führungsinstrumenten zu rechnen sind. Der Unterschied zwischen den beiden Gesprächstypen liegt in den unterschiedlichen Fragestellungen oder Aussagen und Vereinbarungen.

Teilt man die Doppelkurve (zweimal ein »U«) des Grundmodells in der Mitte in 2 Teile, dann ist die linke Seite (linke »Sinuskurve«) der Teil »Selbstreflexion (Eigenfeedback)« und »Eigenlösung«, bei dem die Führungskraft dem Mitarbeiter durch Fragen hilft, seine Stärken oder Erfolge sowie fehlende Kompetenzen oder schlechte Leistungen zu benennen, um, darauf aufbauend, durch die Fragen der Führungskraft zu eigenen Lösungen (Entwicklungsschritte oder Leistungsverbesserungen) zu gelangen.

Die rechte Sinuskurve (rechtes »U«) beschreibt den Gesprächsteil, bei dem die Führungskraft zunächst dem Mitarbeiter Feedback gibt hinsichtlich Anerkennung und Kritik (abschwingender Kurventeil). Danach geht es um die verbindliche Vereinbarung von gemeinsamen Lösungs- und Veränderungsansätzen und Zielen (aufschwingender Kurventeil).

JDG-Grundmodell für Mitarbeiterentwicklung und Zielvereinbarung geeignet

27.3.2 Modellphasen des JDG

Einstiegsphase

- **Rollenklärung durch die Führungskraft**

Hier erklärt die Führungskraft, dass sie in diesem Gespräch die Rolle eines Coachs bzw. Beraters einnehmen will.

- **Auftrags- und Zielklärung**

Hier formuliert die Führungskraft ihr Ziel für das Gespräch und fragt den Mitarbeiter, was dieser in diesem Gespräch erreichen möchte.

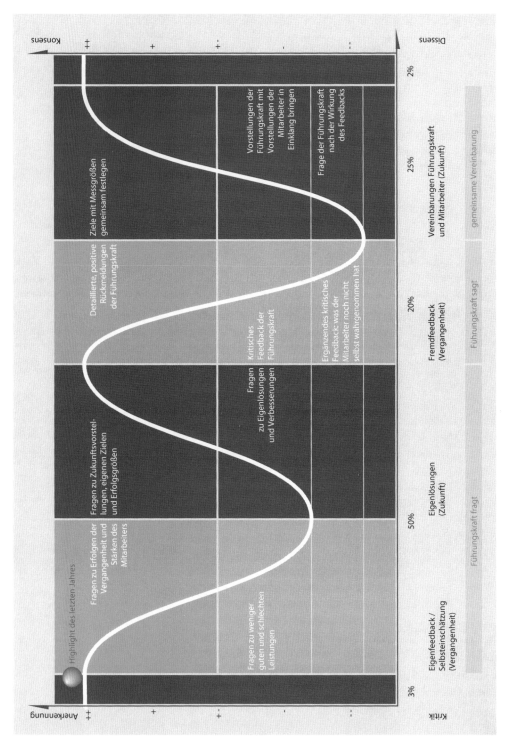

■   **Prozess- und Methodenklärung**
Nachdem Auftrag und Ziele des Gesprächs im Detail geklärt sind,
formuliert die Führungskraft den Gesprächsablauf.

Hauptphasen

■   **Teil 1 der Gesprächskurve: Führungskraft fragt und hört zu**

━   Phase 1: Eigenfeedback

━   Phase 2: Eigenlösungen

Dieser Teil, bei dem die Führungskraft im Wesentlichen durch **Fra-** | *Fragen als Schlüssel zur*
gen ihren Beratungsprozess steuert, sollte den größeren Teil (ca. 50% | *Initiierung von Eigenfeedback*
und ggf. mehr) der gesamten Gesprächsdauer ausmachen. Dieser | *und Eigenlösung*
Gesprächsabschnitt ist gekennzeichnet durch professionell gestellte
Fragen und aktives Zuhören durch die Führungskraft.

■■   **Phase 1: Eigenfeedback – Anregung zur Initiierung des
    Eigenfeedbacks der Mitarbeiter**
Der Erfolg von Mitarbeiterjahresgesprächen liegt darin, dass die Führungskraft Mitarbeiter zur Selbstreflexion anregt. Dazu gehört neben
der Einstellung zu dieser Rolle auch die Fähigkeit, hilfreiche Fragen
zu stellen, die ein systematisches Eigenfeedback der Mitarbeiter ermöglicht. Schwierigkeiten liegen dabei u. a. bei folgenden Aspekten:

━   Mangelndes Vertrauen des Mitarbeiters in die Rolle der Füh-
    rungskraft als Berater und Coach

━   Vermischung von direkten und indirekten Zielen

━   Mangelndes Beratungs-Know-how der Führungskraft

━   Zu geringes Zeitbudget

■■   **Phase 2: Eigenlösungen – Anregungen zur Entwicklungs- und
    Zielplanung des Mitarbeiters**
Nach der Vergangenheitsbetrachtung und dem Eigenfeedback des
Mitarbeiters geht es nun zur Zukunftsgestaltung. Hierbei zeigen
sich Unterschiede in der inhaltlichen Gestaltung der Fragen in Ab-
hängigkeit von dem Gegenstand des Mitarbeiterjahresgesprächs
(■ Abb. 27.2). Die Aufgabe der Führungskraft besteht darin, mithil-
fe unterschiedlicher Fragen den Mitarbeiter zur Bearbeitung eigener
Lösungsalternativen anzuregen.

■   **Teil 2 der Gesprächskurve: Führungskraft gibt Feedback und
    trifft Vereinbarungen**

■■   **Phase 3: Feedback durch die Führungskraft**
Diese Phase (ca. 20% des Gesprächs) dient dazu, dem Mitarbeiter
sowohl ein ausgewogenes und detailliertes Feedback über Beobachtungen und Wahrnehmungen der Führungskraft zu geben als auch
über die (subjektive) Einschätzungen der Führungskraft hinsichtlich
der Leistungsergebnisse, des Leistungsverhaltens sowie der Entwick-
lungspotenziale des Mitarbeiters.

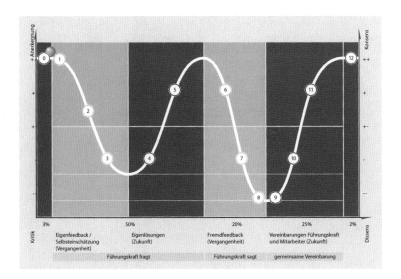

○ 0 **Einstieg**
Atmosphäre schaffen / Rollenverhältnis der Führungskraft klären /
Ziele des Gesprächs klären / Ablauf des Gesprächs festlegen

○ 1 **Einstiegs-Feedback der Führungskraft / Coach**
Die Startkugel durch positives Feedback der Führungskraft / den Coach
auf den obersten Punkt der Kurve führen.
»Im letzten Jahr ist mir besonders positiv aufgefallen, dass Sie sich…
weiterentwickelt haben«

○ 2 **Fragen zu Erfolgen und Stärken**
»Welche besonderen Stärken / Interessen haben Sie dabei bei sich
entdeckt?«
»Wie haben Sie die Erfolge des letzten Jahres erreichen können?«
»Was gelingt Ihnen in Ihrer Arbeit am besten?«
»Was sind aus Ihrer Sicht Ihre größten Veränderungen / Entwicklungen
im letzten Jahr?«

○ 3 **Fragen zu weniger starken Seiten klären**
»Was können Sie weniger gut? – Was gelingt Ihnen aus eigener
Sicht weniger?« oder
»Was liegt Ihnen in der Arbeit nicht so?«
»Was waren bisher Ihre kritischsten Themen/Erfahrungen?«

○ 4 **Fragen zur Überwindung von Schwachstellen / zur Verbesserung**
»Was haben Sie aus den bisherigen kritischen Situationen für sich
lernen können?«
»Was werden Sie in Zukunft anders machen?«

○ 5 **Hinführung auf klare Vorstellungen der Zukunft**
»An welchen Aspekten wollen Sie besonders arbeiten?«
»Wenn Sie das bisher Besprochene betrachten, was wollen Sie sich
jetzt für die Zukunft vornehmen?«
»Wie soll eine positive Zukunft in x Jahren für Sie aussehen?«
»Wie wollen Sie konkret vorgehen?«
»Wie sicher sind Sie, dass Sie erfolgreich sein werden und wie können
Sie ihre Erfolgswahrscheinlichkeiten erhöhen?«

Fragen und Aussagen 1-5: Die Führungskraft / der Coach stellt Fragen und hört zu.

○ 6 **Feedback durch Führungskraft / den Coach**
»Mir sind folgende positive Aspekte aufgefallen:«
»Am stärksten haben Sie sich nach meinen Beobachtungen
weiterentwickelt in…«
»Ihre Potenziale sehe ich…«

○ 7 **Kritisches Feedback**
»Was Sie selbst sehen bei sich, das habe ich auch beobachtet bei …«
»Mir ist aufgefallen, dass …«

○ 8 **Bei Bedarf: Zusätzliches kritisches Feedback – was der Mitarbeiter
selbst nicht nannte**
»Mir ist / sind noch weitere Punkte aufgefallen –
so sehe ich Veränderungsbedarf in …, insbesondere, wenn Sie sich in
Richtung xy weiterentwickeln wollen.«

○ 9 **Reflexion des zusätzlichen kritischen Fremdfeedbacks durch
erneute Fragen**
»Wenn Sie dies so hören, wie geht es Ihnen dabei?«
»Wie wollen Sie daran arbeiten?«

○ 10 **Verbesserungsansätze**
… an folgende Aspekte denken und arbeiten …
»Wenn Sie sich vorgenommen haben, das Ziel x zu erreichen, dann
genügt es meiner Erfahrung nach nicht, dass Sie nur xy verändern
wollen, weil …«

○ 11 **Vereinbarung mit der Führungskraft / dem Coach**
»Formulieren Sie doch zunächst noch einmal die Veränderungs-
und Entwicklungsziele für das kommende Jahr.«
»Woran werden Sie und ich erkennen, dass Sie dies erreicht haben?«
»Wie hätten Sie gerne von mir zwischenzeitliches Feedback?«
»Welche Unterstützung bräuchten Sie …«
»Dann halten wir jetzt fest, wie Sie vorgehen werden«

○ 12 **Weitere Schritte - nächstes Review mit der Führungskraft /
dem Coach vereinbaren**
»Wann hätten Sie gerne einen nächsten Termin?«
»Welches Thema sollen wir uns dann besonders vornehmen?«

⬛ **Abb. 27.2** Fragen und Antworten im Mitarbeiterentwicklungsgespräch

Anregungen zum Feedback Feedback, besonders in Form von
Anerkennung und Kritik, gilt als wichtiger Gesprächsbestandteil.
Positives Feedback verstärkt das gewünschte Verhalten mehr als kritisches Feedback. Auf der anderen Seite wird durch kritisches Feedback, wenn es nicht zerstörerisch wirkt, eine nachhaltigere Wirkung
erzielt.

■■   **Phase 4: Verbindliche Vereinbarungen**

Diese Phase (ca. 25% der gesamten Gesprächsdauer) dient der verbindlichen Vereinbarung von Leistungsergebniszielen oder Zielen zur Verhaltensveränderung sowie Zielen zur Entwicklung des Mitarbeiters. Die Verbindlichkeit wird durch einen festgelegten Review-Termin verstärkt.

Gesprächsabschlussphase

Wenn der Hauptteil des Gesprächs beendet ist, einschließlich aller verbindlich getroffenen Vereinbarungen, muss das Gespräch auch einen Abschluss finden (ca. 2% der Gesamtzeit).

Folgende Themenschwerpunkte sind hier sinnvoll: Reflexion über das Gespräch und die getroffenen Vereinbarungen (Meta-Ebene) und Vereinbarung von Zwischen-Reviews.

27.4   Sicherstellung der Nachhaltigkeit – Implementierungsbeispiele aus der Telekommunikationsindustrie

Nachfolgend beschreiben und diskutieren wir ein Unternehmensbeispiel aus der Telekommunikationsindustrie mit ca. 2000 Mitarbeitern.

Die Kenntnis des JDC und Erfahrungen wesentlicher Entscheidungsträger damit waren in diesem Unternehmen die Basis für die Professionalisierung der Führungsgespräche und die Absicht, damit die Veränderung der Gesprächskultur auch nachhaltig zu bewirken.

Der Implementierungsprozess erfolgte nach dem in ◙ Abb. 27.3 skizzierten Ablauf.

In einer Pilotphase wurden in 3 Trainingsgruppen jeweils 6–8 Führungskräfte der mittleren Führungsebene in einem 2-tägigen Training qualifiziert. Die Betriebsratsvorsitzende und 2 weitere Betriebsräte waren bei diesen Trainingsmaßnahmen aktiv als Teilnehmer dabei.

Nachdem dann alle Führungskräfte ihre Mitarbeiterjahresgespräche geführt hatten, wurden sowohl die Führungskräfte, die an dem Piloten teilnahmen, als auch 3 ausgewählte Gruppen mit insgesamt ca. 35 Mitarbeitern von der Personalleitung in Zusammenarbeit mit dem Betriebsrat zu Feedback-Workshops eingeladen.

Die positiven Erfahrungen, die die Führungskräfte in der Rolle des Mitarbeiters wie auch in ihren eigenen früheren Gesprächen als Führungskraft mit Mitarbeitern machten, waren folgende:

Durch Pilotphase Erhöhung der Akzeptanz bei allen Beteiligten

 – Der Gesprächsleitfaden durch die W-Kurve war sehr hilfreich.
 – Sie konnten sich auf Fragen und Zuhören konzentrieren.
 – Die Gesprächssteuerung durch Fragen öffnete neue Perspektiven.

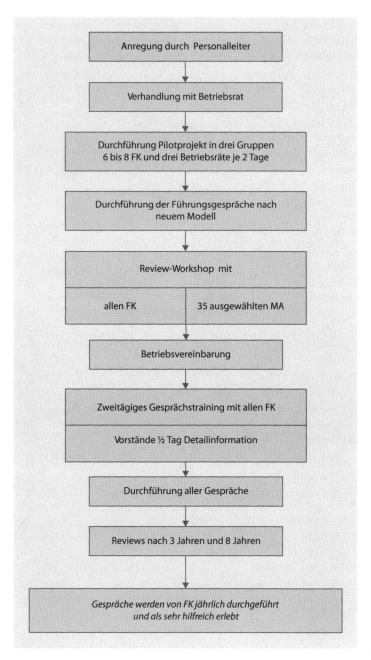

Abb. 27.3 Implementierungsprozess

- Die Mitarbeiter waren offener als erwartet.
- Die Führungskräfte erlebten die Gespräche als angenehmer als zuvor.
- Die Selbstverpflichtung der Mitarbeiter war leichter zu erreichen.

Die Feedbacks und Erfahrungen der Mitarbeiter lassen sich wie folgt zusammenfassen:

- Sehr positiv wurde registriert, dass die Führungskraft sich sehr viel Zeit für das Gespräch mit den Mitarbeitern nahm.
- Die Atmosphäre wurde als sehr angenehm erlebt.
- Die Mitarbeiter konnten sagen, was ihnen am Herzen lag (»Ich wollte ursprünglich meiner Führungskraft nicht so viel erzählen, bis ich bemerkt hatte, dass ich über eine Stunde geredet hatte, und ich empfand es als sehr angenehm«).
- Mitarbeiter konnten eigene Ideen einbringen.
- Die Führungskraft fragte nach eigenen Lösungen der Mitarbeiter.
- Die Mitarbeiter berichteten über zunehmendes Vertrauen zu ihren Führungskräften.

Nach dieser gelungenen Pilotphase wurden alle Führungskräfte im Unternehmen in einem 2-tägigen Training auf ihre Gespräche mit den Mitarbeitern vorbereitet.

In einer Betriebsvereinbarung wurde festgelegt, dass jeder Mitarbeiter eine Wahlmöglichkeit hatte, ein solches Gespräch von der Führungskraft einzufordern, und die Führungskraft verpflichtet war, dieses dann auch durchzuführen.

Diese Wahlmöglichkeit der Mitarbeiter auf der einen Seite und die Verpflichtung der Führungskraft auf der anderen Seite sind u. E. jedoch als kritisch anzusehen:

- Zum einen intendiert die Grundphilosophie des JDG, dass die Führungskraft bei der Förderung und Entwicklung der Mitarbeiter als Coach bzw. als Berater fungiert und sich dafür in letzter Konsequenz, zumindest implizit, ohnehin einen Beratungsauftrag bzw. die Zustimmung zur Art des Gesprächs beim Mitarbeiter einholt.
- Zum anderen erscheint es uns höchst fragwürdig, wenn durch eine Betriebsvereinbarung verhindert würde, dass die Führungskraft eine ihrer wesentlichsten Funktionen, nämlich die Förderung der Mitarbeiter, nicht wahrnehmen kann, weil Mitarbeiter gerade darüber kein Gespräch mit der Führungskraft führen wollen. Denn Führung ohne systematisch geführte Gespräche ist letztendlich nicht möglich. Von daher kann es nur sinnvoll sein, dass sowohl Führungskraft als auch Mitarbeiter verpflichtet sind, miteinander einen professionellen Austausch zu führen und professionelle Vereinbarungen zu treffen.

Mittlerweile liegen diese Trainings ca. 10 Jahre zurück. Eine Nachfrage bei den Personalverantwortlichen zeigte, dass die Führungskräfte in allen Bereichen diese Gespräche als standardisierten Prozess mindestens einmal im Jahr durchführen. Um dies sicherzustellen, werden die Bereiche von der Personalleitung gebeten, die Mitarbeiterjahresgespräche bis zu einem bestimmten Zeitpunkt auch durchzuführen,

> Training der Gespräche und systematischer Implementierungsprozess sind Voraussetzungen für nachhaltige Umsetzung

> Mitarbeiterjahresgespräche als Führungsinstrument sind auch für Mitarbeiter verpflichtend

damit von der Personalseite her mit den Verantwortlichen auch über die Qualifizierungsbedarfe diskutiert werden kann.

27.5   Fazit und Hinweise für die Praxis

Mitarbeiterjahresgespräche werden zwar in Literatur und Praxis seit vielen Jahren als hilfreiche Führungsinstrumente diskutiert und eingesetzt. Trotzdem gibt es noch viele Unternehmen und Führungskräfte, die deren Nutzen kaum erkannt haben. Das liegt zum einen an einer großen Selbstüberschätzung der kommunikativen und beratungsrelevanten Fähigkeiten, zum anderen an dem Rollenverständnis von Führungskräften, die Mitarbeiterförderung und -entwicklung weniger als ihre Aufgabe ansehen.

Bei den Führungskräften, die mit dem JDG arbeiten, zeigt sich, dass es für sie eine Erleichterung bedeutet, die Gespräche zu führen, weil sie einen systematischen Leitfaden haben und außerdem nicht gefordert sind, einen »Beurteilungsmonolog« zu halten.

Gesprächstrainings nach dem JDG nehmen Führungskräften die »Angst« vor Jahresgesprächen

Hohe Motivation ist bei Führungskräften bereits nach den ersten Trainings zu spüren, wenn sie erkannt haben, wie sie Fehler der Vergangenheit überwinden können. Diejenigen, die dann die ersten Praxisversuche unternommen haben, werden wiederum durch die positiven Rückmeldungen ihrer Mitarbeiter zur weiteren Professionalisierung animiert.

Aus unserer Erfahrung erscheinen die in der Checkliste aufgeführten Aspekte für die Praxis wichtig.

> **Checkliste: Hinweise für die Praxis**
> — Führungskräften sollte als Erstes der Zwang der Beurteilungsrunden genommen werden.
> — Dazu ist es notwendig, dass Führungskräften hinreichend Know-how vermittelt wird, wie sie ihre Gespräche professionalisieren können.
> — Bevor Betriebsvereinbarungen getroffen oder Beurteilungsinstrumente (wie z. B. Beurteilungsbogen) diskutiert und eingeführt werden, sollten Führungskräfte erkennen können, wie hilfreich eine professionelle Gesprächsführung für ihren Job ist.
> — Betriebsvereinbarungen und Beurteilungsinstrumente sind zweitrangig. Vorrangig ist, dass es Führungskräften gelingt, in der Kommunikation mit ihren Mitarbeitern diese für ihren Job und ihre eigene permanente Weiterbildung zu motivieren.
> — Multifunktionalitäten mit sich widersprechenden Zwecken (Entgelt vs. Entwicklung) und Rollen (Richter vs. Coach) sind unbedingt zu vermeiden.
> — Es erscheint ratsam, Führungstrainings insbesondere mit der Professionalisierung der Mitarbeitergespräche zu beginnen,

anstatt zu warten, bis eine Betriebsvereinbarung über die Einführung eines Gesprächssystems abgeschlossen ist. Mitarbeitergespräche müssen auch im betrieblichen Alltag geführt werden. Dies gehört zum Führungsjob und bedarf nicht erst einer Richtlinie oder Genehmigung.

— Trainings mit Führungskräften zur professionellen Gesprächsführung sollten nicht nur am Instrument ansetzen, sondern auch eine Reflexion der Einstellung der Führungskräfte zu ihrem Job und ihrem Führungsverhalten (insbesondere im Gespräch) beinhalten.

Leseempfehlung

Alberternst, C. (2003). *Evaluation von Mitarbeitergesprächen.* Hamburg: Dr. Kovac.

Comelli, G. & Rosenstiel, L. von (2009). *Führung durch Motivation,* 6. überarb. Aufl. München: Vahlen.

Jochum, E. & Jochum, I. (2001). Führungskräfte als Coach? *Personal, 9,* 492–495.

Lay, R. (1999). *Führen durch das Wort,* 2., überarb. Aufl. München: Econ & List.

Neuberger, O. (2001). *Das Mitarbeitergespräch. Praktische Grundlagen für erfolgreiche Führungsarbeit,* 5. Aufl. Leonberg: Rosenberger.

Neumann, P. (2009). Gespräche mit Mitarbeitern effizient führen. In L. von Rosenstiel, E. Regnet & M. Domsch (Hrsg.), *Führung von Mitarbeitern,* 6., überarb. und erweit. Aufl. (S. 213–226). Stuttgart: Schäffer-Poeschel.

Rauen, C. (2009). Coaching von Mitarbeitern und Führungskräften. In L. von Rosenstiel, E. Regnet & M. Domsch (Hrsg.), *Führung von Mitarbeitern,* 6., überarb. und erweit. Aufl. (S. 237–248). Stuttgart: Schäffer-Poeschel.

Regnet, E. (2009) Kommunikation als Führungsaufgabe, In L. von Rosenstiel, E. Regnet & M. Domsch (Hrsg.), *Führung von Mitarbeitern,* 6., überarb. und erweit. Aufl. (S. 204–212). Stuttgart: Schäffer-Poeschel.

Rosenstiel, L. von (2009). Anerkennung und Kritik als Führungsmittel. In L. von Rosenstiel, E. Regnet & M. Domsch (Hrsg.), *Führung von Mitarbeitern,* 6., überarb. und erweit. Aufl. (S. 227–236). Stuttgart: Schäffer-Poeschel.

Schulz von Thun, F. (1999). *Miteinander reden. Band 1: Störungen und Klärungen.* Reinbek: rororo.

Schulz von Thun, F. (2005). *Miteinander reden. Band 2: Stile, Werte und Persönlichkeitsentwicklung,* 25. Aufl. Reinbek: rororo.

Weisbach, C.-R. & Sonne-Neubacher, P. (2008). *Professionelle Gesprächsführung – ein praxisnahes Lese- und Übungsbuch,* 7., vollst. überarb. Aufl. München: dtv.

Literatur

Berth, R. (1994). *Aufbruch zur Überlegenheit.* Düsseldorf: Econ.
Jochum, E. (2010). *Professionelle Gesprächsführung mit dem JOCHUM Dialog Gesprächsmodell – Führungskraft als Coach – Leitfaden für professionelle Mitarbeiter-Jahresgespräche.* Reutlingen: Jochum Dialog Consultants.

Ein Blick über den Zaun: Veränderungsprojekte in fernen Kulturen

Einführung

Lutz von Rosenstiel

In diesem Buch finden sich viele Fallbeispiele zu Veränderungsprozessen. Sie unterscheiden sich durch Veränderungsschwerpunkte, stammen aus Unternehmen ganz verschiedener Größe, aus verschiedenen Branchen, verfolgen kaum zu vergleichende Ziele und sind jeweils unterschiedlichen Veränderungskonzepten verpflichtet.

Eines ist ihnen aber gemein: Sie alle stammen aus der Kultur westlicher hochentwickelter Industriestaaten, genauer gesagt, aus dem deutschsprachigen Raum Zentraleuropas. Hier gibt es so etwas wie eine gemeinsame Kultur, bestimmte verbindende Grundauffassungen darüber, wie Führungskräfte mit ihren Mitarbeitern, wie Kollegen miteinander umgehen, wie man es mit der Erfüllung von Aufgaben, mit der Pünktlichkeit, mit der Beachtung von Regeln und auch mit dem Herangehen an notwendig erscheinende Veränderungen hält. Auf den ersten Blick erscheinen die Unterschiedlichkeiten zwischen den Regionen, Betriebsgrößen, Branchen etc. vielfach groß; zieht man jedoch zum Vergleich Beispiele aus fernen Kulturen heran, so schrumpfen diese Differenzen im Kontrast deutlich zusammen. Wie man Prozesse bei uns anpackt, wie man Konflikte bewertet, wie man Kommunikation und Kooperation gestaltet, sieht man in den Besonderheiten auch meist dann prägnanter, wenn man vergleicht und auf andere blickt.

Je nach Kultur des Landes werden Veränderungsprozesse im Unternehmen unterschiedlich konzipiert

Was in unserer Kultur eine allgemein akzeptierte Selbstverständlichkeit ist, kann in einer anderen Kultur Verwunderung, Missverständnisse oder gar Konflikte auslösen. Entsprechend ist es für global agierende Unternehmen inzwischen zur Regel geworden, Führungskräfte, die ins Ausland entsandt werden sollen, einem interkulturellen Training zu unterziehen. Ein Scheitern jener Führungsverhaltensweisen, die in der Heimat meist zielführend sind, könnte sonst die Folge sein. Unterschiede gibt es aber natürlich auch im Herangehen an und beim Durchführen von Veränderungsprozessen. Während innerhalb des bei uns sehr üblichen Survey-Feedback-Ansatzes – also der Rückmeldung der Ergebnisse an jene, die die Daten geliefert haben, unter Einschluss des entsprechenden Vorgesetztenfeedbacks – die Chance für einen Einstieg in die Entwicklung von Verbesserungs- und Veränderungsmaßnahmen liegt, ist dies in Kulturen, die durch eine große Machtdistanz – also einen ausgeprägten hierarchischen Abstand zwischen Führenden und Geführten – gekennzeichnet sind, zum Scheitern verurteilt. Die Geführten würden selbst im Schutz der Anonymität der schriftlichen Befragung kaum wagen, Kritisches über ihren Vorgesetzten zu Papier zu bringen.

In manchen Bereichen freilich scheinen die Unterschiede zu schwinden. Große Produktions- oder Dienstleistungsunternehmen sind weltweit nach dem Modell erfolgreicher europäischer oder nordamerikanischer Unternehmen strukturiert. Die Erstellung von Massengütern erfolgt nach den gleichen Konzepten; die zentralen ökonomischen und technischen Prozesse sind sich zum Verwechseln ähnlich. Aber auch hier wird man auf Unterschiede stoßen, wenn man auf die weichen Faktoren achtet, etwa die Art, wie man einander begrüßt, wie auf Fehler eines Einzelnen reagiert wird, ob man tolerant oder irritiert mit Normabweichungen im Verhaltensstil umgeht etc. Die Unterschiede werden noch größer, wenn man an Organisationen außerhalb der großen Produktions- oder Dienstleistungsunternehmen denkt, an kleine oder mittelständische Betriebe, an soziale Einrichtungen oder Schulen, an Genossenschaften, Verbände oder politische Parteien. Hier sind es andere Probleme als bei uns, die zu Veränderungsprozessen führen. Es sollen vielfach andere Ziele erreicht werden, und man geht durchaus eigene Wege, um zu den Zielen zu gelangen. All dies kann hier nicht dargestellt und schon gar nicht begründet und interpretiert werden; dennoch erscheint es lehrreich, sich ein Beispiel etwas näher anzuschauen, einen Prozess der Veränderung an indischen Schulen, den Gebert, Boerner und Chatterjee (▶ Kap. 29) darstellen. Hier werden Interessengruppen deutlich, formelle und informelle Strukturen sichtbar, Vorgehensweisen erkennbar, die man bei uns kaum und schon gar nicht an Schulen findet. Der Blick auf derartige Unterschiede hilft, die bei uns in der Regel zum Erfolg führenden Wege nicht zu verabsolutieren, sondern sie als etwas Relatives und im starken Maße Kulturgebundenes zu erkennen.

Wenn sich die Parteien grundsätzlich unterscheiden und Konflikte eskalieren – Eine Fallstudie zum Change Management in Schulen Süd-Indiens

Diether Gebert, Sabine Boerner und Debrabata Chatterjee

Das eigentliche Interesse des Erstautors während seiner Tätigkeit am Indian Institute of Management (Kozhikode) 2009 im Bundesstaat Kerala in Süd-Indien war, unter dem Blickwinkel der Forschung zur Diversity etwas über das Miteinander oder auch Gegeneinander der verschiedenen Religionen (Hindus, Moslems, Christen) in Erfahrung zu bringen. Trotz der in Indien weit verbreiteten Brücken bauenden Formel »unity in diversity« kann das Verhältnis der 3 genannten Religionen in Indien nur als angespannt bezeichnet werden. Auf der Suche nach einem geeigneten Feld für die Untersuchung der Beziehung zwischen den Religionen hatten wir Gelegenheit, in Kerala Daten in Lehrerkollegien von Grundschulen zu erheben, die sich in einem tiefgehenden Wandlungsprozess befinden. Über diesen Wandlungsprozess berichten wir nachstehend.

29.1   Ausgangslage

Ziel des nachstehenden Berichts ist es, die Bedeutsamkeit unterschiedlicher religiöser und gewerkschaftlicher Gruppierungen innerhalb des Lehrerkollegiums für das Change Management herauszuarbeiten. Wir fokussieren Diversity damit als Risikofaktor für das Change Management. Wir hoffen, einige Beobachtungen mitteilen zu können, die sich auch außerhalb des untersuchten Kontextes als interessant erweisen. Wir denken, dass man an dieser Fallstudie dann lernen kann, wenn man Ähnlichkeiten *und* Unterschiede dieses Falls zu dem je zu behandelnden eigenen Fall im Blick hat.

Kultureller Hintergrund des Change-Projekts

Wir schildern im 1. Schritt knapp den Inhalt des Change-Projekts, in dem ein neues Lehrerverhalten und neue Erziehungsziele im Mittelpunkt stehen. Dabei geht es wesentlich um die Förderung einer säkularen Erziehung. In Bezug auf eben diese Frage einer säkularen Erziehung unterscheiden sich die Lehrergewerkschaften, so dass Spannungen vorprogrammiert sind. Wir beschreiben im 2. Schritt diese Unterschiede und gehen dabei, um Konflikte innerhalb des Projekts besser nachvollziehbar werden zu lassen, auch auf den gesellschaftlichen Kontext ein, da in Indien wie in Kerala einerseits einer Säkularisierung das Wort geredet wird, aber andererseits gegenteilige Strömungen ausmachbar sind. Im 3. Schritt fokussieren wir im Sinne einer Vertiefung der Kontextbeschreibung und zum besseren Verständnis von Konflikten auch innerhalb der Schule die Beziehungen zwischen den 3 Religionen in Indien generell und Kerala speziell. Zum Ersten lassen sich auf der gesellschaftlichen Ebene verschiedene Spannungsherde identifizieren. Zum Zweiten gibt es Hinweise darauf, dass die konfliktären Beziehungen zwischen den Religionen auf der gesellschaftlichen Ebene mit einem Tabu belegt werden und diese Tabuisierung zu Konfliktverschiebungen führt.

Vor diesem einführenden Hintergrund skizzieren wir die Dynamik des Wandlungsprozesses in der Schule selbst. Zu betonen ist, dass wir nicht als Berater aktiv in den Change-Prozess der Schulen involviert waren. Unsere Rolle war die eines außenstehenden Be-obachters, dem vom Ministerium erlaubt wurde, Daten zu erheben, um die Bedingungen des Erfolgs dieses immer noch andauernden Change-Projekts abzuklären. So soll deutlich werden, in welchem Sinne die Diversity religiöser und gewerkschafts- bzw. erziehungsbe-zogener Überzeugungen in unserer Fallstudie einen Risikofaktor für das Change Management darstellt. An geeigneten Stellen arbeiten wir zugleich Implikationen für das Change Management heraus.

> **Wichtig**
> Es ist zu klären, in welchem Sinne die Diversity religiöser und gewerkschafts- bzw. erziehungsbezogener Überzeu-gungen einen Risikofaktor für das Change Management darstellt.

Schließlich benennen wir einige ergänzende Möglichkeiten, wie den Negativeffekten einer Überzeugungs-Diversity begegnet werden kann.

29.2 Was sollte geändert werden?

29.2.1 Projektinhalt

Im Zentrum dieses von der Regierung des Bundesstaates Kerala in den Jahren 2005/2006 initiierten Wandlungsprozesses an staatlichen Grundschulen steht die Idee eines »collaborative classroom«. Es soll der Übergang von einem lehrerzentrierten zu einem schülerzentrier-ten Unterricht erfolgen. Der Anspruch ist dabei tiefgehend. In einer staatlich herausgegebenen Broschüre heißt es in dem Kapitel über Erziehungsziele im Wortlaut (SCERT, 2008, S. 5): »Students should be able to distinguish between science and pseudo-science. They should work for the liberation of the society from superstitions, rituals, sec-tarianism and prejudices. They should build a scientific outlook in life and resist unscientific practices.« Zur Umsetzung dieser der Auf-klärung (Kant) nahestehenden Idee wird die Rolle der Schulklasse neu, und zwar wie folgt, definiert (SCERT, 2008, S. 9): »Every class … is a research centre. Her teachers are not distributors of knowledge. But they inspire children and function as co-research guides and fel-low learners in the process of problem solving.« Bezogen speziell auf Grundschulen ist dies ein sehr weitgehender Anspruch.

Von den (überwiegend weiblichen) Lehrkräften der hier insgesamt 96 untersuchten staatlichen Grundschulen (mit jeweils 3–30 Lehrern) wird also eine Haltung verlangt, die bei nicht wenigen Lehrern (56% von ihnen sind Hindus, 26% Christen, 15% Moslems) eine grundle-gende Einstellungsänderung voraussetzt. Die Einstellungsänderung bezieht sich zum einen auf das Lehrerverhalten selbst und zum zwei-ten auf das Erziehungs*ziel*, das ebenfalls neu definiert ist. Auch die-ses Ziel – eine nachdrücklich wissenschaftlich-säkulare Erziehung –

Ziel des Change-Projekts

sollen die Lehrer bejahen, was nicht bei allen gleichermaßen vorausgesetzt werden kann. Zwar gilt, dass sich Indien als säkularer Staat definiert und Aufklärung und Bildung ganz besonders in Kerala – wo die Analphabetenrate mit nur 5% im Vergleich zum übrigen Indien extrem niedrig ist – immer wieder betonte Ideale darstellen (Menon, 2010), so dass die Idee des »collaborative classroom« bei manchen Lehrern durchaus auf Resonanz stoßen wird. Gleichzeitig ist aber u. a. zu berücksichtigen, dass neben West-Bengalen Kerala der einzige indische Bundesstaat mit einer kommunistisch-marxistischen Regierung ist. Von nicht wenigen religiös fundierten Lehrern wurde die Idee des »collaborative classroom« anfänglich als pädagogischer Umsturzversuch mit kommunistisch-atheistischer Zielrichtung gedeutet. Etwa 10% der Lehrer hätten sich – laut Aussagen von Experten in der Vorstudie – massiv zur Wehr gesetzt.

> **Wichtig**
> **Von religiös fundierten Lehrern kann die Idee des »collaborative classroom« als pädagogischer Umsturzversuch mit kommunistisch-atheistischer Zielrichtung gedeutet werden.**

Das Ziel dieses Change-Projekts besteht also in der Förderung einer wissenschaftlich-säkularen Erziehung der Grundschulkinder. Dieses Ziel an sich wurde nicht gemeinsam mit den Lehrern entwickelt, sondern von dem zuständigen Ministerium vorgegeben. Die Umsetzung dieses Ziels setzt eine Einstellungsänderung bei vielen Lehrern voraus und zielt damit auf eine Änderung des Verhaltens der Person ab.

29.2.2 Lehrergewerkschaften in Kerala und Säkularisierungspolitik im Kontext

In Kerala werden 36 Lehrergewerkschaften unterschieden. Die größte Gewerkschaft ist eine marxistisch orientierte, die die Säkularisierungspolitik der kommunistischen Regierung besonders nachdrücklich unterstützt. Ihr gehören in unserer Stichprobe 54% der Lehrer an. Die anderen Lehrer sind Mitglieder unterschiedlicher Gewerkschaften, von denen einige der Säkularisierungspolitik in der Bildung wohlwollend gegenüberstehen, ohne sie forciert zu unterstützen, einige wenige sich aber auch strikt gegen eine säkulare Bildung wenden. Zur letzteren Gruppe gehört – neben christlichen Splittergruppen – eine muslimisch orientierte Gewerkschaft, die für die Beibehaltung der Madressas[1]– in Kerala gibt es ca. 10.000 Madressas – und für soziale Belange der Moslems kämpft (in unserer Stichprobe: 4% der Lehrer). Da laut der Expertenaussagen in der Vorstudie die Konfliktlinie v. a. zwischen der marxistischen Ge-

---

1   Eine Madressa ist eine Koranschule, in der im Wesentlichen der muslimische Koran, nicht aber z. B. Englisch oder Mathematik unterrichtet werden.

werkschaft einerseits und den nichtmarxistischen Gewerkschaften andererseits verläuft, beziehen wir uns nachstehend primär auf diese Unterscheidung.

Dass eine Säkularisierungspolitik in Indien und Kerala nicht unumstritten ist, zeigt sich an auffälligen Widersprüchlichkeiten. Obwohl sich Indien in der Verfassung als säkularer Staat definiert, gilt mental: Nicht Diversity, sondern Hindu-Sein ist Kern der nationalen und religiösen Identität (Chhokar, 2003). Damit ist auch das Kastenwesen integraler Bestandteil der religiösen Identität. Auf der anderen Seite bekämpft die Regierung das jahrhundertealte identitätsstiftende Kastenwesen mit Nachdruck. Dieser Kampf und entsprechende soziale Programme werden aber gleichzeitig von konservativen religiösen Hindu-Gruppierungen in Indien als Ausdruck einer »Desanskritisation« kritisiert (Chhokar, 2003, S. 976).

Dabei werden die Auseinandersetzungen zwischen den Anhängern einer säkularen und einer nichtsäkularen Erziehung gelegentlich in sehr scharfer Form ausgetragen. Sehr bekannt geworden ist in Kerala die Textbuch-Affäre aus dem Jahr 2008. In dem von der kommunistischen Regierung lancierten Textbuch fanden sich Stellungnahmen zugunsten einer freien Wahl der Religion und zugunsten einer Heirat zwischen den Religionen und Kasten. Dies ist aber für religiös fundierte Gewerkschaften eine Provokation ersten Ranges und eine tiefgehende Verletzung ihrer (gegenteiligen) religiösen Überzeugungen. Dies führte zu öffentlichen Verbrennungen dieser Textbücher durch religiöse Extremisten, Streiks von Lehrern an verschiedenen Schulen und zur Ermordung eines Schulleiters (Devika, 2008). Ebenfalls bekannt wurde in Kerala die Auseinandersetzung um ein Lehrbuch zur biologisch-sexuellen Aufklärung, das aus Sicht religiöser Gruppierungen pornografische Bilder beinhaltete.

> Streit zwischen Anhängern säkularer und religiöser Erziehung

29.2.3 Die Beziehungen zwischen den Religionen – Religiöse Minoritäten/Majoritäten – Macht- und Einflussverteilung

80,5% der indischen Gesamtbevölkerung sind Hindus, 13,4% sind Moslems und lediglich 2,3% sind Christen (Census, 2001). Abweichend hiervon sind in Kerala lediglich 56,2% Hindus; dagegen finden sich 24,7% Moslems und 19,1% Christen. Der hohe Anteil von Moslems und Christen in Kerala steht in Zusammenhang damit, dass das Erziehungswesen in Kerala vor vielen Jahren u. a. von christlichen (katholischen) Missionaren begründet wurde und zur damaligen Zeit ein reger Handel mit den arabischen Staaten stattfand (Menon, 2010). Die Christen versuchen im Stolz auf diese Vergangenheit, ihre Position in Kerala zu erhalten. Der im Vergleich zum übrigen Indien hohe Anteil an Moslems in Kerala scheint muslimische Splittergruppen politisch zu ermutigen.

Vielfalt der Religionen als kultureller Hintergrund

Indienweit hat sich – vermutlich auch als Reaktion auf die Schrecknisse der Abtrennung Pakistans von Indien 1947 und die von der Elterngeneration noch erinnerten Gewalttaten – auf der gesellschaftlichen Ebene eine soziale Norm entwickelt, die in der Kurzformel »unity in diversity« zusammengefasst wird. Gleichzeitig liegen aber Hinweise auf religiöse Vormachtsansprüche auf Seiten der Hindus vor, die auf der politischen Ebene von einer bestimmten Partei (BJP) speziell nach dem Mumbai-Attentat im Jahr 2008 auch offen artikuliert wurden. Die Wiederbelebung einer religiös-nationalen Hinduismusbewegung (Chhokar, 2003) steht im Übrigen im Widerspruch zum offiziellen, in der indischen Verfassung verankerten, Gleichheitspostulat.

29.2.4 Tabuisierungen und Konfliktverschiebung

Spannungen zwischen den Religionen werden, so das Ergebnis der Gespräche mit den Experten in der Vorstudie, tendenziell mit einem Tabu belegt. Für Tabus (Sievers & Merski, 2006) ist charakteristisch, dass sie weder schriftlich fixiert noch mündlich expliziert werden, sondern unausgesprochen gelten; ihre Gültigkeit wird stillschweigend vorausgesetzt. Je mehr Tabus eine verschleiernde Funktion erfüllen, desto eher kann dort mit Tabus gerechnet werden, wo im religiösen Kontext Anspruch und Realität in Bezug auf die Beziehungen zwischen den Religionen deutlich auseinander klaffen. Die gerade erwähnten Gewalttätigkeiten stehen im Widerspruch zur Formel »unity in diversity«. Analoges gilt in Kerala. Der Anspruch konkretisiert sich in Kerala in den Leitideen einer (kommunalen) Harmonie und eines hohes Bildungsgrads. Gerade weil Bildung und Harmonie ein Ideal darstellen, wurde der Vorfall, bei dem ein muslimischer Extremist den Finger eines hinduistischen Lehrers abschnitt, in der Öffentlichkeit als Rückfall in die Barbarei und als Beflecken der Kerala-Ideale einer aufgeklärten Gesellschaft gebrandmarkt (Menon, 2010). Dabei ist aber gleichzeitig zu berücksichtigen, dass in Kerala im Mai 2002 im Fischerdorf Marad muslimische Fischer von Hindu-Fischern im Zuge eines Streits über Fischereirechte grausam hingerichtet wurden (Das, 2003).

> **❯ Wichtig**
> Spannungen zwischen den Religionen werden tendenziell mit einem Tabu belegt.

Wir deuten diese Zuspitzungen wie folgt: Je mehr Anspruch und Realität in den Beziehungen zwischen den Religionen auseinander klaffen, desto eher wird diese Differenz tabuisiert. Je mehr diese Differenz tabuisiert wird, Konfliktpotenziale im religiösen Bereich also unterdrückt werden, desto eruptiver und unkalkulierbarer brechen sie sich bei geeignetem Anlass auf einem anderen Sektor Bahn.

29.3 Wie wurde bei dem Change-Projekt vorgegangen?

Da der gesellschaftliche Kontext in die Schulen hineinwirkt, ist schon von daher plausibel, dass im Zuge dieses Change-Projekts Konflikte auch innerhalb der Schulen auftreten werden. Wir werden dies im 2. und 3. Schritt vertiefen. In diesem 1. Schritt geht es nur um die These, dass Konflikte als emotionale Spannungen zwischen Subgruppen den Wandlungsprozess behindern.

Ein Instrument, das der Durchsetzung des Programms dienen soll, stellt die sog. School Research Group (SRG) dar. Jede Woche trifft sich das Lehrerkollegium in dieser SRG, um darüber zu beraten, wie man die Idee des »collaborative classroom« an der eigenen Schule und in dem jeweils vertretenen Fach (Erdkunde, Biologie, …) am besten umsetzen kann. Konkret geht es wesentlich auch darum, Lehr- und Unterrichtsmaterialien zu entwickeln, die als Hilfsmittel und Werkzeuge die Umsetzung der neuen Lehrer-Schüler-Rollen erleichtern sollen. Folglich müssen Projekte gefunden bzw. von den Lehrern aktiv selbst konzipiert werden, die dabei helfen, dass Wissen nicht mehr konsumiert, sondern gemeinsam erzeugt wird. Laut Aussagen der in der Vorstudie interviewten Lehrer und Schulleiter ist dies nur möglich, wenn jeder Lehrer bereit ist, seine Erfahrungen und Ideen mit den Kollegen auszutauschen. Dieser Austausch wird behindert, wenn in dem Lehrerkollegium Spannungen herrschen. Folglich wird dann auch die Erfolgswahrscheinlichkeit dieser Bemühungen sinken.

In Bezug auf die allgemeine Charakterisierung dieses Change-Projekts folgt daraus, dass der Change-Prozess auch die Qualität der Kooperation im Lehrerkollegium fokussieren müsste, um so die Voraussetzungen dafür zu schaffen, dass die Lehrer wissen, wie bzw. über welche *pädagogischen Mittel* sie ihrer neuen Aufgabenstellung gerecht werden können.

29.3.1 Die Diagnostik der Konflikte

Zur Erfassung des Konflikts gaben wir bei unserer Befragung z. B. das Item vor: »In unserem Lehrerkollegium werden manchmal emotionale Spannungen zwischen bestimmten Gruppierungen sichtbar.« (Ein Schulleiter berichtete uns, dass sich auf dem Schulhof in den Pausen bestimmte Lehrergruppen erkennbar meiden und jeweils nur untereinander tuscheln.) Wechselseitige Hilfen erfragten wir u. a. durch das Item »Mitglieder der SRG-Gruppe helfen sich bei der Entwicklung und Umsetzung neuer Lehr- und Unterrichtsmaterialien gegenseitig.« Zur Erfassung des Erfolgs der SRG-Gruppe wurde von außenstehenden Experten im Vergleich der Schulen untereinander zum einen die Kreativität der in der Schule entwickelten Lehr- und Unterrichtsmaterialien und zum anderen die Anzahl der Lehrer und Schüler

Konflikte behindern den Change-Erfolg

eingestuft, die diese Hilfsmittel im Unterricht auch nutzen. Zugleich wurde erhoben, inwieweit die Lehrer die Schüler zu selbstständigem Denken anregen (Itembeispiel: »Verglichen mit anderen Schulen hat sich an dieser Schule in den letzten 2 Jahren in Bezug auf das selbstständige Denken der Schüler wenig getan« (umgekehrt kodiert).

Als Ergebnis zeigt sich erwartungsgemäß, dass mit zunehmenden Konflikten die gegenseitigen Hilfen sehr deutlich abnehmen und dass mit abnehmender wechselseitiger Hilfe der von Experten eingestufte Erfolg ebenfalls deutlich abnimmt.

Auf welchem Wege wird die gewerkschaftliche Diversity in Konflikten sichtbar? Nur wenn dies verstanden wird, werden die Risiken einer solchen Diversity für das Change Management erkennbar. Dem üblichen Vorgehen folgend (Harrison & Klein, 2007) haben wir die Zugehörigkeit der Lehrer zu den verschiedenen Gewerkschaftsgruppen abgefragt. Der auf dieser Basis zu bildende sog. Blau-Index spiegelt zum einen die Anzahl der verschiedenen in einem Kollegium repräsentierten Gewerkschaften und zum anderen zugleich die prozentuale Verteilung der Lehrer über die verschiedenen Gewerkschaften wider. Eine zunehmende Diversity geht insofern nicht nur mit einer zunehmenden Unterschiedlichkeit der in der Schule repräsentierten bildungspolitischen Überzeugungen, sondern auch mit einem spezifischen quantitativen Gewicht der verschiedenen Gewerkschaften untereinander einher; der Indikator ist umso höher ausgeprägt, je mehr auf die verschiedenen Gewerkschaften gleich viele Lehrer entfallen, die Gewerkschaften also gleich »stark« sind.

Überzeugungsunterschiede zwischen den Gruppen

Spannungen zwischen diesen Gruppen können im Kollegium nur dann auftreten, wenn die Gewerkschaftszugehörigkeiten sichtbar werden. Dies ist nicht automatisch der Fall. Solange die Gruppenzugehörigkeiten der Lehrer unbekannt sind, handelt es sich höchstens um latente Konflikt*potenziale*. Im Sichtbarwerden liegt damit der für den Change Manager wichtige Vorgang. Zu klären ist also, wieso denn latente Konfliktpotenziale zwischen den Gruppen nicht latent bleiben. Die Lehrer wissen, dass sie diesem Kollegium noch viele weitere Jahre angehören werden. Diese Perspektive begünstigt eher, dass man zwar unterschiedlich denkt und wertet, dies aber nicht immer ausspricht. Man trennt die berufliche von der privaten Sphäre und behält bestimmte Meinungen in der Schule lieber für sich. Wie kommt es also dazu, dass Unterschiede in den Grundüberzeugungen sichtbar werden?

Bildung von Ingroups und Outgroups

Dies hängt mit mehreren Faktoren zusammen. Repräsentanten der verschiedenen Gewerkschaften präsentieren ihre Programme in der Schule und laden anschließend zur Diskussion der Programme ein. Beteiligen sich die Lehrer an dieser Diskussion, kann tendenziell auf die Gewerkschaftszugehörigkeiten der Lehrer zurückgeschlossen werden. Diskutieren die Lehrer in der wöchentlichen School Research Group, so können sich auch hier zumindest Hinweise auf Gewerkschaftszugehörigkeiten ergeben. Des Weiteren bietet die Regierung den Schulen Unterrichtsmaterialien, die von den Lehrern eingesetzt werden sollen. Da dies den Aufgabenvollzug der Lehrer betrifft und Auffassungsunterschiede zwischen den Lehrern unmittelbar berührt, sind Diskussionen über diese Unterrichtsmaterialien, die ggf. angepasst werden müssen, unvermeidlich. Wir sehen hierin den wichtigsten Faktor, der dazu beiträgt, dass die Zugehörigkeiten der Lehrer zu den jeweiligen Gewerkschaften erschließbar werden. Die Folge davon: Sichtbar gewordene oder vermutete Gruppenzugehörigkeiten laden im Kollegium zu sozialen Kategorisierungen ein, die in Ingroup-Outgroup-Bildungen (Brewer & Brown, 1998) und damit in Spannungen zwischen diesen Gruppen einmünden. Damit sind nicht nur Konflikte, sondern Konflikt*eskalierungen* vorprogrammiert.

> ❯ **Wichtig**
> Das Sichtbarwerden von Gruppenzugehörigkeiten führt tendenziell zu Spannungen zwischen diesen Gruppen und in der Folge zu Konflikteskalierungen.

Minoritäten-Majoritäten-Konstellationen und Machtunterschiede

Neben den Überzeugungsunterschieden zwischen den Gewerkschaften spielt noch ein zweiter Mechanismus eine Rolle, der die Konfliktfreisetzung intensiviert, so dass die Annahme einer Konflikteskalierung erhärtet wird. Dieser Faktor liegt in den quantitativen Relationen zwischen den Gewerkschaften, aus denen sich Macht- und Einflussunterschiede ergeben. Verschieben sich diese Relationen, kommt es tendenziell zu Machtverschiebungen.

Auf den ersten Blick könnte man annehmen, dass sich eine Annäherung an eine Gleichverteilung der verschiedenen Gruppierungen – also eine zunehmende Gewerkschafts-Diversity – befriedend auswirkt. Jede Organisation steht jedoch in einem sozialen bzw. kulturellen Kontext. Wir hatten erwähnt, dass in Kerala die marxistische Lehrergewerkschaft die größte ist. Ist in einer Schule der Anteil der nichtmarxistischen Gewerkschaften, verglichen mit den anderen Schulen, besonders hoch – also eine Tendenz zur Gleichverteilung erkennbar –, so kann dies dazu führen, dass sich die marxistische Mehrheitsgewerkschaft in dieser Schule in ihrer angestammten Mehrheit bedroht sieht und die Minderheitengewerkschaften in dieser Schule zu behindern sucht. Da es bei der Gewerkschaftsorientierung nicht um irgendetwas, sondern um das professionelle und weltanschauliche Selbstverständnis der Lehrer geht, reagieren die Minderheitengewerkschaften, die sich z. B. für die Berücksichtigung religiöser Inhalte im Unterricht einsetzen, mit einem nachdrücklich vorgetragenen Gleichwertigkeitsanspruch. Diese Dynamik zwischen Majoritäten und Minoritäten vergrößert die Gefahr von Konflikteskalierungen.

Die konfliktintensivierende Wirkung der Parallelität von Überzeugungsunterschieden und Bedrohung von Vormachtpositionen bestätigt sich in unseren Daten: Es zeigt sich, dass mit zunehmender Gewerkschafts-Diversity die Spannungen zwischen Subgruppen im Kollegium nicht nur zunehmen, sondern *markant positiv beschleunigt* zunehmen (Gebert, Börner & Chatterjee, 2011).

Ein wesentlicher Schlüssel dieser Entwicklung liegt in dem Sichtbarwerden der Gruppenzugehörigkeiten. Es liegt in unserer Fallstudie wesentlich im Aufgabenvollzug selbst begründet, dass die Zugehörigkeit der Lehrer zu den verschiedenen Gruppen nicht latent bleibt und dadurch die Gefahr von Konflikteskalierungen heraufbeschworen wird. Das Sichtbarwerden von Gruppenzugehörigkeiten ist aber nicht zwangsläufig gegeben. Hier liegt eine wichtige Weichenstellung, die im Change Management beachtet werden muss. So muss z. B. überlegt werden, ob man dem in den USA und Europa zunehmenden Begehren von Gläubigen, ihrer Religion auch innerhalb des Betriebs etwa durch Kleidung oder Gebet Ausdruck zu verleihen, entsprechen soll, da genau hierdurch zunächst unsichtbare Gruppenzugehörigkeiten und Überzeugungsunterschiede erkennbar werden (Gebert & Kearney, 2010).

Wir haben es in dieser Fallstudie mit grundlegenden Überzeugungsunterschieden (Value Conflict) zu tun. Da diese tiefgehenden Überzeugungsunterschiede von dem aufgabenbezogenen Dissens – der Beurteilung der didaktischen Brauchbarkeit von Unterrichtsmaterialien – kaum oder gar nicht ablösbar sind, werden sie artikuliert, also sichtbar, und deswegen über die sich entfaltenden Subgruppenbildungen den Austausch von Wissen behindern (Gebert, 2004) und den Wandel erschweren. Die Art bzw. die Substanz der Diversity wird damit zu einem entscheidenden Faktor innerhalb des Change Managements. Je mehr die Überzeugungsunterschiede für die Identität des Einzelnen bestimmend sind, und je mehr diese Unterschiede bei der jeweiligen Problembewältigung (Erarbeitung neuer Tools, Prozeduren, Regelwerke, Quotenvorgaben im Change-Projekt) nicht ausgeklammert werden können, weil Task und Value Conflicts (Jehn, 1995) mehr oder weniger zusammenfallen, desto höher ist die Konfliktwahrscheinlichkeit.

Wie führt die religiöse Diversity in Schulen zu Konflikten

Religiöse Unterschiede als Zündstoff

Wie die Gewerkschafts-Diversity wird auch die Religions-Diversity über den Blau-Index erfasst, also über die Anzahl der in dem Kollegium repräsentierten unterschiedlichen Religionsgemeinschaften und die Tendenz zur Gleichverteilung der Religionen in der Schule. Im Unterschied zur Gewerkschafts-Diversity wird die Religions-Diversity sofort sichtbar. Man sieht das Zeichen (»tilaka«) auf der Stirn der Hindus und kennt die Vornamen der Kollegen (Thomas: christlich, Mohammed: muslimisch). Da jedem bekannt ist, welcher Religion die anderen Kollegen angehören, ist die Gefahr erheblich, dass gesellschaftlich geprägte und in den Massenmedien artikulierte Vorurteile die wechselseitigen Wahrnehmungen auch in der Schule prägen. Dies birgt Zündstoff. Eben weil die Lehrer um diesen Zündstoff wissen und die unkalkulierbaren und eruptiven Kräfte der Spannungen zwischen den Religionen in unregelmäßigen Abständen immer wieder vor Augen geführt bekommen, wird die Beziehung zwischen den Religionen – so unsere Annahme – auch in der Schule mit einem Tabu belegt. Die zusätzliche Tendenz, Privates und Berufliches zu trennen, kommt dieser Tabuisierungsneigung entgegen. Die Tabuisierung spiegelt sich in den Ergebnissen unserer Fallstudie insofern wider, als kein direkter Zusammenhang zwischen der Religions-Diversity einerseits und dem Auftreten von Konflikten andererseits nachweisbar ist (Gebert, Boerner & Chatterjee, 2011).

Die Tabuisierung verhindert aber nicht, dass zwischen Lehrern unterschiedlicher Religionsgemeinschaften Ressentiments bestehen können. Sie kommen auf Grund der Tabuisierung eben nur nicht erkennbar zum Ausdruck. Dies kann zu dem paradoxen Effekt führen, dass gerade durch die Tabuisierung latent vorhandene Spannungen verstärkt werden. Durch Tabuisierung werden die zugesprochenen Unterschiede zwischen den Religionen also unter Umständen nicht kleiner, sondern größer.

> **Wichtig**
> Gerade durch die Tabuisierung werden latent vorhandene Spannungen verstärkt.

Wir vermuten – analog den Vorgängen auf der gesellschaftlichen Ebene – eine Verschiebung der latenten Spannungen und der in ihnen enthaltenen Energien auf diejenigen Konfliktfelder, deren Austragen für legitim und sachlich notwendig erachtet wird. Innerhalb der Schule sind dies die Bildungsziele und die Säkularisierungsfrage. Auf dieses von der Aufgabenstellung her kaum umgehbare Konfliktfeld werden die Energien aus den tabuisierten Zonen übertragen, so dass die Auseinandersetzungen auf dem pädagogischen Sektor an Schärfe zunehmen und die im Kollegium feststellbaren Spannungen zwischen bestimmten Subgruppen anwachsen. Diese Annahme scheint zu stimmen. Die Verschiebungsdynamik spiegelt sich in unseren Daten insofern wider, als die Beziehung zwischen dem Maß für die Gewerkschafts-Diversity und den Konflikten dann besonders eng ist, wenn zugleich die religionsbezogene Diversity hoch ausgeprägt ist (Gebert, Boerner & Chatterjee, 2011).

Eine derartige Verschiebungsdynamik kann für das Change Management von erheblicher Bedeutung sein. Verschiebungen implizieren zum Ersten, dass Konflikte evtl. dort entstehen, wo sie sonst nicht entstehen würden, und zum Zweiten, dass Konflikte an unverhältnismäßiger Schärfe gewinnen und dann auch eskalieren können. Verschiebungen bedeuten zum Dritten, dass Manager bei der Suche nach den Konfliktursachen in die Irre geleitet werden können und gerade dadurch noch zur Konfliktverschärfung beitragen.

Konflikteskalierungen sind speziell zu erwarten, wenn bestimmte Überzeugungen mit einem hohen Grad an Dogmatismus vertreten

Religiöser Fundamentalismus

werden. Im religiösen Kontext spricht man auch von Fundamentalismus. Er ist hoch ausgeprägt, wenn die Gläubigen in ihrer religiösen Überzeugung eine absolute Wahrheit sehen. Dies äußert sich etwa in der Meinung, dass die Aussagen der Bibel wörtlich zu nehmen sind und keinerlei Kompromisse gemacht werden dürfen. Zur Erfassung dieser Tendenz haben wir z. B. das folgende Item vorgegeben: »The long established traditions in religion show the best way to honour and serve god, and should never be compromised.« In dem Lehrerkollegium werden aber auch Lehrer sein, die eine eher liberale Religionsauffassung teilen. Vereinfachend betrachten wir Lehrer als liberal, die niedrige Werte auf der Dogmatismusdimension aufweisen. Dies erlaubt uns, ein Diversity-Maß zu entwickeln, das – bestimmt über die Standardabweichung auf dieser Dimension (Harrison & Klein, 2007) – den Grad kennzeichnet, in dem in dem Kollegium *beide* Mentalitäten vertreten sind. Wir vermuten, dass diese Konstellation konfliktauslösend wirkt:

Für den Fundamentalisten sind liberal-tolerante Denkmuster an sich bereits ein Übel, da sie eine Relativierung »unumstößlicher« Wahrheiten bedeuten. Umgekehrt stellt für den Liberalen Toleranz einen Wert an sich dar, für den einzutreten er gewillt ist; für ihn beinhaltet Fundamentalismus eine Bedrohung (Gebert & Kearney, 2010). Zunehmend extremere Positionen und Verhärtungen der fundamentalistischen *und* der liberalen Denkweise werden plausibel, wenn von den einen Toleranz als Verrat und Selbstaufgabe und von den anderen Toleranz als Ziel und Medium der Selbstverwirklichung gewürdigt wird. Es bilden sich Camps (Harrison & Klein, 2007). In Übereinstimmung damit zeigt sich in unserer Fallstudie: Je mehr in dem Lehrerkollegium in Bezug auf religiöse (!) Fragen einerseits dogmatisch-fundamentalistisch denkende Lehrer – egal ob Hindus, Moslems oder Christen –, zugleich aber andererseits auch liberal-tolerante Lehrer vertreten sind, desto größer sind die Konflikte (Gebert, Boerner & Chatterjee, 2011b).

Zu den schon vorhandenen gewerkschaftsbezogenen »Bruchlinien« innerhalb des Kollegiums kommen also noch weitere hinzu, die sich um die Konfliktlinie »Fundamentalismus versus Liberalismus« zentrieren. Wir haben es in unserer Fallstudie nicht erhoben, aber selbstverständlich können auch marxistisch-atheistische Überzeugungen fundamentalistisch oder liberal vertreten werden. Damit ist in unserer Fallstudie nicht nur von einer konfliktären *inhaltlichen* Diversity bezüglich der gewerkschaftlichen und religiösen Überzeugungen, sondern parallel auch von einer konfliktären Diversity bezüglich der generellen, tendenziell *inhaltsunabhängigen* Neigung zu Dogmatismus versus Liberalismus (Hunsberger & Jackson, 2005) auszugehen.

Diese Parallelität dürfte in Change-Projekten eher die Regel als die Ausnahme sein, da es wohl in jeder Organisation dogmatisch *und* liberal denkende Mitarbeiter gibt, so dass es der Change-Manager immer mit beiden Konfliktlinien zu tun hat. Je mehr im Change-Prozess grundlegende gegenstandsbezogene Überzeugungsunterschiede

aktualisiert werden, desto eher wird auch die Denkstil-Diversity
(Dogmatismus – Liberalismus) aktualisiert.

29.3.2 Interventionen und Evaluation: Hinweise zum Umgang mit Gefahren einer Überzeugungs-Diversity

Wir haben in der Schilderung dieser Fallstudie den Aspekt der Überzeugungs-Diversity betont, da nach unseren Befunden mit der Unterschiedlichkeit der Überzeugungen Spannungen einhergehen, die erforderliche wechselseitige Hilfestellungen behindern und damit auch
die Umsetzung der neuen Pädagogik erschweren. Wir haben herausgearbeitet, in welcher Weise Überzeugungsunterschiede zu Risiken
für das Change Management werden können – ein Blickwinkel, der
in der Realität dieser Fallstudie offenbar wenig, wenn überhaupt,
Beachtung gefunden hat. Die Diversity in diesem Schulprojekt als
mögliche Umsetzungsbarriere zu interpretieren, scheint kein in Kerala eingeübter Blickwinkel zu sein. Auch (!) damit mag zusammenhängen, dass die bisher vorliegenden Evaluationen des Erfolgs dieses
Schulprojekts in Kerala zu eher kritischen Einschätzungen gelangen
(Gasper, 2008).

Es stellt sich die Frage, was – unabhängig von dieser Fallstudie – ergänzend zu den bereits herausgearbeiteten Hinweisen für das Change
Management getan werden kann, um den beschriebenen Gefahren
der Überzeugungs-Diversity entgegenzuwirken. In der Literatur wird
als Gegenmittel häufig die Verlebendigung von Multikulturalismus
empfohlen (Stevens, Plaut & Sanchez-Burks, 2008). Diese Idee sieht
Toleranz und Diversity (Diversity interpretiert als Widerspiegelung
von Toleranz) als Werte an sich. Wird Diversity als Wert an sich gesehen, so heißt dies, dass jegliche Diversity zunächst einmal positiv
zu bewerten ist. Dies würde – speziell in Profit-Organisationen – eher
akzeptiert, wenn belegt werden kann, dass eine Förderung von Diversity an sich die Leistungsfähigkeit des Betriebs steigert. Derartige
Belege liegen bisher nicht vor (Jackson & Joshi, 2010). Dies ist die eine
Hürde. Die zweite Hürde, an der sich die Idee des Multikulturalismus reibt, liegt in dem Umstand, dass die je gegebenen Mehrheiten
nicht Multikulturalismus, sondern eher die Gegenstrategie der Assi-
milation (Einordnung von Minderheiten in die Werte der Mehrheit)
befürworten (Verkuyten, 2005). Eine nachdrückliche Betonung von
Toleranz kann somit sogar kontraproduktive Effekte freisetzen, wenn
sich die Mehrheit bedroht fühlt.

Multikulturalismus

> ❯ **Wichtig**
> Wenn sich die Mehrheit bedroht fühlt, kann eine Betonung
> von Toleranz kontraproduktive Effekte bewirken.

Orientiert man sich an der Teamforschung (Gebert, 2004), so ist mit
Blick auf das Change Management noch einmal zu betonen, dass die

Unterscheidung von Wissens- und Überzeugungs-Diversity wichtig ist. Eben dies illustriert auch unsere Fallstudie. Wir plädieren insofern gerade nicht für eine Positivierung von Diversity an sich. Angesichts der Konfliktpotenziale, die mit der Diversity von Überzeugungen einhergehen, stellt sich die Frage, wie Brücken aussehen können, die negative Effekte dieser Diversity abzumildern in der Lage sind. Eine zentrale Idee, die – zugegeben – leichter zu beschreiben als zu realisieren ist, besteht darin, dass (am Beispiel unserer Fallstudie) sich die Lehrer nicht primär mit ihrer Bezugsgruppe (z. B. einer bestimmten Gewerkschaft), sondern mit der *übergeordneten* Einheit der Schule identifizieren. Unterschiede – und damit Ingroup-Outgroup-Beziehungen – sollen nicht *innerhalb* der Schule, sondern höchstens *zwischen* den Schulen markiert werden. Die Subgruppen innerhalb der Schule sollen vielmehr zu einer Ingroup verschmelzen. Dies setzt eine gemeinsame Zielsetzung voraus, die als attraktiv, aber auch als erreichbar wahrgenommen wird, sich also idealistischer bzw. illusionärer Ziele, wie sie sich in unserer Fallstudie andeuten, enthält. Dabei kann die transformationale Führung – auch im Schulbereich (Ross & Gray, 2006) – hilfreich sein (Hüttermann & Boerner, in press; Gebert & Kearney, 2009). Belohnungen für jedermann, abhängig davon, in welchem Maße die übergeordnete Einheit (Schule) bezogen auf diese Ziele als erfolgreich eingestuft wird, stützen die Kooperationswilligkeit. Auf diesem Wege geförderte Kooperation, auch zwischen bisherigen Subgruppen, mag dazu beitragen, dass im Prozess der Aufgabenbewältigung des Change-Projekts neben Unterschieden zumindest *auch* Ähnlichkeiten bzw. Gemeinsamkeiten zwischen Subgruppen erkennbar werden, die den gewünschten Brückenschlag bilden.

29.4 Fazit

Wir versuchen an dieser Stelle, das *Wie* des Change Managements in diesem Projekt zu charakterisieren, soweit uns dies aus der Sicht der Beobachterperspektive möglich ist, und ein Fazit zu ziehen.

Es handelt sich um ein von der Regierung in Kerala vergleichsweise zentralistisch vorstrukturiertes Projekt, in dem das Ziel der wissenschaftlich-säkularen Erziehung sowie der Weg dorthin – der Lehrer als Coach des gemeinsamen Forschens – nicht mehr zur Debatte stehen. Chancen zur Partizipation ergeben sich im Rahmen der Entwicklung neuer Unterrichtsmaterialien im Lehrerkollegium.

Die Umsetzung wird durch externe Trainer gestützt, die die Schulen regelmäßig besuchen und die Lehrer beraten. In Diskussionen mit Gewerkschaftsvertretern gibt es Chancen, sich kritisch zu äußern.

Es fehlt nach unserem Eindruck in diesem Projekt die Sensibilität für die konfliktinduzierenden Mechanismen der in den Kollegien vorhandenen Überzeugungsunterschiede. Es sind uns keine brückenbauenden Maßnahmen bekannt geworden, die die Qualität der Zusammenarbeit in den Lehrerkollegien gefördert hätten, obwohl hiervon nach unseren Ergebnissen der Erfolg des Change-Projekts wesentlich mit abhängt.

Erforderliche Verhaltensänderungen aufseiten der Lehrer werden notfalls mit Sanktionen durchgesetzt. Sperren sich Lehrer gegen das neue Programm, so müssen sie im Extremfall mit einer Versetzung und mit materiellen Einbußen rechnen. Uns wurden Fälle berichtet, in denen Schulleiter derartige Sanktionen verhängt haben.

Der Change-Prozess wird kontinuierlich in Bezug auf seine Fortschritte von Externen dokumentiert. Dem Ministerium werden entsprechende Berichte vorgelegt. Diese Berichte sowie auch die Protokolle der einzelnen Sitzungen der Lehrerkollegien scheinen des Öfteren beschönigt zu werden.

Unter dem Blickwinkel dessen, was aus dieser Fallstudie zu lernen ist, sei u. a. folgendes betont:

Was lehrt die Fallstudie?

- Nicht Wissensunterschiede, sondern Unterschiede in den grundlegenden Überzeugungen vermitteln ein erhebliches Konfliktpotenzial.
- In (meist heterogen zusammengesetzten) Steuerungskomitees, die einen organisationsweiten Change-Prozess verantworten, dürften Überzeugungsunterschiede regelmäßig vorhanden sein.
- Das Umgehen mit Überzeugungsunterschieden stellt eine Kernaufgabe des Change Managements dar.
- Die Leitidee, Diversity (Verschiedenartigkeit) sei ein Wert an sich, führt in die Irre. Mechanismen, die dafür sorgen, dass sich die Betreffenden weniger mit ihrer Subgruppe und mehr mit der übergeordneten Einheit identifizieren, sind entscheidend.
- Das Sichtbarwerden von Gruppenzugehörigkeiten (das »berühmte« Kopftuch) kann konfliktinduzierend wirken. Das Zulassen dieses Sichtbarwerdens muss insofern überlegt und geregelt werden.
- Als Folge von Tabus ist mit Konfliktverschiebungen zu rechnen. Konfliktverschiebungen sind ein Problem, da selten voraussehbar ist, wo sich Tabuisiertes entladen wird. Der Manager kann insofern systematisch in die Irre geleitet werden und durch falsche Diagnosen die Konflikte verschärfen.
- Fundamentalistische Neigungen entfalten eine eigenständige Konfliktdynamik. Fundamentalisten sollte der Zugang zum Steuerungskommittee vermutlich verwehrt werden.
- Minoritäten und Majoritäten bedrohen sich wechselseitig. Selbst bei primären Überzeugungskonflikten verbergen sich im Hintergrund Konflikte um knappe Ressourcen.
- Das Bewusstsein der Organisationsmitglieder ist von gesellschaftlichen Strukturen und Prozessen geprägt und daher vom Betrieb nur in Grenzen modifizierbar.

Literatur

Brewer, M.B. & Brown, R.J. (1998). Intergroup relations. In D.T. Gilbert, S.T. Fiske & G. Lindzey (Eds.), *Handbook of social psychology* (pp. 554–594. Boston: McGraw-Hill.

Census (2001). Abgerufen am 14. 3.2011. www.censusindia.gov.in/Census Data 2001/ India at glance.

Chhokar, J.S. (2003). India: Diversity and complexity in action. In J.S. Chhokar, F.C. Brodbeck & R.J. House (Eds.), *Culture and leadership across the world: The GlOBE book of in-depth studies of 25 societies* (pp. 971–1020). New York: Psychological Press.

Das, M.K. (2003) Politics of pressure groups. *Economic & Political Weekly, Aug. 2th*, 3234–3235.

Devika, J. (2008). Memory's fatal lure: The left, the congress and »Jeevan« in Kerala. *Economic & Political Weekly, July 26th*, 13–16.

Gasper, C. (2008). *A report of monitoring SARVA SHIKSHA ABHIYAN in Kerala during October 2007 to march 2008.* Kerala (India): Centre for Developing Studies.

Gebert, D. (2004). Durch Diversity zu mehr Teaminnovativität? Ein vorläufiges Resümee der empirischen Forschung sowie Konsequenzen für das Diversity Management. *Die Betriebswirtschaft, 2,* 412–430.

Gebert, D., Boerner, S. & Chatterjee, D.(2011a) Diversity: Tabuisieren oder diskutieren? Eine explorative Studie in Indien. *Zeitschrift für Management, 11,* September, 287–314.

Gebert, D., Boerner, S. & Chatterjee, D. (2011b). Do religious differences matter? An analysis in India. Team *Performance Management, 17*(3/4), 224–240.

Gebert, D., & Kearney, E. (2009). Managing diversity and enhancing team outcomes: The promise of transformational leadership. *Journal of Applied Psychology, 94*(1), 77–89.

Gebert, D. & Kearney, E. (2010) *Religious diversity in organizations: A relevant, but neglected dimension.* Paper presented at the Academy of Management Meeting, Montreal, August 9th–10th.

Harrison, D.A. & Klein, K.J. (2007). What's the difference? Diversity constructs as separation, variety, or disparity in organizations. *Academy of Management Review 32*(4), 1199–1228.

Hunsberger, B., & Jackson, L.M.(2005). Religion, meaning, and prejudice. *Journal of Social Issues, 61,* 807–826.

Hüttermann, H., Boerner, S. (in press). Fostering innovation in functionally diverse teams: The two faces of transformational leadership. *European Journal of Work & Organizational Psychology.*

Jackson, S.E. & Joshi, A. (2010) Work team diversity. In S. Zedeck (Hrsg.), *APA handbook of industrial and organizational psychology, Bd. 1* (S. 651–686). Washington, D.C.: American Psychological Association

Menon, N.R. (2010). Imagined Kerala. *Economic & Political Weekly, 34,* August 21th, 22–25.

Ross, J.A. & Gray, P. (2006). Transformational leadership and teacher commitment to organizational values: The mediating effects of collective teacher efficiency. *School Effectiveness and School Improvement, 17*(2), 179–199.

SCERT (State Council of Educational Research & Training) (2008). Government of Kerala – Department of Education, Thiruvananthapuram -12, Kerala.

Sievers, B. & Mersky, R.R. (2006). The economy of vengeance: Some considerations on the etiology and meaning of the business of revenge. *Human Relations, 59*(2), 241–259.

Stevens, G.F., Plaut, V.C. & Sanchez-Burks, J. (2008). Unlocking the benefits of diversity – Allinclusive multiculturalism and positive organizational change. *The Journal of Applied Behavioral Science, 44,* 116–133.

Verkuyten, M. (2005). Ethnic group identification and group evaluation among minority and majority groups: Testing the multiculturalism hypothesis. *Journal of Personality and Social Psychology, 88*(1), 121–138.

Anhang

Autorenportraits

- **Über die Herausgeber**

Lutz von Rosenstiel, Prof. Dr. Dr.

ist emeritierter Professor für Organisations- und Wirtschaftspsychologie an der Universität München. Er arbeitete außerdem neun Jahre als Gastprofessor für Change Management und Management Development an der Wirtschaftsuniversität Wien und vertritt derzeit den Lehrstuhl für Sozial- und Wirtschaftspsychologie an der Universität Hohenheim. Seit 2011 ist er Gesellschafter der Partnergesellschaft Hornstein, Rosenstiel & Partner. Seine Forschungsschwerpunkte liegen auf den Gebieten der Führung, der organisationalen Sozialisation und des Kompetenzmanagements.

E-Mail: LvR@Hornstein-Rosenstiel.de

Elisabeth von Hornstein, Prof. Dr.

ist seit 2006 Professorin im Department Wirtschaftspsychologie an der Fachhochschule für angewandtes Management in Erding und seit 2002 im wissenschaftlichen Beirat des Zertifikatslehrgangs Personalmanagement am Management Center Innsbruck. Sie arbeitet als selbstständige Beraterin, Trainerin und Coach mit den Beratungs- und Forschungsschwerpunkten Organisationsentwicklung und Change Management, Team- und Führungskräfteentwicklung, Personalauswahl und -entwicklung sowie Kompetenz- und Retentionmanagement. Seit 2011 ist sie geschäftsführende Gesellschafterin der Partnerschaftsgesellschaft Hornstein, Rosenstiel & Partner.

E-Mail: EvH@Hornstein-Rosenstiel.de

Siegfried Augustin, Prof. Dr. († 2011)

lehrte Logistik sowie Prozess- und Qualitätsmanagement an der Montanuniversität in Leoben/Österreich und war selbstständiger Unternehmensberater auf diesen Gebieten.

- **Autorinnen und Autoren**

Conny Herbert Antoni, Prof. Dr.

studierte Sozialwissenschaften und Psychologie am Kalamazoo College (BA) und den Universitäten Erlangen-Nürnberg und Mannheim (Dipl. Psych.); Promotion (1989) und Habilitation (1996) an der Universität Mannheim, Professur für Arbeits-, Betriebs- und Organisationspsychologie an der Universität Bielefeld (1994–1997) und seit 1997 an der Universität Trier. Seit 2002 ist er Herausgeber der Zeitschrift für Arbeits- und Organisationspsychologie, seit 2009 Consulting Editor des European Journal of Work and Organizational Psychology. Seine Arbeitsschwerpunkte sind Arbeitsbelastung, Stress und Work-Life-Balance, Team- und Gruppenarbeit, Führung, Organisationsentwicklung, Reward Management.
E-Mail: antoni@uni-trier.de

Sabine Boerner, Prof. Dr.

studierte Betriebswirtschaftslehre an der Universität Bayreuth mit den Schwerpunkten Organisation/Führungslehre und Finanzierung/Bankbetriebslehre. Von 1991 bis 2002 war sie Mitarbeiterin am Lehrstuhl für Organisation, Personalwesen und Führungslehre an der Universität Bayreuth und an der Technischen Universität Berlin, wo sie 1994 promovierte und sich 2001 habilitierte. Seit 2004 hat sie den Lehrstuhl für Management, insbesondere Strategie und Führung an der Universität Konstanz inne.
E-Mail: sabine.boerner@uni-konstanz.de

Heike von der Bruck, Dr.

arbeitet als Referatsleiterin im Dezernat Wirtschaft und Arbeit der Stadtverwaltung Leipzig. Sie startete ihre berufliche Laufbahn im Personalmanagement der Deutschen Bahn; das wirtschaftswissenschaftliche Studium zog sie nach Leipzig, wo sie auch ihren Lebens- und Arbeitsmittelpunkt fand. Seit vielen Jahren gilt ihr berufliches Augenmerk der Verbesserung der Arbeitsmarktsituation in Leipzig und damit der Fachkräftesicherung der Region. Inspiriert durch die täglichen Herausforderungen, Angebot und Nachfrage auf dem Arbeitsmarkt zusammenzuführen, begleitet sie Forschungsprojekte in der Vermittlung langzeitarbeitsloser Personen, immer mit dem Ziel, jedem Menschen ein selbstbestimmtes Leben zu ermöglichen.
E-Mail: heike.vonderbruck@leipzig.de

Ulrike Buchholz, Prof. Dr.

lehrt seit 2001 an der Hochschule Hannover das Fach Unternehmenskommunikation im Bachelorstudiengang Public Relations sowie im Masterstudiengang Kommunikationsmanagement mit Schwerpunkt Interne Kommunikation. Zuvor war sie verantwortlich für die weltweite interne Kommunikation der Infineon Technologies AG, München. Dort gestaltete sie den Wandel des ehemaligen Halbleiterbereichs der Siemens AG zu einem selbstständigen Unternehmen mit

– von der Werkschließung über Outsourcingmaßnahmen sowie der Ausgliederung aus dem Konzern, Firmenneugründung bis zum Gang an die Börse. Nach dem Studium der Linguistik, Germanistik und Indogermanischen Sprachwissenschaft übernahm sie zunächst Aufgaben in der Öffentlichkeitsarbeit im Versicherungs- und später im Verlagswesen. Sie wechselte dann zur Siemens AG, wo sie Projekte im Bereich der Führungskräftekommunikation und des Change Managements durchführte.
E-Mail: Ulrike.Buchholz@fh-hannover.de

Walter Bungard, Prof. Dr.

ist emeritierter Inhaber des Lehrstuhls für Wirtschafts- und Organisationspsychologie an der Universität Mannheim. Nach dem Studium der Volkswirtschaftslehre, Soziologie und Psychologie an der Universität Köln promovierte und habilitierte er an der Wirtschafts- und Sozialwissenschaftlichen Fakultät der Universität Köln. Seine Forschungs- und Tätigkeitsschwerpunkte umfassen neue Arbeits- und Organisationsformen, Einführung neuer Technologien in der Arbeitswelt, Gruppenarbeitskonzepte, TQM-Strategien, Lean Management, Business Process Reengineering, Mitarbeiterbefragungen, Vorgesetztenbeurteilungen und Belastungen am Arbeitsplatz.
E-Mail: Walter.Bungard@psychologie.uni-mannheim.de

Debabrata Chatterjee, PhD

ist Associate Professor für organisationales Verhalten am Institut für Management in Kozhikode (Indien). Er hat am Indischen Institut für Management in Kalkutta promoviert (PhD). Seine derzeitigen Forschungsschwerpunkte liegen auf den Gebieten der Innovation, der höheren Bildung und der Rolle der universitären Forschung innerhalb der indischen Innovationssysteme.
E-Mail: dc@iimk.ac.in

Peter Conrad, Prof. Dr.

ist seit 1996 Leiter des Instituts für Personalmanagement, Fakultät für Geistes- und Sozialwissenschaften, Helmut Schmidt-Universität Hamburg. Er verfasste zahlreiche wissenschaftliche Publikationen auf den Gebieten Human Resources Management, Führung, Verhaltenswissenschaftliche Managementforschung und Change Management und ist Mitbegründer und Mitherausgeber der seit 1991 jährlich erscheinenden Schriftenreihe »Managementforschung« (bestbeurteilte deutsche Managementpublikation 2009–2011). Er verfügt über langjährige Beratungserfahrungen auf Leitungsebene in Industrie- und Dienstleistungsunternehmungen mit den Schwerpunkten Organisation, Organisationsentwicklung, Führungsorganisation sowie Personalmanagement und Personalentwicklung.
E-Mail: pc@hsu-hh.de

Dieter Frey, Prof. Dr.

ist Leiter des Lehrstuhls für Sozialpsychologie an der Ludwig-Maximilians-Universität München. Arbeitsschwerpunkte sind Sozialpsychologie, Organisationspsychologie und Wirtschaftspsychologie mit den Themenschwerpunkten Führung, Gruppen, Innovation, Kreativität, Einstellungen, Werte, Center of Excellence und Absentismus; im Fokus steht hier die Verbindung und der Transfer von Grundlagenforschung, angewandter Forschung und Anwendung von Forschung. Zu seiner Tätigkeit gehören zahlreiche Vorträge, Workshops und die Beratung unterschiedlichster Organisationen; er ist Mitglied der Bayerischen Akademie der Wissenschaften, Akademischer Leiter der Bayerischen Eliteakademie und Leiter des LMU Centers für Leadership und People Management.
E-Mail: dieter.frey@psy.lmu.de

Jörg von Garrel, M.A.

studierte Berufs- und Betriebspädagogik, Mathematik sowie Betriebswirtschaft an der Otto-von-Guericke-Universität in Magdeburg. Seit 2006 ist er als wissenschaftlicher Mitarbeiter und Projektleiter am Fraunhofer-Institut für Fabrikbetrieb und -automatisierung (IFF) Magdeburg im Geschäftsfeld Logistik- und Fabriksysteme tätig.
E-Mail: joerg.garrel@iff.fraunhofer.de

Diether Gebert, Prof. Dr.

studierte Psychologie in Kiel und und promovierte und habilitierte an der Universität München. An der Universität Bayreuth war er Inhaber eines Lehrstuhls für Personalwesen und Führungslehre, ab 1990 Inhaber eines Lehrstuhls für Führung und Organisation an der Technischen Universität Berlin. Nach der Pensionierung im Jahre 2005 Visiting Professor in Korea, Indien und China.
E-Mail: diether.gebert@mailbox.tu-berlin.de

Christian Grandt, B.A.

studierte Betriebspädagogik und Wissenspsychologie an der RWTH Aachen. Seit 2011 arbeitet er am Fraunhofer-Institut für Fabrikbetrieb und -automatisierung (IFF) Magdeburg im Geschäftsfeld Logistik- und Fabriksysteme.
E-Mail: Christian.Grandt@iff.fraunhofer.de

Verena Graupmann, Dr.
ist Universitätsassistentin am Lehrstuhl für Sozialpsychologie der Ludwig-Maximilians-Universität München. Arbeitsschwerpunkte sind sozialpsychologische Grundlagen- und Anwendungsforschung mit den Themenschwerpunkten Freiheit, Selbst, Beziehungen, Kognitive Dissonanz und Interkulturelle Unterschiede. Internationale Lehr- und Forschungstätigkeit an den Universitäten LMU München, DePaul Chicago, Sussex und Salzburg.
E-Mail: graupmann@psy.lmu.de

Hans H. Hinterhuber, Prof. Dr.
ist Chairman von Hinterhuber&Partners GmbH, Strategy/Pricing/ Leadership Consultants, einer international tätigen Unternehmens- beratung. Bis 2006 war er Vorstand des Instituts für Strategisches Management, Marketing und Tourismus der Universität Innsbruck. Heute ist er »Trusted Advisor« für Unternehmer und oberste Füh- rungskräfte in Fragen Strategie und Leadership. Er ist der Verfasser von über 400 wissenschaftlichen Arbeiten und 40 Büchern im Be- reich der Strategischen Unternehmensführung, des Führungsverhal- tens und des Innovationsmanagements. Seine Bücher »Strategische Unternehmensführung«, »Leadership«, »Die 5 Gebote für exzellente Führung« haben Generationen von Führungskräften und Studenten inspiriert und sind in viele Sprachen übersetzt worden. Er ist Trä- ger des Österreichischen Ehrenkreuzes für Wissenschaft und Kunst 1. Klasse.
E-Mail: hans.hinterhuber@uibk.ac.at

Laila Maija Hofmann, Prof. Dr.
vertritt die Fächerkombination »Personal, Organisation, Gender Stu- dies« an der Georg-Simon-Ohm-Hochschule Nürnberg. Nach ihrem Betriebswirtschaftsstudium arbeitete sie in unterschiedlichen Funk- tionen im Personalmanagement in der Luft- und Raumfahrt, der Automobilindustrie und der Finanzdienstleistungsbranche in Mün- chen, Paris, Köln, New York und Berlin. Berufsbegleitend promovier- te sie an der Universität Augsburg zu einer Fragestellung aus der Ar- beits- und Organisationspsychologie und schloss ihre Ausbildung als Organisations- und Prozessberaterin ab. Nach fast 15 Jahren in der In- dustrie nahm sie den Ruf an die Hochschule für Wirtschaft und Recht in Berlin an. 2010 wechselte sie nach Nürnberg und gründete dort mit einer Kollegin das Kompetenzzentrum »Gender & Diversity«. In Forschungsprojekten beschäftigt sie sich aktuell schwerpunktmäßig mit dem Vergleich deutscher und indischer Personalarbeit sowie mit Diversity-Management-Konzepten.
E-Mail: Laws.Hofmann@t-online.de

Ulrich Hörning

ist Leiter der Fachgruppe Verwaltungsarchitektur bei der Stadt Mannheim. Nach dem Studium der Volkswirtschaftslehre und MPA (Harvard) sammelte er berufliche Erfahrungen im Projekt- und Programm-Management bei Booz & Company, der Weltbank und weiteren Institutionen mit Schwerpunkt auf organisationaler Entwicklung, Strategieimplementierung und Programmausführung. Seine Spezialgebiete liegen im Bereich von moderner Verwaltung und Politik sowie Reformstrategien in modernen Gesellschaften, Organisation und Strategie in der Telekommunikationsindustrie, IT und Telekommunikationsentwicklung im öffentlichen Sektor sowie internationaler Entwicklung.
E-Mail: ulrich.hoerning@mannheim.de

Eduard Jochum, Prof. Dr.

studierte VWL und BWL in Mainz und Mannheim und promovierte an der Helmut-Schmidt-Universität Hamburg. Danach erwarb er Praxiserfahrung in leitenden Personal- und kaufmännischen Funktionen bei der Porsche AG, Entwicklungszentrum Weissach und Wandel & Goltermann (heute JDSU Deutschland GmbH). Von 1994 bis 2000 war er Professor für Unternehmenskultur, Personalführung und Organisationsentwicklung an der Frankfurt School for Finance & Management und 2001–2008 bei der SRH Fernfachhochschule Heidelberg/Riedlingen. Seit 2007 hat er einen Lehrauftrag bei der ZWW Uni Augsburg inne. Von 1996 bis 2007 war er Gründungsgesellschafter der Dialog Consult GmbH, Duisburg. 2008 gründete er die JOCHUM Dialog Consultants GmbH in Reutlingen. Schwerpunkte seiner Beratungstätigkeit sind Visions- und zielorientierte Unternehmensführung, Teamentwicklung, Führungskräfteentwicklung, Veränderungsmanagement sowie Gesprächsführung.
E-Mail: info@jochum-consultants.de

Uwe Peter Kanning, Prof. Dr.

ist Professor für Wirtschaftspsychologie an der Hochschule Osnabrück. Nach dem Studium der Psychologie, Pädagogik und Soziologie in Münster und Canterbury, das er 1993 abschloss, folgten 1997 die Promotion und 2007 die Habilitation an der Universität Münster. 2006 erhielt er den Lehrpreis und 2008 den Transferpreis der Universität Münster. Er ist Autor und Herausgeber von 20 Fachbüchern und psychologischen Testverfahren. Forschungsschwerpunkte liegen in der Personalpsychologie, insbesondere im Bereich der Personaldiagnostik sowie der Sozialen Kompetenzen. Seit mehr als 10 Jahren berät er Unternehmen und Behörden bei der Entwicklung und Durchführung personalpsychologischer Projekte: Testentwicklung, Assessment Center, Leistungsbeurteilungssysteme, Mitarbeiterbefragungen, Personalentwicklung.
E-Mail: kanning@uni-muenster.de

Hugo M. Kehr, Prof. Dr. habil.

leitet den Lehrstuhl für Psychologie an der TU München. Der Heisenberg- und von-Humboldt-Fellow war zuvor Inhaber des Lehrstuhls für Management an der MGSM in Sydney sowie Gastwissenschaftler an der UC Berkeley. Hauptergebnis der bisherigen Arbeit des Motivationspsychologen ist das 3K-Modell der Motivation, ein innovativer Ansatz, der wissenschaftlich fundiert und zugleich praktisch verwertbar ist. Seine Forschungsthemen umfassen das Zusammenspiel unbewusster Motive und Ziele, die Funktion des Willens, die Wirkung von Visionen, Führungsstile und Charisma. Mit seinem Lehrstuhl richtet er regelmäßig das Munich Symposium on Motivation (MSM) aus. Hugo Kehr ist Geschäftsführer der Kehr Management Consulting GmbH, die maßgeschneiderte Führungstrainings entwickelt und Unternehmen in motivationsbezogenen Fragen berät. E-Mail: kehr@wi.tum.de

Rafaela Kraus, Prof. Dr.

lehrt seit 2006 Personalmanagement an der Fakultät für Betriebswirtschaft der Universität der Bundeswehr München. Seit dem Studium der Betriebswirtschaftslehre an der Ludwig-Maximilians-Universität in München berät sie nationale und internationale Unternehmen und Organisationen in den Bereichen Human Resources Management, Change Management sowie Organisations- und Personalentwicklung. E-Mail: Rafaela.Kraus@UniBw.de

Gerd Manke

ist nach seinem Studium der Soziologie, Betriebswirtschaft und Psychologie seit über 20 Jahren selbstständiger Berater mit den Themenschwerpunkten Strategieorientierte Organisationsgestaltung, HR-Management/Personalsysteme und Steuerung komplexer Veränderungsprozesse in großen und mittleren Unternehmen. E-Mail: info@unikat-beratung.de

Erko Martins, Dr.

ist Diplom-Kaufmann und Bankkaufmann. Nach Abschluss des Studiums der Betriebswirtschaftslehre an der Universität Rostock ist er seit 2005 als wissenschaftlicher Mitarbeiter am Lehrstuhl für Wirtschafts- und Organisationspsychologie der Universität Rostock und wissenschaftlicher Mitarbeiter in verschiedenen Forschungsprojekten tätig. Seine Forschungsschwerpunkte sind Psychologische Eigentümerschaft in Organisationen, Mitarbeiterbeteiligung und Unterneh-

menskultur, Betriebliche Innovationen und Computervermittelte Kommunikation.
E-Mail: erko.martins@uni-rostock.de

Mario Moser, Mag. (FH, MSc)

ist als Prokurist des Unternehmens Alpina Druck für die Entwicklung der Organisation verantwortlich. Mit seinem eigenen Unternehmen »Schwungrat« begleitet der Organisationsberater zudem Kunden aus den unterschiedlichsten Branchen durch komplexe Veränderungs- und Organisationsentwicklungsprojekte. Eine weitere Passion Mosers sind Vortragstätigkeiten, und so ist er seit längerer Zeit als Lehrbeauftragter unterschiedlichster Bildungseinrichtungen sowie Hochschulen tätig. Mario Moser absolvierte neben zahlreichen Fachausbildungen in der grafischen Industrie ein berufsbegleitendes Diplomstudium am Management Center Innsbruck mit Vertiefung im Prozess- und Qualitätsmanagement sowie Informations- und Wissensmanagement. Er ergänzte seine akademische Laufbahn 2009 durch den Abschluss eines weiteren Studiums zum Master of Science in Management mit den Themenschwerpunkten Human Resource Development sowie Psychologie und Leadership.
E-Mail: moser.mario@me.com

Barbara Müller, Dr.

ist Assistenzprofessorin am Institute of Human Resource & Change Management an der Johannes Kepler Universität in Linz. Zuvor war sie als Projektmitarbeiterin, wissenschaftliche Mitarbeiterin und Lektorin am Institut für Change Management und Management Development an der WU Wien tätig, wo sie auch ihr Doktoratsstudium abgeschlossen hat. Ihre Dissertation zum Thema »Wissen managen in formal organisierten Sozialsystemen« analysiert Prozesse der Wissensretention vor systemtheoretischem Hintergrund. Ihre Forschungsschwerpunkte liegen in den Bereichen Change Management, Organisationales Gedächtnis und Organisationales Lernen. Sie beschäftigt sich dabei v. a. mit der Analyse von komplexen Lernprozessen und der zentralen Frage, wie Organisationen verändert und lernfähig organisiert werden können.
E-Mail: barbara.Mueller@jku.at

Karsten Müller, Prof. Dr.

ist Inhaber der Professur für Arbeits- und Organisationspsychologie mit Schwerpunkt interkulturelle Wirtschaftspsychologie an der Universität Osnabrück. An das Studium der Psychologie an der Universität Mannheim und der San Diego State University schlossen sich Forschungsaufenthalte an der San Diego State University und der Marmara Üniversitesi Istanbul sowie Lehraufträge an der Technischen Universität Kaiserslautern, der Fernuniversität Hagen, der Hochschule Pforzheim und der Leibniz-Universität Hannover an. Seine derzeitigen Forschungs- und Tätigkeitsschwerpunkte liegen insbesondere

im Bereich von Survey-Feedback-Verfahren, Change Management, kultureller Organisationsforschung, interkultureller Wirtschaftspsychologie und organisationsbezogenen Einstellungen.
E-Mail: karsten.mueller@wo-institut.de

Patrick Mussel, Dr.
studierte Psychologie in Trier mit Abschluss Diplom-Psychologe in 2000. Im Jahr 2007 folgte die Promotion an der Universität Hohenheim zum Thema Einstellungsinterviews. Praktische Tätigkeit in Australien und Deutschland, zuletzt als wissenschaftlicher Leiter und Mitglied der Geschäftsführung bei S & F Personalpsychologie. Derzeit ist er als wissenschaftlicher Mitarbeiter an der Julius-Maximilians-Universität Würzburg beschäftigt. Arbeitsschwerpunkte sind die Rolle der Persönlichkeit im Arbeitskontext sowie neuroökonomische Arbeiten zum Einfluss von Persönlichkeit und Emotion in Entscheidungssituationen.
E-Mail: patrick.mussel@uni-wuerzburg.de

Rolf Negele, MSc
arbeitet seit 1983 im Diakonischen Werk Rosenheim. In seiner Funktion als Vorstand ist er verantwortlich für das strategische und operative Personalmanagement der Organisation. Seit 2003 leitet er als Geschäftsführer die DWRO-consult gGmbH, ein Fort- und Weiterbildungsinstitut für Mitarbeitende sozialer Dienstleistungsunternehmen. Er ist Partner in der Beratungsgesellschaft Hornstein, Rosenstiel & Partner und begleitet Unternehmen bei der Einführung von Wissensbilanzen.
E-Mail: Rolf.Negele@Diakonie-Rosenheim.de

Friedemann W. Nerdinger, Prof. Dr.
war nach dem Studium der Psychologie, Soziologie und Pädagogik an der Universität München als wissenschaftlicher Mitarbeiter am Lehrstuhl für Wirtschafts- und Organisationspsychologie der Universität München tätig. 1989 erfolgte die Promotion, 1994 die Habilitation. Seit 1995 hat er die Professur für Wirtschafts- und Organisationspsychologie an der Universität Rostock inne; Forschungsschwerpunkte sind Mitarbeiterbeteiligung und Unternehmenskultur, Psychologie der Dienstleistung und des persönlichen Verkaufs, Arbeitsmotivation und Arbeitszufriedenheit.
E-Mail: friedemann.nerdinger@uni-rostock.de

Jochen Prümper, Prof. Dr.
studierte von 1980 bis 1987 Psychologie in Utrecht, Landau und München. Von 1988 bis 1990 war er wissenschaftlicher Mitarbeiter am Institut für Organisations- und Wirtschaftspsychologie der LMU München und von 1991 bis 1994 arbeitswissenschaftlicher Leiter eines deutschen Softwarehauses. 1994 promovierte er in Gießen und seit 1995 bekleidet er eine Professur für Wirtschafts- und Organisations-

psychologie an der HTW Berlin. Seine inhaltlichen Schwerpunkte liegen in den Bereichen des betrieblichen und öffentlichen Gesundheitsmanagements sowie der Einführung moderner Technologien. Dabei interessieren ihn insbesondere die Sicherstellung und Förderung der Arbeitsfähigkeit unter besonderer Berücksichtigung einer ganzheitlichen Verknüpfung von Verhaltens-, Verhältnis- und Systemprävention sowie die Einführung moderner Softwaretechnologien unter besonderer Berücksichtigung der Organisation als soziotechnisches System sowie entsprechender europäischer Standards.
E-Mail: jochen.pruemper@htw-berlin.de

Alexander Pundt, Dr.
absolvierte von 1997 bis 2003 ein Studium der Psychologie an der Universität Leipzig. 2004–2010 war er wissenschaftlicher Mitarbeiter am Lehrstuhl für Wirtschafts- und Organisationspsychologie der Universität Rostock und wissenschaftlicher Mitarbeiter in BMBF-geförderten Forschungsprojekten. Seit 2011 ist er als wissenschaftlicher Mitarbeiter am Lehrstuhl für Arbeits- und Organisationspsychologie der Universität Mannheim tätig. Forschungsschwerpunkte sind Humor in der Führung und in Organisationen, Führung, Innovatives Verhalten, Kundenorientierung und Abweichendes Kundenverhalten.
E-Mail: alexander.pundt@web.de

Margit Raich, Dr.
ist Ass.-Professorin am Institut für Management und Ökonomie im Gesundheitswesen an der Privaten Universität für Gesundheitswissenschaften, Medizinische Informatik und Technik in Hall in Tirol. Sie beschäftigt sich im Rahmen ihrer Lehr- und Forschungstätigkeit mit Strategischer Unternehmensführung, Leadership und Dienstleistungsmanagement. Ihre Forschungsschwerpunkte finden v. a. auf KMUs, Gesundheitsbetriebe sowie Nonprofit-Organisationen Anwendung. In ihren Studien gilt ihr besonderes Interesse dem Einsatz von qualitativen Forschungsmethoden.
E-Mail: margit.raich@umit.at

Maika Rawolle, Dr.
leitet das Forschungsprojekt »Die motivierende Kraft von Visionen« an der Technischen Universität München. Ihre Forschungsschwerpunkte sind Motivation und Motivationsförderung durch Visionen und Ziele sowie die Steigerung von Motivation, Leistung und Wohlbefinden durch bedürfniskongruente Ziele und Handlungen. Außerdem ist sie seit mehreren Jahren als freiberufliche Trainerin, Beraterin und Coach mit den Schwerpunkten Führung, Motivation, Visionsentwicklung und Organisationaler Wandel sowie Life-Transitions tätig. Maika Rawolle studierte Psychologie in Potsdam, promovierte zum Thema »The motivating power of visions: Exploring the mechanisms« in Erlangen und München, bevor sie als Gastwissenschaftlerin an der

Macquarie University in Sydney in der Managementforschung Erfahrungen sammelte. Ihre akademische Ausbildung ergänzte sie durch eine Trainer- und Beraterausbildung in Potsdam und eine Coachingausbildung in Sydney.
E-Mail: rawolle@wi.tum.de

Erika Regnet, Prof. Dr.

ist Professorin für Personal und Organisation an der Hochschule Augsburg. Zuvor war sie Professorin für Personalmanagement an der Fachhochschule Würzburg-Schweinfurt und zehn Jahre in Wirtschaftsunternehmen in verschiedenen HR-Funktionen tätig, u. a. als Dozentin und Projektleiterin am USW, Schloss Gracht, sowie als Leiterin der Personalentwicklung bei der KfW, Frankfurt. Sie hat Psychologie studiert (Diplom) und in Betriebswirtschaft promoviert. Erika Regnet ist Autorin und Herausgeberin von acht Büchern sowie zahlreichen Fachartikeln. Sie ist Mitglied in der Jury zur Vergabe des Deutschen Personalwirtschaftspreises. 2007 wurde sie als einer der »40 führenden Köpfe des Personalwesens« durch die Zeitschrift Personalmagazin ausgezeichnet. Ihre Arbeitsschwerpunkte sind Lehre, Forschung, Beratungs- und Trainingstätigkeiten auf den Gebieten Personalentwicklung, Führungsverhalten, Demografische Entwicklung, HR Management, Neue Fortbildungsmethoden und Chancengleichheit.
E-Mail: erika-regnet@t-online.de

Christian Roos, Dipl.-Päd.

leitet als geschäftsführender Gesellschafter der Roos Consult GmbH & Co. KG sowie geschäftsführender Partner der Unternehmensgruppe Prof. Sarges & Partner deren operatives Geschäft im Bereich der beruflichen Eignungsdiagnostik. Von 1995 bis 1998 studierte er Pädagogik an der Universität der Bundeswehr Hamburg und durchlief von 1993 bis 2000 als Marineoffizier diverse Führungsverwendungen. Zunächst neben-, später auch hauptberuflich war er von 1996 bis 2004 als Berater am Institut für Management-Diagnostik, Prof. Sarges & Partner tätig, ehe er ab 2005 dort auch in die operative Verantwortung wechselte. Berufsbegleitend nahm er von 2005 bis 2007 einen Lehrauftrag an der Helmut-Schmidt-Universität Hamburg für »Statistik« und »Methoden der empirischen Sozialforschung« wahr, den er jedoch wieder abgab, um sich voll dem Beratungsgeschäft widmen zu können.
E-Mail: Christian.Roos@sarges-partner.de

Martin Rost, Dipl.-Kfm.

hat an der Ludwig-Maximilians-Universität in München Betriebswirtschaftslehre studiert. Derzeit ist er wissenschaftlicher Mitarbeiter
an der Fakultät für Betriebswirtschaft der Universität der Bundeswehr München und lehrt das Fach Personalmanagement. Seine Forschungsgebiete sind Kompetenzmanagement, Change Management
und Evaluation. Zu diesen Themen berät er auch Unternehmen und
öffentliche Einrichtungen.
E-Mail: Martin.Rost@unibw.de

Werner Sarges, Prof. Dr.

leitet in der Unternehmensgruppe Prof. Sarges & Partner das Institut
für Management-Diagnostik. Hier ist er auch nach seiner Emeritie-
rung nach wie vor einer der führenden Wissenschaftler und Berater
zu eignungsdiagnostischen Fragen im Managementbereich. Er studierte 1962–1970 Psychologie und Betriebswirtschaftslehre an den
Universitäten Marburg und Hamburg. Von 1971 bis 1973 war er als
Trainee und Junior-Manager in einem multinationalen Konzern der
Konsumgüterindustrie tätig, 1974 folgte die Promotion. Von 1973 bis
1977 war er zunächst Lehrbeauftragter an der (damaligen) Hochschule der Bundeswehr Hamburg, 1977–2006 dort Professor für Quantitative Methoden. Im Jahr 1984 gründete er das Institut für Management-Diagnostik, Prof. Sarges & Partner, das bis heute – mittlerweile
unter dem Dach der Unternehmensgruppe Prof. Sarges & Partner
– im deutschsprachigen Raum zu den qualitativen Marktführern für
eignungsdiagnostische Dienstleistungen und Produkte zählt.
E-Mail: sarges@hsu-hh.de

Michael Schenk, Prof. Dr. habil. Dr. E. h.

leitet seit 1994 das Fraunhofer-Institut für Fabrikbetrieb und -auto-
matisierung IFF in Magdeburg und hat seit 2003 als Universitätspro-
fessor den Lehrstuhl für Logistische Systeme am Institut für Logistik
und Materialflusstechnik (ILM) der Otto-von-Guericke-Universität
Magdeburg inne. Er erhielt die Ehrendoktorwürde der Staatlichen
Technischen Universität Moskau/Russland, der Polytechnischen
Universität Odessa/Ukraine sowie der Universität Miskolc, Ungarn.
Außerdem wurde ihm die Ehrenprofessorenwürde der Nationalen
Universität für Luft- und Raumfahrt Kharkov/Ukraine verliehen. Er
ist Vorsitzender des Regionalbeirats und Mitglied des Präsidiums des
VDI Verein Deutscher Ingenieure e.V., Vorsitzender des VDI-Lan-
desverbandes Sachsen-Anhalt sowie Mitglied des Wissenschaftlichen
Beirats und Juryvorsitzender des Wissenschaftspreises Logistik der
Bundesvereinigung Logistik e.V. (BVL).
E-Mail: michael.schenk@iff.fraunhofer.de

Heinz Schuler, Prof. Dr.
studierte Psychologie und Philosophie in München, promovierte 1973 und habilitierte 1978 in Augsburg. Nach Auslandsaufenthalten wurde er 1979 als Professor und Institutsvorstand nach Erlangen berufen, von 1982 bis 2010 war er Inhaber des Lehrstuhls für Psychologie an der Universität Hohenheim. Heinz Schuler ist Gründungsherausgeber der Zeitschrift für Personalpsychologie; seine Arbeitsschwerpunkte sind Organisations- und Personalpsychologie, insbesondere Berufseignungsdiagnostik und Leistungsforschung.
E-Mail: Heinz.Schuler@uni-hohenheim.de

Holger Seidel, Dipl.-Ing.
leitet das Geschäftsfeld Logistik- und Fabriksysteme am Fraunhofer-Institut für Fabrikbetrieb und -automatisierung IFF in Magdeburg. Nach seinem Studium der Fachrichtung Produktionstechnik an der Otto-von-Guericke-Universität Magdeburg war er als Ingenieur für Produktionsorganisation in der SKET-Schwermaschinenbau GmbH Magdeburg sowie als Assistent am Lehrstuhl für Fabrikplanung und Logistik der Otto-von-Guericke-Universität beschäftigt, bevor er ab 1992 seine Tätigkeit im Bereich Fabrikplanung und Logistik des Fraunhofer-Institutes aufnahm. Seine Arbeitsschwerpunkte liegen in den Bereichen Produktionsplanung und -steuerung, Fabrikplanung, Kooperations- und Dienstleistungsforschung sowie Wissensmanagement und Logistik-Controlling. Er ist Autor zahlreicher Publikationen zum Thema Fabrikplanung und Logistik.
E-Mail: holger.seidel@iff.fraunhofer.de

Karlheinz Sonntag Prof. Dr.
studierte Betriebswirtschaftslehre und Psychologie in Augsburg und München; seit 1993 ist er Professor für Arbeits- und Organisationspsychologie an der Universität Heidelberg. Seine Arbeitsschwerpunkte sind Personalentwicklung und Trainingsforschung, Bewältigung von Veränderungsprozessen sowie Kompetenz- und Gesundheitsmanagement. Karlheinz Sonntag ist Leiter mehrerer Forschungsprojekte und hatte Gastprofessuren an den Universitäten Bern, Wirtschaftsuniversität Wien und der Université de Fribourg inne.
E-Mail: karlheinz.sonntag@psychologie.uni-heidelberg.de

Sascha Stowasser, Prof. Dr.

ist seit 2008 Direktor und geschäftsführendes Vorstandsmitglied des Instituts für angewandte Arbeitswissenschaft e.V. (ifaa) in Düsseldorf. Außerdem ist er außerplanmäßiger Professor am Karlsruher Institut für Technologie (KIT). Zuvor war er tätig in Führungsaufgaben bei der BoschRexroth AG in Witten, als wissenschaftlicher Mitarbeiter sowie Oberingenieur am Institut für Arbeitswissenschaft und Betriebsorganisation (ifab) der Universität Karlsruhe. Dort promovierte und habilitierte er sich im Themenschwerpunkt Arbeitswissenschaft. Sascha Stowasser ist Autor zahlreicher Publikationen und wirkt in z. T. leitender Funktion in zahlreichen Gremien von DIN, BDA, GESAMTMETALL, gfo, VDI u. a. mit.
E-Mail: s.stowasser@ifaa-mail.de

Tammo Straatmann, Dipl.-Psych.

ist wissenschaftlicher Mitarbeiter am Lehrstuhl für Arbeits- und Organisationspsychologie mit Schwerpunkt interkulturelle Wirtschaftspsychologie an der Universität Osnabrück. Nach dem Studium der Psychologie an der Universität Oldenburg, der Jacksonville University in Florida und der Universität Mannheim war er als wissenschaftlicher Mitarbeiter am Lehrstuhl für Arbeits- und Organisationspsychologie der Universität Mannheim und an der Juniorprofessur für Wirtschaftspsychologie an der Universität Mannheim tätig. Seine aktuellen Forschungsinteressen und Tätigkeitsschwerpunkte liegen im Bereich der Gestaltung und Umsetzung von Survey-Feedback-Verfahren, interkulturellen Wirtschaftspsychologie, Employer Branding, Corporate Social Responsibility, Organisationskultur sowie der befragungsbasierten Begleitung und Steuerung von Organisationsentwicklungsprozessen.
E-Mail: tstraatm@uni-osnabrueck.de

Bernhard Streicher, PD Dr.

ist Universitätsassistent am Lehrstuhl für Sozialpsychologie der Ludwig-Maximilians-Universität München. Arbeitsschwerpunkte sind sozialpsychologische Grundlagen- und Anwendungsforschung mit den Themenschwerpunkten Fairness, Gerechtigkeit, Innovationen, Führung, Risiko und Entscheidungsfindung in Gruppen. Vortrags- und Beratungstätigkeit für Organisationen; Referent in der berufsbegleitenden Ausbildung. Zuvor war er freiberuflich tätig als Trainer mit den Schwerpunkten Team- und Persönlichkeitsentwicklung. Er absolvierte eine Ausbildung in Systemischer Therapie und ist beratendes Mitglied der Sicherheitskommission des Deutschen Alpenvereins.
E-Mail: streicher@psy.lmu.de

Dirk Werhahn, Dipl.-Betriebswirt (B.A.), Dipl.-Sozialpädagoge (FH)
ist Sachgebietsleiter »Organisations- und Personalentwicklung« im Evangelischen Oberkirchenrat, Stuttgart, und hat den Lehrauftrag »Personal in sozialen Organisationen führen und motivieren« an der Hochschule Esslingen inne. Seine Arbeitsschwerpunkte sind strategische Personalplanung, Organisationsentwicklung, Qualitätsmanagement, Personalentwicklung und Führungskräfteentwicklung.
E-Mail: dirk.werhahn@gmx.de

Sachverzeichnis

Printed by Printforce, the Netherlands